茅海建
戊戌变法
研究

# 戊戌变法
# 史事考二集

茅海建　著

生活·讀書·新知　三联书店

**图书在版编目（CIP）数据**

戊戌变法史事考二集 / 茅海建著. 北京：生活 · 读书 · 新知三联书店，2018.6 （2023.7 重印）
（茅海建戊戌变法研究）
ISBN 978－7－108－06220－8

Ⅰ. ①戊…　Ⅱ. ①茅…　Ⅲ. ①戊戌变法－研究
Ⅳ. ① K256.507

中国版本图书馆 CIP 数据核字（2018）第 022927 号

特邀编辑　孙晓林
责任编辑　冯金红
装帧设计　蔡立国
责任印制　董　欢
出版发行　生活 · 讀書 · 新知 三联书店
　　　　　（北京市东城区美术馆东街 22 号 100010）
网　　址　www.sdxjpc.com
经　　销　新华书店
印　　刷　天津图文方嘉印刷有限公司
版　　次　2018 年 6 月北京第 1 版
　　　　　2023 年 7 月北京第 4 次印刷
开　　本　635 毫米 × 965 毫米　1/16　印张 30.75
字　　数　442 千字
印　　数　10,001－13,000 册
定　　价　85.00 元
（印装查询：01064002715；邮购查询：01084010542）

茅海建戊戌变法研究

# 总　序

1998年，戊戌变法一百周年，我结束了先前的两次鸦片战争史研究，开始研究戊戌变法。2018年，戊戌变法两个甲子，一百二十周年，我的研究还没有结束，仍然在路上。

时光又逢戊戌，我也应当想一下，这二十年究竟做了什么，又有着什么样的经验教训？

当我开始研究戊戌变法时，有两位朋友善意地提醒我：一、戊戌变法是所有的中国近代史大家都涉及过的领域，很难再有突破；二、戊戌变法的材料搜集和利用，已经差不多了，不太可能出现大规模的新材料。他们的提醒，告诉此处水深，不可掉以轻心。于是，我就做了“长期”的打算，准备用十年时间来研究戊戌这一年所发生的事情。

我最初的想法是将戊戌变法期间重大事件的史实和关键时刻的场景，真正了解清楚。由此而重新阅读全部史料，力图建立相对可靠的史实，以能从这一基础上展开逻辑思维。即“史实重建”。于是有了《戊戌变法史事考》（2005，再版时更名为《戊戌变法史事考初集》）和《戊戌变法史事考二集》（2011）。

也就在这一研究过程中，我感到康有为亲笔所写的回忆录《我史》是一部绕不过去的关键史料，用了整整五年的时间来作注，以鉴别真伪。特别让我兴奋的是，我看到了珍藏于中国国家博物馆的手稿，解决了许多问题。于是有了《从甲午到戊戌：康有为〈我史〉鉴注》（2009）。

在我的研究计划中，要写一篇张之洞与康有为的文章，所利用的基本资料是新编的《张之洞全集》。文章大体写好，我又到中国社会科学院近代史研究所档案馆查阅“张之洞档案”，准备再补充一些材料。谁知一入档案馆，发现了一大批未被利用的史料。兴奋之余，再度改变研究方向，集中研究这批史料。于是又有了《戊戌变法的另面：“张之洞档案”阅读笔记》(2014)。

以上便是此次集中汇刊的四本书的由来。“史实重建”的想法一直没有变，我在研究中最基本的方法是考据。

然而，考据不是我的目的，“史实重建”亦是为逻辑思维建一扎实之基础。我的最终目标是写一部总体性的叙述戊戌变法史的著作。2011年夏，我为《戊戌变法史事考二集》作序，称言：“……我也希望自己能加快进度，在最近的一两年中完成手中的细节考据工作，而回到宏观叙事的阳光大道上来。但愿那阳光能早一点照射到我的身上。”那时，我心中的研究时限已扩大了一倍，即二十年，自以为到2018年(戊戌)，将会最终完成戊戌变法的研究。

一项认真的研究，虽然能有许多次的计划，但其进度总是不能按照其计划刻板地前进。一个认真的研究者，虽然知道其最终的目标，但总是不能测量出行走路途的长度。2014年起，我的研究一下子陷于瓶颈——我正在研究康有为的学术思想与政治思想，但不能判断其“大同”思想的最初发生时间，以及这一思想在戊戌变法期间的基本形态。我找不到准确的材料，来标明康有为思想发展各阶段的刻度。直到两年之后，由梁渡康，我从梁启超同期的著述中找到了答案，由此注目于“大同三世说”。我的研究计划又一次改变了。

整整二十年的研究，我对戊戌变法的看法有了很大的变化(自以为是深化)。随着研究进展，在我的头脑中，原先单一色彩的线条画，现在已是多笔着色，缤纷烂漫；原先一个个相对固定的场景，现在已经动了起来，成了movie。这种身临其境的感受，让我又一次觉得将要“回到宏观叙事的阳光大道上来”，而时光却悄悄地已进至戊戌。

整整二十年的研究，我对戊戌变法的研究也有了新的感受(自以为是痛感）。前人的研究是极其重要的，但若要最后采信，须得投子“复盘”；那些关键性的节点，还真不能留有空白，哪怕再花工，再花料，也都得老老实实地做出个基础来。由此，这二十年来，我一直不停地在赶路，经常有着“望山跑死马”的感受。我虽然不知道到达我个人的最终目标，还需得多少年，还须走多少路；但我坚信不疑的是，戊戌变法这个课题所具有的价值，值得许多历史学家花掉其人生经历的精华时段。李白《临路歌》唱道：

> 大鹏飞兮振八裔，中天摧兮力不济。
> 余风激兮万世，游扶桑兮挂石袂……

戊戌变法是中国历史上的重大事件，一百二十年前，有其“飞”，有其“振”，因“中天”之“摧”而“力不济”；然因此而生、不能停息的“余风”，仍在激荡着这个国家，以至于“万世”，而其“石袂”（左袂）也挂到了高达千丈、象征日出的“扶桑”树上……

茅海建

2018年1月于横琴

# 目　录

# 自 序

1998年，当我结束两次鸦片战争的研究进入到戊戌变法之领域时，准备花十年或稍多一点时间来完成此项研究。以我过去的个人经验来推断，用十年的时间，来研究一年的政治事件，是大体可以完成的。现在看来，我那时还真小看了此课题研究的难度，忽略了此课题研究的特点，心中的期许也被迫一改再改。由彼及此，十三年的时光就像飞云一般地飘了过去，然我的研究终点，现在还看不到头。

我自以为还不算太懒，之所以工期会一拖再拖，大体有两个原因：其一，戊戌变法的主要推动者康有为、梁启超在他们留下的史料中作伪，使得有心治此史的学者处于两难的境地，既不能回避不用，又不能轻易采信，而不得不花费精力去一一鉴证。其中一部相当重要的史料——康有为的《我史》（即《康南海自编年谱》），所记真真假假，难以分辨，等到我实在绕不开时，只得下决心作一个彻底了断，结果花费了五年多的时间为之作注。其二，戊戌变法中的许多细节面目不清，影响到其整体或局部的“史实重建”，也影响到对前后历史因果关系的把握与理解。然若要将之一一考证清楚，却又是相当地费工费料，吃力而不一定讨好。这几乎是一种没完没了的力气活。

在宏观的历史叙述中，细节经常被无意或有意地忽略。如此这般的直接结果是，历史被叙述为运动方向明确的具有某种必然性的潮流。由此引发的直接思考是，戊戌变法若真是顺应历史潮流的必然事件，其结局似不应如此。连续十三年的观察使我感到，戊戌变法很可能是一偶发的事件，其发生、发展到最后的结局，充满着变数，起决定性作用的因素很可能就存在于那些历史的细节之中。而从更宽泛的研究视野来看，细节的意义也在最近十余年的历史研究中得以彰显——我们今天对许多历史事件有了新鲜的认识，有了恰当的把握，得出较为中肯的结论，似非为在观念或方法论上有大的突破，很可能只是明晰了其中一些关键性的历史细节。

从长时段来观察历史，可以看到历史的某种规定性，但是，历史的发展却时时伴随着多样性和偶然性；也就是说，历史的必然似只存在于长时段之中，历史的偶然似由细节所致。毫无疑问，戊戌变法是一意义深远的重大事件，然其时间又极为短暂，跌宕起伏，大升大降；千钧一发之机，婉转曲折之密，似又皆藏于细节之中，有待于后来者去感觉与发现。同样毫无疑问的是，并非所有的历史细节都需要考察，历史的空白常常表现为必须，无需去填满，方显其自然；但对戊戌变法来说，若不由历史细节入手，反复精思缜量，似不能识其大，见其全，以解读其中的真原因，以感受其中的真意义。这恰是我在进入该项研究之前尚未充分注意到的该课题研究的特殊性。

需要说明的是，历史细节的考据，虽说是有价值的，也经常是令人兴奋的，但长久在此踱步或蹒跚，却又是相当疲惫的。对读者来说，恐怕更是如此。当《戊戌变法史事考》于2005年初出版时，有一位我敬重的长者打电话给我，善意地提醒道，“考据不是目的”。我自然深明此理，历史学家的目光似不应长期聚焦在细节的观察上，小学毕竟是小，饾饤或引人厌；但又自以为戊戌变法中的许多细节若不加以清晰化，似还不能也不太敢去描述一些大场景，解释一些大问题。我不由得继续留在此处，又工作了许多年。在《戊戌变法史事考二集》交稿之际，我也希望自己能加快进度，在最近的一两年中完成手中的细节考据工作，而回到宏观叙事的阳光大道上来。

但愿那阳光能早一点照射到我的身上。

还需说明的是，本书内容多为考证，引用当时的文献较多，为了避免日期转换之不便，本书使用中国传统纪年，并在重要处夹注公元；而1912年（民国元年）之后仍用公元。本书对各位先贤或研究先进，皆直呼其名，非有不敬之意，以为省文。由于我的研究过程小有弯曲，本书的部分内容已在拙著《从甲午到戊戌：康有为〈我史〉鉴注》中略有展示；这是两种体例的研究和叙述各有其所需而所致，也是不同的读者或不同的阅读空间各有其所需而所致。

本书所研究的内容，思考与写作的时间都很漫长。应当感谢的机构与人士，即便列出一长名单，恐怕也会有所遗漏。因此，我在此仅向以下两类人士表示谢意与歉意，且不开列其名：其一是我的学生，我因诸务甚多而平时对他们关照不够，他们中的一些人还时常为我寻找材料或核对文稿；其二是我在北京大学历史学系和华东师范大学历史学系服务时的各位同事与领导，我称不上是一个性格完美的人，但他们对我的一些毛病，仁慈地予以宽容了。

茅海建

2011年7月于指南山

# 第一章 "公车上书"考证补

## 一 问题的提出

光绪二十一年（1895）的"公车上书"，一直被认为是中国近代史上的重大事件。所有的近代史著作对此都有大体相同的描述，并赋予了许多意义。

然而，各种论著对于"公车上书"的描述，所使用的最基本的史料是康有为的《我史》。其记述为：

> ……再命大学士李鸿章求和，议定割辽台，并偿款二万万两。三月二十一日电到北京，吾先知消息，即令卓如（梁启超）鼓动各省，并先鼓动粤中公车，上折拒和议，湖南人和之。于二十八日粤楚同递，粤士八十余人，楚则全省矣。与卓如分托朝士鼓［动］，各直省莫不发愤，连日并递，章满察院，衣冠塞途，围其长官之车。台湾举人，垂涕而请命，莫不哀之。时以士气可用，乃合十八省举人于松筠庵会议，与名者千二百余人，以一昼二夜草万言书，请拒和、迁都、变法三者。卓如、孺博（麦孟华）书之，并日缮写，（京师无点石者，无自传观，否则尚不止一千二百人也。）遍传都下，士气愤涌，联轨察院前里许，至四月八日投递，则察院以既已用宝，无法挽回，

> 却不收。先是公车联章，孙毓汶已忌之，至此千余人之大举，尤为国朝所无。闽人编修黄□曾者，孙之心腹也，初六七日连日大集，初七夕，黄夜遍投各会馆，阻挠此举，妄造飞言恐吓，诸士多有震动者。至八日，则街上遍贴飞书，诬攻无所不至，诸孝廉遂多退缩，甚且有请除名者。孙毓汶犹虑挠其谋，即先迫皇上用宝，令北洋大臣王文韶诬奏海啸，垒械弃毁，北洋无以为备。孙毓汶与李联英内外恐吓，是日翁常熟（翁同龢）入朝房，犹力争勿用宝，电日相伊藤博文请展期五日。孙谓："若尔，日人必破京师，吾辈皆有身家，实不敢也。"常熟厉声责之曰："我亦岂不知爱身家，其如国事何?"孙知不能强，乃使李联英请之太后，迫令皇上画押，于是大事去矣。[1]

另外还有一些史料，但引用并不如此篇那么普遍。从康有为以上的说法来看，已经是相当地完整。其对整个事件发生的原因、过程与结局的描写，栩栩如生，兼之本人即为当事人，后人喜爱引用他的说法，并信之为确论，也是可以理解的。

最早对康有为的说法提出质疑的是黄彰健。他于 1970 年出版《戊戌变法史研究》，其中《康有为〈戊戌奏稿〉辨伪，并论今传康戊戌以前各次上书是否与当时递呈原件内容相合》一文，以相当大的篇幅论及此事。他运用《公车上书记》、《南海先生四上书记》，认为康有为原定是光绪二十一年四月初七日（1895 年 5 月 1 日）至初九日"大集"，四月初十日至都察院上书，由于条约已于初八日被批准，所以上书一事"议竟中寝"；他引用《清光绪朝中日交涉史料》、《闻尘偶记》，认定当时并无阻挠上书的行动；他还提出了两点质疑：其一，"公车上书"的内容，签名者是否都看过，有无假借他人名义的情事？其二，松筠庵的谏草堂能否容下一千二百人？[2]

---

〔1〕《康南海自编年谱》，翦伯赞等编：《中国近代史资料丛刊・戊戌变法》，神州国光社，1953 年，第 4 册，第 130—131 页。（以下简称《丛刊・戊戌变法》）

〔2〕黄彰健：《戊戌变法史研究》，台北中研院历史语言研究所专刊之五十四，1970 年，第 587—592 页。

孔祥吉于1988年发表《康有为变法奏议研究》，与黄彰健的结论大体一致。该书第二章第二节专论“公车上书”。他引用了中国第一历史档案馆所藏档案，证明了当时并无阻碍上书的政治背景，官员举子上书的途径十分通畅。他还认定康有为所称的“闽人编修黄□曾”即是翰林院编修黄曾源。〔1〕

汪叔子、王凡于1987年、1990年发表《康有为领导“公车上书”说辨伪》、《〈公车上书记〉刊销真相》两文，辩驳更为深入。〔2〕他们提出了康有为所称上书的人数是不确切的，康有为及其党人前后有着不同的说法，渐次增加。康有为及其党人对上书过程的许多细节进行了修改，如集会的时间，改“知单”为签名，改“拒递”为“拒收”。他们还指出，《公车上书记》是康党为了自我宣传而刊行的印本，其销售数量“数万部”，是一个不可靠的数字。

从考证的意义上来评判，黄彰健、孔祥吉、汪叔子、王凡诸先生的论著，材料完备，已是基本驳回了康有为的说法。但是，他们的研究并未得到学术界的广泛采用。〔3〕此期出版的相关论著，大多继续沿用前引康有为的说法，并在某些方面更加放大了“公车上书”的意义。如果说，黄、孔、汪、王诸先生的论著，有着印量、图书馆收藏等问题的话，学人们多有不便而未细查，那么，姜鸣于1996年发表的《被调整的目光》，是一部甚有影响的历史散文集。其中的一篇为《莫谈时事逞英雄：康有为“公车上书”的真相》，指出当时反对和约的，主要是官员，而举人们的上书也未受到阻碍；而康有为写此上书的目的，很可能

---

〔1〕 孔祥吉：《康有为变法奏议研究》，辽宁教育出版社，1988年，第75—88页。

〔2〕 汪叔子、王凡：《康有为领导“公车上书”说辨伪——戊戌变法史考论之一》，《安徽史学》1987年第3期；《〈公车上书记〉刊销真相——戊戌变法史考论之二》，《江西社会科学》1990年第4期。

〔3〕 在我看到的著作中，林克光采用了调和主义的写法。1990年林克光出版《革新派巨人康有为》（中国人民大学出版社，1990年），他一方面同意康有为在《我史》中的许多说法，另一方面也认同了《公车上书记》、《四上书记》中的说法，即原定四月初七日至初九日“大集”，初八日因条约批准而中止。

一开始就准备在上海发表，由此而制造一个大骗局。[1]姜鸣的看法被许多普通人接受，然其历史散文的写法却不为历史学界所采信。

1999年7月，《光明日报·读书周刊》根据姜鸣的文章，发表《真有一次"公车上书"吗》，引起了众多议论。汤志钧应该刊的邀请，专门写了反驳文章《"公车上书"答客问》。他引用了《汪康年师友书札》、天津《直报》等材料，认为当时确有"公车上书"之事。

1999年姜、汤两先生之间的交锋，应当说引起了很多的关注，然双方都没有展开进一步的研究。2001年，汤志钧决定出版《戊戌变法史(修订本)》，其在"增订题记"中称言："更有人说'公车上书'是'一场大骗局'，使我感到不能再把增订好的《戊戌变法史》不以'示人'了，从而重加检查，送交出版。"该书对于"公车上书"，继续沿用其初版本的意见：

> 康有为这一次上书，都察院以清政府已在"马关条约"上签字，无法挽回，拒绝接受。[2]

与此同时，姜鸣也再版旧作，坚持自己的看法。[3]

2001年，蔡乐苏、张勇、王宪明出版《戊戌变法史述论稿》，属近期戊戌变法史研究的重大成果。该书在"公车上书"的描述上，依旧使用了康有为的说法。[4]同年，刘高出版《北京戊戌变法史》，并不完全采用康有为的说法，只是称"在主和派的干扰下夭折了"。[5]由此，欧

[1] 姜鸣：《被调整的目光》，上海人民出版社，1996年，第161—177页。

[2] 汤志钧：《戊戌变法史（修订本）》，上海社会科学院出版社，2003年，第149页。

[3] 姜鸣已修订《被调整的目光》一书，改名为《天公不语对枯棋》，我于2004年7月去三联书店编辑部看了其书稿，发现其未作修改，仅加了一段附录，表示不同意汤志钧的意见。(姜鸣：《天公不语对枯棋：晚清的政局和人物》，生活·读书·新知三联书店，2006年，第139—157页)

[4] 蔡乐苏、张勇、王宪明：《戊戌变法史述论稿》，清华大学出版社，2001年，第283—293页。

[5] 刘高：《北京戊戌变法史》，北京燕山出版社，2001年，第42—49页。

阳跃峰于2002年再发短论《“公车上书”：康、梁编造的历史神话》，其基本要点可参见汪、孔诸先生之说，并增加了他本人的分析。[1]尽管欧阳跃峰使用了炫目的“神话”一词，但似乎并没有引来较多目光。

以上对先前研究的描述，旨在说明：黄彰健、孔祥吉、汪叔子、王凡、姜鸣、欧阳跃峰诸先生分别于70年代、80年代、90年代乃至最近，对康有为的说法先后予以反驳，虽然也引起了一些关注，但似未被普遍接受。姜鸣的文章由于其文体生动、立论险峻，还引起了反驳；黄、孔、汪、王诸先生的情况好像要更惨一些，几乎是不闻回声。我个人是同意黄、孔、汪、王、姜、欧阳诸先生的观点的，也奇怪他们的论点为何如此“曲高和寡”。我对此再三思索，私自得出的结论为：第一，诸位研究先进的论点，从考证的角度来看，已是完成，但从史料的角度来看，还绝非完善。也就是说，它是可以与其他结论并存的，并无唯一性的特点。第二，黄彰健、孔祥吉只是在其大作中旁论及此，并非专论。汪叔子、王凡的论文甚为用功用力，并能运用《申报》广告等新史料，但仍透出一分意气；虽在许多分析上开了很好的头，似未最终完成。姜鸣的散文虽是精心耕作，但议论过重，材料也没有注明出处。欧阳跃峰的短论仅有论点的声扬，未有新史料的铺张。第三，诸位先进的观点虽相近相同，但他们似乎只是个人的单挑独斗，并没有运用学术史的方法进行串联，以能显示其共同的关注。第四，“公车上书”是针对高层决策的政治活动，诸位先进没有进入到当时的决策中心，来反观康有为等人的活动，这使得他们的思路是顺着康有为走，而没有完全跳出康的窠臼，其研究也只是平面的，没有参照物。尽管人们可以指责当今的学人们写书为文多不细查细核已刊论著，只是一味地传抄，但正因为学界此病，使我对诸位研究先进有以上吹毛求疵之指责。也因为如此，我以为，在“公车上书”的命题下似还有继续前行的空间，特作此补证，以为续貂之狗尾。

需要说明的是，为了叙述的完整性，使读者在阅读时不至于过多地

〔1〕 欧阳跃峰：《“公车上书”：康、梁编造的历史神话》，《历史教学》2002年第10期。

中断，有些研究先进已经用过的材料，我还须再度引用，但会注明最先引用者；有些研究先进说过的论点，我还需继续展开，但也会说明最初的发明者。这么做当然也是为了可以更方便地显示从黄彰健开始至今四十多年的学术研究史。

## 二　档案文献的再次检视

黄彰健、孔祥吉、汪叔子、王凡、姜鸣、欧阳跃峰诸先生的论述中，最重要的论点是当时都察院并无阻碍举人上书的举动。他们使用的方法可谓雄辩，即指出当时许多人上奏反对和约，都察院也代奏了许多应试举人的条陈。孔祥吉的论著引用了军机处《随手档》，汪叔子、王凡的论文也提及“俱有故宫档案可稽”。为了验证他们的说法，我将相关的档案文献再次检视了一遍。

李鸿章于光绪二十一年二月二十三日（1895 年 3 月 19 日）到达日本马关后，反对议和的奏折从来就没有停止过。以下根据军机处《随手档》、《早事档》、《上谕档》、《电报档》、《洋务档》、《收电》、《交发档》、《宫中电报电旨》，将此一时期与议和、条约相关的上奏、代奏及电奏的情况，以收到时间为序，逐日地予以说明：

二月二十七日（3 月 23 日），四品衔户科掌印给事中洪良品奏“李鸿章父子在日拥有资本、条约请交王、大臣等公议折”。当日呈慈禧太后。

二月二十九日（3 月 25 日），署理两江总督湖广总督张之洞电“闻倭要挟太甚请英俄相助”。[1]该电次日呈光绪帝、慈禧太后。

三月初一日（3 月 26 日），翰林院侍读学士文廷式奏“和约难成请速定大计以抒天下之愤折”、“破除成见共习武事一年必有成效片”。

---

〔1〕 张之洞电见军机处《电报档》光绪二十一年二月，《军机处汉文档册》，第 2042 盒，中国第一历史档案馆藏。又，本书所引档案凡藏于该馆者，以下不再注明。

当日呈慈禧太后。

三月初五日（3月30日），国子监司业瑞洵奏“敌情贪狡亟宜妥筹战守折”。当日呈慈禧太后。

三月十二日（4月6日），翰林院侍读学士文廷式奏“倭专攻台请饬使臣据理争论折”、“倭人条款不可轻许片”。当日呈慈禧太后。

三月十四日（4月8日），掌江南道监察御史张仲炘奏“台湾必不可弃请电饬全权大臣折”，另有三片。当日呈慈禧太后。

三月十七日（4月11日），翰林院代奏“编修冯煦条陈时务折”[1]“编修冯煦条陈可虑事务片”。二十七日呈慈禧太后。[2]

三月二十日（4月14日），署台湾巡抚唐景崧电“和议给予土地不可行”。[3]该电次日呈光绪帝、慈禧太后。

三月二十一日（4月15日），翰林院代奏“编修丁立钧、华辉、沈曾桐、黄绍第、检讨阎志廉条陈”；吏科掌印给事中余联沅奏“倭人要款太甚万难允许折”，另有三片。以上折片当日呈慈禧太后。

三月二十二日（4月16日），钦差大臣两江总督刘坤一电“和约后患不堪战而不胜尚可撑持”。该电次日呈光绪帝、慈禧太后。吏科给事中褚成博奏“割地议和倭索过巨折”，另有一片；三品顶戴掌江西道监察御史王鹏运奏“和约要挟已甚请回宸断折”。褚、王折片当日呈慈禧太后，次日发下。

三月二十三日（4月17日），四品衔户科掌印给事中洪良品奏“倭虏要挟请饬李鸿章回京专筹战备折”。当日呈慈禧太后，次日发下。

三月二十四日（4月18日），山东巡抚李秉衡电“断不允割地请决意主战”；署理台湾巡抚唐景崧电“工部主事统领全台义勇邱逢甲誓死

---

〔1〕 冯煦条陈正折见《军机处录副·帝国主义侵略类·中日战争项》，3/167/9112/19。

〔2〕 据当日军机处《洋务档》，军机处给慈禧太后的奏片中称：“本日翰林院代奏编修冯煦条陈时务折片各一件。正折六条计万余言，篇幅甚长，臣等日内详细阅看，再行呈览。”二十七日《洋务档》记：“三月十七日翰林院代奏编修冯煦折片各一件，臣等公阅毕，奉旨暂存。恭呈慈览。”（《军机处汉文档册》，第1904盒）查，军机处当时正忙于讨论李鸿章报来的日本要求割地之事，也来不及阅看此条陈。

〔3〕 唐景崧电，见军机处《电报档》光绪二十一年三月。

守御台湾呈”。次日呈光绪帝、慈禧太后。

三月二十五日（4月19日），翰林院侍读学士文廷式、侍讲学士秦绶章、四品衔詹事府左庶子戴鸿慈、右庶子陈兆文奏“倭人要挟过甚请饬更正缓议折”（此四人皆是日讲起居注官）。当日呈慈禧太后。

三月二十七日（4月21日），署理两江总督湖广总督张之洞电“和约后患不堪请令王、大臣会议补救并速向英、俄、德诸国订立密约”。次日呈光绪帝、慈禧太后。

三月二十八日（4月22日），福州将军庆裕、闽浙总督边宝泉电“请速罢和议交各国驻京公使秉公剖断”。当日呈光绪帝、慈禧太后。

三月二十九日（4月23日），翰林院代奏“编修李桂林等条陈”（有翰林院编修、修撰、检讨、庶吉士共83人）、“编修张鸿翊条陈”、“张鸿翊谨拟御寇急需片”；南书房行走陆润庠、吴树梅、陆宝忠、张百熙奏“请宣示和议条款折”；礼科掌印给事中丁立瀛、掌山东道监察御史庞鸿书奏“和议未可轻允请饬廷臣集议折”；上书房行走张仁黻、曹鸿勋、高赓恩奏“和议要挟难堪请饬廷臣会议折”；京畿道监察御史刘心源奏“汉奸把持和约要挟太甚切勿遽允折”、“和议难成请筹战事片”；掌广西道监察御史高燮曾奏“事势危迫亟宜改图折”、“闻西使请勿准和约片”；福建道监察御史裴维侒奏“请勿轻议割地折”，以上折片用封套存堂，次日发下，送恭亲王，恭亲王送回后于四月初一日呈慈禧太后，初六日由慈禧太后发下。

三月三十日（4月24日），山东巡抚李秉衡奏“和议条款尚须斟酌折”；郡王衔贝勒、领侍卫内大臣载濂、贝勒载澍、载润、贝勒衔贝子奕谟、溥伦、镇国公载泽、辅国公溥侗奏“条约难行请饬廷臣会议折”；给事中余联沅等奏“新约悖谬请从速改订折”、“请重赏杀贼片”，〔1〕以上折片当日送恭亲王，恭亲王送回后于四月初一日呈慈禧太后，初六日

〔1〕 余联沅等折片尚未检出。又《宫中电报电旨》第38盒有一单：“……余联沅等十四人封奏一件。三月三十日。”此单当属当时进呈时所附。由此可见，余联沅等条陈是由14人联署的。

由慈禧太后发下。

四月初一日（4 月 25 日），帮办军务四川提督宋庆电“兵非久练不足深恃”。该电次日呈光绪帝、慈禧太后。内阁代奏“侍读奎华等条陈”（有内阁侍读、中书共 155 人）；翰林院代奏“编修吕佩芬、吴同甲条陈”；户部右侍郎陈学棻奏“和约已成请谕示中外折”；日讲起居注官翰林院侍读学士冯文蔚、翰林院侍讲樊恭煦奏“和约要挟太甚万难曲从折”；四品衔户科掌印给事中洪良品奏“请力黜和议折”、“敬恳圣明独断片”，以上电报及折片当日呈慈禧太后，初六日发下。

四月初二日（4 月 26 日），署两江总督湖广总督张之洞电“和约万分无理请乞援强国”；河南巡抚刘树堂电“和议要求过甚只可出战”，以上两电次日呈光绪帝、慈禧太后。理藩院右侍郎宗室会章奏“和议将成请饬廷臣会议折”、“请旨询问诸将战事有无把握片”；陕西道监察御史熙麟奏“请宣示和议以释众疑折”；河南道监察御史宋承庠奏“请更改草约折”、“请约英、法诸国援助片”，以上折片当日呈慈禧太后。

四月初三日（4 月 27 日），署理湖广总督湖北巡抚谭继洵电“和约万难允从请皇上皇太后西幸西安”；广东巡抚马丕瑶电“和约难允请联泰西”，以上两电次日呈光绪帝、慈禧太后。督办军务处代奏“詹事府左赞善贻谷等沥陈和倭利害条陈”（共有官员 26 人、举人 27 人）；翰林院代奏“编修王荣商请勿和力战条陈”、“编修杨天霖请暂缓批准和约条陈”、“编修黄曾源请权利害以维全局条陈”；翰林院侍读学士文廷式、詹事府左庶子戴鸿慈奏“和约难就战事尤当预防折”、“李瀚章、刘秉璋应早交卸片”、“都察院代奏公呈迟延请教责片”；[1] 浙江道监察御史易俊奏“条约必不可允折”，以上折片当日呈慈禧太后，初九日由慈禧太后发下。

四月初四日（4 月 28 日），江西巡抚德馨电“倭事密商英俄借兵襄

---

〔1〕 文廷式后两片见汪叔子编：《文廷式集》，中华书局，1993 年，上册，第 69 — 70 页。其中参都察院片原件见《军机处录副 · 光绪朝 · 内政类 · 人事项》，3/98/5317/12。

助”，该电次日呈光绪帝、慈禧太后。镇国公载泽奏“和约难行并请召见折”；辅国公溥侗奏“敬陈听言之要折”；[1]国子监代奏“学正学录刘钜请必派重臣另议条约条陈”、“南北学肄业生曾炳熿等请罢和议条陈”（共有肄业生25人）；国子监祭酒萨廉、陆润庠、司业瑞洵、多欢、吴树梅奏“使臣昏耄误受敌欺恳请宸断折”，另有一片；都察院代奏“吏部主事鲍心增等陈逆臣李经方叛父卖国请乾纲速断条陈”（有吏、礼、兵、刑、工部司官12人）、“工部主事喻兆蕃、内阁中书杨锐、刑部主事吴思让、吏部主事洪嘉与、户部主事吕道象为烛奸防患条陈”、“台湾京官户部主事叶题雁、翰林院庶吉士李清琦、台湾安平县举人汪春源、嘉义县举人罗秀惠、淡水县举人黄宗鼎为弃地畀敌泣呈效死条陈”，以上折片当日呈慈禧太后。

四月初五日（4月29日），浙江道监察御史李念兹奏“和议有可成之机设法维持折”，另有一片，当日呈慈禧太后。

四月初六日（4月30日），广西巡抚张联桂电“要盟难许坚持定见以战布告天下”，该电次日呈光绪帝、慈禧太后。总理衙门代奏“章京舒文等条陈”；[2]翰林院代奏“编修杨天霖条陈”、“编修黎荣翰等条陈”（有翰林院编修、检讨共11人）；都察院代奏“文俊铎等湖南举人、生员条陈”（57人）、“谭绍裳等湖南举人条陈”（21人）、“春生等奉天举人、生员条陈”（20人）、“林朝圻等四川举人条陈”（11人）、“梁启超等广东举人条陈”（80人）、“任锡纯等湖南、江西举人条陈”（43人）、“江苏教职顾敦彝等条陈”（有江苏、山东、湖北、江西教职、举人共14人）；内阁侍读学士贵贤奏“和议贻害无穷须集议挽回折”；陕西道监察御史熙麟奏“请饬臣工会议以全和局折”、“和约有违公法之语入会议旨内片”；江南道监察御史钟德祥奏“和议要挟不堪请力辟邪说折”，以上折片当日呈慈禧太后，二十二日发下。

---

〔1〕 溥侗折见中国第一历史档案馆编：《光绪朝朱批奏折》，中华书局，1996年，第120辑，第622—624页。

〔2〕 章京舒文等人条陈，详见第二章第一节。

四月初七日（5月1日），署理两江总督湖广总督张之洞电“请速与英、德、俄商办襄助”；福州将军庆裕、闽浙总督边宝泉电“辽东台湾万不可弃”，以上两电次日呈光绪帝、慈禧太后。山东巡抚李秉衡奏“和议要挟过甚万难曲从折”、“李经方阴鸷险狠请勿假以事权片”；吏部代奏“郎中延熙等条陈”（有吏部郎中、员外郎、主事等共32人）、“吏部候补主事王荣先、洪嘉与、鲍心增条陈”；都察院代奏“吉林京官总理衙门章京礼部候补郎中文瑞、工部员外郎魏晋桢条陈”、“福建京官礼部郎中黄谋烈等条陈”（共有六部、内阁、翰林院、光禄寺、国子监、侍卫处官员63人，另举人88人）、“葛明远等贵州举人条陈”（110人）、“陈景华等广东举人条陈”（289人）、“程维清等江西举人条陈”（121人）、“邹戴尧等广西举人条陈”（115人）；左都御史裕德、左副都御史寿昌、署左副都御史沈恩嘉奏“敬献刍荛折”；三品顶戴掌江西道监察御史王鹏运奏“倭人势难持久情形折”；湖广道监察御史陈璧奏“台地碍难界敌折”，以上折片当日呈慈禧太后，十三日发下。

四月初八日（5月2日），广东陆路提督唐仁廉电“和约十不可允”，该电次日呈光绪帝、慈禧太后。都察院代奏“湖南岳州平江县三品衔选用道李兴汉条陈”、“二品顶戴按察使衔丁忧河南候补道易顺鼎条陈”、“内阁中书陈嘉铭等条陈”（有内阁、翰林院、六部等衙门官员43人）、“吏部主事洪嘉与、工部主事喻兆蕃、吏部主事鲍心增条陈”、“礼部学习主事罗凤华、兵部学习主事何藻翔条陈”、“广西京官翰林院编修李骥年等条陈”（有翰林院、六部、内阁等衙门官员24人）、“福建京官兵部主事方家澍、侯官县举人陈衍、闽县举人卓考复、侯官县举人林旭、刘蕲、闽县举人叶大华条陈”、“湖北举人国子监候补学正学录黄赞枢等条陈”（有学正学录、教谕、训导、举人等36人）、“汪曾武等江南举人条陈”（53人）、“王潢等河南举人条陈”（14人）、“钱汝虔等浙江举人条陈”（37人）、“查双绥等顺天举人条陈”（18人）、“周彤桂等山东举人条陈”（120人）、“刘彝等四川举人条陈”（26人）、“王昌麟等四川举人条陈”（20人）；翰林院侍读学士准良奏“和议势难迁就宜分筹战守折”、“请布告各国联络结交速立密约借助友邦片”、“李鸿章辜恩负国请饬廷臣会议罪状折”；詹事府右庶子陈兆文奏“和约垂成宜防后患请先将失事大臣特旨内召俾免牵制折”；四品衔户科掌印给事中洪良品奏“祖制不可轻违和议理宜斥罢以免受敌欺而贻后患折”、“请饬沿海各督抚自行筹款购械以备攻剿片”，另片一件，以上折片四月初十日呈慈禧太后。

四月初九日（5月3日），督办军务处代奏“顺天绅士兵部主事朱梁济等条陈”（有六部、内阁、翰林院、詹事府官员50人，另举人4人、生员2人）；户部代奏“学习主事刘寅浚条陈”、“候补主事邓福初条陈”；都察院代奏“二品顶戴按察使衔丁忧河南候选道易顺鼎条陈”两件、“记名简放副都统宁夏驻防奇克伸布、前四川三台县知县陕西三原县杨子文、陕西三原县举人孙炳麟、正白旗汉军蓝翎侍卫宋春华、觉罗教习三原县举人陈名扬条陈”、“户部笔帖式世袭云骑尉翻译举人西安驻防裕端、河工保举巡检陕西蒲城县附生封鉴圻条陈”、“常曜宇等山西举人条陈”（61人）、“步翔藻等河南举人条陈”（62人）、“河南举人王崇光条陈”、“河南举人南阳府邓州张之锐、南阳县张聘三、桐柏县贺普霖、邓州赵三奇、唐县候选教谕李兰馥条陈”、“四川举人林朝圻、林朝泽条陈”、“四川举人罗智杰、戴协中、蒲秉坤、罗意辰条陈”；国子监代奏“助教朱寯瀛等条陈”（有国子监官员10人）；内阁学士宗室祥霖奏“条约断难曲从请饬会议以挽危局”；国子监祭酒萨廉奏“立意主战明黜和议三策折”；国子监司业瑞洵奏“请派大臣赴欧美密订密约救目前之急折”，以上折片四月十一日呈慈禧太后，二十三日由慈禧太后发下。

四月初十日（5月4日），署理两江总督湖广总督张之洞、闽浙总督边宝泉、署理湖广总督湖北巡抚谭继洵、江西巡抚德馨、山东巡抚李秉衡、署理台湾巡抚唐景崧、广西巡抚张联桂电“请各国与日本商量展限数旬和议详加斟酌”，该电次日呈光绪帝、慈禧太后。盛京将军裕禄、吉林将军长顺、署理吉林将军黑龙江将军恩泽、前黑龙江将军依克唐阿、钦差大臣暂留办理东三省练兵事宜定安、盛京副都统济禄、吉林副都统沙克都林扎布、宁古塔副都统富尔丹、奉天府丞兼学政李培元电“倭人无理要挟奉省尚可力战”；盛京将军裕禄电“代奏辽东绅民房毓琛等联名禀呈不愿置为化外”；广东陆路提督唐仁廉电“可战方略十项”，以上三电十二日呈光绪帝、慈禧太后。总统皖军福建陆路提督程文炳奏“和议万难曲从折”；四品衔户科掌印给事中洪良品奏“请罢和主战折”、“请乾纲独断誓勿言和片”；掌陕西道监察御史恩溥、掌陕西道监察御史曹榕、陕西道监察御史熙麟、掌湖广道监察御史如格、湖广道监察御史富通阿奏“和款尚未定议防御宜筹折”；江南道监察御史管廷献奏“和款不可轻许折”，以上折片当日呈慈禧太后。

四月十一日（5月5日），前黑龙江将军依克唐阿奏“变通和约绝觊固本折”；都察院代奏“奉恩将军宗室增杰等条陈”（有内务府、宗人府等衙门官员、候补官员13人，另举人6人、生员2人）、“内阁中书王宝田、翰林院编修柯劭忞、户部主事李经野、户部主事贾鸿宾、刑部主事郑杲条陈”、“刑部主事徐鸿泰等条陈”（有六部、大理寺等衙门司官28人）、“纪堪诰等直隶举人条陈”（45人）、“赵若焱等河南举人条陈”（21人）、“江西举人罗济美条陈”、“张羚等陕西举人条陈”（81人）；南书房翰林张百熙奏“和议要挟过甚不可轻许仍须亟筹战备折”、“联络俄、法、英、德诸国令其各出师船片”、“风闻和约业已批准仍冀挽回万一片”；掌广西道监察御史高爕曾奏“海溢所以助年不宜因此消沮遽允和款折”、“海溢情形张皇入告请饬陈宝箴查复片”、“太后从未割地请将和约交太后审议片”；〔1〕浙江道御史李念兹奏“疆臣枢臣不足与谋吁恳宸衷独断罢斥前议折”、“王文韶报海溢请饬刘坤一驰往该处认真查看片”，〔2〕以上折片，除依克唐阿折外，皆于当日呈慈禧太后。

四月十二日（5月6日），钦差大臣刘坤一电“展期换约观衅而动”，该电次日呈光绪帝、慈禧太后。翰林院代奏“编修杨天霖条陈”；督办军务处代奏“尚书衔总统甘军新疆提督董福祥条陈”；陕西道监察御史熙麟奏“三国电报不复和议可危直陈所见折”，以上奏折当日呈慈

〔1〕 高爕曾附片一见《军机处录副·帝国主义侵略类·中日战争项》，3/167/9123/28。附片二，军机处《随手档》未拟名，是我据该片内容所拟，见《光绪朝朱批奏折》第119辑，第864页。

〔2〕 李念兹后一片未检出。

禧太后。

四月十三日（5月7日），理藩院尚书启秀奏“请缓发约书折”，该折当日送慈禧太后。

四月十四日（5月8日），钦差大臣刘坤一电“请予俄、德、法土地款项以为我击倭”；陕甘总督杨昌浚电“和约侵损太甚请从长计议”；护理陕西巡抚布政使张汝梅电“请速停和议严备战守”，以上三电次日递光绪帝、慈禧太后。陕西巡抚鹿传霖奏“直抒管见但备采择折”，该折未呈慈禧太后。

四月十五日（5月9日），署理山西巡抚胡聘之电“请另议和约速筹战守”，[1]该电十七日呈光绪帝、慈禧太后。都察院代奏“江西举人罗济美条陈”、“张成濂等云南举人条陈”（62人），以上条陈当日呈慈禧太后。

四月十七日（5月11日），三品顶戴掌江西道监察御史王鹏运奏“辽台有克复之机请饬枢、译各臣极力挽回折”，当日呈慈禧太后。

四月二十一日（5月15日），广东巡抚马丕瑶奏“强寇要盟权奸挟制民心不服折”、“联英、法、俄三国片”，该折片未呈慈禧太后。

从二月二十七日至四月二十一日，在不到两个月的日子里，上奏、代奏或电奏的次数达到154次，加入的人数超过2464人次。[2]署理台湾巡抚唐景崧的电报最多，一日数电，意思也大体相同，因此我在上面仅录两电，其余各电也未计入统计数字。在各省，封疆大吏电奏反对者已过其半数；在京城，翰林院、总理衙门、国子监、内阁、吏部官员皆有大规模的联名上书；举人们的单独上书也达到了31次，加入的人数达到了1555人次；举人们参加官员领衔的上书为7次，加入人数为135

---

〔1〕该电收到时间据军机处《收电》光绪二十一年四月份，见《军机处汉文档册》，第2043盒。

〔2〕由于四月初六日总理衙门代奏“章京舒文等条陈”未能检出，不知其共有多少人签名，又据《翁同龢日记》，称有“五十六连衔”，此处只计算为1人次。若以56人计，当为2519人次。另，每次上奏、代奏，不管折片件数多少，均算为1次。又，各单项统计数为，上奏57次，参加者108人次；代奏71次，参加者2314人次；电奏26次，参加者42人次。

人次。从档案文献中，可以听到这支人数极其庞大的队伍行进的声音。为了行文及排版的方便，以上我将联名上奏、上书者，凡 9 人以下直接列名，10 人以上另编名录，作为附录。读者可以从附录中看到许多自己熟悉的名字。

尽管我花了许多时间在军机处的各类档册中进行文件数量的统计，但我吃惊地发现，相关文件的内容，绝大多数却已经发表。1932 年故宫博物院编印《清光绪朝中日交涉史料》，1991 年中华书局出版《中国近代史资料丛刊续编·甲午战争》第 3 册，都是专业人员精编的档案资料集。他们的工作态度相当敬业，以齐全为编辑主旨，且编排上大体以收到日期为序，查起来很方便。由于这两部书今日并不难得，也没有必要一一注明其出处。我仅将以上两书尚未收入的档案文献，注明其档号或其他发表的书册。还需说明的是，上述档案文献，只有一折两片现还未能检出，这也是一个极低的数字。

档案文献的再次检视，使我得出了两点看法：

第一，反对和约的上奏、代奏及电报，已经形成了声势浩大的运动。其中最重要且最具影响力的，并不是进京应试的举人，而是各级官员。由此再观姜鸣的文章，其称：

> 揆诸档案，最早反对签约的，不是举人，而是大批现职官员。外省官员以封疆大吏为主……据不完全统计，京官中，反对签约的宗室贵胄及二品以上大员有十余人；二品以下有奏事权的官员有 50 余人次；没有奏事权的低级官员达 575 人次之多。显然，各级官员才是反对马关议和的最有影响的主体。

数字虽不准确，但他得出的结论却是准确无误的。当今的许多研究，只强调“公车上书”而很少甚至不提官员上书，有失于偏颇；而在一些研究中将公车与官员、与朝廷对立起来，那就失去了历史的真实。

第二，当我阅读这一批关于和约的上奏、代奏与电奏中，听到的只是一边倒的反对议和的声音。众声喧哗之中，只有一人同意与日本签订和约。此人是帮办军务、四川提督宋庆，他在电报中称：

> 窃闻倭人逞其狡悍，无理要挟，既索巨款，复思侵地，为天下所切齿。内而廷臣言路，外而疆吏，纷纷力争，莫不出于忠愤。况身在行间，敌忾之誓，不与共戴。惟御侮必在机先，尤当揣其根本。当日启衅之初，未尝准备，著著落后，致有今日之事，兵轮尽失，全洋无阻，津沽一带，迫近畿辅，尤为可虑。庆等统率重兵，不能迅灭悍寇，为宵旰忧，虽膺显戮不足尽其罪，不敢不将兵情贼势冒死直陈。

他在叙述了一系列的失败及其原因后，表示了态度："兵非久练，不足深恃。今日之急，尤在料简军实，去腐留精，尝胆卧薪，实事求是。庆一介武夫，愿与天下精兵舍身报国，成败利钝，非下愚所敢计。"〔1〕宋庆作为前敌主将之一，在经历多次败仗尤其是田台庄大战的失败之后，对战争的前景并不看好。他的话说得很委婉，没有一句直言同意签约，但基本意思却是十分明确的，即主和。他的这种语言艺术正说明了当时的时尚。也有一些人在上奏中语气言辞没有那么激烈，如国子监祭酒陆润庠等于三月二十九日（4 月 23 日）上奏称"和议条款，传闻骇听，请旨宣示中外，以安人心"，他们不相信李鸿章、清廷会同意如此屈辱条件的和约，只是要求"昭示中外"，"安服人心"。〔2〕与陆润庠态度相同的，还有户部右侍郎陈学棻和陕西道监察御史熙麟。〔3〕但他们知道了

---

〔1〕 宋庆电见故宫博物院编：《清光绪朝中日交涉史料》，1932 年，卷 39，第 7 页。

〔2〕 《清光绪朝中日交涉史料》，卷 38，第 23 页。

〔3〕 陈学棻在四月初一日的上奏中称："今则和局已成矣，皇太后、皇上深仁厚泽，不忍糜烂其民，委曲求全以养天地之元气……乃闻各部院指陈利弊，各省举人诣都察院联名条陈，不一而足。又闻台湾绅民因有割以予倭之议，男妇老少痛哭愤激。"他提出的方法是"伏求朝廷即日将和议已成宣示中外，并约订条目一一详布，使天下之心皆释然，于皇太后、皇上爱民顺民之心无所疑惧，则浮议自息，隐患自消"（《清光绪朝中日交涉史料》，卷 39，第 4 页）。熙麟亦于四月初二日奏称："伏乞特旨昭示，俾天下先晓然于圣主之断无意于弃地弃民，然后他款可徐图也。"（戚其章主编：《中国近代史资料丛刊续编 · 中日战争》，第 3 册，中华书局，1991 年，第 118 页。以下简称《续编 · 中日战争》）

条约的内容后，也立即改变了态度。[1]

由此，当我读完了相关的档案文献后，一次次复读前引康有为的话：

> 初七夕，黄夜遍投各会馆，阻挠此举，妄造飞言恐吓，诸士多有震动者。至八日，则街上遍贴飞书，诬攻无所不至，诸孝廉遂多退缩，甚且有请除名者。

隐隐地有着不真实的感觉。我从档案文献阅读中感受到的气氛，与此大不相同，可以说，当时有人公开出来表示同意和约，那才真是要冒很大的风险。“飞言恐吓”、“遍贴飞书”等语，皆不知其所云。退一步说，即使是上书反对议和，与朝廷的决策有违的话，上书者也是不会受到指责的。我可以举三个例子，其一是在四月初七日都察院代奏、礼部郎中黄谋烈领衔的条陈上签字的，有军机章京三人，即礼部员外郎郭曾炘、兵部主事张嘉猷、户部郎中林开章；在四月初八日都察院代奏、内阁中书陈嘉铭领衔的条陈上签字的，有军机章京两人，即户部员外郎冯汝骥、刑部郎中郭之全。这些人身居枢要，熟悉政治内情，此事有无风险，他们又怎么会不知道？其二是翰林院编修王荣商，他在三月二十九日翰林院代奏、编修李桂林领衔的大规模联名上书中签字，又于四月初三日单独上书，反对与日议和，提出“此次如果决裂，伏求皇上一意主战，勿再遣使议和”。[2]但这些并不影响他于四月十五日升为翰林院侍讲。[3]其三是吏部主事孙筠经，他在四月初七日吏部代奏、郎中延熙领

---

〔1〕 陆润庠等人于四月初四日再次上奏，要求修改条约，熙麟也于四月初六日上奏，提出“可举民不肯从，势难遽允，婉言以谢倭人”的方法（《清光绪朝中日交涉史料》，卷39，第27—28页；卷40，第21—22页）。陈学棻后来没有再发表言论。

〔2〕 前折见《清光绪朝中日交涉史料》，卷38，第20—22页；后折见同书卷39，第16—17页。

〔3〕 军机处《早事档》光绪二十一年四月十五日：“吏部又奏补翰林院侍讲，奉旨‘依议’。”四月十九日：“翰林院代奏新授侍讲王荣商谢恩事。奉旨‘知道了’。”（《军机处汉文档册》，第2157盒）

衔的条陈上签字，也不影响其于闰五月二十日添补为军机章京额外行走。[1]毫无疑问，王荣商、孙筲经皆非因上书而升迁，但上书并不影响官员的仕途经济，却可以从以上三例中得到证明。

## 三 都察院的态度

前引康有为《我史》，将其上书未成归罪于都察院：

> ……遍传都下，士气愤涌，联轨察院前里许，至四月八日投递，则察院以既已用宝，无法挽回，却不收。

此说受到了黄彰健、孔祥吉、欧阳跃峰诸先生的反驳。他们根据文廷式的《闻尘偶记》，称文廷式、戴鸿慈于四月初三日出奏，弹劾都察院“代奏公呈迟延请教责”，都察院随即改变了态度。孔先生还从档案中找到了文廷式等人的原片及相关的谕旨，来证明此事，史料极为结实。汪叔子先生编《文廷式集》，以上文献当在其视野之内，自不待言。

我在这里需要补证的是，文廷式对都察院的指责并不能完全成立。文廷式等四月初三日（4月27日）奏片称：

> 此次各京官联衔及各省举人公呈，闻该堂官已允代奏，尚属知所缓急。惟闻事隔七八日，尚未进达宸聪。事关大计，如此迟延，使我皇上不得洞悉民情，未知何意。应请旨严行切责，以敬惰顽。[2]

---

〔1〕恭亲王等奏片，光绪二十一年五月二十日，次日奉朱批：“知道了。”《军机处录副·光绪朝·内政类·其他项》，3/111/5722/54。

〔2〕《文廷式集》，上册，第70页。档案原件见《军机处录副·光绪朝·内政类·职官项》，3/98/5317/12。

光绪帝对此当即发下交片谕旨：

> 交都察院。本日翰林院侍读学士文廷式等片奏一件，军机大臣面奉谕旨："著交都察院堂官阅看。钦此。"相应传知贵衙门钦遵可也。此交。[1]

第二天，四月初四日，都察院代奏了"吏部主事鲍心增等"、"工部主事喻兆蕃等"、"台湾京官工部主事叶题雁等"三件条陈。

从表面上看，此次都察院转变态度是由文廷式等人推动的：当四月初三日下午都察院堂官看到交片谕旨与文廷式等附片后，紧急采取行动。由于京内衙门所上奏折需在子夜递到奏事处，以能不误早朝，故至初三日子夜，都察院只代奏了三件。对此，文廷式在《闻尘偶记》中得意洋洋地称道：

> ……于是各省之公车会试京师者亦联名具疏，请都察院代奏。都察院初难之，故迟迟不上。余乃劾都察院壅上听、抑公议。上命廷寄问之。裕德、徐郙始惧，不数日悉上。[2]

照我看来，实际情况可能还要复杂一些。按照当时的规定，都察院代奏条陈，有两项必要条件：其一是查明条陈中确无"违碍字样"，二是"同乡京官印结"。[3]前者在文字狱之后，谁也不敢掉以轻心，后者由于是进京赴考的举人，身份难以确认，须由同乡京官来出面担保。由于都察院的代奏，须由全体堂官共同签署，而当时的衙门并无严格的上下班

---

〔1〕军机处《洋务档》光绪二十一年四月初三日。又据当日军机处《交发档》："交片一件，抄文廷式等片一，交都察院柏栋。"（《军机处汉文档册》，第424盒）

〔2〕《文廷式集》，下册，第750页。

〔3〕汪叔子、王凡1987年论文已提到此两点规定。此外，该论文还提出了第三条要求，即上书者签名画押，从现存档案中的四月初八日以后代奏的上书原件中，看不到上书者签名画押的痕迹，所有人的姓名都是由一人代抄写的。

制度，经常需送各堂官家中请签署，需要一点时间。全体堂官签署后，最后一道手续是将代奏的条陈按照规定的格式抄录一遍，如果文件很多也很长，则又需要一点时间。此处我可以举出两项旁证。其一，据《翁同龢日记》，他于三月二十九日到督办军务处，“有部院奉天籍者六十人具呈请督办处代奏，有六难。锋锐殊甚，拟明日商递”，此即詹事府左赞善贻谷领衔有官员 26 人、举人 27 人联署的条陈。此事由翁氏主持，当以最快速度代奏，而督办军务处实际上奏日为四月初三日，其中的工作时间为四天。其二，又据《翁同龢日记》，他于三月二十二日在督办军务处得知“译署章京五十六连衔甚壮”〔1〕，此即四月初六日由总理衙门代奏的章京舒文等条陈，前后共用了十四天。

一般地说来，都察院代奏条陈，在其规定的早朝日。都察院、大理寺随同刑部参加早朝，八日一轮。查军机处《早事档》，都察院的早朝日为三月二十一日、二十九日、四月初七日。文廷式等人附片提及“七八日”，由此推算，那么最初的公呈大约是在三月二十五日送到都察院的。从时间安排来看，赶不上三月二十九日的早朝日，也是正常的。

此次拒和上奏上书的行动，都察院本属主力集团。从司官来看，上奏的人员有：四品衔户科掌印给事中洪良品、吏科掌印给事中余联沅、掌江南道监察御史张仲炘、吏科给事中褚成博、三品顶戴掌江西道监察御史王鹏运、礼科掌印给事中丁立瀛、掌山东道监察御史庞鸿书、京畿道监察御史刘心源、掌广西道监察御史高燮曾、福建道监察御史裴维侒、陕西道监察御史熙麟、河南道监察御史宋承庠、浙江道监察御史李念兹、江南道监察御史钟德祥、湖广道监察御史陈璧、掌陕西道监察御史恩溥、掌陕西道监察御史曹榕、掌湖广道监察御史如格、湖广道监察御史富通阿、江南道监察御史管廷献。其中洪良品、王鹏运、高燮曾、熙麟、李念兹等人都是多次出奏。虽说言官们的进诤，与其衙门堂官并无关系，但也可以感受到都察院的热度。

相比起翰林院、内阁，甚至督办军务处，都察院代奏的行动要慢一

〔1〕 陈义杰整理：《翁同龢日记》，第 5 册，中华书局，1997 年，第 2797、2795 页。

些，这主要是上书中的“违碍字样”。御史熙麟于四月初二日，即文廷式上奏的前一日，已在其奏章中称：“又闻各省士子所递公呈因有应避字样，未能遂为入奏，众已哗然。士子声息与民最近，口说是滕，民尤信之。”[1]然将应避字样入奏，又是都察院堂官不敢为之事。四月初四日都察院代奏三件，都是京官或京官领衔。这些人熟悉官场的用语习惯，不太会出现违碍字样。

自四月初四日都察院首次代奏后，四月初六日都察院又代奏了七件，全是举人们的上书，其中包括了梁启超领衔的广东举人80人的上书。然在这一天的代奏中，都察院已有两项改变：其一是不再是一折代奏一件，而是一折代奏七件（少写了六件奏折）；其二是在都察院代奏的原折上，仅仅提到：“臣等公阅各该呈词，均系事关重大，情词迫切，既据该举人等各取具同乡京官印结呈递前来，臣等不敢壅于上闻，谨抄录原呈七件，恭呈御览。”[2]在这一段话当中，少了一句关键语：“尚无违碍字样！”[3]

四月初七日，都察院代递了官员、举人上书六件；同时都察院左都御史裕德、署左副都御史沈恩嘉、左副都御史寿昌上奏，表白其反对议和的态度：

> 自李鸿章与倭奴立约以来，中外嚣然，台民变起，道路惊惶，转相告语。于是京外臣工以及草茅新进相率至臣署，请为代递呈词。此皆我国家深仁厚泽沦浃寰区，凡有血气之伦，无不竭其耿耿愚忱，以奔告于君父。凡所谓割地则自弃堂奥，偿款则徒赍盗粮，弱我国势，散我人心，夺我利权，蹙我生计，寇贼近在咫尺之间，巨患发于旦夕之际。诸疏言之綦详，毋庸缕述。顾既知其害，亟宜

〔1〕《续编·中日战争》，第3册，第118页。

〔2〕《清光绪朝中日交涉史料》，卷40，第5页。

〔3〕都察院的此次改变，很可能与其他衙门的代奏原折有关。三月二十一日翰林院代奏编修丁立钧等条陈，四月初一日内阁代奏侍读奎华等条陈，四月初三日督办军务处代奏左赞善贻谷等条陈，均无“尚无违碍字样”一语。

思挽回之术，补救之方。臣等职司风宪，不敢安于缄默，爰以所闻，参诸愚见，谨据六事，为我皇上陈之。

当时的都察院，共有六堂官，左都御史裕德、徐郙，左副都御史宗室奕年、奕杕、杨颐、寿昌。其中杨颐入闱，由头品顶戴宗人府府丞沈恩嘉暂署；然沈还有另一个重要差使，即军机处汉头班的首席章京，直接处于权力的中心。裕、沈、寿三位堂官实际主持都察院，提出的六事皆为改约再战之计。[1]他们也是上奏浪潮中品级最高的堂官，很难想象他们会"以既已用宝，无法挽回"为由，拒收康有为等人的上书。

四月初八日（5月2日），即康有为所称"不收"其上书的当日，都察院代奏了官员举人的上书共计十五件。且在此次代奏中，都察院又有了两项改变：其一是公开声明"臣等公同阅看，各该呈词字句间有未尽检点之处，惟事关重大，情词迫切，既据该职、该举人等各取具同乡京官印结呈递前来，臣等不敢壅于上闻"。也就是说，都察院堂官已发现"未尽检点"之字句，而仍为其代奏。其二是说明："原呈字数较多，若照例钞录进呈，恐致耽误时日，是以未便拘泥成例，谨将原呈十五件，恭呈御览。"[2]也就是说，为了缩短代奏的时间，都察院不再抄录，直接代奏原件。

按照当时的习惯，官员上奏书写日期皆提前一日，以能赶上子夜奏事处最后的收文时间，不耽误第二天的早朝；请代奏的上书一般只写年月，而在日前空出，以便随时填写。都察院先前代奏的抄件均无日期。此次是原呈代奏，在十五件原呈中，有十件或不写日期或写明年月而空出日，但其中有五件可知其原递都察院的时间：礼部主事罗凤华等条陈原书日期为三月三十日。福建京官兵部主事方家澍等条陈原书日期为"光绪二十一年三月□日"，日前是空的，此虽按当时的习惯来写，但可知其在三月三十日之前递交到都察院。江南举人汪曾武等条陈原书日期为四月初二日。顺

[1] 《清光绪朝中日交涉史料》，卷41，第17—19页。

[2] 《清光绪朝中日交涉史料》，卷42，第23页。

天举人查双绥等条陈原书日期为四月初四日。内阁中书陈嘉铭等条陈原书日期为四月初六日。可以看出，以四月初六日递交到四月初八日代奏，时间已相当迅速。而十五件的数量，都察院有可能已将积匣清空。

四月初九日（5 月 3 日），即康有为称都察院不收上书的第二日，都察院代奏了十件条陈。在上奏中，都察院再次说明“字句间有未尽检点之处”、“仅将原呈十件进呈”的方法。在十件原呈中，有三件写明了日期：二品顶戴按察使衔丁忧河南候补道易顺鼎两件条陈、河南举人步翔藻等条陈，均写明日期为四月初八日。[1]也就是说，都察院当日收到，当晚子时前即递到了奏事处。康有为称四月初八日都察院不收上书的说法，应是谎话。

如果说易顺鼎、步翔藻等条陈是按照官员上奏的习惯，注明日期提前一天的话，那么，他们的条陈也有可能是初七日已递都察院；但是，都察院于四月十一日、十五日还两次共代奏官员举人条陈九件。其中四月十一日代奏的刑部主事徐鸿泰等条陈、河南举人赵若焱等条陈，原呈注明日期为四月初十日；十五日代奏的云南举人张成濂等条陈，原呈注明日期为四月十四日。[2]

由此可以证明，康有为组织的十八行省公车联名上书，并非都察院不收，而是康有为根本没有去送。

## 四 “公车上书”的发动者

前引康有为的《我史》，自称是“公车上书”的领导者：

> 再命大学士李鸿章求和，议定割辽台，并偿款二万万两。三月

---

〔1〕 其余七件为：奇克伸布等、裕端等、山西举人等、四川举人等（二件），此五件皆仅注明日期为“四月”；河南举人等（二件）无日期。

〔2〕 其余六件为：十一日，增杰等、王宝田等、直隶举人等、江西举人罗济美皆无日期；陕西举人等注明日期为“四月”。十五日，江西举人罗济美无日期。

二十一日电到北京，吾先知消息，即令卓如（梁启超）鼓动各省，并先鼓动粤中公车，上折拒和议。湖南人和之。于二十八日粤楚同递，粤士八十余人，楚则全省矣。与卓如分托朝士鼓［动］，各直省莫不发愤，连日并递，章满察院，衣冠塞途，围其长官之车。台湾举人，垂涕而请命，莫不哀之。

按照这一说法，康有为命令梁启超，而梁启超“鼓动”广东举人、湖南举人响应，康有为、梁启超“分托朝士”，“各直省莫不发愤”，由此而兴起了“公车上书”的浪潮。梁启超对此也有同样的叙述：

乙未二三月间，和议将定，时适会试之年，各省举人集于北京者，以万数千计。康有为创议上书拒之。梁启超乃日夜奔走，号召连署上书论国事，广东、湖南同日先上，各省从之，各处连署麇集于都察院者，无日不有。〔1〕

但是，康有为、梁启超又是如何具体地“鼓动”何省，“分托”何人，他们都没有说明。

就我所见，首先对这一说法提出批评的，是孔祥吉。其1988年著作指出：“公车上书之所以能发展成为一个颇具规模的运动，与帝党官僚的耸动支持，自然是分不开的。”他还特别指出了文廷式、翁同龢等人的作用。汪叔子在其所编《文廷式集》中，说明了四月初七日都察院代奏程维清等江西举人121人联名上书、初八日都察院代奏汪曾武等江南举人53人联名上书是文廷式的策动组织。对此，我都是赞同的。

康有为让梁启超出面组织广东省举人联名上书，可以看到的证据是：四月初六日都察院代奏了梁启超领衔的上书，共有广东举人80人签名，其中麦孟华的签名是第5位，康有为没有签名。而第二天，即四

〔1〕 梁启超：《戊戌政变记》（九卷本），清末铅印本，复旦大学图书馆藏，《续修四库全书》，上海古籍出版社，2005年，第446册，第265页。

月初七日，都察院又代奏了陈景华领衔的上书，签名的广东举人多达289人，在签字的名单中，麦孟华列名第63位，梁启超列名第284位，康有为仍未签名。后一次广东举人的上书，现有的文献实在无法证明康、梁在其中的领导作用。由于两次代奏，都察院都以抄件进呈，不知其原件递交都察院的具体时间。从代奏的次序来看，梁前陈后，那就有可能梁启超领衔的上书递交都察院在前。如果以此为序，似又可以认为，在梁启超领衔上书中第11位签名者陈景华，事后再次发动，组织了比梁规模更大的活动；对此另一证据是，梁书上的签名者，基本上都在陈书中签名。由此又可以认为，不管陈景华组织此次活动是否受到了康、梁的“分托”，但在方法上已受到了梁启超的影响。

由此可以提出一个假设：如果各省举人的上书活动是由康有为、梁启超等人“鼓动”、“分托”的话，那么，这些举人应当乐意参加康有为亲自组织的十八省举人联名上书（为了有所区别，可将之称为康有为组织的“联省公车上书”）。康有为晚些时候在上海出版的《公车上书记》，附有十六省举人题名共602人，若与档案中上书举人的名录相比较，似也应该可以找出其中的关联。

当我花了不少时间将两个名录详加对照后，得出来的结论，却不能支持前引康有为的说法：第一，康有为组织的“联省公车上书”中共有广东举人86人签名，其中在梁启超领衔广东举人80人上书中签名的为39人；在陈景华领衔广东举人289人上书中签名的为64人。也就是说，康有为对前两次已签名的绝大多数广东举人并没有相应的号召力。第二，“联省公车上书”共有湖南举人4人签名，其中只有2人在任锡纯领衔湖南举人等43人上书中签名。也就是说，湖南举人3次121人的上书，似与康、梁并无太大关系。第三，“联省公车上书”共有福建举人8人签名，其中2人参加了由福建京官礼部郎中黄谋烈领衔的官员63人、举人88人的上书，其余6人我竟然在葛明远领衔贵州举人110人上书中找到。如果1人籍贯有差，有可能是隶籍两处，然人数多达6人，那只能用失误来解释。由此联想到黄彰健提出的质疑，即有无假借他人名义的情事？我个人以为，这种情况虽不会如同民国时那么普遍，因为毕竟是上书皇帝，但也难保绝无代签者。第四，“联省公车上书”有山西举人10人签名，其中4人参加了常曜宇领衔山西举人61人的上书，两者之间的关系似不紧密。第五，“联省公车上书”有江西举人签名2人、湖北举人签名4人，这与已递的江西、湖北举人上书的人名不同。也就是说，程维清领衔江西举人121人上书、黄赞枢领衔湖北举人36人上书，似与康、梁并无关系。又由于“联省公车上书”并无河南、山东、浙江、奉天、顺天府举人的签名，由此可以认为以上省份共有9次394人上书，似与康、梁并没有关系。第六，“联省公车上书”有四川举人签名71人，与已递四川举人上书的人名不同。也就是说，林朝圻等领衔四川举人5次63人上书，似与康、梁并无关系。有意思的是，在“联省公车上书”中签字的四川举人、内阁中书李之实、李植、秦渐和、杨锐，曾在四月初一日内阁代奏、侍读奎华等官员155人的上书中签名，对此恐不能说康、梁“鼓动”、“分托”了内阁官员，只能说是杨锐等人助成了康、梁。第七，“联省公车上书”有江苏举人47人签名、安徽举人8人签名，其中参加汪曾武领衔江南举人53人上书的共有23人，双方的联系可谓紧密，然汪曾武领衔的上书已有充分的证据可证明为文廷式所策动，两者之间应属合作关系，而不是“鼓动”、“分托”的关系。此外，顾敦彝等江苏等省举人14人的上书，又似与康、梁并无关系。第八，与“联省公车上书”即《公车上书记》附题名联系最为密切者，为广西、贵州、陕西三省。广西举人签名者99人中，有86人参加了邹戴尧领衔广西举人115人的上书；贵州举人签名者115人中，有93人参加了葛明远领衔的贵州举人110人的上书；陕西举人签名者55人中，有52人参加了张黔领衔陕西举人81人的上书。然而，若从这种紧密关系推导出广西、贵州、陕西举人上书是由康、梁“鼓动”、“分托”所致，我一时还来不及找到更多的证据以进行连接。有意思的是，陕西举人的联名上书是由都察院四月十一日代奏的，此时的康、梁却已放弃了递交的努力。第九，“联省公车上书”有直隶举人37人签名，其中有16人参加了纪堪诰领衔直隶举人45人上书；有云南举人15人签名，其中8人参加了张成濂领衔云南举人61人上书。双方的关系不算太密切，但值得注意的是，直隶举人的上书于四月十一日由都察院代奏、云南举人的上书于十五日由都察院代奏，而云南举人的上书注明日期是十四日，也就是说，如果认为直隶、云南举人的上书是由康、梁“鼓动”、“分托”的话，那么，就在康、梁放弃之后，直隶、云南的举人们依旧前往都察院；反过来说，康、梁若与陕西、直隶、云南举人关系密切的话，那么，他们内心中十分清楚，四月初十日之后都察院依旧开门接受公车们的上书。第十，“联省公车上书”有甘肃举人61人签名，为首者为李于锴；查李于锴还单独组织了甘肃举人76人的上书，其中两者皆参与者为43人，可谓关系紧密。很可能受到康、梁等人的影响，李于锴领衔的甘肃举人76人的上书，也在中途放弃了，未递都察院。〔1〕

光绪二十一年是康有为第四次来京，主要目的是参加会试。随同来京的，还有他的弟子梁启超与麦孟华。他们于当年二月十二日（1895年3月8日）到达天津，虽不必参加新举人的复试，但须准备三场会试，即在三月初八日（4月2日）入场，初十日出场；十一日（4月5日）入场，十三日出场；十四日（4月8日）入场，十六日出场。此时的康有为名声并不大，虽与一些京官有联系，但来京会试的各省举人很可能从未听说过他的名字。从时间安排来看，他与各省举人之间交往也不太可能很多。此时的梁启超也不是后来在《时务报》上神采飞扬的闻人，且一生乡音甚重。由他们俩出面领导如此规模的公车上书，从常理上说，也是有困难的。〔2〕

然而，前引康有为说法中有一句，似可揭开此中的迷雾：“再命大学士李鸿章求和，议定割辽台，并偿款二万万两。三月二十一日（4月15日）电到北京，吾先知消息”；其中电报内容为何，又是谁向其透露的，康没有说明。查相关档案文献，如果康有为真能够获有准确情报的话，此电报似应是李鸿章于三月二十日酉刻（下午5至7时）从日本马关发：

---

〔1〕 李鼎文：《评介甘肃举人〈请废马关条约呈文〉及其他》，《甘肃师大学报》1963年第1期。李鼎文校点：《李于锴先生遗稿辑存》，兰州大学出版社，1989年，第44—48页。我是看到刘高著《北京戊戌变法史》提及此事，才去查阅相关史料的。

〔2〕 汪叔子、王凡1987年论文认为当时的康有为对公车们并无威望可言，并进行了分析。但其主旨是针对康氏组织的公车上书的，后将详论。

效（十九日）三电，尚未奉复。未初，伊藤专员来催，以前限定四日回复，限期已到，立等复信。不得已令经方往伊寓密陈一切……磋磨再四，伊亦坚拒，谓："前两函已说定，无可商改，此等费辞何益？广岛运兵船六十余只，现装十万人已陆续开驶，由小松亲王等带往大连湾、旅顺，准备进攻。若不照我前改约款，我之权力实系无法禁止，务即日会商定计。"经方谓："鸿伤病甫愈，精神委顿，今日不及往晤。"伊谓："本不能改，因尔谆托，姑候至明日四点钟晤面定议，过期即作罢论。"事关重大，若照允，则京师可保，否则不堪设想。不敢不候电复，即行定约。电谕想已在途，明日午前当到，鸿不至失信，庶无决裂。请代奏。[1]

由于当时用的是有线电报，需一站站地接力，从日本到上海，再转天津至北京总理衙门，由总理衙门译出抄送军机处。由此在《宫中电报电旨》的收电原件上注明"二十一日丑刻（凌晨1至3时）到"。这个时间，也正好赶上当日的早朝。

然而，这封电报的内容究竟又是谁向康有为透露的？从康有为《我史》中可以看到，此时他与掌江西道监察御史王鹏运、詹事府左庶子戴鸿慈交往较多，这两位都是主战派的干将，其中他与王鹏运关系尤密。[2]以本章第二节开列的上奏、代奏和电奏日期表中可以查到，王鹏运于三月

---

〔1〕《宫中电报电旨》，第39盒；又可见顾廷龙、叶亚廉主编：《李鸿章全集》电稿三，上海人民出版社，1987年，第497页。

〔2〕康有为在《我史》中称，其弟子陈千秋于光绪二十一年正月死于吐血，其原因是家乡同人局一事，受张嵩芬之迫害。"礼吉盖殉节同人局者也"，"自礼吉之死，吾恨之深，乙未草折令御史王佑遐劾之，有其通贼书为据。"王佑遐，即王鹏运，此事可得到档案的证实。军机处《随手档》光绪二十一年九月十二日记："御史王鹏运折……片一、广东窃风猖獗请饬严拿由。"同日军机处《上谕档》有寄信谕旨："军机大臣字寄两广总督谭：有人奏，广东近年盗风猖獗……群盗以劣绅为窝主，劣绅又恃恃奸捕为耳目。如南海县之张乔芬、番禺县韩昌晋皆为劣迹彰著。张乔芬有弥缝窝赃手书石印传观……著谭钟麟督饬该地方官设法严拿，务获渠魁。张乔芬果有窝盗情事，即著从严惩治。"张嵩芬即张乔芬，两者字体相近，为笔误。此外，康有为在《我史》中还称其多次为王鹏运拟折，皆能从档案中得到印证。（参见本书第八章第二节）

二十二日上有一折，若按当时的规定，此折当在二十一日子夜前交到奏事处。该折称：“和约要挟已甚，流弊太深，请回宸断而安危局。”从内容来看，他并不知道三月二十一日收到的上引李鸿章电报内容，只是称“又闻割台湾已有成议”〔1〕。康有为若从王鹏运等人处得到的情报，很可能只是马关条约的内容，而不是三月二十日上引李鸿章电报的内容。(后将详述)〔2〕

如果确实是王鹏运透露情报（马关条约的内容，而非李鸿章三月二十日电报内容）给康，那么可以认定，是王策动了康，王才是梁启超领衔的广东举人80人上书的真正的“鼓动”者与“分托”者。

实际上，究竟是王鹏运还是其他人向康有为透露情报，今天看来并不重要；重要的是，透露情报者的目的，就是要策动公车们上书。

来京参加会试的新举人，须有同乡京官的印结，方能参加会试前的复试；都察院代奏举人们的上书，也须有同乡京官的印结，方能收下。而当时出具印结是要付钱的，结费也是京官们的一项重要收入，为了这项收入，京官们也经常主动与举人联络。入京会试的举人有不少人住在家乡会馆，而这些会馆多由同乡京官维持。所有这些线索都联系着举人们与他们的同乡京官。从文廷式策动江西、江南举人共174人两次上书事例来看，公车上书的策动者应是京官，方法是通过同乡、亲属、旧友等关系。

从现有的上书中也可以看到明显的痕迹。四月初三日由督办军务处代奏、以詹事府左赞善贻谷领衔的上书，有官员26名、举人27名，是奉天籍官员、举人的联合行动。初四日由都察院代奏、户部主事叶题雁领衔的上书，有官员2名、举人3名，又是台湾籍官员、举人的联合行动。初七日由都察院代奏、礼部郎中黄谋烈领衔的上书，有官员63名和举人88名，是福建籍官员、举人的联合行动。初八日由都察院代奏、兵部主事方家澍领衔的上书，另有举人5名，实际上是方家澍领着福建

〔1〕《清光绪朝中日交涉史料》，卷38，第11—12页。

〔2〕 欧阳跃峰2002年论文已涉及康有为的消息来源，并注意到了李鸿章的电奏情况。

侯官、闽县的举人上书。十一日由都察院代奏、奉恩将军宗室增杰领衔的上书，有官员 13 名、举人 6 名、生员 2 名，则可能是本旗官员、举人、生员的联合行动。

从手法上看，这种集会具稿、联名上书的方式，原本是翰林院等处京官的拿手戏，宣南多处地方又是他们集会的习惯场所。甲午战争期间他们已有多次发动。文廷式本人在此前不久即有相当出众的表演：光绪二十年（1894）八月，文廷式聚翰林院同仁于全浙会馆，57 人联名上奏请恭亲王复职；九月，又与编修李盛铎等集会于谢公祠、松筠庵，37 人联名上奏以阻止和议并请密联英、德。[1]文廷式等人组织的这两次集会联名上书，站在其背后的人，今天看起来身影已渐趋清晰，是翁同龢。

文廷式等人此次再次发动上书，手法上并无新意，规模上却有了数量级的放大，加以恰值会试之期，公车们的加入更是扩大了民间的影响。

然而，我个人以为，文廷式、贻谷、叶题雁、黄谋烈、方家澍、增杰等人还只是出头露面者，似还不是此次官员、举人上书运动的发动者，他们的背后似乎还站着翁同龢（军机大臣、督办军务处会办大臣、户部尚书、署吏部尚书、管理国子监大臣）、李鸿藻（军机大臣、督办军务处会办大臣、礼部尚书）、汪鸣銮（总理衙门大臣、吏部右侍郎）等人。这些人位于决策的中心，又力主拒约，此时他们特别需要来自下层的支持。

由此来观察政治决策中心的情况。

李鸿章到日本后，于三月初五日与日方签订《停战协定》。三月初七日，李鸿章电告日方和约条件：割地台湾、辽东，赔款 3 亿两。

〔1〕该折见《清光绪朝中日交涉史料》，卷 21，第 24—25 页。联衔人为翰林院侍讲学士文海、秦绶章、樊恭煦、编修陆系辉、丁立钧、黄绍箕、周克宽、华辉、冯煦、沈曾桐、陈遹声、徐世昌、周承光、陈田、吴炳、柯劭忞、李盛铎、周树谟、费念慈、王同愈、熙瑛、余诚格、吴嘉瑞、恽毓鼎、检讨陈曾佑、编修叶昌炽、吴荫培、余朝绅、曾广钧、鹿瀛理、谢佩贤、杨捷三、检讨阎志廉、编修汪诒书、蔡元培、修撰张謇、编修尹铭绶。

此后又有数电，请示处理办法。三月初十日（4 月 4 日），光绪帝电谕李鸿章：

> 奉旨：李鸿章连日密电议款十条，均已阅悉。日本要挟过甚，索费奇重，索地太广，万难迁就允许。此次伊藤、陆奥同任全事，待该大臣情意不薄，该大臣惟当与之尽心联络，竭力磋磨，此事谅非一二次辩论所能了。来电称，拟辩驳数千言，俟交阅后看其如何答复，再为酌核。[1]

查当日《翁同龢日记》，该电旨是由翁起草，并与礼亲王、庆亲王及孙毓汶等人一同前往恭亲王府，相商决定的。翁日记中有两点很值得注意："上意总在速成，余力陈台不可弃，与二邸（指礼、庆）语不洽"；"孙公力争，并言战字不能再提。邸（指恭亲王）疾甚，唯唯，执其手曰是。"[2]前者可以看出，翁与光绪帝的意见并不完全一致，与礼亲王、庆亲王意见抵触；后者可看出，孙毓汶、恭亲王的意见是不可再战。又查军机处《早事档》，恭亲王于三月初三日（3 月 28 日）请病假五天，并此后一直请病假[3]，军机处中还有礼亲王世铎、孙毓汶、翁同龢、李鸿藻、徐用仪、刚毅、钱应溥七人。而在这一天，翁控制住了局面。

翁同龢性格执拗，遇事敢争，尤其是事关国家之命运，经常背着同僚，在上书房向光绪帝单独进言。时任总理衙门大臣、督办军务处会办大臣、步军统领的荣禄，在光绪二十年十一月初三日（1894 年 11 月 29 日）致陕西巡抚鹿传霖密函中称：

---

〔1〕《续编·中日战争》，第 3 册，第 28 页。

〔2〕本小节所引《翁同龢日记》，见该书第 5 册，第 2791—2794 页，以下不再一一注明。

〔3〕军机处《早事档》光绪二十一年三月初三日记。据该档册，三月初八日恭亲王又请病假 10 天，十八日又请病假 10 天，二十八日又请病假 10 天，四月初八日（5 月 2 日）开始销假。（《军机处汉文档册》，第 2157 盒）

常熟奸狡性成，真有令人不可思意［议］者；其误国之处，有胜于济南［宁］，与合肥可并论也。合肥甘于小人，而常熟则仍作伪君子。刻与其共事，几于无日不因公事争执，而高阳老矣，又苦于才短，事事为其欺蒙，可胜叹哉！日前常熟欲令洋人汉纳根练兵十万，岁费饷银三千万，所有中国练军均可裁撤，拟定奏稿，由督办军务处具奏。鄙人大不以为然，力争之。两王及高阳均无可如何，鄙人与常熟几至不堪，始暂作罢议。及至次早，上谓必须交汉纳根练兵十万，不准有人拦阻，并谕不准鄙人掣肘云云。是午间书房已有先入之言矣。奈何?[1]

济宁为孙毓汶，合肥为李鸿章，高阳为李鸿藻，两王为恭亲王、庆亲王。恭、庆、翁、李、荣时为督办军务处的督办、帮办、会办大臣。荣对翁在督办军务处的执拗、争执颇不满。查翁同龢此一时期的日记，记录其在御前的争执甚多，据此与军机处、宫中诸档及李鸿章、盛宣怀等私人档案相对照，可以了解当时政治中枢的动向，也可以看出康有为、文廷式与权力中心之间的距离。正因为如此，我在本节及以下诸节中会较多地引用其日记。

李鸿章收到三月初十日电旨，不得要领，于十一日回电称："昨请示各款，如何应准、应驳，尚未蒙分条明晰详示，鸿实无所适从。"三月十二日（4月6日），李又发一电，称与伊藤书面交换意见后，感到"若欲和议速成，赔费恐须过一万万，让地恐不止台澎。但鸿断不敢擅允，惟求集思广益，指示遵行"。[2]对此，翁同龢在三月十二日日记中称：

〔1〕邵循正等编：《中国近代史资料丛刊·中日战争》，新知识出版社，1956年，第4册，第576页。以下简称《丛刊·中日战争》。

〔2〕《宫中电报电旨》，第79盒；又见于《李鸿章全集》电稿三，第482—483页。"赔费恐须过一万万，让地恐不止台澎"一语似可注意，很可能李鸿章原先的谈判底线即为赔款一万万，让地为台、澎。

余力言台不可弃，气已激昂，适封事中亦有以此为言者，余以为是，同官不谓然也，因而大龃龉。既而力争于上前，余言恐从此失天下人心。彼则谓陪都重地，密迩京师，孰重孰轻，何待再计，盖老谋深算，蟠伏于合肥衔命之时久矣。见起三刻，书房一刻，不觉流涕。再到直房，将稿删改数十百字，然已落彀中矣。余之不敏不明，真可愧死。同诸公散直径访恭王府，以稿呈阅，王亦无所可否，似已入两邸之言，嫌余讦直也。

此一记录表明，翁在御前与军机处同僚发生了大冲突，一些军机大臣的意见是割台以保辽，翁既不同意割台也不同意割辽。翁所提到的“封事”，即本章第二节已录当日文廷式所上“倭专攻台请饬使臣据理争论折”、“倭人条款不可轻许片”，翁由此感到了一种支持。光绪帝在讨论中似乎并没有同意翁的意见。恭亲王听了“两邸”（礼、庆）之言，也不赞同翁的意见。这一天御前及至恭王府讨论的结果，反映在第二天（三月十三日，4 月 7 日）给李鸿章的两道电旨上：

奉旨：李鸿章十一日电奏悉。据称，现交说帖，不过笼统辩论，请将赔款割地必不能允之数，斟酌密示等语。两端均关重要，即如割地一端，奉省乃陪都重地，密迩京师，根本所关，岂宜轻让；台湾则兵争所未及之地，人心所系，又何忍轻弃资敌。既不能概行拒绝，亦应权其利害轻重，就该大臣之意决定取舍，迅即电复。至于赔费一节，万万以外，已属拮据，彼若不肯多减，则力难措办，可将实情告之。该国既欲议和，谅不至始终胶执，惟视该大臣相机操纵何如耳。

奉旨：……南北两地，朝廷视为并重，非至万不得已，极尽驳论而不能得，何忍轻言割弃。纵敌愿太奢，不能尽拒，该大臣但须将何处必不能允、何处万难不允，直抒已见，详切敷陈，不得退避不言，以割地一节归之中旨也。该大臣接奉此旨，一面将筹定办法及意中所欲言者，切实奏复，一面遣李经方前往，先将让地应以一

处为断，赔费应以万万为断，与之竭力申说……[1]

这两道电旨皆是由翁改定的，其意是台湾、辽东都不可割，如果必须要割，那就请李鸿章自己来决定割哪一处！翁同龢在此已有着明显的意气用事，然他此时的自我感觉却是“已落彀中”。三月十四日，《翁同龢日记》透露了慈禧太后的态度：“两地皆不可弃，即撤使再战，亦不恤也。”

然而，李鸿章发来的电报，传来越来越多的坏消息，日本方面要求南北均割，赔款不能减，并“必欲分道直攻北京，再行议和”。三月十六日（4月10日），李鸿章与伊藤再次会谈，日方提出了最后条款：台澎全割，辽东割地有所减小，赔款减为两亿两。伊藤称“三日内回信，两言而决。能准与不能准而已。鸿与反复辩论两点钟之久，毫不活动，看其口气过紧。”“广岛现泊运船六十余只，可载兵数万，小松亲王专候此信，即日启行。”“伊等骄狂太甚，屡以西人攘利开导，毫不为动，经方亦无能解说。”三月十七日，伊藤致函李鸿章，称限四日内回复，即三月二十一日回复。[2]李鸿章以上三电于十八日呈光绪帝、慈禧太后。[3]

三月十八日（4月12日）的御前会议，就李鸿章连日三电进行了讨论，《翁同龢日记》记：

> 见起三刻，于上前有所陈说。退而偕庆邸及诸公诣恭邸，恭邸稍愈矣，然于事无能补救也。再至直房拟旨递，午正二刻（下午12点半）始传散，无它语也。

---

〔1〕《宫中电报电旨》，第37盒；又见于《李鸿章全集》电稿三，第484—485页。前电“元申”发，即十三日下午3时至5时，后电“元申正”即十三日下午4时。李鸿章于十四日巳刻（上午9至11时）收到。

〔2〕《李鸿章全集》电稿三，第489—492页。三电发于16日亥刻（下午9至11时）、17日午刻（中午11至下午1时）、戌刻（下午7至9时）。

〔3〕军机处《洋务档》，光绪二十一年三月十八日。

由此可见，光绪帝并未采纳翁的进言，最后的决定在恭王府中做出。又查该日军机处《洋务档》，有军机处奏片：

> 臣等遵旨往见恭亲王，将早间面奏并面谕各节，公同商酌。恭亲王意见相同，谨拟电旨一道，恭呈御览。伏候发下后，交该衙门办理。

再查当日发给李鸿章的电旨：

> 奉旨：十六、十七两日电奏三件均悉……惟两大款关系最重，赔费已减三分之一，若能再与磋磨，减少若干，更可稍纾财力。让地一节，台澎竟欲全占，奉省所退无几，殊觉过贪……为今之计，或允其割台之半，以近澎台南之地与之，台北与厦门相对，仍归中国。奉天以辽河为三省贸易出海之路，牛庄、营口在所必争。著该大臣将以上两节，再与竭力辩论，冀可稍益大局。伊藤连日词气极迫，倘事至无可再商，应由该大臣一面电闻，一面即与定约。该大臣接奉此旨，更可放心争论，无虞决裂矣。[1]

可以看得出来，这一道电旨的内容，翁内心中是万万不能同意的，但由其拟旨进呈，又见其内心中最后的底线：台湾割其一半，即割台南而保台北；辽河出海口营口、牛庄不能割。

李鸿章于三月十九日巳刻（4 月 13 日上午 9 至 11 时）收到此电旨，感到无法照办。伊藤再三对他说明是最后条件，并不准备再进行谈判；电旨又强调了在不决裂的情况下“放心争论”，更何况“一面电闻，一面与之定约”，所有的责任都将会落到自己身上。于是他于十九日巳刻、午刻（中午 11 至 13 时）、酉刻（下午 5 至 7 时）一连三电告急。三月二十日（4 月 14 日），李鸿章三电呈光绪帝、慈禧太

〔1〕《宫中电报电旨》，第 37 盒；又见于《李鸿章全集》电稿三，第 494 页。

后。[1]查二十日《翁同龢日记》：

> 李相频来电，皆议和要挟之款，不欲记，不忍记也。见起二刻。

翁这时的心情已是极坏，"见起二刻"长达半小时，他没有说明他是否还在争执，对此次御前讨论的情况，他也没有留下任何记载。此中的隐情可见于三月二十日午刻发给李鸿章的电旨，称：

> 奉旨：李鸿章十九日三电均悉。十八日所谕各节，原冀争得一分有一分之益，如竟无可商改，即遵前旨与之定约。钦此。[2]

这是一道决定性的电旨！即命李鸿章按照伊藤博文提出的最后条件，与日本签订和约。毫无疑问，这一道电旨违背了翁同龢等人的意愿，于是有了其日记中"不欲记，不忍记"之语。光绪帝的最后态度，已使翁同龢等人感到他们失去了对事态的控制。

由于李鸿章于三月二十一日辰刻（4 月 15 日上午 7 至 9 时）才收到这一道电旨，于是便有了前引李鸿章三月二十日酉刻从马关发出、总理衙门于二十一日丑刻收到的电报。[3]

由此再观康有为《我史》中称"三月二十一日电到北京，吾先知消息"一语，即可深入此次"公车上书"的内幕。康似无可能知道当日收到的李鸿章电报内容（催促朝廷的最后决定），其所得知者可能仅仅是《马关条约》的基本条款；康绝不可能知道谈判的具体过程，

---

〔1〕 军机处《洋务档》，光绪二十一年三月二十日。电文见《李鸿章全集》电稿三，第 494—495 页。

〔2〕《宫中电报电旨》，第 37 盒；又见于《李鸿章全集》电稿三，第 498 页。

〔3〕 总理衙门收到李鸿章的电报后，再次发电："二十日酉刻来电悉。昨奉旨：'十九日三电均悉。十八日所谕各节，原冀争得一分有一分之益，如竟无可商改，即遵前旨与之定约。钦此。'二十日午刻发，想夜间必可接到，希即遵旨办理，以免延误。马卯正。"马卯正即二十一日上午 6 点。李鸿章于同日午刻（11 至 13 时）收到。（《李鸿章全集》电稿三，第 498 页）

更不可能知道三月二十日的电旨；由此而可以认定，向康透露消息者，其目的不过是让他们出面来反对条约、反对李鸿章、反对割台、拒和再战。这些又恰恰是翁同龢、李鸿藻、汪鸣銮等人的主张。反过来说，如果让公车们知道全部消息，即知道谈判的全过程，知道三月二十日电旨，甚至知道李鸿章三月二十日的电报内容；他们也会同样知道，李鸿章所做的一切皆奉有旨命。如此这般，他们就有可能去反对军机处，甚至反对光绪帝本人，事态的发展将不可收拾。而政治高层发动者决定于二十一日对外透露，恰是他们要利用下层的请愿来改变光绪帝二十日的旨意。

由此再观文廷式在《闻尘偶记》中的说法：

> 总署事极机密，余则得闻于一二同志，独先独确。因每事必疏争之，又昌言于众，使共争之。尝集议具稿，时有为余危者，余曰：愿执其咎，不敢让也……倭人先电询鸿章有让地之权否，又电云有概行让地之权否。马关约至，在廷皆知事在必行，不复有言。余独以为公论不可不伸于天下，遂约戴少怀庶子（鸿慈）首先论之。都中多未见其约款，余录之遍示同人。俄而御史争之，宗室、贝勒、公、将军之内廷行走者争之，上书房、南书房之翰林争之。于是内阁、总署及各部司员各具公疏，大臣中单疏者亦十余人。于是各省之公车会试京师者亦联名具疏，请都察院代奏……时和议几沮。[1]

从这段记录来看，文廷式并不知道全部消息。其中“倭人先电询有让地之权否，又电云有概行让地之权否”，皆是错误的消息；“马关约至，在廷皆知事在必行，不复有言”，又似乎是李鸿章独立谈判签约，翁同龢等人未作力争。而他于三月二十五日（4 月 19 日）与秦绶章、戴鸿慈、陈兆文联衔奏折，清楚地表明其消息的片面性：

---

〔1〕《文廷式集》，下册，第 750 页。

闻倭人所索十款，事事出情理之外，而我使臣昏瞀无识，事事允从，辱国病民，莫此为甚……臣等固伏愿圣意更加详审，饬令使臣与之力辩，即勉强画诺之后，仍有可商，崇厚之事，是其旧例……至李鸿章受伤甚重，现在能否痊愈，尚未可知。李经方资望太浅，断难肩此重任。立约之事，亦可借此宕延。海内喁喁，惟望朝廷慎之又慎而已。总之，事关安危，苟有一分之挽回，必有一分之利益。倭之欲和急于我，固无虑因此速召其兵。惟我愈下，斯彼愈骄，故敢恣睢至此，揆之事势，断不可从。[1]

由此可见，文廷式等人只知道条约的大体内容，不知道谈判的全过程。他援引“勉强画诺”的崇厚之例，可证其不知道三月二十日的电旨。而他二十五日上奏还要求推迟签约，要求使节“与之力辩”，又可证其不知道李鸿章已于三月二十一日亥刻（晚 9 至 11 时）发电，将于三月二十三日巳正（4 月 17 日上午 10 时）与日方正式签约。由此可见，文廷式自以为得意的情报“独先独确”，实际上只是独褊独狭。他将《马关条约》的内容，“录之遍示同人”，恰是政治高层中发动者的愿望所在；而他的“集议具稿”的方式，“愿执其咎”的性格，又应该是发动者十分欣赏的。而文廷式如此称言，属初入政坛而未知其底里的新手。他于光绪十六年中进士，十八年散馆授编修，二十年大考翰詹，超擢翰林院侍读学士，获上奏权。他在甲午战争期间激烈的主战言论，使之名声大振。他与瑾、珍两妃之兄志锐的早年关系，与翁同龢等人的门生关系，又使之在政治上大肆张扬。他站在舞台的中心，即自以为是主导，然而，他并没有意识到，真正的政治决策中心绝不会在台前而只能是在幕后。

同此原因，当我在阅读有关拒和的上奏、代奏等档案文献时，突出的感受是，绝大多数上奏上书者的情报都十分褊狭，甚至误认为李鸿章私自签订了《马关条约》。他们上书的目的，是要求光绪帝利用条约的批准权，来否决《马关条约》。这种误解越到下层即越普遍，而在最低

---

〔1〕《文廷式集》，上册，第 61—63 页。

一层公车们的上书中，李鸿章形象有如汉奸。

从当时的情况来看，这些政治高层的老手们已经看出，他们内心中绝不赞同的《马关条约》，也一定会受到官员士子们发自内心的拒绝。李鸿藻、翁同龢等人本是清流领袖，精通此中的门道。他们知道，只要将条约内容稍稍外泄，将立即激起反对的浪潮。他们无须亲自组织，处处布置，甚至有可能没有预料到公车们的加入，致使雪球越滚越大。他们所需要做的，仅仅是向外稍稍透露一些他们认为可以透露的情报，微微作一点暗示，犹如长袖轻轻地拂过桌面一样。他们想要得到的，只是有人出面来反对，这样就有机会再次向光绪帝进言，以拒绝批准或推迟批准由光绪帝电旨同意、李鸿章已经签订的条约。也就是说，要利用下层的压力，让光绪帝自我否决三月二十日的电旨。

三月二十一日的时间，《马关条约》的内容，使我感受到了此中政治运作的分量。〔1〕

由此观之，有两个不同概念的“公车上书”：其一是由政治高层发动，由文廷式等京官暗中策划，由梁启超、陈景华等公车直接参与组织的“公

〔1〕 我后来在中国社会科学院近代史研究所图书馆所藏的《张之洞档案》中看到以下材料。其一是张之洞给杨锐的电报：“和约除割台湾、辽之旅顺等处外，一、赔款二万万，一年内交一万万，余六年内交清，加息五厘。一、通商条内，添沙市、重庆、苏、杭四处；又，口岸城邑，日本臣民任便往来，从事商业、工艺制造；又，将各机器任便制造；又，倭在内地制造之货，完税不完厘；又，进出口货暂存行栈，毋庸输纳税钞；又，倭轮驶入以上各口。一、威海刘公岛抵押，驻兵数千，每年供兵费五十万两；如和约不实力奉行，兵即永远不撤。一、中日联合备战守，确有此条，大略是经营中国制造军火局及运兵铁路。看此各条，割台湾尚是小事矣。何人议论最中肯？有动听者否？有转机否？要人有力争者否？速示。名心叩。沃。”（光绪二十一年四月初二日巳刻发，《张之洞存各处电稿原件》，第13函，所藏档号：甲182—384。该年注明“未钞入簿子”。）其二是张之洞同日给北京的“米”（很可能是刘恩溥，清流大将）发了内容相同的电报，只在“割台湾尚是小事矣”之后，仅一句“诸公但争台，何也?”张之洞给杨锐等人的密电，明显地指使他们在京发动更大的拒约上奏、上书的热潮。其三是张之洞给易顺鼎的电报：“山海关刘钦差幕府易道台实甫：时局如此，阁下有何良策？朝士有何嘉谋？当道如何补救？祈速示。洞。俭。”（三月二十九日卯刻发，出处同上）在该电中张之洞还删去一句“京城有何消息?”此时易顺鼎也在京城，并上书言事，不知易顺鼎是否也起到推动公车上书的作用。

车上书”（即广义的公车上书），共计 31 次，参加的人数达到 1555 人次；这一类的“公车上书”对当时的政治决策起到了微弱的作用。对此，我将在下一节中予以证明。其二是由康有为组织的号称 18 行省举人联衔的“公车上书”（即康有为组织的“联省公车上书”），那是一次流产的政治活动，对当时的政治生活并无作用。对此，我也将在后文中予以说明。后一概念的“公车上书”（“联省公车上书”）原本只是前一概念的“公车上书”（广义的公车上书）的组成部分；然而，康有为已将后一概念的“公车上书”（“联省公车上书”）放大，致使今人将“公车上书”这一词汇作为康有为组织的“联省公车上书”的专用名词。为使今人有所区别，我在此不得不强调两个概念之间的区别。

## 五　官员与公车上书的实际政治作用

官员与公车的上奏上书波澜渐起，政治局势也随之渐起变化。两者之间的互动关系究竟如何？我在本章第二节中已经说明了每日上奏、代奏、电奏的情况，以下再逐日地说明三月二十二日以后政治中心的情况，及其与官员、公车上书的关联。

光绪二十一年三月二十二日（1895 年 4 月 16 日）的《翁同龢日记》，透露了以下内容：

> 见起二刻，书房俄顷，再到直房，辰正三散，极早也。小憩。到督办处，见译署申君允，慷慨争和议，译署章京五十六连衔说帖，甚壮，惜太迟矣。徐小云来，邀至莱山处，见李电，言廿三日已刻画押，限廿日在烟台换约，来请示。答以今日未及进呈，并明日请旨后再复，然已刻不能到也。[1]

[1] 本小节所引《翁同龢日记》，见该书第 5 册，第 2795—2801 页，以下不再一一注明。“申允”，似为升允，详见第二章第一节。

这一段日记透露出，翁当日两次见到了光绪帝，但没有透露说了什么。在督办军务处，总理衙门的官员告诉他，总理衙门章京等 56 人准备联衔上书，再争和约，其评价是“甚壮，惜太迟”，也没有透露对该官员说了什么。

继而徐用仪请他到总理衙门，与孙毓汶共阅李鸿章二十一日发来、拟二十三日签约的请示电报，他却不同意将此立即上报光绪帝，而是压到第二天早朝时再向光绪帝请示。尽管他知道光绪帝一定会同意，但正式同意签约的电旨，在签约之前绝对到达不了李鸿章的手中。这一点小小的计谋，他后来果然实现。[1]

三月二十三日（4 月 17 日）的《翁同龢日记》，透露了以下内容：

> 见起一刻余，仍至书房，以陈炽《庸书》、汤震《危言》进呈御览。再到直房看电旨稿，巳初二刻散……晚饭后柳门来长谈，激于时议，颇有深谈，抵暮去。

这一天是同治帝的生日，光绪帝与军机大臣一大早到寿皇殿行礼。军机叫起的时间晚了许多。他在书房中与光绪帝单独会面，并进呈两书。军机处散值是上午 9 时半，与李鸿章原订的签约时间只差半小时。“柳门”即汪鸣銮，“时议”为何，并没有说明，汪鸣銮是总理衙门大臣，“时

---

〔1〕 光绪二十一年三月二十三日午刻，李鸿章才等到总理衙门的电报：“廿二午后始接廿一亥电，不及进呈，须俟明早请旨发电，计巳刻断不能到。前旨既令定约画押，原系一事，应由尊处酌办。贵体是否已愈？并电复。养酉。”（“养”为二十二日，“酉”为下午 5 至 7 时）李鸿章只能在回电中称：“正发电间，奉养酉电，敬悉。事已定，押已画，不及候旨。”二十三日发出的电旨称：“李鸿章两电均悉。留军之费减至五十万，互换之期订限二十日，均照所请办理。该大臣今日巳刻画押，即登轮回津……”该电旨还让李鸿章与伊藤商量交接台湾的问题。李鸿章由于起程回天津而未收到该电旨。总理衙门在补发该电旨时说明：“此电已于二十三日巳刻发，旋由长门电局复称，贵大臣已起程，未经递到。今补寄。沁。”（“巳刻”为上午 9 至 11 时，“长门”即下关，“沁”为二十七日）又该电注明收到时间为“二十八日子初”，此按照中国习惯，严格计算当为二十七日晚 11 时。（《宫中电报电旨》，第 38、37 盒，并参见《李鸿章全集》电稿三，第 500—503 页）

议”莫非是总署章京们的联衔上书？

三月二十四日（4月18日）的《翁同龢日记》，透露以下内容：

> 连日因台事与同官争论，入对时不免愤激。二刻下书房，一刻再至直房，无所补救。退，与高阳谈于方略馆，不觉涕泗横集也。

尽管光绪帝已经发出了两道电旨，尽管李鸿章也已签订条约，但翁仍不同意，为割台事与军机大臣们争论，甚至对光绪帝的用语也“不免愤激”。然而，他在书房、直房的补救工作都失败了。“高阳”，即李鸿藻，两人在方略馆相谈时，意见一致。由此可见，翁、李两人并没有因条约已由光绪帝同意、李鸿章签署，而放弃他们最后的努力。在这几天中，要求拒约的上奏与电奏渐起。

三月二十五日（4月19日）的《翁同龢日记》，透露以下内容：

> 见起二刻余，封奏二、电九，内一乃俄请暂缓批准和约也。书房一刻，极言批准之不可速，然无益也。

其中俄国请暂缓批准和约一事，即是清朝驻俄国公使兼驻德国、奥地利公使许景澄（此时正在俄国首都圣彼得堡）的电报。该电称：

> 顷俄外部称：昨奉俄主谕，如和约画押，请中国暂缓批准。俟筹定，即由喀使转告，已电喀使先复。叩以何时可定，则云：但候法、德准信，不过二三日等语。又德主前日见巴使，德报谓倭议内地商务，不便于德云。[1]

---

〔1〕《收许景澄电》（光绪二十一年三月二十四日）。又，当日许景澄还有一电：“德外部称，劝事除商各国外，已照电驻俄使转达，尚未得复。俄事明日可晤外部。再闻。”（《续编·中日战争》，第3册，第74—76页）

清朝在马关条约谈判时，曾多次请求各国帮助。马关订约的内容，也向欧美各国透露。此次是俄国第一次正式表示将出面干涉。喀使即俄国驻华公使喀希尼（Count A. P. Cassini）。巴使即巴兰德（M. A. S. von Brandt），为德国前任驻华公使，亦曾任德国驻日本公使，在远东事务上，德国外交部经常征求其意见，不久后出任德国外交部代理副大臣。然而，许景澄这一“利好”的电报，并没有改变光绪帝的旨意；翁在书房单独会面时，也未能说服光绪帝暂缓批准《马关条约》。到了这样一个时候，翁等人最需要的就是来自言路方面的支持。从本章第二节中可见，也就在这一天，文廷式等人出奏。

三月二十六日（4 月 20 日）的《翁同龢日记》，透露以下内容：

> 盛电谓巴兰德甚出力，令德纠约俄、法出论云云。同官或议为不足恃，余与兰孙力斥之，在上前亦切陈之，三刻退。书房复申言之，巳初散。

盛为天津海关道盛宣怀，盛电的内容是报告俄、德、法三国将出面干涉之事。[1]同官指当时的各位军机大臣，兰孙是李鸿藻。翁、李两人依旧坚持他们的态度，辩论的时间长达三刻钟，翁还在书房再次向光绪帝进言。这一天翁、李的劝说工作虽无成果，但由于三国将干涉《马关条约》的消息，使事态出现了转机。

三月二十七日（4 月 21 日）的《翁同龢日记》，透露以下内容：

> 见起二刻，命以电询许景澄俄所要倭者何语。书房一刻，李鸿章六百里报，携至书斋示臣，明日始下。再至直庐，巳初一刻散……是日庆邸有起，在军机起前。

本日最为关键的一事，是李鸿章从马关回天津后，于三月二十六日以六百

〔1〕 该电见《续编·中日战争》，第 3 册，第 78 页。

里加急的速度，向光绪帝上报《马关条约》的谈判过程，并进呈条约原本。李鸿章在上奏中称："敬候早日批准，早日派员互换，以便两国停战撤兵，共图休息。"光绪帝于二十七日收到后，未将该折片发下军机处，而是先压了下来，带到书房，与翁同龢商量办理方法。时间虽只有短短一刻，但说明光绪帝在决策前仍先征求翁的意见。光绪帝电旨许景澄，是探听俄国制约日本的具体方法。[1]庆亲王奕劻是御前大臣、总理衙门大臣，主要在慈禧太后身边，他的到来，很可能是报告俄国公使向清朝通报，俄国将对日本进行劝告之事。

三月二十八日（4 月 22 日）的《翁同龢日记》，透露以下内容：

> 见起二刻，上促令总署往俄馆问回信，书房一刻，力陈批准宜缓。再到直房，散甚早。苟安一日，如是而已。

"往俄馆问回信"，是指到俄国驻华公使馆询问日本对于三国劝告的答复。光绪帝此时急于知道三国干涉的情况与日本的答复。查该日军机处《随手档》，李鸿章的奏折已经下发到军机处，其中关于李鸿章要求请假 20 日、请给予治疗其伤的日本医官勋章两片，皆于当日由光绪帝批下。但最核心的即请求批准条约的正折，光绪帝还没有做出决定。[2]从翁的口气来看，他已不再要求废除条约，而是要求缓批条约，故有"苟安一日"之语。光

---

〔1〕 该电旨称："许景澄二十三电已悉。俄使已密告总署，其所筹如何办法，并向倭如何措辞，能否制以实力？著许景澄密探电复。"二十三日电即前引二十四日收到、二十五日进呈的许电。（《续编·中日战争》，第 3 册，第 85 页）

〔2〕 军机处《随手档》光绪二十一年三月二十八日有如下的记录："朱批李鸿章折。报六百里。三月二十六日发，马递发回。一、中日会议和约已成。朱批：'依议。单、图并发。该衙门知道。惟闻俄、德、法三国现与日本商改中日新约，将来如有与此约情形不同之处，仍须随时修改。'单一、条约。朱批：'览。'图一、奉天划界。朱批发下另抄。四月初一日随事递上。交总署。由六百里，还。另抄归箍。单封存柜。片一、请假二十日。朱批：'著赏假二十日。'片一、请赏给医员宝星由。朱批：'著照所请。该衙门知道。'（抄送总署）北洋大臣李鸿章咨文一件（条约一匣，见面带上，咨文归箍）。"然而，对于条约的朱批内容，是军机章京后来添加上去的。查军机处录副档案，在李鸿章该折录副件写明："光绪二十一年四月初八日奉朱批：'依议……'"（《军机处录副·帝国主义侵略类·中日战争项》，3/167/9126/4）

绪帝此时最关注的是俄国的态度。

三月二十九日（4月23日）是上奏、代奏的第一次高峰。当日《翁同龢日记》透露以下内容：

> 与庆王同见起，上以李鸿章复电言台湾事不能与伊藤说，甚怒。又诘问昨日徐用仪见喀使语如何……上遂命奕劻、孙毓汶、荣禄今日往见喀使，传感谢之意，并告以批不能过缓，即电俄要的音。又命发电旨询许景澄，亦以此节详告。论及台民死守，上曰：台割则天下人心皆去，朕何以为天下主！孙毓汶以前敌屡败对。上诘责以赏罚不严，故至于此。诸臣唯唯，引咎而已。伏睹皇上乾刚［纲］一振，气象聿新，窃喜又私自憾也，四刻退。至书房亦颇有论列，然事已难回矣。退而看电稿，尚切至，巳正二散……是日封奏九件，八件言款不可行，有请廷议者，有驳条款者，有劾枢臣者。内一件责吴大澂，又指余徇庇。

这是一个转折点，光绪帝公开表示了激烈的态度。许多研究者引用这一段日记，以说明光绪帝的主战态度。然事非如是，从翁的日记来看，这只是光绪帝在战争期间有数的几次振作之一，不然的话，翁也不会说"乾刚［纲］一振，气象聿新"了。从本章第二节可知，当日有翰林院等八件拒和的奏折，在此关键时刻发生了效用。当日军机处给慈禧太后的奏片中称：

> 本日翰林院代奏编修张鸿翊折片二件，又李桂林等折一件，陆润庠等折一件，张仁黻等折一件，丁立瀛等折一件，高燮曾折片各一件，刘心源折片各一件，裴维侒折一件。以上各折片，款目较繁，臣等日内详细阅看，再行呈览。[1]

---

〔1〕 军机处《洋务档》，光绪二十一年三月二十九日。

一下子收到如此之多要求拒和的上奏，军机处已来不及处理。当日军机处《随手档》记："折片用封套存堂"，以备次日再看。然而，这一天局势发生变化的真正原因，并不是来自政治下层的奏章，而是来自圣彼得堡的电报。许景澄电告三国已决定干涉，并准备与日本"用力"：

> 俄外部言，俄、德、法已各电驻使，劝倭减让，言明尤重辽地。此节已电喀。并述英以倭索未为太过，不肯劝。谓：劝亦不从，然倭果坚拒，只好用力。又称：不能早定者，须俟全权画押，方有确据可说等语。[1]

该电最让清廷感兴趣的是"只好用力"一语。当日光绪帝发电旨给许景澄：

> 奉旨：许景澄廿六电已悉。俄与德、法已电倭令让辽地，具见真心相助。著许景澄先向俄廷致谢。惟所称"倭果坚拒，只好用力"，是否立时可办？和约于二［三］月廿三画押，言明批准后四月十四在烟台互换。必须先期批准，以便送往互换，为日甚迫。三国既肯为力，须于五六日确定办法，且须由三国勒令展缓停战互换之期，方可从容办理。倭如催我如期换约，应以何辞答之？并著与外部熟筹电复。[2]

由于与《马关条约》同时签订的中日《停战展期专条》规定，最后的停战时间为四月十四日（5月8日）夜十二点[3]，清廷由此担心，

---

〔1〕《续编·中日战争》，第3册，第91页。据军机处《洋务档》，该电三月二十九日呈光绪帝、慈禧太后。

〔2〕《续编·中日战争》，第3册，第93—94页。

〔3〕该条规定："此约所订停战于光绪二十一年四月十四日，即明治二十八年五月八日，夜十二点钟届满，彼此勿须知照。如在期内，两帝国政府，无论彼此不允批准和约，无庸告知，即将此约作为废止。"（见王铁崖编：《中外旧约章汇编》，第1册，生活·读书·新知三联书店，1957年，第619页）

如果不能及早批准和约，耽误互换之期，中日将再次进入战争状态，由此希望三国尽快“确定办法”，更希望三国出面勒令日本“展缓停战互换之期”。

三月三十日（4 月 24 日）上奏的级别陡然上升，从本章第二节可见，内廷行走的皇亲与谏台的言官均联衔出奏。当日《翁同龢日记》透露以下内容：

> 照常入，封奏二、电三，言者大率谓和约当毁。余虽懦，不敢赞成，而公论不可诬，人心不可失，则日夕在念，思所以维持之，卒不能得，则叹息抑郁，瘀伤成疾矣。见起二刻，天颜又霁，不似昨日威严矣，命将昨今论和款折十一件持与恭亲王面商。早散，已正赴恭邸处，邸少愈而夜不眠，语多即汗。看折后（先令章京送去），一无断语，大略谓廷议徒扰，邦交宜联而已……归后文云阁来，谈至黑，此人毕竟多材。

由此可见，光绪帝的态度又稍有软化，而拒和的上奏和代奏适时起到了支撑的作用。当日军机处给慈禧太后的奏片称：

> 昨日封奏八件，并今日载濂等、余联沅等封奏二件，李秉衡折一件，臣等遵旨前往恭亲王处，将折件交看，并面商一切。谨奏。[1]

光绪帝将此十一件上书交给生病请假的恭亲王，恰恰说明了这十一件封奏所产生的政治压力，也表示他已经有新的想法。尽管翁在日记中自称“不敢赞成”、“和约当毁”的奏章（这也合乎其因“克己”而心口相错的一贯性格），但更多的只是虚晃一枪，对上书的内容实际上是赞同的。恭亲王所言“廷议”，即当时许多上书者要求举行王、大臣廷议，讨论《马关条约》并决定准驳，对此他认为“徒扰”而决定不予采用；恭亲

〔1〕 军机处《洋务档》，光绪二十一年三月三十日。

王所言“邦交”，即指与俄、德、法三国联系以拒日，对此他表示赞同。尽管翁称恭亲王“一无断语”，但清朝此后的方针侧重于外交，似为恭亲王对此做出了决定。文云阁即文廷式，所谈内容尚不可知，不知此次相会是否与文四月初三日弹劾都察院之片有关。此时，翁还需要更多的上书以做进一步的推动。

四月初一日（4月25日）上奏与代奏继续维持着势头。当日《翁同龢日记》透露以下内容：

> 封奏中五件言和约，内阁则一百五十六人，见起二刻，无书房。上命枢臣偕庆邸请见皇太后，面陈和战事，并将两日封事十五件一并呈递。顷内监传懿旨：今日偶感冒，不能见，一切请皇帝旨办理。到直房看电底，一予许使催回信，一饬刘、王查各军是否堪战。已正散……有湖南举人一百二十人合词请改和约，呈三件，数千言，已递都察院。致书于余，责备甚至，来者十四人，文俊等，未见，答以惶恐而已。

拒和的上奏与代奏到了这一天真正发挥了作用，由于呈送恭亲王的拒和封奏已由恭亲王交回，光绪帝派庆亲王与军机大臣等将三天内收到的拒和封奏共十六件，亲呈慈禧太后，并当面请示和战大策。[1]慈禧太后此时不见军机，也不表示态度，是其惯常的做派。有意思的是，湖南举人14人将已经递到都察院然尚未代奏的三封联衔上书，送到翁的住宅，“文俊”即其中一上书的领衔人文俊铎之误。“惶恐”一词表示了翁的

〔1〕该日军机处《洋务档》记：“本日内阁代奏侍读奎华等折一件，翰林院代奏编修吕佩芬等折一件，侍郎陈学棻折一件，翰林院侍读学士冯文蔚等折一件，给事中洪良品折片二件，恭呈慈览。御史蒋式芬折片二件，遵缮电旨二道。又，三月三十日山东巡抚李秉衡折一件，贝勒载濂等折一件，给事中余联沅等折片二件；三月二十九日翰林院代奏编修张鸿翊折片二件，李桂林等折一件，祭酒陆润庠等折一件，侍讲张仁黻等折一件，御史高燮曾折片二件，刘心源折片二件，裴维侒折一件，一并恭呈慈览。”这是我看到的进呈慈禧太后折片最多的一次。又据该日军机处《随手档》，上述折片初六日才由慈禧太后发下。翁称“两日封事十五件”，有误。

内心赞许之意。

尽管慈禧太后没有表态，将责任推给了光绪帝，但光绪帝于此时做出了新的决策。他发电给驻在榆关的辽沈方面前敌主帅钦差大臣刘坤一、驻在天津的津沽方面前敌主帅署直隶总督王文韶，让他们对敌情战势做出判断：

> 奉旨：新定和约条款，刘坤一、王文韶谅皆知悉。让地两处，赔款二万万，本皆万难允行之事。而倭人恃其屡胜，坚执非此不能罢兵，设竟决裂，则北犯辽沈，西犯京畿，皆在意中。连日廷臣章奏甚多，皆以和约为必不可准，持论颇正，而于沈阳、京师两地，重大所关，皆未计及。如果悔约，即将决战，如战不可恃，其患立见，更将不可收拾。刘坤一电奏有云，战而不胜，尚可设法撑持；王文韶亦有聂士成等军颇有把握，必可一战之语。惟目前事几至迫，和战两事利害攸关，即应立断。著刘坤一、王文韶体察现在大局安危所系，及各路军情，战事究竟是否可靠，各抒所见，据实直陈，不得以游移两可之词，敷衍塞责。钦此。〔1〕

光绪帝在此电旨中第一次正面评价拒和的“章奏”，也说明了这些“章奏”与决策的关系；但问题的关键也在此时彰显出来，最后的决断将取决于军事上是否真有把握。电旨提到了刘坤一、王文韶先前的电报，皆有胜算之词〔2〕，若刘、王两位主帅还坚持原来的说法，局势有可能大变。同日，光绪帝还发电许景澄：

> 奉旨：廿九日电谕许景澄向俄廷致谢，商由三国告倭展缓停战互换之期，并饬总署王、大臣赴三国使馆嘱将展期一节各电本国。

〔1〕《清光绪朝中日交涉史料》，卷39，第8页。

〔2〕王文韶前电见《清光绪朝中日交涉史料》，卷36，第24页；刘坤一前电见《续编·中日战争》，第3册，第63页。

> 该使皆允即日发电。不审日内俄廷已得日本复信否？殊深悬盼。俄称：倭果坚拒，只好用力。询之喀希呢，语涉含糊。究竟俄外部之言有无实际？此事至急，若有布置，此时必已定议。并著密探以闻。倘至限期迫近，尚无复音，可否由中国径达日本，直告以三国不允新约，嘱中国暂缓批准之处。著许景澄往见外部，与之预筹此节，先期电复。[1]

到了此时，清朝准备自己出面直接与日本交涉，以三国不允新约为由，暂时不批准条约。

到了这一天，翁同龢、文廷式以及此时已出奏者创造了奇迹，历史出现了转机。可以说，如果没有俄国等国的表态，如果没有上奏与代奏的推动，光绪帝就不会走得这么远，很可能在三月二十八日，即下发李鸿章奏折的那天，就批准条约了。

到了这一天，关键已不在于更多的上奏或代奏，而在于刘、王两主帅的答复以及三国的决心与"用力"。

到了这一天，江西、广东、湖南等省公车的上书，虽已递到了都察院，但还没有呈到御前。

四月初二日（4 月 26 日）上奏与代奏继续保持势头。当日《翁同龢日记》透露以下内容：

> 见起三刻。是日先召臣入养心殿，数语即退。军机见时传懿旨，谓和战重大，两者皆有弊，不以断，今枢臣妥商一策以闻。书房片刻，退至直房，散时晚。发三国二电，上意然也。三国无回信。而言者益多，劝成者益促。噫！难矣。

光绪帝在养心殿、书房两次单独与翁见面，交代为何？翁没有透露。慈禧太后的表态自与昨天收到十五件封奏有关，但其模棱两可的言辞又是

---

〔1〕 军机处《电寄档》，光绪二十一年四月初一日，《军机处汉文档册》，第 1568 盒。

其一贯的作风，即让臣下揣摩猜测她的意图。“言者”指拒约的言论，“劝成者”即主张批准条约的诸位军机大臣。此中可以看出拒和的言论使某些主和的军机大臣感到了压力，决定尽快促成光绪帝批准条约。翁由此感到了此事的难度。根据光绪帝的命令，清朝当日向俄、德、法三国发出“国电”：

> 现承大俄国大皇帝、大德国大皇帝、大法国大伯理玺天德厚意，以中国与日本新定和约画押后嘱暂缓批准，由贵国力劝日本再加减让，甚为可感，专此致谢。惟换约日期已迫，所商情形如何？能否展缓互换之期，务希在中历四月初七日之前示复，以免迟误，实深殷盼。[1]

“国电”是代表国家发出的电报，是相当于“国书”的外交文件，外交使节可以持之要求见该国的元首。在这一封国电中，所强调的是日期，即“四月初七日（5 月 1 日）之前”，关于这一日期的意义，后文还会提到。

四月初三日（4 月 27 日）起，拒约的奏章已是进入第二次高潮，但局势却变得更加不明朗。《翁同龢日记》称：

> 照常入，封奏七、电四。邀庆邸至小屋，甫欲谈，上命至养心殿，数语出。见起五刻……书房一刻，再到直房，巳正先散……许

〔1〕军机处《电寄档》，光绪二十一年四月初二日。同日总理衙门发电许景澄：“兹有国电二分，即与参赞向俄、德外部分递电云。”发电驻英公使兼驻法公使龚照瑗：“兹有致法廷国电一分，即日电庆常赴外部速递电云。”（《军机处录副·帝国主义侵略类·中日战争项》，3/167/9127/34）该国电与许景澄电报有关：“巴使暂署副大臣，德与俄合，巴有力焉。和议和款，巴请乞摘要速示。澄。卅。”（军机处《收电》光绪二十一年四月，《军机处汉文档册》，第 2043 盒，该电四月初一日收到，次日进呈）此日另有电旨给许：“奉旨：许景澄电悉。三国合劝一事，巴兰德颇为出力，昨已谕传旨嘉奖。现商展期一节，并著巴使尽力相助，以速为妙。所索条约由总署摘要电寄。”（军机处《电寄档》）当日军机处摘要和约电许。（《电许大臣》，四月初二日，《军机处录副·帝国主义侵略类·中日战争项》，3/167/9127/35）

使有电，俄不能用力，语转松懈。

光绪帝与翁在养心殿、书房两次单独见面，内容未透露。庆亲王的到来，很可能与送达许景澄的电报有关。许电称：

遵旨托筹各节。据外部罗拔诺夫称：因法廷办理稍迟，须今、明日告倭。此时但作三国自行情劝，不便勒展期限，然旬内外必有定办确信，不致逾限。如倭来催中国，宜不露他意，或以未查毕等词答之。又云：喀亦来询，已电复等语。计三四日后，倭复可到，再向探商续闻。澄。卅。[1]

许景澄的电报在路上走了三天，俄国明确表示不会向日本提出展期换约的要求，也未就是否“用力”予以确认，只是希望清朝“不露他意”或以“未查毕”为词拖延。光绪帝心急如焚，为此再发电许景澄：

奉旨：许景澄三十电奏已悉。展期一节，既不能办，现距换约只余十日，批准发往为时更迫。日本复信，此间必须三四日内接到，方可赶上。著许景澄不时探问，立即电闻。三国情劝之信，既已交到日本，则公劝暂缓批准之语，亦可由我径告日本，较权词答复，似为直截，仍与外部商定速复。该大臣前电有倭果坚拒、只好用力之语，意颇切实。此时应问俄廷能否先以兵舰来泊辽东海面为我臂助？倘真用兵力，中国愿与俄立定密约，以酬其劳。此节宜诣外部，密与商订电复。[2]

该电旨再一次强调了时间，“日本复信，此间必须三四日内接到，方可

---

〔1〕《续编·中日战争》，第3册，第136页。又据军机处《收电》光绪二十一年四月，该电四月初三日辰刻收到。

〔2〕军机处《电寄档》，光绪二十一年四月初三日。

赶上”一语，是指日本答复的消息，须在三四日内到达北京，方能赶上决定是否批准的时间。也就是说，四月初八日是决定是否批准条约的最后时间。为了能让俄国真正“用力”，清朝此时也准备与俄国订立密约，许其兵费、土地等项酬劳。由于许电并无俄国“用力”的确认，军事对抗也迫在眉睫，光绪帝再次发电刘坤一、王文韶：

> 奉旨：初一日谕令刘坤一、王文韶将和战大局所系，战事是否可靠，据实直陈，著即迅速复奏。钦此。〔1〕

由此可见，清朝政治决策中心此时的关注点，在于圣彼得堡的许景澄、榆关的刘坤一、天津的王文韶，而对京城内正在涌起的上奏代奏浪潮已不太看重了。

四月初四日（4 月 28 日）的《翁同龢日记》，透露以下内容：

> 封奏十（二件别事）、电五。载泽封事请起，召对五刻，张荫桓三刻，军机不过二刻。上以和约事徘徊不能决，天颜憔悴。书斋所论大抵皆极为难，臣憾不能碎首以报。巳正散。是日许电语虽云可无误限期，其实皆延宕耳。午正访高阳于黄酒铺痛谈，相对唏嘘，归后未决，如在沸釜中。江西举人涂朝弼，宜黄人，来递条陈，未见。

拒和的封奏是越来越多，都察院也于该日代奏条陈，但作用已是越来越小。镇国公载泽，内廷行走，曾参加郡王衔贝勒载濂等王公 7 人的上奏，此日再次上奏要求拒约，并请面见光绪帝。觐见交谈的时刻超过了一小时。光绪帝的态度是“徘徊不能决，天颜憔悴”，在书房中向翁表示“为难”。翁又与李鸿藻两人中午“相对唏嘘”。而这一切的决定因素，很可能是李鸿章、许景澄的电报。李电称：

---

〔1〕《清光绪朝中日交涉史料》，卷 39，第 23 页。

顷据伦敦路透电，报日本复俄、德、法三国公使云：日本百姓因屡战皆捷，现在无殊酒醉，如将中国拟让奉天之地，辞而不受，则必激成内乱。英国新报以英国国家不肯与闻此事，为甚是，德、法两国徒受俄国所指使。法国新报则以法国干预此事为非，是虽见好于中国，必得罪于日本，非计之得云。鸿。江午。〔1〕

这封电报似乎说明日本已拒绝了三国的劝告。许电称：

遵晤罗拔诺夫密筹，据云：三国现称为大局出劝，非与中国约同，公事转易。缓批一层，请勿直告为妥。昨又电驻使，合商在批准期前定一日期，限倭确复允否，杜其延宕等语。先闻。澄。冬。〔2〕

罗拔诺夫为俄国外交大臣。这一电报明确表明三国不希望中国直接出面，与日本交涉缓批条约之事，所称“批准期前定一日期”，也使清朝感到时间之迫急。为此光绪帝发电许景澄：

奉旨：许景澄初二日电奏悉。俄请勿直告，允以批准期前定一日限倭确复。所云批准期前，自指十四日之前，若于十二三日始接复信，则断来不及。计约本送到天津须三日，自津至烟台须一日。总须初八日以前复电到京方可。该大臣仍即日亲晤外部，询此确期，万勿延误。本日见路透电云：日本复三国公使云，百姓因屡战皆捷，无殊酒醉，如将中国拟让奉天之地辞而不受，必激成内乱等语。据此，则是日本已有复语，何以俄廷不以告我？著询明即日电复。初二日所发国电，已接到分递否？并复。〔3〕

---

〔1〕《清光绪朝中日交涉史料》，卷39，第22页。“江”为初三日，“午”为上午11至下午1时。

〔2〕《清光绪朝中日交涉史料》，卷39，第23页。“冬”为初二日，该电初三日收到，初四日呈光绪帝、慈禧太后。

〔3〕《清光绪朝中日交涉史料》，卷39，第39页。

听到日本对于三国的强硬态度，光绪帝感到将再次与日本直接对抗，无法振作起来。他在电旨中明确了四月初八日是批准条约的决定日，以能不误四月十四日在烟台的条约互换。

四月初五日（4月29日）的《翁同龢日记》，透露以下内容：

> 封奏一、电四。见起二刻，书房数分而已。恭闻东朝犹执前说，而指有所归。许电杳然，刘、王之奏未至，极徘徊也。巳正散……麟芝庵、汪柳门先后来，丁生立钧、沈生曾植同来，谈至亥初去。

“东朝”，即西太后；“犹执前说”，即四月初二日懿旨，让军机大臣妥商一策向其报告；“指有所归”，即她已有倾向性意见，或大臣们已体会出她内心的意图。到了这一时刻，官员、公车的上奏上书已经不太起作用了，关键是军事主帅的电报，以及俄、德、法国的态度。而当日未能收到许景澄、刘坤一、王文韶的电报，是由于暴风雨及海啸刮断了天津四个方向的电报线。麟芝庵即麟书，时任大学士、吏部尚书、翰林院掌院学士，时徐桐已入闱，吏部、翰林院皆其一人掌理，为吏部、翰林院官员的代奏，起了不小的作用。丁立钧是翰林院编修，沈曾植是刑部员外郎、总理衙门章京，也是此次官员上书主力集团的成员。就在这一天，光绪帝发电旨给时在天津的李鸿章：

> 连日纷纷章奏，谓台不可弃，几于万口交腾。本日又据唐景崧电称，绅民呈递血书，内云：公法会通第二百八十六章有云“割地须商居民能顺从与否”，又云“民必乐从方得视为易主”等语。台民誓不从倭，百方呼吁，将来交接万难措手。著李鸿章再行熟察情形，能否于三国阻缓之时，与伊藤通此一信，或豫为交接地步。务须体朕苦衷，详筹挽回万一之法。[1]

---

〔1〕《清光绪朝中日交涉史料》，卷39，第40页。

这一道电旨说明了众多官员、公车上书造成的政治压力，但透露出来的并不是光绪帝打算直接拒约或改约，“挽回万一之法”，是让李鸿章与伊藤商量出一个妥协的办法。

四月初六日（4 月 30 日）的《翁同龢日记》，透露以下内容：

> 封奏七件，都察院代奏者一件中有七折，无电信，线断也。见起二刻，亦无所可否。命往恭亲王邸会商，令定和战之议，巳初退……同李公同诣恭王府，同人先后集，邸疾渐起。孙君以所拟宣示稿就正，邸以为是。宣示者，俟批准后告群臣之词也，大意已偏在和字。

这一天都察院代奏的七件条陈全是公车们的上书，其中也包括了梁启超等广东举人 80 人的上书；然到了此时，无论是光绪帝还是军机大臣，都没有心思来细读公车们上书的内容。翁同龢、李鸿藻等人再也不能利用上奏的舆论，来左右此期的政情。由于电报的不通，收不到最为关键的刘坤一、王文韶和许景澄的电报，光绪帝当日以“六百里”的速度寄旨刘、王：将和战之计“由六百里驰递来京”，并命王将许景澄的电报“原码由六百里递至总理衙门为要”。[1]“李公”，李鸿藻，“孙君”，孙毓汶，“同人”，军机大臣。在恭王府进行的决定和战大计的讨论中，孙毓汶、恭亲王已经考虑到批准条约后布告群臣的“宣示”。

由此可以看出一道非常明显的从上升到下降的曲线。从三月二十二日开始，曲线开始上升。拒约的上奏、代奏和电奏开始作用于政治，光绪帝的态度渐起变化。二十九日拒约的封奏达到了九件，再加上许景澄的电报，引出了光绪帝激烈的言辞。到了四月初一日，上升的曲线达到其顶点。光绪帝命军机大臣与庆亲王持拒和封奏十六件，面见慈禧太后，请示和、战大计；命前敌主帅刘坤一、王文韶对拒约再战明确表示态度，并命许景澄等开展更大的外交活动。然到这一天为止，递上的只

---

〔1〕《续编·中日战争》，第 3 册，第 161 页。

是官员们的封奏，公车们的上书此时尚未递上。四月初二日曲线开始下滑，拒约的上奏、代奏和电奏的作用力开始变小。初三日督办军务处代奏左赞善贻谷领衔的上书，共有公车 27 人，初四日都察院代奏工部主事叶题雁领衔的上书，共有公车 3 人，这两件上书的作用已很难说得清。到了四月初六日，都察院代奏公车上书七件，共有举人、生员、教职等 246 人，但对朝廷的政治决策作用甚微。

也就在四月初六日，刘坤一、王文韶的电报到达北京。

刘坤一、王文韶奉到电旨后，深感此中责任重大。刘约王于四月初三日在榆关与天津的适中之地唐山会面，共同商谈如何电奏。初三日的会谈，参加者除刘、王两人外，还有聂士成、丁槐。初四日王文韶回到天津，适遇海啸，京津电报线中断。王文韶当即用六百里加急的速度飞递折片各一件。初六日，京津电报线抢修通，刘、王电报到达北京，然当日的早朝已结束，军机处亦散值，刘、王的电报没有在御前讨论。王文韶的电报称：

> 维此次议约，倭人要挟很［狠］鸷，实为中外臣民所共愤。不独言事者忠义愤发也。旨意以不和即战，计及沈阳、京师两地，重大所关，务筹万全之策，仰见圣虑深远。急其所急，臣在津言津，如提督聂士成、总兵吴宏洛、章高元、陈凤楼等军声气联络，必可一战，其榆关以迄辽沈各路军营，亦各有可用之将。究竟是否可靠，臣实不敢臆断。现在事可胜不可败，势成孤注，与未经议约以前情形，又自不同。传闻俄、德、法三国颇肯助我，外间未审确实。事关全局安危，就请饬下军机大臣、督办军务处、总理衙门通盘筹议，请旨定夺。再，臣与刘坤一昨在唐山晤商一切，意见大略相同。文韶谨奏。豪未。

王文韶的电报，词语相当委婉，但表达的意思却又是相当清楚的：军事上全无把握，且当前的局势是可胜不可败。他将责任交还给军机处、军务处、总理衙门，也是官场老手的做法。而老奸巨猾的刘坤一本来就是文字高手，他的电报又是当时文字游戏的杰作，很难让人一下子看清楚其意，然其电文虽长，对当时的决策却影响重大，故多节录其文如下：

坤于新定条约虽未尽悉，要之让地赔款多节，目前固难允行，后患更不堪设想，宜战不宜和，利害重轻，事理显然。此固天下所共知，亦在圣明洞鉴。惟一经决裂，倭必分拥猛攻，自以保京畿、固辽沈为第一要义。查辽沈等军依克唐阿、长顺、陈湜等皆与贼累战，甚为得力；唐仁廉亦系夙将，所部枪械已齐，当足以资抵御。更有宋庆、魏光焘、李久光诸军驻扎宁锦一带，该将领等忠勇过人，屡经大敌，相机战守，似辽沈后路可无他虑。倭如图犯京畿，则自关至津沿海要口，处处设防，又有各大枝游击之师，合计不下十余万人。倭寇岂易深入，纵或登岸，究属孤军，既有程文炳、董福祥两军堵御于前，而津关各军可以多面夹击，即不得手，自可再战三战，以期必胜。未必彼即长驱直入，我即一蹶不振。万一京畿吃紧，坤必抽调劲旅，迅速入卫，以保无虞。前电所陈"尚可设法撑持"者，此也。夫利钝本难逆睹，但倭奴远道来寇，主客之形，彼劳我逸。近得探报，倭新卒多以老弱充数，饷亦不继，在我只须坚忍苦战，否则高垒深沟，严为守御，倭奴悬师远斗，何能久留，力尽势穷，彼将自为转圜之计。况用兵两年，需饷不过数千万，较赔款尚不及半，而彼之所费愈多。持久二字，实为现在制倭要著。诸将一闻和约，义愤填胸，必欲一决死战。坤职在兵戎，宗社所关，惟有殚竭血诚，力任战事，此外非所敢知。昨于初三日驰抵津、关适中之唐山，与王文韶、聂士成、丁槐等面商，意见相同，谨据实直陈。请代奏。坤一。支酉。[1]

---

〔1〕《清光绪朝中日交涉史料》，卷40，第27—28页。"豪"是初四日，"未"是下午1至3时，据档案原册记：王电初六日未刻到（下午1至3时），初七日递。"支"是初四日，"酉"是下午5至7时。档案原册称刘电初六日收到，初七日递。王文韶发电时还另附一电："初四日竟日夜风狂雨暴，海水漫溢，冲溃宏字、定武等十营，铁路不通，电线四路俱不通。赶即整理，今早勉通京电，火轮车仍不能行。被淹各营赶紧收集整顿。详细情形容恭折驰报。请代奏。文韶。鱼未。""鱼"是初六日，"未"是下午1至3时。（军机处《收电》光绪二十一年四月）

刘坤一此电，著名一时，引者多有误解。他是按照传统的“武死战、不知和”的思路来写的，其中提到的依克唐阿、宋庆等部皆有败仗，在他的笔下成了有作战经验或有忠勇之气的名将；在京畿地区的作战上，大谈取胜的可能性，大谈日军的不足，但始终回避有无胜利把握的关键词语。从基调上来说，他与王文韶完全相反，但在最后又称其与王文韶“意见相同”，正说明他以更加委婉的言辞表示其对战争前景并无信心。对于刘坤一的用心，天津海关道盛宣怀未读其电文即已识破其意。四月初二日，在王文韶临行前，他致信王：“此政府欲将一个难题目架在师与岘帅身上。惟岘帅廿二日电奏，有‘各军枪械略齐，兵勇锐气可用’等语。此次颇难自圆其说。”初四日，当王文韶回到天津之后，他再次致信王：“唐山会议一节，关系非轻。想岘帅措词较难。”〔1〕

四月初七日（5 月 1 日），军机处在御前讨论王、刘电报。《翁同龢日记》对王文韶的电报一字未提，对刘坤一的电报记录为：“刘虽电复可战，而同列颇摘其一二活字，谓非真有把握也。”翁亦为文字高手，并非不知刘，他也看出刘意，对此在军机处也未再作争辩。这一天的御前会议开得很沉闷，前敌主帅的电报已基本决定了不开战的方针，至于拒约或展期换约只能看俄、德、法三国的态度了。翁同龢此日收到了盛宣怀一信，在日记中写道：“得盛杏孙函，言三国不足恃，游说欤，抑实情欤?”然盛宣怀信中还大谈军事不足恃，翁日记中却闭口不言，似也可证明翁对此论的认可。〔2〕由于天津电报接通，当日进呈的许景澄电

〔1〕 陈旭麓等主编：《盛宣怀档案资料选辑之三 · 甲午中日战争》，上海人民出版社，1982 年，下册，第 433—435 页。（以下简称《盛档 · 甲午中日战争》）王文韶于初二日下午四点写信给天津海关道盛宣怀：“早间奉电旨，以和战二事命岘帅与兄体察各路军情，切实具复。适间岘帅来电约明日赴唐山晤商，当即乘早车前往也。”盛宣怀当日酉刻（5 至 7 时）复信，并指出了关内外三大军，即“宋（庆）、聂（士成）、曹（克忠）三枝，训练未久，恐难当此劲敌”；“器械则枪不及快炮之远，倭军利在快炮，我军炮太少。”王文韶初四日回到天津之后，盛又主动写信，称：“如我废约再战，俄与法、德转作壁上观。目前我之兵力断不足拒之，一经逾限，克期水陆兼进，京城不为我有。城下之盟必更烈于马关。”（出处同上）

〔2〕 盛宣怀此信见《盛档 · 甲午中日战争》，下册，第 436—438 页。盛收到翁回信后，又于十四日再致翁信，见同书，第 449—451 页。

报共有四件，皆未有确信。其中一电称：

> 昨复商罗拔，如限期迫近，非权答可宕，拟但以三国出论，碍难批准告之。彼云："本部总不愿中国牵说三国之事，必不得已，可言现听闻三国与日本商改新约，是否仍可批准，专作商词，然能不说尤妙。""用力"一说，系副大臣基斯敬因代为密述，不作公谈。并云："在华俄舰数十艘，已足当倭。法十余艘，德六艘，新拨二艘在途。此似已有布置。"但指坚拒而言，其意仍主持重。俟再续探，请代奏。巴暂署外部副大臣。澄。江。

"江"是初二日，罗拔即罗拔诺夫，下画点处为光绪帝朱点，另用朱笔圈点以断句。[1]虽是"用力"一说"不作公谈"，但光绪帝感兴趣的是俄、法、德三国的军舰，当日寄给许景澄电旨，再次透露出光绪帝的急迫心情："国电既递，有无复信？商办密约能否就绪？此两节再电速复。"[2]由于许景澄电报中有俄国外交大臣罗拔诺夫所言，"必不得已"时可对日本"专作商词"，当日经光绪帝批准，总理衙门通过美国驻华公使田贝（Charles Denby）转电日本政府：

> 中国政府请贵大臣转电日本政府：现闻俄、德、法三国与日本商改中日新约，须候定议。十四日换约之期太促，拟展缓十数日，再行互换，即转商，候复。[3]

---

〔1〕另外，档案中现还存有电报两件："询外部，倭复未到。另据闻，倭令驻使密叩俄，将辽地作暂押。罗拔谓：须商德、法。此节请勿询喀。国电即递。澄。支。""江电谨悉。俄廷催限倭复，亦为期迫起见，惟缓批乃俄主关切密告。揭［谒］罗拔，不愿说破，图泯形迹。现在专探倭复，如允俄劝，则请其将换约一层，一并筹妥。如不允，俄当别有举动，即密询中国应如何办理，以定妥计。奉旨商问事，俟订晤外部再闻。澄。支二。""支"为初四日，"喀"为俄国驻华公使喀希尼，下画点处为光绪帝朱点，并另用圈点以断句。（《宫中电报电旨》，第43盒，又见军机处《收电》光绪二十一年四月）

〔2〕《续编·中日战争》，第3册，第185页。

〔3〕《清光绪朝中日交涉史料》，卷41，第21页；《李鸿章全集》电稿三，第516页。

这一要求后来被日本政府所拒。[1]

也就是这一天，拒约主战的上奏、代奏及电奏第三次进入高潮，其中包括山东巡抚李秉衡等高官，而吏部、都察院共代奏了八件条陈，签名的官员和举人分别达到了 100 人和 723 人。他们并不知道，他们的意见在御前的决策会议中是根本不用讨论的。

四月初八日（5 月 2 日），也就是清廷决定是否批准和约的最后日子，恰在这一天，王文韶的电报递到御前：

> 昨将风雨海溢情形，除电奏外，由驿六百里驰陈声明。远处各营节节阻水，俟查确再报。现查宏字、定武等十营，军装子弹多被淹失。该两军弁勇各淹毙数十百人。余皆凫水避至新河附近各村，并有由火车逃至天津者，人数尚未查清。其新河以上津沽周鼎臣三营、芦台聂士成十营、新河以下章高元八营、上古林曹克忠三十营，均被水患，大约情形与宏字、定武各营相同。此次大风雨三昼夜，继以海啸，沿海洋河口、秦王岛及祁口、呈子口等处因电线中断，尚未据禀报，恐遭水情形，亦所不免。目下各军收集勇丁，先须抚恤，并重整军装，沿海防务非一两月不能成军。正当和战未定之际，不敢不据实直陈。再，由津至沪电线，现在已通。请代奏。文韶。阳午。

津沽一带为京师门户，也是清廷此时重兵重装防御的重点地区。此处一有闪失，清朝将无战具。翁同龢在日记中提及此事称：“晨入，见

[1] 李鸿章于四月初九日辰刻（上午 7—9 时）发电总理衙门：“夜间接伊藤初八戌初（下午7 时）英文电开：中国政府请暂缓互换批准和约一节，当经日本政府答以无论因何情形，互换批准必不能缓。且因缔结两国和好互换一节，更不容缓。并经告明：如以俄、法、德三国请改约款为虑，则互换之后，更易商改，向来办法系属如此。日本全权大臣于限期互换之前，必到烟台。今为两国有益起见，本大臣特此反复丁宁，电告贵大臣，务请将此批准条约于续展停战限期未满之前，即行互换，是为至要！伊藤博文自日本西京发云。田贝想亦接复电。”（《李鸿章全集》电稿三，第 518—519 页）

北洋报……此时值此奇变，岂非天哉?”荣禄也在一电报中称“莫非天意”?[1]也恰在这一天，许景澄的电报递到御前：

> 国电已送外部接递，并切陈期限迫促情形。据罗拔诺夫称：“日本仍未复到，现无可复商缓换约，俄国委难照办。现查知新约期限，专指换约。若批准发下，仍候三国办理准行，以定应换与否，操纵较便。请中国自酌。”叩以约既批准，恐于三国商改有碍。彼云“批而不换，约仍无用，即使已换，亦不能阻三国所商”等语。查俄廷前劝缓批，今又拟候信定换。亦少确见。察商倭口气并未松动。请代奏。澄。歌。[2]

“歌”系初五日，下画点处为光绪帝朱点，另用朱笔圈点以断句。俄国此时明确表态：让清朝先批准条约，以后再决定是否互换。即“候信定换”。王、许两电已使光绪帝别无选择。该日《翁同龢日记》中称：

> 封奏六件，都代奏一，封十五件，电五。见起三刻，上意幡然有批准之谕。臣对以三国若有电来何以处之。上曰：“须加数语于批后，为将来地步。”于是战栗哽咽，承旨而退。书斋入侍，君臣相顾挥涕，此何景象耶？退拟批，与孙力争，午初散。

当日发下对李鸿章请求批准《马关条约》奏折的朱批：“依议。单、图并发。该衙门知道。惟闻俄、德、法三国现与日本商改中日新约，将来如有与此约情形不同之处，仍须随时修改。钦此。”[3]

---

〔1〕荣禄致电江苏巡抚奎俊称：“念三战、和原未定。因初七海啸，将津沽一带防军淹没多处。子药均失。莫非天意？势不得不和。愤闷之至!”该电强调了海啸对朝廷决策的作用。“念三”是指二十三日，即《马关条约》签订的那天，然其却称“战、和原未定”，看来他也是准备拒约的。(《续编·中日战争》，第3册，第301页)

〔2〕《宫中电报电旨》，第43盒；又见《清光绪朝中日交涉史料》，卷41，第21页。

〔3〕《清光绪朝中日交涉史料》，卷38，第19页。

也就在这一天，公车上书达于峰端，都察院代奏官员、举人等条陈达十五件，上面共有官员 75 人、举人等 336 人的签名。然而对于这些，御前讨论时谁也没有提到。当日军机处给慈禧太后的奏片中称：

> 本日都察院代奏候选道李光汉等条陈折，附原呈十五件，准良折两件、片一件，陈兆文折一件，洪良品折一件、片二件，以上各折件款目较繁，臣等日内详细阅看，再行呈览……〔1〕

这些话虽然说得中规中矩，也符合以往的格式，一如三月二十九日军机处的奏片；但在不同背景下，又似可以听出军机大臣们已无意于此的心声。

四月初九日（5 月 3 日），官员与公车上书再跃高峰，而军机处致慈禧太后的奏片又一次平静地写道：

> 本日督办军务处代奏主事朱梁济等条陈折，原呈一件，户部代奏主事刘寅浚、邓福初条陈各一折，原呈两件，都察院代奏道员易顺鼎等条陈折，原呈十件，国子监代奏助教朱寯瀛等条陈折，内阁学士祥霖折一件，祭酒萨廉折一件，司业瑞洵折一件。以上折呈，款目较繁，臣等日内详细阅看，再行呈览。〔2〕

由于许景澄的电报依旧没有确信，光绪帝为此发电许："现在换约期迫，三国尚无准信，只好先行派员赍约赴烟，候旨遵行。日内仍著该大臣催询确信，立时电奏。"〔3〕这一天，光绪帝另有谕旨："著添派三品衔升用

---

〔1〕 军机处《洋务档》，光绪二十一年四月初八日。又，该日军机处将与条约无关的御史宋承庠折片各一件呈送慈禧太后。

〔2〕 军机处《洋务档》，光绪二十一年四月初九日。

〔3〕《宫中电报电旨》，第 44 盒；又见于军机处《电寄档》，光绪二十一年四月初九日。当日进呈的许景澄电见军机处《收电》光绪二十一年四月。又，许景澄次日又有一电进呈："遵晤罗拔，据称国电已递，俄主亦以批准发往候信再定换否为便，并已电喀……" 光绪帝于初十日电许："……俄主以批准发往再换为便，与现在方法相同，可告俄廷知之。"（《宫中电报电旨》，第 43、44 盒，下画点处为光绪帝朱点）

道联芳与伍廷芳同往烟台换约。”[1]添派联芳，是翁的主意。该日《翁同龢日记》称：“见起二刻，请旨添派联芳偕伍廷芳送约，盖喀谓伍习于倭而特举联以请也。此未奏明。”“喀”为喀希尼，以联芳监视伍廷芳，翁的手法一如其旧。这一天，李鸿章电告伊藤博文，中国皇帝已批准条约。[2]

决策由此而做出，以后也只是稍有变动。翁同龢等人虽然还有动作，但主要是依赖于俄、德、法三国干涉。接续而来的上奏、代奏、电奏虽一直未断，但在政治中枢已经是无人喝彩，甚至有可能是无人理睬。[3]也就是说，当康有为等人在松筠庵连日大集，苦心结撰上书时，已注定是不可能起政治作用的。在当时的政治条件下，朝廷的重大决策决不可能依据公车们的激烈言辞、宏大计划以及激情热血为转移。此次御前的和、战决定，是基于前敌主帅的胜负判断、三国干涉的确认与否、津沽海啸三大因素。康有为自以为通过上书即能获帝心而变国途，既说明了其政治幼稚，也证明了其远离政治中心。康有为后来虽进入了政治中心，但政治经验并未得以增长，他与此时的文廷式一样，从来也没有进入过权力与决策中心。

上奏、代奏和电奏，政治高层只是需要用之改变三月二十日的电旨，拒绝或推迟批准条约，以获得机会再议和款战守之策；而局势逼迫着清廷走向批准并互换条约，这些奏折、电报和上书也就没有什么用处了。

---

〔1〕《清光绪朝中日交涉史料》，卷43，第5页。

〔2〕李鸿章于初九日申刻发电伊藤，通告中国皇帝批准条约，“定可如期互换”。李还提出了三国干涉及台湾“重为虑及”问题。（《李鸿章全集》电稿三，第518—519页）

〔3〕军机处四月初十日致慈禧太后的奏片中写道：“本日提督程文炳折一件，给事中洪良品折一件、片一件，御史恩溥等折一件，管廷献折一件，均奉旨：‘存。’又，初八日都察院代奏李光汉等条陈折，附原呈十五件，准良折二件、片一件，陈兆文折一件，洪良品折一件、片二件，一并恭呈慈览。”十一日奏片中写道：“本日都察院代奏奉恩将军增杰等条陈折，附原呈七件，张百熙折一件、片一件，高燮曾折一件、片一件，李念兹折一件、片一件，均奉旨：‘存。’谨将各折片恭呈慈览。并将初九日封奏折呈二十一件一并呈览。”在这两道奏片中，提到初八、初九日的折呈，少了以往的一句关键用语：“臣等公同阅毕。”

## 六　孙毓汶的分量

前引康有为《我史》，称他组织的松筠庵十八省举人大集（即“联省公车上书”），受到了军机大臣孙毓汶等人的破坏：

> 先是公车联章，孙毓汶已忌之，至此千余人大举，尤为国朝所无。闽人编修黄□曾者，孙之心腹也，初六七连日大集，初七夕，黄夜遍投各会馆，阻挠此举，妄造飞言恐吓，诸士多有震动者。

此处的“闽人编修黄□曾”，被孔祥吉指认为翰林院编修黄曾源，并称：

> 由清宫档案观之，此人处处与维新派作对。当康有为等力主拒和迁都，以图再战时，黄则针锋相对地提出“请权利害以维和局”，甘心充当孙毓汶走卒。当戊戌政变前夕，日本罢相伊藤博文到京，维新派提出设立懋勤殿，招东西洋政治家以议政时，黄曾源则与此相反，提出“借才非现在所宜”、“伊藤不宜依礼”、“和俄以疑英日”，完全是一副后党腔调，故康称其“孙之心腹也”。康氏所论，殆属实录。

我以为孔先生此处似为有误。孔先生所称的“清宫档案”很有可能是军机处《随手档》。《随手档》是军机章京为下发的奏折编目并登录上谕、朱批、军机处奏片等的工作档案，其中每一篇奏折都有拟题。翰林院编修黄曾源的条陈由翰林院于四月初三日递上，当值军机章京为之拟题由：“请权利害以维和局”，孔先生可能由此做出判断，称其充当孙毓汶的走卒。黄氏该条陈现存，其中心意思是日本“要索多端，骇人闻听”，有违万国公法。他认为“今日之事，财帛固非所计，弃地则必不可轻言”，由此要求光绪帝采用两策：其一，请将相关情况宣布于中外，以激励“豪杰之士出而效命疆场”；其二，召见各国使节并发电驻各国公使，让各国出面“维持公论”。他还提出：“与其以台湾为倭所独有，不如以台湾为各国之租界”，以此“优惠条件”来打动各国之心。[1]由此可见，黄是主张拒约的，军机章京的拟题不甚恰当。除此之外，黄还在三月二十九日翰林院代奏、编修李桂林领衔的条陈，四月初七日都察院代奏、福建京官礼部郎中黄谋烈领衔的条陈上签名。前者是翰林院第一次大规模的联衔上书，后者是规模最大的京官与举人的联合行动。至于其在戊戌时期与康有为联日、留用伊藤博文的主张相抵，也只是政见不同，似不能证明其是后党，更不能证明此时他的政治态度。戊戌变法时期最著名的反对派曾廉、张仲炘、贻谷、熙麟等，都是此次上奏活动的主力成员。康有为提出的“闽人编修黄□曾”，我还不能指认究系何人。[2]

孙毓汶（1833—1899），山东济宁人，其父孙瑞珍在道光末年咸丰初年任左都御史、尚书、翰林院掌院学士等职。他于咸丰六年（1856）以一甲二名进士授编修，同治五年（1866）大考一等，擢翰林院侍讲学士，出任福建、安徽学政。他因出入醇亲王府而参与机要。光绪十年（1884）“甲申易枢”，慈禧太后尽罢军机，以醇亲王领政，孙毓汶入值军机处。他背靠醇亲王，外联李鸿章，在军机处渐成势力，柄政近十年。光绪十六年底醇亲王病故，二十年翁同龢、李鸿藻、恭亲王先后重入军机，孙毓汶已经失势。他当年对谏台清流一再打压，结有人怨，此时他若派人公开阻挠上书，必遭弹章无数。就其政治经验而言，似未必出此下策。更何况他身处决策中心，心知四月初六日之后上奏上书已作用甚微，为何还要指使他人？

然而康有为对孙毓汶的指责并未到此为止，他还称：

---

〔1〕黄曾源条陈原件存于《军机处录副·帝国主义侵略类·中日战争项》，档号为3/167/9122/4，并已发表在《清光绪朝中日交涉史料》，卷39，第18—20页。

〔2〕与其姓名相近的，还有翰林院检讨黄绍曾，但他不是福建人，且他也在三月二十九日都察院代奏李桂林领衔的条陈上签过字。

孙毓汶犹虑挠其谋，即先迫皇上用宝，令北洋大臣王文韶诬奏海啸，垒械弃毁，北洋无以为备。孙毓汶与李联英内外恐吓，是日翁常熟（翁同龢）入朝房，犹力争勿用宝，电日相伊藤博文请展期五日。孙谓："若尔，日人必破京师，吾辈皆有身家，实不敢也。"常熟厉声责之言："我亦岂不知爱身家，其如国事何？"孙知不能强，乃使李联英请之太后，迫令皇上画押，于是大事去矣。

这一段话与我在前节叙述的朝廷决策过程，大相冲突，为此稍加辨别之。

王文韶（1830—1908），咸丰二年（1852）进士，同治十年（1871）出为湖南巡抚，光绪四年（1878）进京，以礼部侍郎入值为军机大臣，同时任总理衙门大臣。光绪八年因云南军需案受清流攻击而"乞养"，十五年复出，任湖南巡抚、云贵总督。他是恭亲王的班底，与李鸿章的关系亦好。此次让其替代李鸿章署理北洋大臣、直隶总督，也是恭亲王的安排。他的资格与地位一直高于孙，且派系也大不同，又怎么可能会听命于孙？更何况孙毓汶此时已经失势。

王文韶电告海啸，绝非诬奏。此事不仅见证于当时许多奏章，后来又载于地方志。我在这里引当时驻守天津小站等处前广东水师提督曹克忠致天津海关道盛宣怀的信为证：

初二日阴雨，初三日风雨大作，一连三昼两夜不休，平地已有三尺水深，又兼东风吹起海潮，俗名海啸，平地水深足四五尺。致卑部驻扎双桥一带之各营，帐房均被风雨扯破，不能栖身，兵勇移驻墙上，讵风雨力大，墙上亦立脚不住……新立买卖房屋亦皆倒塌，三昼两夜不能举火，饥寒交迫，不堪言状。弟虽派人设法与各营送饭，而待食者众，其势亦不能遍给。弟住在帐房，水米不入口者已两昼夜……除弟坐营人均平安外，各营勇夫被水淹殁者约六七十名，至士夫及负苦买卖人淹殁者约一百三四十人，马匹亦淹毙不少……[1]

---

〔1〕《盛档·甲午中日战争》，下册，第438—439页。

曹克忠所部30营是津沽防御的主力部队之一，盛宣怀四月初九日收到他的信，即是海啸后不久的文献。从此信的内容来看，王文韶是属实上报，没有任何夸大。

王文韶的电报在京城里也引起了反弹。四月十一日（5月5日），掌广西道监察御史高爕曾奏“海溢情形张皇入告请饬陈宝箴查复片”，浙江道监察御史李念兹也在同日奏“王文韶报海溢请饬刘坤一驰往该处认真查看片”，皆表示了对王的不信任。高爕曾为此还上了一道“海溢所以助年不宜因此消沮遽允和款折”，称海啸是“天之以水灾示警，默牖圣聪，乃助战而非迫和”。[1]甚至在南京的署理两江总督张之洞，也曾对此表示过怀疑。[2]由此看来，康有为此说是听到了京城的某些说法，非为其自我造言。

“用宝”一事，见四月初八日军机处交片：“交内阁典籍厅。现由总理各国事务衙门送到条约两分，本处定于四月初九日辰刻用宝。是日派章京会同内阁学士监视。此交。”[3]同日总理衙门致李鸿章电：“会议和约已成一折，本日已奉朱批：‘依议……’伍廷芳现在都中，明日用宝后，即令赍约赴津……”[4]由此可见，此事是光绪帝批准条约之后正常的工作程序，以不耽误派员送往烟台互换。四月初九日《翁同龢日记》记：“闻昨日喀使致书小云阻用宝批准，今日午庆、孙、徐三人往见，

---

〔1〕《清光绪朝中日交涉史料》，卷43，第29—30页。

〔2〕张之洞于四月十一日发电聂士成：“天津，直隶提台聂军门：闻天津海啸，被淹者数十营，军装多失。究竟实在情形若何？何营最甚？贵部扎何处？亦遭水患否？祈速示。洞。蒸。”（光绪二十一年四月十日丑刻发，《张文襄公电稿墨迹》，第1函，第6册，中国社会科学院近代史研究所图书馆藏，所藏档号：甲182-219）张之洞又于四月十二日发电王文锦等人：“天津团练王侍郎、团练曹军门：海啸实在情形如何，贵部各营被水否？器械损失多少？此外各军被淹情形如何？均祈速示。洞。真。”（四月十二日未刻发，《张之洞电稿》光绪二十一年四月，所藏档号：甲182-481）四月十三日，张之洞收到王文锦回电：“初四海啸，水深四五尺，初六日消退。敝军勇夫淹毙数十名、士夫及贸易人百余名，马匹柴米等物亦多冲没。惟军火枪械抢护，幸无损失。他军略同。”（光绪二十一年四月十三日申刻发，酉刻到，《张之洞存各处来电》，乙未第13册，所藏档号：甲182-132）

〔3〕军机处《交片》，光绪二十一年正月立，《军机处汉文档册》，第2304盒。

〔4〕《李鸿章全集》电稿三，第518页。

施使问之，而仍请今日用宝发下，意恐误事也。”[1]小云即徐用仪，施使即法国驻华公使施阿兰（A. Gérard）。翁也证实用宝一事并未引起任何争论。

“展期换约”一事，起因于俄国提出的“俟信定换”。此时三国政府正向日本施压，清朝一直未得准确消息，四月十二日（5月6日）递到御前的许景澄电报称：

> 格总办述，罗拔言倭复分辽地为六处，五处作暂押，惟旅顺一处不还。俄主仍持初议，驳复。惟换约期迫，是否照换，请转达中国自定等语。再四商论，其争全辽口气颇坚，而换否决断，彼终不肯担认。[2]

下画点处为光绪帝朱点。此时俄国的说法由“俟信定换”变为“中国自定”，清廷由此拟出照会两件，准备在互换条约时向日方递交。[3]四月十三日，即换约前一天，翁同龢提出了展期换约之议，御前讨论的情况可见于当日《翁同龢日记》：

> 卯正（上午6时）见起，余力言发电告日本展期换约，与同列争论，声彻户外。又争于上前，乃定议。退与莱山定政府致彼信，词甚卑柔，同列尚多方诘难也。庆邸到直房商事，午初散。

翁等人提出展期换约的用意是，已得三国干涉还辽消息，恐换约后日本拒不还辽。莱山即孙毓汶。当日翁、孙两人所拟致日本电称：

---

〔1〕 本节所引翁同龢日记，见该书第5册，第2801—2802页，以下不再一一注明。

〔2〕《宫中电报电旨》，第43盒。该电四月十一日未刻收到，次日递上。

〔3〕 军机处向光绪帝递交致日本照会事，见《清光绪朝中日交涉史料》，卷43，第36页。照会内容系四月初八日朱批及李鸿章初九日致伊藤电，见《李鸿章全集》电稿三；第526页。

中国政府请美国田公使转电日本政府：……中国已派换约全权大臣伍廷芳、联芳二员赴约等候。惟连日以来，俄、法、德三国屡嘱暂缓互换，候信办理，至今尚无复信。因念三国与中国素敦睦谊，未便拂其调停之意，且前次日本复信，原因尚无须行展缓情形。今闻所商辽东之事，已有办法，与前日情形不同，与其俟互换之后再行更改，似不若于未换以前妥为商议。为此再恳即日转电日本政府，道达中国因三国谆嘱候信再换，是以再请日本将换约停战日期，另行改订，以期从容定议。应候日本政府详筹速复。中国已饬换约大臣在烟静候，并请日本政府电知换约大臣一体办理。[1]

十三日下午该电通过美国驻华公使田贝转发日本，并同时由李鸿章发给伊藤博文。与此同时，光绪帝发电伍廷芳：

奉旨：现因俄使坚嘱候信，已由田贝函商日本展缓互换日期。须待日本复信，伍廷芳、联芳著静候谕旨，再行换约。[2]

由于展期换约随时可能引发战争，当日光绪帝电旨前敌各主帅：

奉旨：前与日本议定换约停战之期，均以四月十四日夜子时为止，换约日起按兵息战。现拟电令日本展缓换约之期，回信迟早尚未可定。倘换约因此逾期而停战之日已满，倘彼遽尔进兵，不可不

---

〔1〕四月十四日上午丑时（5月8日清晨1—3时），总理衙门将此电发给李鸿章，并在前加一段话："三国阻辽，已有头绪，均劝暂缓互换，俄尤谆切。本日奉旨，由田电倭，再商展期。商之三国，均以为是。田电即发，兹照录一份，由尊处再电伊藤，免致一电或有失误，愈速愈妙。"李鸿章于巳刻（上午9—11时）收到，立即将大意发给正在烟台准备换约的伍廷芳，请与日本换约大臣伊东商办。当日午刻（中午11—13时）李鸿章发电总理衙门，报告其已将电报译成英文发给伊藤，并摘要发给伍廷芳。（《李鸿章全集》电稿三，第530—531页）

〔2〕《宫中电报电旨》，第44盒。

虑。著刘坤一、王文韶、宋庆、裕禄、依克唐阿、长顺通饬各军，严为戒备，不可稍涉疏懈。钦此。[1]

由此可见，孙毓汶在当日上午的御前会议上，虽有可能对展期一事与翁意见不同，但仍依照光绪帝的旨意办理。当日《翁同龢日记》亦称：

（下午）莱山遇余，告今日偕庆、荣诣喀使馆，仍云无电来，施、绅两使同到俄馆，告以发展期换约事，三人皆云极是。复同诣田贝，托其电日本，田亦以为然也。

庆即庆亲王，荣即荣禄，绅即德国驻华公使绅珂（F. S. zu Schweinsberg）。从这一段记录中可以看出，到了这一天的下午，孙毓汶已认可了展期换约一事。四月十四日（5 月 8 日），即原定换约日期，情况发生了突变。当日《翁同龢日记》称：

是日徐君持德使绅珂函来，谓不换约则德国即不能帮，余笑置之。已而许景澄电至，谓旅顺亦肯还，至换约一节，俄外部云已经明告，则中国换约大臣自能办理，固未尝催令换约也。而同人轰然，谓各国均劝换，若不换则兵祸立至，而敬子斋特见恭邸，絮语刻余，恭邸亦为之动，余力争不回。见起则（庆邸同见）上亦催令即刻电伍廷芳如期换约，因令庆王、孙、徐三人先退。余奏昨日俄使请巳正（上午 10 时）见总署大臣，此当听其回信。三人者即赴俄馆，若俄使语与许电同，当即将电旨译发，若有违异，则再请旨，匆匆而去。

徐君为军机大臣、总理衙门大臣徐用仪，敬子斋为总理衙门大臣、兵部尚书敬信。徐用仪所持的德国公使绅珂的照会，其内容可见德国外交大

〔1〕《清光绪朝中日交涉史料》，卷 43，第 38 页。

臣马沙尔男爵（Baron von Marschall）给他的指示：

> 中国代办告诉我，因谈判悬而未决，皇帝不欲批准条约。我说批准是绝对不可避免的；如果不批准，我们将听中国自己决定其命运。日本已正式向三国声明，在批准实行后，它将以适当增加赔款为放弃辽东半岛包括旅顺在内的交换条件。请通知中国政府。[1]

而改变展期换约的关键因素，是许景澄发来的三份电报：

> 昨商德外部明阻换约，据复：倭已允退辽，但恐另议偿费，中国此时总以先换约为息战要著云。查倭复俄节略太简，德外部所虑，或非无因。
>
> 俄外部告：昨晚日使交来节略，允退全辽，已电喀使。询以是否暂押，答云：节略未说明。又询换约办法，答云：中国既得俄国明告，两国换约大臣自能商办等语。
>
> 探询添费一层，擒谳华云：日使曾言，如还地，当向中国另索贴费，本部未与置论。切告已许巨款，万难再加，全仗俄力驳阻。彼云：此时暂可不论等语。

而在这一天，正在巴黎的驻英公使兼驻法公使龚照瑗的电报，也递到

[1] 孙瑞芹译：《德国外交文件有关中国交涉史料选译》，商务印书馆，1960年，第1卷，第44—45页。此事的背景为，在此前四天即四月初十日（1895年5月4日），德国外交大臣马沙尔对日本驻德国公使青木周藏称：德国政府“为保持日本正当的自尊，因此准备劝告中国政府，直接向日本接洽，于和约批准交换后，以一个补充协定及增加赔款为交换条件，立刻退还半岛；这样外表上，日本的放弃得视为对一个战败者宽宏大量的行为”。青木对此表示同意。于是，马沙尔于次日向德皇威廉二世报告：“如得陛下俞允，我将以这样的意义训令陛下驻北京公使。”德皇批语为“是”。（出处见上）又，军机散值后，翁恐三国干涉后瓜分辽东，要求对日本发照会。恭亲王、孙毓汶对此未理，翁极为生气。但此事已与换约无关。

御前：

> 法外部哈大臣告庆常云：法廷接日本电，称因法、俄、德之请，允退让奉天全境，旅顺亦允退让等语。[1]

以上各电下画点处为光绪帝朱点。光绪帝明确下旨“如期换约”，是恐惧日本以此为由再度开战，甲午战争中“战无一胜”的现实，使之必须谨慎从事，既然三国正式通告日本已同意还辽，既然德国已明确要求换约，那么，再拖迟时间又是清廷承受不了的压力。[2]由于俄国称“两国换约大臣自能办理”，根据翁的提议，光绪帝命庆亲王、孙毓汶、徐用仪三人赴俄国使馆听信，以明确俄国的态度，而最后的结果又可见当日的电旨：

> 奉旨：现已接三国复信。著伍廷芳、联芳即与日本使臣换约。照会两件，随约交付。昨商展期，已由田贝电日本作为罢论。钦此。

该电发出的时间，档案中没有注明，李鸿章是未刻（下午1—3时）收

---

〔1〕以上四电皆见于《宫中电报电旨》第43盒，许景澄三电标明收到日期为四月十三日，龚照瑗电报标明日期为四月十三日未刻。许景澄电报中“擒谦华云”，《李鸿章全集》电稿三作“据宴毕云”。

〔2〕四月十三日亥刻（晚9—11时），李鸿章发电总理衙门：“伍廷芳元未电：日使伊东虽到，地方官备妥行馆，往请登岸，未允。据东翻译回称，日使云：停战换约，均明日期满，务须今日先行议妥，明日准十二点钟以前互换和约，方肯上岸。廷等未奉谕旨，不敢遽答。应如何办理，恳速电示云。望速径电饬遵，勿迟误。”此电总理衙门收到时间不确，不知敬信急着去找恭亲王是否与此电有关。十四日申刻（下午3—5时），李鸿章再电总理衙门：“盐电（即十四日电旨）已转伍道等遵办。顷接伍道等来电：午刻日使派员来告，本日如不换约，即当回国。廷等当即往晤日使，劝令稍待。据云：昨已电告本国政府，尚未回电，必系本国难允。今日停战满期，必须期内换约，请职等立即互换。因答以必须候旨，日使又云：如本日四点钟尚不互换，立须回国，事便决裂，恐再开仗等语。恳速请旨电示，以便遵办云。”（《李鸿章全集》电稿三，第529、533页）

到此电，于申初（下午3时）转发烟台让伍廷芳照办，并译成英文，电告伊藤。[1]伍廷芳等人于四月十四日申刻（5月8日下午3—5时）收到电旨，并于亥正（晚上10点）与日本使节伊东巳代治互换了条约。[2]由于慈禧太后可以与光绪帝同时看到许景澄等人的电报，当日军机处还给慈禧太后一奏片："遵拟电谕伍廷芳一道，又德国使臣绅珂送来该国信一件，一并恭呈慈览。"[3]也就是说，这一换约的决定也经过了慈禧太后的批准。根据上引《翁同龢日记》，这一天起决定性作用的人物是恭亲王，孙毓汶并无与李联英联手胁迫光绪帝之事。

至于康称"五日"一事，查清方文献并无"五日"之请，该语出现在伊藤博文的电报上。由于清朝十三日通过美国公使田贝及李鸿章提出了展期换约要求，伊藤博文十四日申初（下午3时）发电李鸿章，称：

> 日本告明中国，日本现已全遵法、俄、德相劝之语，不拟永据辽东之地……日本政府应允将停战展限五日，批准条约应于限前互换……本大臣应向贵大臣再行反复声明：批准条约应行迅速互换，是为极要。如有延误，其重大变故势必因之而起也。

该电虽同意在五日内互换，并同意辽东之事"嗣后再行商办"；但不同意对条约本身做任何修改，而且延期只能一次。李鸿章虽没有说明他收到此电的时间，但可以肯定的是，他此时已向伊藤发出了奉旨当日换约的电报。日本到天津的电报须数小时，李向总理衙门报告此事的时间为

〔1〕《宫中电报电旨》，第43盒。总理衙门发电旨后有一段给李鸿章的指示："此旨即电烟台，并电告日本，已如期换约。"李鸿章于当日酉刻（下午5—7时）复电总理衙门："本日申初，用英文电告伊藤云：'奉旨传谕，现在烟台之中国全权大臣，速将批准条约互换，应电达贵大臣察照。所有前请暂缓互换各电，均作罢论等语……"（《李鸿章全集》电稿三，第532—533页）

〔2〕《伍廷芳呈总理衙门文》，丁贤俊等编：《伍廷芳集》，中华书局，1993年，上册，第17页。

〔3〕军机处《洋务档》，光绪二十一年四月十四日。

四月十五日辰刻（5 月 9 日上午 7—9 时），很有可能即是在此时收到。伊藤博文发电后不久，收到李鸿章遵旨同意当日换约的电报，于亥正（晚 10 时）再电李鸿章，请将其前发电报“作为注销”。李鸿章于十五日午时将该电转发给总理衙门。[1]翁同龢于四月十六日得知此消息，在日记中称：“伊藤电允展五日，旋作罢论，可见做得到人自不做耳，可叹也。”“五日”一语，康有为很可能是道听途说而记。

至于康称孙毓汶所作“吾辈皆有身家”等语，于常理判断亦为不通。此时孙已走下坡路，为人为言极为谨慎。他即便有此心，也绝不会在军机处或御前作此语。四月初八日恭亲王销假复入值后，军机处的班底已复为“甲申易枢”之前。孙毓汶已看出自己的政治之途走到了尽头，自觉地引退了。四月十九日（5 月 13 日），他请病假五天，获准；四月二十四日，续假十天，获准。[2]五月初四日，他又请假一个月，获准，其兵部尚书由徐桐署理；闰五月初四日，他以病请开缺，旨命再赏假一个月，毋庸开缺；六月初四日（7 月 25 日），他再以病请求开缺，光绪帝予以批准。[3]孙入值军机处十年，太了解政治操作之要诀，求退的路也走得平平稳稳，丝毫未受伤。四年后，他去世了，谥文恪。而他的同僚徐用仪就没有他那么识相，结果遭谏台弹奏，于六月十六日（8 月 6 日）被赶出军机处和总理衙门。

康有为本是一名入京应试的举人，与政治中心有着相当远的距离。他很可能与翁有过交往，即便如此，也只不过是翁棋盘中不甚重要的棋子。[4]由下层而强说顶层之中枢政要，隔膜乃至无知，也属正常现象。问题在于康有为本不认识孙毓汶，也与孙无仇，为何要如此激烈地贬斥

---

〔1〕《清光绪朝中日交涉史料》，卷 44，第 10—11 页。李鸿章于四月十五日辰刻发电伍廷芳称：“顷接伊藤昨日申初来电，有日本政府应允停战，展限五日……”“顷接”，即刚收到。（《李鸿章全集》电稿三，第 535 页）

〔2〕军机处《早事档》，光绪二十一年四月十九日、二十四日。

〔3〕军机处《上谕档》，光绪二十一年五月初四日、闰五月初四日、六月初四日。闰五月初四日孙折见《军机处录副·光绪朝·内政类·人事项》，3/98/5325/21。

〔4〕《翁同龢日记》四月十二日特别记当日发榜“康祖诒亦中也”。如果此时没有联络，翁很难会以光绪十四年康请其代奏上书而专门注意此事。

孙，乃至于无端生事？因此再回到康有为撰写《我史》之背景：时为光绪二十四年底，康流亡日本达三个月，日本政府已对其不感兴趣，迫于清朝的压力，正准备礼送其出境。[1]他正处于人生的低谷，自观政治前景十分暗淡，此时撰写《我史》，自称为“诸子欲闻吾行事，请吾书此”，即临行前为其门人叙说个人奋斗史。在这种逆境中，更兼其张扬的性格，自我张扬，随意牵连，也是很容易发生的事情。由此形成了《我史》写作的一个特点，康若一事未成，必称为某一顶级人物所阻，除了孙毓汶外，他笔下的对手还有徐桐、荣禄、李文田等许多高层人士。而对于翁同龢、李鸿章、孙家鼐，《我史》中语气有如上级对于下级，经常去教导他们该如何办理。这一篇作品，康有为生前并没有发表，其原因不详。[2]

## 七 《公车上书记》、《南海先生四上书记》的说法

以上各节我试图证明康有为在《我史》中关于公车上书的叙述多处有误，不甚可靠；而康有为党人对公车上书实际上也另有说法。黄彰健、孔祥吉、林克光、汪叔子、王凡、姜鸣、刘高、欧阳跃峰诸先生皆注意到了《公车上书记》、《南海先生四上书记》与康有为《我史》中的差别，并在著作中予以采信；汤志钧先生更是文献大家，他不仅注意到了，且藏有多种版本，然在其著作中未予采信。在此，我沿着各位研究先进已往的道路，再次迈步。

光绪二十一年夏，《公车上书记》在上海刊行，而该书的具体发行日期尚不可知。汪叔子、王凡两先生 1990 年论文指出，《申报》上初次刊出该书广告的时间为闰五月十八日（7 月 10 日），且在此后的 34 天共

---

〔1〕 参见茅海建、郑匡民：《日本政府对戊戌变法的观察与反应》，《历史研究》2004 年第 3 期。

〔2〕 从《我史》的手稿本来推测，康有为打算对此进行较大的修改后再发表，但未及修改完成，就去世了。参见本书第九章。

7次在《申报》上刊登广告。黄彰健先生引证谭复日记，称谭于六月初六日（7月27日）看到此书，该书当为五月刊行（应为闰五月）。汪叔子、王凡两先生1987年论文证明，此次《公车上书记》上海刊行，当属康有为及其党人一手操办。该文引用梁启超致康有为信：

> 第三书及四上书记前后各事，录副寄上。第四书粤中云已开刻，则无须更写。第一书及朝殿文，南中皆有定本，尤无须更写矣。此间希顾前交与古香阁印，云：本之大小，如《公车上书记》。彼恐不能获利，请改用小本，如《策府统宗》。此则万不可，故提取其稿，商之别家，议复同彼。盖尝询之诸书贾，据云：自强学会败后，《公车上书记》已不能销，恐此书亦不能销云云。当直语之曰：《公车记》已销数万部，度买此书之人，亦不过数万人，人有一部，自无购者矣。而彼执迷如故也。此事或俟之他日，报馆自买机器印之。粤中能刻最佳，刻本必务精雅，若《救时刍言》，则文字减色矣。[1]

从此可见，《公车上书记》是康有为及其党人在上海托书商为之印销的。

上海刊行的《公车上书记》有"沪上哀时老人未还氏"的《序》一篇。该《序》文并不长，但所叙内容与康有为的《我史》大不相同，兹分四段录于下，并稍作按语。该《序》称：

> 中日和约十一款，全权大臣既画押，电至京师，举国哗然。内之郎曹，外之疆吏，咸有争论。而声势最盛、言论最激者，莫如公车上书一事。初者，广东举人梁启超联名百余，湖南举人任锡纯、文俊铎、谭绍裳各联名数十，首诣察院，呈请代奏。既而福建、四川、江西、贵州诸省继之，既而江苏、湖北、陕、甘、广西诸省继之，又既而直隶、山东、山西、河南、云南诸省继之。盖自三月二

〔1〕《丛刊·戊戌变法》，第2册，第545页。

十八、三十、四月初二、初四、初六等日（都察院双日堂期）察院门外车马阗溢，冠衽杂遝，言论滂积者，殆无虚晷焉。

这一段叙述与《我史》最大的差别，是没有提出公车上书的领导者，仅仅提出梁启超与湖南举人为都察院首递者，而首递的日期为三月二十八日。其余各省似乎是在粤、湘两省的榜样作用之下，闻风而动。由于四月初八日之前都察院代奏的条陈皆是抄本，未署日期，初八日之后各上书所具时间前已说明；两相对照，"未还氏"的《序》文似为大体准确。[1]我在前文已作分析，公车上书是政治高层暗示或授意、由京官们组织的；而此文却将之称为公车们自发的运动，虽未悉上层密情，但也合乎策动者及组织者之心意。

该《序》又称：

书上数日不报，各公车再联十八省同上一书。广东举人康长素者，素有时名，尝以著书被谤议于时，主其事，草疏万八千余字，集众千三百余人，力言目前战守之方，他日自强之道。文既脱稿，乃在宣武城松筠庵之谏草堂传观会议。庵者，前明杨椒山先生故宅也。和款本定于四月十四日在烟台换约，故公呈亦拟定于初十日在察院投递。而七、八、九三日为会议之期。乃一时订和之使，主和之臣，恐人心汹涌，局将有变，遽于初八日请将和款盖用御宝，发使赍行。

这一段叙述与《我史》有着很大的差别，须一一细析之。一、文中称

〔1〕对此可以吹毛求疵者为：第一，漏掉了奉天（当时日本已占辽东）。第二，未说明福建并无举人单独上书，而是由京官带领上书。第三，递交上书的日期最晚只提到了初六日，而直隶上书递交都察院的日期，肯定晚于初九日，而云南是十四日。也就是说，作者明知初八日之后都察院依旧接受上书，仅仅提到初六日，是为其后文所称初七日的"集众"做铺垫，以能将之叙为前后因果关系。第四，梁启超组织的公车上书者并无"百余"，只有80名，"谭绍棠"应为"谭绍裳"。

“书上数日不报”，当属事实，当时都察院的代奏需用数天或更长时间；又由于当时实行邸抄制度，每日上奏情况皆发抄，举人们很容易知道其上书是否代奏，但公车上书的情况有所不同，由于当时中枢甚忙，所有的上书皆未发下，一些公车也会认为其上书尚未代奏。二、文中称“各公车再联十八省同上一书”，则有曲笔。此处“各公车”的概念属康有为及其党人，且康有为集众时，许多省份的举人尚未将其联衔上书递交都察院。若不详加区别，很容易误读为各省公车共同主张联省上书，康被推举“主其事”。三、文中称“集众千三百余人”，与《我史》中“与名者千二百人”有所区别，“集众”者，未必是“与名者”，两者概念不同。四、文中称“文既脱稿，乃在宣武城松筠庵之谏草堂传观会议”，说明初七日“集众”前，康有为的上书已“脱稿”，集众的目的在于“传观”。五、值得注意的是，该段叙述与《我史》的最大区别，是康有为组织集会与准备投递的时间，这是各位研究先进都十分注重之处。《我史》中称“初六七连日大集”，“至四月八日投递”，结果与史实处处不合。此处称“七、八、九三日”会议，“拟定于初十日”递，这一日期可将相关事件串联起来。此中可以明显地看出，康有为在《我史》中修改集会日期，是为了谎称四月初八日“联省公车上书”呈递都察院“被拒”。至于光绪帝批准条约及用宝的情况，我在前文已作说明，“未还氏”的《序》文虽不准确，但也合乎当时京城内许多人的心理。还须说明的是：一、新贡士的放榜日期为四月十二日，也就是说，初十日递交不会影响到十二日看榜。〔1〕二、四月初五日礼部上奏“乙未科贡

〔1〕 姜鸣称会试发榜是5月3日，即四月初九日，似为误。查军机处《早事档》：四月初六日，“徐桐等奏拟取前十名试卷进呈请钦定并专折请安，奉旨：知道了，试卷交下。”十二日，“礼部奏乙未科会试进呈题名录一本，奉旨：知道了，题名录留。”十三日，“徐桐等奏揭晓出闱复命并请安，奉旨：知道了。”“溥良等知贡举出闱复命并请安，奉旨：知道了。”由此可见，初六日会试总裁官徐桐等将所拟前十名递出，十二日正式进呈题名，当日徐桐等出闱，次日上奏复命。《翁同龢日记》中也有相应的记载，四月十一日记：“明日发榜，而外间寂寂。”十二日记：“吾邑中二人，张续良、胡同颎，皆去年新中。康祖诒亦中矣。”

士复试请钦定日期折”，早朝时奉旨：“著于四月十六日复试”[1]；按照当时的规定，这一消息会刊在邸报上。也就是说，四月初六日举人们已知道，一旦中式将于十六日参加在保和殿进行的新贡士复试。三、“联十八省”是康有为及其党人集众时的愿望，实际与会者可能没有18省，《公车上书记》题名中只有15行省，另有吉林1人。

该《序》又称：

> 是日天本晴丽，风日暄暎，忽以向午后大雨震电，风雹交作，逾刻而止，即其时也。是时松筠庵坐中议者尚数十百人，咸未谂用宝之举，但觉气象愁惨，相对唏嘘，愤悒不得语，盖气机之感召然耶？是夕议者既散归，则闻局已大定，不复可救，于是群议涣散，有谓仍当力争以图万一者，亦有谓成事不说无为蛇足者。盖各省坐是取回知单者又数百人，而初九日松筠之足音已跫然矣。议遂中寝，惜哉惜哉！此事若先数日为之，则必能上达圣听。虽未必见用，亦庶几以见我中国人心之固，士气之昌。其主持和局者不过数人，而攘臂扼腕，望阙感愤，怀郁国耻如报私仇者，尚千数百辈，未始非国家数百年养士之报也。

这一段记载清楚地说明了康有为组织的公车上书的流产过程。其中值得注意者为以下五项：一、“是时松筠庵坐中议者尚数十百人”。松筠庵本是宣武城南名士会聚之地，每次集会也不过数十人上百人。其地方相当狭窄，1300人是无论如何也挤不进去的。门前的胡同也不宽，若数十上百人各备车马，也必造成交通阻塞。此语与前文相连，可以看出康有为组织公车上书的方式，即先将上书撰就，然后在松筠庵之谏草堂“传观”，各省举人也是陆续而来，陆续而去，并非为一次千人大聚会。四月初七日、初八日上午来者人数不详，而到初八日下午时，在座者为“数十百人”。前称“集众千三百余人”，是一个虚数，也是陆续来到松

[1] 军机处《早事档》，光绪二十一年四月初五日。

筠庵的人数估计，又可知当时并无准确的统计。[1]《我史》中还有一语可为之旁证，“京师无点石者无自传观，否则尚不止一千二百人也”，“点石”为石印，当时康有为还考虑过石印，以让更多的举人不必来到松筠庵，即可“传观”。二、“亦有谓成事不说无为蛇足者”。此语说明了初八日散归后反对者的态度与理由，就此视之，与当时的情理多能合拍。由此反观《我史》中“初七夕，黄夜遍投各会馆，阻挠此举，妄造飞言恐吓，诸士多有震动者”，不仅在时间上提前一日，且在理由上也让人感到难以理解，毕竟初八日以后官员、公车的上书并未停止。三、“盖各省坐是取回知单者又数百人”，是一可疑的细节，此说虽可将“集众千三百余人”之数与题名发表的602人之数相对应，给予一个合适的解释；但初八日晚如有“数百人”返回松筠庵取回知单，其场景的热闹程度将会超过初七日和初八日上午的“集众”场面。四、“而初九日松筠之足音已跫然矣。议遂中寝”。“足音跫然”典出于《庄子·徐无鬼》篇一：

> 夫逃虚空者，藜藋柱乎鼪鼬之径，踉位其空，闻人足音跫然而喜矣……

其大意为：流落于空谷之中，鼠类皆不至而杂草侵路，长久面对空野，听到人的脚步声都会很高兴。在此的引申意为，到了初九日，松筠庵中人声寂静，听到脚步来到的声音都感到很高兴。康有为组织的公车上书就在此冷冷清清之中，“议遂中寝”，即中途流产了。五、“此事若先数日为之，则必能上达圣听”。此语说明康有为一派最初总结公车上书流

---

〔1〕康有为后在诗记中称：“东事战败，联十八省举人三千人上书，次日美使田贝索稿，为人传抄刻遍天下，题曰《公车上书记》。”（上海文物保管委员会文献研究部：《康有为遗稿·万木草堂诗集》，上海人民出版社，1996年，第61—62页）此诗当作于上海《公车上书记》刊行之后，其中的“三千人”当应理解为诗化的语言，而不能当作实数。汪叔子、王凡1987年论文，对人数一事多有考证，认为其数在康党的记录中前后不同，有着明显的编造、宣传的痕迹。其称“值得一说的还有《公车上书题名》，这个题名实即松筠庵会议第一天诸省举人初莅会场时之门簿签名也”，不知其所据。

产原因时，只认定时机选择错误，如果能早上几天，就必然成功，并没有牵涉到孙毓汶及“闽人编修黄□曾”等人等因。

该《序》又称：

> 试事既毕，计偕者南下及沪，为述此事甚悉，且有录得副本并姓名单见示者。为读一过，虽不免有言之过激，及陈义太高，骤难施行者，然煌煌之文，惊天地泣鬼神矣。因为记其始末，刻其文及其姓氏以告天下，其各省分上书之稿尚当汇搜续刻，以存一朝未有之公案焉。光绪二十一年五月朔。沪上哀时老人未还氏记。[1]

在这一段记载中有以下三点值得注意：其一是办理代印《公车上书记》的人员。“试事既毕”一语，有两重意思，对会试未中贡士者，至四月十二日放榜时，试事已毕；而对中贡士者，须到五月初十日光绪帝召见完毕后，方可谓“试事既毕”。此处似指未中式举人回沪，很可能是麦孟华或其他人回上海为康有为办理此事。其二是该《序》的写作时间。“五月朔”，即五月初一日（5 月 24 日），此时离初九日“议遂中寝”，已过二十天，距该书在闰五月十八日《申报》上的第一次广告时间，大约有四十多天的时间。其三是作者。该文作者自称为“沪上哀时老人未还氏”，此人很有可能是沈善登。[2]该作者为《公车上书记》作序，似为受托，他应当是一位知情者。

由此再查康有为此时的经历，四月十二日中贡士，十六日在保和殿参

---

[1] 《康有为全集》，第 2 卷，上海古籍出版社，1990 年，第 103—104 页。

[2] 汪叔子、王凡 1987 年、1990 年论文皆认定“沪上哀时老人未还氏”即为“古香阁主人”，其理由是“未还氏”序文中称：“因为记其始末，刻其文并其姓氏以告天下”，但我以为，“刻”者一词，似还不能证明古香阁主即是“未还氏”。2004 年 6 月马忠文告诉我，他很怀疑此即为康有为本人，但苦于无证据，对此我也有同感。2009 年，汤志钧写信给我，称“未还氏”是沈善登，然未开列其考证过程。2010 年，张海荣作《〈公车上书记〉作者“沪上哀时老人未还氏”究竟是谁?》（后发表于《清史研究》2011 年第 2 期），称“沪上老人未还氏”是沈善登。在目前的资料情况下，汤志钧、张海荣的说法是最值得重视的。

加新贡士复试，二十一日在保和殿参加殿试，二十八日在保和殿参加选翰林院庶吉士的朝考，一连三次在宫中最高等级的三大殿之一保和殿上为文，天下国家的儒生心情自然慷慨。殿试放榜日期为四月二十六日，康中二甲第46名进士，就其个人的企图心而言，名次不算太高，能否入翰林院还有待于朝考及皇帝的旨意，五月初八、九、十日正是新进士觐见授职之期，而广东新进士定于初十日进见。他此时正将《公车上书》中关于变法自强的部分，改写为《上清帝第三书》，于五月初六日（5月29日）递都察院要求代奏，与此同时，他又将《公车上书》在上海刊行。由此可以看出康有为的企图，一面在北京由都察院递第三书，一面在上海刊行《公车上书》，京沪两处相互配合，康有为及其党人决计登上政治舞台。

《公车上书记》的刊行，当属康有为及其党人聪明且效果彰显的重大决策。据前引梁启超致康有为信云，这一部书销量达“数万部”，果真有此数，在当时是一个非常可观的印量。[1]即使退一步说，该书仅发行数千部，虽不能称是商业上的成功，但也是政治上的巨大成功。这一时期递至御前的三十一件公车上书，正默默地在军机处的箍柜中睡觉，时人难知其内容，后人也只能通过查阅相关档案史料方可稍知内情；更何况康有为组织的“联省公车上书”未递都察院，今人在档案中也无从寻觅。《公车上书记》的顺利刊行，使康有为名声一振，也为康有为及其党人此后利用媒体宣传其主张开辟了一条新式道路。在康有为的上书经历中，《公车上书》属《上清帝第二书》，同在此年，康有为又有第三书、第四书。于是，康有为及其党人决定在上海再次刊行康有为的上书稿《南海先生四上书记》。

《南海先生四上书记》中有康有为的学生徐勤所作《杂记》，以说明始末。对于公车上书，该《杂记》称：

乙未三月，和议将成，颇有争之者，然皆不达于事势，彼以大

---

〔1〕 汪叔子、王凡1990年论文对《公车上书记》印数进行了考证，其主要证据是七月十一日《申报》刊出的古香阁《告白》，称该书“存数尚多，兹自七月十一日起，减价发兑”。但该书当时的发行量，除梁启超的说法外，还无更多的证据。

> 言主战，不足以折和者之口也。先生于是集十八省公车千三百人于松筠庵（杨椒山先生故宅），拟上一公呈，请拒和、迁都、练兵、变法。盖以非迁都不能拒和，非变法无以立国也。属草既定，将以初十日就都察院递之。执政主和者恐人心汹汹，将挠和局，遂阴布私人入松筠，以惑众志，又遍贴匿帖，阻人联衔。尚惧事达天听，于己不便，遂于初八日趣将和约盖用御宝。同人以成事不说，纷纷散去，且有数省取回知单者，议遂散。然执政主和者实畏之，而请病去，京朝士夫咸以为公车与有力焉，此国朝未有之举也。

这一篇《杂记》较之“沪上哀时老人未还氏”的《序》，已经有了很大的游移。尽管徐勤也称“将以初十日就都察院递之”，也称“同人以成事不说，纷纷散去”，“议遂散”，与“未还氏”的说法相同；但还是增添了许多新的说法：第一，关于康氏组织公车上书的动因。“未还氏”称“书上数日不报，各公车再联十八省同上一书”，所强调的是以更大的声势以促动都察院，而徐勤称“大言主战”不能“折和者之口”，于是康有为提出了“拒和、迁都、练兵、变法”，强调的是康有为上书的内容。他并未说明“迁都”一度成为京师的重要话题，上奏中有多人言此者，其中包括署理湖广总督湖北巡抚谭继洵，以至于翰林院编修黄曾源、内阁中书王宝田等还专门在上书中提出反对迁都。[1]他也未说明“练兵”的主张已经实行，胡燏棻的“定武军”（即后来的“新建陆军”）、张之洞的“自强军”初具规模，盛宣怀更是向翁同龢提出一项庞大的练兵计划。[2]至于“变法”者，当属康有为上书的核心部分，但毕竟属战后的事情。第二，徐勤首次提出了“执政主和者”阻挠公车上书的举动，暗指孙毓汶。文

---

〔1〕黄曾源称：“恐后来建议之臣必有以西迁之说进我皇上者”，该折署日期为四月初二日，似有先见。王宝田等称：“闻倭人要挟，和议将遂速允，兼有传言和议定后将遂迁都”，该折未署日期，四月十一日都察院代奏。当然他们都是主战而反对议和的。若黄曾源与康有为真有冲突的话，也有可能是对迁都的意见不同。（《清光绪朝中日交涉史料》，卷39，第18—20页；卷43，第17—19页）就我所见，最早提出迁都的是礼部学习主事罗凤华等，其上书署日期为三月三十日，都察院四月初八日代奏。

〔2〕《盛档·甲午中日战争》，下册，第436—438页。

中“阴布私人”，“以惑众志”，“遍贴匿帖”，这些细节与后来康有为《我史》的说法一致。我个人以为，在松筠庵集会时，各种议论都会有，然不同意康有为的意见即是“执政主和者”的安排布置，却是大有疑问的。“匿帖”很可能是与康氏意见不同的揭帖，“遍贴”一词似有夸张。第三，徐勤提出孙毓汶的去职与“公车上书”有关。如此之多的官员和举人纷纷上书表示反对和约，对此须有相关责任人出面担当。尽管按照今天的政治标准，光绪帝三月二十日电旨、四月初八日朱批，以证明其是主要责任人；但按照当时的游戏规则，此事当由李鸿章、孙毓汶来承担。孙毓汶求退，不能说与官员和公车们的上书毫无关系，但前节已经说明，其主要原因在于官场失势。康有为组织的“联省公车上书”尚未呈递，与孙的求退之间并无关系。

徐勤的《杂记》称：“光绪二十一年乙未八月写既竟”，即康有为第四次上书未达三个月之后，也是康准备离京之时。从前引梁启超致康有为信中事事皆有报告的做法来看，似可以认定，该《杂记》经康有为看过。[1]而上海代印《南海先生四上书记》一事进展并不顺利；两年

---

〔1〕 徐勤在《杂记》中还称：“时（康有为）已授官，分隶工部，（第四书）于闰五月八日在本部递之，部之五堂悉画稿允奏。顺德李文田方摄部事，误中构扇之言，谓先生所著《广艺舟双楫》于其书法颇有微辞，因而抱嫌排挤，独梗僚议，甘为炀灶。实则先生于李某，向薄其人，而爱其书，《广艺舟双楫》中未尝攻之也。本部既阻，乃移而之都察院、督办处，皆以李既阻阏，不便因此失欢，遂壅上闻。”“先生今科朝、殿，皆直言时事之文。殿试卷，徐寿蘅侍郎拟置第一卷，李文田摘‘冒’字下缺去一字，谓不能置前列。朝考卷，亦李所阅也，摘卷中‘闷’字、‘症’字、‘炼’字，指为误笔，置二等末。区区之故，吾先生岂以是为轻重哉！”（夏晓虹编：《追忆康有为》，中国广播出版社，1997年，第292—295页）从徐勤的《杂记》中可以看出，此期康有为及其党人政治程度尚属幼稚，文中对康大加赞词（此类赞词必将引起反弹）；而前一段引文称礼部侍郎李文田因私而阻碍康有为之“第四书”，后一段引文不仅指责李文田，就连兵部侍郎徐树铭也夹带进去了。若李、徐二人或其他政治高层人物见此，即便对上海租界书肆中的小册子不能多说什么，也会对康有为及其党人必生戒心。尽管李文田于光绪二十一年底病逝，生前看不到《南海先生四上书记》的出版，但其门人同僚皆在。这种公然褒贬大臣的政治斗争手法，也是康有为一派做事的特点。此后，康有为及其党人在戊戌变法中几乎受到了整个政治高层的联合抵制。当然，平日不闻政治内幕的普通读书人，自然会对此类读物有兴趣，或可增加其销量。

后方由梁主笔的上海《时务报》报馆代印。

由此可以看出一条清晰的线索，从“沪上哀时老人未还氏”，到徐勤的《杂记》，再到康有为的《我史》，再到梁启超的《戊戌政变记》，最后到了康的诗注以及梁后来的多种说法，已经有了多重的“放大”与“层累”。汪叔子先生、王凡先生 1987 年的论文即已对此提出了“三阶段”，以说明此中的变化层次。康有为组织的“联省公车上书”的事实，被康、梁派一次又一次地涂抹，色彩越来越靓丽，情节越来越戏剧化，也越来越容易引起治史者的兴味。

应当说，康有为有生之年，所受非议甚多，因此康、梁的说法，一直仅被视为谈资，对学界并没有太大的影响，更何况当时学界还不太认可近代史。但到了上世纪 50 年代之后，近代史突然崛起为显学，治史者又出于多重原因，经常不加区别地引用康、梁一派的言说，排斥否定康、梁的言说，且又有着多重附丽。康有为组织的“联省公车上书”，现已成为中国近代史上的标志性事件，被目为资产阶级改良派走上政治舞台的宣言。而前节提及的广义概念的“公车上书”，尽管数量多达 31 件，签名多达 1555 人次，且已通过都察院而递到御前，却被人忽略，在历史的书写中化作为淡淡的若有若无的背景。康有为就在这一背景中大放异彩。

由此再观姜鸣先生历史散文中的大言：“可以说，‘公车上书’是康有为对历史的一次成功的大欺骗”，由此再观欧阳跃峰先生在短论中所下的结论：“‘公车上书’是康梁编造的历史神话”，这些话说得都很不“科学”，也容易引起诸多误解，但从最初的《公车上书记》，到目下流行的各类历史书中激情高昂的说法，可以看出康有为及其党人对历史学家们的巨大影响力。他们已经成功地书写了自己的历史，并被许多历史学家所接受。

## 八 结 论

本章的方法，可谓烦琐，本章的行文，又可谓啰嗦。如此烦琐加啰嗦的目的，在于重建一个难存二说的史实，以能引起各类治史者的关注，修改各类史著中对公车上书的说法。

正因为如此，我在下面不怕烦琐加啰嗦地再叙本章的两点结论，尽管相关的内容已在前文予以说明：

第一，有两个不同概念的“公车上书”。其一是光绪帝三月二十日电旨同意签订马关条约后，由政治高层发动、京官们组织操作、各省公车参加的“公车上书”，即广义的“公车上书”。其中各省公车联名上书有31件，共1555人次签名；另有公车135人次参加了京官们领衔的7件上书。梁启超领衔的广东举人80人的上书，只是其中的一件。康、梁可能对各省举人的上书有影响，但最多只是广西、贵州、直隶、陕西、甘肃，且其具体影响力的大小，也难以判断。康、梁本人又是被策动的对象，而不是运动的领袖，他们的活动是整个“公车上书”链条中的一环。其二是康有为组织的各省公车在松筠庵的“集众”，以能最终形成18行省举人超过千人的联名上书，即康有为组织的“联省公车上书”。由于四月初九日来松筠庵者人数甚少，且闻条约已用宝，这一活动中途流产了。从政治决策的角度来看，前者曾发生些微的政治作用，后者因其未递，而并无作用。叙史者有必要对两者加以区别。

第二，康有为《我史》中关于“公车上书”的记录，多处有误，很不可靠。如从政治高层的决策过程去观察细部，可以十分明显地看出其牵强与张扬，许多戏剧性的情节，似为其想象。叙史者若加引用，需得处处小心。相比之下，较为可信的史料是“沪上哀时老人未还氏”的《序》文，尽管我本人还限于史料，只能对该文进行分析，而不能一一坐实该文中所叙的情节。从此开始，经徐勤、康有为、梁启超等人之放大，更兼后人之渲染，层累地积成了今日一般史书所叙的“公车上书”的情节。

在本章结束之时，我还要声明，姜鸣的历史散文中的一段话，我是十分钦赏的：“康有为因运而生，是个天才的宣传鼓动家。尽管未曾上书，他所写的这篇文字，仍然是当时所有反对和约的文件中最精彩最有分量的。”本章所揭露的仅仅是康、梁笔下的“公车上书”的过程，并不涉及康有为所撰“联省公车上书”的评价。对于这一份上书，我以为确有其精彩与分量，也拟另文从政治学的角度予以评论。至于康有为等人如何进行鼓动与宣传，本来就是政治家的智慧，那就更不受指摘了。历史学家的职业训练，恰是要从政治家的智慧中寻觅出原本的历史真实。

## 附录一　十人以上联名上奏之名录

（此名单已与档案原件核对。下画线者在康有为组织的公车上书中签名，其中个别人姓名有所差异，已在附录二注释中予以说明。）

三月二十九日，翰林院代奏：“编修李桂林等条陈”，上奏人为翰林院编修李桂林、丁立钧、潘炳年、修撰黄思永、编修叶大遒、华辉、王培佑、吴同甲、张亨嘉、朱福诜、冯煦、李葆实、胡景桂、刘永亨、熊亦奇、周爰诹、姚丙然、王荣商、宋伯鲁、王廷相、罗光烈、沈曾桐、周承光、杨天霖、徐世昌、徐受廉、刘学谦、李盛铎、邹福保、冯诵清、高觐昌、蔡金台、秦夔扬、张元奇、柯劭忞、连捷、陈嘉言、徐仁铸、刘若曾、陆钟琦、杨士骧、马步元、王万芳、段友兰、王祖同、高枏、杜本崇、叶昌炽、鹿瀛理、朱锦、傅世炜、陈田、李立元、谢佩贤、郑叔忱、黄曾源、检讨阎志廉、修撰刘福姚、编修吴士鉴、王以慜、王安澜、黄绍第、检讨黄绍曾、梁銮藻、孙廷翰、萨嘉乐、编修孙百斛、王乃征、李豫、检讨洪汝源、蒋式瑆、修撰吴鲁、庶吉士王会厘、谭绍裘、黎承礼、张怀信、齐忠甲、王瑚、余堃、姚舒密、黄秉湘、张林焱、达寿。

四月初一日，内阁代奏：“侍读奎华等条陈”，上奏人为内阁侍读奎华、英华、德元、荣寿、灵椿、恒寿、绍昌、忠普、朴奎、继荣、松秀、薛浚、查恩绥，前侍读缎疋库员外郎贵秀，候补侍读倭兴额、海诚、智格、贵寿、廷恩、常福、伊哩布、刘培、朱彭寿、陆嘉晋、陆钟岱、刘家荫，委署侍读崇恩、奎林、赛崇阿、奇承额、润昌、谦福、昌荣、庆麟、崇廉、穆津、润麟、国瑞、恩昌、毓隆、倭恒额、恩佑、景魁、文元、杨树、吴均金、鲍恩绶、傅潽、李廷斯、王绳、郑克昌、潘仰熊、张士镳、车毓恩、陈作彦、吴中钦、王宝田、吴炯、林开菜、欧瑞麟、刘耀增、苏元龙、王桂琛、陈寿彭、丁建本、刘志、袁照藜、朱文震、顾芳，中书侯昌铭、黄笃瓒、殷济、许兴文、汤原铣、濮贤慈、许枋、林介弼、方荣秉、胡恺麟、孙书城、陈嘉铭、黄以霖、常光斗、陈永寿、温联桂、孙星煜、齐耀珊、王昉征、刘锡光、吴嵚、李之实、苏守庆、刘晋藻、李植、李庆棻、李湘、高继昌、胡宗瑄、郭恩赓、罗家劝、陈培赓、李祥麟、朱蔚然、欧阳荣泉、郑葆琛、华世奎、阎炳章、许文勋、冯炳焜、高增爵、张荫棠、沈桐、任于正、缪嘉玉、秦渐和、涂宗瀚、卢铭勋、许秉璋、王寿慈、罗廷桂、颜廷佐、苏志纲、雷在夏、朱琨、魏达文、顾儒基、陈本仁、渠本翘、毛祖模、曹中成、康诉、陈懋鼎、赵椿年、刘秉权、杨廷玑、方昆玉、翁绶琪、汪大燮、周子懿、许秉衡、马希援、邓邦彦、沙从心、王昌年、赵以煃、郭曾程、宋廷模、熊元镛、张云骧、吴庆焘、杨锐、李兆麟、段大贞、杨沣、李永懋、雷镇华。

四月初三日，督办军务处代奏："詹事府左赞善贻谷等条陈"，上奏人为詹事府左赞善贻谷、翰林院编修孙百斛、庶吉士齐忠甲、内阁中书齐耀珊、吏部郎中成和、主事刘锦、荣翰屏、户部郎中荣安、员外郎庆恕、主事朱显廷、郭之桢、庆春、郑文钦、裕绂、礼部郎中文瑞、兵部郎中庆颐、员外郎承平、刑部员外郎攀桂、那福、主事李光琛、笔帖式荫昌、工部郎中宝春、员外郎魏晋桢、主事宫兆甲、赵兰田、北营参将鹏展、举人凌善钟、岳德懋、恒善、恒泰、李恩瑞、李崇瑞、庆春、钟毓、阎宝琛、于霖中、荣文祚、郭星五、朱瀚章、朱笃庆、邵振铎、朱廷柱、周德隆、赵晋臣、张光甫、齐耀琳、张允中、姜梦飞、吴璋、丁孝虎、杨灏生、冯绍唐、王佐廷。

四月初四日，国子监代奏："南北学肄业生曾炳熿等条陈"，上奏人为南北学肄业生曾炳熿、危克济、张百均、陈达寅、卢会瀛、饶登逵、袁凤沼、汪鸾翔、于荫堂、李文科、苏志澄、陈廷杰、傅旭安、赵东楷、孙荩卿、刁家霈、黎景煊、程鸿鋆、李葆钧、杜本芳、曾沛霖、白源曾、严寅亮、伍毓焜、魏锦荣。都察院代奏："吏部主事鲍心增等条陈"，上奏人为吏部候补主事鲍心增、王荣先、洪嘉与、刘元弼、焦锡龄，礼部候补主事刘果、陈鸿翼，兵部候补主事曹允源，刑部候补郎中陈凤章，刑部候补主事赵学曾、吴舫，工部候补主事吴锜。

四月初六日，总理衙门代奏："章京舒文等条陈"。翰林院代奏："编修黎荣翰等条陈"，上奏人为翰林院编修黎荣翰、蔡金台、王廷相、周承光、黄绍第、丁立钧、陈田、王安澜、沈曾桐、检讨劳肇光、阎志廉。都察院代奏："湖南举人文俊铎等条陈"，上奏人为湖南举人文俊铎、王龙文、周永年、周植谦、岳障东、王礼培、黄昺隆、金肇汉、曾希文、彭作润、李笃真、谭襄云、梁仕淦、薛傚善、谭郯华、夏鸣雷、周震涛、瞿振鑫、陈焕澜、李大澄、盛德水、王汝明、万治谟、吴邦治、周丰洛、文浚、贺弼、曹广渊、许邓起元、许邓起枢、李菁蕃、吴德洪、刘鸿度、黎敬先、袭锡龄、李鸿仪、王诗梅、杨承禶、李邦屏、王国栋、谢作庸、周维翰、萧洪钧、刘维尧、邹人灏、万祖恕、黄瑞兰、方永昺、方永元、谢宗海、吕鼎元、罗仰经、唐龙骧、方朝治、林道堂、郭宗熙、贡士李最高。"湖南举人谭绍裳等条陈"，上奏人为湖南举人谭绍裳、陈忠盟、刘信淇、曹广权、唐祖澍、周启鐕、柳泽绶、刘忠训、刘焌杰、萧昌世、周荣期、夏诒年、沈克刚、梁丙炎、吴宗实、梁焕章、俞莱庆、孙举璜、彭煌、粟掞。"奉天举人春生等条陈"，上奏人为奉天举人春生、宝纶、廉杰、铭新、文郁、贵春、玉璞、文光、书铭、管萃超、广福、瑜璞、瑜琦、阎宝琛、江焕章、江鼎先，生员宋维周、孙守书，监生阎襄泰、周奎庆。“四川举人林朝圻等条陈”，上奏人为四川举人林朝圻、林朝泽、曾沛霖、刘彝、伍廷桢、陈倬、冷春膏、胡荣鉴、余良遇、贾鸿基、廖映旭。“广东举人梁启超等条陈”，上奏人为广东举人梁启超、林缵统、麦葆元、陈维湘、赖际熙、麦孟华、王栋、张寿波、陈大照、陈景华、欧赓祥、赵熙光、王寿慈、陈禹畴、漆葆熙、左公海、刘士骥、谭镳、关燮基、金俊基、张其镇、林树墉、梁昱墀、黎启瑞、谢晋勋、吴功溥、招卓华、江慎中、莫寿彭、刘东瑚、何景濂、梁广业、柯郁菁、李遇昌、李卓凡、梁亦鸿、林镜鋆、梁知鉴、李扬华、李萃英、陆寿昌、黄烜林、陈廷选、黄恩荣、关伯麟、谢荣熙、潘宗尹、周思镐、黄心龄、江孔殷、龚其峯、潘志和、陈秉彝、招嘉哲、罗桓熊、吴世泰、吴荃选、莫洳铁、钟葆珩、黄颖、钟锡璜、张阶平、钟锡玢、谢聘珍、潘耀焜、朱瑄、符仕龙、麦秩严、潘焱熊、黄嵩裴、梁朝杰、郭文修、罗葆祺、朱文格、吴台东、吴诵芬、梁兆献、梁寿祺、潘蔼吉、龙祝龄。“湖南举人任锡纯等条陈”，上奏人为湖南举人任锡纯、曾廉、周先稷、曾熙、江宗汉、戴展诚、梁焕奎、朱先辉、冯由旷、经涛、谢南式、唐绍祁、李如松、陈龙光、邓润棠、廖汉章、萧鹤祥、李振湘、沙上铸、伍毓焜、程崇信、孙文昺、何维畯、李光寓、王章永、罗廷干、曾荣炳、杨焯、曾声骙、周广、孙楷、郭振墉、章华、洪汝冲、杨昀、谢尔庸、张寿衡、莫重坤、李家熙、李元音、皇甫天保、危克济、江西李瑞清。“江苏教职顾敦彝等条陈”，上奏人为江苏大挑二等教职顾敦彝、候补教习许汝棻、举人刘嘉斌、田毓璠、李慎仪、王玉彬、赵臣杰、周召齐、徐秉璜，山东举人夏廷相、刘兆庚，湖北举人王钟麐、袁伊孚，江西举人张炳麟。

四月初七日，吏部代奏：“郎中延熙等条陈”，上奏人为吏部郎中延熙、李绍芬、员外郎惠森、主事钟琦、郎中恩浩、觉罗钟培、员外郎范广衡、主事刘家模、雷祖迪、丁宝铨、员外郎联寿、郎中成和、宗室载林、员外郎长昨、贺勋、昆玉、锡龄、熙彦、主事长明、宗室海锟、陈应禧、李坦、洪嘉与、孙筲经、刘华、关榕祚、刘显曾、孙绍阳、刘元弼、黄允中、委署主事文通、书年。都察院代奏：“福建京官礼部郎中黄谋烈等条陈”，上奏人为礼部郎中黄谋烈、户部主事陈嵋、翰林院编修潘炳年、吏部郎中何刚德、翰林院编修叶大遒、礼部员外郎郭曾炘、工部郎中许柽藩、户部主事叶题雁、郑福臻、刑部主事陈秉崧、工部主事傅嘉年、翰林院编修张亨嘉、曾宗彦、刑部主事郑淑璋、兵部主事张嘉猷、工部主事赖清键、户部主事林寿照、刑部主事李英华、翰林院编修张元奇、黄曾源、检讨萨嘉乐、兵部主事魏秀琦、刑部主事郑琼书、翰林院修撰吴鲁、升用赞善翰林院编修郑叔忱、户部郎中陈宝璿、光禄寺署正龚荫柽、内阁中书陈懋鼎、翰林院庶吉士郭曾准、兵部主事高晖游、内阁中书康咏、吏部主事黄允中、兵部主事方家澍、刑部主事周景涛、翰林院庶吉士李清琦、刑部郎中黄纪元、工部郎中杨枢孙、翰林院庶吉士江春霖、叶大年、户部郎中林开章、内阁中书方昆玉、户部主事万钟騄、工部主事刘怡、光禄寺署正龚葆琮、国子监博士梁孝熊、监丞卓凌霄、正红旗官学汉教习林其荣、刑部主事许文辉、侍卫林培基、德俊、姚承恩、黄德、薛梦蛟、潘吉昌、高葆光、林天骥、陈维阳、林寿椿、吴拔祯、黄步燊、沈瑞舟、陈澄澜、林捷鳌、举人沈翊清、宋天築、张朝弼、张朝法、李九盛、傅朝旭、郑篪、赖丰杰、吴征骥、林开謩、李景骧、董元亮、郑贤炤、李含芬、江尚宾、邓登瀛、巫挹奎、谢松涛、李汶川、黄冕南、庄庆忠、张绳武、陈震、杨士鹏、林履升、林镇荆、林均、谢朝荣、吴镛、陈辛、廖和韶、林翊、王炎、杨葆元、施大猷、蔡庚绪、陈伯贞、王承基、陈韵珂、林玉铭、萨起严、汪韶年、郑世卿、郑文豹、李宣龚、陈义图、郑孝柽、黄燊、力捷三、罗得元、练蕴辉、叶奖唐、吴世康、陈旭铜、周登皞、周诚孚、林齐贤、郑鼎缨、范彦璋、欧福芗、蔡绍元、罗焕垣、林百熙、葛滋春、林乔新、曾广嵩、郑猷宣、方钟玉、李兆蓉、林文斗、许中、刘孝佑、刘孝祚、赵应鼎、方新、高彤、陈廷业、陈燮嘉、刘廷珍、黄曾培、林图南、施登瀛、蒋诒、林孝箕、蒋琛、梁赞翰、郭曾熊、周建藩。“贵州举人葛明远等条陈”，上奏人为贵州举人葛明远、吕钧璜、喻熙箴、傅夔、吴廷璧、顾福基、周之麟、吴鹏、杜树棻、张鸿逵、张煦春、张可煐、王勋、陈清明、马治源、张清华、谢承圭、吴正枢、申德渠、徐致和、曾鹏星、陈凤仪、后赟、廖杭、乐嘉藻、廖袭华、聂延祜、罗廷珍、石天荣、周廷琛、萧正和、戚朝勋、李端棨、罗会恕、黄莹书、谈安定、胡嗣芬、杨澍、华钤、黄钟杰、戴仁禄、周学海、李绍莲、徐培中、姜兴胄、孔繁锡、胡序铨、熊滨臣、谭沛霖、张杰、刘廷魁、王玉梁、王崧寿、樊瑗、颜德辉、彭汝畴、杨绶、柳元翘、陈文焘、陈其铸、犹龙、犹朝选、犹海龙、王之珍、王维恪、邹国柱、胡绍铨、吴本基、李端荣、曾寿祺、丁树铭、张致安、吴懋卿、杨锡谟、晏怀新、冯元亮、魏祚臣、周坚、刘端棻、周永年、金正炜、龚绵元、任承纪、杨元龙、胡纪辰、杨鸿翥、丁树楠、李端棨、黄明、王智元、黄家琮、匡履福、朱勋、杨国栋、丁良佐、张尧煦、聂树楷、申允熙、赵永霖、伍襄钧、艾应芳、聂树奇、周淴、董玉林、曾凤文、蹇念恒、马汝骥、陈夔麒、周祜、胡培元。“广东举人陈景华等条陈”，上奏人为广东举人陈景华、黄心龄、苏逢圣、韦佩琼、江慎中、梁昱墀、陈鸣玉、邝桢材、罗瑞忠、莫寿彭、谭鹗英、龙祝龄、吕祖涛、陆应瑄、张荣燊、郭文修、潘赓飏、钟应同、陈源浚、颜绍泽、何景濂、陈维湘、林宪、方家珍、陈祺年、莫文龙、彭炳纲、唐浩源、麦炳鉴、陈汤聘、陈耀荣、陈伯坛、朱瑄、麦秩严、潘耀焜、招卓华、林廷资、曾述经、张文英、杨士瀛、李赞宸、麦汝良、潘家桂、符仕龙、刘东瑚、梁亦鸿、谢銮坡、陈官韶、麦劭祥、左公海、谭学裴、冯祥光、龚其摹、赖际熙、朱鉴尧、韩日华、魏宗弼、傅维森、苏荣干、冯侃乾、黄绍宪、马銮光、麦孟华、凌鹤书、湛书、冯应鎏、袁天章、霍崇范、方士华、陈伟宗、谢晋勋、何宝璜、何良康、岑仲良、潘葆铭、关蔚煌、潘以珖、黎宗葆、梁骝藻、谭骏谋、梁荣恩、邓骐保、杜甄、罗庆荣、陈思乾、潘普书、梁庆柱、李彝坤、佘棠熙、张伯龙、何祖濂、何家本、易奉鎏、梁启泰、梁凤鸣、孔昭莱、冯瑞兰、罗琳、胡元泰、梁庆瑜、张绍勤、李庆朝、潘蕴志、金俊基、黄翰华、李保极、朱銮骐、马云鸿、庄国贤、文英华、邱云鹤、刘荣恩、陈启人、黄桂瀛、叶修昌、谭资鉴、王栋、郭而勉、罗殿华、朱崇让、梁庆锵、陆锡骐、黄兴邦、余嵩年、黄嵩裴、徐廷杰、关燮基、梁金鳌、张恩泽、林凤韶、罗之章、梁知鉴、林镜鎏、陆慈和、李敦、刘彦芬、潘应铿、李锡康、陈宝鎏、许炳耀、陈藻鉴、梁元任、高国章、梁殿元、李萃英、黄颖、李景鎏、陈维嵩、张其镇、朱宝荣、梁庆年、叶大垣、何作猷、梁冠澄、梁念祖、崔浚荣、易贤瀚、黄汝刚、冯心镜、张廷弼、曾广华、赵纯熙、侯家骥、罗桓熊、孔继煊、陈敬彭、司徒澜、陈桂荣、陈禹畴、李鉴湖、陈邦颜、劳伯华、佘彬瑚、胡锡侯、莫圻、谢锡勋、招嘉哲、陈秉彝、区坤元、梁泮、马之骥、叶珩蕃、萧永康、钟荣光、郑毓岷、冯柏芬、梁鳌、赵昶、陆寿昌、卢宗璜、周发祥、吴全选、陈廷选、郭金汤、赵丙寿、杨蔚浚、梁鸿藻、钟锡璜、罗英隽、漆葆熙、冯熺、严宗武、周思镐、吴台东、吴世泰、莫洳镁、黄恩荣、张元钰、赵彭年、谭镳、钟葆珩、谢聘珍、张阶平、邓纬枢、张宝琛、李扬华、黎朝书、吴功溥、李家璧、陈组熙、刘耀棠、刘玉埙、刘曜垣、缪国钧、林桂芬、赵熙光、张世俊、关伯麟、尹庆举、程道元、江孔殷、何翰章、何钟岳、梁用弧、林禄衡、林兆年、姚巨显、谢荣熙、黄瑄林、叶应钊、冯冠芳、梁兆献、李名瀛、李涛、叶文兴、杨履泰、汤耀、陈节、陈学韶、陈启辉、陈谟、文汝镇、梁禹甸、黎庶怀、莫贤书、徐绍桢、冯作彝、赵夔一、黄永康、汤荣焜、陈鹏翔、许荣桂、黄纶、区赓祥、龙建章、唐风俭、陈兆元、曾纪亮、梅友容、罗葆祺、许福仪、张乃瑞、钟锡玢、杨纪凤、廖廷珍、黄立权、冯焕章、区普銮、李群英、劳锦章、余守约、冼瑞祺、潘志和、梁启超、卓观国、陈大照、魏鉴辉、刘培炜、刘庆祺。“江西举人程维清等条陈”，上奏人为江西举人程维清、岳琦、文廷楷、李翊煐、熊家琪、彭福焘、贺国昌、彭树华、胡拱炎、李文藻、帅元、萧名揄、宋功彦、余钰、宋功炜、张炳喆、胡家斌、陈策安、涂步墀、徐履端、黄翼斌、朱贤、郭廷钰、张光庭、鄢启询、康楷、萧廷彬、林春华、范炳南、黄树琦、饶懿典、黄维翰、陈鸾翔、章心源、朱益湛、陈可佳、贺耀南、贺煜南、贺赞元、旷子椿、萧勤勋、刘辅德、程绍熙、程汝恒、高伟、高崧生、雷鸣盛、胡朋、夏敬恂、李钰辉、鲁藩、萧汉杰、汪骏声、孙振濂、熊冠英、杨鸣珂、沈庆林、张树藩、罗志清、陈人杰、黄介、朱铭、刘芳蕃、邓曾頀、高善述、高镇东、刘肇尧、朱美南、熊继本、李人杰、胡廷楷、胡献琳、陈绍虞、邹树常、胡加璧、章朝瑞、魏焕奎、徐景濂、段笏、熊彬、余生芝、饶延年、胡士莘、沈兆禔、张凤书、袁炳照、丁凤章、余天随、石元鼎、曾传谟、刘裕谦、赵世猷、杨亨颐、傅启心、章烜、吴咸熙、李庐毓、涂兆霖、罗纲乾、谭篮、黄儒英、黄为熊、万和赓、万中闳、万中柱、杨荣荫、彭铭恭、彭棨、王庆嵩、王庆韶、翁桂馨、文廷桡、文景清、许受衡、夏学成、黄献炜、许宗泰、黄升国、裘兆沄、汪缙卿。"广西举人邹戴尧等条陈"，上奏人为广西举人邹戴尧、黄鸿绪、苏汝佶、李文诏、黄玉年、周炳蔚、唐樾森、施献璜、林世焘、刘明华、钟朝纲、黄熊祥、黎启勋、朱贤志、韦锦恩、杨杰、曾文鸿、何源毓、欧显谟、吕端燕、刘楷、蒋士奇、于凤翔、朱永观、施献瑄、袁惟瀚、以庄、朱远缙、朱远缮、朱远绶、汤宏业、黎肇熙、文同书、俸肇祥、熊振翔、黄肇祥、胡建恭、江蕴琛、罗朝伦、黎士玙、黎效松、李惟寅、黄家崇、陈松、罗启璜、姚庆恩、陈德三、莫建宰、杨书田、朱椿林、莫廷庸、张乃森、王国梁、吕凤仪、李冠藻、苏鋆、陈书、谢显球、岑简光、李庆光、甘乃调、刘奉璋、唐沛芳、梁福堃、陈德英、陈祖瑛、蒋武瑾、杨书勋、陈继茂、甘恒暄、盘芝寿、何凤翔、黄周、李瑞棨、廖鸿年、周纪凤、蒋德彰、阳裕达、梁祖杰、赵元杰、陈佑向、黎绍簪、黄凤仪、李国材、黎兆瀛、谢维城、伍登元、吕增荣、冯希京、凌文光、胡梅、范晋藩、吕炳纶、刘懋官、郑干材、梁全士、卢恩恩、程式谷、谢光墉、陈慕沆、周维宗、黄祥光、王国瑞、卢玉鑫、黄冕、吴兆梅、王子俊、莫鸿裁、雷智龙、雷廷珖、杜元春、周树勋、黄得琮、黄维垣、李益源。

四月初八日，都察院代奏："内阁中书陈嘉铭等条陈"，上奏人为内阁中书陈嘉铭，翰林院编修张孝谦、王祖同，吏部主事刘家模、阎萃峰、焦锡龄、孙绍阳、杨敬远，户部郎中李嗣鹤、员外郎孙显家、冯汝骙、主事宋淑信、路煜德、赵成杰、王旭东、陈金台、张铭坤、王应堂、张镇芳，礼部主事刘果、屠尔敏，兵部郎中张书兰、主事何传中、李象辰、胡远灿、笔帖式崇寿，刑部郎中关国光、郭之全、李擢英、主事钱锡晋、魏联奎、史绪任、艾廷选、武玉润、任清浦、裴维俨、郭书堂、笔帖式荣光，工部郎中张书年、员外郎秦树声、主事王祖武、暴翔云，国子监学正任元斌。"广西京官翰林院编修李骥年等条陈"，上奏人为翰林院编修李骥年、骆景宙，修撰刘福姚，庶吉士关冕钧，内阁中书陆嘉晋，吏部主事雷祖迪、关榕祚、陆辅清，户部主事李庆云、傅超衡、谢启华、庞之盛、金鹏、冯舜生，礼部主事曹穗，兵部主事党庆奎、陆嘉藻，刑部主事蔡揆忠、张其镃、黄守正，工部主事李演，光禄寺署正唐启宇、苏龙恂、林泽。"湖北举人国子监候补学正学录黄赞枢等条陈"，上奏人为湖北举人国子监候补学正学录黄赞枢、国子监学习学正学录周绘藻、五品衔候选知县王树藩、新选房县训导沈用琛、候选教谕钱儒僑、候选教谕夏通桂、候选教谕余联沄、王钟麟、郝致、陈恩畬、蒋熊、高承枢、李希白、涂子中、万兆钟、杜本芳、范龙光、徐第瀛、徐炳麟、张汉纬、刘人杰、胡体晋、刘博文、李嘉宾、沈炳麟、陈崇礼、刘灿藜、魏华龙、李炳范、邹秉文、李允候、柯锡福、荣春晖、徐阿福、彭炳华、张藻。“江南举人汪曾武等条陈”，上奏人为江南举人汪曾武、胡同颎、曹元忠、王凤璘、秦曾潞、周召齐、茅谦、徐秉璜、张继良、孙揆均、俞复、廉泉、范蠡、朱柏、许士熊、胡祥鑅、沈恩孚、赵景崇、刘世珩、徐沅、孙济川、孙传镶、欧阳保福、杨宝森、李元鼎、姚鹏图、冯诚求、吴煦、钱树声、王嘉宾、陆是奎、包锡咸、徐鄂、费彝训、费绍训、刘景墉、崇朴、江廷珏、姜汝谟、杨宗海、杨寿朴、姜赞襄、凌泗、江忠振、袁祖光、齐尧年、程之麟、胡嘉楷、彭锡蕃、刘廷弼、陈恩治、吴曾徯、潘浩、王廷俊。“河南举人王滀等条陈”，上奏人为河南甲午科举人南阳府裕州王滀、卢景炎、王廷襄、王瓖、怀庆府温县郭玉山、怀庆府济源周绎之、南阳府邓州王崇光、光州方谷、黄关同，乙酉科举人南阳府内乡李鹏程、怀庆府河内张云涛，辛卯科举人怀庆府武陟李青藜，壬午科举人怀庆府温县李春溪。（为省文，名单前后位置有所调整）“浙江举人钱汝虔等条陈”，上奏人为浙江会试留京举人钱汝虔、许德裕、戴翊清、纽家枢、叶守铨、蒋锡绅、徐信善、陈逢熙、汪守泗、俞宗濂、林昌熙、姚陛闻、姚洪淦、蒋清瑞、唐元义、邱炳珍、许文浚、闵次颜、沈毓麟、王树荣、潘钧、邬泗瑛、吴荣煦、姚庭炘、吴纬炳、宋寿征、宋祖同、曹树培、王栋、吴震春、吴炳声、金承熙、唐淦、王甲荣、朱金祺、都守仁、陈其闲。“顺天举人查双绥等条陈”，上奏人为顺天举人查双绥、查尔崇、刘蔚仁、李廷瑛、祝椿年、余绍业、王祖庆、杨士芬、马辅原、孙进、杨肇曾、牛桂荣、徐良弼、俞寿慈、俞寿璋、庄维藩、廖圣清、张良璧。“山东举人周彤桂等条陈”，上奏人为山东举人周彤桂、刘葆光、刘彤光、张祖第、刘兆庚、傅兆榕、夏廷相、毛承霖、王廷槐、刘克章、王纪华、赵灿廷、魏成基、李步沆、张庆源、陈继洋、傅如恒、李体仁、丁惟彬、孔广达、刘严、卢衍庆、张壬弼、郑锡民、亓因培、吕遵善、张允符、阎殿芝、燕桂森、丁会英、张含章、周祜、田仲庄、范登年、张兰香、曹连枝、任德普、鞠建章、张志轩、许廷兰、朱名炤、孟广居、赵翰西、谢焜、王思衍、孙绍康、孔庆瑊、张方墀、傅炳南、李凤冈、李玉珂、王德馨、王锡龄、高斑、张守龙、张树桢、蒋祖仁、刘恩陶、田育梃、刘恩龄、刘元凤、耿士珩、余培乾、任光弼、郝毓椿、王国锡、邢维经、金梦魁、汪毓藻、丁宝珊、张锡鸿、张延庆、张振翮、张子杰、王维言、杨重庆、王寿祺、柳廷诏、李寿宸、彭汝玉、满仲俊、刘鹏翱、杜荣申、陈家让、马鸿藻、方祖荫、王昭佑、王炳辉、景钟驯、刘东藩、刘寰江、张荣晋、钟维岳、杨用中、周晋祺、赵一琴、赵得名、徐福梅、管象勋、吕正斯、孙淦、李椿龄、单朋锡、庄清吉、孔昭郯、李翰吉、臧毓臣、黄象毂、陈家声、王桂瑶、罗泽恰、王崇烈、张成义、邹道沂、傅昉安、傅旭安、王砚耕、杨廷干、李作桀、丁惟鲁。“四川举人刘彝等条陈”，上奏人为四川举人刘彝、刘运熙、周德先、王勋、李杜、张济烜、张济南、张济贞、杜成章、黎坤厚、王绶、高志林、冯承泽、梅际郁、梅际郇、蓝铭钟、易显珩、李德利、董玉璋、夏锡畴、汤铭勋、李澍煊、廖映旭、周本一、李楷、吕玠。“四川举人王昌麟等条陈”，上奏人为四川举人王昌麟、黄炤瑞、祝丕基、高寿、刘芳、严崇经、王晋涵、龙赞纶、温翰棻、廖大礼、周德先、陈铸、罗凤翃、李稷勋、王荃善、王世芬、汪会昌、罗意辰、张泰阶，补用知县周庆纶。

四月初九日，督办军务处代奏：“顺天绅士兵部主事朱梁济等条陈”，上奏人为顺天绅士兵部主事朱梁济，内阁侍读查恩绥、陆钟岱，内阁中书常光斗、李庆棻、李湘、中书科中书沈福荫，翰林院编修徐仁铸、陆钟琦，詹事府主簿赵作新，吏部员外郎范广衡，户部郎中李庆延、户部员外郎胡秉銮、马衢亨、李钟阳，户部主事桑宷，礼部主事聂宝琛，兵部郎中沈维诚，兵部主事朱兴文、李宝华，刑部郎中孙宗麟，刑部主事刘鸿熙，前工部员外郎吴声振，工部主事郭应中、葛景芳，工部司务李廷璋，候选部寺司务陈炳华，大理寺寺丞田锡镛，光禄寺署正李廷玺、田宗汉、高玉森，国子监助教朱寯瀛、国子监学正冯声万、周濂徽、郝观光、王祖庆，国子监典籍胡以霖，国子监典簿包荣富，鸿胪寺序班朱寯藻、汪守珍、宋如璟，兼袭云骑尉前序班朱开第，钦天监博士周凤标，候选知府王兆兰、候选同知徐炳炎，候选知县王鹏龄、董志敏，指分陕西知县胡启虞，山西解饷委员即用知县翁立德，候选县丞苏振常，举人刘锡桐、吴懋昭、韩仁祖、张振湘，副贡生刘尧霖，岁贡生周勋。都察院代奏：“山西举人常曜宇等条陈”，上奏人为山西举人常曜宇、贾大中、陈运丙、曹佐武、张宪文、丁体仁、张桀、刘汉阳、傅倬、傅侃、傅汝枚、马蕃、张朴、解宝树、魏倬、王祝三、丁士廉、丁伦、张官、田应璜、王暨和、柴淇、孙秉衡、栗国聘、王藻虞、荀友楷、宁绳武、崔养锋、崔养锐、展成章、冯文瑞、梁志仁、李鉴堂、王守让、王绍珪、王建官、李希愿、吴文吉、冯俊卿、牛凌霄、李树峤、黄鋆田、庞映青、孟庄、籍兰溪、刘廷钧、胡玉堂、陈裴然、张贯文、张三铨、梁克绥、王发源、王学曾、常麟书、任浩、岳亮采、刘学易、孟步云、申应枢、乔佑谦、王芝兆。“河南举人步翔藻等条陈”，上奏人为河南举人步翔藻、赵星阶、何兰芬、孙凝、刘启泰、王椝曾、沈正坤、李广源、冯际午、刘国良、李枟森、张惠宇、梅静波、赵国光、周桐唐、赵东阶、孟广洛、胡诗昕、张翰光、韩守仁、王其镗、施春和、郑联晖、崔寅清、金葆桢、牛东藩、申文铭、许召宣、王蒲园、刘必勃、黄心芳、郝百炼、仓永勋、杨亦熺、尚葆初、郭铭鼎、孟广信、申杰万、吕泰初、邓鸿藻、张凤台、高士林、常培绪、金应枢、李汉光、余士荣、徐维岳、汤昌浚、易彦云、邹孟贤、李化龙、张霙、吴雁声、刘方鼎、郭森、张嘉德、周润广、步凤书、步凤苞、周国均、王德懋、王骏烈。国子监代奏：“助教朱寯瀛等条陈”，上奏人为助教朱寯瀛、孙汝漳，学正吴传绮、高凌云、王祖庆、周濂徽、李汝椿、吴春镕，典簿包荣富，笔帖式启绅。

四月十一日，都察院代奏：“奉恩将军宗室增杰等条陈”，上奏人为奉恩将军宗室增杰、即选道毓俊、兵部郎中成昌、工部员外郎晋龄、内务府员外郎延暄、宗人府委署主事宗室谨善、兵部主事承瀛、候选通判觉罗善昌、翰林院庶吉士袁桐、兵部笔帖式炳桢、工部笔帖式震钧、吉林候补州判廷栋、文举人宗室师善、宗室寿富、续廉、光熙、忠文、忠林、文生员积廉、户部候补主事廉慈、文生员达聪。“刑部主事徐鸿泰等条陈”，上奏人为刑部主事徐鸿泰、户部主事李兰馨、吏部主事焦锡龄、户部主事张镇芳、吏部主事孙绍阳、礼部主事屠尔敏、兵部主事何传中、户部主事宋淑信、兵部主事李象辰、大理寺左评事仓尔桢、礼部主事刘果、刑部主事武玉润、礼部主事万云路、户部郎中李嗣鹤、工部主事王祖武、翰林院编修王祖同、刑部主事魏联奎、工部主事暴翔云、刑部主事史绪任、国子监学录任元斌、兵部主事胡远灿、吏部主事阎萃峰、户部主事王应堂、兵部郎中张书兰、工部郎中张书年、吏部主事方培恺、户部主事王旭东、光禄寺署正毛印绶。“直隶举人纪堪诰等条陈”，上奏人为直隶举人纪堪诰、彭培壬、毕培基、纪堪谨、王泽春、孟印川、高步蟾、刘珩、郭联墀、胡金镛、高焕、孙植、张璜、史振铎、李敬元、崔铎、刘世骏、于凤阁、于凤鸣、陈梦兰、丁宝相、王鸿儒、卢鸿泰、张自省、邢霁云、桑魁卯、王六德、吴毓福、魏景僖、郝继贞、褚宝训、郭好苏、刘以榕、张保衡、王阔城、孙同荣、同书、文元、德善、郑蜀江、刘晋荣、李荫桐、刘文著、郭毅、陶镛。“河南举人赵若焱等条陈”，上奏人为河南新野县举人赵若焱、唐县候选光禄寺署正李乾一、襄城县举人咸安宫教习李澍棻、泌阳县举人薛之铎、内乡县举人李鹏程、泌阳县举人吴雁声、桐柏县举人喻文衡、偃师县举人李惟新、南阳县举人刘翰宸、魏廷鉴、镇平县举人徐汝梅、刘方鼎、唐县候选教谕李兰馥、汝阳县举人张霙、裕州举人王廷襄、邓州举人赵三奇、南阳县举人张聘三、裕州举人王瓖、南阳县举人任学椿、裕州举人卢景焱。“陕西举人张鹷等条陈”，上奏人为陕西举人张鹷、常懋德、崔志远、胡均、张维寅、窦中虚、孔繁荫、赵鼎泉、陈良均、王延、王建、刘肇夏、陈名扬、孙炳麟、吴熙敬、桂会嘉、谢仁泳、洪祥麟、朱陶、张兆兰、陈丹墀、胡永荣、余鼎臣、刘光铣、张继宗、李绍白、陈爵、谢馨、刘化南、王炳蔚、杨汝春、宋应相、李福善、吴琮、刘映藜、曹邦彦、高士龙、雷运午、丁兆松、荆培元、温恭、曹宏参、曹钦生、常鼎馨、郭铸、王镕、王廷镈、徐洲、王学礼、张鹏程、李泰、惠常惺、郝敬修、吕国治、申典钦、吴星映、张效铭、乔柏荫、侣树森、高福荫、校培乙、雷光甸、雷延寿、郑书同、张镇岳、曹步章、王绳武、段维、梅承祥、王梦弼、王桂枝、孙步青、郭毓璋、陈仰舜、侯晋康、车绍武、姬慎思、宋联奎、梁积樟、萧之葆、宁述俞。

四月十五日，都察院代奏：“云南举人张成濂等条陈”，上奏人为云南举人张成濂、王开国、寸辅清、施尔猷、赵邦泽、程梧、牛应辰、李坤、孙文达、郑锡典、郑辉典、王荣本、寇从义、汤立贤、张维源、刘增、戴鸿辰、戴长龄、李尊先、全嘉仁、李增芳、梁友檍、束用中、杨自新、杨瑞鳣、杨兆龙、毛佑国、吴暹、熊廷权、张衡、王宝贤、杨上培、赵甲南、张立志、王寿山、李作梅、罗问仁、李学舜、陈琦、杨笃庆、朱治和、张一清、蓝和光、王佩玱、沈兴廉、曾传经、徐新德、钮尚质、吕咸熙、姚思敬、喻思禹、詹太和、赵铭新、缪云章、赵传忍、王运谦、杨炳炎、万以增、张汝明、陈玉相、杜瑾、萧应椿。

## 附录二 康有为组织的“联省公车上书”名录

吉林：德懋。直隶：刘世骏、何之镕、王阐元、刘福田、孙植、杨月村、贾恩绂、邢霁云、郑蜀江、姚曰焜、德善、桑魁卯、文元、王六德、刘晋荣、薛士鸿、马文煜、刘铜、张保衡、孙豫桐、王恩翰、王恩澎、孙同荣、魏景僖、同书、梁秉鑫、王阔城、袁励廷、李恩铭、张权、刘以榕、吴毓福、郑士林、吕寿铭、文成、郭好苏、牛桂荣。〔1〕江苏：徐普、陈世垣、郭嘉禾、王嘉宾、金还、濮贤恒、王禄孙、周钺、罗宏洞、吴廷锡、吴眺、王孝达、濮人骥、冯诚求、王凤璘、刘元炳、张男寅、胡同颎、卞汝方、俞复、高翔、张继良、陈恩治、许士熊、杜嗣程、钱树声、吴曾傒、朱柏、唐浩镇、刘廷弼、缪抡俊、孔揆均、华承谟、吴廷燮、沈恩孚、廉泉、汪曾武、周召齐、胡祥鑅、程祖蔚、秦曾潞、茅谦、姜汝谟、左运奎、曹元忠、徐秉璜、范蠡。安徽：李汝稗、胡嘉楷、胡腾逵、刘景墉、胡殿元、何承培、何其纯、何云蔚。〔2〕山西：柴淇、靳绍祖、葛尔寿、崔养锋、张泰纯、宁绳武、王润章、常立教、李鉴堂、王仪通。〔3〕陕西：常鼎馨、惠常煋、杨汝春、雷运午、吕国治、崔志远、高福荫、吴星映、申典钦、陈良均、窦牛虚、张效敏、陈名扬、王建、王延、郑书同、李福善、曹邦彦、雷延寿、张镇岳、温恭、乔柏荫、孙炳麟、曹步章、曹宏参、似树森、吴兴敬、胡均、雷光甸、校培乙、桂嘉会、张经寅、胡永荣、张龄、谢仁泳、孔繁荫、刘肇复、常懋德、刘化南、赵鼎泉、余鼎臣、洪祥麟、宋应相、步绍曰、张继忠、朱陶、吴琮、王炳蔚、丁兆松、刘光铣、刘映藜、赖清键、蒯培元、陈爵、高士龙。〔4〕甘肃：李于锴、王汝贤、陈协华、张思永、侯垣、魏鸿仪、张振麒、马文蔚、彭汝翼、吴海净、赵鼎臣、卢殿魁、蒲茂、丁俊、李增秾、王国麒、张廷政、王世相、张溥、牟缵绪、郭肇煃、苟萃珍、孙云锦、梁鶱冕、蔡绳仲、刘兆庚、梁士选、孙毓英、秦望澜、李凤来、李熇、张自诚、李其骏、王仪乾、魏命侯、马轧德、史

〔1〕下画线者在四月十一日都察院代奏“直隶举人纪堪诰等条陈”上签字。

〔2〕以上江苏、安徽下画线者在四月初八日都察院代奏“江南举人汪曾武等条陈”上签字。

〔3〕下画线者在四月初九日都察院代奏“山西举人常曜宇等条陈”上签字。

〔4〕下画线者在四月十一日都察院代奏“陕西举人张龄等条陈”上签字。其中7人姓名因字形或读音相近似，康有为等人在传抄中可能有误，此处也列入：惠常煋，档案中为惠常惺；窦牛虚，为窦中虚；似树森，为侣树森；桂嘉会，为桂会嘉；张经寅，为张维寅；刘肇复，为刘肇夏；张继忠，为张继宗。

彰、陆云锦、黄元清、仙鹏、聂湜、王堃棫、谢邦彦、高守愚、罗经权、赵元贵、李象贤、苏曜泉、滕钫、张一心、张耀南、苏源泉、柳逢源、严恩荣、钱旭东、安启桢、赵养廉、蒲春霖、王从乾、刘文炳、黄居中。〔1〕福建：董元亮、任承纪、董玉林、胡序铨、李景骧、黄家琮、朱勋、胡兆铨。〔2〕江西：陈鹏运、陈鹗运。湖北：黄庆曾、夏良材、宋均平、董昌达。湖南：刘锽、曾熙、戴展诚、曾纪先。〔3〕四川：张联芳、杨道南、周铣、邓代聪、吴昌祀、秦渐和、赖作楫、李友梁、郭瀚、蓝光策、曾鉴、凌开运、李本筠、张继善、罗鸿藻、欧阳薰、刘秉元、龚经佶、严崇经、蓝光第、杨锐、李之实、陈礼、贺云骧、李植、周鸿志、吴琳、万正常、汪世杰、陈正学、张可均、杨永澄、洪尔振、曹兴杰、曾思慎、谢刚国、杨宜瀚、赖毓灵、刘济普、张梦笔、林秉钧、张西铭、刘轧、邓云卿、刘焯、罗泰莹、廖世英、杨绍荣、王浚道、刘纵之、谢璋、李作枢、倪文炳、湛凤翔、胡光大、王鲤、贺伦修、王大尧、罗组香、盛时赓、洪子祁、吕廷桢、李树德、李宗模、周炳煃、王晋涵、戴锡章、曾忠上、胡峻、岳嗣佺、杨巨川。〔4〕广东：周元兰、周发祥、冼瑞祺、陈大照、何宗愈、刘庆骐、麦邵祥、潘志和、吴世泰、何祖濂、何天衢、朱珩、李均琦、左公海、谭资鉴、魏宗弼、张元钰、黄心龄、冯祥光、钟荣光、冯焕章、谭镳、梁朝杰、司徒澜、饶集蓉、郑润霖、麦孟华、林宪、黎宗保、林树墉、江孔殷、赵纯熙、马銮光、颜贻泽、王寿慈、林廷资、谢荣熙、张思泽、龚其萃、莫洳铁、江慎中、谢晋勋、陈谟、陈桂荣、郭金阳、郑文桢、陈启人、徐廷杰、梁金鳌、陈祺年、黄烜林、黄桂瀛、梁骥藻、冯元鼎、梁知鉴、陆锡骐、梁启超、李伯兴、关伯麟、林镜銮、赖际熙、陈廷选、招卓华、周恩镐、麦葆元、潘宗尹、梁禹甸、陆寿昌、谢锡勋、杜士琮、梁冠澄、莫寿彭、曾述经、黄恩荣、黄立权、侯家骥、吴荃选、湛书、林缵统、刘彦芬、梁念祖、潘焱熊、陈敬彭、叶衍蕃、梁泮、颜绍泽。〔5〕广西：周炳蔚、谢经成、

〔1〕下画线者在未递“甘肃举人李于锴等条陈”上签字。其中3人姓名因字形或读音相近似，康有为或李于锴等人传抄中可能有误，此处也列入：王堃棫，李折中为王坤棫；苏曜泉，为苏燿泉；刘逢源，为刘逢原。

〔2〕下画线中的人名董元亮、李景骧在四月初七日都察院代奏“福建京官礼部郎中黄谋烈等条陈”上签字；任承纪、董玉林、胡序铨、黄家琮、朱勋、胡兆铨在四月初七日都察院代奏“贵州举人葛明远等条陈”上签字。

〔3〕下画线者在四月初六日都察院代奏“湖南举人任锡纯等条陈”上签字。

〔4〕下画线者在四月初一日“内阁侍读奎华等条陈”上签字。

〔5〕下画线者在四月初六日都察院代奏“广东举人梁启超等条陈”或初七日都察院代奏“广东举人陈景华等条陈”上签字。其中6人姓名因字形或读音相近似，可能在传抄中有误，此处也列入：刘庆骐，档案中为刘庆祺；郭金陽，档案中为郭金湯；梁禹甸，在档案中为梁禹甸；黄烜林，“陈景华等条陈”中为黄瑄林；吴荃选，“陈景华等条陈”中为吴全选；周恩镐，“梁启超等条陈”中为周思镐。

梁全士、黄得琮、黎士屿、邹戴尧、伍登元、陈荃征、李益源、吕增荣、汤宏业、韦锦恩、黄世洊、陈慕沅、俸肇祥、范晋藩、朱椿林、甘乃调、熊振翔、秦钟毓、杜元椿、罗启璜、文同书、吕凤仪、苏奇华、李识韩、杨杰、赵元杰、谢显球、苏鋆、林世焘、王国梁、黎效松、陈书、王国瑞、李惟寅、高柱国、莫鸿裁、王子俊、吕炳纶、莫建宰、李庆光、吴兆梅、黄熊祥、陈德三、卢荣恩、张乃森、朱远缮、刘懋官、李国材、袁维瀚、朱远绶、黄周、蒋德彰、刘楷、黄祥光、朱永观、周纪凤、于凤翔、卢玉鑫、江蕴深、杨裕达、蒋士奇、黄凤仪、罗朝纶、雷智龙、吕瑞燕、黄冕、胡建恭、雷廷珖、施献瑄、黄家崇、黎肇熙、林伯桐、以庄、陈绍湘、施献璜、杨超伦、何源毓、郑干材、曾文鸿、韦荫槐、钟朝纲、黄经垣、杨书田、胡梅、左庆欣、朱贤志、谢宝树、冯希京、程式谷、朱贤缙、廖鸿年、周经宗、凌天衢、黎启勋、苏汝佶、谢光墉、陈松。〔1〕云南：王佩玱、白嘉澍、段荣嘉、张锴、程梧、蓝和光、赵鹤龄、徐新德、陈玉相、沈鋆章、陈永锟、缪云章、钮尚质、詹太和、胡开云。〔2〕贵州：黄钟杰、李瑞棨、谢沛泽、喻熙箴、伍襄钧、吴鹤书、张尧熙、曾鹏星、陈其铸、杜树棻、胡嗣芬、谈定安、葛明远、罗廷珍、廖杭、申德渠、萧子鉴、萧正和、黄泽书、谢承圭、黄明、李端荣、陈凤仪、周之麟、周祜、谭沛林、周守彬、张致安、杨绶、王崧寿、李端檠、吴懋卿、姜兴胄、车鸣桢、李端检、杨锡谟、蒋夔奇、彭汝寿、胡俊、周学海、吴廷璧、犹朝选、柳元翘、徐培中、丁汝寯、王勋、陈文焘、杨懋林、赵昌麒、顾福基、颜德辉、杨国栋、罗会恕、陈煓厚、张可烘、张鸿逵、吕钧璜、杨树琪、申允熙、张清华、张煦春、陈明清、白子钊、戴仁禄、傅夔、胡纪辰、王玉梁、徐致和、乐嘉藻、何庆崧、樊瑗、黄厚成、白赞元、李绍莲、彭秀章、艾应芳、赵永霖、王智元、蒯兆庚、吴见举、刘廷魁、丁树铭、向日葵、犹海龙、吴正枢、魏祚臣、杨元龙、孔繁华、聂树奇、吴鹏、杨鸿翥、熊滨臣、董玉林、聂树楷、马治源。〔3〕

〔1〕下画线者在四月初七日都察院代奏“广西举人邹戴尧等条陈”上签字。其中5人姓名字形或读音相近似，康有为等人在传抄中可能有误，此处列入：杜元椿，档案中为杜元春；卢玉鑫，档案中为卢玉鑫；杨裕达，档案中为陽裕达；黄经垣，档案中为黄维垣；周经宗，档案中为周维宗。

〔2〕下画线者在四月十五日都察院代奏“云南举人张成濂等条陈”上签字。

〔3〕下画线者在四月初七日都察院代奏“贵州举人葛明远等条陈”上签字。其中2人姓名相近似或字形相近似，康有为等人在传抄中可能有误，已列入：李瑞棨，档案中为李端棨；陈明清，档案中为陈清明。

# 第二章 “公车上书”考证再补

我很高兴地拜读了房德邻的论文《康有为与公车上书——读〈“公车上书”考证补〉献疑》[1]和贾小叶的论文《也谈刘坤一、王文韶的两件电奏》。[2]这两篇大作对于前章《“公车上书”考证补》，提出了不同乃至截然相反的意见。[3]这种学术层面上的直面相对，鲜见久矣，使我感到了欣慰，甚至有一点兴奋。“公车上书”这一重大事件在一般近代史著作中已有多丽的解释，其史实早就有人存疑，却一直没有展开认真具体的讨论。虽说现在稍微晚了一些，似还可以补牢。这真是一件应该张开臂膀来欢迎的好事。

房先生是我的同事兼朋友，很早便承蒙当面提醒，他要写一篇文章来反驳我，写完之后，曾在2006年10月问我是否要先看，我答复称等出版后再看吧。2006年底，编辑部将其稿转来，我因事务过多而未能细读。贾先生是一位年轻的新进，很早就将稿件给我，拜读之后我回信相告，她尚未能说服我。过去的经验告诉我，对于这些批评性的评论需得

---

〔1〕 房德邻：《康有为与公车上书——读〈“公车上书”考证补〉献疑》，《近代史研究》2007年第1、2期连载。

〔2〕 贾小叶：《也谈刘坤一、王文韶的两件电奏》，《近代史研究》2007年第3期。又，贾小叶论文的刊出部分，是其原作《试论督抚与〈马关条约〉签订后的换约问题》之一部分。

〔3〕 前章《“公车上书”考证补》，于《近代史研究》2005年第3、4期上连载。本章以《史料的主观解读与史家的价值判断——复房德邻先生兼答贾小叶先生》为题，亦刊于《近代史研究》2007年第5期。此为与房德邻、贾小叶之间的学术讨论，于是敬请关心于此的读者，能再阅读一下房、贾两先生的论文。

尽早说明内情并作回复，不然的话，将风生议论，误以为我与房先生、贾先生之间有了缝隙。

在做了以上说明之后，需首先表明自己的态度：我拜读了房先生、贾先生的大作，并没有被他们说服，还是固执地坚持原先的看法。

这里面最有意思的是，房先生、贾先生大作中的史料，我绝大多数都看过，得出的结论却是相异；尤其是与房先生差别甚大，几乎用同样的史料得出了完全不同的结论。于是便想到了这么一个题目：史料的主观解读与史家的价值判断。然在展开这一题目之前，还须先说说史料。这毕竟是第一位的。

## 一　总理衙门章京的上书

光绪二十一年三月二十二日（1895 年 4 月 16 日）翁同龢在日记中称："见译署申君允，慷慨争和议，译署章京五十六连衔说帖甚壮，惜太迟矣。"〔1〕房德邻认为，此中总理衙门章京"说帖"，不是奏折，且也只是上给督办军务处大臣的。

若称"说帖"不是"奏折"，自然也有一定的道理。除了具有上奏权的官员外，其他官员并不能直接上奏，须得请衙门代奏。因此他们进呈皇帝的文书，并没有正式的名称，有着多种的说法，比较流行的是"上书"，也有称"呈文"、"条陈"的，更有竟称"奏折"、"奏疏"的。现存的上书，自拟的名称就很多。

总理衙门章京是知晓政治高层操作内幕的人，也有参与督办军务处事务者。他们很清楚，此中的关键在于皇帝，在于军机大臣召见时的朝议。督办军务处初设时名头很大，到了奕䜣入军机处后作用日减；特别于此时，对战局的部署尚有安排，对和战的决策已无作用。他们是要上

〔1〕《翁同龢日记》，第 5 册，第 2795 页。翁所称"申君允"，我想了很久，认为很可能是升允，他曾任驻俄国二等参赞官。

书给皇帝，以能让军机大臣召见时面净，而不是给督办军务处大臣上书。“五十六”之数，很可能是总理衙门的全部章京，按额制总理衙门共有章京48人，另有兼行军机处章京8人；当然，也可能不全是章京，而有“供事”等低层官员在其中联署。此处所称的“说帖”，我以为，当为请为代奏的上书，而非为上给督办军务处的。从军机处《随手档》中可以看出，这就是四月初六日（4月30日）由总理衙门代奏的“章京舒文等条陈”。

舒文是总理衙门的总办章京，位于当时四位总办章京之首，由其领衔当是惯例。[1]而这一份条陈，我先前在中国第一历史档案馆中未能发现，先前所编的各种史料集中也未收入，以为憾事；近日我在台北故宫博物院文献馆阅档时，在《光绪朝筹办夷务始末记》光绪二十一年中，发现了该上书的抄件。由于该上书先前未曾发表过，过录于下：

> 章京、户部郎中舒文等谨呈，为倭人要挟贻害无穷吁恳竭力挽回以维国脉事。窃惟和戎五利，著在六经，乐天顺天，圣贤所与。当强邻虎视、列邦环峙之时，妄意矜张，侈言攻战，此不达时变之言，非智者所肯出也。顾既知睦邻为保邦之本，即当知定约为立国之基，固不能不稍以利益让人，亦断断乎不能尽弃其权利而不顾，此万国之公理，保邦之定法。固堂宪所筹画积年，早作夜思，时时在念者也。章京等随侍当差办事有年，蠡测管窥，亦仰见荩筹之万一。而今观倭人所要索及所以迫我凌我之状，则诚有大不安于中者。
>
> 国家不得已而议和，如朝议所许兵费至于一万万，界务至于攻取之地任其占踞，商务至于重修条约，西洋利益一体均沾。尽矣，蔑已加矣。如此而和，我财力已大伤，藩篱已尽撤，竭力经营，非二三年不能挽回元气。如此而犹不肯和，则是倭以战为不足困我，变其名而以和困我也。战之害，不过失地，和之害，至失地而并失

[1] 舒文的官衔是“花翎候选道先换顶戴记名海关道员用户部郎中”，其他三名总办章京为吕海寰、玉宽、俞钟颖。

利源。揆之遣使之初心，似已大相剌谬。

国家岁入之数，以关税、厘税为大宗，关税之入二千万，尽所有以偿赔款、还洋债，十年且尤不足。厘税之入千余万，如倭条约所索，内地码头并听其以机器制造，则土货悉化为洋货，华商尽并入洋商，转眼之间，江浙楚蜀，厘税尽归乌有。经费有常，征收遽绌。外困于赔偿，内穷于支应。此约一行，公私扫地，可立而待也。

中国与欧人交涉，亏损万端，三十年来，勉强支持，徒以未开割地之端，犹得以广土众民，比肩万国耳。今于蕞尔小邦，轻开此例，此后各国生心，将视同教案之索金，界务之让地，援例而来，动以每省每府为请，海陆相通十余国，二十一省之地，何以给之？法图云、广，已见端倪。章京等供职署中，诚不知后来将以何辞以应付也。

辽南弃而盛京孤露，形同伊、塔；旅顺弃而黄海梗阻，势等龙江。畿辅仰食东南，稍一龃龉，彼一旅之师，即可抗我吭而制我命。台湾之割，万一百姓不服，横生枝节，更不待言。准此以思，恐旦夕苟安，亦仍难得。且战败而赔兵费，虽公法所通行，若赔费而兼以割地，所索为已虐矣。至于既已割地，而（退）不退还攻占之地，又（预）干预其内地商务、税务，虽普之虐法，不至此，独法于越南、英于缅甸有之耳。两国之亡，实基于此，彼以越、缅待我，我岂可自甘于越、缅乎？迫于凶威，咸率然画约，诚不知李钦差有何筹备，有何把握？由章京等愚管所见，则此非剜肉以医疮，乃直饮鸩以止渴也，渴未止而毒已发矣。

自古惟中国判和、战为二事，外人则且和且战，两皆主于利己而损人。章京等去岁于译报之中，已见有必使中国从此分裂，不能报复，而后彼得永安之语。条约果如其愿。彼明目张胆而言之，我俯首惕息而受之，万国腾笑，章京等复何颜面接晤洋人乎？向来署中办事，奉条约为准绳。此约一行，事事皆成损害，将违约以保国乎？抑遵约以敝国乎？约不可违，则国将终敝，是将章京等疾首痛心仍助倭以自贼也！

倭之急和甚于我，我愈急，愈迁就，彼愈急，愈鸱张，试即以彼法还治之，未必无转机于意外。就令立时决裂，百战百败，亦不过如去岁之情形，彼始终不敢离海岸而深入于盛京，于登、莱情事可见，不必惊其恫吓，谓必能犯都城也。以二万万练兵，何兵不精？以二万万购械，何械不足？国家有主之权，约可定，亦可废，崇厚之事，具有明证。仰维我皇上励精图治，委任亲贤，皇太后圣武神功，五洲万国，无不钦仰。今兹小丑跳梁，遂致上勤宵旰，含生负气，痛愤同深。堂宪公忠体国，谋谟密勿，度于筹画，备极周详。章京等蝼蚁之诚，窃犹望将条约中蓄谋如此之毒，贻害如此之远，我中国将无以自立，我君臣且无以自存，垂涕抚膺，直陈黻座，上达深宫，披露丹诚，庶希补救。此诚危急存亡之秋，责难陈善之日也。章京等冒昧陈言，不胜惶恐战栗之至。伏乞代奏。谨呈。〔1〕

该抄件未具列联名进呈者的详细人名。从该件形式来看，是写给“堂宪”即总理衙门大臣的“呈文”，然又请求代奏，这是他们熟悉公文格式所致。他们中的一些人，本来就是军机处兼行章京。因而这一呈文被翁同龢称为“说帖”，也是有道理的。

正因为总理衙门章京深居要职，知晓内情，对于李鸿章出行议和的谈判底线也是知晓的，即条陈中所称的三点：

国家不得已而议和，如朝议所许兵费至于一万万，界务至于攻取之地任其占踞，商务至于重修条约，西洋利益一体均沾。

然而此中的“界务至于攻取之地任其占踞”之“占踞”二字作何解，

〔1〕《章京舒文等为倭人要挟贻害无穷吁恳竭力挽回以维国脉呈》，《光绪朝筹办夷务始末记》光绪二十一年三月，第32—37页，台北故宫博物院文献馆藏。该件是一个稿本，错字、笔误甚多。所录文字中个别处亦有可能当时抄写有误，括号内的字，我以为是衍文。

还需细辨。[1]李鸿章在出行谈判之前，清朝内部对割地一事进行了讨论，光绪帝最后决定许李鸿章以“商让土地之权”，军机处、督办军务处最重要的八位大臣，即奕䜣、奕劻、世铎、翁同龢、李鸿藻、孙毓汶、徐用仪、刚毅为此联衔上奏慈禧太后请懿旨。[2]但所割让区域究竟有多大，并无具体的结论，他们当时绝不可能想到日本的胃口如此之大，竟会索要整个辽东半岛！否则舒文等人条陈中就不会有这样的句子：

> 辽南弃而盛京孤露，形同伊、塔；旅顺弃而黄海梗阻，势等龙江。

即辽东半岛割，而盛京如同新疆的伊犁与塔城那样，成为边城；旅顺割，而黄海如同黑龙江一样，成为界海。此皆为当年外交失败之大害。因此，我一直不认为翁同龢不同意割地，若要割一小块地，他可能会让步，而割到辽东半岛这么大，我不相信他还会同意。因此，房德邻称翁同龢与孙毓汶之间的矛盾是割辽东还是割台湾的说法，仍不能说服我。我还是认为翁

---

〔1〕 当时日军“攻取”之处为辽东一带、山东威海一带与澎湖列岛，是否将该三处“攻取之地”皆“任其占踞”，我还有点疑问。关键在于“占踞”二字又作何解，是否为“割让”给日本之意？该条陈中称：“且战败而赔兵费，虽公法所通行，若赔费而兼以割地，所索为已虐矣。至于既已割地，而（退）不退还攻占之地”，其中的“割地”、“不退还攻占之地”究竟应作何解，我还没有完全把握。但“退还攻占之地”一语，很可能是指赔款还清后归还军事占领区，如中英《南京条约》规定的舟山、鼓浪屿等地，中英、中法《北京条约》规定的广州、登州、大沽等地。由此而论，前引“界务至于攻取之地任其占踞”一语，似也可以解释为赔款还清前日本可以“占踞”其“攻取之地”，后来的《马关条约》也规定了赔款还清前由日本占领威海。当然，这只是一种解读。

〔2〕 光绪二十一年二月初七日（1895 年 3 月 3 日），奕䜣、奕劻、世铎、翁同龢、李鸿藻、孙毓汶、徐用仪、刚毅上奏慈禧太后，称言：“……现在勉就和局，所注意者，惟在让地一节，若驳斥不允，则都城之危，即在指顾。以今日情势而论，宗社为重，边徼为轻，利害相悬，无烦数计。臣等前日恳请召见，本拟详细面陈，旋奉传谕，命臣等恭请谕旨遵办。皇上深维至计，洞烛时宜，令臣等谕知李鸿章，予以商让土地之权，令其斟酌轻重，与倭磋磨定议。”（《中国近代史资料丛刊续编·中日战争》，第 2 册，中华书局，1989 年，第 464 页）其档案原件与草稿又见《军机处录副·帝国主义侵略类·中日甲午战争项》，3/167/9125/45、46。军机处《洋务档》光绪二十一年二月初七日录军机大臣给慈禧太后的奏片：“臣等遵旨缮写寄信李鸿章谕旨一件，并臣等奏片一件。恭呈慈览。谨奏。二月初七日。”又，许以让地之权是李鸿章临行前提出的要求，翁同龢一直反对，最后虽表示了同意，但属无奈之举。（参见《翁同龢日记》光绪二十一年正月二十八日至二月初七日，该书第 5 册，第 2780—2783 页）

同龢、李鸿藻、汪鸣銮等人在内心中倾向于不签或不批准和约，尽管他们此时没有相应的对策，这也是理学家的风范；而孙毓汶、李鸿章等人倾向于签订及批准和约，尽管他们对日本提出的条件也极为愤慨，但害怕战事会继续扩大。当时的言论多以为如此。我从《翁同龢日记》及房先生一再提及的《随手记》阅读中，乃是得出了相同的看法。

总理衙门章京上书的发现，可知其具体态度。而当时的主要情报都由他们掌握，其中最关键的是电报。军机处此时尚无电报房，李鸿章、各使馆及各直省的电报都经由总理衙门而呈军机处。他们的这种态度会否使之将消息外传？

与房德邻指出的比较对象“五四运动”不同，当时的北京并无公众传媒。能够知道内情的仅为政治高层，即军机大臣、督办军机处大臣、总理衙门大臣；〔1〕军机章京、总理衙门章京〔2〕以及李鸿章和他的随行

〔1〕当时的军机大臣为奕䜣、世铎、孙毓汶、翁同龢、李鸿藻、徐用仪、刚毅、钱应溥；督办军机处大臣为奕䜣、奕劻、翁同龢、李鸿藻、荣禄、长麟；总理衙门大臣为奕䜣、奕劻、福锟、徐用仪、廖寿恒、孙毓汶、张荫桓、敬信、汪鸣銮、荣禄。

〔2〕军机章京为满头班户部郎中如松、户部郎中延祉、户部郎中和尔庚额、理藩院郎中多寿、理藩院郎中志朴、兵部郎中惠兆、理藩院主事丰升额、刑部员外郎玉贵、兵部笔帖式麟绪；汉头班宗人府丞沈恩嘉、通政使顾璜、刑部郎中陈邦端、兵部郎中胡宝铎、吏部员外郎徐士佳、户部员外郎冯汝骙、礼部员外郎郭曾炘、兵部员外郎濮子潼、刑部主事卢震、工部主事甘大璋、兵部主事张嘉猷；满二班刑部郎中桂春、户部郎中孚琦、刑部郎中瀛桂、理藩院员外郎特图顺、礼部郎中魁麟、户部员外郎庆连、户部郎中荣霈、理藩院员外郎承祐、理藩院员外郎文年；汉二班户部员外郎王汝济、户部郎中王颂蔚、刑部员外郎李荫銮、刑部主事王嘉禾、刑部郎中郭子全、刑部主事郑炳麟、户部郎中林开章、刑部员外郎李舜宾、内阁中书杨寿枢、户部主事凌福彭、礼部主事王庆平。总理衙门章京名单不全，所知者为：户部郎中舒文、兵部员外郎吕海寰、颜料库员外郎玉宽、吏部员外郎俞钟颖、候选道长恒、工部郎中锡桐、兵部郎中童德璋、刑部郎中杨宜治、兵部郎中沈维诚、户部员外郎陈名侃、户部员外郎刘宇泰、内阁中书朱有基、内阁侍读恒寿、户部郎中双寿、兵部郎中张兆兰、理藩院郎中嵩耀、刑部员外郎定成、内阁侍读绍昌、刑部员外郎关以镛、刑部主事吴品珩、工部员外郎魏晋桢、内阁中书瑞良、刑部员外郎顾肇新、礼部郎中那桂、内阁中书王鑫、刑部员外郎沈曾植、礼部郎中文瑞、礼部郎中何兆熊、户部郎中松年、刑部员外郎常明、礼部主事景枢、工部主事长晖、兵部主事周儒臣、吏部员外郎承玉、工部主事傅嘉年、吏部郎中长福、兵部主事陈夔龙、内阁中书凌万铭、工部主事霍翔等。总理衙门章京除了此次联衔上书外，文端、魏晋桢两人还联名至都察院上书（四月初七日代奏）；而军机章京、总理衙门章京中的一些人也分别参加了各衙门的联衔上书。

班子。[1]督办军务处章京也有可能知道内情。[2]而军机章京与总理衙门章京为差使，其本职又在内阁、六部、理藩院等部院，而他们的出身与经历也使之与翰林院等衙门有着千丝万缕的联系。这些似应予以注意。

## 二　刘大鹏日记中的记录

我在前章《“公车上书”考证补》中较多引用档案，而较少引用当时人的各种记录，主要原因是我写作的角度在于高层而不在于下层，另一个大的原因是其可靠性令人生疑，而我又无力一一与之核对。这一做法现在看来并不妥当。其中有一记录是我应引而未引者，那就是近年来被人引用甚多的刘大鹏日记。

刘大鹏是山西一举人，正好参加了乙未科会试。我没有看到他的日记原本，使用的是乔志强选辑整理的印本，其中有按年排列的日记，也有专门的《乙未科公车日记》。虽说仅是节本，但也可以看出当时许多情事。

刘大鹏于光绪二十一年二月初八日（1895 年 3 月 4 日）到达北京，住在三晋西馆中。其第一件事便是拜见座师与同乡京官。其二月十日（3 月 6 日）的日记记：

> 清晨起来，即与济卿出门，同车拜客、拜同乡京官及同乡商人及二位老师（大主考），天黑乃归。拜老师贽金四两，门敬六千，土仪藕粉二斤。高老师、周老师。同乡京官：左裔堂印崇典，工部主事。贺仰周印勋，吏部主事。曹都老爷印榕字菊农，临汾县人。

---

〔1〕李鸿章的随行班子为：翰林院编修张孝谦、兵部主事于式枚、江苏候补道徐寿鹏、记名海关道罗丰禄、候选道马建忠、候选道伍廷芳、直隶候补同知林联辉、候选直隶州知州罗庚龄、补用知县卢永、候选盐大使陶大均、前美国国务卿律师科士达，前美国副领事毕德格及李鸿章之子前驻日本公使李经方。

〔2〕督办军务处人员，我尚未能查到名单，我所知道的有翰林院编修李盛铎、内务府员外郎常山、湖南候补道陈允颐。

韩序东印大镛，礼部主事，徐沟县人。张翰卿印西园，刑部主事，平定州人。郝盖臣印秉忠，吏部主事。李兰甫印馨国，户部主事，榆次县人。刘淑衡印秉钧，翰林院检讨。[1]

这是大多数进京会试的举人都要做的事情，而刘大鹏因是第一次参加会试，须得有同乡京官所出印结，方可参加新进举人的复试，更需首先拜见同乡京官。他在二月十一日《乙未公车日记》中称：

新中式举人，必经同乡京官印结，乃能入场复试，若无同乡官印结，则不得复试矣。倘到第三科不能复试，即将举人斥革，故新举人到京，他事犹轻，独求同乡官印结为第一重务。下车伊始，即拜同乡官，职此故耳。[2]

除了印结外，出结的同乡京官在刘大鹏复试时，还送之贡院。[3]此外，同乡京官中富有者还宴请刘大鹏等公车。《乙未科公车日记》三月二十二日（4 月 16 日）记：

内阁中书渠楚南本翘（祁县人），请同乡公车会饮于云山别墅，

---

〔1〕乔志强标注，刘大鹏：《退想斋日记》，山西人民出版社，1990 年，第 39 页。刘大鹏在同日的《乙未科公车日记》中还称："清晨余与济卿携手同车，出门拜客，先拜座师，次拜同乡京官，次拜同乡商人。拜见座师具贽仪四金，土仪藕粉两包，门敬六千（六百钱也），拜见宗师具土仪藕粉两包，门敬四千，拜见同乡京官，具后学单帖，无贽仪，拜见同乡，具一名片。"（同上书，第 594—595 页）

〔2〕《退想斋日记》，第 595 页。刘大鹏日记对此事多有记录。二月十四日日记中称："（收照原文）'礼部为收结事。今收到山西省本科中式举人刘大鹏，同乡京官印结一张，此照。中字第五十二号，光绪二十一年二月十一日。'新中式举人，必须同乡京官印结，乃能入场复试，若同乡京官不出印结，则不得复试矣。来京复试举人，他事犹轻，独求同乡京官印结为重，倘到三科不能复试，即将举人斥革矣。同乡京官印结不綦要乎。"（同上书，第 40 页）还须注意的是，如无印结之事，入京的举人也会拜见同乡京官，刘大鹏光绪二十四年再次入京会试，日记中亦有其拜见同乡京官的记录。

〔3〕刘大鹏在《乙未科公车日记》二月十五日记："各省主事凡出结之员，均到贡院送复试举人进场，盖防顶冒之弊也。"（《退想斋日记》，第 595 页）

余偕济卿、仙洲于未初赴席。云山别墅系山西新会馆。

渠本翘为山西祁县票号富商渠源浈之公子，时任内阁中书，宴同乡公车于会馆。而三月二十五日的日记又称："京都俗尚，最重交情，凡同乡来京，一经拜见，必请吃饭，谓有交情故也。若不往拜，异日见之，必谓轻视同乡，非但官场如此，商界亦莫不然。"[1]在刘大鹏日记中可以清楚地看出，入京会试举人居于会馆，与同乡京官有着相当多的交往。

马关议和的消息，刘大鹏是三月二十九日（4 月 23 日）听到的，在当日《乙未科公车日记》中没有说明其消息来源，只是称言：

> 倭夷入寇，我军征剿不力，望风溃退，爵相一意立和，不谓官兵懒惰，反谓贼寇精锐，胁制朝廷行其私意，政府诸臣首鼠两端，不许和则拂爵相立和之意，若许和则背皇上立战之意，进退维谷，莫知所以。京中各衙门皆上奏章，谏止和议。和则输倭两万万金，且割台湾一岛畀日本，闻之者莫不扼腕愤恨。

从这一段记录来看，刘大鹏以为，议和仅是李鸿章的主张，反对议和也只是反对李鸿章，刘大鹏对前线军事虽略知一二，但不明细节。[2]三月三十日（4 月 24 日）又记：

> 日落时，内阁供事李某持一纸来，祈仲经观之，乃倭人与我议和十二条款。

"内阁供事"本是内阁的吏员，此时多因保举而加衔，大多成为品级不

---

〔1〕《退想斋日记》，第 598—599 页。

〔2〕《退想斋日记》，第 599 页。又刘大鹏在入京前即已听说了战争的消息，途中正月二十九日听到同寓客店的山西商人谈到战情，从日记中看，他不太清楚前线的实际战情。而对安维峻上折事有详细记载，但称"安太史维峻（甘肃进士）因倭寇犯辽，请正李鸿章跋扈之罪，以破倭贼，奏上得罪"，他认为安维峻只是反对李鸿章，似也没有看清安折的目的在于攻击慈禧太后。他对京城镖局"铁胳膊"李五护送安维峻的举动十分赞赏。（同上书，第 596 页）

低的官员；“仲经”为刘秉权（1864—?），字仲经，山西太原人，光绪十六年进士，小刘大鹏七岁，他与刘大鹏的关系，我还不太清楚，但他为刘大鹏初次到京会试指点一切，刘大鹏日记中对其有多处记载。由此可知是由官署中的人员将消息传到会馆，传到举人中间。四月初三日（4月27日）又记：

> 和议即起，都下汹汹，皆以许和为非，余闻之心殊不乐，深恐和后天下自此益多事矣。[1]

刘大鹏描写了当时人的情绪，但其本人却并没有卷入上书热潮之中。从他的日记中可以看出，四月初七日，他去逛了护国寺的庙会，初八日又去颐和园一带游览。然而，在四月十四日（5月8日）的《乙未科公车日记》中，刘大鹏又称：

> 都人传言，我与倭和，今日在山东烟台（古登州府福山海边）换约，现付日本五千万金，其余六年分期交付。
>
> 五寨谷书堂（如墉）官刑部主事（与刘仲经会试同年）来言，和议已成，莫能挽回，所有六部九卿翰詹科道衙门及直省各督抚并各省公车谏止和议等疏，皆留中不发。山西公车奏稿即书堂为之，说得（剀）切详尽，直省章奏推山西第一。
>
> 凡公车所上谏止和议之章，均系都察院代奏，御史裕德亲接各省公车之呈，至与公车相对涕泣，人皆称裕公之忠。[2]

除此之外，四月十五日（5月9日）的日记又记：

> 谷书堂来言：目下和议已成，六部九卿衙门大小臣僚，皆有谏止

[1] 《退想斋日记》，第599页。
[2] 同上书，第600页。

和议之疏，直省督抚亦来奏章谏止，率皆留中不报。直省公车各县（具?）谏章诣都察院，祈堂官代奏，都察院堂官及各省公车相对而泣，奏章上去亦留中不回报，亦未知之何也已矣。山西公车奏稿即伊为之，说得最剀切详尽，共推直省所上之疏为第一。和议之成，天下率皆不愿，违众而成，恐和议未能久耳，何如不和之为妥也。[1]

谷如墉（1853—1916），字子崇，号阜堂，山西神池人，与刘秉权同为光绪十六年进士，户部主事。[2]“阜堂”与“书堂”发音相近，神池与五寨是同为宁武府的邻县。从刘大鹏日记来看，他本来不认识谷如墉，因谷与刘秉权为同年而得以相见，记录中出现一些偏差也是可以理解的。刘大鹏此处提到的山西公车上书，即为四月初九日（5 月 3 日）由都察院代奏的山西举人常曜宇等 61 人条陈，而这一份上书很有可能恰在四月初八日递到都察院（即康有为宣称都察院拒收之日）。刘大鹏在日记中明确提出，山西公车上书的起草人是同乡京官谷如墉；都察院堂官亲接各省公车上书，裕德甚至与公车们相对而泣。

刘大鹏日记中的记录，似可以坚实我在《“公车上书”考证补》的观点，即各省京官动员本省公车，都察院未拒上书。

顺便说一下，刘大鹏日记称：“今科会试通共五千人”，并援引会馆的长班称：“较甲午科会试少二千人，倭贼寇边，南省来者遂少。”[3]这个数字对分析公车上书的规模，也是有意义的。

## 三 “康有为自写年谱手稿本”中的记录

房德邻论文与我分歧最大之处在于，我认为康有为《我史》（即

---

〔1〕《退想斋日记》，第 43 页。

〔2〕秦国经主编：《清代官员履历档案全编》，华东师范大学出版社，1997 年，第 8 册，第 207—208、440 页。光绪二十四年七月初二日，户部曾代奏该部主事谷如墉的条陈。

〔3〕《退想斋日记》，第 597 页。

《康南海自编年谱》）不甚可靠，须得小心使用，而房先生却认定该书相当可靠。其理由为：一、我认为康有为《我史》作于光绪二十四年底，是其人生的一大低谷，言辞中“自我夸张，随意牵连也是很容易发生的事情”。房先生据康有为之批注：“此谱为光绪二十一年乙未前作……”认为《自编年谱》乙未年前的部分写于乙未年冬，光绪二十四年补充，后全书又做过修改。即其写作时离“公车上书”不远，“记忆还比较清楚”。二、房先生认为，康“写在秘不示人的《自编年谱》中，既无公开宣传的功利，又无避讳之考虑，所以更得真实”。

2006年10月，我有幸看到了中国国家博物馆一级藏品“康有为自写年谱手稿本”，我为此作《“康有为自写年谱手稿本”阅读报告》（见本书第九章）。从康有为亲笔所写的稿本中可以看出，一、手稿本上并无康有为的那一段眉注，即“此谱为光绪二十一年乙未前作，故叙事止于是岁。门人罗孝高不知从何得之，盖戊戌抄没，落于人间，而孝高得之也。更甡年七十记”。从手稿本的形式与内容来看，皆是康有为于光绪二十四年冬在日本所写。既然都是光绪二十四年所写，康有为为何又在其他抄本上加上这一段注？我个人以为，康很可能有意再进行一番诸如《戊戌奏稿》之类的再造。二、我对手稿本进行核查后推测，康有为晚年可能打算对《我史》做系统修改，但此类工作仅进行至光绪十八年，光绪二十年以后的内容，基本上还是光绪二十四年冬所写。

康有为《我史》关于公车上书一段，在手稿本第38—39叶上，手稿上修改的字数较少，也看不出笔锋墨色有何变化，我不知道具体的修改时间，很可能是当时的修改或随写随改。兹将这一段文字校雠发表于下。为阅读方便，我分成三段。

先看第一段：

> 再命大学士李鸿章求和，议定割辽、台，并偿款二万万两。三月二十一日，电到北京，吾先知消息，即令卓如鼓动各省，并先鼓动粤中公车，上折拒和议，湖南人和之，于廿八日粤楚同递，粤士八十余人，楚则全省矣。与卓如分托朝士，鼓各直省，莫不发愤，

连日并递，章满察院，衣冠塞途，围其长官之车。台湾举人，垂涕而请命，莫不哀之。[1]

据手稿本，“偿款”之“偿”字，由“赔”字改，“令卓如鼓动各省，并先”九字为添加，补在行间；“粤中公车”之“中公车”字由“人”改；“粤楚同递”由“先递”改，并下删“于是各省纷”五字。“围其长官之车”之“之车”二字为添加，补在行间。由此，其修改前的文字为：

再命大学士李鸿章求和，议定割辽、台，并赔款二万万两。三月二十一日，电到北京，吾先知消息，鼓动粤人，上折拒和议，湖南人和之，于廿八日先递，粤士八十余人，楚则全省矣。（于是各省纷）与卓如分托朝士，鼓各直省，莫不发愤，连日并递，章满察院，衣冠塞途，围其长官。台湾举人，垂涕而请命，莫不哀之。

再来看第二段：

时以士气可用，乃合十八省举人于松筠庵会议，与名者千二百余人，以一昼二夜草万言书，请拒和、迁都、变法三者。卓如、孺博书之，并日缮写（京师无点石者，无自传观，否则尚不止一千二百人也），遍传都下，士气愤涌，联轨察院前者里许，至四月八日投递，则察院以既已用宝，无从挽回，却不收。先是公车联章，孙毓汶已忌之，至此千余人之大举，尤为国朝所无。闽人编修黄□曾者，孙之心腹也，初六七连日大集，初七夕，黄夜遍投各会馆，阻挠此举，妄造飞言，恐吓诸士，多有震动者。至八日，则街上遍贴飞书，诬攻无所不至，诸孝廉遂多退缩，甚且有请除名者。

---

〔1〕又，“与卓如分托朝士鼓各直省，莫不发愤”一句，《丛刊·戊戌变法》本的标点为：“与卓如分托朝士鼓（动），各直省莫不发愤”，误。

据手稿本，“时以士气可用”之“时”字，为添加，补在行间；“松筠庵”之“庵”字，康写为“广”，“广”是当时流行的“庵”字的简写；括号内文字，“京师无点石者，无自传观，否则尚不止一千二百人也”，以小字双行写，“无自”之“自”字以某字改，已涂抹不清；“联轨察院前者”之“者”字，诸本皆漏；“四月八日”之“四月”为添加，补在行间；“无从挽回”之“从”字，诸本皆作“法”；“闽人编修黄□曾”，“闽人”为添加，补在行间，“黄”字之后有较大的空，可知康已记不清其全名；“初六七连日大集，初七夕黄”十二字为添加，补在行间，“初七夕”后有一字被抹去，无法辨识；“诸孝廉遂多退缩”后被抹去两字，辨识不清。由此其修改前的文字似为：

> 以士气可用，乃合十八省举人于松筠庵会议，与名者千二百余人，以一昼二夜草万言书，请拒和、迁都、变法三者。卓如、孺博书之，并日缮写（京师无点石者，无自传观，否则尚不止一千二百人也），遍传都下，士气愤涌，联轨察院前者里许，至八日投递，则察院以既已用宝，无从挽回，却不收。先是公车联章，孙毓汶已忌之，至此千余人之大举，尤为国朝所无。编修黄□曾者，孙之心腹也，夜遍投各会馆，阻挠此举，妄造飞言，恐吓诸士，多有震动者。至八日，则街上遍贴飞书，诬攻无所不至，诸孝廉遂多退缩□□，甚且有请除名者。

再来看第三段：

> 孙毓汶犹虑挠其谋，即先迫皇上用宝，令北洋大臣王文韶诬奏海啸，垒械弃毁，北洋无以为备。孙毓汶与李联英内外恐吓。是日，翁常熟入朝房，犹力持勿用宝，电日相伊藤博文请展期五日。孙谓：“若尔，日人必破京师，吾辈皆有身家，实不敢也。”常熟厉声责之曰：“我亦岂不知爱身家，其如国事何？”孙知不能强，乃使李联英请之太后，迫令皇上画押，于是大事去矣。是时降朱谕……

据手稿本，“令北洋大臣”五字为添加，补在行间；“王文韶”后删一字，似为“则”字；“内外恐吓”的“内外”两字为添加，补在行间；“电日相伊藤博文”七字为添加，补在行间，“电日相”三字为再度添加，原为“与”字，删；“我亦岂不知爱身家”之“不知爱”由“无”字改；“乃使李联英”之“使”字，由“请”字改；“于是大事去焉。是时降”共九字为添加，补在行间。由此其修改前的文字似为：

> 孙毓汶犹虑挠其谋，即先迫皇上用宝，王文韶则诬奏海啸，垒械弃毁，北洋无以为备。孙毓汶与李联英恐吓。是日，翁常熟入朝房，犹力持勿用宝，请展期五日。孙谓：“若尔，日人必破京师，吾辈皆有身家，实不敢也。”常熟厉声责之曰：“我亦岂无身家，其如国事何?”孙知不能强，乃请李联英请之太后，迫令皇上画押。朱谕……

两相比较，虽无重大的改动，但也可以看出来，“令卓如鼓动各省”、“初六七连日大集”、孙毓汶“令北洋大臣王文韶诬奏”三层意思，康有为最初并没有写上去。

当然，我还须说明，根据我的判读，这一段文字在手稿本中当属光绪二十四年冬在日本所写，修改似也在同时完成，因此康有为添加的三层意思，或许会藏有背后的意义，或许什么意义也没有。

## 四　我未加解读的相关史料

房德邻认为，有些重要史料我未加以解读；而其大作最为强调者即都察院当时拒收了上书。房德邻以易顺鼎、梁启超及《直报》的记载为例说明。

都察院拒收上书之事是经常发生的，我所强调者，是拒约上书时期，尤其是光绪二十一年四月初三日文廷式上奏指责都察院，四月初七日都察院左都御史裕德、署左副都御史沈恩嘉、左副都御史寿昌上奏表明其态度之后，很难想象都察院于四月初八日以“既已用宝，无从挽回”为由，来拒收康有为等人上书。易顺鼎于光绪二十年十二月初六日（1895年1月1日）上书恭亲王奕䜣，称其于是年十二月初一日、初二日、初四日三次赴都察院要求代奏未准，时间上相差了几个月。〔1〕而光绪二十一年四月初，易顺鼎再次上书，都察院于四月初八日、初九日为之代奏。〔2〕

林慧儒等《任公先生大事记》、杨复礼《梁启超年谱》称：“割台议起，先生联同顺德麦孟华、香山张寿波、增城赖际熙上书都察院，请代奏，力言台湾为不可割，格不得达。”〔3〕这一记录使我生疑：两者文字相似，似为互有抄录；然而他们为何都未记梁启超领衔广东举人80人上书于四月初六日由都察院代奏上达一事，亦未记陈景华领衔梁启超署名广东举人289人上书于四月初七日由都察院代奏上达一事？这些本应是更为重要之事。如果他们不知上书获奏一事而未提，似属不知情者，而写作时又在梁去世之后；若知上书获达而不提却专提上书未达一事，那就更难理解了。他们是否将之与“联省公车上书”一事相混？梁启超本人对于这一时期的活动，有着多次回忆，皆言其上书获达一事，而未提上书未达一事，若真有此事，梁又为何不提呢？

以上房德邻所引两条材料，我在前章写作时已看到，因觉得并无太

---

〔1〕《丛刊·中日战争》，第5册，第178页。

〔2〕我在这里还可以补充一条材料，即易顺鼎当时的电报。光绪二十一年三月二十九日，时在南京的署理两江总督张之洞发电：“山海关刘钦差幕府易道台实甫：时局如此，阁下有何良策？朝士有何嘉谋？当道如何补救？祈速示。洞。俭。”（三月二十九日卯刻发，《张之洞存各处电稿原件》，第13函，中国社会科学院近代史研究所图书馆藏，所藏档号：甲182-384）此时易顺鼎正在京城，故回电较晚，称言：“俭电谨悉。廿五入都上书，请迁、请守、请邸督师，保倭不犯。联外援俄、法，断内应荀、斯。不报，将归去。鼎叩。盐。”（光绪二十一年四月十四日亥刻发，十五日午刻到，《张之洞存来往电稿原件》，第20函，中国社会科学院近代史研究所图书馆藏，所藏档号：甲182-391。“荀、斯”两字上画圈，表示当时人即以为有误）易顺鼎条陈已由都察院上奏，他于此称“不报”，有两个可能性：其一是称他的主张未能实现，即“其志不报”；其二是他认为都察院没有为其代奏，这可能是都察院没有及时告诉他，或者是当时的邸抄中没有任何消息而使他误认为其上书未代奏。

〔3〕丁文江、赵丰田编：《梁启超年谱长编》，上海人民出版社，1983年，第37页；《丛刊·戊戌变法》，第4册，第171页。

大的关联，故未加引用与评论。

房先生特别重视的史料，是《直报》中的记载。该史料为汤志钧首先使用，其意在于证明有公车上书一事，并未用以证明康有为去都察院请求代奏一事。[1]我还记得在北京大学历史学系学术年会时，房先生在评论拙文时便提到这一史料，我仅答复该史料许多细节似不可靠便了之。看来对此一材料还不能如此轻易地对待，为此，我仔细阅读了光绪二十一年三四月《直报》，兹将阅读体会报告于下：

《直报》是甲午战争中在天津开办的报纸。[2]到光绪二十一年三四月时，为日报（星期天无报），每天四页，相关的文字约有六千余字；除了评论文字外，也有一些消息，其中不少是北京的消息。《直报》中有关上书的消息，一共有三条，其中两条的主要部分，汤先生已有引用。兹将该三条消息，全文引于下。《直报》光绪二十一年四月初七日（1895 年 5 月 1 日）第二页，以《同深共愤》为题，刊文：

> 从古邻国失和，以干戈而易玉帛，必有其故。或以侵犯疆场，或以欺侮民庶，或因失礼于使者，或因争夺夫牧群，断无一无所事而遽开兵衅者。日本扰我辽东，破我门户，无理取闹，洵为天地之所不容，人神之所共怒者也。三月二十八日，都察院署前，拦舆联名递呈者，有三十余名之多，皆系京官。三十日，又有递呈者六十余名，闻系各省在京就职及孝廉诸公。同具公呈，恳请代奏，诸公情愿捐饷，自行攻剿，至议和各节，断不可从，大略相同。现经院宪诸巨公会议，未悉如何定夺，俟访明再录。此次递呈诸公，计十一行省会集联名举动，尚有四川等七省京官，现亦会议，谅不日亦不约而同，共申义愤矣。

---

〔1〕 汤志钧：《“公车上书”答客问》，《光明日报 · 书评周刊》，1999 年 12 月 17 日第 11 版；其主要内容又录于《戊戌变法史（修订本）》，第 139 — 146 页。又，在该书中，汤先生将前文发表日期误作为 1999 年 7 月 17 日。

〔2〕 最早对《直报》进行介绍、分析者为汤志钧先生，见其著《戊戌时期的学会和报刊》，台湾商务印书馆，1993 年，第 356 — 370 页。

该报四月十二日（5月6日）第二页，以《各抒义愤》为题，刊文：

日前都察院前，有闽省孝廉为首，会同京官、商民等约白（百）余人，拦舆递呈各情，已列前报。兹闻所呈乃因中日两国和局，台湾一省永让与日廷管理。虽我皇上俯允，只让台南，不让台北，然日所得之地，皆不可让。倘若仍照约章办理，闽省绅民当自备军饷，与日交锋，奋勇剿除，何愁不灭此朝食等词。旋据浙江、广东、湖北、奉天、山东、山西、河南、湖南、广西、四川、江西等十（十一）省孝廉亦会同京官、商民等联名，呈诉和局各条俱不可允，恳请代陈。又据陕、甘、云、贵、江苏、安徽、直隶七省孝廉，亦会同联名，呈请代奏。已据都察院于四月初四日将各省孝廉、京官先后所呈各情，缮折具奏，未经发抄，是以初六、初八两日都察院署内各省孝廉约有千余名之多，皆不卜□（鳌）头之兆，纷纷议论，颇有哄堂之势。虽经京畿道侍御弹压，乃诸孝廉义愤填膺，声称历朝有事，文死于谏，武死于战。今我国家被侵，受辱至于此极，文不闻有死谏者，武未见有死绥者，三百年养士之恩，所成全者，固如是卑鄙无耻之尤耶！一唱百和，都宪等皆莫可如何，未悉作何安慰，俟探明再为详细续录。

该报四月十五日（5月9日）第二页，以《封奏难投》为题，刊文：

四月初七、八、九等日，六部九卿并各科道侍御俱呈递封口折奏数十件，均未发抄。闻悉皆系阻和局之议。其中详细因事关机密，一时未得访明，俟有续闻再录。[1]

---

〔1〕汤先生于摘录时有个别错字，如“拦舆”错为“栏舆”，“会集”错为“全集”；也有自行改正者，如“白余人”改“百余人”，“十省”改“十一省”；其第二篇的日期为四月十二日，也错为“四月十一日”。房先生引用之，错与汤同。又，“不卜□头之兆”之□，我辨识很久，从字形上看似为“鳌”，其意为公车未考虑是否会试中式。

此后未见有相关的记载。从三篇文字的叙述风格来看，似乎是出于一人之手。

我当初未去查《直报》，是从感觉上认为作者参与了其中的活动，也说明了当时都察院上书的情况，但在具体细节似为不太可靠：其一是福建官员与举人的联衔上书，先说是官员，后又改称为举人联络官员与商民，并不知道福建官员与举人前后共有三次上书，最多的一次是官员63人、举人88人而并无商民；其二是各省公车上书递交都察院的时间，与都察院代奏时间不同，似应相信都察院；其三是都察院的衙署似位于今人民大会堂南门西侧，门前的胡同似为绒线胡同，较窄，其衙署内似容不下一千人。这些疑问我现在还存在着。由此，我以为，这位作者可能不完全了解当时的全部情形。这本来也是正常的，以此作为论据，只能就其大势，而不宜拘于细部。

《直报》是一家新报纸，其政治倾向性似难判定。[1]我所阅读的两个月报纸中，每天都有许多京城的消息，但多为社会新闻，对乙未科会试情况报道尤详。[2]相比之下，关于战争与和谈即当时最为重要的政治新闻，虽有反映，但并不充分。这有可能是《直报》并没有太多的消息来源。也有一些报道与前引三篇上书报道在政治上完全对立，如其三月二十五日（4月19日）以“相节将旋”为题，报道称：

> 我傅相冒不测之险，身入虎穴，一再抗论，不得已而定约，纾国祸而奠金瓯，诚哉社稷臣也。二十三日画诺以后，不欲片刻耽

〔1〕 参见汤志钧：《戊戌时期的学会与报刊》，第366—369页。

〔2〕 如四月初七日初次报道上书消息，同一版中以“行将梦醒”为题报道会试举人在前门外廊房头条会元饭庄设宴，以卜会元之兆；以“一落千丈”为题报道彰仪门大街一杂货店搭棚，匠人掉落。四月十二日第二次报道上书消息，同一版中以“不安本分”报道前门珠市口同信恒布店勾结内侍；以“与众弃之”报道四月初七日菜市口斩大盗8名。四月十五日第三次报道上书消息，同一版中以“先忧后喜”报道某举人中五魁；以“胡天不吊”报道四月初三日京城大雨，山川洪发，卢沟桥漂五具男尸等。以社会新闻与政治新闻相比，社会新闻占的比例要高出许多。当然，作为一家报纸，这本是正常现象。

延，立即乘轮船返旌本埠，官场有于今日赴大沽衹迓者。所望霓旌速返，重振乾坤。彼夫差覆越，勾践沼吴，岂异人任哉。近闻都门詈者，于定约后封章论事，横肆讥评，殆亦无耻之甚者矣。果有嘉谟奇策，何不于未定约之先一二日，侃侃直陈，说筹方略，庶得有补时艰，乃默无一言，形同仗马。事定后以陈腐旧套，以为尽职，自诩丰裁，徒乱人意，有何益耶？昔苏氏有言，养猫捕鼠，蓄狗防奸，患在不鸣不吠。吾则以为猫既不能捕鼠，狗既不足防奸，又何取其乱鸣乱吠也哉。噫？

相同倾向的报道还有两篇。[1]这三篇报道的作者，似为同一人。他显然倾向于李鸿章，完全为李辩护。由此我以为，他是向《直报》提供报道，但非为《直报》内部的人。由此，我还以为，前引三篇关于公车上书报道的作者，似也不是《直报》的记者（当时称为“访事人”），也属与《直报》有关系的投稿人。尽管第三篇关于上书的报道宣称“俟有续闻再录”，而后来《直报》并未见报道，可能作者后无续作，或编者无兴趣而不再编发了。

房先生从四月初七日报道中“此次递呈诸公，计十一行省会集联名举动，尚有四川等七省京官，现亦会议，谅不日亦不约而同”一语，及四月十二日报道中“旋据浙江、广东、湖北、奉天、山东、山西、河南、湖南、广西、四川、江西等十（十一）省孝廉亦会同京官、商民等联名，呈诉和局各节俱不可允，恳请代奏。又据陕、甘、云、贵、江

---

〔1〕该报三月二十六日（4月20日）以“相节元旋”为题，报道称：“傅相由马关元旋，已恭纪昨报。昨晚八点钟，轮船挂口，今晨五点钟驶入海河。相节暨随员人等，俱换乘‘快马’轮船，于十点半钟到埠。同城各官有在车站衹迓者，有在萨宝实洋行茶座恭迓者，皆得以觇望颜色为幸。相国虽遭奸人行刺，而吉人天相，社稷有灵，得以平安痊愈。面上著枪子处微有痕迹，精神已复旧观矣。”又，该报于四月初十日（5月4日）以“和约批准”为题，报道称：“中东重修和好，李傅相前往议和及议定归来，均已载在报牍。兹悉昨日恭奉皇上批准，照约允行，另派大臣至烟台，与日本国彼此互换。从此息干戈而敦玉帛。尔无我诈，我无尔虞，不禁拭目俟之。”这三篇报道的文字也相似。

苏、安徽、直隶七省孝廉，亦会同联名，呈请代奏。已据都察院于四月初四日将各省孝廉、京官先后所呈各情，缮折具奏”一语，得出结论：“据这两篇报道说，从三月二十八日至四月初四日，全国18省举人各自联名上书都已投递到都察院”。我以为是不妥的。四月初七日报道既称“现亦会议”，未称已递；“已据都察院于四月初四日将各省孝廉、京官先后所呈各情，缮折具奏”，比照都察院的原折，似应解读为四月初四日都察院开始代奏[1]，不能解读为该报道作者宣称18省公车上书于“四月初四日”已达都察院。房先生再引《公车上书记·序》，又称“可知至四月初六日全国18省举人的上书都投递到都察院”。[2]以四月初四日、四月初六日为结论，本不稳妥，房先生也不完全同意，却以此为基础，另行定出了“10天时间”，推导出四月初八日的前提：

> 在这种情况下，各省举人的上书行动应该是迅速而起的，虽然

---

〔1〕都察院代奏各省公车上书的时间为：四月初四日，台湾籍官员与举人共5人上书；四月初六日，湖南举人文俊铎等57人，湖南举人谭绍裳等21人，奉天举人、生员春生等20人，四川举人林朝圻等11人，广东举人梁启超等80人，湖南、江西举人任锡纯等43人，江苏等四省教职、举人14人；四月初七日，福建京官63人、举人88人，贵州举人葛明远等110人，广东举人陈景华等289人，江西举人程维清等121人，广西举人邹戴尧等115人；四月初八日，福建官员与举人共7人，湖北举人、教职等36人，江南举人汪曾武等53人，河南举人王溯等14人，浙江举人钱汝虔等37人，顺天举人查双绥等18人，山东举人周彤桂等120人，四川举人刘彝等26人，四川举人王昌麟等20人；四月初九日，陕西官员、举人等5人，举人与生员裕端等2人，山西举人常曜宇等61人，河南举人步翔藻等62人，河南举人王崇光，河南举人、教职张之锐等5人，四川举人林朝圻等2人，四川举人罗智杰等4人；四月十一日，内务府官员13人并举人、生员8人，直隶举人纪堪诰等45人，河南举人赵若焱等21人，江西举人罗济美，陕西举人张辚等81人；四月十五日，江西举人罗济美，云南举人张成濂等62人。发表于四月初七日的初次报道，尚不知道此时江苏、四川、贵州等省举人已经上书。

〔2〕《公车上书记·序》称：“初者，广东举人梁启超联名百余，湖南举人任锡纯、文俊铎、谭绍棠各联名数十，首诣察院，呈请代奏。既而福建、四川、江西、贵州诸省继之，既而江苏、湖北、陕、甘、广西诸省继之，又既而直隶、山东、山西、河南、云南诸省继之。盖自三月二十八、三十、四月初二、初四、初六等日（都察院双日堂期）察院门外车马阗溢，冠衽杂遝，言论滂积者，殆无虚晷焉。”房先生据此，又定下了四月初六日的日期。

> 也会有迟速之不同，但不会相差太久，从三月二十八日至四月初八日的10天间应该都到都察院投递过了。[1]

由于四月十一日都察院代奏直隶、陕西两省公车上书，由于四月十五日代奏了云南公车上书，由于未代奏甘肃公车上书，房先生再推导出结论：有可能是该四省公车上书为都察院所拒收，后来代奏的直隶、陕西、云南三省的公车上书应该是第二次上书。我以为，此推论离原点甚远，似有史料解读过度之嫌。

至于如何理解《直报》四月十二日报道中"都察院于四月初四日将各省孝廉、京官先后所呈各情，缮折具奏，未经发抄，是以初六、初八两日都察院署内各省孝廉约有千余名之多"一语，我以为，其中的关键词为"发抄"。在清代政治用语中，"发抄"是指奏折上呈后，皇帝以明发上谕（也有未发上谕者）交内阁，内阁再以原折及谕旨交六科给事中，发抄给原奏衙门，同时刊于"邸抄"（又称"宫门钞"、"京报"等）。拒约上奏时期的奏折、上书，无论是官员的还是公车的，清廷当时都没有"发抄"，此可见证于当时的《谕折汇存》，也见证于前引刘大鹏日记与四月十五日《直报》的报道，皆提到了"发抄"。也就是说，该报道作者的原意是：尽管四月初四日（起）都察院将公车与官员的上书代奏，但由于未交内阁发抄，公车们并不知道都察院是否代奏了他们的上书，于是回到都察院质询。文中"是以"二字，说明了其中的因果；文中"诸孝廉义愤填膺，声称……一唱百和，院宪等皆莫可如何，未悉作何安慰"一段，又说明了当时的情景。然房先生据此认为，四月初六日上奏后，公车已知上书已代奏，不会再来，初八日上书的公车也仅百余人，而当日哄堂的公车多达千人，剩下的人数，只能是康有为领导的"联省公车上书"的公车。我以为，房先生推导出的这一结论，似有史料解读有误之嫌。

---

〔1〕《康有为与公车上书——读〈"公车上书"考证补〉献疑》（二），《近代史研究》2007年第2期，第127—128页。

## 五 关于史家的主观意志

房德邻在其大作的“内容提要”中，集中地批评了我在史学方法论上的错误：

> 茅先生的立论多以周边史料为支撑，仅为推测；对于一些史料发生误读，所得结论难以成立；某些分析违背逻辑一致性原则，其结论有预设之嫌疑；在论证《康南海自编年谱》“说谎话”时，未对反证材料一一辨析，其结论有片面性。[1]

对于房先生的这一指责，我是不认可的，也不认为是最佳的学术讨论之用语。对此，也允许我有欠恭敬地回复：子非鱼。

我是为《我史》作注而注意到公车上书的记录，最初也认为康有为所述特具形象性而颇以为是。当我进入实际的史料工作时，发现其中有误，然后再读黄彰健、孔祥吉、汤志钧、姜鸣、汪叔子、欧阳跃峰诸先进的著述，觉得问题很大，于是下定决心花了很长时间来重读全部相关的档案，以能得出自己的看法来。这一过程似不能被称为“预设结论”。

考据与实证不完全相同，在没有直接史料的情况下，考据学讲究的是曲径通幽，即以间接材料以解间接问题，弯曲以达核心。乾嘉之力作，亦由此途者。这里面为史家所重者，对其直接证明的问题，用的是“周边史料”还是核心材料。我是从政治高层运作的角度，来重新观察“公车上书”的过程。对于我所论证的问题上，我以为，所引用的史料似非为“周边史料”。

我用了名单比较的方法来考察康有为领导的“联省公车上书”与单

[1] 《康有为与公车上书——读〈“公车上书”考证补〉献疑》（一），《近代史研究》2007年第1期，第116页。

省公车上书之间的关系，其中我对两者关系不显者，认为是康有为、梁启超鼓动的可能性不大；对于两者重复较多的省份，即广西、贵州、陕西三省，我却写了这样的话："若从这种紧密关系推导出广西、贵州、陕西举人上书是康、梁'鼓动'、'分托'所致，我一时还找不到更多的证据以能进行连接。"对此，房先生写下了极富个人情感的话：

> 看到这段话，我不禁要说："海建呀，你不公平呀！当重复签名者少时，你立刻就断言与康梁无关，并不需要旁证。而当重复签名者多时，已高达74.78%、84.55%、64.20%，按照你的假设前提应该足以证明是受了康、梁影响了，你却不承认了，非要旁证不可。这是搞双重标准呀！"[1]

我是房先生的同事，当我看到他的这段话时，能够感受到他作此语时的音容，就像在身边一样。但是，我还想说明，当两者签名重复数量相当大时，是否可证明广西、贵州、陕西三省的公车上书由康、梁的"鼓动"、"分托"而起，中间仍有着相当大的空间，数字似还不能完全说明事件的全过程。三省公车是否也有旁人的鼓动与分托，是否也有观念同一而共同行事，或许还需要一一细论，我手中一时没有可以证明的史料，于是写了这一段话。对此，我以为，似不能用"违背逻辑一致性"而言之。

我和房先生之间的差别，主要是在史料的解读上，房先生是相信康有为说法的，但我却表示了怀疑。对此，房先生说：

> 文（廷式）的自我吹嘘是一眼就可以看出来的，而孔（祥吉）、茅（海建）两位以考证见长的学者却竟然相信，这是因为两位有偏见，他们就是不相信康有为所说，而一见到不利于康有为的

〔1〕《康有为与公车上书——读〈"公车上书"考证补〉献疑》（二），《近代史研究》2007年第2期，第115页。

材料就相信，用以证明康有为作伪。

又说：

这段分析表明茅先生对康有为的误解实在太深了。说康因为处于人生低谷，所以写《我史》时就“随意牵连”，这两者之间真有因果关系吗？

又说：

我说茅先生对康有为的误解太深，是因为他说康有为“无端生事”、“随意牵连”。[1]

这些言语都多富个人情感，指责我的主观意志。我不止一次地写道：“历史作为已经发生的事实，是相当客观的，但历史研究却是主观的行动。任何一部历史著作，都是对史料的主观解读。”历史学家主观的价值观念，自然会影响到其对史料的研读，这是历史学生来具有的先天性缺陷。问题在于历史学家是在这一活动中表现出来的不自觉，还是故意为之。

我这几年的工作，主要是在为康有为《我史》作注，这是一件吃力不讨好的事。我之所以如此，正是因为这一部重要著作现因真伪难分，影响其使用。康有为是作过伪的人，先是有版本多变从未示人的“衣带诏”，后又有《戊戌奏稿》之再造，他的许多宣传性的言论似只能当作政治技巧。即使这一部《我史》，被黄彰健、汤志钧、朱维铮、马忠文等先生指出多处有伪，对其小心谨慎也是不得已之事。这是历史学家应取的态度。然而，“疑康”并不等于“非康”，说明康的作伪并不意味着否定康的历史地位。两者是有区别的。对此，我还在《从甲午到戊

---

〔1〕《康有为与公车上书——读〈“公车上书”考证补〉献疑》（一）、（二），《近代史研究》2007 年第 1 期，第 130 页；第 2 期，第 122 页。

戍：康有为〈我史〉鉴注》一书的自序和绪论中特别说明了我于此的学术态度。[1]历史学本来就是存疑责难的工作，也强调理解之同情，此中的区别仅在于寻觅真相还是故意攻击逝人。然这又是一种主观的态度。

## 六 个人的希望

然而，我与房德邻在史料判读上巨大的差距，似不是说一句“互相理解”便可以放了下去；其大作中对同一史料不同的判读，我于此处似也无必要一一细辩，这可能会是一种证据与言辞的重复。于此情况下，

---

〔1〕 我在该书的《自序》中写道：“在本篇序言的最后，我还必须特别地申明我对康有为的敬重。本书的目的，很大程度上是为了证伪。如果说‘大胆怀疑，小心求证’的话，那么，我已将怀疑放到了较大。也因为如此，本书看起来有点‘专揭老底’的味道。康有为确实不会想到，他的这部生前还没有来得及发表的回忆录，后来居然会有人以档案、文献一一严格核对。我的这种般般较真，当然不是与康有为过不去，而是为了能够真切地看清楚这一重要历史阶段中的一幕幕重要场景。康有为确实在《我史》中有一些作伪，但不作伪的政治家又有几何？职业历史研究者的责任与本事，不正是破译作伪的证词，揭开被掩盖的谜底？更何况康的一生处处失败，若没有“康式”自我打气，恐怕是早已气馁……细心地想起来，康也是一个真了不起的人，以一介书生，年方四十，却创造了历史的伟大画面。当时与今天的人们，可以向康提出无数指责，康也确实有着种种毛病，但历史的最奇妙之处就在于不可重复性。”又在该书的《绪论》中写道：康有为《我史》“写作之期也就是他将被迫离开日本之时。在东京的三个月，并不是康人生的高峰而是其低谷，写《我史》时又恰处于谷底，他的心情之不快是容易想见的。也因为如此，《我史》写了诸多在北京乃至在上海、香港的经历，惟独对长达三个月日本生活却不置一词。最能明显地表达他生活场景与心情状态的，是于此时写的一首诗，题《冬月夜坐》：‘门径萧条犬吠悲，微茫淡月挂松枝。纸屏板屋孤灯下，白发逋臣独咏诗。’（《康有为遗稿·万木草堂诗集》，第98页）夜晚的‘门径’本应当是萧条的，而此处的‘萧条’似不止是夜晚。犬声就是犬声，从犬声中听出悲哀的，是本心的悲哀。这个时候的他，是寂寥的，是惆怅的，是孤独的，而这种孤独的心情引发出来的，是一种孤芳自赏，是对自己往日英雄史诗般的历程，自我作一番英雄史诗般的抒展……现实中的屈曲伸发出他意念中的张扬，何等样的高官，何等样的对手，都在他的笔下蜷伏着，而他自身，尽管已经是一个失败者，伤痕累累，却凌凌然于绝顶之上。在这样的场景下写出来的诗歌或可以千古流唱，写出来的散文或可以不朽，然写出来的历史却似不可能是完全可靠的信史。”（《从甲午到戊戌：康有为〈我史〉鉴注》，生活·读书·新知三联书店，2009年，自序第4—5页、正文第22—23页）

我以为，需得有新人高手的加入。携新史料入场者当然欢迎，以旧史料重读者也有了不同以往的意义。既然我与房先生的主要争论发生于史料判读上，那么，同一种史料的多人研读，恰是消除“一己之见”的最佳途径。

为此，我希望有更多的史林高手加入到这一场讨论之中，“公车上书”作为近代史上的重大事件，也值得他们进行一番研究与再研究；为此，我还希望史林高手们能将相关的史料翻它个底朝天，并进行多角度的审视，以能接近当时的历史。我原先希望能得出一个“难存二说”的结论，现在看来更为重要的，不是得出统一的结论，而是展开广泛的讨论，能有一个愈辩愈明的过程。

我在这里还需向贾小叶表示敬意。以上我对房先生大作有较多的回复，而对她未答一语，这里面绝无丝毫轻视新进之意。我以为，我们两个人的观点在各自的论文已经有了相当充分的展开，我于此处再言，似为不必要的重复。对此，我也希望能由他者的介入，而予以新的——评审。

不管我与房先生、贾先生有多大分歧，这种学术上的直面相对却是我所喜欢的，也请房先生、贾先生容忍我未领教谕、死不悔改的态度。而史林高手们果能新入，也必将绽放绚烂之花。历史学家的最终目的，不在于证明了自己的正确，而是使人触摸到历史的真实。

# 第三章 戊戌变法期间的保举

本章的写作，基于这样一个思路：康有为、梁启超是戊戌变法的主角，发挥了很大的政治作用；然康只是工部候补主事，从未到部任事，梁只是一个举人，还不是官员，按常理来说，在当时京城地面官满为患的状况下，他们即便是大声说话，也无人听得见，又如何能进据政治舞台的中心？先前的研究已经注意到了对康有为的保举，其中最重要的是兵科掌印给事中高燮曾、翰林院侍读学士徐致靖的保举。由此，我最初的目的是，彻底地查清此中的真情。

档案的阅读使我发现，戊戌变法期间的保举实始于甲午战败。此后的三年多中，保举的现象在当时非常普遍，档案中可以看到众多的保折。于是我又放大范围，企图在总体上予以把握。也就是说，我从对康、梁的保举出发，而注意到该时期整体的保举情形，这本来只应该是一个背景，然背景看多了，也成了研究的主题之一。

于是，我的这一研究就有了两个主题：其一是对康、梁等人的保举，由此观察康、梁派的政治活动及其企图；其二是甲午战后清朝整个保举的情形，由此观察当时的政治实情。双视角的考察使我发现，如果不观察甲午战后清朝整个保举的大背景，不容易看清对康、梁保举活动的意义与特点；而观察了整个保举的大背景，又使我意外地看到了当时政治的诸多特点。就这个意义上讲，我的这项研究，很大程度上也是种豆得瓜了。

需要说明的是，由于我关心面的扩大，引用的档案增多，使得本章的文字变得十分冗长；为了使有研究同好的行家能够方便地查找及检验史料，我虽尽可能进行压缩，但还没有完全抹去证明的过程而仅开列结论。为此，也请其他尊敬的读者选用跳跃阅读的方法，以避开那些乏味的细节。

## 一 甲午战后下诏求贤

保举作为官员选拔的一种方式，其历史极为久远；到了清代，渐渐成为皇帝任用官员时的重要参考。有上奏权的官员平时即有保举之责〔1〕，而当新君登位或朝运发生危机时，皇帝常常下诏求贤，命各位大员保举人才。被荐举的官员，一时得不到任用，皇帝也会下旨“交军机处存记”，以待后来官职出缺时尽先补用。咸同年间，曾国藩、骆秉璋等人保举的官员，皆得以重用，成为后来“同光中兴”的功臣和重臣，保举也于此时达于鼎盛。由于这样的经验，慈禧太后和光绪帝对保举相当重视，经常下诏求贤。

马关议和的消息，激起了朝野上下的强烈反应，在条约签订前后，官员与公车上奏、电奏、上书要求拒约达 154 次，参加的人数超过 2464 人次。〔2〕光绪帝迫于战败的形势，于光绪二十一年四月初八日（1895 年 5 月 2 日）御笔批准《马关条约》。四月十六日（5 月 10 日），光绪帝发下朱谕，说明订约之原委，并提出战后之改革。此后京内外官员的奏议，由拒约渐渐转向改革。其中南书房翰林张百熙于闰五月初七日（6 月 29 日）上奏时，附片要求下旨各省督抚保举人才：

> ……以中国之大，士民之多，岂无瑰玮绝特之士，可以共济时艰？特患求之不诚，用之不当，斯人才所以伏匿而不显也。古者进

---

〔1〕 除此之外，地方督抚每年年终需对其下属官员出具考语，光绪帝对此十分重视，一般都旨命“留中”。这一类的考语，虽无“保举”之名，但在效果上也与保举相近。

〔2〕 参见本书第一章第二节。

贤受上赏，蔽贤蒙显戮，故诸侯有贡士之法，汉制州郡不举孝廉者有罪。今之督抚，古之诸侯也，应请饬令保举人才。其有道术通明，操履笃实，才堪经国，识洞韬钤、与夫精熟时务，能制机器，通习天算、地舆及各国语言文字者，令其特疏保荐，不拘正途杂流已仕未仕。奏上之时，应科别其条，实举其长于某事，别白书之，不得一以雷同考语，含混了事……[1]

张氏从中国传统政治学的理念出发，求贤于隐。他似乎并不知道，根据当时及后来亚洲各国近代化的进展来看，能够改变中国命运的人才，需要有计划、专门化地培养。该片当日呈送慈禧太后，闰五月十一日由慈禧太后发下。[2]两天后，闰五月十三日（7月5日），光绪帝明发上谕：

为政之要，首在得人。前谕中外臣工保荐人才，业经次第擢用。当兹时事多艰，尤应遴拔真才，藉资干济。著各部院堂官及各直省将军督抚等，于平日真知灼见，器识闳通，才猷卓越，究心时务，体用兼备者，胪列事实，专折保奏。其有奇才异能，精于天文、地舆、算法、格致、制造诸学，必试有明效，不涉空谈，各举所长，俾资节取。该大臣等当念以人事君之义，一秉大公，详加考核，倘或苟且塞责，谬采虚声，甚至援引私人，瞻徇情面，滥保之咎，例有专条，定惟原保之人是问。[3]

---

〔1〕张百熙片见《军机处录副·光绪朝·内政类·戊戌变法项》，3/108/5613/30。原片无日期，且已与折分离，据其内容并参照军机处《随手档》而确定。

〔2〕军机处《随手档》，光绪二十一年闰五月初七日。

〔3〕军机处《上谕档》，光绪二十一年闰五月十三日。文中的“前谕”，指甲午战争期间光绪帝下令各大吏保举。又，是年三月二十九日内阁奉上谕：“瑞洵奏各项保举人员请申明定例等语。朝廷简用人才，全在中外大员核实保荐，方可收群策群力之效。乃近来臣工荐举，虽不乏可用之员，而徇情滥保，以致劣迹败露者，亦复不少，殊非以人事君之义。著通谕各部院及各省督抚等，嗣后保举人才，务当秉公核实，不准稍涉冒滥。如保举之员有犯贪劣不职者，定将原保大臣交部查取职名，照例参处，以示澄叙官方之至意。”（见该日《上谕档》）

其中“究心时务，体用兼备”一语，表示了此时的“真才”标准，“天文、地舆、算法、格致、制造诸学”，又有着战败后对新学的认知。然而，对于这一标准，当时官场的意见并不统一。御史杨福臻、给事中褚成博为此上奏，表示了不同的看法。[1]

该旨下达后，保举人才的奏折纷至沓来。我在档案中查到52件相关的保折、片、单。

光绪帝收到的第一份保折，为吏部右侍郎长萃所上，保举副都统衔前驻藏帮办大臣延茂、前太仆寺少卿岑春煊、分发陕西试用道升允、分发江苏补用知府柯逢时，称四人“深明时务，久郁忠忱，才力足为干济之资，性情可保始终之一”。长萃的政治主张倾向于保守，在甲午战败、主张洋务与时务的李鸿章成了众矢之的时，此类政见风头正健。他称言：

> 抑又思之，臣工保荐人才，要不过后先奔走之任，至于调元赞化，辅治安邦，则惟圣心倚重之一二臣，得以审机宜而握枢纽。今念自宗臣而外，奴才素所深知者，协办大学士吏部尚书徐桐、军机大臣礼部尚书李鸿藻，公忠体国，守正不阿，众论之所翕服，薄海之所仰望。奴才尤愿皇上亲之信之，以端用人之本。则一切恃才逞私之辈，将必有所严惮而不敢出，而以身许国之真才，庶几得展所

---

〔1〕 山东道监察御史杨福臻上奏“人才当观心术勿专取空谈洋务折”，称言：“现在侈谈西学，自诩精能，考其为人，率非端正者，颇属不少。诚恐诸大臣未能体会谕旨，妄测朝廷欲一切改从西法，因而所荐，但取好谈洋务之人，不复考其品行……”（《军机处录副·光绪朝·内政类·戊戌变法项》，3/108/5611/15，光绪二十一年闰五月二十四日）吏科给事中褚成博上奏“保举人才请饬中外大臣秉公折”，称言：“皇上试取二三十年内诸臣条论洋务之奏议，汇而观之，何一不审势度时，兼赅体用。诚能行之以渐，持之以恒，早可无敌于天下，乃远猷败于粉饰，患气伏于贪私，锢疾日深，几难救药……彼时丁日昌之议曰：除船械一切必须效法西洋外，其余人心风俗，察吏安民，仍当循我规模，加以实意，庶可以我之正气，靖彼之戾气，不至如日本之更正朔、易衣冠，为有识者所窃笑……”从折中内容来看，他的主张与丁日昌相同。（《军机处录副·光绪朝·内政类·戊戌变法项》，3/108/5611/16，光绪二十一年闰五月二十六日）两折皆于当日奉旨“存”，并呈慈禧太后。（参见军机处《随手档》、《上谕档》光绪二十一年闰五月二十四日、二十六日）

为矣。[1]

以徐桐、李鸿藻来主持朝政，很可能是长萃此折的真实意图。以当时的政治语言之习惯，可以看出，其攻击的对象有二：一是李鸿章，另一是翁同龢。

另一件很有意思的保折，为翰林院侍讲王荣商保算学生萧开泰。王荣商没有上奏权，其条陈由翰林院掌院学士麟书、徐桐代奏。该折称：萧开泰，四十九岁，四川洪雅县监生，光绪十九年由四川学政瞿鸿禨咨送总理衙门，经过考试，认为是有用之才，留在同文馆听候差遣：

> 其人精于天算，兼晓制造，平日愤洋人之强筹，所以制御之法甚备。所著书十余种，皆确有心得。其最切实用者，一曰火镜：用玻璃板镕铸而成，借日光取火，厚二寸者，可烧三里外之敌船，厚至一尺者，可烧三十里外之敌船；一曰炮架：用牛皮水袋，可御敌炮，中设机关，两旁安凸镜，能使放炮有准，合之可成营垒，分之可肩负而行；一曰竹筏：左右用木轮驾驶，中安木槽，可仰卧放炮，以攻敌船；一曰海镜：能入水不濡，洞见海底，又推其法为暗船，可驶至敌船之下，运放水雷；一曰气球：如鸟鼓翼，前后左右，惟意所向，中置炸弹，可自上击下，以毁敌垒。以上各件，皆自出巧思，为制敌利器，除气球需银二千余两外，造成须待一年外，余皆价廉工省，每造一具，需费不过二百金，为时不过一月，即可告成……[2]

王荣商是当时最富"知识"的人士，后也为内阁学士唐景崇所保；其所在的翰林院，又是最有"学问"的衙门。他所保举的人士，"掌握着"

---

[1]《军机处录副·光绪朝·内政类·戊戌变法项》，3/108/5611/26，光绪二十一年六月初三日。李鸿藻在当日的日记中称："长萃封禀，保举人才，后及徐、李可美……"（李宗侗、刘凤瀚：《李鸿藻先生年谱》，中国学术著作奖助委员会〔台北〕，1969年，第733页）

[2]《军机处录副·光绪朝·内政类·职官项》，3/98/5328/3，光绪二十一年七月十七日。

当时国家最为需要的克敌制胜的“技能”，然今人一眼即可看出，萧开泰只不过是利用聚光镜反射阳光之小技而行骗多年的术士。[1]

兵部右侍郎徐树铭开出了很长的保单，共保举了19人：湖北布政使王之春、浙江按察使聂缉槼、江苏前署常镇道蔡钧、直隶候补道卫杰、分发浙江试用道许贞干、直隶候补道张鼎祐，以上6员“皆御侮之干城，济时之舟楫也”；福建粮道陈鸣志、福建汀漳龙道刘倬云、甘肃宁夏道周绶、山东登青莱道李兴锐，以上4员“有猷有为有守”、“公平练达”；直隶布政使陈宝箴、贵州布政使唐树森、江西按察使翁曾桂、福建按察使季邦桢、湖北按察使龙锡庆、湖南按察使俞廉三、两淮盐运使江人镜、浙江宁绍台道吴引孙、河南南汝光道朱寿镛，以上9员“皆淬精励志，力求振作者也”。[2]徐树铭的这一份保折虽在当时并没有立即起到相应的政治作用，但却展示出问题的实质：向朝廷保举人才当然是提议朝廷任用，说到底就是升官，然而朝廷的官缺都是固定的，这19人即便是全如徐树铭所言，但又何来如许官椅以安排这些人呢？如果再做下一步的思考，又可发现，若真有如谕旨中所称的“有奇才异能，精于天文、地舆、算法、格致、制造诸学，必试有明效，不涉空谈”者，朝廷中也没有相应的机构与官缺，又能将之安插于何处？

长萃、王荣商、徐树铭的三份保奏提示着当时的背景：一是当时官员的思想；二是当时的知识水准；三是当时的官僚体制。如此下诏求

---

〔1〕《知新报》第28册（光绪二十三年七月二十一日出版）刊出了萧开泰的来稿，称其在总理衙门、南洋、上海等处试验的经历，并称自己之怀才不遇。而编者另作按语：“前所刊萧君履安开泰能自造火镜，可以代煤，可以焚敌，闻之当道，事为妒忌者所持，今得萧君书，而事之悒郁，更有令人增愤者。前记其略，此道其详，载之以见秦非无人，而才之掩抑，为可惜也。”（《知新报》影印本，上海社会科学院出版社，1996年，第1册，第285页）可见萧开泰的把戏还真哄骗了不少人。至民国年间，沈宗畸作《便佳簃杂钞》，以“造化楼”记其事，仍不无感叹之处。（章伯锋等主编：《近代稗海》，第13册，四川人民出版社，1988年，第207—208页）

〔2〕徐折称：“……兴贤举能，握要图治。盖公辅得其人，则疆吏贤；疆吏得其人，则属吏贤。布满天下无非公忠仁义之吏，即无非祥和福祉之机，而宵小不至逞，祸乱不至萌。”他称其保举是“举善绥民起见”。（《军机处录副·光绪朝·内政类·职官项》，3/98/5328/10，光绪二十一年七月十八日）

贤，而没有相应的政治改革，很可能失其原来的主旨，而流变成另一种形态。

如果以原折日期为序，先后上奏保举的官员有：刑部右侍郎江苏学政龙湛霖[1]、礼部右侍郎李文田、钦差大臣两江总督刘坤一、陕西布政使护理巡抚张汝梅[2]、署理两江总督湖广总督张之洞、湖南巡抚吴大澂[3]、大理寺卿浙江学政徐致祥[4]、河南巡抚刘树棠[5]、广东巡抚马丕瑶[6]、东河总督许振祎[7]、山东巡抚李秉

[1] 保江苏候补道黄立鳌、户部主事毛庆蕃、内阁中书欧阳中鹄、前甘肃宁夏府知府黄自元、河南补用知府刘人熙、江苏候补知县李相厚。(《军机处录副·光绪朝·内政类·职官项》，3/98/5326/2，光绪二十一年六月初一日)

[2] 一、保新授山东沂州府知府锡良、广西候补道何昭然。(《军机处录副·光绪朝·内政类·职官项》，3/98/5326/105，光绪二十一年六月十五日）二、保西安知府文启。(《军机处录副·光绪朝·内政类·职官项》，3/99/5350/26。原片无日期，光绪二十二年五月二十六日收到)

[3] 保候补知府署长沙府知府裕庆，要求送部引见。光绪帝予以批准。(《光绪朝朱批奏折》，第10辑，第813—814页。原片日期可能为光绪二十一年七月十九日)

[4] 保江苏候补道朱之榛、开缺驻藏帮办大臣延茂、补用参将吴杰、补用都司廖天佑。(《军机处录副·光绪朝·内政类·职官项》，3/98/5328/20，光绪二十一年七月二十日，八月初二日收到)

[5] 一、保翰林院编修宋育仁、内阁中书伍元芝、江苏候补道蔡钧、直隶候补道李树棠、吴桥县知县劳乃宣；前台湾巡抚刘铭传、贵州古州镇总兵丁槐、候选道前山东巡抚任道镕、江西督粮道刘汝翼、安徽凤颍道王定安、署浙江温处道候补道宗源瀚、杭州知府陈璚、广东广州府遗缺知府李士彬、河南候补道穆奇先、吴炳湘、睢州知州蒯辰荪；翰林院编修胡景桂、河南布政使额勒精额。(《军机处录副·光绪朝·内政类·职官项》，3/98/5330/39，光绪二十一年八月二十七日，九月初十日收到）二、保浙江盐运使惠年、浙江候补道任锡汾、河南知府用候补同知傅钟沅。(《军机处录副·光绪朝·内政类·职官项》，3/99/5350/33，原片无日期，光绪二十二年五月初五日收到）三、保山东曹州镇总兵王连三、记名提督武朝聘、记名提督借补信阳协副将蓝斯明、提督衔记名总兵李福兴、总兵郭广泰。(《军机处录副·光绪朝·军务类·人事项》，3/117/5913/67，光绪二十二年四月二十六日，五月初五日收到)

[6] 保前户部尚书崇绮、前通政使黄体芳、前国子监祭酒盛昱、已革御史安维峻、前翰林院编修梁鼎芬；附片保三品衔广东候补道林贺峒、署惠潮嘉道钟懿蓉、三品衔潮州知府李士彬。(《军机处录副·光绪朝·内政类·职官项》，3/98/5329/110、111，光绪二十一年八月二十八日，九月十九日收到)

[7] 保记名道罗麓林、江苏即补道凌荫廷、湖南岳常澧道桂中行、在任补用知府黄履中、记名提督李永芳。(《军机处录副·光绪朝·内政类·戊戌变法项》，3/108/5613/3，光绪二十一年九月二十三日，十月初五日收到)

衡〔1〕、内阁学士唐景崇〔2〕、仓场侍郎廖寿恒〔3〕、两广总督谭钟麟〔4〕、西藏办事大臣奎焕〔5〕、兼护湖广总督湖北巡抚谭继洵〔6〕、云贵总督松蕃〔7〕、伊犁将军长庚〔8〕、兵部右侍郎总理衙门大臣吴廷芬〔9〕、吉林

---

〔1〕一、保前通政使黄体芳、河南布政使额勒精额、署安徽布政使于荫霖、江苏督粮道陆元鼎、山东兖沂曹济道毓贤、新授甘肃巩秦阶道李光久、五品卿衔前安徽宿松县知县孙葆田、发往山东差遣委用吏部主事卢昌治、二品顶戴尽先补选用道马开玉、三品衔在任候补道沂州府知府锡良、记名简放知府奉天辽阳州凤凰直隶厅同知徐庆璋、安徽督粮通判张廷銮、奉天举人刘春烺、已革提督李定明、提督万本华、补用副将张国林、遇缺升用总兵候补副将杨昌魁；乌鲁木齐提督董福祥、广东陆路提督张春发、广东高州镇总兵余虎恩、广西右江镇总兵夏辛酉。(《军机处录副·光绪朝·内政类·职官项》，3/98/5331/13、3/98/5335/7，光绪二十一年九月二十五日，十月初三日收到。该折、片已分离，根据内容确定)二、保直隶天津道李兴锐。(《军机处录副·光绪朝·内政类·职官项》，3/98/5335/48。该片与原折分离，难以确定其具体日期，似在光绪二十一年)三、保二品衔候补道李希杰、沈廷杞，要求军机处存记。(《军机处录副·光绪朝·内政类·职官项》，3/99/5340/21，光绪二十二年三月二十九日，四月初六日收到)

〔2〕保翰林院侍讲王荣商、编修丁立钧、修撰张謇、检讨宋育仁、礼部员外郎罗文彬、吏部员外郎区德霖、刑部员外郎总理衙门章京沈曾植、江南筹防局道员王秉恩、洋务局道员黄遵宪。(《军机处录副·光绪朝·内政类·戊戌变法项》，3/108/5613/11，光绪二十一年十一月十六日)

〔3〕保江苏上元县知县陈谟、拣选知县湖南举人罗正钧、候选教职江苏举人袁衔。(《军机处录副·光绪朝·内政类·职官项》，3/98/5332/102，光绪二十一年十一月二十日)

〔4〕保新疆布政使丁振铎、四川布政使王毓藻、浙江候补道李辅耀、湖北候补道曹南英、江西候补道贺元彬、福建候补知府秦炳直。(《军机处档》，136647，台北故宫博物院文献馆藏，光绪二十一年十一月二十四日)

〔5〕保二品顶戴四川越嶲营参将何长荣。(《军机处录副·光绪朝·内政类·职官项》，3/98/5333/43，光绪二十一年十二月初九日，二十二年正月二十六日收到)

〔6〕保湖北试用道署盐法道赵滨彦、湖北候补道札勒哈哩、湖北荆州知府舒惠、湖北候补知府余肇康。(《军机处录副·光绪朝·内政类·职官项》，3/98/5338/120，光绪二十一年十二月二十二日，二十二年正月十五日收到)

〔7〕保云南迤西道张廷燎、开化府知府刘春霖、永昌府知府汤子坤、署龙陵同知候补直隶州知州杨均、署开化镇总兵顺云协副将刘万胜、管带省防绥靖中营留滇补用副将黄呈祥。(《军机处录副·光绪朝·军务类·人事项》，3/116/5909/108，光绪二十一年十二月二十六日，二十二年正月二十六日收到)

〔8〕保伊犁知府黄丙焜。(《光绪朝朱批奏折》，第11辑，第264—265页，光绪二十一年十二月二十九日，二十二年二月初五日收到)

〔9〕保江苏候补道钱志澄、黄承乙、湖北候补知府汪洪霆、安徽候补知县何恩煌，要求送部引见。(《军机处录副·光绪朝·内政类·职官项》，3/98/5338/71，光绪二十二年二月十四日)又据当日光绪帝上谕，吴廷芬另有一附片，虽未见，但知其保安徽在籍候选知府曹英。

将军长顺[1]、光禄寺卿曾广汉[2]、黑龙江将军恩泽[3]、安徽巡抚福润[4]、湖南巡抚陈宝箴[5]、大学士总理衙门大臣李鸿章[6]、户部右侍郎总理衙门大臣张荫桓、兵部尚书徐郙、东河总督任道镕[7]、南书房翰林张百熙[8]、奉天将军依克唐阿[9]、通政使安徽学政李端遇[10]、

---

〔1〕 一、保宾州厅同知谢汝钦、候补知府杨同桂。奉朱批："谢汝钦、杨同桂均著交部带领引见。"(《光绪朝朱批奏折》，第11辑，第339页；《军机处录副·光绪朝·内政类·职官项》，3/98/5338/120，光绪二十二年正月二十七日，二月十六日奉朱批)二、保二品顶戴记名存记道春顺、副都统衔花翎协领达桂、补用知府寿山、刑部候补员外郎那福。奉朱批："春顺等均著送部引见。"(《军机处录副·光绪朝·内政类·职官项》，3/99/5341/67，光绪二十二年四月二十八日，五月十七日奉朱批)

〔2〕 保江苏候补道凌荫廷、直隶试用道林志刚、江苏候补道杜俞、吏部候补主事陈三立、候选知县邹代钧、拣选知县黄彝凯，请求送部引见。(《军机处录副·光绪朝·内政类·职官项》，3/99/5339/77，光绪二十二年三月二十三日)

〔3〕 保二品顶戴按察使衔四川候补道兼署建昌道安成、国子监司业瑞洵、福建补用知府试用同知前署平和县知县刘辉元、云南南安州知州金福善、荆州驻防正蓝旗满洲协领良续。(《军机处录副·光绪朝·军务类·人事项》，3/117/5913/74，光绪二十二年四月十六日，二十九日收到)

〔4〕 保署安徽布政使于荫霖、徽宁池太广道袁昶。(《军机处录副·光绪朝·内政类·职官项》，3/99/5343/18，光绪二十二年六月十八日，七月初八日收到)

〔5〕 保署安徽布政使于荫霖、湖北按察使恽祖翼、安徽按察使赵尔巽、陕西按察使李有棻、前福建汀漳龙道刘倬云、奏调江南补用道黄遵宪、江苏候补道志钧、户部候补员外郎毛庆蕃、刑部主事乔树枏、兵部候补郎中李本方、工部候补主事喻兆蕃；降调御史屠守仁、降调翰林院编修梁鼎芬。(《军机处录副·光绪朝·内政类·职官项》，3/99/5344/35，光绪二十二年八月初九日，九月十三日收到)

〔6〕 保二品顶戴记名海关道罗丰禄。(《军机处录副·光绪朝·内政类·职官项》，3/99/5351/4，原片无日期，光绪二十二年九月二十五日收到)

〔7〕 保五品衔前安徽宿松县知县孙葆田、兼署江苏按察使粮储道陆元鼎、长芦盐运使李兴锐、江苏候补道钱志澄、江苏遇缺题奏道朱之臻。(《军机处录副·光绪朝·内政类·职官项》，3/99/5348/25，光绪二十二年十一月初五日，十四日收到)

〔8〕 保刑部候补主事乔树枏、内阁额外中书杨锐、甘肃西宁道联魁、前台湾道顾肇熙。(《军机处档》，137330，台北故宫博物院文献馆藏。该件为残件)从军机处存记档册中可知，张百熙保举的还有：湖南盐法道黄遵宪、直隶候补道姚文栋、福建候补知府秦炳直、候选道前四川成都府知府汪鉴、前安徽青阳县知县汤寿潜、福建诏安县知县方朝榘、湖南候补知府朱其懿、前福建顺昌县知县捐升道孔宪教、升用知府候选直隶州晋昌。该折的收到日期为光绪二十三年二月十五日。可参见附录。

〔9〕 保奉天驿巡道志彭、道员用候补知府徐境第、署金州厅同知准补义州知州高钦。(《光绪朝朱批奏折》，第12辑，第438—440页，光绪二十三年六月初二日)

〔10〕 保直隶候补道钱奎元。(《光绪朝朱批奏折》，第12辑，第606—607页，光绪二十三年九月初六日，二十四日收到)

塔尔巴哈台参赞大臣富勒铭额[1]、闽浙总督边宝泉[2]……

由于档案保管与整理诸情事，许多档案已失，或分类不确；且我看档有限，很可能也未能周全。当时保折应不止于此数。

在以上人士的保折中，最合光绪帝原诏旨意的，很可能是兵部尚书徐郙的奏折，他保举了六人：

> 二品衔直隶候补道姚文栋，沉潜笃实，专精舆地之学，尝随前出使大臣黎庶昌、洪钧、薛福成等，遍历外洋十余年之久，到处考察其兵制、舆图。复由印度至云南，穷乡僻壤人迹不到之处，裹粮深入，测量绘图，著述甚富。
>
> 二品衔准补直隶清河道高骖麟，器局深稳，精究格致之学，在北洋十余年，总办船坞、机器局，力求撙节，去年创造快炮，价廉器利，精巧不让外洋。署天津河间道，讲求水利，整顿营田，数月之间，开垦至数百顷之多。
>
> 礼部即补员外郎于式枚，器局闳通，学问渊粹，近随大学士李鸿章遍游各国，闻见更广，才识尤精。
>
> 三品衔候选道梁诚，幼年充美国肄业生，往外洋读书十年余，于各国语言文字、风土人情，无不洞晓，复为前出使大臣郑藻如、张荫桓等随员，游历各国，谙练老成，才大心细，精通翻译，熟悉洋情。
>
> 三品衔湖北候补知府章嘉谋，才识明通，屡膺繁剧，考究商务，长于理财，于中外出入盈虚之故，了如指掌。
>
> 二品顶戴安徽候补道维增，悃愊无华，实心任事，闻其督办皖南厘局，裁汰陋规，商民感激，收数独旺，颇著廉洁戆直之称。

---

[1] 保二品顶戴镇迪道兼按察使潘效苏、记名简放副都统伊犁惠远城满营左翼协领额尔柯本、记名简放副都统署塔城新满营协领和陈泰。（《军机处录副·光绪朝·内政类·职官项》，3/99/5355/26，光绪二十三年十一月二十六日，二十四年正月初十日收到）

[2] 保署安徽布政使于荫霖。（《军机处录副·光绪朝·内政类·职官项》，3/99/5355/123，原片由军机章京补写“正月廿五日”，似为光绪二十四年正月二十五日收到）

从他保举的人才评语来看，若为属实，当为有用。徐郙对此要求“送部引见”，光绪帝当日下旨：“交军机处存记。”[1]按照当时的官场规则，被保举的官员一般是“交部引见”，由皇帝考察后下旨任用，或交军机处存记。当时的保折也大多请求将其保举的官员“送部引见”，光绪帝也大多予以批准。[2]

然当时候补官员极多，官缺甚紧，被保举的官员交部引见后，大多发回原省，至多是交军机处存记。由此，光绪帝将徐郙所保六人直接交军机处存记，实际上是一种优遇。精通官场规则的张荫桓，也保举六人：安徽按察使赵尔巽、直隶候补道汤纪尚、二品顶戴候选道伍廷芳，请求“交军机处存记”，二品顶戴江苏候补道潘学祖、盐运使衔候选道梁诚、直隶试用知县吴永，请求“交部引见”，以示等差。[3]光绪帝对“交部引见”者，很顺快地答应了。[4]对要求“存记”者，查军机处相关档册，只有伍廷芳一人。（详见附录）徐郙保举的姚文栋等六人，虽交军机处存记，但没有得到起用，清朝政府机构中并没有可以发挥他们才华的部门，而荐主徐郙也不是朝中的有力人士。

---

〔1〕《军机处录副·光绪朝·内政类·职官项》，3/99/5347/50；军机处《上谕档》，光绪二十二年十月十九日。

〔2〕如仓场侍郎廖寿恒保陈谟、罗正钧、袁衔，要求送部引见。光绪二十一年十一月二十日明发上谕：“廖寿恒奏遵保人才一折，江苏上元县知县陈谟、拣选知县罗正钧、候选教职袁衔，著江苏、湖南巡抚给咨送部引见。”总理衙门大臣兵部右侍郎吴廷芬保钱志澄、黄承乙、汪洪霆、何恩煌等人，要求送部引见。光绪二十二年二月十四日明发上谕：“吴廷芬奏遵保人才各折片。江苏候补道钱志澄、黄承乙、湖北候补知府汪洪霆、安徽候补知县何恩煌、安徽在籍候选知府曹英，著江苏、安徽、湖北各巡抚给咨赴部引见。”光禄寺卿曾广汉保凌荫廷、林志刚、杜俞、陈三立、邹代钧、黄彝凯，请求送部引见。光绪二十二年三月二十三日明发上谕：“光禄寺卿曾广汉奏遵保人才一折。江苏候补道凌荫廷、直隶试用道林志道、江苏候补道杜俞、吏部候补主事陈三立、候选知县邹代钧、拣选知县黄彝凯，著直隶、两江、江西、湖南各督抚给咨送部引见。”（谕旨见各该日军机处《上谕档》）

〔3〕《军机处录副·光绪朝·内政类·戊戌变法项》，3/108/5614/26。原件为清单，无日期无署名。据文内“去年随臣东渡，今年随办日本商约”一语，判断作者为张荫桓。又据《上谕档》，该折日期为光绪二十二年九月二十五日。

〔4〕当日交片谕旨：“交吏部。本日侍郎张荫桓奏保举人才一折，军机大臣面奉谕旨：江苏候补道潘学祖、候选道梁诚、直隶试用知县吴永，均著吏部调取引见。”（军机处《上谕档》，光绪二十二年九月二十五日）

我在阅读档案时发现，以上保举的官员，大多数属于“察吏安民”的性质，这与光绪帝下诏求贤的主旨并不吻合，也与甲午战后“卧薪尝胆”的“自强”风尚不那么合拍。其中最典型的是礼部右侍郎李文田，出奏保举游智开：

> 今日求才，先求忠谠切实之才，然后一切奇才异能算法格致之类，始能收其实用……前广东布政使游智开，在护理广东巡抚任内，缘参劾属员，不得其职，郁郁移疾而去。寻其所劾什九劣员，自该藩司去后，所经参劾者固早经开复，此后吏治益杂。如南海知县潘泰谦、香山知县杨文骏等，皆异常贪酷，罄竹难书。自非皇上圣明，简放马丕瑶、谭钟麟先后到粤，将劣员等重与参革，则粤民几无苏息之望矣……臣窃念今日最要在得民心，得民心在澄吏治。顾守正不阿之性或歉于循良，爱民如子之诚或短于刚劲。该藩司政声极著，风力亦遒，前在直隶永平府等任，遗爱在民，及升任四川藩司护理川督之时，办理重庆教案，尤得蜀民爱戴……

他要求“重与录用，以储边才”。[1]李文田是广东人，对家乡的吏治极为关注，该折也反映出其对前任两广总督李瀚章的不满。“察吏安民”本是中国传统政治学中的精要，虽说战败后的中国亟须改革，但体恤民情，安良除霸，什么时候也不失其重要性。

在上奏保举的人士中，最值得注意的有两位：一是钦差大臣两江总督刘坤一，先后共六次上奏，保举官员 24 人。[2]战事虽为大败，他仍

---

〔1〕《军机处录副·光绪朝·内政类·职官项》，3/98/5326/51，光绪二十一年六月十一日。

〔2〕一、保御史冯锡仁，为其营务处幕僚。（《军机处录副·光绪朝·内政类·职官项》，3/98/5326/94，光绪二十一年六月十五日，二十日收到；又见中国科学院历史研究所第三所：《刘坤一遗集》，中华书局，1959 年，第 2 册，第 881—882 页）二、保襄办湘军粮台户部额外员外郎毛庆蕃、营务处江苏记名海关道曾丙熙、支应局江苏候补道唐际春、转运局直隶候补道林志道，请求交军机处记名。附片又保江苏候补道李光久、凤凰厅直隶同知调署辽阳州徐庆璋。（《军机处录副·光（转下页）

保举其营务处冯锡仁、曾丙熙、粮台毛庆蕃、支应局唐际春、转运局林志道。当他回到两江本任后，又保举了一大批下属，其评语多为"察吏安民"。另一位是署理两江总督湖广总督张之洞，先后四次上奏，保举33人。[1]他有着一种天下己任的大气概，保举的官员并不

(接上页) 绪朝·内政类·职官项》，3/98/5328/61，光绪二十一年七月二十八日；又见《刘坤一遗集》，第2册，第888—889页）三、保冯锡仁、曾丙熙、唐际春。(《军机处录副·光绪朝·内政类·职官项》，3/98/5332/108，光绪二十一年十一月二十一日；又见《刘坤一遗集》，第2册，第905页）四、保前署淮扬镇总兵记名提督刘青煦、统领新湘营记名提督陈基湘、前统长胜军记名提督万本华、管带督标水师记名总兵蒋福田。(光绪二十二年三月初七日，《刘坤一遗集》，第2册，第915页）五、保江苏候补道杜俞、户部员外郎毛庆蕃；镇江知府彦秀、徐州知府詹鸿谟、通州直隶州知州汪树堂、奉贤县知县金元烺、桃源县知县调署宝山县知县沈佺、东台县知县汤曜、补用知县署桃源县知县陈绍庚；江苏候补同知郑孝胥；江苏补用知州候补知县窦镇山、江苏试用知县张羲树；江苏候补道蔡钧。(《军机处录副·光绪朝·内政类·职官项》，3/99/5349/49、50、51；《军机处录副·光绪朝·内政类·戊戌变法项》，3/108/5614/25、27，光绪二十二年十一月二十五日，十二月十三日收到；又见《刘坤一遗集》，第2册，第965—967页）六、保四品衔海州分司运判徐绍垣、同知衔候补通判许星璧。(《光绪朝朱批奏折》，第12辑，第666—667页，光绪二十三年十月十五日，二十八日收到）还须注意的是，在光绪帝下诏求贤之前，刘坤一于光绪二十一年闰五月初五日，密保了袁世凯。(《刘坤一遗集》，第2册，第874页）

[1] 一、保前台湾布政使于荫霖、前通政使黄体芳、前内阁学士陈宝琛、前陕西布政使李用清、四品卿衔前山西布政使林寿图、前翰林院编修梁鼎芬、五品卿衔前安徽合肥知县孙佩兰、新授安徽按察使赵尔巽、江苏候补道程仪洛、新授广东惠潮嘉道陆元鼎、湖北汉黄德道恽祖翼、四川川东道黎庶昌、本任浙江温处道袁世凯、奏调江南差委广东候补道王秉恩、安徽安庆知府联元、江西瑞州知府江毓昌。(《军机处录副·光绪朝·内政类·戊戌变法项》，3/108/5612/4、5，光绪二十一年六月十八日，七月初六日收到；又见苑书义等主编：《张之洞全集》，河北人民出版社，1998年，第2册，第1012—1014页）二、保江苏试用道沈瑜庆。(光绪二十一年十二月十九日，《张之洞全集》，第2册，第1093—1094页）三、保湖南按察使俞廉三、安徽徽宁池太广道袁昶、奏调江南差委分省补用道黄遵宪、奏调江南差委江西候补道恽祖祁、在任候补道江宁知府李廷萧、江苏候补道朱之榛、江苏候补道志钧、甘肃庆阳府知府徐庆璋、奏调湖北差委分省补用知府钱恂、江苏候补知县薛培榕。(《军机处录副·光绪朝·内政类·职官项》，3/99/5350/51、53，光绪二十一年十二月二十九日，二十二年正月二十五日收到；又见《张之洞全集》，第2册，第1118—1120页）四、保新授奉天府尹、前湖南辰永沅靖道廷杰、署安徽布政使于荫霖、湖北汉黄道瞿廷韶、汉阳知府余肇康、江苏候补同知郑孝胥、候选内阁中书黄忠浩。(光绪二十三年七月二十九日，八月十九日收到，《张之洞全集》，第2册，第1255—1256页）

限于两江或湖广，而是全国性的，由此建立一个大的关系网络；然仔细查阅其名单，可知相当多的官员出于其幕中；他保举的人员，后又有一些大吏再次保举，很可能此中也另有运作。

此次甲午战后的保举，时间长达两年多。[1]一些人由此得到了起用或提升，如游智开（广西布政使）、任道镕（东河总督）、于荫霖（署安徽布政使）、俞廉三（山西布政使）、恽祖翼（浙江布政使）、袁世凯（直隶按察使）、黄遵宪（湖南长宝盐法道）、蔡钧（江苏苏松太道）、罗丰禄（驻英公使）、伍廷芳（驻美公使）……但起用与升官者仍是少数，大量被保举的官员由光绪帝交军机处存记。我在档案中找到军机处存记档册多种，整理出附表，细心的读者若将保折名单与存记名单相核，可以体会出当时政治的许多内情。

甲午战后的下诏求贤，明显未获成效，中国政治并未因之改变方向。先前由战败而求贤，以求励精图治，而在实际操作中，变成上层大吏扩充势力提拔下属、下层官员特别是候补官员得保获缺升官发财的良机。[2]其中得到起用、升任、存记者，并非其真符合谕旨中要求的"有奇才异能，精于天文、地舆、算法、格致、制造诸学，必试有明效，

---

〔1〕 现存的保折中，大多都引用或提到光绪帝的谕旨，表明自己是奉旨保荐。有些保折上奏时光绪帝的谕旨已过了很长的时间。如张汝梅的附片称："前奉谕旨，饬令中外臣工秉公保荐"（光绪二十二年五月十六日收到）；陈宝箴于二十二年八月奏称："伏读上年诏旨，兼命直省督抚臣保举人才"；徐郙于二十二年十月奏称："伏读去年五月十三日内阁奉上谕"（应是闰五月）；南书房翰林张百熙奏称："二十一年闰五月皇上特颁明诏……"（二十三年二月十五日收到）；奉天将军依克唐阿于二十三年六月奏称："……光绪二十一年闰五月十三日钦奉谕旨……"；安徽学政李端遇于二十三年九月奏称："……光绪二十一年闰五月十三日……"；塔尔巴哈台参赞大臣富勒铭额于二十三年十一月奏称："前准兵部咨，内阁抄出光绪二十一年闰五月十三日奉上谕。"这是我看见的最后一篇奉诏保举的奏折，时间已过了两年多。也有一些官员如安徽巡抚福润、大学士李鸿章、河道总督任道镕、两广总督谭钟麟，在保折中未提谕旨。但从福润、任道镕、谭钟麟保折的上下文来看，奉诏似又属应有之意。也有一些官员保举甚多，如刘坤一，大多也不写明是奉诏；而张之洞先在署理两江任上，后在湖广本任上，故两次上奏皆称奉诏。

〔2〕 文廷式称："甲、乙之间，事变至繁。和议成后，一年以来渐皆复旧，所稍异者，南城赁屋之价不致太昂，各衙门团拜之戏或有不举而已。其谋差事，盼京察者，则纷纷扰扰无异昔时也。"（《闻尘偶记》，《文廷式集》，下册，第720页）

不涉空谈”之条件，而在于荐主的实力。甲午战后的中国政坛依然如旧，没有太多的新鲜气息，只是各派实力稍有变化，李鸿章之船开始进水，慢慢倾斜，张之洞部队已成规模，与刘坤一并列为政坛的两大集团。

## 二　胶州湾事件后三次下诏求贤

光绪二十三年十月二十日（1897年11月14日），德国借口曹州教案派舰占领胶澳（今青岛）。此后清朝在与德国的外交交涉中，一让再让，不得不同意德国的全部要求。十一月二十二日（12月15日），俄国军舰驶入旅顺，此后又向清朝提出修建中东路支线及租借旅顺、大连的要求，清朝仍无力抗之。于此时刻，光绪帝于十一月二十五日（12月18日）发出给户部、各省将军督抚的寄信谕旨：

> 自中东罢役以来，中外诸臣矜言自强之术，二年于兹矣，现在事机日迫，凡遇各国交涉之事，无不万分棘手，总缘我武备废弛，船炮不齐，以致强邻狡焉思启，合以谋我……昨复据徐桐折，奏请饬沿江沿海各督抚激励忠义……各省将官有老于兵事，缓急可济者，无论官职大小，现任退闲，准其一律奏调等语，所奏尤为当务之急。著即迅速筹办。如有知兵之员，为该将军督抚等素所深悉者，准其保奏，以备干城之选。〔1〕

战争一触即发，清朝统治者发现手中并无战将！先前保举的将领，

〔1〕军机处《上谕档》，光绪二十三年十一月二十五日。徐桐的奏折主旨是联络乡团，营勇之缺弱者赶紧募补，裁绿营之饷，调内地屯防之旅。该谕旨的另一要点是裁空粮以足军实。据《翁同龢日记》：“寄谕一道，据刚公面奏裁兵空额及厘金中饱，通谕直省及户部。”（《翁同龢日记》，中华书局，第6册，1998年，第3070页）由此可见，此旨的产生原因主要是刚毅、徐桐的建策。

此时根本派不上用处。该旨据徐桐的提议，命保举将才。然从细部去观察，又可以看出，该旨要求各地保举"知兵之员"，其标准仅是徐桐提出的"老于兵事，缓急可济"，似乎不追求克敌制胜的奇异之才。

是年十二月二十三日（1898年1月15日），慈禧太后召见军机大臣于西苑，表示"深谅时势之难"，并"谕绿营可尽裁，局员当尽撤"。次日，二十四日，光绪帝召见军机大臣"诘问时事所宜先"，翁同龢提出"以变法为急"、"从内政根本起"，恭亲王等军机大臣皆"默然"。光绪帝命"拟裁绿营、撤局员、荐人材之旨"。[1]又次日，二十五日（1月17日），发下明发谕旨：

> 从来国运之兴，必由于人才之盛，我朝列祖列宗以来，无不下诏求贤，而诸臣亦必灼见真知，始登荐剡，所以名臣硕辅，代有其人。即至同治年间，如曾国藩、骆秉章等进举贤才，或采自幕府，或选从僚属，其时人才蔚起，卒能削平大难，宏济时艰。可知封疆大吏诚思以人事君之义，悉心采访，实力保荐，则一时之才自足供一时之用。现值时局孔艰，需才尤亟，各省督抚，朝廷寄以股肱耳目，其各澄心虚己，一秉大公，于所属道府州县中，无论现任、候补，详加鉴别，择其居心正大，才识宏通，足以力任艰巨者，列为上选，他若尽心民事，通达时务，均著出具切实考语，并胪列其人之实绩成效，详悉具陈，以备擢用。倘瞻徇情面，或谬采虚声，保非其人，必坐原保官以荐举不实之罪。[2]

---

〔1〕《翁同龢日记》，第6册，第3081页。

〔2〕军机处《上谕档》，光绪二十三年十二月二十五日。该谕旨后段称裁绿营及局员，并以此经费练新军："至经武整军，必须宽筹的饷，各省绿营废弛已久，近来防勇亦多沾染习气，难备缓急。著各该督抚再行实力裁汰，腾出饷项，以备添练新军之用。各省制造、洋务、盐捐、盐务等局，总办以外，复有会办以及司事绅董，名目繁多，每岁虚糜公费，不知凡几。当此库款支绌，该督抚等具有天良，岂竟置国事于不顾，尚欲为位置闲员地步耶？著即严加核减，将节省实数迅速奏闻，毋得胶持成见，仍以裁无可裁藉词搪塞。将此通谕知之。"后一段谕旨当属据慈禧太后的面谕，其基本精神来自刚毅的建策。

这一道谕旨，实际上也宣布了甲午战后下诏求贤的失败，先前所上的数十份保折，保举了数百位人选，然到危机时刻，仍一无人才可用。然从细部观察又可以看出，该旨提出的标准首先是“居心正大，才识宏通，足以力任艰巨者”，其次是“尽心民事，通达时务”；与甲午战后诏求“有奇才异能，精于天文、地舆、算法、格致、制造诸学，必试有明效，不涉空谈”之条件，也有不小的差别。

以上两道谕旨还规定：保举者为地方将军督抚；被保举者其一为“如有知兵之员，为该将军督抚等素所深悉者”，其二是“所属道府州县，无论现任、候补”，皆为地方军政人员，而后一道谕旨明确是让其保举其下属的道府州县官员。此中并无中央各部院衙门之责。

两道谕旨下达后，各省大吏们再一次上奏。

云贵总督崧蕃、云南巡抚裕祥奏保五人：署临元镇总兵云贵督标中军副将高德元、西防分统本任临元镇总兵刘万胜、省防分统新授贵州古州镇总兵黄呈祥、记名总兵马惟骐、已革普洱镇总兵覃修纲。崧蕃等人此折为回应光绪二十三年十一月二十五日谕旨，从五人评语来看，虽可谓是整军严整，统兵有方，曾与当地土匪打过仗，但并无近代战争经验，也看不出有与德、俄等国军队较量的能力。这也是当时清军武将的基本特点。光绪帝得奏后，朱批：“高德元等五员均著交军机处存记。”[1]光绪帝的这一处置方式，又与甲午战后的那次保举完全相同。

浙江巡抚廖寿丰奏保十一人：浙江藩司恽祖翼、署安徽藩司于荫霖、前福建臬司张曾敭、江苏候补道程仪洛、杭州知府林启、处州知府赵亮熙；前安徽青阳县知县汤寿潜、江苏候补知县薛培榕、前福建安溪县知县戚扬、署浙江余杭县知县候补知县关钟衡、署镇海县知县候补知县毕诒策。他的评语多为“综核严密”、“学有本原”、“干练勤能”、

〔1〕《军机处录副·光绪朝·内政类·戊戌变法项》，3/108/5615/10，光绪二十四年正月二十六日，二月十七日奉朱批。又，云贵总督崧蕃后来又保举留滇补用道李必昌，办理电线，督率有方。（《宫中档光绪朝奏折》，台北故宫博物院印行，1974年，第11辑，第645—646页，光绪二十四年二月二十八日，三月二十八日军机处存记）

"贞介绝俗"之类，看不出胶州湾事件之后的形势要求，也不符合谕旨中"力任艰巨"的要求，恐怕只能从"尽心民事，通达时务"的标准来考量了。廖寿丰的保举还超越了本省的范围，大多也不是道府州县官员，对此他解释道："惟各该员才猷卓著、众论允孚，用敢据实胪陈。"光绪帝仍将此十一人皆交军机处存记。〔1〕

贵州巡抚王毓藻奏保八人：其中本省有候补知府陈维彦、黄平州知州署平越直隶州瞿鸿锡、候补同知张济辉、即用知县王人文；外省有直隶长芦盐运使景星、广东潮州府知府李士彬、江苏候补道钱宝传、四川候补道安成。王毓藻保本省官员称"求才之辅治"；保外省官员称"足供任使"。〔2〕贵州与沿海如此之远，感受不到当时的危机，他显然是将此当作提拔下属、推举同道的机会了。光绪帝将瞿鸿锡以外的七人交军机处存记。

安徽巡抚邓华熙奏保两人：一是其下属徽宁池太广道袁昶，称其曾总理衙门章京上行走有年；二是尽先选用道郑官应，称言："深谙时务，志虑忠诚，曩年游历诸邦，研究中外利病得失，汇辑成《盛世危言》一书，缕析条分，事多切要。臣前曾缮写进呈，钦奉朱批'留览'。上年又开列事实具折保奏各在案。"〔3〕光绪帝命将两人交军机处存记。

根据前引谕旨此次并无荐举之责的太仆寺少卿隆恩奏保三人：四品衔候选知州前出使随员谢祖沅，称其随使十余国，前后十余年，请求将之发往南洋，交刘坤一派办交涉事件；同知衔升用知县候选盐大使总理衙门东文教习陶大钧，称其赴日本十四年，语言文字精明详审，要求交总理衙门酌量录用；花翎四品衔户部候补员外郎徐友兰，称其两次赴日，先后游历两年，与美商福柏士用混江机器滚刷绍兴三

〔1〕《军机处录副·光绪朝·内政类·职官项》，3/99/5356/90、91，光绪二十四年二月初八日，二十五日收到。军机处存记的情况，可见本章附录。以下各条军机处存记情况，皆见附录，不再注明。

〔2〕《军机处录副·光绪朝·内政类·职官项》，3/99/5357/12、3/99/5326/32，光绪二十四年二月初八日，三月初三日收到。

〔3〕《军机处录副·光绪朝·内政类·职官项》，3/99/5358/56，光绪二十四年三月二十八日，闰三月十五日收到。

江闸淤沙有成效，要求交南洋大臣刘坤一差遣使用。光绪帝对此没有表示态度。[1]

陕西巡抚魏光焘奏保八人：盐运使衔在任候补道现署陕西督粮道西安知府童兆蓉、候补知府周铭旗、宁陕厅同知张守正、留坝厅同知文麟、渭南县知县樊增祥、白河县知县尹昌龄、候补知县张世英、宝鸡县知县李端棨，评语多为勤于政务之词；附片又保举陕西按察使李有棻，公正廉明，体用兼备。光绪帝全部交军机处存记。[2]

湖广总督张之洞先前已有四次保举，军机处存记人员超过十五人。此次他又奏保三人：湖北试用道赵滨彦、奏调湖北差委广东候补道王秉恩、湖北候补道陈重庆，皆为其幕中得力官员。有意思的是，张之洞在保折中写下这样的话：

> 以上三员，才具各有所长，而要归于实事求是，至其清廉无欺，不避嫌怨，则尤为三员之所同。窃惟当今世风日卑，官流日杂，以才论则可节取者尚多，以守论则真可信者实罕，至于瞻徇情面，顾惜身家，软熟圆通，油滑取巧，则尤为近日士大夫通病，即号称贤员者，亦恐不免。然则欲图济时艰，挽回风气，在朝廷访求任用，似尤以志节清鲠者为先。[3]

张之洞的这段话，不像是为所荐下属悃愊无华作辩解，很可能是针对京城风头渐起的康有为及其党人的。光绪帝命将此三人交军机处存记。

---

〔1〕《军机处录副·光绪朝·内政类·戊戌变法项》，3/108/5615/27、28；《军机处录副·光绪朝·内政类·职官项》，3/99/5358/64，光绪二十四年三月二十九日。又，据三月二十九日军机处《上谕档》所录军机处奏片，光绪帝命“存”，并呈慈禧太后。

〔2〕保折见《宫中档光绪朝奏折》，第11辑，第763—765页；保片见《军机处录副·光绪朝·内政类·职官项》，3/99/5370/30，光绪二十四年闰三月十三日，二十五日收到。

〔3〕《军机处录副·光绪朝·内政类·职官项》，3/99/5358/5，光绪二十四年闰三月十七日，四月初四日收到。又张之洞、谭继洵于是年闰三月十六日附片保举江西候补道恽祖祁，称其防堵京口县溃堤有功，光绪帝朱批“恽祖祁著交部带领引见”。（《宫中档光绪朝奏折》，第11辑，第778—779页）

此外，还有一些官员的保举，不再一一细录。[1]

光绪二十四年四月二十三日（1898年6月11日），光绪帝发下“明定国是”谕旨，揭开了百日维新的序幕。与该谕旨同时下达的，还有一道明发上谕：

> 方今各国交通，使才为当务之急。著各省督抚于平日所知品学端正，通达时务，不染习气者，无论官职大小，酌保数员，交总理各国事务衙门考验，带领引见，以备朝廷任使。[2]

这一道谕旨是求“使才”，与先前光绪二十三年十一月二十五日、十二月二十五日的谕旨相联结，即求军事、政治、外交三方面的人才。

三道谕旨先后下达了，但没有迹象表明形势会于此时出现大转机。甲午战败，创巨痛深，亟应反省，而后的保举依然在迷茫的政治中渐入旧轨。此次胶州湾诸事件，又能怎么样呢？

## 三　康有为及其党人的活动

光绪二十三年十一月十九日（1897年12月12日），即胶州湾事件发生一个月之后，兵科掌印给事中高燮曾上了一折两片：“请与德国定

---

〔1〕 光绪二十四年正月初六日，总理衙门保候选道荫昌，称“才具明敏，任事实心，使差、关道均堪胜任”。（《军机处录副·光绪朝·内政类·职官项》，3/99/5370/29）光绪帝交军机处存记。闰三月十九日，奉天将军依克唐阿保举二品顶戴候补道署山海关道王颐勋，称言：“办理交涉，悉协机宜，将来假以事权，可预决其必有建树。”光绪帝朱批：“交军机处存记。”（《光绪朝朱批奏折》，第13辑，第139页，查军机处《随手档》，当月二十八日收到）四月初四日，兵部左侍郎荣惠保前安徽补用道萧允文、前湖南永定县知县奎英，请求带领引见。（《军机处录副·光绪朝·内政类·职官项》，3/99/5370/29）光绪帝下旨“存”，并呈慈禧太后。（见该日军机处《上谕档》）又，据军机处存记档册，此期保举军事人才的还有山东巡抚张汝梅、贵州巡抚王毓藻、东河总督任道镕，军机处存记共八人，详见附录。

〔2〕 军机处《上谕档》，光绪二十四年四月二十三日。

约由”、“李秉衡不宜终于废弃片”、“请令康有为相机入西洋弭兵会片”，其中最后一片称：

> 臣闻西洋有弭兵会，聚集之所，在瑞士国。其大旨以排难解纷，修好息民为务。各国王公大臣及文士卓有声望者，皆准入会。如两国因事争论，未经开战之先，可请会中人公断调处，立意甚善。臣见工部主事康有为学问淹长，才气豪迈，熟谙西法，具有肝胆，若令相机入弭兵会中，遇事维持，于将来中外交涉为难处，不无裨益。可否特予召对，观其所长，饬令总理各国事务衙门厚给资斧，以游历为名，照会各国使臣，用示郑重。见［现］在时事艰难，日甚一日，外洋狡谋已露，正宜破格用人，为自存之计。所谓请自隗始者，不必待其自荐也。附片具陈，伏乞圣鉴。〔1〕

高燮曾此片中值得关注的为三点：一、光绪帝予以召见，即康可与光绪帝直接对话，这在当时极为罕见；以往的保折多请“送部引见”，即由吏部等衙门带领数人或数十人同时觐见，皇帝一般也不问话。二、总理衙门“厚给资斧”，并照会各国。三、康有为的正式名义是“游历”。片中的“隗”指郭隗，战国时燕人，《史记·燕世家》录郭隗语“王必欲致士，先从隗始”。以康有为比郭隗，高燮曾用意甚高。此时，光绪帝三道求贤谕旨尚未下达，高燮曾此片属自行其是；然光绪帝却对之相当重视，当日发下交片谕旨：

> 交总理各国事务衙门。本日给事中高燮曾奏请令康有为相机入西洋弭兵会等语，军机大臣面奉谕旨：“总理各国事务衙门酌核办理。钦此。”相应传知贵衙门钦遵可也。〔2〕

---

〔1〕《军机处录副·光绪朝·内政类·戊戌变法项》，3/108/5617/51。军机处《随手档》，光绪二十三年十一月十九日。

〔2〕军机处《上谕档》，光绪二十三年十一月十九日。

孔祥吉先生认为，高燮曾的这一附片，是翁同龢、康有为密谋的结果，很有可能是康有为买折。[1]对此，我是同意的，并补充以下两点证据：

一、就高燮曾的知识结构而言，“弭兵会”、“瑞士国”对其十分遥远；而康有为的《上清帝第五书》，明确提到了“弭兵会”：

> ……但各国兵机已动，会议已纷，宜急派才望素重，文学辩士，分游各国，结其议员，自开新报之馆，入其弭兵之会，散布议论，耸动美英。[2]

高燮曾称康有为“熟谙西法”，他的“弭兵会”消息，很有可能就是从康有为处得到的。按当时国际社会并没有召开“弭兵会”或设有专门的国际组织，康有为可能在上海时得到了不确定的消息。[3]国际上召开的

---

〔1〕 孔祥吉：《康有为变法奏议研究》，辽宁教育出版社，1988年，第168—172页；孔祥吉、村田雄二郎：《〈翁文恭公日记〉稿本与刊本之比较——兼论翁同龢对日记的删改》，《历史研究》2004年第3期。又，马忠文认为，康、高之间有交易，翁对此似也是知情的。（《高燮曾疏荐康有为原因探析：兼论戊戌维新前后康、梁政治贿赂策略与活动》，《学术交流》〔哈尔滨〕1998年第1期）

〔2〕 汤志钧编：《康有为政论集》，中华书局，1981年，上册，第207页。

〔3〕 与康、梁甚有关系的天津《国闻报》，于光绪二十三年十二月初五日刊出消息称：“自欧美诸国文治日进，又经俄土、普法、南北花旗数大战之后，各国讲求水陆军政不遗余力，而又以兵力愈厚则战端之起愈难，以其不幸而一战则伤人必多。故泰西进化家乃有万国弭兵会之议。本年西历八九月间，奥斯马加该会员已传檄至东亚诸国约同入会。顷本馆接京友来函，高理臣给谏本此意以建言，于前月某日具折陈奏，请中国简派通知泰西诸国时事之人，赴欧洲联络各国同入此会，并密保工部主事南海康有为足膺此任。并闻总理衙门已奉旨议行，至其详细情形，容再探明登告。”（《丛刊·戊戌变法》，第3册，第379页）文中的“本馆”很可能是夏曾佑等人，文中的“京友”即是康有为及其党人，文中的“奥斯马加”为奥地利之旧译，而“西历八九月间”，康有为正在上海。从康有为第五书中称“分游各国，结其议员，开新报之馆”来看，属于非正式、半官方的外交活动；康又称“入其弭兵之会，散布议论”，又似属非正式的国际会议。高燮曾称“西洋有弭兵会，聚集之所，在瑞士国”，“两国因事争论，未经开战之先，可请会中人公断调处”，此说当误，当时国际社会并无此类权限与事务的组织，很可能仅是当时人的一种设计。由此来推断，康有为可能在上海等处得到了一些召开国际和平会议消息及其设计，到北京后以其理解告诉了高燮曾，高又错解了康的意思，将当时人的设计错认为是已存在的事实。张之洞作《劝学篇》，其外编第十四篇即为《非弭兵》，谓：（转下页）

第一次“保和会”（又称“海牙和平会议”），于1898年8月24日（光绪二十四年七月初八日）由俄国沙皇尼古拉二世正式提议并发出邀请，1899年5月18日至7月29日（光绪二十五年四月初九日至六月二十二日）在荷兰海牙召开，共有26国参加，清朝派驻俄公使杨儒为代表参加。[1]总理衙门收到交片谕旨，整整三个月后才复奏，对派康有为参加“弭兵会”一事予以否决：

> 臣等查原奏所称，西洋弭兵会立意虽善，然当两国争论，将至开战，会中即有弭兵之论，并无弭兵之权，近日土希之战，不能事先弭兵，是其明证。该给事中所请令工部主事康有为相机入会一节，应毋庸议。[2]

负责外交的总理衙门很可能也不知“弭兵会”为何物，复奏中左盼右顾，言语均不着实地。

二、张之洞的主要幕僚梁鼎芬撰《康有为事实》称：

> 康有为好捏造谕旨。上年胶事初起，康有为创言愿入外国弭兵会，以保海口，其事已极可笑，康有为竟发电至粤至湘至沪，云已奉旨加五品卿衔前往西洋各国入弭兵会。闻者骇异，其实并无此事。

---

（接上页）“今世智计之士，睹时势之日棘，慨战守之无策，于是创议入西国弭兵会，以冀保东方太平之局。……奥国立弭兵会有年矣，始则俄攻土耳其，未几而德攻阿州，未几而英攻埃及，未几而英攻西藏，未几而法攻马达加斯加，未几而西班牙攻古巴，未几而土耳其攻希腊，未闻奥会中有起而为鲁连子者也……”（《张之洞全集》，第12册，第9767—9768页）《劝学篇》多为非康所作，其《非弭兵》亦是针对康的，作者当为张之洞手下的洋务幕僚。

〔1〕参见唐启华：《清末民初中国对“海牙保和会”之参与（1899—1917）》，《政治大学历史学报》（台北）第23期，2005年5月。

〔2〕《杰士上书汇录》，见黄明同、吴熙钊主编：《康有为早期遗稿述评》，中山大学出版社，1988年，第263页。此中的“土希之战”，当为1897年（光绪二十三年）4至5月发生的土耳其与希腊的战争，事为克里特岛而起，希军大败，在欧洲列强的调停下，于12月签订伊斯坦布尔条约。

其中提到了康有为“加五品卿衔”。叶德辉的一信中亦称：

> 朝传一电报曰，康有为赏五品卿衔，游历各国，主持弭兵会；夕传一电报曰，湘抚陈宝箴入军机，黄遵宪督办铁路大臣……其前电至时务学堂也，同年友汪诵年编修为余言之，余笑曰：“此康谣耳，不足信。”数日往询其弟子梁启超，则言之忸怩。梁固笃信康教，终身不欲背其师，而亦不能为其师讳。[1]

此中可知，“五品卿衔”一事的传出，是由康有为打电报给湖南时务学堂梁启超。郑孝胥光绪二十四年正月初六日（1898年1月27日）日记称：

> 谢筠亭、李一琴来。李一琴初归自湖南……又闻康长素已赏卿衔，命出洋游历，且充弭兵会员。[2]

时任湖南时务学堂英文教习的李维格，又将“加卿衔”一事告知上海的郑孝胥。总理衙门章京张元济光绪二十四年正月致函汪康年称：

> 康先生并无赏五品卿衔之说，弭兵会亦已罢论。惟高位者，颇能为所歆动耳。[3]

张元济是答复汪康年的，在此之前，汪听到消息后去询问张。由此可见，梁鼎芬之说非为诳语。高燮曾的附片，光绪帝的交片谕旨，均无“加五品卿衔出洋”之事，康为何有“加五品卿衔”之语？我以为，此

〔1〕苏舆辑：《翼教丛编》，上海书店出版社，2002年，第165页。

〔2〕劳祖德整理：《郑孝胥日记》，中华书局，1993年，第2册，第639页。一琴，李维格，字峄琴，又作一琴，《时务报》西文翻译，湖南时务学堂西文教习。

〔3〕上海图书馆编：《汪康年师友书札》，上海古籍出版社，第2册，1986年，第1723页。此为对汪康年询问的答复。该信无日期，似写于光绪二十四年正月初六日之后，即总理衙门大臣约见康有为之后。看来张元济很早便得到消息，康有为的弭兵会差使将作罢。信中所称高位者，似为翁同龢、张荫桓。

中似有一种可能：即高夑曾保其参加弭兵会的附片是康本人或其党人自行起草的，原本写有“加五品卿衔”一语，以能与当时的驻外公使身份相当或接近[1]；而高夑曾出奏时删去了此语，康不知此中内情；而他听说光绪帝交下总理衙门复议时，误认为此事已成，故有此发电之举。

尽管康有为并未奉派参加“弭兵会”，但高夑曾的保片却使之获得了政治上一系列机会。光绪二十四年正月初三日（1898 年 1 月 24 日），总理衙门大臣李鸿章、翁同龢、廖寿恒、荣禄、张荫桓“察看”康有为，听取其政治改革的意见；不久，康请总理衙门代奏其《上清帝第六书》，提出全面政治改革方案，其中最重要的是设立“制度局”；二月十九日（3 月 11 日），总理衙门代奏《上清帝第六书》，当日光绪帝发下交片谕旨“总理各国事务衙门王、大臣妥议具奏”。[2]在此前后，康在京城中甚为活跃，联络宋伯鲁、杨深秀、徐致靖、陈其璋等人，为其草折，上奏言事，提出一系列的政治建策，促发了四月二十三日“明定国是”之诏。康已成为京城政坛的新星。[3]

光绪二十四年四月二十五日（1898 年 6 月 13 日），即“明定国是”诏下达两天后，翰林院侍读学士徐致靖上奏“国是大定密保人才折”，

---

〔1〕 此时清朝驻外公使的品级大体是道员或相应京卿之衔。如当时的驻英公使罗丰禄为赏二品顶戴四品卿衔候补道，驻法公使庆常为赏二品衔以五品京堂候补，驻俄国公使杨儒为左副都御史，驻德公使吕海寰为以四品京堂候补（后为内阁侍读学士），驻美公使伍廷芳为二品衔候补道赏四品卿衔，驻日本公使裕庚为四品京堂候补。除杨儒和正准备回国的许景澄（工部侍郎）外，地位并不很高。康有为此时的官衔为工部候补主事（正六品），若加五品卿衔，即可跳过各部院司官一级，而直接从京卿升迁，会晋升很快。

〔2〕 军机处《上谕档》，光绪二十四年二月十九日。

〔3〕 御史杨深秀光绪二十四年四月十三日奏折、翰林院侍读学士徐致靖四月二十日奏折要求明定国是，该两折皆为康有为代笔，后呈慈禧太后。翁同龢在四月二十三日日记中称：“是日上奉慈谕，以前日御史杨深秀、学士徐致靖言国是未定，良是，今宜专讲西学，明白宣示等因。并御书某某官应准入学，圣意坚定……退拟旨一道，又饬各省督抚保使才，不论官职大小旨一道。”（《翁同龢日记》，第 6 册，第 3132 页）由此可知，慈禧太后因杨、徐之折而命光绪帝明定国是。该两折由康代笔，以及康为宋伯鲁、杨深秀、徐致靖、陈其璋等人代拟奏折等情事，可参见黄彰健：《康有为戊戌真奏议》，孔祥吉：《救亡图存的蓝图：康有为变法奏议辑证》，（台北）联合报系文化基金会丛书，1998 年。以下简称《救亡图存的蓝图》。

保举康有为、黄遵宪、谭嗣同、张元济、梁启超五人。其中对康有为、梁启超褒扬非常，在我所见过的此一时期的保折中，徐折所用的评语可谓是最高者。对于康有为，徐折称：

> 臣窃见工部主事康有为，忠肝热血，硕学通才，明历代因革之得失，知万国强弱之本原。当二十年前，即倡论变法。其所著述有《彼得变政记》、《日本变政记》等书，善能借鉴外邦，取资法戒。其所论变法，皆有下手处，某事宜急，某事宜缓，先后次第，条理粲然，按日程功，确有把握。其才略足以肩艰巨，其忠诚可以托重任，并世人才，实罕其比。若皇上置诸左右，以备顾问，与之讨论新政，议先后缓急之序，以立措施之准，必能有条不紊，切实可行，宏济时艰，易若反掌。

对于梁启超，徐折称：

> 广东举人梁启超，英才亮拔，志虑精纯，学贯天人，识周中外。其所著《变法通议》及《时务报》诸论说，风行海内外，如日本、南洋岛及泰西诸国，并皆推服。湖南抚臣陈宝箴，聘请主讲时务学堂，订立学规，切实有用。如蒙皇上召置左右，以备论思，与讲新政，或置诸大学堂，令之课士，或开译书局，令之译书，必能措施裕如，成效神速。

黄遵宪是康、梁一派中地位较高者，在兴办《时务报》的过程中，黄竭力挺梁；梁主讲湖南时务学堂，黄亦为关键人物。徐折建议："若能进诸政府，参赞庶务，或畀以疆寄"，即在中央可入值军机处或总理衙门，或在各省授予督抚。谭嗣同是此期康、梁结交的激进变法派，尤与梁交善。徐折建议："内可以为论思之官，外可以备折冲之选"，即在中央可入康有为所设计的"制度局"之类的机构，在地方可任独当一面的专职。张元济是当时中央衙门司官中的激进变法派，在办理《时务报》的过程中，与梁交善，与康也多有来往。徐折建议“若使之肩任艰大，筹画新政”，即亦可入“制度局”之类的机构。徐致靖的奏折，强调了在变法时期须“破格用人”，“盖行非常之法，必待非常之才”：

> 查康有为、张元济现供职京曹，梁启超会试留京，可否特旨宣召奏对，若能称旨，然后不次擢用。其黄遵宪、谭嗣同二员，可否特谕该省督抚送部引见，听候简任之处，出自圣裁，非臣所敢擅请。伏愿皇上既定国是，益矢以怵惕惟厉之心，坚决不摇之志，虚衷侧席，广集英贤，早作夜思，如饥如渴，天下之才必将闻风而起，争自濯磨，以仰副朝廷亟亟维新之至意。

徐致靖奏折中最重要的一句话，是让光绪帝将康有为“置诸左右，以备顾问”，这与康有为《上清帝第六书》中的“制度局”，意思是一致的；其次，徐折还要求“特旨宣召奏对”，即要求光绪帝召见康有为、张元济、梁启超。获皇上召见奏对，是康有为及其党人当时的主要政治企图之一。

徐致靖非为奉诏上奏，胶州湾等事件后三道谕旨皆是下达地方督抚，他也属自行其是。然徐折上达后，重石激浪，当日光绪帝明发谕旨：

> 翰林院侍读学士徐致靖奏保举通达时务人材一折。工部主事康有为、刑部主事张元济，均著于本月二十八日预备召见。湖南盐法长宝道黄遵宪、江苏候补知府谭嗣同著该督抚送部引见。广东举人梁启超著总理各国事务衙门察看具奏。钦此。

该谕旨与徐折当日呈慈禧太后。[1]光绪帝下令召见康、张，是前所未有

---

〔1〕 军机处《上谕档》，光绪二十四年四月二十五日。由于当时光绪帝住在城内宫中，这一道谕旨可以认为是光绪帝独自决定的。按照预定计划，他于次日赴颐和园，二十八日返回。召见康、张时，他仍在颐和园，可直接得到慈禧太后的指示。

的特例。这也使得康、梁等人信心大增，认为光绪帝此后将会依照徐折之提议的行事。

黄彰健、孔祥吉均认为，徐折是康有为及其党人自拟的。[1]对此我也有同感，徐折中的这一段话，直与康党的言论乃至用词无异：

> 臣愚以为皇上维新之宗旨既定矣，而所以推行新法，乃皆委诸守旧之人，夫非变法则不能自强，而非得其人亦不能变法。昔日本维新之始，特拔下僚及草茅之士，如木户孝允、伊藤博文、大久保利通等二十人，入直宪法局以备顾问，不次擢用，各尽其才。新法皆数人所定，用能新政具兴，臻于强盛。[2]

尽管从道德的层面来看，康有为托人自保，可予以指摘；但康、梁作

---

〔1〕 黄彰健的主要证据是，梁鼎芬所作《康有为事实》称言："康有为好求人保举。此次徐致靖保举康有为、梁启超等一折，系康、梁师弟二人密谋合作，求徐上达，徐文理未通不能作也。疏上，都下哗笑，既笑康、梁作文自保之无耻，又笑徐之无文也。"（《日本外交文书》，第31卷，第1册，第732页）黄先生还认为，康弟子张伯桢所编康有为《万木草堂丛书目录》著录有《徐致靖奏疏》，也是一证。（见《康有为戊戌真奏议》，第29—30页）孔先生又提出了两条证据：其一，徐折中文句多似康氏口吻，其中"知万国强弱之本原，当二十年前，即倡论变法，其所著述有《彼得变政记》、《日本变政记》等书"一句，与康三月二十日由总署呈递《进呈〈日本变政考〉等书折》中"臣二十年讲求万国政俗之故，三年来译集日本变政之宜"等语，只是稍变其词。其二，徐致靖之子徐仁铸在政变后于八月十五日请湖南巡抚陈宝箴代为电奏"请代父囚折"，称其父翰林院侍读学士徐致靖与康有为的结识，也是由他介绍，并由他拟保举康有为等人折："臣去岁入湘以来，与康有为之门人梁启超晤谈，盛称其师之品行才学。臣一时昏聩，慕其虚名，谬谓可以为国宣力，当于家信内附具节略，禀恳臣父保荐。臣父溺于舐犊之爱，不及博访，遂以上陈。兹康有为获罪，臣父以牵连逮问，推原其故，皆臣妄听轻举之所致也……微臣以不肖之身过听人言，乃至陷父于狱……"（《总理衙门清档·收发电》，01-38-17-04-111，光绪二十四年八月十六日收到，台北中研院近代史研究所档案馆藏）该折明确地表白了徐仁铸、徐致靖、梁启超、康有为之间的关系。孔祥吉称："徐致靖此折，似应由多种因素促而成之，然应以康氏授意为主要因素也。"（《救亡图存的蓝图》，第101—103页）

〔2〕 徐致靖该折见孔祥吉：《救亡图存的蓝图》，第98—101页；《丛刊·戊戌变法》，第2册，第335—338页；原件见《军机处录副·补遗·戊戌变法项》，3/168/9446/37。黑体字为引者所标。

为政治下层人物欲有所作为，也可用此作为一种政治策略，似可不必厚非。

康有为于四月二十八日（6 月 16 日）召见后，光绪帝当日发下交片谕旨：

> 交总理各国事务衙门、工部。本日军机大臣面奉谕旨："工部主事康有为，著在总理各国事务衙门章京上行走。钦此。"相应传知贵衙门、部，转传该员钦遵可也。此交。[1]

总理衙门章京是当时京城各部院司官所心仪的差使，康有为作为候补主事，分部仅三年，又未当差，未经考试与候补，也未经历"额外章京"的阶段，由光绪帝特旨任命为总理衙门章京，应当说是特例，也是令京官们注目垂涎的优遇。然而康有为对此并不满意，梁启超于觐见的次日，四月二十九日（6 月 17 日），致函夏曾佑称："南海召见，面询极殷拳，而西王母主持于上，它事不能有望也。总署行走，可笑之至，决意即行矣。"[2] 戊戌政变后，康有为于光绪二十四年底在日本撰写《我史》，对此称言：

> 既退出，军机大臣面奉谕旨，著在总理衙门章京上行走。时李合肥谢恩同下，面色大变，对我叹惜，谓荣禄既在上前面劾我，又告刚毅上欲赏官勿予，当予微差以抑之。上问枢臣以位置吾时，廖仲山将欲言请赏五品卿，而刚毅班在前，请令在总理衙门章京上行走，盖欲以辱屈我也。
>
> 向例总署章京由各部司员考取又复试之，其最高列者，尚须一二年，然后能传到。传到仅当译电等差，有年乃转司务厅，又一二

---

〔1〕 军机处《上谕档》，光绪二十四年四月二十八日。

〔2〕 光绪二十四年五月初七日梁致夏曾佑函又称："二十八日康先生召见。闻今上圣明，诸大臣皆无及者，实出意外。惜覃溪以阻天津之幸，至见摈逐，未能大启天下之蒙耳。康先生从容度无所补救，亦将南下。"（《梁启超年谱长编》，第 121 页）

年乃得派入各股，又数年乃可升提调，然后升帮办、总办。吾被特旨派差，为向来所无，入署即可派总办、提调。知交多劝就之，吾终不为屈也。[1]

康有为事后所写的这番话，虽不那么可靠，但也明确说明了两点：一、“特旨派差，为向来所无”；二、“辱屈我也”。相对于徐折中“置诸左右，以备顾问”，康有意出任相当于其提议的“制度局”之类的官员，以掌握实际政治大权，而总理衙门章京，康认为只不过是“奔走之差”。[2]

梁启超于五月十二日（6 月 30 日）由总理衙门查看，次日该衙门上奏：“该举人梁启超，志向远大，学问淹通，尚属究心时务……平昔所著述，贯通中西之学，体用兼备，洵为有用之才，拟恳恩施酌予京秩，以资观感。并可否特赐召对之处，出自圣裁。”当日光绪帝发下交片谕旨：“广东举人梁启超著于十五日预备召见。”[3]五月十五日（7 月 3 日）梁觐见后，光绪帝又发下谕旨：“举人梁启超著赏给六品衔，办理译书局事务。”[4]由此之后，几经加增，梁启超以六品衔、开办费 6 万两并每月银 5000 两的经费，办理上海译书官局及京师大学堂编

---

〔1〕《丛刊·戊戌变法》，第 4 册，第 147—148 页。总理衙门章京是差，不是官，其本缺为各部院的司官（即主事、员外郎、郎中、中书、侍读等），共有章京、额外章京 48 员，由各部院司官考取而来。至时由各部院选派年轻、精干、笔头快的官员，参加总理衙门的考试，考中者记名；当章京一职出现空额时，由额外章京调补，再由记名者调补额外章京。一般而言，考中者补额外章京须数年，额外章京补章京又须数年。由于一次考试参加者人数较多，考中者也有数十人，补缺又需多年，因此，考试并不是每年举行，须等到记名者已大多调补后，由总理衙门奏请皇帝再次考取。又由于总理衙门章京可经常得到保举，升迁较快，在京中被视为优差。每次临近考试，各部院中下层官员多托堂官送考，考中后，又多方设法先补。

〔2〕五月初八日，即召见的十日后，康有为在御史文悌登门拜会时，明确表示“实不能为此奔走之差”。（《翼教丛编》，第 32 页）

〔3〕国家档案局明清档案馆编：《戊戌变法档案史料》，中华书局，1958 年，第 160 页；军机处《洋务档》，光绪二十四年五月十三日。

〔4〕军机处《上谕档》，光绪二十四年五月十五日。

译局。[1]对于这一安排，康、梁也不太满意。

黄遵宪奉旨入京，但因病拖延。由于当时的驻日公使裕庚患有腿疾，要求回国治疗。六月二十四日（8月11日），光绪帝下旨："湖南长宝盐法道黄遵宪著开缺，以三品京堂候补，充出使日本国大臣。"[2]但他七月到了上海后，再次因病停留，一直到戊戌政变时仍在上海。谭嗣同于七月中旬到达北京，七月十九日（9月4日）由吏部带领引见，当日光绪帝发下交片谕旨："著于二十日预备召见。"此为特例。[3]召见后，光绪帝旨命："明保江苏候补知府谭嗣同，旨著以知府仍发江苏，尽先即补，并交军机处存记。"[4]此又属优遇。由于形势的急转，该旨命未行，谭嗣同当日被命为军机章京。（后将详述）张元济原本是刑部候补主事、总理衙门章京，召见后并未立即安排新职。五月二十九日（7月17日），管理大学堂大臣孙家鼐派张元济为大学堂总办；六月二十四日（8月11日）铁路矿务总局成立，王文韶、张荫桓又派其为管股章京。一直到戊戌政变，张元济是京城中的政治红人。

徐致靖，江苏宜兴人，光绪二年进士，入翰林院，散馆后授编修。累迁至翰林院侍读学士。他与康有为的交往很可能始于光绪二十四年初，但很快便成为康党最重要的成员之一。他当时地位并不高，也非为亲近之臣，但他的这一份保折却有四两拨千斤之力。相比于同时期各位大吏的保举，包括张之洞、李鸿章、张荫桓等人，可以明显地看出光绪

---

〔1〕根据杨深秀四月十三日"请筹译书片"、李盛铎四月十八日"请开馆译书折"，总理衙门五月初十日出奏，以每月银2000两经费令梁主持上海译书官局，光绪帝同日批准，并提出京师大学堂设译书局之事，总理衙门于五月十四日出奏，每月另增银1000两设立大学堂译书局，由梁办理，"随事自行往来京沪，主持其事"。六月二十三日，总理衙门奏请给予上海编译局开办银4万两，光绪帝予以批准。六月二十九日，光绪帝收到孙家鼐代奏的梁启超的呈文，批准大学堂译书局开办费银2万两，每月增加经费银2000两。至此，梁启超两局开办费为银6万两，每月经费银为5000两。参见本书第四章。

〔2〕军机处《洋务档》，光绪二十四年六月二十四日。

〔3〕据《引见档》，当日吏部带领引见共78员，顺天府带领引见1员。（台北故宫博物院文献馆藏）光绪帝在引见79人中，特旨召见谭嗣同。交片谕旨见军机处《上谕档》，光绪二十四年七月十九日。

〔4〕《军机处录副·光绪朝·内政类·其他项》，3/111/5736/13。

帝对康有为及其党人的优遇态度。从档案中可知，光绪帝曾于光绪二十一年五月十一日收到都察院代奏的康有为《上清帝第三书》，光绪二十四年二月十九日、三月初三日、二十三日收到总理衙门代奏康有为的三次上书及《日本变政考》等书籍，应当说，他对康有为的了解还是初步的；然仅以此等资讯的了解，即对康及其党人如此优遇，又似与翁同龢等人的面保有关，尽管徐折上奏时，翁已开缺。[1]

与徐致靖同官的翰林院侍讲学士济澂，于五月二十三日（7 月 11 日）上奏保举三人：翰林院编修贵铎、候选道前承德知府启绍、前山东临清直隶州知州陶锡祺。要求送部引见。[2]但他就没有徐致靖那么幸运，光绪帝对之未予以理睬。[3]

## 四　王文韶、荣禄、张之洞、陈宝箴、刘坤一等封疆大吏的保举

尽管徐致靖的保折引发了京城政坛的震动，但在百日维新期间，

---

〔1〕张之洞的幕僚陈庆年，在光绪二十四年四月三十日（1898 年 6 月 18 日）的日记中，生动兼具形象地写道："朱强甫见过，知康有为等为侍讲学士徐致靖所保，着于二十八日照（召）见。下晚，王雪臣招饮，知是二十五日谕旨；或谓学士之子仁铸主张康学。康党如梁启超、谭嗣同并尊康，黄遵宪亦附之，故均见保。翁同龢喜康，徐以是深结于翁。二十七日忽有朱谕罪状，翁着开缺回籍。二十四日上谕，保举宗室近支，又改为由朕亲自查看。懿旨复令所用新进大员，须于奉旨后至太后前谢恩。以是知二十三日有上谕变法，殆亦翁主康说而然也。康之命意在解散君权，以便其改制之邪说。如朝廷知是保之由来，恐不免于罢斥。数日之间，能鼓动翁老至此，其势力甚大，令人生畏。彼固不料甫逾一日，失其所倚也。"（明光整理，陈庆年：《戊戌己亥见闻录》，《近代史资料》，总 81 期，中国社会科学出版社，1992 年，第 113 页）"朱强甫"，朱克柔，"王雪臣"，王秉恩。由此可见，张之洞的幕中人士皆认为徐致靖的保折与翁同龢有关。

〔2〕《军机处录副・光绪朝・内政类・职官项》，3/99/5361/93，光绪二十四年五月二十三日。

〔3〕据当日军机处《上谕档》军机处奏片，光绪帝下旨"存"，并呈慈禧太后。与此相同情况的，还有兵部侍郎荣惠五月十五日保湖北候补知府郑思贤，要求予以召见，派广东商务局总。光绪帝也下旨"存"，并呈慈禧太后。（荣惠片见《军机处录副・光绪朝・内政类・职官项》，3/99/5369/23；光绪帝处置意见见该日军机处《上谕档》）

各封疆大吏依然根据胶州湾事件后的三道谕旨，继续保举军事、政治与外交人才。随着维新活动的进展，他们保举的人选及评语也有着不小的变化。

光绪二十四年五月初四日（1898年6月22日），光绪帝收到新任军机大臣、原直隶总督北洋大臣王文韶保折，保北洋委用道傅云龙、候选道孙宝琦堪任使才，当日军机处电寄荣禄旨："北洋委用道傅云龙、候选道孙宝琦，著荣禄饬令该二员来京，听候召见。"〔1〕自召见康有为、张元济之后，光绪帝对此类人才大多下旨"召见"，不再是"送部引见"或"交军机处存记"了。

五月三十日（7月18日），光绪帝收到浙江巡抚廖寿丰两件保折：其一是保举人才，当日军机处电旨："廖寿丰奏览。二品荫生陶葆廉、江苏候补知县郑清濂，著该抚即传知该二员，来京预备召见。"其二是保举使才四人，江宁布政使袁昶、翰林院侍讲黄绍箕、翰林院编修张亨嘉、翰林院庶吉士寿富。光绪帝又发下交片谕旨："翰林院侍讲黄绍箕、编修张亨嘉著于六月初一日预备召见。庶吉士寿富著于初二日预备召见。"〔2〕

六月初一日（7月19日），光绪帝收到江苏巡抚奎俊保举使才折，称："江苏补用道志钧，癸未进士，光绪十八年由编修改捐道员，指发江苏，历办商务等局"；"盐运使衔改留江苏补用知府刘庆汾，光绪初年随使日本，充当翻译、参赞，在洋十余年，凡东洋语言文字、政治风俗，皆考求精确，洞达渊源。于各国形势政教亦素留心。"当日军机处电旨："江苏候补道志钧、候补知府刘庆汾，著奎俊传知该二员迅速来京，预备召见。"〔3〕

〔1〕军机处《随手档》、《电寄档》、《洋务档》，光绪二十四年五月初四日。

〔2〕军机处《随手档》、《电寄档》、《上谕档》，光绪二十四年五月三十日，并参见附录。又，七月初五日，光绪帝收到浙江巡抚廖寿丰保折，在任候补道台州府知府郭式昌，搜获匪徒，要求将其开缺以道员留浙尽先补用。光绪帝朱批："郭式昌著开缺，以道员分浙尽先补用，并交军机处存记。该部知道。"（《光绪朝朱批奏折》，第13辑，第292—293页；军机处《随手档》，光绪二十四年七月初五日）

〔3〕《军机处录副·光绪朝·内政类·职官项》，3/99/5362/1，光绪二十四年五月十五日。电旨见该日军机处《随手档》、《电寄档》。

六月初二日（7 月 20 日），光绪帝收到直隶总督北洋大臣荣禄保折，共保举 31 人！前四川总督鹿传霖，“清亮公直，守正不阿”，荣禄任西安将军时，鹿任陕西巡抚，交久谊深。他提议重新起用，“若竟投闲，似觉可惜”。湖南巡抚陈宝箴，“操履清严，识量宏远”；河南巡抚刘树堂，“任事果敢，干略优长”；内阁学士张百熙、瞿鸿禨，“练达精明，留心时事”；盛京将军依克唐阿，“老成宿望，威略冠时”；甘肃提督董福祥，“忠勇过人，勋勤夙著”；广西提督苏元春、广东陆路提督张春发、新疆提督张俊、直隶提督聂士成、固原提督邓增，“晓畅戎机，卓著勋绩，胆识恩威能结士心而寄军政”。以上 10 人皆是一二品实缺大员，荣禄没有提出具体任用方案，仅称“各员均经朝廷简擢，眷任方殷，无待奴才推挽”。湖北布政使员凤林，“持躬谨慎，处事精详，劳怨不辞”，荣禄请求给予封疆之位，“倘蒙天恩，畀以疆圻，于吏治必有裨益”。直隶按察使袁世凯，“质性果毅，胸有权略，统领新建陆军，督率操防，一新壁垒”；前太仆寺少卿岑春煊，“激昂慷慨，胆略过人，不避艰险，能耐苦劳”。荣禄称两人“皆生自将门，娴于军旅，若重任以兵事，必能奋勇直前，建树杀敌致果之绩”。江南道监察御史李盛铎，“志趣向上，博识多闻，通达中外学问，讲求时务”，荣禄请求“简畀重要”。太仆寺少卿裕庚，“精明干练，夙著勤能”；江苏苏松太道蔡钧，“心地明白，才略优长”；湖南盐法长宝道黄遵宪，“气度沉凝，学有根底”。荣禄称“以上三员，于外交事务确有心得”，请求派他们出使“大邦”，或命在总理衙门“行走”。陕西渭南知县樊增祥，“学问优赡，志节清严”；兵部员外郎陈夔龙，“秉心公正，志趣清刚”。荣禄提议两人可充“司道”之选。广西桂平梧盐法道黄宗炎，“才具明练，办事耐劳”；山西泽州府知府陈泽霖，“性情直爽，勤干素著”。荣禄称两人“皆以将门之后而有吏才”，请求“量予迁除”。降调珲春副都统恩祥，“才略素优，能胜艰巨”；副都统荣和、寿长，候选知府寿山，“曾在军营，勇略素著”；总兵王凤鸣、马玉昆、宋得胜，西安城守协副将田玉广，“勇敢善战，屡在前敌立功”。荣禄称“以上各员均可备将材之选”。荣禄作为地方大吏，一下子提出如此之多的人选，且多为高官，是很不寻常的举动。对此，荣禄称："奴才每念时局艰难，求才为当今急务。要以其人有材，而又济以实心实力，视公家事如己事，不蹈摸（模）棱敷衍积习者，乃能于事有益。"[1]对于保举使才，荣禄以附片表示了不同意见：

> ……惟使才之难，首重品学。必其立身有素，通达政体，本忠爱之忱，充专对之任，始能不辱君命，坛坫有光；非仅娴习语言文字，遂为克尽厥职也。夫语言文字虽亦使才之一端，第中国风气未开，士大夫肄此者少，大都学堂及商贾出身之人为多。此辈既未素砺风裁，又未熟谙政治，一旦滥竽充数，不独无裨于军国，抑且贻诮于远人。欲慎其选，宜得学识坚卓、器局深稳之士，而又济以通权达变之才，庶几胜任愉快。[2]

话虽然没有明说，但其意十分明显，即不满于那些学堂及商贾出身、号称知外情懂洋务的官员。对于荣禄的折片，光绪帝的处理是相当低调的，当日仅旨命将该折"留中"[3]，且未呈送慈禧太后。六月十一日军机处《上谕档》中，又记录了荣禄保举人员的名单，很可能是光绪帝命军机处再次进呈。又查军机处存记档册，光绪帝下令将之全部存记。(详见附录)

六月十四日（8 月 1 日），光绪帝收到湖广总督张之洞保举使才的奏折、附单，共保五人：降调内阁学士陈宝琛、湖南盐法长宝道黄遵宪、直隶候补道傅云龙、奏调湖北差委三品衔分省补用知府钱恂、江苏

---

〔1〕《军机处录副·光绪朝·内政类·职官项》，3/99/5362/5，光绪二十四年五月二十九日。

〔2〕《军机处录副·光绪朝·内政类·职官项》，3/99/5369/22，该片与正折分离，据军机处《随手档》确定。

〔3〕朱批折件事由单，光绪二十四年六月初二日，《军机处录副·光绪朝·内政类·其他项》，3/111/5735/2。

候补同知郑孝胥。其中对陈宝琛的评语称：

才品兼长，学端志远，办事沉毅有为，向来讲求洋务，于兵轮商务工作等事并皆熟悉，中外大局皆属了然，能见其大，不同侈谈西学皮毛者。

最后的一句，很可能是针对康有为及其党人的。由于黄遵宪、傅云龙已旨命召见，当日军机处电旨："张之洞奏览悉。分省补用知府钱恂、江苏候补同知郑孝胥，著该督即饬该二员来京预备召见。"〔1〕

七月十三日（8月29日），光绪帝收到湖南巡抚陈宝箴两件保折。其一是保举本省道府州县，即回应光绪二十三年十二月二十五日谕旨，共14人：候补道夏献铭、试用道黄炳离、长沙知府颜钟骥、署衡州府事候补知府陈其懿、署永顺府事试用知府任国钧、候补直隶州知州郭庚平、署江华县事准补永桂通判车玉襄、武冈知州毛隆章、署宁远县事准补邵阳县知县卜彦伟、衡阳县知县盛纶、衡山县知县黎墉、桃源县知县汤汝和、署溆浦县事泸溪县知县陈自新、署新化县事前任芷江县知县起复候补知县李弼清。〔2〕其二是保京外贤员，属其自我的行动，称言：

惟是国家当力图振兴之会，庶政方新，需才尤重。凡为臣子，具有天良，苟其人有过人之长，为平日所深悉，自当不限方域，毕以具陈，庶几上副圣主图治之怀，下逭人臣窃位之咎。是以不揣冒昧，谨将臣耳目所及京外各员，择其名位未显，而志行可称，才识

〔1〕张之洞折、单在整理时分离，见《军机处录副·光绪朝·内政类·职官项》，3/99/5362/4、3/99/5369/20，光绪二十四年六月初一日；又见《张之洞全集》，第2册，第1316—1317页。光绪帝处置见军机处《随手档》、《电寄档》，光绪二十四年六月十四日。

〔2〕陈宝箴折、单在整理中分离，据其内容确定，见《军机处录副·光绪朝·内政类·职官项》，3/99/5362/62、3/99/5370/2，光绪二十四年六月十八日。

殊众，为臣素所知信者，共得十有七员，谨缮清单，各具考语，随折上陈。

陈宝箴所保17人为：降调前内阁学士陈宝琛、内阁候补中书杨锐、礼部候补主事黄英采、刑部候补主事刘光第、广东候补道杨枢、广东试用道王秉恩、江苏试用道欧阳霖、江西试用道恽祖祁、江西试用道杜俞、湖北候补道徐家干、江苏候补道柯逢时、奏调北洋差遣湖北试用道薛华培、奏调北洋差遣候选道左孝同、记名简用道两淮海州盐运分司运判徐绍垣、浙江杭州府知府林启、江苏常州府知府有泰、四川邛州直隶州知州凤全。〔1〕陈宝箴是当时光绪帝最信任的地方大吏之一，保举名单中也透出了一股维新的气息。光绪帝当日明发上谕：

> 陈宝箴奏遵保人才开单呈览各一折。湖南候补道夏献铭、试用道黄炳离、降调前内阁学士陈宝琛、内阁候补侍读杨锐、礼部候补主事黄英采、刑部候补主事刘光第、广东候补道杨枢、试用道王秉恩、江苏试用道欧阳霖、江西试用道恽祖祁、杜俞、湖北候补道徐家干、江苏候补道柯逢时、湖北试用道薛华培、候选道左孝同，以上各员在京者，著各该衙门传知该员预备召见，其余均由各该督抚饬知来京，一体预备召见。〔2〕

其中诸多人士为张之洞的班底，以往由张之洞等人多次保举的陈宝琛、王秉恩、恽祖祁、杜俞等人，此次皆获召见。〔3〕其中杨锐、刘光第两人，后来直入中枢。（后将详述）然而康有为一派对陈宝箴的此次保举

〔1〕《戊戌变法档案史料》，第160—163页。

〔2〕军机处《上谕档》，光绪二十四年七月十三日。

〔3〕陈宝琛为张之洞多次所保，此次得获召见，张之洞甚喜，发电给陈宝琛："福州。陈阁学：奉旨赐对，欣喜无可言谕。鄙人屡请不获。今竟得之于义宁，快极。何日北上，务电示。洞。有。七月二十五日午刻发。"（东方晓白：《张之洞（湖广总督府）往来电稿》，《近代史资料》第109期，中国社会科学出版社，2004年8月，第20页）

极为不满。[1]

七月二十一日（9月6日），光绪帝收到山东巡抚张汝梅的保折，保山东督粮道桂春、武定府知府尚其亨。光绪帝当日明发谕旨，命桂春、尚其亨“来京预备召见”。[2]

八月初二日（9月17日），光绪帝收到两江总督刘坤一保举折、片共四件。其一是保举本省道府州县10人：江苏试用道刘思训，刘长佑之子，“学术、治术自有渊源”，“胆识过人，不为浮言所夺”；江西广饶九南道诚勋，“该处交涉事宜最为棘手，该道颇有强忍之力，率使就我范围”；江苏候补知府柯逢时，“悃愊无华，深沉有识”，“即如理财一节，亦复丝丝入扣，滴滴归公”；江西补用知府袁树勋，甲午战争时曾随刘坤一督师，“办理军务，筹饷筹兵，深资臂助”；江苏候补道丁葆元，在淮扬办理水灾、河堤事务“救弊补偏”，“公家省数十万金钱，民间保数百万命赋”；江苏徐州道桂嵩庆，所属水灾匪患并作，“徐属夙称难治，加以多难之秋，若非该道恩信素孚，区处尽善，几何不致大乱也”；江苏江宁府知府刘名誉，“心平气和，吏事勤敏”；安徽凤阳府知府冯煦，“所属连年水潦，而各州县情形各异，该府单骑按部逐一履勘”，“且于听断擅长，屡次平反疑狱”，“洵不愧为

[1] 光绪二十四年七月二十九日，御史杨深秀上奏：“（陈宝箴）今其所保之人才，杨锐、刘光第、左孝同诸人，均尚素属知名，余多守旧中之猾吏。王秉恩久在广东，贪险奸横，无所不至，前署抚游智开劾其把持各局，大类权奸，革职，嗣以夤缘李瀚章开复，兹且营谋特荐，此人岂可复用？欧阳霖久办厘金，刻薄性成，怨声载道。杜俞居心巧诈，营私牟利，历任上司无不能得其欢心者。杨枢以庶吉士入李瀚章幕，招摇纳贿，把持威福，捐升道员。至陈宝琛，虽旧有才名，闻其居乡贪鄙，罔尽商贾之利，行同市侩。余人臣所未知，特能谙知务者少耳。倘皇上以该抚新政重臣，信其所保皆贤，尽加拔擢，则非惟无补时局，适以重陈宝箴之咎。仍请严旨儆勉，以作其气，于其所保之人，分别加以黜陟，万勿一概重用。”杨折是由康有为起草的，提醒光绪帝不要将已裁官员，如出裁缺广东巡抚许振祎、裁缺河道总督任道镕、裁缺湖北巡抚谭继洵等，再次重用，“庶免阻挠新政”；强调“至京官卿贰开坊以上，外官司道以上，除鸿名硕学数人外，实鲜通才”；也不要重用当时其他大吏所保举的官员。（《戊戌变法档案史料》，第181—183页）联系到这一时期康设立散卿及开懋勤殿的努力，该折的真实用意，是让光绪帝建立以康党为核心的新政班底。后将详述。

[2] 军机处《上谕档》、《随手档》，光绪二十四年七月二十一日。

良二千石”；署高邮州知州江苏候补知州章邦直，农商、时务、保甲“莫不严整”，“以臣观之，将来必成伟器”；江苏海门厅同知王宾，“实心实政，宜民宜人”，“士民莫不爱戴”。从刘坤一的评语中不难看出，他的主旨依旧是传统的“察吏安民”。其二是保举使才六人：“江苏候补道钱德培，屡充出使日本、德国各署随员、参赞；又特用道阮祖棠、记名道罗嘉杰二员，先后随使日本，派充横滨正理事官；又试用道陶森甲，经出使俄、德、奥、和各国大臣奏调派驻柏灵（柏林）办事；又候补道沈敦和，以出洋肄业学生，历办上海租界会审及各处翻译；又安徽候补道张佩绪，清理教案甚多，现署芜湖关道，于洋人善于抚驭。”其三是保举易顺鼎，称其曾在甲午战争时身入台湾，后又随刘出师榆关，“学识闳通，性情忠笃”。其四是保已革广西桂平梧盐法道向万镤，称其光绪二十三年因参被革，投效刘坤一，被派往会办吴淞开埠事宜，“精明稳练，实为有用之才”，请求由其“给咨送部带领引见”。[1]此时光绪帝正在颐和园，与慈禧太后之间发生了很大的冲突，京城中的空气已十分紧张；而刘坤一是当时的重臣，光绪帝当日明发两道谕旨：

刘坤一奏遵保人才一折。江苏试用道刘思训、江苏候补知府柯逢时、江西补用知府袁树勋、江苏候补道丁葆元、江苏候补知州章邦直，著该督抚即饬各该员来京，预备召见。其另片奏保河南候补道易顺鼎，即著刘坤一传知该员一并来京，预备召见。

---

〔1〕《光绪朝朱批奏折》，第13辑，第347—352页，光绪二十四年七月十三日。又，关于江苏候补道丁葆元，文廷式称：“（中日甲午之战时）刘坤一治兵既无效，而营求回任之心至亟，内则恭亲王、荣禄主之，然上意殊不谓然也。乃遣江苏候补道丁葆元入都，粮台以报销余款十万济之，遂得要领。余告李高阳，高阳以为事所必无。不数日而回任之旨下。高阳又谓余曰：汝前所言之事，乃真实语也。丁者何名，信有神通耶？余曰：非某知之，有门人籍宁波者，言‘四恒’（宁波人在京师开银号者，有‘恒顺’、‘恒丰’等共四家，交通贿赂，人皆信之，故名）前月已出票，故敢告也。高阳曰：上终恶之，故于其保荐之人咸谕勿庸记名。至戊戌七月遵旨保举人才，复以丁葆元名列第二。”（《闻尘偶记》，《文廷式集》，下册，第735页）

刘坤一奏遵保使才一折。江苏补道钱德培、特用道阮祖棠、记名道罗嘉杰、试用道陶森甲、候补道沈敦和、安徽候补道张佩绪，著该督抚即饬各该员来京，预备召见。

光绪帝此次是照单全收，即候补、试用官员全部召见，未召入京的诚勋、桂嵩庆、刘名誉、冯煦、王宾等五名实缺官员，也交军机处存记。（详见附录）对于向万镣，光绪帝在该片上朱批："向万镣著交吏部带领引见。"〔1〕

八月初六日（9月21日），即戊戌政变的当日，慈禧太后、光绪帝收到湖北巡抚谭继洵两件保折。其一是保举"才识卓越，通达时务"的道府州县，共九人：署湖北按察使督粮道岑春蓂、湖北荆宜施道俞钟颖、湖北候补道陈重庆、甘肃宁夏道胡景桂、奏调湖北差委广东候补道王秉恩、云南候补道翁寿笺、湖北汉阳知府余肇康、湖北候补知府施纪云、湖北候补知府张孝谦。慈禧太后不再下令入京召见，而是将之交军机处存记。其二是保使才，共二人：翰林院检讨宋育仁，"曾充驻英参赞，于内政外交精心研究"；盐运使衔湖北候补知府洪超，"曾充出使日本国随员，于洋务素所究心"。慈禧太后明发上谕："谭继洵奏遵保使才一折。在籍翰林院检讨宋育仁、湖北候补知府洪超，著各该督抚饬知该

〔1〕 军机处《随手档》、《上谕档》，光绪二十四年八月初二日。需要说明的是，当时光绪帝对两江总督刘坤一、两广总督谭钟麟已有不满之意。七月初十日明发谕旨中称："近来朝廷整顿庶务，如学堂、商务、铁路、矿务一切新政，叠经谕令各将军督抚切实筹办，并令将办理情形先行具奏。该将军督抚等自应仰体朝廷孜孜求治之意，内外一心，迅速办理，方为不负委任。乃各省积习相沿，因循玩愒，虽经严旨敦迫，犹复意存观望。即如刘坤一、谭钟麟总督两江两广地方，于本年五六月间谕令筹办之事，并无一字复奏，辄藉口部文未到任意稽延。（以上十一字朱笔改为：'迨经电旨催问，刘坤一则藉口部文未到，一电塞责；谭钟麟且并电旨未复，置若罔闻'）该督等皆受恩深重久膺疆寄之人，泄沓如此，朕复何望？倘再藉词宕延，定当予以惩处。（以上六字朱笔改为：'定必予以严惩'）直隶距京咫尺，荣禄于奉旨交办各件尤当上紧赶办，陆续奏陈。其余各省督抚，亦当振刷精神，一体从迅筹办，毋得迟玩，致干咎戾。"（军机处《上谕档》，光绪二十四年七月初十日）此中已点刘坤一、谭钟麟的名，并旁及荣禄。而到了此时，光绪帝已只能是不计前嫌了。

员来京，预备召见。”[1]

同日，慈禧太后、光绪帝还收到江西巡抚德寿保折，保举四人：九江道诚勋、赣南道周浩、督粮道刘汝翼、南昌知府江毓洁，称之“居心正大，才识闳通”。慈禧太后将之交军机处存记。[2]

八月初八日（9月23日），即举行慈禧太后训政典礼的当日，慈禧太后、光绪帝收到山西巡抚胡聘之保折两件。其一是保举官员10人：新授江宁布政使袁昶、贵州按察使玉恒、新授湖北按察使瞿廷韶、山西冀宁道锡良、山西河东道杨宗濂、安徽凤颍六泗道李光久、北洋委用道奭良、江西候补道贺元彬、在任候选道山西夏县知县盛沅、在任候选知府调补山西永济县署平遥县知县胡延。慈禧太后将之交军机处存记。[3]其二是保举使才，保举盐运使衔候选道许珏、江苏候补同知郑孝胥。由于郑孝胥已召见，慈禧太后发出明发上谕：“胡聘之奏遵旨保荐使才等语，候选道许珏著胡聘之饬令来京，预备召见。”[4]

直至八月十九日（10月4日），慈禧太后、光绪帝还收到贵州巡抚王毓藻保片，保翰林院编修前贵州学政严修为使才，慈禧太后将之交军机处存记。[5]

百日维新期间，京城与各地有着不小的差距，虽说张之洞、刘坤一、陈宝箴等人的眼睛时时注目于朝廷，但毕竟体会不同，其他省份大吏对京城的政情知之不多，信件与报刊的传递又需时日。与京城的风起

---

〔1〕 谭继洵折、单在整理中分离，根据内容及军机处《随手档》确定，见《军机处录副·光绪朝·内政类·职官项》，3/99/5363/46、3/99/5364/49；《军机处录副·光绪朝·内政类·戊戌变法项》，3/108/5617/11，光绪二十四月七月十三日；军机处《上谕档》，光绪二十四年八月初六日。存记见附录。

〔2〕《军机处录副·光绪朝·内政类·职官项》，3/99/5363/63，光绪二十四年七月十八日。存记见附录。

〔3〕《军机处录副·光绪朝·军务类·人事项》，3/117/5926/117、118，光绪二十四年七月二十六日。存记见附录。

〔4〕《光绪朝朱批奏折》，第13辑，第388—389页；军机处《上谕档》，光绪二十四年八月初八日。

〔5〕《军机处录副·光绪朝·内政类·职官项》，3/99/5370/66，原片无日期，此处据军机处《随手档》，光绪二十四年八月十九日，并参见附录。

云涌且急转直下相比，各地不仅是慢一拍，有些地方甚至是基本未变。此期绝大多数的保举，如同甲午战后，又成了封疆大吏提拔下属、亲信、幕僚的行动；此中绝大多数的评语，虽也挂有“时务”等名词，但基本上仍按照“察吏安民”的思路。由于当时的驿递制度，各省到京师的奏折需数日、十数日、数十日，我在这里使用的是收到日期，并将原折日期录于注释中，也请读者注意其中的时间差。

然而，以上材料的排比，又可以明显地看出两点：一是时间上的差别。百日维新的温度也是越增越高，到了七月，光绪帝的旨意大变（又可详见下节）。二是光绪帝对于各封疆大吏态度之差异。他对荣禄最低调，其所荐人员无一召见，也无明旨下发。虽说荣禄所保者多为实缺大吏，按照当时的官规，也难以再升职，但若比较后来徐致靖再保袁世凯，光绪帝内心中的冷热即可互见。他对陈宝箴最为优遇，陈宝琛等人先前已有多人出保，但陈宝箴一出面，即获旨“召见”。

## 五　京城中的较量

徐致靖的保折、光绪帝召见康有为，京城形势从此风云变幻。然当时政治高层关注的焦点，是奉旨议复康有为《上清帝第六书》一事，特别是其中的“制度局”。尽管康称其是政治咨询机构，但政治高层看得十分清楚，这个设在宫中、直接对皇帝负责、对重大政治决策及改革方案进行讨论的新机构，将是一个政治决策机构，决心以全力阻击之。

尽管胶州湾等事件后三道谕旨，并没有要求京官上奏保举，但徐致靖的保折，也使京官们加入保举的行列之中。

光绪二十四年六月十四日（1898 年 8 月 1 日），光绪帝下达两道谕旨：一是交片：“直隶霸昌道端方，著孙家鼐、胡燏棻即饬该员来京，预备召见。”二是电旨：“福建兴泉永道周莲、广东督粮道延祉，著边宝泉、谭钟麟、许振祎饬令该员等来京，预备召见。江苏上元县知县陈谟、桃源县知县沈佺，著刘坤一、奎俊给咨送部引见。”两道谕旨意味着有人保举。端方、周莲、延祉、陈谟、沈佺五人是由军机大臣刚毅保举的。[1]

七月初三日（8月19日），仓场侍郎李端棻上奏一折一片，该折片虽未能从档案中检出，但军机处《随手档》有军机章京拟题："一、保黄遵宪以备顾问由"、"片一、保庶吉士熊希龄等请擢用由"；当日《上谕档》录军机处给慈禧太后的奏片称："仓场侍郎李端棻奏黄遵宪堪胜重任折，奉旨'存'；又奏保庶吉士熊希龄、江苏试用道谭嗣同片……"由此可知该折、片的大致内容为保举黄遵宪、熊希龄、谭嗣同。李是康党中官职最高者，由他出面保举，当属康党的重要行动。黄遵宪此时已命为驻日公使，李端棻再出面保黄，很可能是请求将黄遵宪留京，出任高职，指导维新运动。[2]又由于黄遵宪、谭嗣同已奉旨召京，当日军机

---

〔1〕 军机处《随手档》、《上谕档》、《电寄档》，光绪二十四年六月十四日。刚毅可能是面保，因此没有奏折。本章附录中军机处存记档册，对此有三条记载："协办大学士、兵部尚书刚毅保，直隶霸昌道端方，学优才广，力果心精，明干有力，通变适用，实有理繁治剧之才。""军机大臣刚毅保，光绪二十四年七月二十六日：广东督粮道延祉，满洲镶蓝旗人，监生。""大学士刚毅保：江苏桃源县知县沈佺。"此是旨命交军机处存记，由于周莲已放缺，陈谟未到京觐见，故档册中未有对此两人存记的记录。七月二十六日，又是光绪帝召见延祉之日。由此似可推断此五人由刚毅所保。又，五月二十五日军机处电寄廖寿丰旨："前任安徽青阳知县汤寿潜，现在是否在籍？著廖寿丰迅即电查，饬令该员即行赴部，听候带领引见。"六月十二日，军机处电寄刘坤一、张之洞、陈宝箴旨："湖南盐法长宝道黄遵宪、江苏候补知府谭嗣同，前经谕令该督抚送部引见。著刘坤一、张之洞、陈宝箴，即行饬令该二员，迅速来京，毋稍迟延。"（见各该日军机处《电寄档》、《洋务档》）这些电旨的背后，也当有保举的建策，尽管还不能查出是何人所保。又，沈佺办理吴淞开埠，刘坤一电请延缓入京，军机处电寄刘坤一旨："电悉。桃源县知县沈佺，著准其缓，俟办理商埠事竣，再行来京。"

〔2〕 康广仁致何易一信中称："……弟无如何，乃与卓如谋，令李苾老奏荐伯兄出使日本，以解此祸。乃皇上别放公度，而留伯兄，真无如何也。"（《康幼博茂才遗文》，张元济编：《戊戌六君子遗集》，商务印务馆，1937年，第6册，第1页）此信由康有为提供给张元济，很可能会有所窜改，但也可看出梁启超在此中的操作。周传儒当年受学于梁启超，1925年夏与梁相会天津，听梁讲戊戌掌故，撰文称："在外交路线上，维新派是亲日的，以日本明治维新为师。其中牵线人物是黄公度……1898年阴历六月二十三日（阳历8月上旬）虽有以黄公度为三品京堂出使日本之命，其意在厚结日本为外援以自固。尚未成行，北京事变日急。有人建议以公度与南海相对调，故德宗三诏敦促，有无论行抵何处，着张之洞、陈宝箴传令攒程迅速来京之谕……"（周传儒：《戊戌政变轶闻》，《辽宁大学学报》〔哲社版〕（转下页）

处电寄陈宝箴旨："湖南在籍庶吉士熊希龄，著陈宝箴传知该员，迅速来京，预备召见。"[1]

七月初五日（8月21日），光绪帝下令设农工商总局，由内阁明发谕旨：

> 总理各国事务衙门代奏工部主事康有为条陈请兴农殖民以富国本一折。训农通商为立国大端……著即于京师设立农工商总局，派直隶霸昌道端方、直隶候补道徐建寅、吴懋鼎为督理。端方著开去霸昌道缺，同徐建寅、吴懋鼎均赏给三品卿衔，一切事件准其随时具奏……[2]

该机构虽是根据康有为的建策而设，但主管官员却无一人为康党。端方是军机大臣刚毅所保，吴懋鼎是军机大臣王文韶所保，徐建寅是军机大臣裕禄所保。[3]

---

1980年第4期）此中的"有人"，很可能是指李端棻。《国闻报》七月十三日以"奏留星使"为题刊出消息："黄公度京堂奉旨简放出使日本大臣，曾志前报。兹接北京访事人来函云：有人专折奏报黄京堂留京办事，盖以黄公学兼中西，为今日中国进化党之领袖，若令其留京办事，必于新政大有裨益。并闻湖南熊秉三庶常亦在奏保之列云。"此中的"有人专折"正是指李端棻荐折。张之洞京中情报甚多，八月初三日致钱恂电："闻黄有留京入枢、译之说，故托病辞使。如黄不去，或云拟熊希龄，确否？"（《张之洞全集》，第9册，第7654页）张称"托病辞使"是其此时已见过黄遵宪。又，叶德辉在一信中称："夕传一电报曰：湘抚陈宝箴入军机，黄遵宪督办铁路大臣"（《翼教丛编》，第165页），叶意攻康党造谣，但"督办铁路大臣"一职，也值得注意。

〔1〕军机处《随手档》、《电寄档》，光绪二十四年七月初三日。

〔2〕军机处《上谕档》，光绪二十四年七月初五日。

〔3〕康有为称："先是上折请开农工局，并进呈农学图，奉旨派端方、吴懋鼎、徐建寅办理。端方者，刚毅之私人，但为骨董之学者也。徐建寅者，裕禄之人也。吴懋鼎者，王文韶之私人也。"（《丛刊·戊戌变法》，第4册，第154页）前已说明，端方由刚毅所保，六月二十日光绪帝召见，交军机处存记。吴懋鼎，天津四大买办之一。同治三年（1864）进入上海汇丰银行，光绪六年（1880）被派往天津筹设汇丰天津支行，后任该支行买办。其后又任英商仁记洋行买办，开办天津自来火公司等企业。他是李鸿章的幕僚，创办电线等事业。二十年以候补道员由李鸿章委派北洋铁轨官路总局差使。二十四年四月十八日，由督办关内外铁路大臣、顺天府尹胡燏棻（转下页）

七月十三日（8月29日），主张改革但非为康党的詹事府少詹事王锡蕃，上奏敬保通达时务人才。他声称自己曾任福建学政，由此保闽籍人士四人：福建兴泉永道周莲，“讲求中外政务，实能周知利弊”；四川候补道沈翊清，“原任两江督臣沈葆桢之孙，长才伟略，不坠家风，在船政局十有八年，办事精详”；北洋水师学堂总办候选道严复，“于西国典章名理之学，俱能探本溯原，精心研究中学，亦通贯群籍，著述甚富”；内阁候补中书林旭，“能详究古今以求致用，于西国政治之学，讨论最精，尤熟于交涉商务”。当日奉明发谕旨：“少詹事王锡蕃奏敬保通达时务人才一折。福建兴泉永道周莲业经电谕来京预备召见，现尚在籍之四川候补道沈翊清、北洋差委候选道严复，著边宝泉、荣禄饬令该员等来京，预备召见。内阁候补中书林旭，著该衙门传知该员预备召见。”[1]

七月二十日（9月5日），与康党甚有关系的户部左侍郎总理衙门大臣张荫桓，上奏保举将才，附片保举已革道员张上达等人。张荫桓是

---

（接上页）奏调吴接办铁路工程差使，旨准。他本是李鸿章的班底，王文韶调京后推荐，光绪帝于五月十三日召见了吴。军机处《随手档》五月二十六日记：“发下吴懋鼎条陈并酌拟办法二件。”光绪帝“发下”的本身说明，吴懋鼎条陈及酌拟办法，不是由正常渠道递上，很可能在召见军机时由王文韶面递。当日发下两道谕旨，其中一道中有“据王文韶面奏”一语，似可说明其中的原委。当日军机处给慈禧太后的奏片称：“本月二十四日道员吴懋鼎条陈，当交军机大臣酌拟办法……谨将原折并所拟办法缮单一并恭呈慈览。”可见吴懋鼎条陈五月二十四日已送达光绪帝。徐建寅，其父徐寿为著名科学家，曾在安庆内军械所、江南制造局制造轮船。徐建寅早年随父，在江南制造局参与译书。同治十三年起由李鸿章、丁宝桢先后奏调天津机器局、山东机器局，主其事。光绪五年以参赞派往德国等国，监督军舰建造，并编译《德国议院章程》。甲午战争时由薛福成奏保，光绪帝召见，派其检查北洋各舰，任督办军务处章京。甲午战后任福建船政局提调。裕禄曾任闽浙总督兼船政大臣，入值军机处后一直主张重兴闽厂。他的现代海军知识、福州船政局造船技术等知识，皆得自于徐，很可能裕禄向光绪帝介绍闽厂情况时，也推荐了徐建寅。设立农工商总局的旨命下达后，端方于七月初七日第二次觐见，吴懋鼎于初九日第二次觐见，徐建寅于戊戌政变后赶到京师，八月十二日递履历单请觐见，未召见。十三日，慈禧太后与光绪帝召见徐建寅。（端、吴、徐召见之事，见军机处《早事》，3-51/2169-4；《光绪二十四年外官召见单》，《宫中杂件（旧整）》第915包）

〔1〕《戊戌变法档案史料》，第163—164页。军机处《上谕档》，光绪二十四年七月十三日。

光绪帝的亲信大臣，当日奉明发谕旨："张荫桓奏胪举将才请旨擢用一折。补用总兵郑润才、署通永镇总兵李大霆、署通州协副将龙殿扬、已革广东南韶连镇总兵黄金福，均著交部带领引见。另片奏，保已革山东济东泰武临道张上达、山东候补道黄玑、降补通判临清直隶州知州陶锡祺，均著开复原官原衔，发往交张汝梅差遣委用，俟此次河工竣事，由该抚给咨送部引见。"〔1〕张荫桓此次保举，并无深意，当时许多人怀疑其卖折。〔2〕

同日，政治态度温和的左都御史裕德，上奏保举将才，称言："水师、武备各学堂成就人才，须稽时日，能先就宿将中果有讲求西法训练者，选用一二人，为之准的，收效尤为迅速。"他保举二人：直隶新建陆军营务处记名提督张士元，曾随同僧格林沁、曾国藩"攻剿发、捻各匪，勇于任事，所向克捷"，"在军与士卒同甘共苦，有古名将之风"；革职广东南韶连镇总兵黄金福，"前投效大学士左宗棠军营转战秦陇"，"叠次督队击获海洋大盗"。从两人军事经历来看，并无西法训练的经验，然裕德却称黄金福"于泰西操演各法确有心得"。

---

〔1〕 军机处《随手档》、《上谕档》，光绪二十四年七月二十日。

〔2〕 与康有为同一派的候补四品京堂王照，于光绪二十四年七月二十四日参张荫桓朦保张上达，称言："张荫桓苟知时务，不应有此。"（《丛刊·戊戌变法》，第2册，第356页）当日奉明发谕旨："王照奏，私罪被革之员朦混列保，请旨办理一折。据称已革山东济东泰武临道张上达、山东候补道黄玑、降补通判陶锡祺前经李秉衡参奏，均属劣迹昭著，张荫桓朦混列保等语。张上达、黄玑、陶锡祺前在山东才品究竟如何，是否可用？俟到工后，著张汝梅查明具奏，不准回护。"（见该日军机处《随手档》、《上谕档》）日讲起居注官裁缺右庶子陈秉和八月初五日再参，称言：开缺山东济东泰武临道员张上达曾任河工总办，凭权藉势，贿赂公行，光绪二十三月三月二十三日，由山东巡抚李秉衡参奏，奉旨即行革职，同时被革职降调的还有候补道黄玑、知州陶锡祺。今春山东巡抚张汝梅奏调张上达差委，未蒙批准。"上达克扣桩料是吞饷也，帑项到工，上下朋分，是以十成之银，仅以二成办工"，"汝梅与上达同乡至好，故敢于欺上以庇私交"；"上达又营求张荫桓保荐，且极力称誉"，"汝梅既经奏调，复令查看，势必回护前非，为之掩饰，肯发上达奸私乎？观此情形则汝梅、荫桓、上达通同一气，共为欺罔，显然可知。"（《军机处录副·光绪朝·内政类·人事项》，3/99/5364/41）八月十九日，陈秉和见张荫桓拿问，而张上达参案未奉明旨，再奏请"勿庸开复发往，则山东幸甚，天下幸甚"。（《军机处录副·光绪朝·内政类·职官项》，3/99/5364/105）

当日奉明发谕旨："裕德奏敬保将才以备任使，除已革总兵黄金福已由张荫桓保奏，有旨送部引见外，记名提督张士元著交兵部带领引见。"[1]

也就在此时，光绪帝采取了百日维新期间最激烈的政治行动。

七月十九日（9月4日），光绪帝朱谕罢免礼部六堂官。二十日，自行决定了礼部六堂官的署任。与此同时，由于司员士民上书数量激增，军机处已来不及处理，光绪帝当日命军机处递《保举业经召见人员名单》。[2]

尽管自四月十五日徐致靖保折之后，光绪帝对保举的官员大多下达了"召见"的旨命；但由于各地官员来京需时，被召见者主要是在京各员。查军机处《早事》、《光绪二十四年京官召见单》、《光绪二十四年外官召见单》，此时已被召见的保举官员有：康有为（四月二十八日）、张元济（四月二十八日）、吴懋鼎（五月十三日、七月初九日）、梁启超（五月十五日）、端方（六月二十日、七月初七日）、杨锐（七月十六日）、恽祖祁（七月十八日）、刘光第（七月十九日）、林旭（七月十九日）、谭嗣同（七月二十日）。由于康有为、张元济、吴懋鼎、梁启超、端方已分别另有任用，军机处开出了一个仅为五人的名单："内阁候补侍读杨锐、刑部候补主事刘光第、内阁候补中书林旭、江西候补道恽祖祁、江苏候补知府谭嗣同"，其中谭嗣同是当日刚被召见。光绪帝在该名单杨、刘、林、谭名字上画有朱圈。[3]当日奉明发谕旨：

> 内阁候补侍读杨锐、刑部候补主事刘光第、内阁候补中书林旭、江苏候补知府谭嗣同，均著赏给四品卿衔，在军机章京上行

---

〔1〕《军机处录副·光绪朝·军务类·人事项》，3/117/5926/102；军机处《上谕档》，光绪二十四年七月二十日。

〔2〕军机处《随手档》，光绪二十四年七月二十日。

〔3〕军机处《上谕档》，光绪二十四年七月二十日。该名单又见《军机处录副·光绪朝·内政类·其他项》，3/111/5736/14。

走，参预新政事宜。[1]

这在当时是惊人的超擢。虽说只是军机章京，但谕旨中有两条特例：一是“四品卿衔”，一是“参预新政事宜”。[2]杨、刘、林、谭于七月二十一日在军机处入值，光绪帝还颁下一道朱谕：

昨已命尔等在军机章京上行走，并令参与新政事宜。尔等当思现在时事艰危，凡有所见及应行开办等事，即行据实条列，由军机大臣呈递，俟朕裁夺。万不准稍有顾忌欺饰。特谕。[3]

该朱谕又表明光绪帝对这批新进人士的重视与重用。他们在军机处的工作，主要是处理司员士民的上书。[4]此外，光绪帝至此时还另外召见了保举为“使才”的官员共八人：孙宝琦（五月十一日）、傅云龙（五月十一日）、黄绍箕（六月初一日）、张亨嘉（六月初一日）、寿富（六月初二日）、志钧（七月初二日）、刘庆汾（七月初四日）、郑孝胥（七月

---

〔1〕军机处《上谕档》，光绪二十四年七月二十日。光绪帝当时未选中恽祖祁，我以为有以下原因：一、年龄太大，当时已57岁；二、捐班出身，没有功名；三、一直在地方任职，没有中央政府的经历；四、也是最重要的，他是张之洞的幕僚，其兄恽祖翼也是张之洞的幕僚，已放浙江布政使，军机章京不应与外官有太多的联系。恽祖祁于七月十八日召见后，十九日由吏部带领引见，奉旨：“著以本班尽先补用，并交军机处存记。”（恽祖祁：《谢恩折》，光绪二十四年七月二十一日，《光绪朝朱批奏折》，第13辑，第370页）

〔2〕虽说当时军机章京因多次保奖，官衔已很高，如“花翎三品衔候补五品京堂户部郎中孚琦”、“三品衔即选道理藩院即补郎中员外郎多寿”、“三品衔道员用得道员后换二品顶戴工部郎中继昌”、“花翎三品衔记名道府遇保送应升之缺开列在前礼部郎中郭曾炘”等，在军机章京48人中四品衔以上有25人，但杨、刘、林、谭是“四品卿衔”，即可以在京卿上补用。按照当时的官规，升迁会更快。

〔3〕孔祥吉称其亲见此朱谕。（《光绪与戊戌维新运动》，《戊戌维新运动新探》，湖南人民出版社，1988年，第263—264页）由于朱谕现在不对外开放，我尚未能见到。杨锐在私信中也录有该朱谕，文字完全相同。（《丛刊·戊戌变法》，第2册，第572页）由于该朱谕不录于军机处《上谕档》、《洋务档》等档册，外人无从可知；由此似可推定，杨锐的私信是相当可靠的。该信我在后面还将引用。

〔4〕参见拙著《戊戌变法史事考》，生活·读书·新知三联书店，2005年，第70—78、237—246页。

二十日），并任命江苏候补知府刘庆汾为总理衙门章京。[1]

七月二十三日（9月8日），反对康有为一派的日讲起居注官翰林院侍读学士陈兆文，上奏保举湖南举人王闿运，称言：

……臣愚以为得百才人，不如得一贤士，才人足以供器使，而贤士藉以饬纪纲。以臣所知，湖南在籍举人王闿运，具高世之识，负匡时之略，才兼体用，学通中外，渊懿贞亮，卓迈群伦。当咸丰军兴之际，以一介书生遨游曾国藩、胡林翼幕府，计画指授，功成而不有。曾、胡诸臣以其不受保举，优礼敬待，一时名臣将帅翕然称之，而王闿运以偃武修文之时，退治经史，破汉宋门户之见，推圣明作述之源。著有《诗、礼、春秋笺》、《尚书注》、《论语训》诸书，使学者恍然知通经之足以致用。其他撰述，无虑数十万言，上本圣经，旁通子史，于西学之本始，声光电化制器之源流，举精遗麤，迥非近时言西学者所能望其肩背，庶几可谓抉经之心，执圣之权，览百家之旨要，合中西而一贯者矣……以臣观之，其于拨乱反正之理，中西政法之要，全体大用，靡不周通。至若理财、治兵，又其优为而犹以为末节者也。今国家当百度备举之时，汲汲需贤之日，如蒙皇上特旨召对，勤加延揽，资其明敏，以备询采，当有以开张圣听，辅赞机宜，较

---

〔1〕军机处也另写一单给光绪帝，“内外臣工遵保使才人员名单：分发北洋存记道梁诚、北洋委用道傅云龙、候选道孙宝琦、翰林院侍讲黄绍箕、编修张亨嘉、庶吉士寿富、江苏候补知府刘庆汾、江苏候补道志钧、江苏补用知府郑孝胥”。（《军机处录副·光绪朝·内政类·其他项》，3/111/5736/47）该单当属应光绪帝要求而开，并录于七月二十二日军机处《上谕档》之中。光绪帝命军机处开出此单的用意，我尚不明确。又，七月初四日召见的江苏补用知府刘庆汾，初五日旨命“在总理衙门章京上行走”。（军机处《洋务档》，光绪二十四年七月初五日）刘庆汾，贵州遵义县附生，光绪七年由驻日公使黎庶昌调充东文学堂学生，十一年任公使馆翻译，十二年任长崎理事署翻译兼帮办文案，十四年使馆翻译兼箱馆、新潟副理事官，二十年因甲午战争随公使回国。在日十三年，经历黎庶昌、徐承祖、李经方、汪凤藻四任公使。此后办理苏州开埠等事务。他是江苏的主要处理外交事务的官员。（《总理衙门清档·请奖南洋办理洋务各员》01-30/1-1，台北中研院近代史研究所档案馆藏）

诸偏才一能之选，将什百焉……[1]

陈兆文与徐致靖同官，其出面保举王闿运，用意在于对抗康党；且陈保王用语之高，也与徐保康相埒，其中的一些话直接针对康党。当日军机处电陈宝箴旨："翰林院侍读学士陈兆文奏，湖南在籍举人王闿运才兼体用，于中西法政之要，靡不周通。请特旨召对等语。著陈宝箴令其来省察看，该举人品学年力是否尚堪起用？迅速电奏。"[2]

七月二十六日（9月11日），以翰林院侍读学士署礼部右侍郎徐致靖，上奏保举直隶按察使袁世凯，称言：

……臣以为皇上有一将才如袁世凯者，而不能重其权任以成重镇，臣实惜之。伏乞皇上深观外患，俯察危局，特于召对，加以恩意，并予破格之擢，俾增新练之兵，或畀以疆寄，或改授京堂，使之独当一面，永镇畿疆。[3]

保举袁世凯，是康党最重要的政治行动，康有为等人事先进行了调查与密谋，以图能在危机时刻利用袁世凯的军力。当日军机处电寄荣禄旨："著荣禄传知袁世凯，即行来京陛见。"[4]袁世凯七月底入京，八月初一日觐见，旨命"以侍郎候补，专办练兵事务。所有应办事宜，著随时具奏。"[5]袁由此而"独当一面"。与徐致靖的建策相对照，光绪帝似乎是依计行事。

七月二十八日（9月13日），主张改革但与康党颇有距离的农工商总局大臣端方，上奏"敬举通达时务"人才四人：降调翰林院编修

---

〔1〕《军机处录副·光绪朝·内政类·职官项》，3/99/5363/99，光绪二十四年七月二十三日。

〔2〕军机处《电寄档》，光绪二十四年七月二十三日。

〔3〕《戊戌变法档案史料》，第165页。

〔4〕军机处《电寄档》，光绪二十四年七月二十六日。

〔5〕军机处《上谕档》，光绪二十四年八月初一日。

梁鼎芬，“生长海滨，博习时事，志趣劲直，不为势挠”；在籍内阁中书王闿运，“综贯古今，博而有要，湖湘学者，群所推仰”；陕西候补道升允，“前使泰西，多所历练，质朴之性，久而不渝”；陕西渭南知县樊增祥，“蔚然通儒，亦精吏事，善持雅操，慈惠之师”。他没有提出任用方案，仅仅是泛泛而言：“以上各员，学有本原，才足济变。若假以一职，必能敷陈典要，切究利弊。”军机处当日电陕西巡抚魏光焘旨：“陕西候补道升允、渭南县知县樊增祥，著魏光焘传知该二员，即速来京，预备召见。”〔1〕

七月二十九日（9月14日），主张改革但与康党颇有距离的顺天学政礼部左侍郎张英麟，上奏保举“通达时务、足备任使”人才五人：广东候补道林贺峒，“前督臣林则徐长孙”，“现办水陆师学堂及鱼雷等营，并交涉事件，悉心讲求，均得体要”；候选道林怡游，“船政学生，出洋肄习，随使秘鲁、俄、德等国，最长于炮垒工程”；刑部候补主事陈春瀛，“历襄疆臣戎幕，随使泰西东洋，凡所经埃及及土耳其、意大利等国，皆能悉心咨访，各得窾要，并于东洋变法始末，确有见闻，不同影响”；大名府知府荣铨，“戢暴安良，尽心民事”；分省补用知府刘恩驻，“从军营投效河工，皆能实心任事，自幼慧通西艺，于化学、电学尤属专长，且能制造德律风、鱼雷等物”。张英麟附片称：“各省现办一切新政，尤赖有大员董率，认真整顿，方足以课功而奏绩”；为此保举三人，山东按察使司毓贤、山西按察使景星、甘肃按察使丁体常，“令其独当一面，必能实力任事，破除积习，有裨新政。”〔2〕由于这一天奏折太多，光绪帝也将于当日去颐和园，延至次日，奉明发谕旨一道：“张英麟奏酌保人才以备任使一折。广东候补道林贺峒、候选道林怡游、分省补用知府刘恩驻，均著来京预备召见。刑部候补主事陈春瀛，著该部传知该员预备召见。”谕旨

〔1〕《军机处录副·光绪朝·内政类·职官项》，3/99/5363/123；军机处《电寄档》，光绪二十四年七月二十八日。

〔2〕张英麟保折、片、单在整理时分离，根据内容与存记情况确定，见《军机处录副·光绪朝·内政类·职官项》，3/99/5363/124、3/99/5370/3、3/99/5360/70，光绪二十四年七月二十九日。

中没有荣铨，看来光绪帝感兴趣的还是西艺、西学人才。[1]

八月初二日（9月17日），与康党颇有交往的新任礼部左侍郎阔普通武，上奏“敬举通达时务人才”，共四人：候选道陈日翔，台湾举人，“少时曾出外洋，游历数国，于通商交涉机宜最为熟悉”，办理台湾团练、义勇，为历任巡抚、总兵奏保，“刘永福尤为倚重”；刑部主事陈桂芳，“英才卓荦，博极群书，尤讲求时务”；兵部员外郎祁师曾，前工部尚书祁世长之孙，“家学渊源，具有根底，讲求兵商学问，颇得日本之规模”；分发知县冯宝琳，广州驻防举人，“髫年即习见洋务，于茶商利弊，尤识本原”。阔普通武还称：“以上四员，据奴才所见，均系通达时务之才，用敢据实保荐，且俱在京候选供职。”[2]当日奉明发谕旨：“阔普通武奏敬举通达时务人才一折。候选道陈日翔、刑部主事陈桂芳、兵部员外郎祁师曾、分发知县冯宝琳，均著预备召见。”[3]

---

〔1〕 军机处《上谕档》，光绪二十四年七月三十日。又，荣铨、敏贤、丁体常旨命交军机处存记，景星因王毓藻保举，已交军机处存记，未再存记。

〔2〕《军机处录副·光绪朝·内政类·职官项》，3/99/5364/11，光绪二十四年八月初二日。八月初七日，御史黄桂鋆上奏参阔普通武：“丧心昧良，以朝廷吁俊之盛典，为臣下利市之私图。”“陈日翔乃阛阓粗才，乡曲骁竖。识字无多，恃其多财善贾，倩枪入场，幸中举人。至今会闱，犹复托人代订枪手，在京招摇殊甚，广求门路，拜认门墙。实属下劣无耻，不安本分。祁师曾乃寿阳祁氏之不肖子孙，沉溺声色，不务正业。不特不能承其家学，即先世所藏图籍书画，亦且盗卖殆尽，以供冶游之资。”“臣闻该侍郎操守难信，陈日翔家资巨富，人言藉藉，皆谓其由贿托而来。祁师曾之祖前工部尚书祁世长，乃该侍郎之座师，徇情滥保显然可见。应请于召对时，将原保考语称其所长各事，严加诘问，一一研究，自不能逃圣明洞鉴。并请简派公正、不要钱之大臣，将陈日翔面试时务策论一道，则真情毕露。至阔普通武官居卿贰，乃敢滥保匪人，似应从重惩处，以昭炯戒而挽颓风。除陈桂芳、冯实（宝）琳素行未有所闻，不敢置议外，谨据实纠参，伏乞皇太后、皇上圣鉴训示。”（《军机处录副·光绪朝·内政类·职官项》，3/99/5364/56）黄桂鋆提到了皇太后，看来已知道了政变的消息。

〔3〕 军机处《上谕档》，光绪二十四年八月初二日。又，军机处《早事》对此有以下记录：八月初七日，“冯宝琳、洪用舟、陈日翔、陈桂芳预备召见，召见崇礼、洪用舟、军机”。八月初八日，“祁师曾、李稷勋、陈日翔、陈桂芳预备召见，召见陈日翔、陈桂芳、军机”。八月初九日，“祁师曾、李稷勋预备召见，召见文焕、祁师曾、李稷勋、军机”。由此可见，冯宝琳、陈日翔、陈桂芳原定是八月初七日召见，祁师曾原定是八月初八日召见。这种召见日期的改动，当时是很少见的，很可能是黄桂鋆奏折带来的影响，也反映出政变后光绪帝的权力变化。此时政变已经发生，光绪帝也不再能任用这一批官员。

八月初三日（9月18日），反对康党的翰林院侍读学士陈兆文，上奏请召张之洞入值军机处，同时也上奏“敬举通达时务人才”：翰林院庶吉士李稷勋，“于西人言政言教之书，均能体会有得”；四川特用道夏旹，“讲求中外政务，皆能实事求是”；江西候补道贺元彬，“现在山西抚臣胡聘之调办铁路矿务，诸事深倚任”；河南光州直隶州知州在任候补知府孙叔谦，“兴利除弊，劳怨不辞”。当日奉明发谕旨：“陈兆文奏敬举通达时务人员以供任使等语，翰林院庶吉士李稷勋著预备召见。”〔1〕

百日维新期间的京城，“时务”、“西学”已变成最流行的名词。无论是以“时务”自专的康党，还是主张改革但与康党保持距离的中立官员，甚至反康一派，在保举官员时也大量使用新名词。裕德保张士元，就加上了“西法训练”一词；陈兆文保王闿运，也称其懂“西学”。王锡蕃、张英麟出奏保举似为忧国，关心新政；张荫桓、阔普通武上疏保举很可能是卖折，从中渔利；刚毅等人走向了前台，一出手即中彩；而李端棻、徐致靖的保举，又最为光绪帝所见重。〔2〕

从七月二十日任命军机四章京至八月初九日慈禧太后举行训政典礼后一天，光绪帝召见保举官员与“使才”为：新任农工商总局大臣端方（七月二十四日），广东督粮道延祉（七月二十六日），湖北补用知府钱恂(使才,七月二十八日)，北洋水师学堂总办候补道严复（七月二十九日），新任军机章京杨锐（七月三十日），直隶按察使袁世凯（八月初一日），候补侍郎袁世凯、福建兴泉永道周莲、刑部候补主事陈春瀛、新任军机章京林旭（八月初二日），直隶按察使周莲（八月初三日），候补侍郎袁世凯（八月初五日），刑部主事陈桂芳、候选道陈日翔（八月初八日），兵部员外郎祁师曾、翰林院庶吉士李稷勋（八月初九日）。光绪帝任命的保举官员，除前已提及的袁世凯外，袁的遗缺直隶按察使

〔1〕《军机处录副·光绪朝·内政类·职官项》，3/99/5370/69；军机处《上谕档》，光绪二十四年八月初三日。夏旹、贺元彬、孙叔谦旨命交军机处存记。

〔2〕光绪帝罢免礼部六堂官后，以仓场侍郎李端棻为礼部尚书，以翰林院侍读学士徐致靖署礼部侍郎，均属超擢，在当时政坛十分显眼。

由周莲补，周莲的遗缺福建兴泉永道由恽祖祁补。此外，光绪帝还于二十四日旨命“翰林院编修江标著赏给四品京堂候补、候补江苏同知郑孝胥著以道员候补，均在总理各国事务衙门章京上行走”。〔1〕

也就是此时，身在武昌的张之洞，已看出京城局势不稳。由他保举的主力洋务幕僚钱恂此时作为“使才”入京觐见；但他担心钱恂会同刘庆汾、郑孝胥一样，留京为总理衙门章京，于七月二十五日（9月10日）致电总理衙门：

> 接日本总领事小田切自日本来电云，湖北与日本所商派学生赴东及聘各种教习来鄂各节，望速遣知府钱恂赴东一议，以便面商。并云，此系外部令其发电，即作为外部之电等语。查钱恂已遵旨赴京，日内计已到。鄂省本与日本议定派该守带学生前往，今外部催其速往，可否于召见后即令该守速回鄂，以便赴东。至祷。应否代奏，请钧署裁酌，并传知该守。

张之洞明显的是拿日本说事，从他与钱恂的电报往来，可以清楚地看出，此乃抽身之计。〔2〕

## 六　懋勤殿：康有为及其党人最后的保举攻势

光绪二十四年七月二十八日（1898年9月13日），新任军机章京、内阁候补侍读杨锐在给其弟杨悦的信中写道：

> 现在新进喜事之徒，日言议政院，上意颇动，而康、梁二人，

〔1〕军机处《上谕档》，光绪二十四年七月二十四日。在此前一天，二十三日，光绪帝已发下交片谕旨：“翰林院编修江标著在总理各国事务衙门章京上行走。”二十四日谕旨命定下江标的品级。

〔2〕《张之洞全集》，第9册，第7651页。

又未见安置，不久朝局恐有更动。[1]

杨锐曾为张之洞的幕僚，与张交往甚深，以至于被人视作张在京中的坐探。[2]他的政治敏锐性是很准确的，道破了当时京城政治变动的底因。杨所称“新进喜事之徒”即为康党及康有为的拥护者；“议政院”当为议政机构，相当于康有为《上清帝第六书》中“制度局”；而设立“议政院”的目的，就是要“安置”康、梁，光绪帝已“意颇动”；而当时的政治高层对此已进行了全力的阻击，如果不能奏效，“朝局”必有“更动”。杨锐写此信时，正是戊戌政变的前夕。

康有为的《上清帝第六书》尚在总理衙门、军机处“遵旨议复”期间，二月初八日（2月27日）与四月二十九日（6月17日），康有为两次代拟御史宋伯鲁折，上奏请设“议政处”、“立法院”；五月初四日（6月22日），他再次上书请开“制度局”。总理衙门五月十四日遵旨议复《上清帝第六书》，否定了康有为的设计；然康却看出光绪帝对总理衙门议复的不满，通过梁启超，由李端棻于六月初六日（7月24日）出奏。李提出四条建策，其第二条为“请皇上选择人才，在南书房、懋勤殿行走”[3]，光绪帝交庆亲王奕劻、孙家鼐议复。六月初八日，孙家鼐奉旨议复《时务报》改官报，提议由康有为督办，将康“礼送”到上海。六月初十日，奕劻、孙家鼐递说片，对李端棻的提议予以否定。

---

〔1〕《丛刊·戊戌变法》，第2册，第572页。

〔2〕李宗侗：《杨叔峤光绪戊戌致张文襄函跋》，《大陆杂志》（台北）第19卷第5期（1959年9月15日出版）；《杨锐致张文襄密函跋——高阳李氏所藏文献跋之一》，《大陆杂志》（台北）第22卷第4期（1961年2月28日出版）。又，张百熙的保折中称：“记名总理衙门章京内阁额外中书杨锐，四川绵竹人。博学多通，有猷有守。少岁受知于前四川学政今两湖督臣张之洞。该督臣自外任山西巡抚，洊升两广总督及两江、两湖总督任内，杨锐皆在其幕中，办理文案，事无巨细，悉与筹商。平日讲求经济，于书无所不窥。洎厕硕果幕僚，谙练既深，性尤忠爱。前年倭事吃紧之际，该员毅然渡海来京供职，足见其不避艰危。”（《军机处档》，137330，台北故宫博物院文献馆藏）特别强调了他与张之洞的关系。

〔3〕李端棻原折未能从档案中检出，此为孙家鼐议复说片的引用文字，又奕劻在议复说片中称该条为：“请皇上选博通时务人才，以备顾问。”（《军机处录副·补遗·戊戌变法项》，3/168/9447/74、75）

六月十四日军机处、总理衙门遵旨议复《上清帝第六书》，再次否定了康有为“制度局”的设计。康至此仍没有放弃，七月初三日（8 月 19 日）代拟阔普通武折，上奏请设“议院”（此处的议院非代议制机构，实为议政机构），光绪帝下旨“存”；七月二十日（9 月 5 日），又代拟徐致靖折，上奏请设“散卿”，即“议政官”，光绪帝交孙家鼐议复，孙于二十四日奏复。多少受康有为影响的张元济，七月二十一日（9 月 6 日）由总理衙门代奏，请设“议政局”，光绪帝旨命“留中”。

光绪帝罢免礼部六堂官后，李端棻被命为礼部尚书。七月二十三日（9 月8 日），光绪帝召见了谢恩的李端棻，当天下旨“翰林院编修江标著在总理各国事务衙门章京上行走”。此时的江标并不在北京，档案中也看不到由何人保举，他的任命很可能与李端棻的面保有关。[1]七月二十五日(9月 10 日)，李端棻又上奏折，光绪帝旨命“留中”，并呈送慈禧太后。李端棻的这一奏折，档案中尚未检出，在军机处《随手档》、《上谕档》中，军机章京均未为之拟题，其内容尚无从知晓。然而，八月十九日，即戊戌六君子就义的六天后，礼部尚书李端棻上奏自请惩处：

> 窃因时事多艰，需才孔亟，臣或谬采虚声，而以为足膺艰巨，或轻信危言，而以为果为忠愤，将康有为、谭嗣同奏保在案。

慈禧太后等当日明发谕旨：

> 李端棻奏滥保匪人自请惩治一折。该尚书受恩深重，竟将大逆不道之康有为等滥行保荐，并于召对时一再面陈。今据事后检举，

---

〔1〕《国闻报》光绪二十四年七月三十日以“总署添人”为题刊出消息：“……江建霞太史刻下尚在假期之内，闻系有人密保，且在湖南学政任内开倡风气，振兴实学，不遗余力，湘中守旧之风，近年始稍稍改革者，实系江太史提倡之功。此事早在圣鉴，故不待召见，而恩纶先赉也。”八月初三日，总理衙门收到江苏巡抚奎俊电：“沁电谨悉。编修江标在沪就医。据复，一俟病可，即行北上。”初七日，总理衙门再收到奎俊电：“江编修标定于本月初八日由苏北上。”（《总理衙门清档·收发电》，01-38/17-3，台北中研院近代史所档案馆藏）

实属有意取巧，未便以寻常滥保之例稍从末减。礼部尚书李端棻著即行革职，发往新疆，交地方官严加管束，以示惩儆。[1]

李端棻保谭嗣同片上于七月初三日，李端棻保康有为折档案中却未见记载，由此似可推定，七月二十五日由光绪帝“留中”的奏折，主旨很可能是保举康有为。[2]又查军机处《早事》、《光绪二十四年京官召见单》，光绪帝在二月二十三日、四月十八日、七月二十三日三次召见李端棻，惩李谕旨中称“于召对时一再面陈”，似主要指在七月二十三日召见时的面陈。由此似可推定，七月二十三日李端棻召对时面保了康有为，很可能得到了光绪帝的赞许，于是二十五日出奏保举康有为，很可能其中也有前引杨锐所称诸如“议政院”的内容。[3]

李端棻之折，由光绪帝“留中”；然在第二天，七月二十六日，徐致靖保举袁世凯，光绪帝依议行事。这可能刺激了康有为及其党人。[4]七月二十八日（9 月 13 日），宋伯鲁上奏由康有为代拟的“选通才以备顾问折”，提出开“便殿”，设“顾问”：

……伏乞皇上仰绳祖武，俯念时艰，特开便殿，妙选通才，僿直左右，即仿泰西之例，每日定一准时，轮流召见，以广顾问之

---

〔1〕《丛刊·戊戌变法》，第 2 册，第 297 页；军机处《随手档》、《上谕档》，光绪二十四年八月十九日。

〔2〕蔡金台致李盛铎信（光绪二十四年九月二十三日）称：“后伊藤来，李苾园举康为接待使，亦为张（荫桓）所阻。”（邓珂点校，邓之诚：《骨董琐记全编》，北京出版社，1996 年，第 602—604 页）蔡金台称李端棻保康有为，是伊藤博文来华时的“接待使”，很有意思；然此信中多有误，似不可当作确据。然此一说法，又可见刘体智之说：“伊藤博文薄高丽统监而不为，观光大陆，有囊括四海之志，欲吾国聘为辅佐。康有为作奏章，自荐为迎送专使，令李端棻上之，弗许……及谋为迎送使而不得，心知有异，奉诏督促出京，幸免于祸。”（刘体智：《异辞录》，中华书局，1988 年，第 172 页）

〔3〕黄彰健发现李端棻曾保康，当属其对史料的敏锐精察，然其未能读到北京的档案，故在时间上认定为六月，误。（《戊戌变法史研究》，第 245—246 页）

〔4〕毕永年的《诡谋直纪》，对此有着比较生动的描写。参见汤志钧：《乘桴新获——从戊戌到辛亥》，江苏古籍出版社，1990 年，第 26—27 页。

资，而收启沃之效。其于讲求变法，必非小补。[1]

据军机处《上谕档》，二十八日军机处致慈禧太后奏片称：“本日宋伯鲁……又奏请妙选通才折，奉旨‘暂存’……恭呈慈览。”又据军机处《随手档》，该折于八月初二日由慈禧太后发下。[2]

七月二十九日（9月14日），康有为一派发动了最后的保举攻势。这一天的军机处《随手档》记：

> （二十九日）“署礼部侍郎徐致靖折：一、遵保康有为等由。候补京堂王照折：一、遵保康广仁折。（随事递上，八月初三日发下，分别抄交归箍）”

其中王照的奏折，军机章京原写为“遵保康有为等由”，“有为”二字改为“广仁”。又据军机处《上谕档》，二十九日军机处给慈禧太后的奏片称：“本日……徐致靖奏保举人才折，王照奏保举人才折，均奏旨‘存记’……恭呈慈览。”而《随手档》中的八月初三日发下，亦指八月初三日由慈禧太后发下军机处。而军机章京在《随手档》对徐、王两折拟题时用了“遵保”一词，意即遵旨保举，查徐致靖、王照于光绪二十四年未获召见，现存档案中也找不到光绪帝有相关的谕旨，很可能是当时军机章京拟题时误用了习惯用语，似无光绪帝下旨命徐、王二人上奏之事。王照对此后来回忆称：

> 二十九日午后，照方与徐致靖参酌折稿，而康来，面有喜色，告徐与照曰：谭复生请皇上开懋勤殿用顾问官十人，业已商定，须由外廷推荐，请汝二人分荐此十人。照曰：吾今欲上一要折，不暇

---

〔1〕 宋伯鲁：《焚余草》，1924年刻本，卷下。详见本书第八章第五节。

〔2〕 军机处《随手档》记：七月二十八日，“御史宋伯鲁折：一、参谭钟麟由。片一、参魁元等由。（次日递上，发下归箍）一、选通才以备顾问由。片一、仿西法修道由。片一、定银元价值由。（廿八随事递上，初二日发下，分别抄交归箍）”

及也。康曰：皇上业已说定，欲今夜见荐折，此折最要紧，汝另折暂搁一日，明日再上何妨。照不得已，乃于徐分缮荐（按此下脱“折”字），照荐六人，首梁启超，徐荐四人，首康有为，夜上奏折，而皇上晨赴颐和园见太后，暂将所荐康、梁十人交军机处记名。其言皇上已说定者，伪也。〔1〕

王照的回忆至少有两处不太准确，其一是时间，按照当时的制度，二十九日上奏须得于二十八日子夜前交到奏事处；其二是“首梁启超”，与军机章京的记录不符。

尽管徐、王的保举奏折未能从档案中检出，但大体意思是清楚的，即保举康、梁及其党人，开设懋勤殿之类的“议政”机构。他们很可能听说光绪帝将于七月二十九日“办事后”去颐和园，急于此时上奏。孔祥吉认为，徐、王的保折皆由康有为自我起草〔2〕，对此我是同意的。我在此另补两条证据：一、湖北补用知府钱恂于七月二十八日召见后，次日电告张之洞：“昨召见三刻，上询鄂，为详敷奏，兵为先，蒙许可，议政局必设。”〔3〕二、七月二十九日光绪帝召见严复，八月初一日严复告诉郑孝胥：“将开懋勤殿，选才行兼著者十人入殿行走，专预新政。”〔4〕钱、严有此说法，当是他们在召见时光绪帝对此有所透露。杨锐七月二十八日私信中称“上意颇动”，乃身在其中的观察。

光绪帝七月二十九日到颐和园后，与慈禧太后关于懋勤殿与重用康有为一事有着正面的交锋。七月三十日（9 月 15 日），光绪帝召见了杨锐，发下朱谕。其中云：

近来朕仰窥皇太后圣意，不愿将法尽变，并不欲将此辈老谬昏

〔1〕《关于戊戌政变之新史料》，《丛刊·戊戌变法》，第 4 册，第 332 页。

〔2〕参见孔祥吉《康有为戊戌年变法奏议考论》，《戊戌维新运动史新探》，第 165—169 页；《救亡图存的蓝图》，第 247—251 页。

〔3〕《张之洞全集》，第 9 册，第 7654 页。

〔4〕《郑孝胥日记》，第 2 册，第 681 页。

庸之大臣罢黜，而用通达英勇之人，令其议政，以为恐失人心……今朕问汝，可有良策俾旧法可以全变，将老谬昏庸之大臣尽行罢黜，而登进通达英勇之人，令其议政，使中国转危为安，化弱为强，而又不致有拂圣意……〔1〕

此中的“议政”，即“懋勤殿”之类的议政机构，“通达英勇之人”，即康有为及其党人。光绪帝此时选中杨锐，并示之朱谕，自有其用意。杨锐二十八日给其弟信中表达了他对政局内情的感触，两天后突蒙召见，又可见历史之奇巧。八月初二日（9月17日），光绪帝又明发谕旨：

工部主事康有为前命其督办官报局，此时闻尚未出京，实堪诧异！朕深念时艰，思得通达时务之人，与商治法，闻康有为素日讲求，是以召见一次。令其督办官报，诚以报馆为开民智之本，职任不为不重，现既筹有的款，著康有为迅速前往上海开办，毋得迁延观望。〔2〕

这一道谕旨表明，开懋勤殿及“登进”康有为及其党人的保举活动，已遭到慈禧太后的全面封杀。光绪帝下令康有为立即去上海，当日又召见新任军机章京林旭。

康有为及其党人此时已知其处于绝境，仍然进行活动：往见伊藤博文、李提摩太，派谭嗣同见袁世凯。康有为代拟杨深秀折，要求“早定大计，固结英、美、日本三国”，并提名李提摩太、伊藤博文，“未为借才之举，先为借著之筹”。〔3〕这也是一种保举，该折于八月初四日（9月19日）子夜之前递到奏事处。八月初五日清晨，康有为离开北京，

---

〔1〕 赵炳麟：《光绪大事汇鉴·戊戌之变》，黄南津等点校：《赵柏岩集》，广西人民出版社，2001年，第239—240页。黑体为引者所标。相关的考证可见黄彰健：《戊戌变法史研究》，第430—431页。

〔2〕 军机处《上谕档》，光绪二十四年八月初二日。

〔3〕《戊戌变法档案史料》，第15页。“借著之筹”，典出于《史记·留侯世家》：“请藉前箸为大王筹之。”原意借你面前的筷子来指画形势；后喻从旁为人出主意，计划事情。杨深秀借用此词，意以客卿用李提摩太、伊藤博文。

前往天津准备南下。与此同时，光绪帝初五日早朝时接到杨深秀奏折，下旨“存”，并呈送慈禧太后；当日上午十一点，光绪帝接见伊藤博文。康有为临行前，又代拟宋伯鲁奏折，“请皇上速简通达外务名震地球之重臣，如大学士李鸿章者，往见该教士李提摩太及日相伊藤博文，与之商酌办法。以工部主事康有为为参赞，必能转祸为福”。该折附片保举马建忠。〔1〕这仍然是保举，该折片于初五日子夜前递到奏事处。

也就是此时，又发生了一件事，八月初五日，日讲起居注官裁缺右庶子陈秉和上奏参张荫桓滥保折上达，光绪帝下旨“存”，并于当日呈送慈禧太后。然在该折中有一段称：

> 皇上力欲去之，大臣谋同保之，务使怨归朝廷，恩归自已，独何心哉？如果发往，则是权归臣下，不惟于山东吏治、河工有损，并于天下大局有损。无怪乎康有为奉命已久，迟延不行，实堪诧异者矣。〔2〕

此时慈禧太后已于初三日傍晚回到城内西苑，光绪帝依例陪住于瀛台，两人的关系已临于崩解，若慈禧太后由此而得知康有为还在北京未行，必怒不可遏，很可能是她决计次日走向台前的诱因之一。〔3〕此外，尚未

---

〔1〕《戊戌变法档案史料》，第 170—171 页。

〔2〕《军机处录副·光绪朝·内政类·职官项》，3/99/5364/105，光绪二十四年八月初五日。黑体为引者所标。该折当于初四日子夜前送到奏事处，此时康有为尚未离京。

〔3〕拙文《戊戌政变的时间、过程与原委：先前研究各说和认知、补证、修正》曾指出：“我以为，慈禧太后未经军机处命步军统领捉拿康有为，可以说明两点，其一是有人向她报告康有为尚在北京，否则就不会令掌京师治安警卫的步军统领去捉康；其二是很可能她曾命光绪帝捉康，而光绪帝未能及时执行或拒绝执行。前者由逻辑关系可证明；后者完全是我的推测。我在完全没有材料的情况下，大胆想象了这样一个场景：即在光绪帝八月初五日接见伊藤博文之后，到八月初六日早朝之前的某一时刻，慈禧太后得到报告，康有为尚未离开北京，康有为、康广仁与光绪帝之间有联系，甚至听到某种康有为欲有所发动的传闻，她命令光绪帝将康氏兄弟抓起来送刑部审讯。光绪帝对此表示不能从命。于是，慈禧太后出示杨崇伊的奏折，光绪帝见有‘仰恳皇太后……即日训政，召见大臣，周咨博访，密拿大同会中人’一语，只能跪请皇太后‘训政’。慈禧太后因此密召崇礼捉拿康氏兄弟。我的这一并无材料的大胆假设，只能留待以后证实或证伪了。”（《戊戌变法史事考》，第 122 页）该文发表于三年前，近日读到陈秉和奏折中这段文字后，心中不免欣喜。该史料虽不能完全证实我的假设，但也是一条有力的证据。

发现黄曾源请求训政的奏折，也有可能是另一诱因。〔1〕

八月初六日（9 月 21 日），慈禧太后与光绪帝同时参加早朝，开始训政。当日发下的朱笔谕旨称："再三吁恳慈恩训政，仰蒙俯如所请"，"由今日始在便殿办事"。而当日早朝时收到宋伯鲁的折片，又是保举康有为，慈禧太后不免大怒，明发谕旨："御史宋伯鲁滥保匪人，平素声名恶劣，著即行革职，永不叙用。"〔2〕

## 七　简短的结语

在此之前，我对康有为自称其"深获帝心"之类的言论，是不敢轻

---

〔1〕 台北故宫博物院文献馆所藏《光绪朝筹办夷务始末记》光绪二十四年八月"批阅本"，有一条很奇怪的记录："黄曾源奏：同［时］事艰难吁恳慈恩训政折，初六。"该"批阅本"的抄者是吕忠谋。案，黄曾源为翰林院编修、记名御史，无直接上奏权，他的奏折须由翰林院代递。又查军机处《随手档》、《早事档》及翰林院代奏原折，八月初六日翰林院有代奏条陈事，为于受庆、江春霖，并无代奏黄曾源条陈的相关记录。黄折是通过何人何部门递上？递到慈禧太后处还是光绪帝处？都是很大的疑问。然从黄折的内容来看，即使翰林院敢递，黄也未必有胆量送，很可能是通过另一渠道送给慈禧太后的。又案，黄曾源是政治经验丰富的人，他于八月初四日通过翰林院代奏一折两片：《借才非现时所宜折》、《伊藤不宜优礼片》、《请和俄以惑英日片》，该折日期署为"八月初四日"，翰林院上奏日期也署为"八月初四日"，由此观之，黄须在八月初三日一大早将其折片递到翰林院，然后当日经堂官批准即派员拟折，翰林院方可赶上将黄折片当夜递至奏事处。上引记录中"初六"二字，若是黄折原件上所写，那么，黄上折的日期也很可能是初五日。由此又可推及，黄曾源奏折也很有可能通过另一渠道，在八月初五日夜或初六日清晨送到慈禧太后面前。由于黄折我在档案中未能检出，以上的叙述，又是建立在该"批阅本"的抄者吕忠谋看到黄折原件或抄件的基础之上的，若吕忠谋看到了不可靠的材料或抄写中另有错误，则全盘另作他论。有关《光绪朝筹办夷务始末记》的相关知识，我参考了冯明珠的论文：《故宫博物院所藏〈光绪朝筹办夷务始末记〉述介》（《故宫学术季刊》〔台北〕第 5 卷第 2 期）；《再论〈清季外交史料〉原纂者：兼介台北故宫所藏〈光绪朝筹办夷务始末记〉》（油印本，2005 年 9 月在北京中国第一历史档案馆学术会议宣读）。

〔2〕 军机处《上谕档》，光绪二十四年八月初六日。又，是日总理衙门代奏章京郑孝胥条陈，保举通济管带萨镇冰。军机处当日电荣禄旨："总理各国事务衙门章京候补道郑孝胥，奏保现充北洋通济练船管带官参将萨镇冰练习海军，兼习陆战，历年管带兵轮，痛除积习，操行尤属可信等语。究竟如何，著荣禄详细察看，据实具奏。"（军机处《随手档》、《洋务档》、《电寄档》，光绪二十四年八月初六日）

信的。康有为“作伪”甚多，言辞多有夸张之处，对此小心谨慎也是不得已之事。从发生的事实来看，光绪帝仅召见其一次，仅命其为“总理衙门章京”，后又根据朝臣之议，派其出京“督办官报”，也就是将其排除出政治中心。若从这些旨命中，很难看出光绪帝对康的格外优遇。但是，若将之与甲午战后的清朝整个保举情形进行比较，却可以清楚地看出，光绪帝对康有为及其党人的确是青眼有加。对于康有为及其党人的保举奏折，光绪帝已经是竭尽全力，最后不惜与慈禧太后摊牌，以能成立相应的“议政”机构来安置康、梁等“通达英勇之人”。光绪帝并不掌握最高权力，上有慈禧太后的注视，下有慈禧太后钦定的军机班底，不能遂其心愿来做事，更没有任命高官的权力。由此，要观察到光绪帝的内心，不能只看某一道谕旨或某一项决策，而须阅读其对某类事件、某方面决策的全部史料，仔细感受细微差异。我的这一次考察活动，使我改变了以往的看法，也使我理解当时的政治高层与慈禧太后为何对康有为如此警惕，力图将其赶出京城，最后欲置之于死地。他们是光绪帝身边的人，了解光绪帝的心思。他们已经看出光绪帝有意重用康，而一旦建立康所提议的“议政”机构，一旦康入主此类机构，原有的政治体系将会发生巨大的变化。

从甲午战后清朝的整个保举情形中，又能看出光绪帝对各派系、各大臣的态度：对于刚毅等军机大臣的保举，基本听从；对于张之洞、刘坤一等人的保举，大体听从；对于其他官员的保举，只不过是例行公事；而他最关注的，是徐致靖、李端棻、陈宝箴等人的保举，尽其权力而从之。也就是说，光绪帝内心中相当清楚各派系的政治企图，也有亲疏之别。他也打破常规，从保举官员中直接任用小臣，其中包括康有为、梁启超、刘庆汾、杨锐、刘光第、林旭、谭嗣同、江标、郑孝胥等人。而对于荣禄的保举，他的态度就相当低调。

然而，此一番对于保举的考察，使我体会最为深切的却是甲午战后的清朝政情萎靡。惨败、割地、赔款，激起了战后改革的热情，以“卧薪尝胆”为自我标榜。可是在毫无生气的政治生活中，此一种热情被柔软地消磨殆尽。胶州湾等事件的刺激，再一次激起亢奋，然其前景似无延伸性。清朝的整个保举情形，清楚地表明，绝大多数官员关心的并不是“励精图治”，而是升官发财。战败与危局，居然成了许多人得保举、获实缺、换顶戴的机会！直到戊戌政变三个多月后，陕西巡抚魏光焘仍上奏向皇太后、皇上保举七人。他声称是根据光绪二十三年十一月二十五日的谕旨，然其言辞和做法与甲午战后的保举并无二致。〔1〕由此似又可引申出进一步的结论：若不是康有为及其党人的借势生事，似无可能产生如此激烈的政治振作与波动。尽管今天的人们对康有为的举动可以有多种指责，也可以对戊戌政变后的中国政治走向表示不满，我个人也以为康政治幼稚；但若没有康及其党人，很可能就没有戊戌变法。他们是造就形势的人，尽管他们最后并不能似也不可能左右形势。

## 附录　军机处保举各档册摘录

《各项保举文职人员档》（摘录光绪二十一年至二十四年）

（此档册原件已无封面，其标题是根据相同档册的命题方式，由我自拟的。时间从光绪二十年至二十六年，内容有多项，我在此摘录与本章有关的内容。该档册所录为奉旨“军机处存记”的名单，其日期大多为奉旨日期，个别为原保折日期，对此我已加注明。评语大多为原保折所具，也有一些为军机章京根据原保折内容而摘录。该档原件藏中国第一历史档案馆《军机处簿册》第58号第一盒。其中一部分内容为军机章京后来补记的，我加括号以标明。）

（前　缺）

两江总督刘坤一保〔2〕，光绪二十（缺损）：江苏记名海关道曾丙熙，器识宏通，为用

〔1〕保前福建汀漳龙道刘倬云、江苏候补道杜俞、候选道左孝同、记名提督江南城守营副将杨金龙、记名提督新疆抚标中军参将汤泳山、记名提督署汉中镇总兵龙恩思、记名总兵徐有礼。（《军机处录副・光绪朝・内政类・职官项》，3/99/5367/55，光绪二十四年十一月十六日）

〔2〕原件日期处缺损。原折见《军机处录副・光绪朝・内政类・职官项》，3/98/5328/61，光绪十一年七月二十八日。

世之器。江苏候补道唐际昌，明干过人，清操绝俗。直隶候补道林志道，智虑深长，精神周密。记名知府凤凰直隶厅同知徐庆璋，颇具将才，熟悉边事，循声卓著，在牧令中不可多得。

（浙江学政）大理寺卿徐致祥保〔1〕，光绪二十一年八月初二日：江苏候补道朱之榛，折狱理财，才长干济。（光绪二十二年正月二十六日张之洞保，才猷明达，综核精详。光绪二十二年十一月十三日任道镕保，才略超群，廉正绝俗〔2〕）

河南巡抚刘树堂保〔3〕，光绪二十一年九月初十日：翰林院编修宋育仁，内阁中书伍元芝，江苏候补道蔡钧（光绪二十二年十二月十三日刘坤一保，奉旨以海关道记名简放）（今放苏松太道），直隶候补道李树棠，直隶吴桥县知县劳乃宣，以上五员熟谙中外情形，尤为讲洋务特出之才。前台湾巡抚刘铭传，堪胜统帅将领之任。（故）候选道前山东巡抚任道镕（光绪二十一年九月初十日奉旨来京听候简用）（现任东河河道总督），江西督粮道刘汝翼（故），安徽凤颍道王定安（光绪廿二年四月廿九福润奏报病故），署浙江温处道候补道宗源瀚（确知病故），杭州知府陈璚（今湖南岳常澧道），广东广州遗缺知府李士彬（今补潮州府知府）（光绪二十一年九月马丕瑶保，朴实清刚，任事能断），河南候补道穆奇先（今开归陈许道），河南候补道吴炳湘，河南睢州知州蒯良荪，以上九员无愧循良之选。翰林院编修胡景桂（今山东按察使），留心时务，能见其大。河南布政使额勒精额，持正不阿，办事能顾大局。

前广东巡抚马丕瑶保〔4〕，光绪二十一年九月十九日：三品衔广东候补道林贺峒，精勤廉洁，才大心细。署惠潮嘉道钟懿蓉，重厚寡言，实心实力。三品衔潮州府知府李士彬，朴实清刚，仁而能断。以上三员均堪胜监司之任。

山东巡抚李秉衡保〔5〕，光绪二十一年十月初三日：前通政使黄体芳。河南布政使额勒精额，志虑清纯，公忠体国。山东兖沂曹济道毓贤（今升按察使），有守有为，才堪大用。新授甘肃巩秦阶道李光久（今苏松太道），宏通沉毅，文武兼资。（现在开缺）发往山东差遣委用吏部主事卢昌诒（今山东泰安府知府），有学有识，廉谨不阿。（光绪二十三

〔1〕 原保折见《军机处录副·光绪朝·内政类·职官项》，3/98/5328/20，光绪二十一年七月二十日。

〔2〕 任道镕保折见《军机处录副·光绪朝·内政类·职官项》，3/99/5348/25，光绪二十一年十一月初五日。

〔3〕 原保折见《军机处录副·光绪朝·内政类·职官项》，3/98/5330/39，光绪二十一年八月二十七日。

〔4〕 原保片见《军机处录副·光绪朝·内政类·职官项》，3/98/5329/111，光绪二十一年八月二十八日。

〔5〕 原保折见《军机处录副·光绪朝·内政类·职官项》，3/98/5331/13、3/98/5335/7，光绪二十一年九月二十五日。附单有缺。

年李秉衡保，经济博通，遇事勤恳）三品顶戴尽先补选用道马开玉，治河统军，不避艰险。记名简放知府奉天辽阳州凤凰直隶厅同知徐庆璋（今升甘凉道），胆勇血诚，实非寻常可及。安徽督粮通判张廷銮，操守可信，胆识兼优。奉天举人刘春煊，精天文舆地之学，才堪录用。

河东河道总督许振祎保〔1〕，光绪二十一年十月初五日，江苏即补道凌荫廷，军推廉将，民称善人，大权剧任，无施不宜。湖南岳常澧道桂中行，既有才具，又能实心。（调湖南臬。放广东臬。故）在任补用知府黄履中，才长守洁，河务及地方吏事均资其力。

署两江总督湖广总督张之洞保，光绪二十二年正月十五日：前淮扬海道嵩庆，识练才优，明决善断，办事切实，为监司中不可多得之员。请交军机处存记，遇有道缺，请旨简放。

兼护湖广总督湖北巡抚谭继洵保〔2〕，光绪二十二年正月十五日：湖北试用道署盐法道赵滨彦，清操自励，持正不阿。（光绪二十四年四月初四日张之洞保，性情伉直，心精力果。〔3〕）湖北试用道札勒哈哩，志趣甚正，明干有为。湖北荆州知府舒惠，局量宽宏，性行仁恕。湖北候补知府余肇康（今补汉阳府知府），操履清严，识见明决。

署两江总督湖广总督张之洞保〔4〕，光绪二十二年正月二十五日：湖南按察使俞廉三，才识谙练，治事精密，为两司中不可多得之员。安徽徽宁池太广道袁昶（今直隶布政使），才学优长，志趣清远。（光绪二十二年七月初八日福润保，志趣公正，吏治精纯。〔5〕）（光绪二十四年闰三月十五日邓华熙保，学有根底，器识宏深。〔6〕）（升京堂）奏调江南差委分省补用道黄遵宪（今放湖南盐法长宝道），学识赅勇，精心洋务。（光绪二十二年九月十三日陈宝箴保，识量宏远，学有本原）（光绪二十三年二月十五日张百熙保，知虑深远，精熟洋务）（现充出使大臣）奏调江南差委江西补用道恽祖祁（今福建兴泉永道），才识干练，任事勇往。在任候补道江宁知府李延箫（今升山西按察使），操守

〔1〕 原保折见《军机处录副·光绪朝·内政类·戊戌变法项》，3/108/5613/3，光绪二十一年九月二十三日。

〔2〕 原保折见《军机处录副·光绪朝·内政类·职官项》，3/98/5338/120，光绪二十一年十二月二十二日。

〔3〕 张之洞保折见《军机处录副·光绪朝·内政类·职官项》，3/99/5358/5，光绪二十四年闰三月十七日。

〔4〕 原保折、单见《军机处录副·光绪朝·内政类·职官项》，3/99/5350/51、53，光绪二十一年十二月二十九日。

〔5〕 福润保折见《军机处录副·光绪朝·内政类·职官项》，3/99/5343/18，光绪二十二年六月十八日。

〔6〕 邓华熙保折见《军机处录副·光绪朝·内政类·职官项》，3/99/5358/56，光绪二十四年三月二十八日。

清廉，政事勤练。江苏候补道朱之榛，才猷明练，综核精详。江苏候补道志钧（光绪二十三年九月十三日陈宝箴保，才识通敏，存心忠挚。[1]）甘肃庆阳府知府徐庆辉，才长力果，胆识具优。（光绪二十二年四月二十七日依克唐阿保，通达时务，为守兼优）（故）奏调湖北差委分省补用知府钱洵，学识淹雅，才思精详。江苏候补知县薛培榕，操守廉洁，才具精练。

云贵总督崧蕃保[2]，光绪二十二年正月二十六日：云南迤西道张廷燎（今升广西按察使），器宇宏深，洞达治体。云南开化府知府刘春霖，心精力果，沉毅有为。云南永昌府知府汤子坤（今调云南府），才优识练，勤奋有为。（光绪二十三年正月初六日崧蕃等奏报病故）署龙陵同知候补直隶州知州杨均，有胆有识，不事矜张。

伊犁将军长庚保[3]，光绪二十二年二月初五日：伊犁府知府黄丙焜，居心正大，办事公允。

山东巡抚李秉衡保，光绪二十二年四月初六日：候补道李希杰（今调山东登莱青道），力坚识远，克济艰难。候补道沈廷杞，勤廉精果，实力公家。[4]

（盛京）将军依克唐阿保，光绪二十二年四月二十七日：分省补用知府寿山（放副都统），才猷卓越，果毅有为。

内阁学士陈彝保，光绪二十二年四月二十九日：前通永道杨宗濂（今山西河东道），力拯颠危，公而忘私。长芦运同蔡寿臻，讲求吏事，操守亦严。前霸昌道廷雍（今直隶按察使），性情笃实，有志匡时。

河南巡抚刘树堂保[5]，光绪二十二年五月初五日：浙江盐运使惠年，老成端谨，资格甚深。（光绪二十二年六月廖奏故）浙江候补道任锡汾（今补四川川东道），留心洋务，有志匡时。（革。光绪二十五年三月十五日明发）河南知府用候补同知傅钟元，洞达时务，识老才长。

护理陕西巡抚张汝梅保[6]，光绪二十二年五月二十六日：陕西西安府知府文启

---

〔1〕 陈宝箴保折见《军机处录副・光绪朝・内政类・职官项》，3/99/5344/35，光绪二十二年八月初八日。

〔2〕 原保折见《军机处录副・光绪朝・军务类・人事项》，3/116/5909/108，光绪二十一年十二月二十六日。

〔3〕 原保片见《光绪朝朱批奏折》，第11辑，第264—265页，光绪二十一年十二月二十九日。

〔4〕 原保折见《军机处录副・光绪朝・内政类・职官项》，3/99/5340/21，光绪二十二年三月二十九日。

〔5〕 原保片见《军机处录副・光绪朝・内政类・职官项》，3/99/5350/33。原片无日期。

〔6〕 原保片见《军机处录副・光绪朝・内政类・职官项》，3/99/5350/26。原片无日期。

（今升潼通道），器识宏通，志趣远大。（故）

湖南巡抚陈宝箴保〔1〕，光绪二十二年九月十三日：陕西按察使李有菜（今升布政使），器干精能，操履严介。（光绪二十四年闰三月二十五日魏光焘保，才识宏通，足肩艰巨，奉旨存记。〔2〕）刑部主事乔树枬，志虑周通，见事敏决。（光绪二十三年二月十五日张百熙保，器量宏远，学识优长，操守尤为峻洁。〔3〕）兵部候补郎中李本芳，志趣端纯，条理精密。工部候补主事喻兆蕃，赋性刚果，锐志有为。

大学士李鸿章保〔4〕，光绪二十二年九月二十五日：二品顶戴记名海关道罗丰禄，有体有用，不仅熟悉泰西语言文字见长，堪膺专对之任。（现充出使大臣）

户部侍郎张荫桓保〔5〕，光绪二十二年九月二十五日：二品顶戴候选道伍廷芳，历办交涉事件，不激不随，堪称使任。（现充出使大臣）

兵部尚书徐郙保〔6〕，光绪二十二年十月十九日：直隶候补道姚文栋，沉潜笃实，著述甚富。（光绪二十三年二月十五日张百熙保，学识淹通，究心时务。）直隶清河道高骖麟，器局深稳，讲求格致。礼部即补员外郎于式枚，器局宏通，学问渊粹。候选道梁诚，谙练老成，才大心细。（光绪二十二年九月廿五日张荫桓保，十月廿四日引见，奉旨：交军机处存记。〔7〕）湖北候补知府章嘉谋，才识明通，考究商务。安徽候补道维增，悃愊无华，实心任事。

河东河道总督任道镕保〔8〕，光绪二十二年十一月十四日：江苏补用道钱志澄，器量恢宏，才识明练。

吉林将军长顺保〔9〕，光绪二十二年五月十七日：刑部候补员外郎那福，器识宏远，

---

〔1〕原保折见《军机处录副·光绪朝·内政类·职官项》，3/99/5344/35，光绪二十二年八月初九日。

〔2〕魏光焘保片见《军机处录副·光绪朝·内政类·职官项》，3/99/5370/30，光绪二十四年闰三月十三日。

〔3〕张百熙保折见《军机处档》，137330，台北故宫博物院文献馆藏。

〔4〕原保片见《军机处录副·光绪朝·内政类·职官项》，3/99/5351/4，原片无日期。

〔5〕原保单见《军机处录副·光绪朝·内政类·戊戌变法项》，3/108/5614/26，原单无日期。

〔6〕原保折见《军机处录副·光绪朝·内政类·职官项》，3/99/5347/50，光绪二十二年十月十九日。

〔7〕张荫桓保单见《军机处录副·光绪朝·内政类·戊戌变法项》，3/108/5614/26，原单无日期。

〔8〕原保折见《军机处录副·光绪朝·内政类·职官项》，3/99/5348/25，光绪二十二年十一月初五日。

〔9〕原保折见《军机处录副·光绪朝·内政类·职官项》，3/99/5341/67，光绪二十二年四月二十八日。

留心时务。（十二月初三日吏部带领引见，奉旨存记）

两江总督刘坤一保〔1〕，光绪二十二年十二月十三日：江苏候补道杜俞，心地光明，志趣远大。

两广总督谭钟麟保〔2〕，光绪二十三年正月初九日：新疆布政使丁振铎，器识宏达，体用兼赅。四川布政使王毓藻（今升贵州巡抚），忠诚自矢，沉毅有为。浙江候补道李辅耀，学优才长，留心时务。湖北候补道曹南英，心地光明，才能肆应。江西候补道贺元彬，洞达政体，勤求民谟。福建候补知府秦炳直，才具开展，勤政爱民。（光绪二十三年二月十五日张百熙保，负性沉毅，操守廉洁）

伊犁将军长庚保，光绪二十三年二月初八日：察哈尔领队大臣春满，心地光明，办事公直，堪胜专阃之任。

南书房翰林张百熙保〔3〕，光绪二十三年二月十五日：内阁候补中书杨锐，博学多通，有猷有守，洵属留心经济之才。（光绪二十四年八月初九日革）甘肃西宁道联魁（今安徽按察使），端洁勤能，老成练达。前台湾道顾肇熙，器局宏伟，学识淹通。候选道前四川成都府知府汪鉴，兴利便民，认真吏治。前安徽青阳县知县汤寿潜，品行端懿，志量宏远。福建诏安县知县方朝桀，秉性刚直，沉毅有为。湖南候补知府朱其懿，恢廓宏通，明敏骏爽。前福建顺昌县知县捐升道孔宪教，立身行己，丝毫不苟。升用知府候选直隶州晋昌，才具优长，开敏能断。

安徽巡抚邓华熙保，光绪二十三年二月十六日：候选道郑官应，才识练达，志虑忠诚。（光绪二十四年闰三月十五日邓华熙保，深谙时务，志虑忠诚。〔4〕）镇江府知府彦秀，明干有为，勤求民隐。

直隶总督王文韶保，光绪二十三年三月三十日：在任候补道天津知府沈家本（今直隶保定府知府），精神内敛，为守兼优。三品衔大名府知府荣铨（今调天津府知府），识力坚定，廉公有威。盐运使衔道员用候补知府吴积鋆（今补大名府知府），识力过人，通达治体。三品衔道员用候补知府梁丹铭，才长心细，操守谨严。补用知府候补直隶州知州署献县知县胡良驹，天资警毅，力果心精。开州知州吴焘，廉惠勤明，才能肆应。

伊犁将军长庚等保（无日期）：伊塔通商道英林，器识超卓，明决有为，堪胜边疆一

---

〔1〕 原保折见《军机处录副·光绪朝·内政类·戊戌变法项》，3/108/5614/25、27，光绪二十二年十一月二十五日。

〔2〕 原保折见《军机处档》，136647，台北故宫博物院文献馆藏，光绪二十一年十一月二十四日。

〔3〕 原保折见《军机处档》，137330，台北故宫博物院文献馆藏。该件是残件。

〔4〕 原保折见《军机处录副·光绪朝·内政类·职官项》，3/99/5358/56，光绪二十四年三月二十八日。

面之任。

浙江巡抚廖寿丰保，光绪二十三年六月初四日：浙江候补知府朱荣璪，才猷练达，器识宏通。

盛京将军依克唐阿保〔1〕，光绪二十三年六月十二日：奉天驿巡道志彭，诚笃弥远，明体达用。候补知府徐镜第（今奉天候补道），志节端谨，为守兼优。

湖南巡抚陈宝箴保，光绪二十三年六月十四日：湖南辰永沅靖道廷杰（今补奉天府尹），果决精敏，条理井然。

湖广总督张之洞保，光绪二十三年八月十九日：湖北汉黄道瞿廷韶（今升湖北按察使），器识宏远，才守兼优。江苏候补同知郑孝胥（今候补道），学识清超，志趣坚定。候补内阁中书黄忠诰，才识杰出，学识志远。

升任四川总督山东巡抚李秉衡保，光绪二十三年十月二十一日：山东候补道蒋兆奎，有为有守，才堪干济。

安徽学政李端遇保〔2〕，光绪二十三年九月二十四日：直隶候补道钱奎元，讲求洋务，才堪任使。（光绪二十四年二月十八日革）

河东河道总督任道镕等保，光绪二十三年十一月二十九日：河南候补道陈履成，熟悉河工，才具稳练。

总理各国事务衙门保〔3〕，光绪二十四年正月初八日：候选道荫昌（今记名副都统），才具明敏，任事实心，使差、关道，均堪胜任。

两江总督刘坤一保，光绪二十四年正月初十日：江宁盐巡道胡家桢，尽心职守，办事精详（现在降调开缺）。

塔尔巴哈台参赞大臣富勒铭额保〔4〕，光绪二十四年正月初十日：甘肃新疆镇迪道潘效苏，品学兼优，强干有为。

热河都统寿荫保（无日期）：直隶热河道湍多布（今湖南盐法长宝道），筹备布置，悉合机宜。

四川总督奎俊查复广东巡抚鹿传霖面保，光绪二十五年正月二十四日：四川候补道曹穗，宅心平正，才具充裕。四川候补同知唐星球，学自外洋，素习矿务。四川候补道夏旹

---

〔1〕依克唐阿原折见《光绪朝朱批奏折》，第12辑，第438—440页，光绪二十四年六月初二日，保举志彭、徐境第、高钦、增韫。根据依克唐阿的提议，高钦、增韫传旨嘉奖。

〔2〕原保折见《光绪朝朱批奏折》，第12辑，第606—607页，光绪二十三年九月初六日。

〔3〕原保片见《军机处录副·光绪朝·内政类·职官项》，3/99/5370/29。原件无日期。

〔4〕原保折见《军机处录副·光绪朝·内政类·职官项》，3/99/5355/26，光绪二十三年十一月二十六日。

（今放川东道），才长识稳，练历甚□。

**光绪二十四年内外臣工保举文职名单**〔1〕

浙江巡抚廖寿丰保〔2〕，光绪二十四年二月二十五日：浙江布政使恽祖翼，力矢公忠，胸有伟略。署安徽布政使于荫霖，学有本原，清严刚正。前福建按察使张曾敭，勇于任事，志期远大。江苏候补道程仪洛，廉洁自持，老成谙练。浙江杭州府知府林启，悃愊无华，实事求是。浙江处州府知府赵亮熙，干练勤能，不阿时好。前安徽青阳知［县］汤寿潜，抱负宏弥，晓畅时务。江苏候补知县薛培榕，操守廉洁，办事结实。前福建安溪知县戚扬，志趣远大，识量渊弥。浙江候补知县署余杭县知县关钟衡，勤政爱民，实心任事。浙江候补知县署镇海县知县毕诒策，胸有智略，干练精明。

贵州巡抚王毓藻保〔3〕：直隶长芦盐运使景星，怀情朴厚，器识宏弥。广东潮州府知府李士彬，精明谙练，胸有断制。江苏候补道钱宝传，才长心细，通达时务。四川候补道安成，稳练笃诚，实事求是。贵州候补知府陈惟彦，明干精练，严核无秕。贵州候补同知张济烨，才气开展，措理裕如。贵州即用知县王人文，朴实果毅，志大才优。

云贵总督崧蕃保〔4〕，光绪二十四年三月二十八日：留滇补用道李必昌，办理电线，督率有方。（现放昭安开广道）

陕西巡抚魏光焘保〔5〕，光绪二十四年闰三月二十五日：陕西按察使李有棻，公正廉明，体用兼备。在任候补道陕西西安知府童兆蓉，才优守洁，稳练老成。陕西候补知府周铭旗，实心办事，劳怨不辞。陕西宁陕厅同知张守正，识见超卓，操履清廉。陕西留坝厅同知文麟，才识优长，办公结实。陕西渭南县知县樊增祥，学问淹通，办事精敏。陕西白河县知县尹昌龄，志趣超群，悉心民事。陕西候补知县张世英，朴实耐劳，持躬廉介。陕西宝鸡县知县李端榘，勤政爱民，有条有理。

湖广总督张之洞保〔6〕，光绪二十四年四月初四日：湖北试用道赵滨彦，性情伉直，

---

〔1〕 该标题是原档所具。显然是军机章京据二十三年十二月二十五日谕旨而专设此栏，以便于随时查考。

〔2〕 原保折、片见《军机处录副·光绪朝·内政类·职官项》，3/99/5356/90、91，光绪二十四年二月初八日；《光绪朝朱批奏折》，第13辑，第186页。

〔3〕 原保折、片见《军机处录副·光绪朝·内政类·职官项》，3/99/5357/12、3/99/5326/32，光绪二十四年二月初八日，三月初三日收到。

〔4〕 原保片见《宫中档光绪朝奏折》，第11辑，第645—646页，光绪二十四年二月二十八日。

〔5〕 原保折见《宫中档光绪朝奏折》，第11辑，第763—765页；原保片见《军机处录副·光绪朝·内政类·职官项》，3/99/5370/30，光绪二十四年闰三月十三日。

〔6〕 原保折见《军机处录副·光绪朝·内政类·职官项》，3/99/5358/5，光绪二十四年闰三月十七日。

心精力果。广东候补道王秉恩，学识淹通，志图宏远。湖北候补道陈重庆，学优才长，任事勇锐。

直隶总督荣禄保〔1〕，光绪二十四年六月初二日：前四川总督鹿传霖，清亮公直，守正不阿。湖南巡抚陈宝箴，操履清严，识量宏远。（革）河南巡抚刘树堂，任事果敢，干略优长。内阁学士张百熙，练达精明，留心时事。内阁学士瞿鸿禨，练达精明，留心时事。盛京将军依克唐阿，老成宿望，武略冠时。湖北布政使员凤林，持躬谨慎，处事精详。直隶按察使袁世凯，质性果毅，胸有权略。前太仆寺少卿岑春煊，激昂慷慨，志略过人。江南道监察御史李盛铎（今候补四品京堂），志趣向上，通达时务。太仆寺少卿裕庚，精明干练，夙著勤能。江苏苏松太道蔡钧，心地明白，才略优长。湖南盐法长宝道黄遵宪，气度沉凝，学有根底。（堂谕不立单）（开缺）陕西渭南县知县樊增祥，听断勤能，无愧循良。兵部员外郎陈夔龙（郎中。今升内阁侍读学士），秉心公正，志趣清刚。广西桂平梧盐法道黄宗炎，才具明练，办事耐劳。山西泽州府知府陈泽霖，性情直爽，勤干素著。候补知府寿山（今黑龙江副都统），曾在军营，勇略素著。

协办大学士兵部尚书刚毅保（无日期）：直隶霸昌道端方（陕西按察使），学优才宏，力果心精，明干有为，通变适用，实有理繁治剧之才。

浙江巡抚廖寿丰保〔2〕，光绪二十四年七月初五日：留浙尽先补用道郭式昌，稳练广洁，办事精详。

两江总督刘坤一等保，光绪二十四年七月十二日：遇缺即选道李征庸，四川进士，历著政声，见义勇为，讲求洋务商务，洵为监司中不可多得之才。

军机大臣刚［毅］保，光绪二十四年七月二十六日：广东督粮道延祉，满洲镶蓝旗人，监生。

詹事府少詹事王锡蕃保〔3〕：候补道严复。

直隶学政张英麟保〔4〕：直隶大名府知府荣铨，敏练干达。山东按察使毓贤（今升湖南布政使），清勤果锐，明干有为。甘肃按察使丁体常（今升布政使），廉静敏练，明慎和平。

两江总督刘坤一保〔5〕，光绪二十四年八月初二日：江西广九南道诚勋，久居繁剧，

---

〔1〕 原保折见《军机处录副·光绪朝·内政类·职官项》，3/99/5362/5，光绪二十四年五月二十九日。

〔2〕 原保片见《光绪朝朱批奏折》，第13辑，第292—293页，光绪二十四年六月十五日。

〔3〕 原保折见《戊戌变法档案史料》，第163—164页，光绪二十四年七月十三日。

〔4〕 原保折、片、单见《军机处录副·光绪朝·内政类·职官项》，3/99/5363/124、3/99/5370/3、3/99/5370/70，光绪二十四年七月二十九日。

〔5〕 原保折见《光绪朝朱批奏折》，第13辑，第350—352页，光绪二十四年七月十三日。

措置裕如。江苏徐州道桂嵩庆，拊循防剿，恩信素孚。江苏江宁府知府刘名誉，心气和平，吏事勤敏。安徽凤阳府知府冯煦，心存利济，听断擅长。江苏海门厅同知王宾，实心实政，士民爱戴。

顺天学政张英麟保〔1〕，光绪二十四年七月二十九日：刑部候补主事陈春瀛，福建进士。

翰林院侍读学士陈兆文保〔2〕，光绪二十四年八月初三日：四川特用道夏旹，练达沉毅，体用兼赅。江西候补道贺元彬，才识明敏，持正不阿。河南光州直隶州知州在任候补知府孙叔谦，精明强干，才略过人。

湖北巡抚谭继洵保〔3〕，光绪二十四年八月初六日：湖北督粮道岑春蓂，器质稳重，识见明通。湖北荆宜施道俞钟颖，宅心廉正，处事精详。湖北候补道陈重庆，心精力果，体用兼全。甘肃宁夏道胡景桂，博览经史，留心政治。奏调湖北广东候补道王秉恩，才干精实，心术优良。云南候补道翁寿笺，志趣端谨，才具勤明。湖北汉阳知府余肇康，器识远大，操守清廉。湖北候补知府施纪云，才识优卓，风骨坚凝。湖北候补知府张孝谦，朴实勤明，才具稳练。

江西巡抚德寿保〔4〕，光绪二十四年八月初六日：九江道诚勋，气识超卓，才猷练达。赣南道周浩，器识宏达，果毅兼资。督粮道刘汝翼，老成谙练，才识俱优。南昌知府江毓易，洁己爱民，操履清介。

山西巡抚胡聘之保〔5〕，光绪二十四年八月初八日：江宁布政使袁昶（今候补三品京堂），学有本原，通达政体。贵州按察使玉恒，秉性刚直，持躬清正。湖北按察使瞿廷韶，识量宏通，才猷卓越。山西冀宁道锡良，志趣超卓，坚忍耐劳。山西河东道杨宗濂，老成谙达，任事实心。安徽凤颍六泗道李光久，忠勇性成。北洋委用道奭良（今湖北荆宜施道），才具优良，条理严密。江西候补道贺元彬，才识稳练，晓畅戎机。在任候选道山西夏县知县盛沅，志趣远大，学识兼优。在任候选知府现署平遥县知县胡延，学识淹通，才具敏练。

---

〔1〕 原保折单见《军机处录副·光绪朝·内政类·职官项》，3/99/5363/124、3/99/5370/3，光绪二十四年七月二十九日。

〔2〕 原保片见《军机处录副·光绪朝·内政类·职官项》，3/99/5390/69。

〔3〕 谭继洵遵保人才折见《军机处录副·光绪朝·内政类·职官项》，3/99/5363/46。原折与清单分离。原折称共有九员。

〔4〕 原保折见《军机处录副·光绪朝·内政类·职官项》，3/99/5363/63，光绪二十四年七月十八日。

〔5〕 原保折见《军机处录副·光绪朝·军务类·人事项》，3/117/5926/117、118，光绪二十四年七月二十六日。

两江总督刘坤一保，光绪二十四年十二月十四日：江苏补用道任玉森，心气和平，公事稳练。江苏试用道李维翰，局度严整，才具优长。江西广信府知府查贝绥，胆识皆优，恩威并著。江苏候补知府吴增谨，悃愊无华，深沉有执。

协办大学士兵部尚书刚毅保，光绪二十五年七月初八日：江苏候补道穆克丰布，才长识达，操严贞清；丁葆元，心地纯正，才具敏捷；曾丙熙，宅心公正，才具敏捷。

两江总督刘坤一保（无日期）：工部给事中冯锡仁，户部员外郎毛庆蕃。

**内外臣工遵保使才人员名单**〔1〕

出使大臣许景澄保，光绪二十四年闰三月初五日：降调内阁学士陈宝琛，学识精明，究心交涉。（光绪二十四年六月十四日张之洞保，才品兼优，学端志远）分发北洋记名道梁诚，才具展开，肆应明敏。江苏候补道杨兆鋆，才识精细，办事稳练。

北洋大臣王文韶保，光绪二十四年五月初一日〔2〕：北洋委用道傅云龙，学贯中西，通达时务。（光绪二十四年六月十四日张之洞保，学问优长，治事精核）候选道孙宝琦，才识优练，志趣远大。

浙江巡抚廖寿丰保，光绪二十四年六月初一日：江宁布政使袁昶（今补三品京堂，总理各国事务衙门行走），翰林院侍讲黄绍箕，翰林院编修张亨嘉，翰林院庶吉士寿福。

湖广总督张之洞保，光绪二十四年〔3〕：湖南盐法道黄遵宪，学富才长，思虑精细。（现在奉旨回籍）分省补用知府钱恂，中学淹通，西学切实。江苏候补同知郑孝胥，才识坚定，学问淹弥。

江苏巡抚奎俊保〔4〕，光绪二十四年六月初一日：江苏候补道志钧，志虑忠纯，识见闳远。江苏补用知府刘庆汾，朴诚练达，熟悉洋情。

湖广总督张之洞保〔5〕，光绪二十四年四月十五日：江西候补道郓［恽］祖祁，江苏监生，办事认真，精致耐劳。

贵州巡抚王毓藻保〔6〕，光绪二十四年八月十九日：翰林院编修严修，朴诚廉正，品

---

〔1〕 该标题是原档所具。显然是根据二十四年四月二十三日谕旨而专设此栏，以便于查考。其中许景澄闰三月的保单原列入“光绪二十四年内外臣工保举文职名单”，后删去，改录于此，也是一体考虑之意。

〔2〕 日期为原保折日期，不是光绪帝下令存记日期。

〔3〕 日期原档如此，未记具体日月。原保折见《军机处录副·光绪朝·内政类·职官项》，3/99/5362/4，光绪二十四年六月初一日，六月十四日收到。

〔4〕 原保折见《军机处录副·光绪朝·内政类·职官项》，3/99/5362/1，光绪二十四年五月十五日。

〔5〕 原保片由张之洞与谭继洵联衔，《宫中档光绪朝奏折》，第11辑，第778—779页。从该片内容来看，也非为保举使才。

〔6〕 原保片见《军机处录副·光绪朝·内政类·职官项》，3/99/5370/66。原件无日期。

学兼优。

湖南巡抚陈宝箴保〔1〕：广东候补道杨枢。山东巡抚张汝梅保：山东督粮道桂春（今升甘肃臬司）。山东武定府知府尚其亨（今升山东粮道）。以上三员光绪二十四年九月初八日均奉旨：存记。

## 《内外臣工保举五品以下人员名单》（选录）

（该档是军机处存记档册之一，记录同治元年起到光绪二十五年保举五品以下人员的名单。此处选录光绪二十一年至二十四年。原件藏《军机处簿册》第58号第二盒）

广东巡抚马丕瑶保，光绪二十一年四月十六日：广西归顺直隶州王方田，河南进士，廉正爱民。前在湖北，后至广西，所至循声惠政，舆论翕然。（二十三年三月初二日吏部知照，补广西泗城府知府。改归四品以上）

山东巡抚李秉衡保，光绪二十一年十月初三日：山东补用直隶州知州卢昌诒，有学有识，廉谨不阿，请以府、道记名简用。（今放泰安府知府）（二十三年十月二十二日放）

内阁学士唐景崇保〔2〕，光绪二十一年十一月十六日：翰林院侍讲王荣商，根柢坚厚，论议宏通。翰林院编修丁立钧，同上。翰林院修撰张謇，宏达有为，勇于任事。翰林院检讨宋育仁，天性伉直，熟悉洋情。礼部员外郎罗文彬，办事勤能，志节贞介。（放）吏部员外郎区俊霖，练通洋务，熟悉地舆。刑部员外郎沈曾植，同上。

两江总督刘坤一保〔3〕，光绪二十三年十月二十八日：四品衔海州分司通判徐昭垣，整饬盐纲，讲求时务。（革）

金州副都统寿长保：候选直隶州知州晋昌，奉天候补道明征。（改入召见存记）康平县知县涂景涛。

大学士刚毅保：江苏桃源县知县沈佺。（今候补道）（改入召见存记）

## 《各项保举武职人员档》（选录光绪二十一年至二十四年）

（该档是军机处武职人员的存记档册，其中包括《醇贤亲王会同伯彦讷谟祜等保举人员》、《另行存记熟悉轮船水师人员》、《另行存记堪胜总兵

---

〔1〕 原保折见《戊戌变法档案史料》，第160—163页。

〔2〕 原保折见《军机处录副·光绪朝·内政类·戊戌变法项》，3/108/5613/11，光绪二十一年十一月十六日。

〔3〕 刘坤一原保片见《光绪朝朱批奏折》，第12辑，第700—701页。

未经引见人员》、《新召见存记》、《各省遵保提镇档》、《开复总兵档》等，时间从光绪元年至二十五年。此处选录与本章内容有关的两目。所录时间当为光绪帝旨命存记时间；评语大多为军机章京根据原保折片摘拟。军机章京后来添注的文字用括号标明。原档藏《军机处簿册》第58号第二盒）

**光绪二十一年内外臣工保举名单**〔1〕

署直隶总督云贵总督王文韶保，光绪二十一年六月二十一日：直隶提督聂士成，新疆提督董福祥，前广东水师提督曹克忠，直隶正定镇总兵吴宏洛（光绪二十一年八月调通永镇，光绪二十三年六月初七日直督王文韶奏报病故），山东登州镇总兵章高元，江南徐州镇总兵陈凤楼，安徽皖南镇总兵李占椿（今升江南提督），广东南韶连镇总兵郭宝昌（今署寿春镇总兵，光绪二十二年二月初四日张之洞奏报丁忧，奉旨改为署任），广东琼州镇总兵申道发，以上九员或秉性忠直，骁勇绝伦，或器识沉毅，谋略优长，详加考察，均可信其人不渝，实心报国。

（浙江学政）大理寺卿徐致祥保〔2〕，光绪二十一年八月初二日：补用参将吴杰，忠勇奋发，规画周详。补用都司廖天佑，实事求是，晓畅戎机。

河南巡抚刘树堂保〔3〕，光绪二十一年九月初十日：贵州古州镇总兵丁槐，堪胜统帅将领之任。（光绪二十三年十二月十三日奉旨开缺）

山东巡抚李秉衡保〔4〕，光绪二十一年十月初三日：已革提督李定明，久历战阵，治军严整。提督万本华，朴诚廉勇，久历战阵。（光绪二十二年三月二十一日刘坤一保，奉旨：存记。）（光绪二十二年五月二十日放曹州镇总兵）堪胜提镇补用副将张国林，战功卓著，纪律严明。遇缺升用总兵候补副将杨昌魁，朴讷勇敢，允称战将。（二十三年三月初十日李秉衡保，先补副将，仍以总兵记名简放）乌鲁木齐提督董福祥、广东陆路提督张春发、广东高州镇总兵余虎恩、广西右江镇总兵夏辛酉，该员等均系专阃大员，堪为干城之寄。

河东河道总督许振祎保〔5〕，光绪二十一年十月初五日：记名提督李永芳，骁勇善

---

〔1〕该标题是原档所具。时间也不限于“二十一年”，也列入了二十二年和二十三年的存记情况。

〔2〕原保折见《军机处录副·光绪朝·内政类·职官项》，3/98/5328/20，光绪二十一年七月二十日。

〔3〕原保折见《军机处录副·光绪朝·内政类·职官项》，3/98/5330/39，光绪二十一年八月二十七日。

〔4〕原保折见《军机处录副·光绪朝·内政类·职官项》，3/98/5331/13、3/98/5335/7，光绪二十一年九月二十五日。但附单有缺。

〔5〕原保折见《军机处录副·光绪朝·内政类·戊戌变法项》，3/108/5613/3，光绪二十一年九月二十三日。

战，忠信朴诚。

闽浙总督边宝泉保，光绪二十二年正月二十日：建宁镇总兵秦怀亮（光绪二十二年十一月初七日边奏报病故），漳州镇总兵侯名贵（光绪二十三年八月廿日边宝泉奏报病故），以上两员皆能整饬营伍，保卫地方。闽安协副将钟紫云，朴诚勇健，奋发有为。（光绪二十二年十月二十八日边宝泉保，奉旨：存记。）（光绪二十二年十一月初七日放建宁镇总兵）补用总兵洪永安，谋略兼优，才堪应变。（光绪二十二年十月二十八日边宝泉保，奉旨：存记）（今福建漳州镇总兵）

云贵总督崧蕃保〔1〕，光绪二十二年正月二十六日：署开化镇总兵顺云协副将刘万胜，谋勇兼优，堪膺重寄。（光绪二十二年十一月十七日放临元镇）留滇补用副将黄呈祥，营务谙练，有守有为。（光绪二十三年十二月十五日放古州镇）

驻藏办事大臣奎焕保〔2〕，光绪二十二年正月二十六日：四川越嶲营参将何长荣，讲求洋务，明体达用。

河南巡抚刘树堂保〔3〕，光绪二十二年五月初五日：山东曹州镇总兵王达三（光绪二十三年五月二十日刘树堂报丁忧）（今直隶大名镇总兵），记名提督武朝聘（今河南南阳镇总兵）（光绪二十五年十月二十七日河南巡抚裕长奏报病故）、蓝斯明，记名总兵李福兴、郭广泰（光绪二十三年正月十五日河南巡抚刘树堂报病故），以上五员可为将才，再加历练，将来必能独当一面。

闽浙总督边宝泉保，光绪二十二年十月二十八日：闽浙尽先副将记名提督余宏亮，老成干练，韬略素娴。（光绪二十二年十二月二十八日奉旨补授浙江海门镇总兵）

新疆巡抚饶应祺保，光绪二十三年正月二十四日：尽先补用提督张宗本，署阿克苏镇总兵，练勇习勤，以身倡率，才明谋裕，缓急足资。（光绪二十三年四月十四日奉旨补授陕西延绥镇总兵）记名副都统马亮，署伊犁镇总兵，才具明练，办事勤能，善抚士卒，营务整严。

陕甘总督陶模保，光绪二十三年三月初五日：记名提督罗平安，四川人，才气开展，谋勇兼全。（光绪二十三年四月十四日奉旨补授新疆阿克苏镇总兵）记名提督焦大聚，江南人，沉静有度，朴实勇敢。记名总兵陈元萼，江西人，勇敢善战，胆识坚卓。（今放甘

〔1〕 原保折见《军机处录副·光绪朝·军务类·人事项》，3/116/5909/108，光绪二十一年十二月二十六日。

〔2〕 原保折见《军机处录副·光绪朝·内政类·职官项》，3/98/5333/43，光绪二十一年十二月初九日。

〔3〕 原保折见《军机处录副·光绪朝·军务类·人事项》，3/117/5913/67，光绪二十二年四月二十六日。

肃肃州镇总兵）署凉州镇总兵永昌协副将刘璞，陕西人，久历行阵，熟悉韬钤。

**光绪二十四年内外臣工保举武职名单**〔1〕

山东巡抚张汝梅保，光绪二十四年正月二十八日：记名提督今广西左江镇总兵李永芳，纪律严明，勇果善战。

贵州巡抚王毓藻保，光绪二十四年二月十六日：署四川提督松藩镇总兵夏毓秀，秉性朴实，不畏艰险。贵州大定协副将熊时敏，质实镇定，沉毅有为。（今放威宁镇总兵）贵州遵义协副将马柱，年力健强，骁悍善战。候补副将罗志珂，勤朴耐劳，爱恤士卒。

云贵总督崧蕃、云南巡抚裕祥保〔2〕，光绪二十四年二月二十七日：署临元镇总兵云贵督标中军副将高德元，营规整饬，于外洋交涉事件尤能和衷商办。临元镇总兵刘万胜，久于戎行，有胆有识。贵州古州镇总兵黄呈祥，精明稳练，营规严肃。记名总兵马惟骐，历署镇篆，营务日有起色。（今放广东潮州镇总兵）已革普洱镇总兵覃修纲。

河道总督任道镕保，光绪二十四年三月二十四日：河标中军副将郭达森，久历戎行，忠勇朴实。

山东巡抚张汝梅保，光绪二十四年三月三十日：陕西固原提督邓增，广西右江镇总兵李永芳，记名提督河南荆子关副将李葆珠，以上三员谋勇兼优，可胜统将之任。

直隶总督荣禄保〔3〕，光绪二十四年六月初二日：甘肃提督董福祥，忠勇过人，勋望夙著。广西提督苏元春，晓畅戎机，卓著勋绩。广东提督张春发，晓畅戎机，卓著勋绩。新疆提督张俊，晓畅戎机，卓著勋绩。直隶提督聂士成，晓畅戎机，卓著勋绩。固原提督邓增，晓畅戎机，卓著勋绩。降调珲春副都统恩祥，才略素优，能胜艰巨。副都统荣和，曾在军营，勇略素著。副都统寿长，曾在军营，勇略素著。总兵王凤鸣，勇敢善战，屡立战功。总兵马玉昆，勇敢善战，屡立战功。总兵宋得胜，曾在军营，勇略素著。西安城守协副将田玉广，勇敢善战，屡立战功。

两江总督刘坤一保〔4〕，光绪二十四年八月十三日：记名提督杨金龙，性情甚笃，胆识兼优。记名提督前徐州镇总兵陈凤楼，忠勇绝伦，勤劳懋著。记名总兵班广盛，气局雄毅，纪律严明。补用总兵蒋良眷，朴实可靠，训练认真。记名提督韩大武，机权熟悉，调

---

〔1〕 该标题是原档所具。很明显是根据光绪二十三年十二月二十五日谕旨，而专设此栏，以便于查考。

〔2〕 原保折见《军机处录副·光绪朝·内政类·戊戌变法项》，3/108/5615/10，光绪二十四年正月二十六日。

〔3〕 原保折见《军机处录副·光绪朝·内政类·职官项》，3/99/5362/5，光绪二十四年五月二十九日。

〔4〕 原保折见《军机处录副·光绪朝·军务类·人事项》，3/117/5926/140，光绪二十四年七月三十日。

度合宜。记名提督金德恒，人材壮健，方略优娴。记名提督周应堂，声绩素优，韬钤夙裕。记名总兵卢国泰，久历戎行，深谙兵法。

理藩院尚书裕德保[1]，光绪二十四年九月初三日：记名提督张士元。（现放高州镇总兵）

四川总督奎俊查复广东巡抚鹿传霖面保，光绪二十五年正月二十四日：署四川提督夏毓秀，老成稳练，统驭堪资。记名提督周万胜，统带防营，不惜身命。副将佟在棠，年强才裕，营伍整饬。游击翁焕章，防捕窜匪，颇称得力。

闽浙总督许应骙保，光绪二十五年十月十七日：漳州镇总兵洪永安，久司防务，恩信素孚。海门镇总兵余宏亮，深晓戎机，勋劳卓著。顺昌协副将谢国恩，尽心营伍，抚驭得宜。

---

〔1〕 原保折见《军机处录副·光绪朝·军务类·人事项》，3/117/5926/102，光绪二十四年七月二十日。

# 第四章 京师大学堂的初建

## ——康有为派与孙家鼐派之争

建立于戊戌变法时期的京师大学堂，是当时的重大政治举措，也是政变后留存的唯一结果。由此而发展到今天的北京大学，一直引领着中国普通高等教育的方向，意义重大且深远。然在其开创之初，实有两派之斗争：其一是康有为派，试图在该堂传播其学术思想与政治思想，将之办成类似于万木草堂、时务学堂的维新干部养成机构，由此主导全国的思想与学术。其二是孙家鼐派，其办学方向不甚明确，后在光绪帝的督导下，也有意学习日本东京大学；但他相当明确地反对康的学术与思想，并尽力排斥康。这里面有理念之争，也有权力之争。先前的研究对此或有涉及，尚未深入。由此我以为，此一课题还有进一步展开讨论的必要与空间。

然而，若要检讨康有为派与孙家鼐派之争，似不可就事论事，须得放大背景，重新梳理京师大学堂的初建历史。

对于京师大学堂的初建，学术界的研究已相当开展，论著甚多，其中最重要的有王晓秋、孔祥吉、巴斯蒂、郭卫东、钱耕森、汤学奇、李霞、闾小波、郑宁等先生的论著。[1] 本章再次言及于此，并不

---

〔1〕 王晓秋：《戊戌维新与京师大学堂》，《北京大学学报》（哲社版）1998 年第 2 期；《京师大学堂与日本》，《近代中国与世界：互动与比较》，紫禁城出版社，2003 年，第 387—403 页。孔祥吉：《李盛铎与京师大学堂》，《晚清史探微》，第 77—94 页；《百日维新密札考释》，《戊戌维新运动新探》，第 64—80 页。巴斯蒂：《京师大学堂的科学教育》，《历史研究》1998 年第 5 期。郭卫东：《西方传教士与京师大学堂的人事纠葛》，《社会科学研究》2009 年第 1 期。钱耕森：《孙家鼐与京师大学堂》，《安徽大学学报》（哲社版）1999 年第 1 期。汤学奇、李霞：《论戊戌维新（转下页）

企图对先前的研究提出批评，而是遵循各位研究先进的方向，对以往论说较少之处，展开其细部，即做一补充性的工作。

## 一 淡出的背景：强学会与官书局

光绪二十四年五月十五日（1898 年 7 月 3 日），光绪帝批准《京师大学堂章程》，所下谕旨称："……所有原设官书局及新设之译书局，均著并入大学堂，由管学大臣督率办理。"[1]这里提到的官书局，应属京师大学堂的前身之一，而官书局的前身，又是强学会。

光绪二十一年（1895）七八月间，军机章京陈炽、工部学习主事康有为、内阁中书杨锐、总理衙门章京沈曾植、翰林院编修沈曾桐、翰林院编修丁立钧、督办军务处差员袁世凯、刑部主事张权、翰林院编修张孝谦、督办军务处官员陈允颐等人，在北京发起强学会；至十月，该会正式成立，以陈炽、丁立钧、沈曾植、张孝谦为总董，沈曾桐、文廷式为副董，张孝谦主其事。会址在宣武门南后孙公园胡同。加入该会的京官数量甚多。[2]张之洞、刘坤一等人为之捐款，数额较大。该会最初的工作是编刊、译书，其刊《中外纪闻》由内阁中书汪大燮、举人梁启超为主笔，故又称"强学书局"。尽管京师强学会正式成立前，康有为已

---

（接上页）时期的孙家鼐》，《淮北煤炭师范学院学报》（哲社版）1999 年第 2 期。闾小波：《强学会与强学书局考辨：兼议北京大学的源头》，《北京社会科学》1999 年第 1 期。郑宁：《张元济为何不就京师大学堂总办》，《读书》1999 年第 7 期。

〔1〕军机处《上谕档》，光绪二十四年五月十五日。"新设译书局"，即由梁启超主持的大学堂译书局（编译局），详见本章第四节。

〔2〕此事的相关史料可参见：梁启超光绪二十一年八月致夏曾佑三信（《梁启超年谱长编》，第 42 页）；汪大燮光绪二十一年八月至十一月致汪康年六信（《汪康年师友书札》，第 1 册，上海古籍出版社，1986 年，第 710—719 页）；吴樵光绪二十二年二月致汪康年信（同上书，第 470—471 页）；《康南海自编年谱》（《丛刊 · 戊戌变法》，第 4 册，第 133—134 页）；康有为诗《割台成行后，与陈次亮郎中炽……同开强学会于京师》（《康有为遗稿 · 万木草堂诗集》，第 63 页）。又，张权系张之洞之子；陈允颐，前驻日本横滨领事、湖南候补道，因张之洞保举而入督办军务处，其姓名据汤志钧考订（《戊戌变法史》〔修订本〕，第 179 页）。

于八月底离开北京，但他是强学会众多发起人中的有力人士。[1]

康有为虽已离开，但对京师强学会似有其设计。从他后来所撰《上海强学会章程》中，大致可知其想法：

> 今设此会，聚天下之图书器物，集天下之心思耳目，略仿古者学校之规，及各家专门之法，以广见闻而开风气，上以广先圣孔子之教，下以成国家有用之才。

具体所办者为四项：一、译印图书；二、刊布报纸；三、开大书藏（图书馆）；四、开博物院。[2]康设计的上海强学会是讲学之所，也是翻译、出版、新闻、演说的中心，同时又设图书馆、博物馆，以供学习研究。由此来比较京师强学会，一开始便注意办报，购买图书、仪器，与之很相似。汪大燮称：

> 京中同人近立有强学会，亦名译书局，下月开局，先译日报……西书购到即译书……同人延兄及梁卓如为主笔，下月当移寓后孙公园安徽馆间壁……西人李佳白为译书，兄笔作笔述。费充事繁，再添人，费再充，再立学堂，再建屋，其意如此。[3]

此中谈到先译报，再译书，然后立学堂、建屋，一切似有步骤。

然而，京师强学会尚未成形，内部矛盾却在不断深化。是年十二月

---

〔1〕 沈曾植称："书局之议，长素始之，推锋而出，先登者殒，接踵者功，瑕叔蝥弧，古今通例。"（致汪康年，《汪康年师友书札》，第1册，第1142页）"长素"，康有为。"瑕叔蝥弧"，典出《春秋左传》隐公十一年，指后来者接旗而获功。时在湖北的谭嗣同，于光绪二十一年除夕写信给其师欧阳中鹄称："康长素倡为强学会，主之者内有常熟，外有南皮，名士会者千计，集款亦数万。"（蔡尚思、方行编：《谭嗣同全集》〔增订本〕，中华书局，1998年，第455页）"常熟"，翁同龢；"南皮"，张之洞。该信的内容虽不准确，但指明康是倡导者，却有其根据。

〔2〕 汤志钧编：《康有为政论集》，上册，第173—179页。该章程起草于光绪二十一年十月。

〔3〕 汪大燮致汪康年，光绪二十一年九月二十四日，《汪康年师友书札》，第1册，第714—715页。

初七日（1896年1月21日），御史杨崇伊上奏弹劾。[1]当日下发谕旨："御史杨崇伊奏，京官创立强学书院，植党营私，请旨严禁……著都察院查明封禁。"这一道谕旨显得很奇怪，未让都察院"查明"后出奏请旨，而是直接"封禁"。该日在军机处值日者有翁同龢等人，未阻止该谕旨的下发；而军机大臣李鸿藻等人不在北京，事后对此极有意见。[2]

强学会被查禁后，沈曾植、杨锐、汪大燮、梁启超等人极力主张恢复，他们在军机大臣李鸿藻、工部尚书孙家鼐、总理衙门大臣张荫桓的支持下，多有动作。[3]经过他们的谋划，是年十二月二十二日（1896

---

〔1〕杨崇伊奏称："近来台馆诸臣，自命留心时事，竟敢呼朋引类，于后孙公园赁屋，创立强学书院，专门贩卖西学书籍，并钞录各馆新闻报，刊印《中外纪闻》，按户销售。计此二宗所入，每月千金以外。犹复藉口公费，函索各省文武大员，以毁誉为要挟。故开办未久，集款已及二万。口谈忠义，心熏利欲，莫此为甚。且目前以毁誉要公费，他日将以公费分毁誉，流弊所极，势必以书院私议干朝廷黜陟之权，树党援而分门户，其端皆基于此。相应请旨严禁，并查明创立之人，分别示惩，以为沽名罔利之戒。"（《军机处录副·光绪朝·内政类·职官项》，3/99/5333/35，光绪二十一年十二月初七日）

〔2〕查当日《翁同龢日记》并查《上谕档》等档案，这一天入值的军机大臣有恭亲王奕䜣、礼亲王世铎、翁同龢、刚毅等，李鸿藻随同奕劻、荣禄、徐桐、敬信前往普陀峪，考察慈禧太后墓地工程。汪大燮称："当初七事起，高阳赴陵差未回，常熟嘿不一言，至有此事。次日常熟见人，推之两邸，而为诸人抱屈。阅数日，寿州言事无妨，上已询彼，力言其诬，且谓事实有益。上悔行之不当，而常熟亦欲挽回矣。望日，高阳归，常熟往见，属合力扶持。"（致汪康年、汪诒年，光绪二十一年十二月二十七日，《汪康年师友书札》，第1册，第721—722页）"高阳"，李鸿藻；"常熟"，翁同龢；"两邸"，恭亲王奕䜣、礼亲王世铎；"寿州"，孙家鼐。翁当日的日记中称："见起二刻"、"书房一刻"，"言者以城南强学会为结党敛钱，大干法纪，有寄谕令都察院封禁，盈廷之是非如此。"（《翁同龢日记》，第5册，第2868页）可见翁未阻该谕旨。谭嗣同称："强学会之禁也，乃合肥姻家杨莘伯御史所劾，知高阳必袒护清流，乘其赴普陀峪始上疏。诸公不知所为，竟允其请，因之贻笑中外，在京西人面肆讥诋，遂至流播于新闻纸。朝廷深悔此举，高阳尤愤，适有胡公度请重开之奏，遂降旨准其重开。"（致欧阳中鹄，光绪二十二年正月二十八日，《谭嗣同全集》〔增订本〕，第457页）

〔3〕吴樵称："当事之发也，倡言恢复者，仅二沈、杨、汪、梁诸君，初欲于北城具呈，樾堂首应命往。继樾堂家人沮之，同乡沮之。于［是］伯唐毅然，而北城不肯收。是时高阳已归，上访于孙寿州，政府意已解。于是诸人又稍稍出，乃谋胡公度奏之，子培丈奔走于总理，张侍郎力斡之。张巽之力陈于高阳，总署复奏请直省设学堂、报馆上之。迟数日，乃允行，而命孙燮臣翁管理。"（致汪康年，光绪二十二年二月二十一日，《汪康年师友书札》，第1册，第472页）"二沈"，沈曾植、沈曾桐；"杨"，杨锐；"汪"、"伯唐"，汪大燮；"梁"，梁启超；"樾堂"，韩樾堂；"孙燮臣"，孙家鼐；"胡公度"，胡孚宸；"张巽之"，张孝谦；"子培"，沈曾植；"张侍郎"，张荫桓。"北城"，似为徐桐。

年2月5日）由御史胡孚宸出奏，要求重新审议强学会，并提议成立“官立书局”。光绪帝发下交片谕旨：“本日御史胡孚宸奏书局有益人才请饬筹议以裨时局一折，军机大臣面奉谕旨，著总理各国事务衙门议奏。”[1]

光绪二十二年正月十二日（1896年2月24日），总理衙门上奏一折一片，其正折对以数学为中心而包括“天学、化学、气学、光学、电学、重学、矿学、兵学、法学、声学、医学、文字、制造学等学”的西方学术，表示了赞赏，言辞由此而直转学校，称言：

> 泰西教育人才之道，计有三事：曰学校，曰新闻报，曰书籍馆。英、法、德、俄各国学校之盛，或二三万所，或六七万所，生徒率皆二三十万人。美国学校多至十七万余所，生徒几及千万人。学校费用自三四千万至八千余万不等，率由国家及生徒各出其半。各国富强之基，实本于是。是庶政由人才而理，人才由学术而成，固有明效大验。该御史请将强学书局改归官办，自系为讲求实学，培养人才起见。臣等公同商酌，拟援照八旗官学之例，建立官书局，钦派大臣一、二员管理，聘订通晓中西学问之洋人为教习，常川住局，专司选译书籍、各国新报及指受各种西学，并酌派司事、译官收掌书籍，印售各国新报。
>
> 至建设学舍地方，或假官房，或租民宅，取足教习各官起居之地，兼为士大夫入观群书之所，因地制宜，妥筹布置。

---

〔1〕军机处《上谕档》，光绪二十二年十二月二十二日。胡孚宸的奏折原件，我尚未从档案中检出，但其主要内容，在总理衙门议复的奏折中已有详摘：“局中所储藏讲习者，首在列圣圣训及各种政书，兼售同文馆、上海制造局所刻西学诸书，绘印舆图，置备仪器，意在流通秘要图书，考验格致精蕴。所费需用，皆系捐资集股，绝无迫索情事。”“请旨饬下总署及礼部各衙门，悉心筹议官立书局，选刻中西各种图籍，任人纵观，随时购买，并将总署所购洋报选译印行，以扩闻见，或在海军旧署开办……”（总理衙门奏，光绪二十二年正月十二日，《军机处录副·光绪朝·内政类·戊戌变法项》，3/108/5614/1）又，《丛刊·戊戌变法》第2册第397—399页据《时务报》选入该件，时间误为光绪二十一年十二月二十二日，亦有个别错字。

由此可见，总理衙门有意将“官书局”办成兼有图书馆、翻译书报、西式学校三者合一的机构，并每月支付银一千两，“以备购置图籍仪器、各国新闻纸及教习、司事、翻译薪水等用”；“设不敷用，再由臣衙门设法筹措”。[1]在附片中，总理衙门谈到了京城获取外部消息之不足，各国报纸“自外洋寄沪，已阅一二月，由沪翻译，又须逾月始能刷印，所谓新闻者，展转已将半年矣。特舍此而不译传，更无可资考察”。总理衙门由此提议：

> 臣等拟就南、北洋大臣所送沪上广方言馆月译之西国近事、新闻纸及“路透”电报，逐日送交官书局，择要翻刊。中外风尚既可互参，彼己利害宜无隔阂。至关涉时事、臧否人物，如报馆所谓有闻必录者，一切□除。每日刊布之先，由教习送司事核明，呈由管理大臣画诺，始行排印，以免猥杂。[2]

此乃《中外纪闻》的官方新版。总理衙门此折片的起草者为该衙门大臣张荫桓、章京顾肇新，沈曾植、李鸿藻也参与意见；他们将强学会当时欲办之事，以“官书局”的名义全盘接下来。[3]该折片上奏后，光绪

---

〔1〕总理衙门奏，光绪二十二年正月十二日，《军机处录副·光绪朝·内政类·戊戌变法项》，3/108/5614/1。

〔2〕总理衙门附片，光绪二十二年正月十二日，《军机处录副·光绪朝·内政类·戊戌变法项》，3/108/5614/3。

〔3〕汪大燮称：“胡公度侍御上言发译署，南海即派沈拟稿。沈是日非班期，见知会去，而顾已拟定，有月拨千金、借用会同四译馆等辞，由同文馆兼管。稿送去，南海自拟即加一片，言译报事，拟赶年内开复。沈往见，盖疑其归官办而徒有虚名也。南海谓，同文馆不过空名，事仍归公等耳。若千金不敷，当再为续筹，所言颇如人意。次日两邸皆画稿，而高阳不画，意欲仿八旗官学，请派管学大臣，意且在己，盖张豫人实曾怂之……此次寿州极难得，请假数日，意欲请开缺，闻有复议，而后销假，有以去就相争之志……开正初十前后必可揭晓。”（致汪康年，光绪二十一年十二月二十七日，《汪康年师友书札》，第1册，第722—723页）“南海”，张荫桓；“沈”，沈曾植；“顾”，顾肇新；“两邸”，恭亲王奕䜣、庆亲王奕劻；“张豫人”，张孝谦，其为河南人。由此可见，该折由顾肇新最初起草，张荫桓修改并另加一附片，沈曾植参与意见。原折拟归同文馆管辖，后据李鸿藻（亦为总理衙门大臣）的意见，设管理大臣。李有意于此职。孙家鼐闻讯而销假，亦有意于此职。

帝并没有立即下达谕旨。一直过了九天，正月二十一日(3月4日)，才下旨："总理各国事务衙门奏新设官书局，请派大员管理一折，著派孙家鼐管理。"[1]

孙家鼐（1827—1909），字燮臣，安徽寿州人。咸丰九年（1859）状元，授翰林院修撰。光绪四年（1878）奉命入值毓庆宫，与翁同龢同为光绪帝的汉文师傅。次年授内阁学士，历工部、户部、兵部、吏部侍郎及都察院都御史等职，光绪十八年（1892）任工部尚书，并管理顺天府事。其后迁礼部尚书、吏部尚书。他为政为人温和，也重视西方文化。光绪二十一年八月二十四日（1895年10月12日），他与英国传教士李提摩太(Timothy Richard)会谈时谈道，"有两个月的时间，他每天都为皇上读我翻译的麦肯西的《泰西新史揽要》。"[2]孙与清流也有着广泛的联系，对强学会持支持的态度；但年近七旬，久在官场，做事稳健而多官场旧习，缺乏创新的精神。

孙家鼐与翁同龢商议后，于二月十一日（3月24日）上奏开办章程，提出官书局下设四机构：

> 一、藏书籍，拟设藏书院。尊藏列朝圣训、钦定诸书及各衙门现行则例，各省通志、河漕盐厘各项政书，并请准其咨取、储存、庋列其古今经史子集，有关政学术业者，一律购置院中，用备留心时事、讲求学问者入院借观，恢广学术。
>
> 一、刊书籍，拟设刊书处。译刻各国书籍，举凡例律、公法、商务、农务、制造、测算之学及武备、工程诸书，凡有益于国计民生与交涉事件者，皆译成中国文字，广为流布。

---

〔1〕军机处《洋务档》，光绪二十二年正月二十一日。

〔2〕李宪堂、侯林莉译，李提摩太：《亲历晚清四十五年：李提摩太在华回忆录》，天津人民出版社，2005年，第239页。又，该书称孙家鼐曾三次邀其任"京师大学堂总教习"，似为翻译有误，我未核对英文原本，从时间来看，似为官书局下设学堂教习。又，郭卫东对此已有考据，见其文《西方传教士与京师大学堂的人事纠葛》（《社会科学研究》2009年第1期）。

一、备仪器，拟设游艺院。广购化学、电学、光学诸新机，矿质、地质、动物、植物各异产，分别部居，逐门陈列。俾学者心摹手试，考验研求，了然于目，晓然于心。将来如制造船只、枪炮等事，可以别材质之良窳，物价之低昂，用法之利钝，不致受人蒙蔽。

一、广教肄，拟设学堂一所。延精通中外文理者一人，为教习，凡京官年力富强者、子弟之姿性聪颖安详端正者，如愿学语言文字及制造诸法，听其酌出学资，入馆肄习。

该折还提到了经费、人员、印信等事。[1]孙的这一章程，与康所拟《上海广学会章程》大体相似，少了报刊而多了学堂。而两者之大体相似，似又说明当时的人们对新学的一般概念。孙家鼐认为，同治初年开办同文馆，令翰詹部院官员入学，因风气未开而中止；“近者倭人构衅，创巨痛深，一二文人学士默参消息，审知富强之端，基于学问”；官书局与当年的同文馆“实相表里，诚为转移风气一大枢纽也”。他提名的官书局具体办事人员，大多为参加过强学会的官员。[2]

---

〔1〕孙家鼐奏，光绪二十二年二月十一日，《军机处录副·光绪朝·内政类·戊戌变法项》，3/108/5614/9。该折孙事先与翁同龢商量过，翁二月初六日日记中记：“晚，孙燮臣来，以官书局折底见示。”（《翁同龢日记》，第5册，第2885页）

〔2〕孙家鼐上奏官书局章程称：“上年部院诸臣，开设书局，仓猝举办，草定规模，议事尚未划一。今拟将局中诸务各分职掌，庶心志专一，可期日起有功。所有在局办事诸臣职名，另单开呈御览。”该附单在档案整理中被分离，另行检出，谓：“谨将办理书局诸臣衔名缮写清单，恭呈御览：翰林院侍读学士文廷式、詹事府左春坊左中允李昭炜、国子监司业瑞洵、翰林院编修丁立钧、翰林院编修熊亦奇、翰林院编修沈曾桐、翰林院编修张孝谦、翰林院编修徐仁铸、翰林院检讨宋育仁、礼科掌印给事中褚成博、掌江南道监察御史张仲炘、掌江西道监察御史王鹏运、内阁中书杨锐、内阁中书汪大燮、户部郎中陈炽、户部主事涂国盛、刑部员外郎沈曾植、刑部员外郎潘庆澜、刑部郎中胡翔林、工部郎中端方、工部郎中徐道焜、工部员外郎杨士燮、工部主事丁象震。以上二十三员，臣惟添派司官三四员，余皆原办书局之人。俟奏定后，臣再商酌分任职掌。自奉旨开办书局，部院诸臣愿到书局任事、冀收观摩之益者甚多，未能一一具奏。容臣随时留人局中，借资襄助。”（《军机处录副·光绪朝·内政类·职官项》，3/99/5351/2）这可能是一个最为详细的强学会人员名单，但其中没有不在京的康有为和非为官员的梁启超等人。孙称“添派司官三四员”，具体是谁，我还不能确定。

是年五月初二日（1896 年 6 月 12 日），刑部侍郎李端棻上奏请求推广学堂，该折很可能由梁启超代为拟就。[1]其内容大体为两项：一是在府州县、省、京师三级设立学堂。府州县之学堂，选 12—20 岁民间俊秀子弟入学，生员以上欲入学者，听之。其课程是学习“四书”、《通鉴》、小学等书，辅以各国语言文字及初级算学、天文、地理、格致、简明各国史，学期三年。省之学堂，选 25 岁以下生员入学，举人以上欲入学者，听之。其课程是学习经、史、子及国朝掌故诸书，辅以天文、舆地、算学、格致、制造、农桑、兵、矿、时事、交涉，学期三年。京师之大学，选 30 岁以下举、贡监生入学，京官愿入学者，听之。学习内容与省学相同，主要是专精一门，学期三年。省学及京师大学“其荣途一如科第，予以出身，一如常官”。二是设置与学堂相辅相成的机构：藏书楼，在京师及行省省会皆设；仪器院，各学堂皆设；译书局，设于京师；报馆，京师、省会及通商口岸、繁华镇埠皆设；派游学，各学堂优秀生派往各国或他省游学。[2]李端棻在此提出了一个很大的计划，若行之，须得有强力政治支持和充足经费保证；而其具体内

---

[1] 光绪十五年（1889），时任内阁学士的李端棻放广东乡试考官，录取了年仅 16 岁（虚岁）的梁启超，并将其堂妹李蕙仙许给梁。光绪十七年冬，梁启超北上与李蕙仙完婚。光绪二十一年，梁随康有为第三次入京会试，未随康南下，继续留在北京，参与强学会事务。强学会被封后，梁为此奔走。官学局成立后，被排斥。吴樵称：“……当诸人之匿，卓如、伯唐相号于人曰：‘若属不言，听此澌灭，吾二人具呈，将悉言诸君所为，诸君不得阻我也。’于是诸人衔之甚，遂倡用京官之说，而置伯唐于报馆，屏卓如焉。”（致汪康年，光绪二十二年二月二十一日，《汪康年师友书札》，第 1 册，第 472 页）“诸人”指参与“强学会”事，被封后隐匿者。此时梁为李端棻拟奏，不久后南下上海，参与创办《时务报》。“推广学堂折”的作者，可参见王晓秋：《戊戌维新与京师大学堂》，《北京大学学报》（哲社版）1998 年第 2 期；孔祥吉：《康有为变法奏议研究》，辽宁教育出版社，1988 年，第 233 页。

[2] “刑部左侍郎李端棻奏请推广学堂折”，北京大学、中国第一历史档案馆编：《京师大学堂档案选编》，北京大学出版社，2001 年，第 1—6 页。梁启超此后又作《变法通议·学校总论》进一步地说明其思想，“采西人之意，行中国之法，采西人之法，行中国之意，其总纲三：一曰教，二曰政，三曰艺。其分目十有八：一曰学堂，二曰科举，三曰师范，四曰专门，五曰幼学，六曰女学，七曰藏书，八曰纂书，九曰译书，十曰文字，十一曰藏器，十二曰报馆，十三曰学会，十四曰教会，十五曰游历，十六曰义塾，十七曰训废疾，十八曰训罪人。”（《饮冰室合集》，中华书局，1989 年，第 1 册，文集之一，第 19 页）

容，又与康有为的设想相一致，藏书楼、仪器院、译书局、报馆诸项可见于《上海强学会章程》，而各地设立学堂、派游学等项又见于戊戌期间康自上或代拟诸奏折。光绪帝以明发上谕将该折交总理衙门议奏。[1]

过了两个月，七月初三日（8 月 11 日），总理衙门对此复奏，对设立府州县学堂、省学堂及藏书楼、仪器院、译书馆、报馆、游学诸项，多作应对之词；而对“该侍郎所请于京师建设大学堂”一语，却称之“系为扩充官书局起见，应请旨饬下管理书局大臣察度情形，妥筹办理”。[2]总理衙门的这一复奏是章京沈曾植起草的，他当然知道李端棻的提议此时很难施行，于是精心选择了其中的可办之事（大学堂），交给可办之人（孙家鼐）。[3]光绪帝对此朱批“依议”。

又过了一个多月，八月二十一日（9 月 27 日），管理官书局大臣孙家鼐出奏，针对李端棻的建策，提出了一个规模更大的大学堂计划：一、建筑。于京师适中之地，“先建大学堂一区，容生徒百人，四周分建小学堂四区，约各容生徒二三十人。仍多留隙地，以备日后扩充，建设藏书楼、博物院用之”。二、学科。“今拟分十科，以专肄习。曰道德科，曰天文科，曰地理科，曰政事科，曰文学科，曰武备科，曰农事科，曰工艺科，曰商务科，曰医术科。此十科者，尤以道德为先，实贯彻于九科之中，而不可一日或离，九科中专精一科。”三、教官。大学

---

〔1〕 军机处《上谕档》，光绪二十二年五月初二日。

〔2〕 “总理衙门奏复遵议李端棻推广学校条陈折”，《京师大学堂档案选编》，第 7—8 页。总理衙门该折称，推广学堂一项，已请旨饬下各地“于已设学堂者，量为展拓，未设学堂者，择要仿行”，如有绅士自行设立，三年后由督抚奏明请旨考试录用；藏书楼、仪器院、译书馆诸项，可在新设学堂中“兼举并行”；西报中关于“艺学”者，可由学堂中选译；而游学一项，分别由学堂、商局筹资，由督抚给予文凭，由驻该国公使照料。“以上各节，均系就臣衙门奏定成案，量与广充，如蒙俞允，恭候命下，即由臣衙门通行各省，责令实力奉行。”

〔3〕 汪大燮称：“此事最不放心诸君者，莫如子培。盖其去年、今年斟酌拟复陈其璋、李苾翁两稿，苦心孤诣，极欲推广新政，而中国向来于此等事难创而易塞，一有浮言，立即关门。如去年强学书局之类……总署复奏之稿，寄上乞察，子培并嘱勿扬言是出渠手，又嘱弗亟亟上报……官书局颇有请款开学堂之意……”（致汪康年，光绪二十二年八月初四日，《汪康年师友书札》，第 1 册，第 747 页）可见总署此折由沈曾植起草，将大学堂一事交予孙家鼐议奏，有其用意。

堂延聘中西总教习数人，“中国教习应求品行纯正，学术渊通，通悉中外大势者，不通西文可也。西教习须深通西学，兼习华文，方无扞格。”各小学堂延聘中西教习各一人。四、生徒。大学堂生徒以 25 岁为度，其来源为：咨调同文馆、广方言馆学生；由内外各衙门咨送；举、贡生监曾学西文，可自行投考。小学堂生徒以 15 岁为度，“数年后能精通各学者，升入大学堂”。五、出身。“特辟三途”，其一是立时务一科，乡、会试由大学堂咨送与考；其二是派差，应试不中者，由学堂发给文凭，派往各使馆及海陆军、船政制造各局；其三是分教，学生不愿举官者，派到各省设立学堂中任教习。而在此之上，孙家鼐又强调了大学堂的宗旨：

> 中国五千年来，圣神相继，政教修明，决不能如日本之舍己芸人，尽弃其学而学西法。今京师创立大学堂，自应以中学为主，西学为辅，中学为体，西学为用，中学为经，西学为纬；中学有未备者，以西学补之；中学有失传者，以西学还之。以中学包西学，不能以西学凌驾于中学。此立学宗旨也。以后分科设教，及推广各省，均须抱定此意，千变万化，语不离宗。

这一段话集中阐明了孙家鼐此期的政治思想与学术思想。〔1〕其中关于中学与西学的关系，很可能是这一理念的第一次完整表述。

孙家鼐的这一奏折，主要起草人是军机章京陈炽。〔2〕该折提出了相当完整的办学计划，也吸取了先前办学的许多教训。然而，该计划有两大难点：其一是仅“延聘中西总教习数人”，似难应对于将要兴办十大学科。其二是经费，官书局经费由总理衙门划拨，每月仅银一

---

〔1〕“工部尚书孙家鼐议复陈遵筹京师建立学堂情形折”，《京师大学堂档案选编》，第 8—13 页。又，《丛刊·戊戌变法》第 2 册第 425—429 页亦收录该折，但文字与内容有着很大的差异，造成这种差异的原因不详。

〔2〕汪大燮称：“陈次亮亦拟学堂章程，惟张、褚素不喜其人，必且意见在前，是非在后也。”“此事初由张、褚执议，甚谬，后次亮条陈寿州，大致成一局面。”（致汪康年，光绪二十二年八月初四日、九月初十日，《汪康年师友书札》，第 1 册，第 748、750 页）“陈次亮”，陈炽；“张”，张仲炘；“褚”，褚成博。

千两，当然不足以办学；为此孙家鼐要求“应请旨饬下户部，飞饬南、北洋大臣，无论何款，按月各拨银五千两，解交户部，作为京师学堂专款”。即每月经费银一万两。然从孙家鼐所奏大学堂规模来看，此一数额尚不足以用。〔1〕

就在上奏的前一天，八月二十日，孙家鼐再次与翁同龢商议。翁在日记中记：“晚燮臣来长谈，商立学堂事。”二十一日，即上奏的当日，翁日记又称：“天明始入，尚早。无折无报，电亦无。惟孙公一封奏。是日辰正三刻，上自园还宫。巳初一刻见起，一刻退，递封奏即散。”〔2〕也就是说，光绪帝刚从颐和园回到宫中，当天早朝也只有孙家鼐一折，但军机面见时对此没有进行太多的讨论便散值了。军机处给慈禧太后的奏片称：

> 本日孙家鼐奏遵筹京师建立学堂大概情形折，奉旨“暂存”。谨将原折恭呈慈览。谨奏。〔3〕

按照当时的政治术语，“暂存”即被搁置，以后很少会再论。虽说军机处未留下任何记录说明搁置的原委；但思酌当时的情形，我以为，原因可能为两项：其一是经费。为筹措甲午战败的对日巨额赔款，财政上已挖肉补疮。若命南、北洋大臣每月再加银五千两，必为抗拒。其二是新科。在科举中新设“时务一科”，动作甚大，需得礼部、总理各国事务衙门多方筹划。汪大燮称，军机大臣恭亲王奕䜣、李鸿藻对此计划皆不以为然，由此而被中止；尽管该计划的提议者孙家鼐是

---

〔1〕 孙家鼐称：“英京大学堂岁费一千万镑，故尔规模闳壮，俊彦云兴。中国总署同文馆岁费约十余万，天津医学堂，外省同文、方言各馆，水师、武备各堂，岁费十余万、数万金不等，大抵规制卑隘，日久因循，卒未闻成就一人。”由此而言，此处月银一万两，只是初步的数字，“俟他日成效已彰，人才渐出，再请添拨款项”。（“工部尚书孙家鼐议复陈遵筹京师建立学堂情形折”，《京师大学堂档案选编》，第12—13页）

〔2〕 《翁同龢日记》，第5册，第2936—2937页。

〔3〕 军机处《上谕档》，光绪二十二年八月二十一日。

帝师，且与同为帝师的户部尚书翁同龢事先疏通过。[1]

从这一段历史来看，后来将要出场的主要人物康有为、梁启超、孙家鼐，已是初显身手，尽管并没有直接过招，思想上的差距也不是很大。双方似也未意识到对方的存在。

此后官书局在孙家鼐的主持下，一无起色。孙自称："开办以后，时近半年，各处咨取书籍，译印报章，订购铅机，略添仪器，搜求有用之图书，采摭各邦之邮电，俾都人士耳目见闻稍加开拓。规模草创，仅止如斯。"[2]在当时的官僚体制下，所办机构大体如此。官书局的主要工作是编译西报，其学堂一直未能设立起来。[3]时人的评价很低，当时

---

〔1〕 汪大燮称："寿州奏复开大学堂，恭邸不谓然，高阳亦不谓然，事已中止……寿州既许之，以为事有转机，不知事非极谬，则万难允行。"（致汪康年，光绪二十二年九月初十日，《汪康年师友书札》，第1册，第750页）汪大燮的消息可能得自张荫桓。

〔2〕 "工部尚书孙家鼐议复陈遵筹京师建立学堂情形折"，《京师大学堂档案选编》，第8—9页。

〔3〕 时任张之洞幕僚的王秉恩称："都中大学堂，虽有开办之说，尚未见明文，能不蹈强学后尘，斯可矣。"（致汪康年，《汪康年师友书札》，第1册，第68页。原信无日期，从内容来看，似为光绪二十二年）《知新报》第3册（光绪二十三年二月初一日出版）以"辟雍盛中"为题刊出消息："去岁李苾园侍郎奏请推广学堂……嗣由管局大臣孙燮臣尚书七月间经复奏，议准先设京师大学堂，议定请每月拨款万两，大致办法六条……此折于去岁秋冬间上闻，留中不报。闻顷得旨照办，自岁正月为始，由户部拨款一万两，交官书局举办，并闻西文总教习拟聘向在江南制造局译书之傅兰雅云……"（《知新报》，上海社会科学院出版社影印本，1996年，第1册，第19—20页）此一消息很可能是翰林院编修熊亦奇所透露。《知新报》第6、7、8册，皆刊登熊的建策，其中致孙家鼐书称："设学堂事大且繁，非书局所可容纳"；"学堂一节，则以小试无益，大办不能，是以屡次筹商，不得不迟迟有待。今皇上特允所请，且责成官书，是不可以再缓矣……"（《知新报》影印本，第59页）然光绪二十二年末至二十三年初光绪帝命拨款由官书局开办大学堂，我还未查到相关的谕旨。《知新报》第22册（光绪二十三年五月二十一日出版）刊出"京师大学堂章程条陈"，共计16条，其按语称："去年京师设立大学堂，奉旨'着官书局妥议章程'。有局中某部郎，曾拟聘请教习、招选学生之章程，上于管局大臣，通达周密。顷学堂事仍未大定，他日举行伊始，必多所采择矣。顷从都友寄出，特录以供先睹。"（《知新报》影印本，第1册，第188页）该按语证明"学堂事仍未大定"；"某部郎"很可能是指户部郎中陈炽；因为张仲炘、褚成博皆为御史，熊亦奇为编修。该章程规定"设总教习，华人一员，西人一员"；"华教习当取邃究经术，深谙掌故，通识时务，周知四国者，不论爵位，不拘年齿"；"聘用华教习，或由特诏，饬中外大臣举，或由管学大臣征，惟不得以寻常京官充当，致成庶吉士教习故事……"

和后来都没有太大的影响。[1]

## 二 京师大学堂的开办与章程起草人的变更

孙家鼐的“大学堂”计划搁置后，清朝内部关于设立大学堂的

〔1〕吴士鉴称：“此间一局改为官办，不言学术，不联同志，专于空虚之处，搆成水火，今虽逐日译报，而弃取深合乎士大夫之心，稍涉忌讳，不登一字。报既流布，阅者寥寥，即或阅之，亦不知是何呓语，安能开豁人心，渐有新机耶？至于译书、译图及一切应讲之学，分门设立教习，皆恐不能有此日矣。”（致汪康年，无日期，从内容来看为光绪二十二年，《汪康年师友书札》，第1册，第287页）汪大燮称：“京都书［局］已租定虎坊桥宅一所，每月廿八金，闻地尚宽敞。孙寿州请文芸阁总理其事，且住局。芸阁欲与子培共理之。寿州极能受善言，局面或可妥贴。惟不知子培尚愿为此否耳。”“书局十八开局，先有人谗兄于寿州，既而芸白之，因同在奏派之列，而仍令司报事，兄本无暇兼及，亦不愿，只可姑听之……局事自芸阁去，未去亦争长，今更如愿，而群不逞大得志，互相争长，势不可当……尊意欲局助报馆，此事万不能行，其中诸人大率非我族类，万万不便沾染。”“书局之事甚糟，稍明白之人，率退避三舍，而熊余波独揽大权，将来一事无成，不过多费帑项而已。惟巽之或将改知府赴四川去。”（致汪康年，光绪二十二年二月初二日、二月十九日、三月十二日，同上书，第725、728—729、734页）“文芸阁”，文廷式；“熊余波”，熊亦奇；“报馆”，《时务报》馆。吴樵称：“局（现名曰官书局），分四门：曰学务（二字不通，何如?），曰选书（二字太通，内有芸阁、叔峤丈），曰局务（管银钱事，熊、张巽之主之），曰报务（伯唐、子封主之）……现在仅熊、张巽之、张次山、诸［褚］伯约耳，余人均置闲散。”（致汪康年，光绪二十二年二月二十一日，同上书，第472—473页）“熊”，熊亦奇；“叔峤”，杨锐；“张次山”，张仲炘；“褚伯约”，褚成博；“子封”，沈曾桐。沈曾植称：“北报已成官样”，“卓怨兄不主持京局”。（致汪康年，光绪二十二年四月十一日，同上书，第1140页）“北报”，官书局译报；“卓”，梁启超。沈曾植未具体参与官书局事。谭嗣同称：“现今虽开，却改名官书局，不过敷衍了事，羊存礼亡矣。李佳白系美国人，汪伯唐为汪穰卿之弟，均极相契。今皆不在书局中，则其事可知矣……京官在下位者，人材极多，游士中亦不乏人，三品以上，则诚无人矣。”（致刘淞芙，《谭嗣同全集》〔增订本〕，第483—484页）汪大燮（伯唐）为汪康年（穰卿）之堂兄，谭嗣同稍误。张元济称：光绪帝“近且阅《时务报》（诏总署按期呈进）、《官书局报》（朱批曰“平淡无奇”）、同文馆所译新报（嫌太少，令多译矣）。又令总署进电报、问答（逐日呈进）暨全球地图、各国条约矣。果于此因势利寻，所造岂有限量！乃在廷诸臣不惟不喜，而且忧之。”（致沈曾植，光绪二十四年六月十八日，张树年、张人凤编：《张元济书札》增订本，商务印书馆，1997年，第676页）其中《官书局报》指官书局所译西报，光绪帝朱批“平淡无奇”，已是极其不满。

提议一直没有停止过，清廷也没有对此再做决定。[1]直到光绪二十四年正月二十五日（1898 年 2 月 15 日），掌江西道监察御史王鹏运上奏恳请力行修省实政，附片要求开设京师大学堂。此时政治形势大变，德国占领胶州湾，俄国占领旅大，英国与法国也另有要求，清朝陷于极大的危机之中，改革的呼声再度响起。王鹏运正折虽奉旨“存”，但其附片得到了光绪帝的肯定，当日发下明发上谕：

> 御史王鹏运奏请开办京师大学堂等语。京师大学堂叠经臣工奏请，准其建立。现在亟需开办。其详细章程著军机大臣会同总理各国事务衙门王、大臣妥筹具奏。[2]

军机处档案和《翁同龢日记》对此谕旨的产生过程，皆无具体记载，但从后来发生的事情来看，光绪帝似为主动者，并对此事极为上心。且在

---

〔1〕其中最重要者，为候补四品京堂盛宣怀与直隶候补道姚文栋。光绪二十二年九月盛宣怀入京召见，随后上奏自强大计，其中也要求设立学校：“……在京师及上海两处各设一达成馆，取成材之士专学英、法语言文字，专课法律、公法、政治、通商之学，期以三年，均有门径，已通大要。”然后充驻外公使的随员“俟至外洋，俾就学于名学，就试于大学，历练三年”。入馆者“京官取翰林编检、六部司员，外官取候补、候选州县以上道府以下”。（《丛刊·戊戌变法》，第 2 册，第 444—445 页）盛宣怀之意在培养驻外公使及总理衙门官员。姚文栋曾任驻日公使黎庶昌、驻俄公使洪钧的随员，在日本六年，在欧洲两年，并曾调查中缅边界，是当时中国最了解外国事务的官员之一。他于光绪二十三年提议设立京师大学堂，上有章程。（北京大学校史研究室编：《北京大学史料》，北京大学出版社，1993 年，第 1 卷，第 11 页）此外翰林院编修熊亦奇有《西学课程》（京师创立大学堂条议）、《上书有道》（上孙大臣书稿）。（《知新报》第 6、7、8 册，见影印本第 1 册，第 43、50—51、59 页）美国传教士李佳白（Gilbert Reid）、狄考文（Calvin Wilson Mateer）亦有办学之条陈。（《北京大学史料》，第 1 卷，第 11—18 页）

〔2〕军机处《洋务档》，光绪二十四年正月二十五日。又据该日军机处《上谕档》，军机大臣给慈禧太后奏片称：“……御史王鹏运奏请力行修省实政折，奉旨‘存’；又奏请开办京师大学堂片，奉旨‘著军机大臣会同总理各国事务衙门王、大臣妥筹具奏’。谨将原折片恭呈慈览。”王鹏运正折见《军机处录副·补遗·戊戌变法项》，3/168/9446/6；其附片我还未从档案中查出。

此前不久，光绪帝批准设立经济特科。[1]

虽然军机大臣、总理衙门大臣奉旨筹议大学堂章程，但当时政务甚忙：德国胶澳交涉、俄国旅大交涉，英德续借款，英、法、日本等国对租借地及势力范围的要求，以及经济特科、昭信股票、德国亲王觐见……军机大臣、总理衙门大臣日理诸多要务，一无空暇。从此期《翁同龢日记》、《张荫桓日记》来看，他们还没有对京师大学堂事务进行过讨论。

是年四月二十三日（6月11日），光绪帝经慈禧太后批准后决意变法，当日颁下的谕旨称：

> 数年以来，中外臣工讲求时务，多主变法自强。迩者诏书数下，如开特科、裁冗兵、改武科制度、立大小学堂，皆经再三审定，筹之至熟，甫议施行……用特明白宣示，嗣后中外大小诸臣，自王公以及士庶，各宜努力向上，发愤为雄，以圣贤义理之学植其根本，又须博采西学之切于时务者，实力讲求……京师大学堂为各行省之倡，尤应首先举办。著军机大臣、总理各国事务王、大臣会同妥速议奏。所有翰林院编检、各部院司员、大门侍卫、候补候选道府州县以下官、大员子弟、八旗世职、各省武职后裔，其愿入学堂者，均准入学肄习，以期人材辈出，共济时艰。不得敷衍因循，徇私援引，致负朝廷谆谆告诫之至意。

此即"百日维新"的谕旨。这一道由翁同龢起草的谕旨，京师大学堂占了相当大的篇幅，也是该谕旨中唯一实际开办的事件，并再次强调军机

〔1〕光绪二十三年九月二十六日，贵州学政严修上奏请开"经济"科（见《军机处录副·光绪朝·文教类·学校项》，03/146/7210/3）；光绪帝于十一月二十三日收到，旨命交总理衙门议奏。光绪二十四年正月初六日，总理衙门上议复奏折，同意设立经济特科与常科（见《军机处录副·光绪朝·内政类·戊戌变法项》，03/108/5615/1）；光绪帝当日以明发谕旨公布之（见军机处《上谕档》，光绪二十四年正月初六日）。

处与总理衙门“妥速议奏”大学堂章程事宜。[1]第二天，四月二十四日，总理衙门发电清朝驻日本公使裕庚：“东京大学堂章程希速译，钞送署。”[2]

翰林院修撰张謇素与翁同龢交往甚密，此期服阕回京。是年四月初一日，张謇往翁处相见，二十日，翁约张见面，“直谈至暮”；二十五日（6月13日），翁同龢在日记中称：“申初二，张季直来，谈至暮，盖无所不谈矣”；张謇在该日日记中称：

> 拟大学堂办法：宜分内外院，内院已仕，外院未仕。宜分初、中、上三等。宜有植物、动物苑。宜有博学苑。宜分类设堂。宜参延东洋教习。宜定学生膏火。宜于盛大理允筹十万外，酌量宽备。宜就南苑择地。宜即用南苑工费。宜专派大臣。宜先画图。与仲弢大致同。虞山谈至苦。[3]

“盛大理”，大理寺少卿盛宣怀。仲弢，为翰林院侍讲黄绍箕。张謇所记内容，若无事先的准备，不可能如此详细。翁、张几次相见很可能都与大学堂章程有关。由此可知，在军机大臣、总理衙门大臣中，翁负责大学堂章程的起草；翁将之委托于张謇、黄绍箕。

然而，两天之后，四月二十七日（6月15日），翁同龢突然被罢

---

〔1〕 军机处《上谕档》，光绪二十四年四月二十三日。翁同龢光绪二十四年四月二十三日日记称：“是日上奉慈谕，以前日御史杨深秀、学士徐致靖言国是未定良是，今宜专讲西学，明白宣示等因，并御书某某官应准入学，圣意坚定……退拟旨一道。”（《翁同龢日记》，第6册，第3132页）“御书某某官应准入学”，正说明光绪帝对此旨有着特别要求。张謇是年四月二十二日日记称：“见虞山所拟变法谕旨。”（张謇研究中心、南通市图书馆编：《张謇全集》，江苏古籍出版社，1994年，第6卷，《日记》，第409页）“虞山”，翁同龢。由此似为前一天翁同龢已拟旨。张元济称：“四月廿三日明定国是之谕，乃两宫同见枢臣，当面指示者。”（致沈曾植，光绪二十四年六月十八日，《张元济书札》增订本，中册，第675页）

〔2〕 军机处《发电档》，军机处档册207/3-50-3/2088。

〔3〕《翁同龢日记》，第6册，第3126、3132—3133页；《张謇全集》，第6卷，《日记》，第409—410页。

免。值此政坛重大变故，负责大学堂章程起草一事，只能易人。五月初一日(6月19日)，总理衙门大臣张荫桓召见，光绪帝与之谈到了大学堂一事。张在日记中称：

> 今日跪对，上询曾宗彦折甚详，幸稍留心，否则无能陈对。又大学堂章程已交枢臣详核，亦奏陈其略。[1]

按照该日记的说法，张荫桓已看到总理衙门所拟大学堂章程，总理衙门也已于此时将之交军机处，以能进行“详核”。张在召见时将其主要内容告诉了光绪帝。然从时间过程计算，这一章程很可能还是由张謇、黄绍箕起草的最初版本。然而，又过了八天，军机处仍未奏报，光绪帝对此大为光火，于五月初八日（6月26日）明发谕旨：

> 兹当整饬庶务之际，部院各衙门承办事件，首戒因循。前因京师大学堂为各行省之倡，特降谕旨，令军机大臣、总理各国事务王、大臣会同议奏。即著迅速复奏，毋再迟延。其各部院衙门于奉旨交议事件，务当督饬司员，克期议复。倘有仍前玩愒，并不依限复奏，定即从严惩处不贷。[2]

这是一道罕见的严旨。从正月二十五日谕旨设立大学堂，已过了四个多月（含闰三月），军机处与总理衙门一直没有上奏具体章程。而五月初五日旨命废八股，维新形势发展极快。光绪帝害怕大学堂一事因翁同龢的罢免而同当时的许多事情一样，最终不了了之。

---

〔1〕王贵忱整理：《张荫桓戊戌日记手稿》，尚志书社（澳门），1999年，第170页。“枢臣”，军机大臣。“大学堂章程已交枢臣详核，亦奏陈其略”一句，有修改。原文似为“大学堂章程亦略陈”，从字体来看，属当时的修改。又，五月初六日日记又称：礼亲王世铎“又谓大学堂事，余以为无关轻重，闲闲置之”。（同上书，第176页）其文意不太清楚。由此似可推论，翁罢免后，大学堂章程一事，张荫桓也有所参与，但负其责任者似为廖寿恒。

〔2〕《上谕档》，光绪二十四年五月初八日。

五月初十日（6月28日），总理衙门议复杨深秀奏请从日文转译西书一事，提议将梁启超在上海设立的大同译书局改为官译书局，每月拨银两千两。光绪帝批准了此折，同时下旨：

> 京师大学堂指日开办，亦应设立译书局，以开风气，如何筹款兴办之处，著总理各国事务王、大臣一并筹议具奏。[1]

光绪帝于此又一次催促大学堂之开办，“一并筹议”指仍未上奏的《大学堂章程》。至于“大学堂译书局”，本章第四节将详述。

事情由此出现转机。康有为、梁启超开始参与此事。康有为在《我史》中称：

> 自四月杪大学堂议起，枢垣托吾为草章程，吾时召见，无暇，命卓如草稿，酌英、美、日之制为之，甚周密，而以大权归之教习。总署复奏学堂事，大臣属之章京，章京张元济来请吾撰，吾为定四款：一曰预筹巨款，二曰即拨官舍，三曰精选教习，四曰选刻学书。选刻学书者，将中国应读之书，自经史子集及西学，选其精要，辑为一书，俾易诵读，用力省而成功普，不至若畴昔废力于无用之学，以至久无成功也。又所请各分教习皆由总教习专之，以一事权。[2]

---

〔1〕军机处《洋务档》，光绪二十四年五月初十日。总理衙门奏折见《戊戌变法档案史料》，第448—450页。又，总理衙门之奏与光绪帝此一谕旨，我以为，很可能与徐致靖的保折有关。光绪二十四年四月二十五日，翰林院侍读学士徐致靖上奏保举康有为、黄遵宪、谭嗣同、张元济、梁启超。其中关于梁启超称言：“广东举人梁启超，英才亮拔，志虑精纯，学贯天人，识周中外……湖南抚臣陈宝箴聘请主讲时务学堂，订立学规，切实有用。若皇上召置左右，以备论思，与讲新政；或置诸大学堂，令之课士；或开译书局，令之译书，必能措施裕如，成效神速。”（《救亡图存的蓝图》，第100页）光绪帝当日下旨：“广东举人梁启超著总理各国事务衙门察看具奏。”（军机处《上谕档》，光绪二十四年四月二十五日）

〔2〕《康南海自编年谱》，《丛刊·戊戌变法》，第4册，第150页。

康有为于四月二十五日由侍读学士徐致靖保举，二十八日为光绪帝召见，当日旨命为总理衙门章京，后来由光绪帝指定军机大臣、总理衙门大臣廖寿恒为之代递奏折。[1]若按此而论，“枢垣”当指军机处，“托吾”者又似为廖寿恒。[2]廖托康的时间，应在翁同龢罢免、康召见之后。张元济为总理衙门章京，同受徐致靖保举，与康有为同日召见。他与康、梁交往甚密，他来见康，很可能是总理衙门责其具体办理此事，以征求康的意见。[3]梁启超在《戊戌政变记》中称：

> （光绪帝）三令五申，诸大臣奉严旨，令速拟章程，咸仓皇不知所出。盖支那向未有学校之举，无成案可稽也。当时军机大臣及总署大臣咸饬人来属梁启超代草。梁乃略取日本学规，参以本国情形，草定规则八十余条。至是上之，皇上俞允。[4]

---

〔1〕康有为称：五月“初三日，总理大臣代递谢恩折，上命曰：‘何必代递，后此康有为有折，可令其直递来。’又令枢臣廖寿恒来，令将所著……”（《丛刊·戊戌变法》，第4册，第148页）总理衙门代递谢恩折的时间为五月初四日，康记忆的日期稍有误。张之洞之子张权六月十二日给张之洞密信称：“有人谓，上设有待诏房为康、梁人直之所；又谓渠写一纸条，不由军机即可递进。李玉坡言，或不至此。然上交派，凡渠有条陈，专交廖与之呈递，并不拘奏折体制，即以说帖封进，随时交来。廖不敢不与之递。此则不诬也。”（《张文襄公家藏手札·家属类》，中国社会科学院近代史研究所图书馆藏，档号：甲182-264）李玉坡，李荫銮，军机处汉二班领班章京。参见拙文：《“张之洞档案”阅读笔记之一：戊戌变法期间张之洞之子张权，之侄张检、张彬的京中密信》，《中华文史论丛》2010年第3期。并参见本书第三章第三节。

〔2〕在李鸿藻、恭亲王奕䜣去世及翁同龢罢免后，军机大臣仅剩礼亲王世铎、刚毅、廖寿恒、钱应溥。世铎遇事不做主，钱应溥长期请病假，只有刚毅、廖寿恒两人办理具体事务。直到五月初五日，军机处才补王文韶，后又补裕禄。张元济称：“……嘉定则甚劳，缘署中诸事，上常切实考问。每日总办进内，必为备抄夹带也。”（致沈曾植，光绪二十四年六月十八日，《张元济书札》增订本，中册，第677页）“嘉定”，廖寿恒，其为嘉定人。

〔3〕张元济（1867—1959），字筱斋，号菊生，浙江海盐人。光绪十五年举人，十八年进士，入翰林院，散馆后以主事分发刑部。二十二年充总理衙门章京。二十三年在北京开办通艺学堂。他可能是总理衙门章京中负责大学堂奏折与章程的官员，对此可以提出的证据是，管理大学堂事务大臣孙家鼐后提名他出任京师大学堂总办。若张没有参与此事，似不会如此。

〔4〕《戊戌政变记》（九卷本），《续修四库全书》，第446册，第213—214页。

这一说法与康说稍有不同。他没有提康有为，也没有提张元济，而是称“军机大臣及总署大臣咸饬人”，廖寿恒是军机大臣兼总理衙门大臣，此处梁又称“总署大臣”，当属另有其人。光绪二十四年五月，李鸿章在给其儿子李经方的信中，直接透露出内情：大学堂章程“即樵野倩梁启超捉刀者”。[1]若按此而论，大学堂章程又是由张荫桓负责起草。至于梁所称“日本学规”，似是其在上海时所搜集，若由驻日公使裕庚发回，时间上也来不及。

综合以上材料，似可得出大致的结论：由于翁同龢的罢免及改革局势的急速发展，原由张謇、黄绍箕等人起草的大学堂章程，不能使军机处满意。而康有为、梁启超正名重一时，《时务报》时期梁注重各国的教育，时务学堂的经历又使梁拥有实际操作的知识。军机大臣兼总理衙门大臣廖寿恒、总理衙门大臣张荫桓将之委托于康、梁。因康无暇，梁成了大学堂章程的实际起草人。这一消息当时也传播甚广，远在湖南的皮锡瑞于光绪二十四年六月初十日日记中称：“贺尔翊来，云……大学堂章程归梁卓如一手定。”[2]

## 三　李盛铎奏折及其用意

光绪二十四年五月十二日（1898年6月30日），即在光绪帝催促大学堂章程的严旨下达四天后，江南道监察御史李盛铎出奏，呈递由其所拟京师大学堂“办法大纲”。

李上奏的“办法大纲”共有五条：一、“详定章程”。各国皆由小学升入中学，中学升入大学，此时中小学尚未设立，“大学堂章程不能

〔1〕“致李经方”，光绪二十四年五月二十八日，《李鸿章全集》，安徽教育出版社，2008年，第36册，信函八，第184页。大学堂章程由军机处、总理衙门奏复，似应由总理衙门主稿，李为总理衙门大臣，当为知情者。

〔2〕《师伏堂未刊日记》，《湖南历史资料》，湖南人民出版社，1959年第2期，第129页。贺尔翊，名赞元，江西永新人，是皮所称许的高足。

不统中学、小学而融合贯通”，而“定一现办章程”；再“定一将来章程”，待数年后中、小学设立时再执行。他还建议模仿日本大学，设立评议会制度。二、“择立基址”。要求设在“城外旷地”，以能分别建立校舍及藏书楼、博物院以及兵学操场、农学试验场等。三、“酌定功课”。“已仕者宜多学法科，未仕者可分习艺学或立溥通学”，三十岁左右读已译之书，二十岁左右“兼习各国语言文字”。四、“宽筹的款”。可从昭信股票中“酌提百万两为大学堂创办之费”。

从以上四项“办法大纲”来看，李盛铎并无特别的思想，似无必要专折具奏。[1]但若细察其第五条“专派大臣”，便可知李折之用意：

> 兹事体大，其详细章程，务在斟酌尽善，颇难猝定。吁请特派位尊望重之大臣，素为士论所归者，专心经理，并准其调取通达时务人员，以资臂助，庶易集事。上年设立官书局，谕派协办大学士孙家鼐管理，识虑深远，条理秩然。初议并建学堂，以费绌而止。现在可否即令管理学堂之处，出自圣裁，非臣下所敢擅拟。出使大臣许景澄，现将回华，拟请饬令经过各国亲往学堂，详细考察，并觅取现行章程，携归翻译，以备采择。较之凭臆虚拟，必有径庭也。[2]

李盛铎上奏的真实意图是，让光绪帝尽早派孙家鼐为管理大学堂事务大臣，由孙来主持此事。他还提到了已奉令回国的前驻德国公使、工部左侍郎许景澄，对照后来发生之事，李亦有未明言之深意。

李盛铎（1859—1934），字椒微，号木斋，江西德化人。光绪五年(1879)举人，十五年（1889）榜眼，授翰林院编修。甲午战争初，与文

---

〔1〕以李盛铎“办法大纲”之第一项而言，前引张謇日记称“宜分初、中、上三等”；其第二项，张謇称“宜就南苑择地”，“宜有植物、动物苑，宜有博学苑”；其第三项，张謇称“宜分内外院，内院已仕，外院未仕”，“宜分类设堂”；其第四项，张謇称“宜于盛大理允筹十万外，酌量宽备”。可见此数项已为当时人所认识。

〔2〕“江南道御史李盛铎奏陈所拟京师大学堂办法折”，《京师大学堂档案选编》，第19—23页。又，翁同龢罢免后，吏部尚书孙家鼐于光绪二十四年五月初五日授协办大学士。

廷式等人在宣南多次集会，联名上书，名盛一时。后由恭亲王奕䜣、荣禄等调入督办军务处。二十四年二月补江南道监察御史。[1]他与政治上层有着密切的联系。此时他可能得知康有为、梁启超正在起草大学堂章程，也听闻康、梁有意于此发展，于是抢先出奏，以让光绪帝先定人事，由孙家鼐来执掌大权。

这里有必要回顾李盛铎与康有为派的关系。康、李相交似始于光绪二十四年。当康有为组织保国会时，李盛铎最初是支持的，康有为、梁启超也有多信与之商议具体事宜。[2]后来因潘庆澜等人之攻击而改变态度。康有为在《我史》中称：

> 以公车咸集，欲遍见其英才，成一大会，以伸国愤，由是少盘桓焉。李木斋亦来言开会事。
>
> ……于是谤言益沸，乃停会，而四言之士，投书预会者纷纷，于是李盛铎参保国会以求自免。

除了保国会一事外，康还在《我史》中称，他曾代李盛铎起草过奏折，而李却上奏勿用康：

> 又为御史李盛铎草译书、游历及明赏罚，辨新旧折，李上之，附片即言勿用新进，盖闻吾之召用也，人咸谓其自相矛盾。[3]

对于康、李之间的分合矛盾，当时与后来都有相应的史料可佐证。光绪二十四年六月，张之洞接到杨锐的京中密信称："李盛铎与康时离时合，

---

〔1〕 督办军务处片："臣所管督办军务处事务纷繁，尚须添员差遣。查翰林院编修李盛铎……堪以饬调臣处，听候差委。"（《月折档》，光绪二十年十一月二十三日，台北故宫博物院文献馆藏）并参见其履历单，《清代官员履历档案全编》，第8册，第757页。

〔2〕 参见马忠文：《戊戌时期李盛铎与康、梁关系补正：梁启超未刊书札释读》，《江汉论坛》2009年第10期。

〔3〕 《康南海自编年谱》（即《我史》），《丛刊·戊戌变法》，第4册，第142—144页。

虽康党亦畏恶之。"[1]戊戌政变后御史张荀鹤奏称："现驻日本使臣李盛铎，诪张为幻。上年康逆设保国会，盛铎实供其费，虑人指摘，缪为弹奏。奏草即康逆代定，踪迹诡秘，与康逆时离时合，密谋煽惑，物议沸腾。"[2]这些言论与康有为的说法是一致的。

李盛铎的政治态度，可见于他此期的折片。

光绪二十四年闰三月十三日（1898 年 5 月 3 日），李盛铎上一折一片。军机处《随手档》记："一、党会日盛亦防流弊由；片一，《国闻报》馆现归日人水师学堂不应代为译报由。"[3]李盛铎正折，我尚未查出，看过此折的翁同龢在日记中称："李盛铎封奏，立会流弊，未指名，存。"[4]可知李的基本态度是反对保国会。而李上奏之日，恰是御史潘庆澜弹劾保国会的次日，李于此时出奏，很可能听到了风声，或受某些朝廷大佬的暗示。康称"于是李盛铎参保国会以自保"，由此可得到证实。李盛铎附片参劾严复和天津《国闻报》，言辞甚锋利：国闻报"所述列邦政策、中外新闻，颇为详尽，足资参考，惟抑中扬西之论，淋漓满纸，与他报同一流弊"。他指出该报已归日本人经营，要求直隶总督对此查参。[5]

---

〔1〕转引自孔祥吉：《戊戌维新运动新探》，第 80 页。该密信是杨锐写的，参见拙文《"张之洞档案"阅读笔记之二：张之洞与杨锐的关系》，《中华文史论丛》2010 年第 4 期。

〔2〕山东道监察御史张荀鹤奏，光绪二十五年五月十四日，《戊戌变法档案史料》，第 507 页。

〔3〕军机处《随手档》，光绪二十四年闰三月十三日。军机处给慈禧太后的奏片称："……御史李盛铎奏党会日盛宜防流弊折，奉旨'存'，又奏天津《国闻报》馆现归日本人经理水师学生不应代为译报片，奉寄信谕旨'著王文韶查明具奏'。谨将原折片恭呈慈览。"（见该日军机处《上谕档》）

〔4〕《翁同龢日记》，第 6 册，第 3119 页。

〔5〕《军机处录副·补遗·戊戌变法项》，3/108/5617/75。由于该附片与正折分离，未具上奏人姓名，据内容而定。当日发出寄信谕旨称："有人奏，天津设有《国闻报》馆，咸谓系北洋水师学堂总办、道员严复合股所开，本年三月间归日本人经理，而水师学生译报如故，请饬查禁等语。《国闻报》馆如系中国人所开，不应借外人为护符，如已归日本人经理，则不应用水师学生代为译报。著王文韶查明该报馆现办情形及道员严复有无与外人勾串之事，据实具奏。"（军机处《上谕档》，光绪二十四年闰三月十三日）

四月十八日（6月6日），李盛铎上奏一折两片，其正折为《请开馆译书折》，而附片内容可见该日军机处《随手档》："片一，请免江西米厘由；片一，河南矿务请详筹办法由。"李在正折中称：

> 臣愚以为既尚新学，不如多译西书，使就华文习之，尚可不忘其本，且免蹈从前出洋学生之弊，通西语而不通华文也……拟请特旨开馆专办译书事务，遴调精通西文之翻译数员，广购西书，分门别类，甄择精要，译出印行，以宏智学。至日本明治以来，所译西书极多，由东译华，较译之西文尤为便捷。应请饬下出使大臣，访查日本所译西书，全数购寄，以便译印……如蒙俞允，所有译书馆事务，应否特派大臣管理，抑或由管理官书局大臣兼办之处，出自圣裁，非臣下所敢擅拟。〔1〕

这一篇奏折被孔祥吉先生视为由康有为代为起草，但我以为，该折若是由康起草，李亦可能对此有着很大的修改；其中最重要的证据是：新设的译书馆是官办机构，李提议由管理官书局大臣孙家鼐兼管。〔2〕

四月二十六日（6月14日），李盛铎又上一折一片，军机处《随手档》记："一、请明赏罚以行审议由；片一，行政在于用人由。"〔3〕由于该折片在档案中均未能检出，具体内容不详。看过该折片的翁同龢在

---

〔1〕 孔祥吉：《救亡图存的蓝图》，第92—93页。光绪帝发下交片谕旨，命总理衙门"议奏"。李盛铎折片及交片谕旨当日呈送慈禧太后。（见军机处《上谕档》、《洋务档》，光绪二十四年四月十八日）

〔2〕 孔祥吉的论证见《救亡图存的蓝图》，第93—94页。而在此之前，康有为还代御史杨深秀拟折，于四月十三日上奏。该折提议从日本书中转译"泰西精要之书"，其方法是"若少提数万金，多养通才，则一岁月间，可得数十种。若筹款愈多，养士愈众，则数年间，将泰西、日本各学精要之书，可尽译之"；"乞饬下总理各国事务衙门议行，或年拨数万金试办。"（《戊戌变法档案史料》，第446—447页）梁启超等人此时在上海开设大同译书局，主要据日本书转译翻刻，若杨深秀奏折得到了批准，大同译书局将会得到极大的资金资助；而李盛铎奏折得以批准，将由孙家鼐管理，其形式与官书局相同。当然，李折中"由东译华，较译之西文尤为便捷"的思想，与康、梁是相通的。

〔3〕 军机处《随手档》，光绪二十四年四月二十六日。

日记中称：

> 李盛铎，新政既定宗旨，宜明赏罚，行者陈、张（南皮）、鹿为最，廖、邓次之，沮者史、谭（春及）；片，用人宜慎，能议事未必能办事。宋伯鲁，明赏罚，大致与李同，此两件均暂存。[1]

此中的“陈、张（南皮）、鹿”，似指湖南巡抚陈宝箴、湖广总督张之洞、前四川总督鹿传霖；“廖、邓”，似指浙江巡抚廖寿丰、安徽巡抚邓华熙，“史、谭”，似指前广西巡抚史念祖、两广总督谭钟麟。从人物的臧否中可知李的政治态度，他属张之洞、陈宝箴等稳健的改革派。该派在学术思想、政治思想上与康有为派有较大的分歧。李上奏之日，恰是徐致靖上折保举康有为等人、光绪帝旨命召见的次日，“用人宜慎，能议事未必能办事”一语，似也针对康有为派。前引康有为称“附片即言勿用新进，盖闻吾之召用也，人咸谓其自相矛盾”，即指此片。

由此似可推知，李盛铎于五月十二日上奏“办法大纲”，很可能出于一种专门的政治设计，以防止康有为派执掌大学堂权力。前引张之洞是年六月收到杨锐京中密报称：“孙燮臣冢宰管大学堂，康所拟管学诸人，全未用。”[2]此中的“管学”，我以为，很可能为“管学大臣”，“诸人”似为总教习、分教习、总办等其他人选。若此为真，即康有为派已有其完整的大学堂人事计划，尽管我还不知道康心中“管学大臣”的具体人选。

然而，在五月十二日，光绪帝看到李盛铎提出由孙家鼐管理大学堂的提议，还没有直接下达谕旨，仅发下交片谕旨：“本日御史李盛铎奏谨拟京师大学堂办法一折，军机大臣面奉谕旨，著总理各国事务衙门王、大臣归入大学堂未尽事宜一并议奏。”[3]最为关键的谕旨，三天以后才发出。

---

〔1〕《翁同龢日记》，第6册，第3133页。

〔2〕转引自孔祥吉：《戊戌维新运动新探》，第79页。

〔3〕军机处《上谕档》，光绪二十四年五月十二日。

## 四　军机大臣、总理衙门大臣联衔上奏及附呈《大学堂章程》

光绪二十四年五月十四日（1898年7月2日），即李盛铎上奏的两天后，军机大臣、总理衙门大臣联衔上奏，遵议大学堂事务。该折称："臣等仰体圣意，广集良法，斟酌损益，草定章程，规模略具。若其要义，凡有四端：一曰宽筹经费，二曰宏建学舍，三曰慎选管学大臣，四曰简派总教习。提纲挈领，在此数者。""宽筹经费"一项，"开办经费需银三十五万两，常年经费一十八万两有奇"。"宏建学舍"一项，"先行拨给公中房室广大者一处，暂充学舍"，"仍应别拨公地，另行构建"。"慎选管学大臣"一项，该折称：

> 大学堂设于京师，以为各省表率，事当开创，一切制度，均宜审慎精详，非有明体达用之大臣以筦摄之，不足以宏此远谟。况风气渐开，各省已设学堂，近又叠奉谕旨，停试八股，讲求西学，各省向课制艺书院，自应一律更改，将来学堂日有增益而无所统辖，必至各分畛域，其弊不可不防。伏乞皇上简派大臣中之博通中外学术者一员，管理京师大学堂事务，即以节制各省所设之学堂，其在堂办事各员，统由该大臣慎选奏派。

这对管学大臣提出了很高的要求，在当时的情况下，除了已被罢免的翁同龢外，符合此一标准的只能是孙家鼐。管学大臣的权力也极大，除了京师大学堂外，各省学堂事务也归之。至于"明体达用"，"必至各分畛域，其弊不可不防"之用语，似亦有言外之意。至于"简派总教习"一项，称言：

> 今士人学无本原，不通中国政教之故，徒袭西学皮毛，岂能供

国家之用？欲转移之，非精选总教习不可。苟得其人学术正而道艺兴；苟失其人学术谬而道艺亦误。伏维皇上孜孜兴学，尤应慎简教习，以收尊道敬学之效。总教习综司学堂功课，非有学赅中外之士，不足以膺斯重任，非请皇上破格录用，不足以得斯宏才。若总教习得人，分教习皆由其选派，亦可收指臂之效。

此中的“徒袭西学皮毛”、“学术正而道艺兴”等语，当时都有专门的意思；但总教习毕竟由皇帝特简，军机大臣、总理衙门大臣按照当时的规则，没有提出具体人选，以示用人为“专擅”之权。[1]需要说明的是，军机大臣、总理大臣在此处表示出来对“总教习”一职的倾向性，与《京师大学堂章程》中的规定，并不完全吻合。（后将详述）

军机大臣、总理衙门大臣联衔上奏的当天，五月十四日，恰光绪帝由宫中去颐和园。该日《起居注》称：

卯刻，上至倚虹堂少坐。至乐寿堂慈禧皇太后前请安。奉皇太后至景福阁侍早、晚膳，毕，驻跸颐和园玉澜堂。[2]

---

〔1〕“军机大臣会同总理衙门奏复遵议大学堂章程”，《京师大学堂档案选编》，第23—26页。又，前引康有为在《我史》中称：“总署复奏学堂事，大臣属之章京，章京张元济来请吾撰，吾为定四款：一曰预筹巨款，二曰即拨官舍，三曰精选教习，四曰选刻学书。选刻学书者，将中国应读之书，自经史子集及西学，选其精要，辑为一书，俾易诵读，用力省而成功普，不至若畴昔废力于无用之学，以至久无成功也。又所请各分教习皆由总教习专之，以一事权。”按照康有为的这一说法，军机大臣、总理衙门大臣的联衔上奏由张元济负责起草，张元济请康有为代拟。康的这一说法难以确定。但从军机大臣、总理衙门大臣联衔上奏的“四端”，与康所称“四款”比较，前两项相同，后两项差别甚大，也有可能是在康拟稿的基础上修改的。

〔2〕台北故宫博物院藏，《清代起居注册》光绪朝，联合报文化基金会国学文献馆（台北），1987年，第61册，第30849页。“倚虹堂”，西直门外高粱桥附近，是宫中至颐和园途中的休息场所；“乐寿堂”，慈禧太后在颐和园的寝宫；“景福阁”，位于万寿山东部山顶，视野开宽，是慈禧太后常去之处；“玉澜堂”，光绪帝在颐和园的寝宫。又，“慈禧皇太后”的全称是“慈禧端佑康颐昭豫庄诚寿恭钦献崇熙皇太后”，此处为省文而用简称，下同。

也就是说，他一大早即前往颐和园，并与慈禧太后有着多次的交往。此为多日前已定的日程安排，另据这一日程安排，光绪帝将于十七日由颐和园返回宫中。军机大臣、总理衙门大臣选择此日上奏，似另有用意，即在用人事宜上请光绪帝听从慈禧太后的意见。当日，军机大臣为此事以奏片请示慈禧太后。[1]而就在这一天，总理衙门另有三折一片，其中两件值得注意：其一是议复康有为的《上清帝第六书》，总理衙门予以全面驳斥，由此表示对康有为及其政策的否决态度。[2]其二是遵照本章第二节所引五月初十日交片谕旨，总理衙门议复大学堂设译书局一事，由此表示对梁启超及其学问的肯定态度，称言：

> 大学堂编译局似宜与上海之译书官局同归一手办理，始能措置得宜。查上海为华洋要冲，一切购买书籍、延聘译人等事，皆较便易。既经臣等查有广东举人梁启超堪胜此任，奏准在案，今京局似可与上海联为一气，仍责成该举人办理……至京师编译局为学堂而设，当以多译西国学堂功课书为主，其中国经史等书，亦当撮其菁华，编成中学功课书，颁之行省。所关最为重大，编纂尤贵得人，梁启超学有本原，在湖南时务学堂编有各种课程之书，教授生徒，颇著成效，若使之办理此事，听其自辟分纂，必能胜任愉快。

---

〔1〕查军机处《洋务档》光绪二十四年五月十四日录有一件军机处奏片："本日总理各国事务王、大臣……又会奏筹办京师大学堂并开办详细章程折，单一件，又奏复御史杨深秀等奏请设局译书片，拟请俟发下后，再降谕旨。谨将原折、片、单恭呈慈览。"此为军机大臣为京师大学堂以及大学堂译书局事务给慈禧太后的请示奏片。"拟请俟发下后，再降谕旨"一语表示，等到慈禧太后发下两件奏折，光绪帝再降谕旨，即先有慈禧太后的旨意。当然也有另一种可能，慈禧太后对京师大学堂有过面谕，光绪帝不敢自专，让军机处以奏片请示慈禧太后。由此可以证实，大学堂人事安排请示过慈禧太后。

〔2〕《戊戌变法档案史料》，第7—8页。《上清帝第六书》是康有为最重要的改革纲领，其中提出了设立制度局于宫中，并设新政十二局的建议。该折于二月十九日由总理衙门代奏，当日交总理衙门议复，迟至此日才议复。（康折见《救亡图存的蓝图》，第3—11页）两天后，五月十六日，光绪帝命总理衙门"另行妥议具奏"，表示了极度的不满。（见军机处《上谕档》，光绪二十四年五月十六日）

总理衙门该片将大学堂译书局改为“大学堂编译局”，也称“京局”，每月另拨银一千两，一并交给梁操作。[1]此片所奏内容与当日附呈《大学堂章程》中的规定，也有较大差别；而“中国经史等书，亦当撮其菁华，编成中学功课书”，亦为其中的关键之语。(后将述及)

军机处、总理衙门联衔所上奏折，附呈了《大学堂章程》。该章程有“总纲”、“学堂功课例”、“学生入学例”、“学成出身例”、“聘用教习例”、“设官例”、“经费”、“暂章”，共计八章五十一节，颇为详细。仔细阅读该章程，处处可见康、梁思想之闪烁。[2]看来这部章程由梁启超起草，后经总理衙门、军机处多人修改，而康、梁的主张仍占据主导地位。[3]其中最为关键，即康、梁最具用心者，为以下两点：

**一、 关于功课书（教科书）的编写及学堂功课的设定**

《大学堂章程》第一章“总纲”第五节，涉及功课书，称言：

> 西国学堂皆有一定功课书，由浅入深，条理秩然。有小学堂读本，有中学堂读本，有大学堂读本。按日程功，收效自易。今中国既无此等书，故言中学，则四库七略，浩如烟海，穷年莫殚，望洋而叹。言西学则凌乱无章，顾此失彼，皮毛徒袭，成效终虚。加以师范学堂未立，教习不得其人，一切教法皆不讲究。前者学堂不能成就人才，皆由于此。今宜在上海等处开一编译局，取各种普通学

〔1〕“总理衙门奏请将大学堂编译局归并梁启超办理片”，《京师大学堂档案选编》，第40—41页。总理衙门对康、梁的不同态度，我个人体会，他们用意是：决不同意康有为设“制度局”之类的政治设计，但对梁启超尽量让步，由其办理译书事务，并在经济上尽力满足之。(参见本章第六节）以此来求得和缓。此时光绪帝正住园，也可由慈禧太后在康有为制度局一事上施加影响。又，总理衙门当日所奏另外两件为：议复胡燏棻奏请开锦州铁路二款，光绪帝朱批“依议”；其二是议复杨深秀奏请定游学日本章程，光绪帝亦朱批“依议”。(军机处《随手档》、《上谕档》，光绪二十四年五月十四日）

〔2〕军机大臣、总理衙门大臣奏折中“总教习”、“大学堂编译局”的职责，与附呈《大学堂章程》中的条款之间有很大差别。造成此差别的原因可能是：一、光绪帝的催促，二、已选定上奏时间，以至于他们没有时间一一细核。

〔3〕梁启超称“草定规则八十余条”，与八章五十一节不符，由此可知总理衙门与军机处对其所拟章程有所修改。

尽人所当习者，悉编为功课书。分小学、中学、大学三级，量中人之才所能肄习者，每日定为一课。局中集中西通才，专司纂译。其言中学者，荟萃经、子、史之精要及与时务相关者编成之。取其精华，弃其糟粕。其言西学者，译西人学堂所用之书，加以润色。既勒为定本，除学堂学生人给一分外，仍请旨颁行各省学堂，悉遵教授，庶可以一趋向而广民智。

这一节章程，透露出康有为一派准备在上海设立编译局，统一编纂全国教科书的意图。本章第二节已叙，根据五月初十日总理衙门奏折及朱批，梁启超开设的上海大同译书局，将改为“上海官译书局”；梁启超拟《大学堂章程》之时，很可能在此之前，不知光绪帝将批准该局改制并命另设大学堂译书局，故有“今宜在上海等处开一编译局”之语。而军机大臣、总理衙门大臣急于上奏《章程》，也未能对于该段文字进行调整。又据前引五月十四日总理衙门附片，该《章程》中的“上海编译局”，当为“大学堂编译局”，设在北京，亦由梁启超统管之。

《大学堂章程》第二章“学堂功课例”第二节，涉及课程设置与教材，称言：

西国学堂所读之书，皆分两类，一曰溥通学，二曰专门学。溥通学者，凡学生皆当通习者也。专门学者，每人各占一门者也。今略依泰西、日本通行学校功课之种别，参以中学，列为一表如下：

经学第一；理学第二；中外掌故学第三；诸子学第四；初级算学第五；初级格致学第六；初级政治学第七；初级地理学第八；文学第九；体操学第十。以上皆溥通学。其应读之书，皆由上海编译局纂成功课书，按日分课。无论何种学生，三年之内，必须将本局所纂之书，全数卒业，始得领学成文凭。（惟体操学不在功课书内）

英国语言文字学第十一；法国语言文字学第十二；俄国语言文字学第十三；德国语言文字学第十四；日本语言文字学第十五。以上语言文字学五种，凡学生每人自认一种，与普通学同时并习，其功课悉用洋人原本。

高等纂［算］学第十六；高等格致学第十七；高等政治学第十八（法律学归此门）；高等地理学第十九（测绘学归此门）；农学第二十；矿学第二十一；工程学第二十二；商学第二十三；兵学第二十四；卫生学第二十五（医学归此门）。以上十种专门学，俟溥通学既卒业后，每学生各占一门或两门，其已习西文之学生，即读西文各门读本之书，其未习西文之学生，即读编译局译出各门之书。[1]

由此可见，溥（普）通学的课程，全用编译局的教科书，其中最重要的是经学、理学、中外掌故学及诸子学，“荟萃经、子、史之精要及与时务相关者编成之。取其精华，弃其糟粕。”未习西文之专门学的课本也用编译局之译本。该类功课书由编译局“勒为定本”，除在大学堂使用外，另颁行各省学堂。

那么，梁启超拟纂成的“功课书”将会是何模样？梁虽未编成实本，但对照其在湖南时务学堂的做法，略可知其大意。

梁启超所拟《时务学堂功课详细章程》称：

第四节，凡初入学堂，六个月以前，皆治溥通学；至六个月以后，乃各认专门，即认专门之后，其溥通学仍一律并习。

第五节，学生所读书，皆分两类：一曰专精之书，二曰涉猎之书。专精之书，必须终卷，按日分课，不许躐等；涉猎之书，随意翻阅……

第六节，每日读专精之书，约居时刻十之六，读涉猎之书，约居时刻十之四……六个月以后，既溥学、专学两者并习，或每日有两种专精之

[1] 《大学堂章程》，《京师大学堂档案选编》，第27、29—30页。黑体为引者所标。“溥通学”、“普通学”皆原文如此，可见当时并不分明。

书，而无涉猎之书，亦无不可。〔1〕

在湖南时务学堂的“溥通”、“专门”两学之中，梁启超强调的是“溥通学”，要求十二个月不间断地学习；学习中的“专精之书”，似略当于《大学堂章程》中的“功课书”（教科书）。梁所拟时务学堂《第一年读书分月课程表》，开列了各月所读“溥通学”的“专精之书”书目：

（第一月）《读书法》此书见学校报第一、第二册。《礼记·学记篇、少仪篇》，《管子·弟子职篇》，《孟子》先阅学校报中《读孟子界说》，其余按学校报中《孟子今义》求之，半月可卒业。《春秋公羊传》先阅学校报中《读春秋界说》，其余按学校报中《春秋公法学》求之。

（第二月）《春秋公羊传》、《公理学》其书按次印入学校报中。学者治《春秋》，即语诸例，即当求公理，以互相印证。

（第三月）《春秋公羊传》、《公理学》

（第四月）《春秋公羊传》此书每日读“湘刻本”八九叶，约月余可以卒业。既与《繁露》、《穀梁》、《白虎通》、公法等书合读，三月之功，无不通矣。《礼记·中庸篇、礼运篇、大学篇》《中庸》为孔子行状，《礼运》、《大学》皆言大同之书，宜先读。《公理学》

（第五月）《论语》先阅学校报中《读论语界说》，分类求之，数日可卒

---

〔1〕《时务学堂功课详细章程》，夏晓虹辑：《饮冰室合集集外文》，北京大学出版社，2005年，上册，第22—23页。该《章程》前三节称：“第一节，本学堂所广之学，分为两种：一曰溥通学，二曰专门学。溥通学，凡学生人人皆当通习；颛门学，每人各占一门。第二节，溥通学之条目有四：一曰经学，二曰诸子学，三曰公理学（此种学大约原本圣经，参合算理、公法、格物诸学而成。中国向未有此学，其详别见），四曰中外史志及格、算诸学之粗浅者。第三节，颛门学之条目有三：一曰公法学（宪法、民律、刑律之类，为内公法；交涉、公法、约章之类，为外公法），二曰掌故学，三曰格、算学。（颛门之学非尽于斯，特就所能教者举之耳。又，各专门学，非入西学专门学成不能大成。现时所教，不过就译出各书，力量引端倪。学者因其性之所近，自择焉可也）”（“专门学”、“颛门学”皆原文如此）由此可见“溥通学”与“专门学”两者之间的关系。从学科分类而言，京师大学堂章程是沿袭湖南时务学堂的，梁启超将其在湖南办学的思想搬到了京师大学堂，只不过更为细分而已。

业。诸子学术流派书此书学堂有刻本，当与学校报中《读诸子界说》并读。《古学案》上卷此书按次印在学校报中，上卷言孔子以前学派及孔门诸子学派。《公理学》

（第六月）二戴记中，裁篇先读，其篇目先后，别著《界说》中。《周礼》先阅学校报中《读周礼界说》。《荀子》先阅学校报中《读荀子界说》。《古学案》中卷中卷言周秦诸子学派。《公理学》

（第七月）《古学案》中卷，《荀子》，《墨子》，《公理学》

（第八月）二戴记，《古学案》中卷，《墨子》先阅学校报中《读墨子界说》。《公理学》

（第九月）《古学案》下卷下卷言秦、汉至唐儒者学派。《管子》，《公理学》

（第十月）《古学案》附卷附卷言外教流派。《老子》，《庄子》，《列子》，《公理学》

（第十一月）《古学案》附卷，《吕氏春秋》，《淮南子》，《公理学》

（第十二月）《左氏春秋》先阅学校报中《读左氏界说》，《商君书》，《韩非子》，《公理学》〔1〕

由此可见，梁启超在时务学堂所授学问，实为"康学"，即"孔子改制"、"新学伪经"，其"专精之书"是有目的地选择古代经典，以《春秋公羊传》为其核心。贯穿始终的"公理学"，是由康有为所创《实法公理全书》之类的新说。由于梁在湖南时间甚短（光绪二十三年九月至二十四年二月），未等其"专门学"开设，已离去，很难知道其拟开设

〔1〕《第一年读书分月课程表》，《饮冰室合集集外文》，第24—31页。"二戴记"为《大戴礼记》、《小戴礼记》。而其第一月至第六月的涉猎之书为：《宋元学案》，《朱子语类》中论"为学之方"、"训门人"诸卷，《史记·儒林列传》，《汉书》艺文志、六艺略、儒林传，《格致须知》，《春秋繁露》、《春秋穀梁传》，公法诸书，万国史记，《时务》、《知新》、《湘学》各报，《日本国志》，《白虎通》，《泰西新史揽要》，《格致汇编》，《四库提要·子部》，《明儒学案》，《国朝先正事略》，《佐治刍言》，《格致质学》，《西学启蒙》十六种，《西国政学事物源流》。

的"专门学"具体内容及教学方法。[1]对于所习各经典，梁启超等人亦编有《读××界说》作为辅导，以能让习者随从其学说。[2]这实际上是康有为在"万木草堂"所授内容的翻版。康有为用他的观念在万木草堂中培养了他的党徒，梁启超也以康及他本人的思想在湖南时务学堂培养了一批信众。若据《大学堂章程》，由梁主持的上海编译局，似将按康的思想编纂教科书，其意并不全在"用力省而成功普"，而在新编"功课书"名义下系统整理"康学"。皮锡瑞称："康门之论，欲尽改今日之政。予谓先尽易天下之人，改政乃可行，否则新政与旧法相背，老成与新进相争，终将扼之使不得行，行之反多弊，以滋守旧党之口舌，今日所行是也。无可言者。"[3]康、梁正是企图通过编纂统一的教科书，而将他们的思想通过大学堂而传播，以"易天下之人"的思想。前引张之洞收到杨锐的京内密报，对此一语道破，称言：

现派梁启超办理译书局事务，分编、译二门，所编各书，必将

---

〔1〕根据梁启超《第一年读书分月课程表》，第七月至第十二月的"颛［专］门学"，只列专精之书。其公法门专精之书为《公法会通》、《公法总论》、《万国公法》、《佐治刍言》、《公法便览》、《各国交涉公法论》、《左氏春秋》、《国语》、《战国策》、《希腊志略》、《罗马志略》、各国通商条约、《通商约章类纂》、《欧洲史略》、《法国律例》、《英律全书》。其掌故门专精之书为《周礼》、《秦会要》、《佐治刍言》、《日本国志》、《历代职官表》、全史《职官志》、《通考》《续通考》《皇朝通考》职官门、《法国律例》、《大清律例》。其格算门专精之书为《格致质学》、《算学笔谭》、《笔算数学》、《几何原本》、《形学备旨》、《代数术》、《代数备旨》、《谈天》、《地学浅释》、《化学鉴原》、《代数难题》、《代微积拾级》、《微积溯原》及《化学鉴原》续编、补编。梁又称七月"以后涉猎书不能具列，凡治其门者，即任意涉猎本门之书。其书目别为《书目表》详之"。由此可见，梁启超的教学，仍以中学（康学）为主，涉及西学部分，虽称"颛［专］门"，皆当时的译本，尚属"普通"知识，还远远谈不上"专门"。即以今天的标准来看，梁的"西学"之"专门"，程度远远浅于其所倡导的"普通学"中之"中学"。

〔2〕梁启超撰有《读春秋界说》、《读孟子界说》，以作为学生读书之引导，见《饮冰室合集》，第1册，文集之三，第17—21页；《饮冰室合集集外文》，第18—21页。其余各《界说》，我未见，似为因其离去而未完成。梁后来思想又有游移，1918年作《论〈孟子〉》，较大修改其思想（参见汤志钧：《梁启超论〈孟子〉》，《史林》2007年第3期）。

〔3〕《师伏堂未刊日记》，光绪二十三年八月十七日，《湖南历史资料》1958年第4期，第66页。

删削诸经，以就康学。将来科举，即由大学堂中出，人将讲王氏之新学矣。[1]

此中“王氏之新学”，即指王安石于变法时所倡导的“托古改制”之“新学”，以其所著《周官新义》、《诗经新义》、《书经新义》（通称“三经新义”）和《字说》为代表，颁以各学宫，并作为科考依据。相同的说法还见于皮锡瑞，见大学堂章程后在六月十八日日记中称：“卓如定章程虽佳，必欲人人读其编定之书，似有王荆公‘三经新义’之弊。”[2]

《京师大学堂章程》第二章“学堂功课例”第五节涉及学习方法，称言：

考验学生功课之高下，依西例用积分之法。每日读编译局所编溥通学功课书，能通过一课者，即为及格。功课书之外，仍当将所读书条举心得，入札记册中，其札记呈教习评阅，记注分数，以为高下之识别……[3]

这种阅读指定书目、写心得札记，并呈教习评判的方法，正是康有为在万木草堂、梁启超在时务学堂所施行的教学方法，效果显著，引导了学生的思想。

### 二、 总教习及其职权

尽管前引军机大臣、总理衙门大臣联衔奏折中对总教习的人选提出了标准，但《大学堂章程》对于总教习一职，似乎另有标准。其第五章“聘用教习例”第一节言及于此，称言：

---

〔1〕 转引自孔祥吉：《戊戌维新运动新探》，第80页。

〔2〕《师伏堂未刊日记》，《湖南历史资料》1959年第2期，第131页。

〔3〕《大学堂章程》，《京师大学堂档案选编》，第31页。该章程第五章“聘用教习例”第五节亦称：“现当开办之始，各学生大率初学，必须先依编译局所编出之溥通功课书卒业，然后乃习专门。计最速者亦当在两年以后……”（同上书，第36页）可见“溥通学”的课程至少为两年。

同文馆及北洋学堂等多以西人为总教习，然学堂功课既中西并重，华人容有兼通西学者，西人必无兼通中学者。前此各学堂于中学不免偏枯，皆由以西人为总教习故也。即专就西文而论，英、法、俄、德诸文并用，无论任聘何国之人，皆不能节制他种文字之教习。专门诸学亦然。故必择中国通人，学贯中西，能见其大者，为总教习，然后可以崇体制而收实效。

其第六章“设官例”第二节又称：

设总教习一员，不拘资格，由特旨擢用，略如国子监祭酒、司业之职。[1]

如此在《大学堂章程》中说了一大堆自我辩明的话，意在证明总教习不可用西人。“通人”、“通才”是康有为此期所代拟奏折的专用语，即指其本人，“学贯中西”、“能见其大”也是其自诩之词。“不拘资格”更是为这位工部主事、总理衙门章京开放了条件。梁启超于此几乎是照着康有为的模样来画总教习的标准像。看来军机大臣、总理衙门大臣于此有所疏漏，未做彻底的删改。[2]

按照《大学堂章程》，总教习有着很大的权力。其第五章“聘用教

〔1〕《大学堂章程》，《京师大学堂档案选编》，第35—36页。黑体为引者所标。

〔2〕《大学堂章程》第五章“聘用教习例”第二节称：“学生之成就与否，全视教习。教习得人，则纲目毕举；教习不得人，则徒糜巨帑，必无成效。此举既属维新之政，实事求是，必不可如教习庶吉士、国子监祭酒等虚应故事。宜取品学兼优通中外者，不论官阶，不论年齿，务以得人为主。或由总理衙门大臣保荐人才可任此职者，请旨擢用。”（《京师大学堂档案选编》，第35页）此处的“教习”一词，其意甚不明确，按照《大学堂章程》，只有“总教习”与“分教习”，并无“教习”一职。若指该处“教习”系总教习与分教习之合谓，然按《章程》，分教习由总教习“辟用”、“奏调”，不应由“总理衙门大臣保荐”。文中“教习庶吉士、国子监祭酒”之比喻，似指总教习。由此而论，我以为，此处“教习”，梁启超原拟稿似为“总教习”，后被删去“总”字，内容也似稍有调整。若将“教习”改为“总教习”，此一节大体可通。梁启超也是照着康的模样画像。

习例”第四节称：

> 用使臣自辟参、随例，凡分教习皆由总教习辟用，以免枘凿之见，而收指臂之益。其欧美人或难以于聘请者，则由总教习、总办随时会同总署及各国使臣向彼中学堂商请。

其第六章“设官例”第三节又称：

> 设分教习汉人二十四员，由总教习奏调，略如翰林院五经博士、国子监助教之职。其西人为分教习者，不以官论。〔1〕

即分教习的人选，完全由总教习来决定。这与本章第二节所引康有为称“所请各分教习皆由总教习专之，以一事权”，也是相一致的。此外，总教习还有其他权限。《大学堂章程》第八章“暂章”第二、七、八、九节称：

> 功课之缓急次序，及每日督课分科分刻及记分数之法，其章程皆归总教习、分教习续拟。
>
> 学成出身详细章程，应由总教习会同总理衙门、礼部详拟。
>
> 各省府州县学堂训章，应由大学堂总教习、总办拟定，请旨颁示。
>
> 学生卒业后，选其高才者出洋游学。其章程俟临时由总教习会同总理衙门详拟。〔2〕

也就是说，对于教学及学生事务，总教习有着极大的权力。许多迹象表

〔1〕《大学堂章程》，《京师大学堂档案选编》，第36页。“使臣自辟参、随例”，指当时的出使大臣（公使）可以自我选择参赞、随员，上奏陈明即可。

〔2〕《大学堂章程》，《京师大学堂档案选编》，第39—40页。

明，康有为欲任此职而充当全国的学界领袖。曾与梁启超多有交往的皮锡瑞，此时在江西，六月十三日日记中称：

> 见《申报》列大学堂及各省学堂章程，是梁卓如的手笔，说中西学极通达……大学堂总教习破格录用，似乎意在南海，不知能破格否?[1]

皮已看出梁在《大学堂章程》中的用意。

前已提及，五月十四日光绪帝赴颐和园，军机大臣、总理衙门大臣联衔上奏的当天并未下达谕旨。第二天，五月十五日（7 月 3 日），即军机大臣以奏片请示慈禧太后之后，光绪帝明发谕旨：

> 军机大臣会同总理各国事务衙门王、大臣奏，遵旨筹办京师大学堂，并拟详细章程缮单呈览一折。京师大学堂为各行省之倡，必须规模宏远，始足以隆观听而育人才。现据该王、大臣详拟章程，参用泰西学规，纲举目张，尚属周备。即著照所议办理。派孙家鼐管理大学堂事务，办事各员由该大臣慎选奏派。至总教习综司功课，尤须选择学赅中外之士，奏请简派。其分教习各员，亦一体精选，中西并用。所需兴办经费及常年用款，著户部分别筹拨。所有原设官书局及新设之译书局，均著并入大学堂，由管学大臣督率办理。此次设立大学堂为广育人才，讲求时务起见，该大臣务当督饬该教习等，按照奏定课程，认真训迪，日起有功，用付朝廷振兴实学至意。

这一道谕旨批准了《大学堂章程》，并派孙家鼐为管理大学堂事务大臣。相关的经费从此有了着落。据许景澄、张百熙后来的奏折，其款项是来自于户部存于华俄银行的息款，为开办经费银二十万两，常年经费银约

〔1〕《师伏堂未刊日记》，《湖南历史资料》1959 年第 2 期，第 131 页。

二十万两。[1]而总教习一职，光绪帝没有任命，且将提名权交给了孙家鼐。这一天，光绪帝在颐和园召见了梁启超，并批准了总理衙门的附片，明发谕旨：

举人梁启超著赏给六品衔，办理译书局事务。[2]

对于一名举人，亲加召见，钦命其职，且为明发，在当时也属异常之事。该谕旨中“译书局”一词，应包括上海官译书局和大学堂编译局。孙家鼐、梁启超是光绪帝任命的第一批大学堂官员，尽管两人的地位并不相等。光绪帝此时住园，其两项旨命是否请示过慈禧太后，档案中自然没有记录。这一天的《起居注》称：“上诣乐寿堂慈禧皇太后前请安。奉太后幸颐乐殿，侍早、晚膳，看戏毕。驾还玉澜堂。”[3]

第三天，五月十六日（7 月 4 日），光绪帝再次明发谕旨：“建设大

---

〔1〕管理大学堂事务大臣、吏部左侍郎许景澄于光绪二十六年三月二十一日奏称：“臣查光绪二十四年六月准户部拨到华俄银行息银二十万两，按照奏定章程，作为开办经费，以备购仪器书籍之用。原以西洋天文历算一切精美仪器，动费巨款，必须宽为筹备起见。兹自开学以来，所有应用书籍及西法寻常权度等器，已在常年用款随时购致，将来学生所习测算功夫渐熟，需购大宗仪器，尚可在上届报销余存款内支给。是此项开办经费，即可无庸动用，自应缴还部库，稍济饷需……似此分别节减，按照原定经费每年二十万两之数，大约可节省银六七万两。”（《京师大学堂档案选编》，第 88—89 页）许景澄此折说明大学堂开办经费为银二十万两，常年经费为每年二十万两。管学大臣张百熙于光绪二十八年正月初六日上奏大学堂复办事务，其中关于经费称：“查户部向有存放华俄银行库平银五百万两，每年四厘生息，应得库平银二十万两，申合京平二十一万二千两。光绪二十四年，经户部奏准，以此项息银由该行按年提出京平银二十万零六百三十十两，拨作大学堂常年用款，仅余一万一千三百七十两未拨。今请将此项存款银两，全数拨归大学堂，仍存放华俄银行生息，款项既有专注，名目亦免涉纷歧，将来或支或存，由学堂自与银行结算，每至年终开单呈览，免其造册报销……”（同上书，第 108 页）

〔2〕军机处《上谕档》，光绪二十四年五月十五日。在该谕旨中，光绪帝用了“新设之译书局”一词，而没有使用“编译局”之名称，也没有具体说明上海官译书局此后的作用。可以明确的是，梁启超可以留京，其译书事务由管理大学堂事务大臣孙家鼐“督率办理”。

〔3〕《清代起居注册》光绪朝，第 61 册，第 30851 页。“颐乐殿”，为德和园之一部，大戏楼对面，专供慈禧太后看戏的地方。

学堂工程事务，著派庆亲王奕劻、礼部尚书许应骙迅速办理。”[1]而在这一天，光绪帝在颐和园召见了孙家鼐，大学堂建设工程的人选很可能是孙家鼐提议的。

## 五　孙家鼐的政治理念与总教习位置之争

自从翁同龢被罢斥后，孙家鼐是光绪帝最信任的重臣之一，前后六次召见。[2]他受命为管理大学堂事务大臣的十四天后，即光绪二十四年五月二十九日（1898 年 7 月 17 日），首次出奏，共上了三折两片一单，对大学堂等诸多事务提出其处置意见。其折、片、单的内容，对大学堂的初建及康有为的前景，极为关键。

孙家鼐所上第一道奏折为《请饬刷印〈校邠庐抗议〉颁行折》，反映了孙此时的政治理念，称言：

> 窃臣近日恭读诏书，力求振作，海内臣庶，莫不欢欣鼓舞，相望治安。顾今日时势，譬如人患痿痹而又虚弱，医病者必审其周身脉络，何者宜攻，何者宜补，次第施治，自能日起有功，若急求愈病，药饵杂投，病未去而元气伤，非医之良者也。臣昔侍从书斋，曾以原任詹事府中允冯桂芬《校邠庐抗议》一书进呈，又以安徽青阳县知县汤寿潜《危言》进呈，又以候补道郑观应《盛世危言》进呈，其书皆主变法，臣亦欲皇上留心阅看，采择施行。岁月蹉跎，延至今日，事变愈急，补救益难，然今为之，犹愈于不为也。

---

[1] 军机处《上谕档》，光绪二十四年五月十六日。

[2] 孙家鼐是光绪帝的师傅之一。然自光绪二十二年正月十三日撤书房后，孙家鼐见光绪帝，须有特旨。据《光绪二十四年京官召见单》，光绪帝于五月十六日、六月初十日、二十一日、七月初五日、二十四日、八月初四日召见孙家鼐。（《宫中杂件》〔旧整〕，第 915 包）光绪帝当时所信任的另一位重臣，是总理衙门大臣、户部侍郎张荫桓。

孙的政治思想大体与冯桂芬、汤寿潜、郑观应所相当；而“急求愈病，药饵杂投”也是针对现实而有所指的，即反对激进的改革举措。孙由此提议，将冯桂芬的《校邠庐抗议》“刷印一二千部”，交到各部院，“限十日，令堂、司各官，将其书中某条可行，某条不可行，一一签出，或各注简明论说”，上交军机处；然后由军机处将签出“可行”多者之条，上报光绪帝，请旨施行。〔1〕

孙家鼐的这一提议，得到了光绪帝的批准，形成了当时签注《校邠庐抗议》的热潮，档案馆中今天还存有数以百计的《校邠庐抗议》的签注本。〔2〕

根据五月十五日的谕旨，大学堂总教习的人选由孙家鼐提名，奏请旨准。〔3〕从上引孙家鼐的政治理念来看，他不会欣赏康有为。

康有为对此却有不同的说法，他在《我史》中称：

---

〔1〕《丛刊·戊戌变法》，第2册，第430页。孙家鼐称，此举之益有二，一为“变法宜民，出于公论，庶几人情大顺，下令如流水之源”；二为“皇上亦可借此以考其人之识见，尤为观人之一法”。

〔2〕光绪帝当日明发上谕：“孙家鼐奏敬陈管见一折。据称，原任詹事府中允冯桂芬《校邠庐抗议》一书最为精密，其书板在天津广仁堂，请饬令刷印颁行等语。著荣禄迅即饬令刷印一千部，克日送交军机处，毋稍迟。”六月初六日再明发谕旨：“前据孙家鼐奏请，将冯桂芬所著《校邠庐抗议》一书刷印，发交部院等衙门签议，当经谕令荣禄迅速刷印咨送。兹据军机大臣将应行颁发各衙门及拟定数目开单呈览，即著按照单开，俟书到后颁发各衙门，悉心核看，逐条签出，各注简明论说，分别可行、不可行，限十日咨送军机处，汇核进呈，以备采择。”（军机处《上谕档》，光绪二十四年五月二十九日、六月初六日）现存中国第一历史档案馆签注本为200余部，437册，签注意见者为372人。相关的研究可参见李侃、龚书铎：《戊戌变法时期对〈校邠庐抗议〉的一次评论》，《文物》1978年第7期。

〔3〕曾任李鸿章幕僚、时任保定莲池书院山长的吴汝纶于五月十八日写信给李鸿章之子李经迈，主张不设总教习，称言：“寿州孙相国主持大学堂，最为幸事……诏中有所谓总教习者，须兼通中西之才，此等人目前无有，若必求其人，必至鱼目充珍珠。且此等议论，必谓以中学为主，主中学，势必不能更深入西学，若深入西学，亦决不能再精中学。既不能兼长，何能立之分教习之上，而美其名为总教习哉！鄙意不立总教习……望转达师相与孙相熟商为要。”（《与李季皋》，光绪二十四年五月十八日，施培毅、徐寿凯校点：《吴汝纶全集》，黄山书社，2002年，第3册，第195—196页）“师相”，李鸿章。即吴汝纶通过李经迈，劝李鸿章与孙家鼐商量，大学堂不设总教习。吴汝纶此时虽在保定，但在两天内便得到消息，可见对此事的关心。他的说法未必真有其针对性，但他不喜康、梁为实。

> 时派大学士孙家鼐管学。孙家鼐素知吾，来面请吾为总教习，并请次亮为总办，又来劝驾。时大学肄业有部曹、翰林、道、府、州、县等官，习气甚深，自度才德年位，恐不足以率之，度教无成，徒增谤议，故面辞之。时孙尚未见卓如章程也。时李合肥、枢臣廖仲山、陈次亮皆劝孙中堂请吾为总教习。及见章程，大怒，以教权皆属总教习而管学大臣无权。又见李合肥、廖仲山、陈次亮皆推毂，疑我为请托，欲为总教习专权，又欲专选书之权以行孔子改制之学也，于是大怒而相攻。我遂与卓如告孙，誓不沾大学一差，以白其志。〔1〕

按照康的这一说法，孙原请其任大学堂总教习，看到《大学堂章程》后，因总教习权重，感到大权旁落而改变主意。康说似有不确。孙家鼐身为帝师，端庄正色。五月十五日前，即孙奉命为管学大臣之前，当面私请康有为出任总教习，有违官场之规。按五月十四日军机大臣、总理衙门大臣联衔奏折，总教习须得由皇帝亲自选择、任命。五月十五日谕旨授孙以总教习提名权，当即下发了《大学堂章程》，则康说的理由似不存在。至于康称李鸿章、陈炽劝孙家鼐请康出任总教习，似也不能成立：从此期李鸿章给其子的私信内容来看（后将详述），不像是有推荐康之事；陈炽此时丁忧，有可能不在北京。而张之洞之子张权在六月十二日给张之洞的密信中称："康有为本意愿出使日本，其次大学堂总教习。梁卓如曾向合肥言，如以渠南海先生使日本，必能联络日人，于中国大有裨益。廖仲山师向孙燮老言数次，请派康大学堂总教习。孙未允。"〔2〕可见廖确曾向孙提议过，然廖此议可能另有背景（后将详论）。而张之洞收到杨锐的密报又称："梁（启超）见寿州，谓：'总教习必派康先生。'"〔3〕由此可见，大学堂"总教习"是康此时谋求的目标。至于康称"又欲专选书之权以行孔子改制之学"一语，恰说明了孙、康

---

〔1〕《康南海自编年谱》，《丛刊·戊戌变法》，第4册，第150—151页。"李合肥"，李鸿章；"廖仲山"，廖寿恒。

〔2〕张权致张之洞，光绪二十四年六月十二日，《张文襄公家藏手札·家属类》。

〔3〕转引自孔祥吉：《戊戌维新运动新探》，第80页。"梁"为梁启超，"寿州"为孙家鼐。

之争的要害。

康有为在《我史》中又称：

> 时参保国会之余，孙灏诬攻之后，有大攻，参保国会之潘庆澜，又孙之亲戚也，又有谣诼于孙之前者，孙于是大有惑志。始孙颇言变法，与编修蒯光典言，曰："今朝士忠肝热胆而心通时务者，惟康某一人耳。若皇上责我变法，我惟举康某人，我则安能？"其相待如若此。至是相攻，谓吾孔子素王改考，乃自为教王、民主。于廿九日上折劾《孔子改制考》，并谓康某才气可用，以为宜如汉文之待贾生，老其才，折其气，而后大用之。上令军机大臣传旨与孙家鼐，令孙家鼐转传旨与我而已，并不明降上谕。盖我已将《孔子改制考》进呈，并无少妄，早鉴在帝心也。[1]

按照康的说法，孙家鼐本对康甚有好感，并对蒯光典言之[2]；后因潘庆澜的"谣诼"，而改变态度。蒯与孙为同乡，然孙是否对蒯作此语，尚不见其他证据；潘与孙也是同乡，然是否为亲戚，亦无法查证。然从孙之为人来看，似非潘的一番说辞即可打动者。与此相反的是，时任翰林院编修夏孙桐在《书孙文正公事》中称言：

> 戊戌德宗锐意变法，而翁文恭罢，无任事之人，悉由康有为等

---

〔1〕《康南海自编年谱》，《丛刊·戊戌变法》，第4册，第151页。

〔2〕蒯光典，字礼卿，安徽合肥人。父蒯德模，从官曾国藩等人，时称"循吏"。他光绪九年进士，入翰林院，散馆后授检讨。康有为称其为编修，当为误记。蒯与李鸿藻、翁同龢、张之洞等人多有交往。时被张之洞聘为两湖书院监督，光绪二十四年入都，见维新、保守两派形同水火，急以道员谋发往江宁，创办江南高等学堂。又，光绪二十一年蒯光典曾与康有为同在张之洞处。梁鼎芬致张之洞信中称："长素于世俗应酬，全不理会，不必拘拘于招饮。鼎芬亦可先道尊意与近事，渠必乐从，如可行，今日先办。或欲闻禅理，兼约礼卿，使之各树一义，粲花妙论，人人解颐，连日皆如此。康、蒯二子，深相契合，两宾相对，可以释忧。"（杨静安辑：《节庵先生遗稿》，1962年香港自印本，第64—65页）此时正恰张之洞次子溺水身亡，张终日伤悼，梁鼎芬让康有为、蒯光典陪张之洞谈话，以解怡释忧。

阴为主持，新进竞起，中外小臣上书言事日数十，上视廷臣无可语，悉下公议。公面折有为曰："如君策，万端并起，无一不需经费，国家财力只有此数，何以应之?"有为曰："无虑英吉利垂涎西藏而不能遽得，朝廷果肯弃此荒远之地，可得善价供新政用，不难也。"公见其言诞妄，知无能为，而众议日益糅杂，遂上疏言变法当筹全局，咸同间冯桂芬著《校邠庐抗议》言有次第，请以其书发部院卿寺……

夏又称"孙桐侍公数年，闻见所及，略有窥测，私记于策"。[1]孙、康此次面谈的内容，也不见其他证据，然此中"弃此荒远之地"的说法，康确有此意，并非空穴来风。[2]

除了理念、政策上的差别外，孙家鼐与康有为的最大分歧在于学术思想。前引康有为称"于廿九日上折劾《孔子改制考》……"一段，即指五月二十九日孙家鼐所上三折两片一单中的最后一折《译书编纂各书宜由管学大臣进呈并禁止悖谬之书折》，严词指责康有为的学说，称言：

臣观康有为著述，有《中西学门径七种》一书。其第六种"幼学通议"一条，言小学教法，深合古人《学记》中立教之意，最为美善。其第四种、第五种《春秋界说》、《孟子界说》，言公羊

---

〔1〕《碑传集补》卷一，《清代碑传全集》，上海古籍出版社，1987年，下册，第1266页。夏孙桐（1857—1941），字润之，号悔生，江苏江阴人，光绪十八年（1892）进士，选庶吉士，入翰林院，而当年教习庶吉士大臣之一为孙家鼐，属门生关系。夏孙桐后任浙江湖州知府等职。

〔2〕康有为在《我史》中称"今统筹大局，非大筹五六万万之款，以二万万筑全国铁路，限三年成之，练兵百万，购铁舰百艘，遍立各省各府县各等各种学堂……以全国矿作抵，英、美必乐任之。其有不能，则鬻边外无用之地，务在筹得此巨款，以立全局。既与常熟言，荐容纯甫熟悉美事，忠信，可任借款。又草折二份，交御史宋伯鲁、陈其璋上之。枢垣疑其不能行，留中，真可惜也。"（《丛刊·戊戌变法》，第4册，第142页）查陈其璋、宋伯鲁奏折，并无"鬻边外无用之地"的内容。（《救亡图存的蓝图》，第30—38页）

之学，及《孔子改制考》第八卷中“孔子制法称王”一篇，杂引谶纬之书，影响附会，必证实孔子改制称王而后已。言《春秋》既作，周统遂亡，此时王者即是孔子。无论孔子至圣断无此僭乱之心，即使后人有此推尊，亦何必以此事反复征引教化天下乎？方今圣人在上，奋发有为。康有为必欲以衰周之事，行之今时，窃恐以此为教，人人存改制之心，人人谓素王可作。是学堂之设，本以教育人才，而转以蛊惑民志，是导天下于乱也。履霜坚冰，臣窃惧之。皇上命臣节制各省学堂，一旦犯上作乱之人，即起于学堂之中，臣何能当此重咎？臣以为康有为书中凡有关孔子改制称王字样，宜明降谕旨，亟令删除，实于风俗人心大有关系。〔1〕

应当说，孙家鼐的这一段话是说得很重的，也说明了孙、康分歧之核心。按照以往的惯例，孙以“帝师”身份出面弹康，康将必获重遣。然该折上奏后，光绪帝并没有按照孙的要求“明降谕旨，亟令删除”，而是发下一道交片谕旨：

交管理大学堂事务、协办大学士、尚书孙：本日贵协办大学士具奏主事康有为所著《孔子改制》一书，凡有关孔子改制考称王字样，宜亟令删除等语。军机大臣面奉谕旨：“著孙家鼐传知康有为遵照。钦此。”相应传知贵协办大学士钦遵可也。〔2〕

光绪帝让孙家鼐出面传旨，当有维护康之意，但该谕旨也表明，光绪帝不认可康有为“孔子改制称王说”。此后，湖南巡抚陈宝箴又奏此事，要求

---

〔1〕“协办大学士孙家鼐奏为译书局编纂各书宜进呈御览折”，《京师大学堂档案选编》，第46页。孙家鼐于此处亦有误。《中西学门径七种》，即《中西学门径书七种》，为梁启超所编，光绪二十四年由上海大同译书局印，其第一种为康有为《长兴学记》，第二种为徐仁铸《輶轩今语》，其余五种为梁启超《读西学书法》、《读孟子界说》、《读春秋界说》、《幼学通议》、《时务学堂功课详细章程》。

〔2〕军机处《上谕档》，光绪二十四年五月二十九日。

将《孔子改制考》毁板，孙家鼐奉旨再议，摘录康有为书中“最为悖谬之语”，请光绪帝“留心阅看”，也要求毁板。[1]直到七月初五日，光绪帝因康有为进呈《波兰分灭记》赏银二千两，康递折谢恩，对此作辩解。[2]

由此可见，孙家鼐与康有为之间有着巨大分歧，由孙来推康出任京师大学堂总教习，实为不可能。

此时的康有为，虽只是工部候补主事、总理衙门章京，在京城中尚属微员，但声势正炽：一、康有为于四月二十八日（6月16日）由光绪帝召见后，获得了通过廖寿恒代上奏折及进呈书籍的权力。二、康有为

---

〔1〕 光绪二十四年六月十八日，光绪帝收到湖南巡抚陈宝箴所上“请厘正学术造就人才折”，对康著《孔子改制考》则予以驳斥，并请光绪帝下旨康有为将该书自行毁板。（《丛刊·戊戌变法》，第2册，第357—359页）光绪帝对此发下交片谕旨给孙家鼐：“谭继洵奏请变通学校科举、陈宝箴奏请厘正学术各一折，著孙家鼐于明日寅刻赴军机处，详细阅看，拟具说帖呈进。”（军机处《上谕档》，光绪二十四年六月十八日）孙家鼐说帖称：“查陈宝箴所奏，意在销毁康有为《孔子改制考》之书，兼寓保全康有为之意。臣谨将康有为书中最为悖谬之语，节录于后，请皇上留心阅看……臣观湖广总督张之洞著有《劝学篇》，书中所论皆与康有为之书相反，盖深恐康有为之书煽惑人心，欲救而正之，其用心亦良苦矣。皇上下诏褒扬，士大夫捧读诏书，无不称颂圣明者……今陈宝箴请将康有为《孔子改制考》一书销毁，理合依陈宝箴所奏，将全书一律销毁，以定民志而遏乱萌。”（《翼教丛编》，第38—39页）孙家鼐该说帖何时所上，我在档案中尚未查出。光绪帝没有采用陈、孙的意见，下令将《孔子改制考》毁板，而是对康有为依旧信任有加。

〔2〕 康有为于四月二十八日召见后，即于五月初四日由总理衙门代奏，并进呈《孔子改制考》一书，但非为全本，而是节本。康于七月所上谢恩折称：“即如《孔子改制考》一书，臣别有苦心，诸臣多有未能达此意者。前五月二十九日，协办大学士孙家鼐传旨，本日孙家鼐具奏‘主事康有为所著《孔子改制考》一书，凡有关孔子改制称王字样，宜亟令删除等语。军机大臣奉谕旨，著孙家鼐传知康有为遵照。钦此。’臣遵复，此书由石印而非刻版，臣当恭遵谕旨，于下次再印时改正。然臣岂敢与众违异，妄招攻击？则特著此书之苦衷微意，不敢不陈于君父之前……汉以前儒者皆称孔子为改制，纯儒董仲舒尤累言之。改者，变也；制者，法也，盖谓孔子为变法之圣人也。自后世大义不明，视孔子为拘守古法之人，视‘六经’为先王陈迹所作。于是，守旧之习深入人心，至今为梗……臣故博征往籍，发明孔子变法大义，使守旧者无所借口，庶于变法自强，能正其本，区区之意窃在于是。至于原奏所指孔子称王一节，臣原书中并无引线语。臣盖引历代帝王儒生遵孔子为王耳，非谓孔子称王也……合无［当］仰恳天恩，将臣所著《孔子改制考》易名《孔子变法考》，抑或仍名《改制考》之处，伏候圣裁。”（《变法图存的蓝图》，第218—219页）康对此进行了全面的自辩，同时也很机智，以改书名而请圣意，一旦光绪帝有旨，该书将成为“御准”之书。

召见后，与梁启超发起了废八股的奏折攻势，虽说五月初五日（6月23日）废八股改策论的谕旨由御史宋伯鲁四月二十九日、康有为五月初四日、侍读学士徐致靖五月初四日三道奏折所催生，但知内情者皆悉，宋、徐本属康党。[1]三、康有为于五月初八日上奏要求“奖励新艺、新法、新书、新器、新学，设立特许专卖”，是月十七日（7月5日）光绪帝以明发谕旨批准此议。[2]四、康有为于五月中旬上奏要求“请改直省书院为中学堂、乡邑淫祠为小学堂”，是月二十二日（7月10日）光绪帝发下朱笔亲改的明发上谕。[3]五、闰三月十二日（5月2日）御史潘庆澜参保国会，光绪帝未加处置，并虑及慈禧太后见之不利，在呈送慈禧太后的折片中，特将该片抽去。[4]六、总理衙门大臣、礼部尚书许应骙被康党所攻，五月初二日（6月20日）回奏，严词指责康有为，光绪帝置之

---

〔1〕宋伯鲁折由梁启超代拟，徐致靖折由康有为代拟。该三道奏折见《救亡图存的蓝图》，第113—115、123—130、134—136页。谕旨见军机处《上谕档》，光绪二十四年五月初五日。

〔2〕康有为折见《救亡图存的蓝图》，第139—143页。谕旨见军机处《上谕档》，光绪二十四年五月十七日。

〔3〕康有为折见《救亡图存的蓝图》，第157—161页；军机处《洋务档》，光绪二十四年五月二十二日，录有经过光绪帝朱笔修改的明发上谕：“前经降旨开办京师大学堂，入堂肄业者，由中学、小学以次而升，必有成效可睹。惟各省中学、小学尚未一律开办，总计各直省省会暨府厅州县无不各有书院，著各该督抚饬地方官各将所属书院坐落处所、经费数目，限三（朱笔将‘三’改为‘两’）个月内详查具奏。即将各省府厅州县现有之大小书院，一律改为兼习中学西学之学校。至于学校等级，自应以省会之大书院为高等学，郡城之书院为中等学，州县之书院为小学。皆颁给京师大学堂章程，令其依照办理。其地方自行捐办之义学、社学等，亦令一律中西兼习，以广造就。至各书院需用经费，如上海电报局、招商局及广东闱姓规，当（朱笔将‘当’改为‘闻颇’）有溢款，此外如有（以上两字朱笔删）陋规滥费，当亦不少（以上四字朱笔所加），著该督抚尽数提作各学堂经费。各省绅民如能捐建学堂，或广为劝募，准各督抚按照筹捐数目，酌量奏请给奖。其有独力措捐巨款者，朕必予以破格之赏。所有中学、小学应读之书，仍遵前谕，由官设书局编译中外要籍颁发遵行。至如民间祠庙，其有不在祀典者，不妨（朱笔将‘不妨’改为‘即著’）由地方官酌量（朱笔将‘酌量’改为‘晓谕居民，一律’）改为学堂，以节糜费而隆教育。似此实力振兴，庶几民风遍开，人无不学，学无不实，用副朝廷爱养成材至意。将此通谕知之。”与朱改明发上谕同时下发的还有光绪帝的朱笔：“著照此改谕旨，今日发抄。此件明日见面时缴回。”又该日军机处《随手档》记：“递上，朱改发下。朱谕明日缴。另抄，并填年月日。”（军机处《洋务档》、《随手档》，光绪二十四年五月二十二日）

〔4〕参见拙著：《戊戌变法史事考》，第26—27页。

不理。[1]七、御史文悌于五月二十日（7月8日）上奏弹劾康有为，握有确据，光绪帝明发谕旨驳斥，将文悌发回原衙门。[2]在整整一个夏季，康凡有建策，光绪帝皆从可；凡有人劾康，光绪帝皆庇护。此中的情节虽不为外人所尽知，但身处其中的军机大臣及政治高层已经看出，光绪帝有意重用康有为。至于张之洞之子张权在密信中称“廖仲山师向孙燮老言数次，请派康大学堂总教习”，更是值得注意。廖寿恒作为军机大臣，在光绪帝的身边，他本非多事之人，对康并无好感，由他出面劝孙，很可能就有光绪帝的背景。孙家鼐宁可忤逆光绪帝，也绝不同意由康来任此职。

由此可见，康有为官职虽为低下，其意谋取京师大学堂总教习一职，还真非为不着边际之幻想。

孙家鼐五月二十九日所上三折两片一单中，其第二折提出了总教习的人选，称言：

> 臣恭奉恩命管理大学堂事务，本月十九日奉到总理衙门行知，并原奏《章程》一册。臣详细细译（绎），大学堂事务，首在总教习得

[1] 由康有为起草的宋伯鲁、杨深秀弹劾许应骙奏折见《救亡图存的蓝图》，第131—133页；许应骙回复奏折见《翼教丛编》，第26—28页。许折称：“该御史谓臣仇视通达时务之士，似指工部主事康有为而言。盖康有为与臣同乡，稔知其少即无行，迨通籍旋里，屡次构讼，为众论所不容。始行晋京，意图侥幸，终日联络台谏，夤缘要津，托词西学，以耸观听。即臣寓所，已干谒再三，臣鄙其为人，概予谢绝。嗣又在臣省会馆私行立会，聚众至二百余人，臣恐其滋事，复为禁止，此臣修怨于康有为之所由来也。比者饬令入对，即以大用自负，向乡人扬言，及奉旨充总理衙门章京，不无觖望。因臣在总署，有堂属之分，亟思中伤，捏造浮辞，讽言官弹劾，势所不免……今康有为逞厥横议，广通声气，袭西报之陈说，轻中朝之典章，其建言既不可行，其居心尤不可问。若非罢斥驱逐回籍，将久居总署，必刺探机密，漏言生事；长住京邸，必勾结朋党，快意排挤，摇惑人心，混淆国事，关系非浅。臣疾恶如仇，诚有如该御史所言。”此一番言辞极重，光绪帝却未对此表态，上谕中仅称：“该尚书被参各节，既据逐一陈明，并无阻挠等情，即著毋庸置议。礼部有总司贡举学校之责，总理衙门办理交涉事件，均关紧要。该尚书嗣后遇事，务当益加勉励，与各堂官和衷商榷，用副委任。”（军机处《上谕档》，光绪二十四年五月初四日）

[2] 文悌奏折见《翼教丛编》，第28—35页。光绪帝谕旨称：“御史文悌奏言官党庇诬罔荧听请旨饬查一折。据称，御史宋伯鲁、杨深秀前参许应骙，显有党庇荧听情事，恐起台谏攻击之风等语。该御史所奏难保非受人唆使。向来台谏结党攻讦，各立门户，最为恶习。该御史既称为整肃台规起见，何以躬自蹈此？文悌不胜御史之任，著回原衙门行走。”（军机处《上谕档》，光绪二十四年五月二十日）

人。而京官之中人品端正、学问优长者原不乏人，求其学赅中外、通达政体、居心立品又为众所翕服者，实难其选。伏见工部左侍郎许景澄，学问渊通，出使外洋多年，情形熟悉。若以充总教习之任，必能众望允符……许景澄未到京以前，总教习之任，即由臣暂为兼办。[1]

许景澄（1845—1900），字竹筼，浙江嘉兴人。同治七年（1868）进士，选庶吉士、授编修。光绪十年（1884）派充驻德公使，兼任驻法、意、荷、奥公使。出使期间，主持勘验接收“定远”等舰，并曾在德国等处亲赴造船厂调查，撰成《外国师船表》呈朝廷，建议清政府加强海防。十三年丁母忧回国。十六年再任驻俄公使，兼任驻德、荷、奥公使，迁升内阁学士。沙俄出兵占据帕米尔，许景澄被派为谈判代表，据理力争。他深研西北边疆史地，著《帕米尔图说》、《西北边界图地名译汉考证》。后擢工部侍郎。二十二年专任驻德公使，二十三年底奉召回国，不久又派为赴俄专使。此时正在回国途中。许本翰林出身，又有长期出使欧洲的经历，官居正二品。推出这种级别的人选，符合孙的一贯办事风格。且许未回京之前，孙自兼总教习，不再委派他人代理。光绪帝对此下旨：“依议。”[2]康有为由此被排斥出局。[3]

---

[1] “协办大学士孙家鼐奏报筹办大学堂事务折”，《京师大学堂档案选编》，第43页。

[2] 军机处《上谕档》，光绪二十四年五月二十九日。

[3] 由严复等人创办，与康、梁甚有关系的《国闻报》于光绪二十四年六月初三日，以“京师大学堂拟请总教习”为题，刊出消息：“堂事之举否，全视教习之得失，而各教习之得力与否，尤全视总教习之得人与否。北京大学堂总教习，初议有延聘天津水师学堂总办严复之说。京师讲求新学之士大夫，莫不以此举为得人。后主其事者，不知何故，忽易前议。因之又欲延聘前国子监祭酒宗室盛伯熙及湖南黄益吾，然二公均不通西文。因又商请美国之丁韪良，但丁在同文馆为总教习时，其薪水且倍于大学堂之总教习，是以不愿俯就。闻得近日又拟电请许竹筼侍郎回华，奏请简授此职。然许侍郎虽历充使臣，在外洋十余年，其究否通晓洋文，亦不得而知。可见中国创办一事，欲得人而理，有如此之难。其实中国未尝无人，仍不过以资格二字，拘泥困计而已。”同日并刊出京师大学堂总办、提调之名单，看来康、梁此时还不知道孙家鼐已提名许景澄。《国闻报》六月初八日以“京师大学堂奏派教习名单”为题，称“兹有京友来述，总教习已由管学大臣奏请简放许侍郎景澄”。六月初九日《国闻报》刊出孙家鼐奏派许景澄之折及相关消息。

由此联系到本章第三节所引五月十二日李盛铎奏折，请许景澄回国途中考察各国教育，又可以看出孙、李之间的沟通。李折的本意是由许景澄为总教习，上奏时提及，乃是为此而作一铺垫。

孙家鼐五月二十九日所上三折两片一单中，其一单即为拟保大学堂总办、提调、教习各员：刑部候补主事张元济任总办；翰林院修撰骆成骧、编修黄绍箕、朱祖谋、余诚格、李家驹任稽查功课提调；詹事府左庶子李昭炜任藏书楼兼官书局提调；工部候补郎中周暻任仪器院提调；户部候补员外郎涂国盛任支应所提调；工部员外郎杨士燮、户部候补主事王宗基任杂务提调；翰林院编修朱延熙、田庚、田智枚、段友兰，翰林院庶吉士寿富、章际治、胡浚，内阁候补中书王景沂任分教习；翰林院侍读学士瑞洵、刑部学习郎中刘体乾，比照提调，在许景澄未到任前，在堂协助孙家鼐"斟酌学务，查考事宜"，即任文案处差使。光绪帝对此下旨："依议。"[1]在这一长名单中，有懵懂时务者，有请托获差者，孙家鼐之职业老官僚习性再显，以此等人员授学办事，京师大学堂很难成为催生中国近代教育之重镇；但可以肯定的是，此中绝无一人为康党。

这里还可看一下李鸿章对大学堂等事务的态度。他于五月二十八日给其子李经方的信中称：

> 朝廷锐意振兴，讲求变法，近日明诏多由康有为、梁启超等怂恿

---

〔1〕《京师大学堂档案选编》，第44—45页。军机处《上谕档》，光绪二十四年五月二十九日。又，孙家鼐此次出奏的另外两片是大学堂先拨馆舍、官书局添设提调。再又，《光绪朝朱批奏折》第11辑收入两单"谨将大学堂办事人员开具清单呈览"、"谨将大学堂当差人员开具清单呈览"，时间错为光绪二十二年七月。查前一单称："总办：江南道监察御史李盛铎游历未归"；后一单称："总办一员：江南道监察御史李盛铎现派往日本查看学堂情形"，又称："总教习工部左侍郎许景澄尚未到京，由臣代办"，可知上奏人为孙家鼐。再查军机处《早事档》，光绪二十四年八月初八日记："大学堂奏衔名事单二件，奉旨知道了，单留。"可见该单为八月初八日上奏。将此两单与五月二十九日之名单对照，除总办人选改变、文案处另增翰林院编修朱启勋外（可见"协办大学士孙家鼐奏请添设大学堂文案处折"，光绪二十四年七月初五日，《京师大学堂档案选编》，第57页），仅有一人变化，即分教习翰林院庶吉士胡浚"请假辞退"。后一单称："谨按总理衙门原定章程中、西分教习共二十余员，现在房舍未齐、学堂未开，是以尚未奏派。"

而出，但法非人不行，因循衰惫者，岂有任事之才，不过敷衍门面而已。附寄总署所上大学堂章程一本，钞报已见。此即樵野倩梁启超捉刀者，内有不可行，夑臣拟稍变通，恐办不好。然八股八韵俱奉旨罢废，以后改试时务、策论，学生除读经史外，宜更习他端。

六月二十九日给李经方的信中又称：

学堂之事，上意甚为注重，闻每日与枢廷讨论者，多学堂、工商事，惜瘦驽庸懦辈不足赞襄，致康有为辈窃东西洋皮毛，言听计从……夑臣管学，徇清流众议，以中学为主，恐将来不能窥西学堂奥，徒糜巨款耳……〔1〕

由于是对其儿子所言，故能说心里话。信中说明了康、梁的作用，说明了康、孙之间的矛盾，也透露出对康、梁与变法的担心。从这些话中又可以看出，李鸿章不像是要推荐康任大学堂总教习的。而盛宣怀的女婿冯敩高给盛宣怀的密信中亦称：

近来谕旨大半皆康有为之条陈，圣上急于□治，遂偏信其言。然闻康君之心术不正，都人士颇切杞忧也……创设大学堂，孙协揆所派提调、教习等人，皆不满人意。闻所定章程，有类乎义塾。但此事系中国兴衰关健（键），如办不好，从此休矣。故有人恒为惜之。〔2〕

---

〔1〕《李鸿章全集》安徽教育版，第36册，信函八，第184、188页。李鸿章称“近日明诏多由康有为、梁启超等怂恿而出”、“致康有为辈窃东西洋皮毛，言听计从”等语，指废八股、专卖、学堂、商务局诸事。

〔2〕上海图书馆编：《上海图书馆藏盛宣怀档案萃编》，上海古籍出版社，2008年，上册，第178页。该信称：“日本使臣放黄遵宪（公度），朝鲜使臣放张亨嘉（锡钧），须明日方揭晓，故亦密闻。”查军机处《随手档》、《上谕档》，六月二十三日，总理衙门上奏请简放出使日本、朝鲜大臣折两件，奉光绪帝旨：“明日请旨办理”，即请示慈禧太后。次日，光绪帝旨命黄遵宪、张亨嘉之使命。由此可以确定，此信写于光绪二十四年六月二十三日。

冯敦高的看法，与李鸿章大体相同。由此再读张之洞收到杨锐的密报，许多情景便可以连接起来：

> 孙燮臣冢宰管大学堂，康所拟管学诸人，全未用。奏派许竹筼为大教习，张菊生元济总办，黄仲弢等提调，寿伯福等分教习，均极惬当。然其中亦有以请托得者，如涂国盛、杨士燮、余诚格诸人，颇招物议。孙又奏，康有为进呈所著《孔子改制考》中间，改制称王等语甚纰缪。奉旨即令孙传谕康删去……梁见寿州，谓："总教习必派康先生。"孙不应。康党大失望，然恐将来尚有改动也。[1]

其中"恐将来尚有改动"一语，说明了当时康有为一派的势力强劲。与京城许多官员颇有交往的内阁中书汪大燮，对此亦称：

> 大学堂孙相不用康、梁，将来康、梁亦必攻之，但攻不动耳。[2]

其中"将来康、梁亦必攻之"一语，说明了解康、梁的汪大燮认定康党决不会甘心。时任翰林院编修的叶昌炽，在日记中称：

> 至会典馆……知采臣派仪器楼提调，大学堂派出提调十人，翰林院居其六，又得教习八人，虽不尽公道，尚可为词馆吐气，但恐康、梁有后言耳。[3]

---

〔1〕 转引自《戊戌维新运动新探》，第79—80页。"寿百福"，寿富。

〔2〕 致汪颂年，光绪二十四年五月廿日（日期有误，疑为卅日），《汪康年师友书札》，第1册，第787页。

〔3〕《缘督庐日记》，光绪二十四年六月初三日，江苏古籍出版社，2002年，第5册，第2702页。"采臣"，周暻。

其中“恐康、梁有后言”一语，表明叶昌炽看出康、梁对这一安排不满，将会出言相攻，可见当时的人们有着同样的心情。而张之洞之子张权的密信，又透露出更多的细节：

> 总教习先拟请盛伯羲。盛言：若朝来请则午死，午来请则夕死。又拟请王益梧，王亦辞。始改请许。大学堂所派教习，除黄仲弢（黄系提调）、寿伯符外，多不惬人望。知之者，熟人有朱益斋妹丈、余寿平诚格，并有新庶常数人，大约新进不知名者居多。最招物议者，以内有寿州之婿刘某。益斋言，寿州自云求派之条子太多。（益斋言渠之派，出于意外，并未往求）寿、黄、朱三人或就或辞，主意尚未定。昨传言，宋伯鲁又有奏劾孙，系为康而发。问李玉坡，尚未之知，恐系谣传耳。[1]

其中“宋伯鲁又有奏劾孙”一语，表示康已有所行动。

也恰在这一天，五月二十九日，由康有为起草由御史宋伯鲁出奏

---

〔1〕张权致张之洞，光绪二十四年六月十二日，《张文襄公家藏手札·家属类》。“盛伯羲”，盛昱，“王益梧”，王先谦，两人曾任国子监祭酒。“朱益斋”，翰林院编修朱延熙。“寿伯符”，即寿富。“余寿平诚格”，名诚格，字寿平，翰林院编修。“寿州之婿刘某”，似指任大学堂文案处差使、刑部学习郎中刘体乾，他是淮系大将刘秉璋之子，但不是孙家鼐的女婿。张权此处有误。孙的女婿是刘体乾的弟弟刘体智。关于孙家鼐欲聘盛、王为总教习一事，张之洞之侄吏部主事张权于六月初二日信中称：“大学堂总教习，寿州先请盛伯希祭酒，拒之甚力。闻已函请王益梧。”（出处同上）张权的消息有可能得自于张检。又，《国闻报》于光绪二十四年六月初三日以“京师大学堂拟请总教习”为题，刊出相关消息，提到严复、盛昱、王先谦、丁韪良、许景澄五人选：“堂事之举否，全视教习之得失，而各教习之得力与否，尤全视总教习之得人与否。北京大学堂总教习，初议有延聘天津水师学堂总办严复之说。京师讲求新学之士大夫，莫不以此举为得人。后主其事者，不知何故，忽易前议。因之又欲延聘前国子监祭酒宗室盛伯熙及湖南黄益吾，然二公均不通西文。因又商请美国之丁韪良，但丁在同文馆为总教习时，其薪水且倍于大学堂之总教习，是以不愿俯就。闻得近日又拟电请许竹筼侍郎回华，奏请简授此职。然许侍郎虽历充使臣，在外洋十余年，其究否通晓洋文，亦不得而知。可见中国创办一事，欲得人而理，有如此之难。其实中国未尝无人，仍不过以资格二字，拘泥困计而已。”该文的基本倾向是赞同严复。至于宋伯鲁劾孙之事，李荫銮称其不知，很可能是其未当值，或未查阅奏折。

"请将上海《时务报》改为官报进呈御览折"，光绪帝明发上谕："御史宋伯鲁奏请将上海《时务报》改为官报一折，著管理大学堂大臣孙家鼐酌核妥议，奏明办理。"〔1〕六月初八日（7月26日），孙家鼐上奏，同意将上海《时务报》改为官报，但提议派康有为督办其事。光绪帝当日予以批准。〔2〕也就是说，孙借机将康挤出京城。〔3〕

六月十一日（7月29日），由康有为起草御史宋伯鲁出奏《大学堂派办各员开去别项差使片》，称言：大学堂人员之选，应是"但论才识之高下，不论官阶之尊卑，将一切官场恶习，痛除净尽"；"京官向来风气，以奔走为能，以多事为荣"。由此而提议，将大学堂总办、提调、分教习各员，"其已有差使者，一律开除，其未有差使者，一律停止，其记名御史及枢、译两署者，一律注销，京察试差，一律停止"；"其办理卓著勤劳者，优以升阶，而仍不给以他差，数年有成，然后请旨升调，优加奖励。"也就是说，将大学堂任职的官员，撤去其他差使，并停止其进阶之途，以能专职专任。该片的最后，对孙家鼐稍加讥语：

> ……该大臣自宜格外振刷精神，虚心延揽，方冀有济。此何时也？此何事也？若仍以官常旧法，瞻徇情面行之，鲜不贻笑外人矣。〔4〕

当日光绪帝将该片交孙家鼐议复。六月十七日（8月4日），孙出奏，

---

〔1〕宋伯鲁折见《救亡图存的蓝图》，第164—167页。谕旨见军机处《上谕档》，光绪二十四年五月二十九日。

〔2〕孙家鼐奏折见《丛刊·戊戌变法》，第2册，第432—433页；光绪帝谕旨见军机处《洋务档》，光绪二十四年六月初八日。

〔3〕汪大燮称："寿州原为推康出去起见，并非知君之委屈。"黄绍箕为此与孙家鼐商量，孙同意请汪康年来北京"选录进呈报务"，即选呈光绪帝御览之报。（致汪康年，光绪二十四年六月十三日，《汪康年师友书札》，第1册，第790—791页）

〔4〕《御史宋伯鲁奏请将大学堂派办各员开去别项差使片》，《京师大学堂档案选编》，第49—50页。"其记名御史及枢译两署者"一句，指获记名御史的各部院司官等和考取军机章京、总理衙门章京获记名而未奉调者，"一律注销"指其不再获御史之官及军机处、总理衙门章京之差。"京察"后，获一等者，可升任官职；"试差"指放各地乡试考官，是翰林院官员的重要收入来源。

附片称“大学堂总办、提调各员，无庸停止各项差使”，光绪帝下旨“依议”。[1]

张元济对孙家鼐的大学堂人事安排，极为不满，由此力辞大学堂总办一职。他在致沈曾植的私信中称：“寿州诸事，不知谋划于何人？枢、译诸公，业已置身事外，将来能否不蹈书局窠臼，正未可知。”[2]他从人事安排中已看到了官书局的影子，即很可能又将是一官僚机器。孙虽尽力挽留，张仍固执其意。七月初五日（8月21日），孙上有一片：

> 臣前奏请以刑部主事张元济为大学堂总办，该主事因有总理衙门差使，近又派有铁路差事，且自行创立一小学堂，要时常前往照料，力难兼顾，辞请另行派员。臣查有江南道监察御史李盛铎才具开展，讲求中外情势，拟改派该御史充大学堂总办。

---

〔1〕军机处《随手档》、《上谕档》，光绪二十四年六月十一日、十七日。孙家鼐原片尚未从档案中检出。

〔2〕致沈曾植，光绪二十四年六月十八日，《张元济书札》增订本，中册，第676—677页。沈曾植此时丁忧去了武昌。张在此信中称：“大学堂开，寿州枉顾，殷殷下问，欲以济充总办，初颇心动，旋知所派提调除仲弢、柳溪外，都不相习，且多有习气者，亦有请托而得者。济知此事难于措手，遂投词谢之。乃寿州不允，仍以奏派。得旨后，济复往谒，力申前说。彼固挽留，济于是请其将总办、提调奏开本署及兼行差使，以为补救之计。寿州亦不允行。济知终无可为，于是决然舍去。现在尚未具呈，其公事未到部也。友人中颇有以大义相责，谓不应洁身而去者。公试断之。总、分教习暨各提调已载报章，计当见之，不赘述。孙、傅被召，系仁和荐举使才，与此乃无涉。”（原标点稍有误，此处已改）“柳溪”，李家驹。由此可见，在大学堂官员“奏开本署及兼行差使”上，张元济与康有为意见相同。“孙”，孙宝琦；“傅”，傅云龙；“仁和”，王文韶。看来沈曾植曾去信了解孙宝琦、傅云龙入京是否与大学堂有关。张在另一信中称：“大学堂事寿州派弟充总办，业已奏准，因其所用之人多非同志，极力辞退。此事亦恐变为官事，步官书局之后尘。”（致汪康年，光绪二十四年六月初九日，《汪康年师友书札》，第2册，第1737页）汪大燮称：“大学堂全单想已见，菊生总办，而提调实少同志，猛力辞退，何等神勇，何等气骨，弟闻之谅亦同深钦佩也。”（致汪康年，光绪二十四年六月十一日，同上书，第1册，第789页）又，《国闻报》六月二十一日刊出“某大令与友人书”，称言：“前日因纵论大学堂教习有可异，足下言张比部未必就总办……我华积习，以一人兼数事，而致事事无人，更以一事属数人而致人人不事，乃此不变，万无久理……近者康工部既承前席，人传其请改官制，我辈曾论此事切要而至，不易行，不如以改差使为之兆也……”“张比部”，即张元济。

光绪帝下旨："知道了。"[1]自此，李盛铎反过来又成了大学堂的重要官员。

## 六　孙家鼐对《大学堂章程》的修改

孙家鼐对梁启超起草的《大学堂章程》是不满意的，其中最为不满者，即是本章第四节已引的"今宜在上海等处开一编译局，取各种普通学尽人所当习者，悉编为功课书"；"由上海编译局纂成功课书，按日分课"。尽管《大学堂章程》已由光绪帝批准，属于"钦定"，但孙决意对此进行修改。

光绪二十四年五月二十九日（1898 年 7 月 17 日），孙家鼐首次出奏的三折两片一单中，其最后一折除了指责康有为《孔子改制考》外，还依据军机大臣、总理衙门大臣联衔上奏中管学大臣之职权，对《大学堂章程》总纲第五节提出修改意见：

> 臣查开办大学堂原奏第五节内云，宜在上海等处开一编译局，集中西通才专司纂译。其言中学者，会萃经、子、史之精要及与时务相关者编之，勒为定本，请旨颁行各省学堂，悉遵教授，庶可以一趋向而广民智等语。又查原奏内云，将来学堂日有增益，无所统辖，必至各分畛域，其弊不可不防，伏乞皇上简派大员，管理京师大学堂事务，即以节制各省所设学堂等语。是学堂教育人才，首以

---

〔1〕"协办大学士孙家鼐奏请以李盛铎充当大学堂总办片"，《京师大学堂档案选编》，第 57—58 页；军机处《上谕档》，光绪二十四年七月初五日。张元济时任总理衙门章京、铁路矿务总局章京，并自办通艺学堂，"力难兼顾"是他对孙家鼐的托词。《国闻报》六月十五日刊出消息："现闻张菊生比部业已辞退。京中访事诸友人来信，谓该主政欲将学堂总办、提调各员，一律开去本衙门差使及别项差使，专办学堂事务。而孙中堂以为事多窒碍，未予允行，故该主政自恐不胜其任，决然辞去云。按中国衙门每以一官而派数人，然其中有所谓漂亮之红人，又往往以一人而兼数差。故流弊所及，至于无一人能办事，亦无一事能办成。今若充大学堂差使者仍兼别衙门差使，则将来按日分班挂名支薪，种种弊端必将齐集，而大学堂亦不过等于同文馆、国子监而已……"

书籍为要，而书籍之定本，考订尤不可不精。若使书中义理稍有偏歧，其关乎学术人心者，甚非浅鲜。

孙的这一段话，正是针对康有为一派而发的。他害怕由康、梁控制的编译局将其书进呈钦定后，成为全国的统一教材。为此他提出，由他本人来负责经、子、史教材的编定：

夫以经书之在国朝，久经列圣钦定，未可妄事改纂。若谓学者不能遍读，古人原有专经之法。至于择其精粹者读之，如朱子小学之例，亦无不可。总宜由管学大臣阅过，进呈御览，钦定发下，然后颁行。子、史亦然。如此则趋向可一，民智可广，而民心庶不至妄动矣。[1]

其中“民心庶不至妄动”之语，明显攻击康的“孔子改制称王说”。然光绪帝似乎只注意了该折中《孔子改制考》一节，并发下交片谕旨（本章第五节已述）；对孙家鼐在该折中要求“由管学大臣阅过，进呈御览”一节，并无谕旨下发。

当孙家鼐努力修改梁启超所拟《大学堂章程》之时，张之洞一派也有所行动。张之洞之侄张检曾在六月初邮寄《大学堂章程》至湖北，张之洞亦曾发电询问孙家鼐。[2]叶瀚于六月十三日致函汪康年，提出了联衔会奏否定该章程的办法：

……此法当请南皮主奏，合南五省督抚连衔陈请，云《大学堂章程》及诸学章程，宜因各省地土、风习制宜，以期道一风同为

---

〔1〕“协办大学士孙家鼐奏为译书局编纂各书宜进呈御览折”，《京师大学堂档案选编》，第45—47页。

〔2〕张之洞去电虽未见，但可见孙家鼐复电：“京。孙中堂来电：鼐薄德鲜能，谬充管学。章程新定，未能详备，尚须复奏。我公才望，幸祈赐教。篠。”（光绪二十四年六月十七日戌刻发，二十二日午刻到，《张之洞存各处来电》，第34函，第4册，中国社会科学院近代史研究所图书馆藏，档号：甲182-136）这份电报发与收的相隔时间，实在太长，未明其原因。而“章程新定，未能详备”一语，也说明孙有意再拟章程。

上，不应由康、梁一家之学主持，即请收回成命，由各省查取日本学章，因地制宜，将来总其成，于南皮酌定，奏上请旨颁行。译书局亦由各省督抚照拟章程办理，不可纯任梁启超一人，以免偏弊。乞兄见信，即发电致南皮即电奏，乃所至要。[1]

然孙家鼐后来修改章程取得进展，使之不必如此兴师动众，联省会衔上奏了。

六月十七日（8月4日），孙家鼐议复京城设立中学堂、小学堂一折，其中提到“臣查总理衙门原奏章程，当时仓猝定议，只能举其大端，其详细节目，本未周备”。[2]光绪帝当日明发上谕，其中亦有一语：“其大学堂章程，仍著孙家鼐条分缕析，迅速妥议具奏。”[3]由此，孙获得了重议大学堂章程的权力。

六月二十一日，光绪帝在宫中召见孙家鼐。二十二日（8月9日），孙家鼐上奏《筹办大学堂大概情形折》，称言：

臣维学堂创办之初，千端万绪，其章程原难仓猝定议，遽臻美备。即日本初设学堂，至今二三十年，章程几经变易，不厌精益求精，况我国家政令更新之始，京师首善之区，草昧经纶，动关久远……臣每日会集办事各员，公同核议，虽不在学堂办事之人，臣亦多方咨访，集思广益。

他没有直接使用“章程”二字，也未提“修改”之词，而是称“兹将现拟筹办大概情形，分条开列，恭呈钦定”。

---

〔1〕《汪康年师友书札》，第3册，上海古籍出版社，1987年，第2601页。

〔2〕《丛刊·戊戌变法》，第2册，第434页。先是御史张承缨于六月初六日奏请于京师设立小学堂、中学堂，光绪帝交孙家鼐议复。孙折同意在京城设立中小学堂，并请饬下五城御史设立劝办。

〔3〕军机处《上谕档》，光绪二十四年六月十七日。该谕旨的主旨是同意孙家鼐所奏，由五城御史设立小学堂，“务期与大学堂相辅而行，用副培养人才之至意”。

孙家鼐的这一道奏折，实际上是对《大学堂章程》进行大规模修改。他开列条款共为八项：其一是为进士、举人出身的京官设立“仕学院”；其二是大学堂学生作为进士，分科送部录用；其三是学科调整，兵学另设学堂；其四是大、中、小学堂肄业人员，作为进士、举人、生员，其具体章程由大学堂会同总理衙门、礼部详拟请旨；其五为译书事务；其六是西学设立总教习，拟聘丁韪良；其七是西学教习待遇从优；其八是学生不给膏火，但给奖赏。其中最为关键者，为第五条“译书宜慎”，其文曰：

> 查原奏开一编译局，取各种溥通学尽人所当习者，悉编为功课书，分小学、中学、大学三级，量中人之才所能肄习者，每日定为一课。谨按先圣先贤著书垂教，精粗大小，无所不包。学者各随其天资之高下，以为造诣之浅深，万难强而同之。若以一人之私见，任意删节、割裂经文，士论必多不服。盖学问乃天下万世之公理，必不可以一家之学，而范围天下。昔宋王安石变法，创为《三经新义》，颁行学官，卒以祸宋。南渡后，旋即废斥。至今学者，犹诟病其书，可为殷鉴。臣愚以为经书断不可编辑，仍以列圣所钦定者为定本，即未经钦定而旧列学官者，亦概不准妄行增减一字，以示尊经之意。此外史学诸书，前人编辑颇多善本，可以择用，无庸急于编纂。惟有西学各书，应令编译局迅速编译。[1]

这一段话很明显是针对康学的，在“钦定”、“尊经”的名义下，否定了编译局“纂成功课书”的规定。按照这一条，上海编译局只能编译“西学各书”，而对“中学”各书并无“删节”、“割裂”、“编辑”之责。光绪帝当日下旨批准：

> 孙家鼐奏筹办大学堂大概情形一折。所拟章程八条，大都参酌东西洋各国学校制度暨内外臣工筹议，与前奏拟定办法，间有变通

[1] 《丛刊·戊戌变法》，第2册，第435—437页。

之处，缕析条分尚属妥协。造端伊始，不妨博取众长，仍须折衷一是。著孙家鼐按照所拟各节，认真办理，以专责成。[1]

至此，康、梁在《大学堂章程》中所埋设的内容，已被孙家鼐清除干净。时任保定莲池书院山长吴汝纶闻此消息，表示赞成。他在私信中称：

学堂开办，康公首唱大议，不为无功，惟其师弟于世事少阅历，皆以一人室中私见，遂可推行天下，是其失也。其谈中学尤疏谬，其欲将经、史、子、集荟聚一书，以授西学学徒，亦步趋日本故步。但中学不易荟聚，梁公恐难胜任。今管学大臣驳议此节，持论自正。

吴汝纶稍具新思想，主张废科举，其“中学”功力亦深，对康、梁的学术能力有怀疑。[2]而在上海的孙宝瑄，后来也表示了大体相同的看法。[3]

六月二十九日（8月16日），孙家鼐代奏梁启超“拟大学堂译书局章程并沥陈开办情形呈”。梁启超所拟大学堂译书局《章程》共有十条，其第二条称：

查原章程溥通学第一门为经学，原奏亦有将经史等书撮其精华

〔1〕 军机处《洋务档》、《随手档》，光绪二十四年六月二十二日。

〔2〕 致廉惠卿（泉），光绪二十四年七月初四日，《吴汝纶全集》，第3册，第206页。吴在先前的私信中亦提及此事：“欲令一年幼无知之梁启超翻译西书，删定中学，此恐人才因之益复败坏耳。”（答柯凤孙〔劭忞〕，光绪二十四年五月廿九日，同上书，第198页）“康有为等虽有启沃之功，究仍新进书生之见。总署所议大学堂章程，多难施行。《国闻报》所录，有荟萃经、子、史，取精华去渣滓，勒为一书，颁发各学堂等语，皆仿日本而失之。此东施捧心，以效西子者也。日本本国，学问无多，可以撮其为简本，使学者易于卒业。中国旧学深邃，康梁师徒，所得中学甚浅，岂能胜删定纂修之任，斯亦太不自量矣！《邸抄》所刻，似无此层，岂总署删汰之耶？”（致李季皋〔经迈〕，光绪二十四年六月初三日，同上书，第201—202页）吴汝纶对康、梁的中学程度表示怀疑。

〔3〕 孙宝瑄在光绪二十四年十一月三十日日记中称：“司马温公论王安石，以为罢诗赋，用经义，此乃复先王令典，不易之法，但不当以一家之私学欲盖掩先儒。此数语可移赠今日之康南海。”（《忘山庐日记》，上海古籍出版社，1983年，上册，第289页）

之语。惟六经如日中天，字字皆宝。凡在学生，皆当全读。既无糟粕可言，则全体精华，何劳撮录？可否将经学一门提出，不在编译之列，伏乞圣裁。[1]

梁启超此呈颇多迷雾，似有修改之处，且多处与孙家鼐六月二十二日所奏八条章程相抵牾。我由此推测，梁的呈文很可能早就送到孙处[2]；

---

〔1〕孙家鼐代奏情形见军机处《随手档》，光绪二十四年六月二十九日。梁启超“拟大学堂译局章程并沥陈开办情形呈”，见《谕折汇存》，文海出版社（台北）影印，1967年，光绪二十四年七月初一日；又见《饮冰室合集集外文》，上册，第42—44页。（标题我有所改动）孙代奏折称：“窃据办理译书局举人梁启超呈称，奉旨办理京师译书局，谨条列译缉学堂功课书及筹开办加增经费章程前来。臣惟京师大学堂将办之先，必须编出功课书籍，其开办与加增经费，亦所必须。梁启超所拟各章程，皆实在情形……”（见《谕折汇存》，光绪二十四年七月初一日）孙折没有说明梁启超呈文何时送到孙处，其主旨是为梁争取经费，要求“拨开办经费一万两”。需要说明的是，《京师大学堂档案选编》第52—53页所录《译书局详细章程》，属上海官译书局，是六月二十三日总理衙门附片之附件。该件原标题拟“大学堂录呈举人梁启超所拟译书局章程光绪二十四年六月二十九日”，当为误。又，梁启超该呈又见于《光绪朝朱批奏折》，第104辑，第551—552页。

〔2〕梁启超于何时将其呈文递到孙家鼐处，大有疑问。梁呈文称：“具呈六品衔办理译书局事务举人梁启超，为恭拟译书局章程并沥陈开办情形呈请代奏事：窃五月十五日奉上谕：‘新设之译书局由管学大臣督率办理。钦此。’同日奉上谕：‘梁启超著赏给六品衔，办理译书局事务。钦此。’旋于五月二十三日，奉到总理衙门札开‘将上海译书局改为官督商办，饬将开办日期妥议，详细章程呈送本衙门，核定立案’等语。除将上海官商合办之译书局章程遵报总署立案外，所有京师译书局章程及开办情形，理合呈报，恭请奏明核示，以资办理。”从这一段行文来看，最后的日期是五月二十三日。此中还可以参看另一例，即梁启超所拟上海译书局章程，该章程于六月二十三日由总理衙门呈报。总理衙门该片称：“兹据梁启超将译书局开办日期及详细章程呈报前来，据称六月初一日开局……”由此可知梁启超的上报总理衙门的呈文，可能在六月初一日之前或于此前后送到总理衙门，总理衙门过了将近一个月才代奏，并请求批准上海译书局开办银四万两，并颁给木质关防一颗。光绪帝当日批准。（“总理衙门奏请拨译书局经费并颁发关防片”，光绪二十四年六月二十三日，《京师大学堂档案选编》，第51页）由此似可推知，梁启超的“拟大学堂译书局章程并沥陈开办情形呈”也应在此之后不久，即六月初、中旬上报孙家鼐。而梁呈中“今拟于七月即行开局编译，已向日本东京购得美国学堂初级功课书十数种，次第开译”；“所请开办经费，如蒙谕允，亦请于七月以前领给”；“启超现拟于月杪赴上海购采书籍，延聘译人”等语，又可为之证。若是到了六月二十二日以后，梁再将呈文送孙家鼐，要求代奏并获光绪帝之御准，“七月”、“七月以前”、“（六）月杪”似有过于仓猝之嫌。（见《谕折汇存》，光绪二十四年七月初一日）

孙却将其压下，拖到六月二十二日其八条章程批准后，要求梁做修改，而梁的修改也未能彻底。[1]由于史料所限，此中的细节还难以一一展开。光绪帝收到梁启超的呈文后，并没有发现其中的细微差异，当日明发谕旨，批准了梁的章程：

> 孙家鼐奏举人梁启超恭拟译书局章程并沥陈开办情形据呈代奏一折。译书局事务，前经派令梁启超办理。现在京师设立大学堂，为各国观听所系。应需功课书籍，尤应速行编译，以便肄习。该举人所拟章程十条，均尚切实，即著依议行。此事创办伊始，应先为经久之计，必需宽筹经费，方不致草率迁就，致隘规模。现在购置机器及中外书籍，所费不赀，所请开办经费银一万两，尚恐不足以资恢扩。著再加给以银一万两，俾得措置裕如。其常年用项亦应宽为核计，著于原定每月经费一千两外，再行增给二千两，以备博选通才，益宏蒐讨。以上各款均由户部即行筹拨。以后自七月初一日起，每月应领经费，并著预先发给，毋稍稽迟。其大学堂及时务官报局，亟应迅速开办。所需经费如有不敷，准由孙

---

〔1〕 孙家鼐八条章程第三条称："中西学分门宜变通也。查原奏普通学凡十门，按日分课，然门类太多，中才以下，断难兼顾。拟每门各立子目，仿专经之例，多寡听人自认。至理学可并入经学，为一门，诸子文学皆不必专立一门，子书有关政治、经学者，附入专门，听其择读。"据此，理学并入经学而取消；子书附入政治、经学，为其子目，不再为一门。而梁启超《大学堂译书局章程十条》中第三条称："泰西、日本各种学校，皆有修身一科，无非荟萃前言往行，以为熏陶德行之助。今理学门功课书，拟辑宋明诸贤语录文集之名言，分类纂成，使学者读之，以为立身根柢。"第五条称："诸子中与西人今日格致、政治之学相通者不少，功课书即专择此类加以发明，使学者知彼之所长皆我之所有。"此中的理学门功课书、诸子功课书与前引孙家鼐办法有所抵牾。第四条又称"掌故学拟略依'三通'所分门目而损益之，第一门先编中国历代沿革得失，次及现时各国制度……查编纂各种功课书之中，以此门为最繁重，其所分门目，容再详列"。据孙家鼐八条章程第五条"惟有西学各书，应令编译局迅速编译"，梁启超根本无须编纂此书。造成这种差异的可能性是，梁上呈文时尚未看到孙家鼐的奏折。梁呈文的内容，与《大学堂章程》也有了较大的差别，梁作了修改，尽管还不知这些修改属梁的主动，还是因孙的压力。（孙家鼐折见《丛刊·戊戌变法》，第2册，第436页。梁启超呈见《谕折汇存》，光绪二十四年七月初一日，《饮冰室合集集外文》，上册，第42—44页）

家鼐一并随时具奏。[1]

光绪帝十分欣赏梁启超，对其大开方便之门，梁原申请开办经费银一万两，光绪帝另行拨银一万两，并将每月经费从银一千两升为三千两。如此大方在光绪一朝极为罕见。七月初十日（8月26日），孙家鼐代奏梁启超《拟在上海设立编译学堂并准予学生出身呈》及《书籍报章概准免纳税厘呈》，光绪帝也立即予以批准。[2]

由此，梁启超成为当时清朝内部经费最为充足的官员之一，由其办理的上海官译书局开办经费银四万两，另每月经费银两千两；两者相加，梁掌握的开办经费为银六万两，每月经费银达五千两。比起官书局最初的经费每月仅银一千两，已是超出多少倍。尽管梁启超给总理衙门的呈文中称上海官译书局于六月初一日开办；给孙家鼐的呈文中称大学堂译书局将于七月开办，他本人将于六月杪前往上海采购图书；七月初十日由孙代奏的梁呈中又宣布开办上海编译学堂；但从我所见到的史料中，还未看到梁启超操办南北两译书局及上海编译学堂的具体记载：此后他没有去上海，没有请总理衙门、孙家鼐再代奏呈文，没有编译成任何一本功课书或译成一本西学书，在他的诸多回忆中也见不到与之相关的记载。其中的原因是孙不予合作，还是梁本人的自我终结，不得而知。

## 七　孙家鼐的办学思想

康有为、梁启超办理京师大学堂的思想，皆无具体的表述，仅可从

---

〔1〕军机处《上谕档》，光绪二十四年六月二十九日。该谕旨提到了大学堂的开办，乃属光绪帝的催促之词，而“时务官报局”一语，又另有深意。

〔2〕孙家鼐原折及梁启超呈文，见《谕折汇存》，光绪二十四年七月初十日；梁启超呈文又见于《饮冰室合集集外文》，上册，第48—50页；梁启超书报免税呈文又见于《京师大学堂档案选编》，第58页。光绪帝谕旨称：“该举人办理译书局事务，拟就上海设立学堂，自为培养译才起见，如果学业有成，考验属实，准其作为学生出身。至书籍报纸一律免税，均著照所请行。该衙门知道。”（军机处《上谕档》，光绪二十四年七月初十日）

《大学堂章程》中寻出丝迹，但若观察万木草堂、时务学堂，又可知其大略；孙家鼐的办学思想又为何？他也无具体的表述，只可从其做事方法中来观察。

本章第二节已述，“百日维新”谕旨下发的第二天，光绪二十四年四月二十四日（1898年6月12日），总理衙门发电驻日公使裕庚：“东京大学堂章程希速译，钞送署。”此一举动表明，光绪帝与总理衙门有意仿效东京大学。五月十五日，孙家鼐任管理大学堂事务大臣，十六日，奕劻、许应骙任建设大学堂工程事务大臣，十七日（7月5日），总理衙门再发电裕庚：“日本东京大学堂规模当必闳远，希照绘一图寄署，愈速愈妙。”〔1〕奕劻、许应骙皆为总理衙门大臣，这一道电报属奕、许所为。六月十一日（7月29日），总理衙门致管理大学堂大臣孙家鼐：

> 本月初十日，本衙门派章京二员前往日本馆，与日本署使臣林权助商论大学堂事宜。业将所记《问答》进呈御览。相应抄录，片行贵大臣查照可也。〔2〕

此一咨片说明，由于光绪帝的托付，总理衙门派员去与日本使馆了解日本大学的相关事宜，将《问答》进呈光绪帝的同时，抄送一份给孙。查军机处《随手档》，六月十一日军机处向光绪帝“递摹描日本大学堂图”，但未见递交“与林权助商论《问答》”的记录。〔3〕又查《光绪二

---

〔1〕 军机处《发电档》，《军机处汉文档册》，207/3-50-3/2088。

〔2〕《总理衙门清档·日使商论大学堂事宜》，01-06/1-(4)，台北中研院近代史研究所档案馆藏。“问答”，谈话纪要，即今之备忘录，清代官文书涉及对外谈判记录，用此名。

〔3〕 又，当日军机处还向光绪帝“递会议康有为条陈节略（见面带上，未发下）”，“递《泰西新史揽要》、《列国变通兴盛记》各一部（随事递上）”，“递荣禄保举人员名单二件（见面带上）”，是递呈文件较多的一日。（军机处《随手档》，光绪二十四年六月十一日）然而这一天递交的“摹描日本大学堂图”的来源及页数，尚未查清。六月二十四日，总理衙门收到驻日公使裕庚两电：“电悉。歇夏，国家不办事，今允办，已大交情。但绘图有专家，学校不能画。前商给厚赀，属代觅速绘。歇夏雇人甚难，允定月底为期，言明不能再速，亦不必再催。昨又婉商早一日（转下页）

十四年京官召见单》，六月十二日，庆亲王奕劻召见，可能由其当面向光绪帝递交。张元济在私信中透露此中的内情：

> 建设学堂，上有意欲访（仿）照日本。已屡令裕使绘图进呈。日使来署，请阅学堂章程，不过应酬之言。上见之《问答》，又令章京往询，请其指导一切。上以是施，下不以是应，可为痛哭也。〔1〕

也就是说，总理衙门之所作，皆为光绪帝之所促。光绪帝是倡导者。直到这时候，孙家鼐还是被动的，在仿效日本东京大学方面，光绪帝、总理衙门走在孙的前面。

到了六月二十二日（8月9日），情况开始有了变化。孙家鼐上奏其章程八条时，两次引用日本代理公使林权助的《问答》为依据。其第三条称："阅日本使臣《问答》，亦云兵学与文学不同，须另立学堂，不应入大学堂内，拟将此门裁去，将来或另设武备学堂，应由总理衙门酌核请旨办理。"其七条称："阅日本使臣《问答》，谓聘用上等西教习，须每月六百金，然后肯来。"〔2〕到了七月十四日（8月30日），情况发生很大的变化，孙家鼐上奏，要求派员前往日本考察学务：

> ……闻日本创设学校之初，先派博通之士分赴欧美各国，遍加采访，始酌定规制，通国遵行，故能学校如林，人才蔚起。
>
> ……所有学堂法制，虽采取于翻译书中，究不如身历者更为亲

---

（接上页）是一日，无两天不问。西法无急就事，绘事尤慢。今肯定期，是外部、文部格外面子，势难再迫。庚。漾午。""外部来言，全国(部）细图已有七十四页，大约均备。仅有植物园、天文台等数种，十日后始有齐。该数种尚非急要。已商明将已成者送来，约二十九可先呈。庚。漾戌。"（《总理衙门清档·收发电》01-38/16-〔2〕，台北中研院近代史研究所档案馆藏）此仍绘制东京帝国大学的图样，以便京师大学堂仿建。从电文中可知，裕庚尚未将绘图完成。此时进呈"摹描日本大学堂图"有可能得自日本驻北京公使馆。

〔1〕致沈曾植，光绪二十四年六月十八日，《张元济书札》增订本，中册，第677页。

〔2〕《丛刊·戊戌变法》，第2册，第436—437页。

切。惟欧美各国程途窎远，往返需时，日本相距最近，其学校又兼有欧美之长，派员考察，较为迅速。拟派江南道监察御史李盛铎、翰林院编修李家驹、庶吉士宗室寿富、记名御史工部员外郎杨士燮前往日本游历，将大学、中学、小学一切规制、课程并考试之法，逐条详查，汇为日记，缮写成书，由臣进呈御览，仍发交大学堂存储，以备查考。嗣后学堂诸务，或宜仿效，或应变通，随时斟酌，以期尽善。该员等经此阅历，学识亦增，办理一切，自能有条不紊。

由于大学堂正在修建房舍，需时两三月，孙家鼐又称“该员等现办之事无多，及此闲暇之时，正可悉心考察。除往返程途不计外，抵日本后以两月为限，不得迟延”。就时间而言，考察可以说是相当充分的。光绪帝当日予以批准。[1]七月十九日（9月4日），孙家鼐咨片总理衙门：

本大臣奏派大学堂办事人员赴日本考察学务，本月十四日奉旨“依议”等因。除江南道监察御史李盛铎已先赴沪部署行装外，相应片行贵衙门，照会日本驻京大臣，约定日期，派翰林院编修李家驹、翰林院庶吉士寿富、记名御史工部员外郎杨士燮同往会晤，并请其电致本国，妥为照料。即希转行知照可也。[2]

十四日旨命批准赴日考察学务，至十九日，李盛铎已往上海，可谓动作迅速。而于此时，孙家鼐成了主动，反过来要求总理衙门配合其工作。由此对照本章第一节所引光绪二十二年孙折所言大学堂办学思想“中国五千年来，圣神相继，政教昌明，决不能如日本之舍己芸人，尽弃其学而学西法。今中国京师创立大学堂，自应以中学为主，西学为辅……”

〔1〕“协办大学士孙家鼐奏请派大学堂办事人员赴日考察学务折”，《京师大学堂档案选编》，第58—60页。光绪帝当日发下交片谕旨给孙家鼐、总理衙门：“军机大臣面奉谕旨：依议。该衙门知道。”（军机处《洋务档》，光绪二十四年七月十四日）

〔2〕《总理衙门清档·京师大学堂派员赴日考察》，01-06/1-(5)，台北中研院近代史研究所档案馆藏。

恍如两人。虽说“中学为体，西学为用”的主旨孙家鼐不会动摇，但在具体做法上却已大有异趣。

七月二十四日（9月9日），孙家鼐以附片提出建立大学堂医学堂的设想：“近来泰西各国尤重医学，都城皆有医院，现在农务、矿务均已特派大员，设立专门学堂，可否援例推广，另设医学堂，考求中西医学，即归大学堂兼辖。”这是孙家鼐对大学堂学科建设提出的重要建议，“考求中西医学”一语，也说明了孙此期的学术取向。光绪帝当日予以批准。[1]七月二十九日（9月14日），孙家鼐出奏，全面说明其对医学及医学堂的设想：

> 臣惟医学一门，学者多视为小道，其实通天地之运化，关阴阳之消长，非洞达精微者，未能深知其理。中国自轩歧以来，考求医术，代有传人。近世儒者不屑研究，于是方技之士往往谬执古方，夭枉民命。查泰西医科列于大学，其国皆有施医院，甚至好善之士医药且施于中华。而国家未经兴办，政典未免阙如。今皇上特准开医学堂，臣考中西医学各有专长：考验脏腑，抉去壅滞，中不如西；培养根元，辨别虚实，西不如中。臣谨拟中、西医学分别讲习，招考文理通顺之学生入堂肄业。又于学堂之中兼寓医院之制，凡来就诊者，皆随时施诊，并酌施中西通用药品，期以保卫生灵。

如此大段引用孙家鼐的奏折，乃此为我所见到的最能说明孙家鼐此时学术取向与办学思想的文字。孙娴熟于中学，对中医也有一定的研究，故对中医源流及利弊分析深刻；而对于西医，他还谈不上了解，但也能予以极大的尊重。他所设立的大学堂医学堂，分成中医、西医两科，在其《章程》中又有详细规定：“派中医教习二人，一内科，一外科；聘西医

---

〔1〕“协办大学士孙家鼐奏请设立医学堂片”、“著准孙家鼐所奏设立医学堂谕旨”，《京师大学堂档案选编》，第62页。

教习二人，一西人，一华人；招考学生二十人，分为两班。”[1]也就是中医科、西医科各为教习两人、学生十人。至少在医学一门中，孙家鼐的办学思想是中、西并重。

戊戌变法期间，光绪帝对日本的态度有了转变，准备与日本建立更为紧密的关系。[2]在大学堂事务上，光绪帝又主张仿效日本。光绪帝的这种思想是否影响了孙家鼐，尚不可得知，而孙收到的日本资料却越来越多。七月三十日，光绪帝收到驻日本公使裕庚三折三片三单，其中一附片介绍了日本大学的科目情况：

> 日本仿照西法设立大学，共分六科。一曰法科大学，其目有二；一曰医科大学，其目有二；一曰工科大学，其目有九；一曰文科大学，其目有九；一曰理科大学，其目有七；一曰农科大学，其目有四。自大臣以至学校长、教师，则莫不由西国学成而来。如前任文部大臣西园寺公望，则从法国大学堂出身者也；继之者为蜂须贺茂韶，则从英国大学堂出身者也；又继任者为外山正一，则从美国大学堂出身者也；现任之尾崎行雄，则又从英国大学堂出身者也……其大学皆从西国立规，无可更动，即初学课程，但能照此规模，步步脚踏实地，循序渐进，此外亦不能再有所加，实由亲历体验而来，非道听途说可比……

由此裕庚特别强调：“今奉特旨京师设立学校”，“非悉用西国规模，不能尽善，无中立之道”。[3]该片还附有两单。其一为日本大学“科目”：

---

〔1〕《协办大学士孙家鼐奏陈医学堂办法并请赏拨衙署开办折》、《拟办医学堂章程》，《京师大学堂档案选编》，第62—64页。又，孙家鼐选择朱启勋为医学堂提调。光绪帝对孙家鼐各折片皆下旨“依议”。（军机处《上谕档》，光绪二十四年七月二十九日）

〔2〕参见拙文《戊戌变法期间光绪帝对外态度的调适》，《戊戌变法史事考》，第438—446页。

〔3〕“出使日本大臣裕庚奏请京师学校悉用西国规模片”，《京师大学堂档案选编》，第55—56页。又，裕庚折片发于七月初三日，三十日为收到日期。并参见七月三十日军机处《随手档》。

法科大学：法律学科、政治学科；医科大学：医学科、药学科；工科大学：土木工学科、机械工学科、造船学科、造兵学科、电工学科、造家学科、应用化学科、火药学科、探矿及冶金学科；文科大学：哲学科、国文学科、汉学科、国史科、史学科、博言学科、英文学科、德文学科、法文学科；理科大学：数学科、星学科、物理学科、化学科、动物学科、植物学科、地质学科；农科大学：农学科、农艺化学科、林学科、兽医学科。

其二为公使馆所设东文学堂的“初学功课”，每日早晨6—7点“温习熟功课”，“吃早饭毕，再温习至9点”；晚上7—8点“看汉文”，8—10点“温习本日功课”。每周功课如下表：

| | 9—10 | 10—11 | 11—12 | 12—1 | 1—2 | 2—3 | 3—4 | 4—5 | 5—6 |
|---|---|---|---|---|---|---|---|---|---|
| 温德 | 外交史 | 日本文法尺牍 | 阅报 | 午饭及东文 | 地理 | 体操 | | 格致 | 晚饭及东文 |
| 题斯德 | 同上 | 同上 | 同上 | 同上 | 同上 | 兵式体操 | 算学 | 格致 | 同上 |
| 温斯德 | 同上 | 同上 | 同上 | 同上 | 历史 | 体操 | 格致 | | 同上 |
| 特斯德 | 同上 | 同上 | 同上 | 同上 | 兵式体操 | 算学 | | | 同上 |
| 佛拉德 | 同上 | 同上 | 同上 | 同上 | | 历史 | 格致 | | 同上 |
| 萨他德 | 同上 | 同上 | 同上 | 同上 | | | | | 译信 |

裕庚还说明了“温德”（礼拜一）之类名称的意义，并称“生德”（礼拜七）无功课。[1]光绪帝当即发下交片谕旨：

交协办大学士孙家鼐，本日军机大臣面奉谕旨：“裕庚奏日本

〔1〕《光绪朝筹办夷务始末记》，光绪二十四年七月，台北故宫博物院文献馆藏。该件为抄件，课程表上有错误，按原件抄入表内。“温德”、“题斯德”等，为星期一、星期二等的音译，当时又称“礼拜一”、“礼拜二”。

大学堂科目并初学功课分缮清单呈览等语，著孙家鼐酌核办理。钦此。”[1]

这可能是孙家鼐第一次得知日本大学的学科设置，第一次得知在日本教育界帮助下清朝驻日本使馆附设东文学堂课程改造后的教学内容。然此时政治形势，已到达戊戌维新的最高峰，距其失败已不远。八月初三日，光绪帝从颐和园返回宫中。八月初四日（9月19日），光绪帝在宫中召见了孙家鼐，两人谈话的内容至今无人知晓。几个小时之后，当天下午，慈禧太后从颐和园返回西苑仪鸾殿，局势由此大变。也就在这一天，孙家鼐上有二折一片，其附片回复光绪帝交办之裕庚日本大学堂附片，称言：

……盖日本之变法也，沉机默运，豫筹于数年之前，先得其人而后行法，故其成功也易。中国急求变法，而乏行法之人，故临事不免周章。现在兴办学堂，正如七年之病三年蓄艾，但期事事实力讲求，终能获效。裕庚所奏各节，及前次由日本寄来议大学堂事宜，语皆切实，洵阅历有得之言。臣必当次第施行。[2]

孙家鼐的这番话，虽有指责康、梁激进改革之意，但在大学堂事务上，已表明其将效法日本。裕庚从日本寄来“议大学堂事宜”，我尚未能见到，但由此可见，裕、孙之间似另有联络渠道。[3]八月十八日（10月3日），日本代理公使林权助致函总理衙门：

---

〔1〕 军机处《上谕档》，光绪二十四年七月三十日。

〔2〕《戊戌变法档案史料》，第309—310页。又，按照当时的官规，所上奏折须得前一日子夜前递到奏事处。即孙家鼐的折片是于初三日子夜前递到奏事处的。

〔3〕 天津《国闻报》光绪二十四年七月二十日刊出消息：“京师创设大学堂，拟仿日本东京大学校一式建造，并参用日本学校章程，曾纪前报。兹悉出使大臣裕朗西京卿将大学堂图样并章程已寄京师，孙中堂以此举为国家变法之始基，虽得详细各节，然耳闻究不如目见为妙，特奏派熟悉时务者四员，前往东瀛，广为访问……”即于七月二十日之前，裕庚与孙家鼐之间就有互通资讯。

本年八月间，贵王、大臣曾云要日本大、中、小学堂现行章程等语。当经转达外务大臣在案去后。兹咨送《教育法规类抄》等书共合五册前来，另开清单奉上，即希查收可也。专此。顺颂时祉。

照录：《教育法规类抄》一本、《东京帝国大学一览》一本、同英文一本、《京都帝国大学一览》一本、《近世教育概览》英文一本。[1]

然于此时，戊戌政变已发生十二日，戊戌六君子已处死五日；而在七日前，即八月十一日，慈禧太后取消了诸多改革政令，但京师大学堂却奇迹般地存活下来。[2]八月二十三日（10月8日），总理衙门咨片孙家鼐：

顷接日本林署使函称，前嘱代觅日本大、中、小学堂现行章程，兹准外务大臣咨送《教育法规类抄》等书共合五册，开单奉上，希查收等因。相应照录清单，并原书五册，片送贵大臣查收可也。[3]

然于此时，戊戌政变已发生了十七日，政治形势根本改变，慈禧太后等人已在一一清算变法中的人与事。日本的《教育法规类抄》之类，已不合政治时宜。

所有这一切都在说明，若无戊戌政变，京师大学堂的办学方向很可能是模仿日本东京大学。这是当时的政治形势使然，是各种政治势力影

---

〔1〕《总理衙门清档·日使函送〈教育法规类钞〉》，01－06/1－(6)，台北中研院近代史研究所档案馆藏。文中“八月”，当为阳历8月，为阴历的六月十四日至七月十五日。又，该《清档》将日使误抄为小村寿太郎，应为代理公使林权助。

〔2〕该日谕旨命“詹事府、通政司、大理寺、光禄寺、太仆寺、鸿胪寺等衙门照常设立办事”，停止司员士民上书，停止《时务官报》等，但对大学堂称：“大学堂为培植人才之地，除京师及各省会业已次第兴办外，其各府州县议设之小学堂，著该地方官察酌情形，听民自便。其各省祠庙不在祀典者，苟非淫祀，著一仍其旧，毋庸改为学堂，致于民情不便。”（军机处《上谕档》，光绪二十四年八月十一日）

〔3〕《总理衙门清档·日使函送〈教育法规类钞〉》，01－06/1－(6)。“林署使”即代理公使林权助。

响的合力作用使然，其中的主导者似为光绪帝。也就是说，这一办学方向虽有可能并非出于孙家鼐之本心，但他也只能顺流而行。

然而，戊戌政变后的京师大学堂，在孙家鼐的督率下，有如当年的官书局，尚可生存，并无青春蓬勃之生机。[1]这也是当时的政治环境所致，与孙家鼐本人办学思想似无太大的关联。[2]十月二十日（12 月 3 日），内务府将马神庙校舍修缮移交，孙家鼐为此出奏，称："现在斋舍仅能容住二百余人，而报名者已有一千有零，当选择人品纯正，文理优长者录取入堂"，即准备招生开学了。然在办学思想上，孙家鼐已有游移：

> 臣维大学堂之设，所以陶铸群才，博通万理，以礼义植其根柢，以干济广其才猷。中国以礼教为建邦之本，纲常名义，万古常新，而因时制宜，一切格致之书，专门之学，则又宜博采泰西所长，以翊成富强之业。
>
> 然储才之道，尤在知其本而后通其用。臣于来堂就学之人，先课以经史义理，使晓然于尊亲之义，名教之防，为儒生立身之本；而后博之以兵农工商之学，以及格致、测算、语言文字各门，务使学堂所成就者，皆明体达用。[3]

---

〔1〕《国闻报》光绪二十四年十月二十三日以"北京大学堂述闻"为题刊出消息："……北京尘天粪地之中，所留一线光明，独有大学堂一举而已。然闻得礼部各堂官以及守旧诸臣，亦均不以此举为然，视学堂一事若赘疣。然推原其故，所以不能迳废者，盖因外洋各教习均已延订，势难中止，不能不勉强敷衍，以塞其口。以故在事诸人，亦均无精打采，意兴索然。近闻各处纷纷贴有告示，谕知从前报名各学生，限于本月二十四日以前，取具同乡官印结，前赴该学投考。该学堂设在后门四公主旧第，其考试系用八股文一篇、策论一篇。查得七月间赴堂投名愿为肄业生者约有千余人，近则取同乡官印结赴堂报考者不过百余人而已。创办未及半年，而今昔情形悬绝如此，可胜浩叹。"

〔2〕时至光绪二十七年底，张百熙为管学大臣对当时的政治环境仍感到为难。他在写给瞿鸿禨的私信中称："所难者，则学堂也。从前京师议论，皆以学堂为无父无君之地，今犹是见解，犹是议论也。昨与燮臣相国言及，同为太息久之。"（徐一士：《一士类稿·一士谈荟》，书目文献出版社，1983 年，第 371 页）

〔3〕"协办大学士孙家鼐奏报开办大学堂情形折"，《京师大学堂档案选编》，第 71—72 页。又，马神庙校舍，在今北京景山东侧沙滩一带，其房舍大多不存。

由此，大学堂的教育宗旨为“礼义”，前期授课内容为“经史”。赴日考察的四人，李盛铎改任驻日公使，杨士燮署理驻筑地与横滨总领事，寿富从日本回国后闭门不出，只有李家驹后来参加翻译出版《日本东京大学规则考略》；而京师大学堂效法日本之事，并未因该书的出版，有所转变。

光绪二十四年十一月十九日（1898 年 12 月 31 日），京师大学堂正式开学，在堂学生为 218 人，课业进展不畅，屡遭言路攻击。[1]孙家鼐勉为其难，竭力支撑。[2]终于光绪二十五年（1899）六月，孙以病求长假，大学堂事务由许景澄暂行管理。[3]到了光绪二十六年六月十三日（1900 年 7 月 9 日），义和团已进入北京，大学堂无法维持，许景澄上奏“请将大学堂暂行裁撤”，当日获旨“依议”。[4]

---

〔1〕“陕西道监察御史吴鸿甲奏请删并大学堂折”、“吴鸿甲奏陈大学堂糜费请饬片”、“吴鸿甲奏请令大学堂兼顾举业片”、“著孙家鼐复奏整顿大学堂谕旨”，《京师大学堂档案选编》，第 73—76 页。据孙家鼐光绪二十五年四月初一日奏，大学堂“住堂肄业者”170 人，不住堂而肄业者 48 人；又据许景澄光绪二十六年正月十九日奏，其时在堂学生为 238 人，其中仕学院 27 人，中学生 151 人，小学生 17 人，附课学生 43 人。（同上书，第 77、87 页）

〔2〕夏孙桐称：“孝钦训政，罢新法，悉复旧制，独留京师大学堂一事，以公为管学大臣。公举黄学士绍箕为总办，事多倚之，所用多翰林旧人。时朝廷方戒更张，姑以兴学餍时望。而枢臣刚毅、大学士徐桐等犹嫉视，时相龁龁。赖荣文忠调护，未罢。”（《书孙文正公事》，《碑传集补》卷一；《清代碑传全集》，下册，第 1266 页）“孝钦”，慈禧太后；“荣文忠”，荣禄。刘体智称：“孙文正素性严正，戊戌变法，时有献替。及慈圣听政，谗者以公曾进《校邠庐抗议》一书，遂有官制之改革，摭拾书中节目，上达天听。慈对闻之，微愠云：‘不意孙家鼐亦附和。’外间揣测，以为公将得罪。是时公为吏部尚书，兼管顺天府尹。东海徐相，以大学士管吏部，恒藉故排挤。公上疏乞罢，温诏慰留，再请乃允。”（《异辞录》，第 173—174 页）

〔3〕“协办大学士孙家鼐奏陈大学堂整顿情形折”、“协办大学士孙家鼐奏复大学堂未便裁撤折”、“著许景澄暂行管理大学堂事务谕旨”，《京师大学堂档案选编》，第 76—81 页。又，孙家鼐于光绪二十五年十一月二十四日因病开缺。（同上书，第 82 页）

〔4〕“吏部左侍郎许景澄奏请暂行裁撤大学堂折”、“著‘依议’暂撤大学堂谕旨”，《京师大学堂档案选编》，第 89—90 页。许景澄在奏折中称：“现在京城地面不靖，住堂学生均告假四散；又该大学堂常年经费系户部奏明在华俄银行息银下拨给……此时无从支银”；“创设大学堂之意，原为讲求实学，中西并重。西学现非所急，而经史诸门，本有书院、官学与诸生讲贯，无庸另立学堂造就”。从其文字来看，似非其本意而不得不为之。许景澄后因反对对外开战等故，被守旧派所杀。

# 八　简短的结语

康有为关于京师大学堂的言论，仅见于《我史》。而《我史》写于光绪二十四年底，康时在日本，处于人生之低谷。该手稿由其弟子罗普保存，生前没有发表。[1]康有为此后著述甚丰，却不见其对大学堂一事的回顾。梁启超关于戊戌变法有着诸多的回忆，然对大学堂一事，仅提及他曾起草《大学堂章程》。孙家鼐因庚子事变，家中文稿被毁，后来也未能编成文集。看来此中关系最大的三个人，事后对此都不想多说。[2]今人能够注意到此事，很大程度上是《我史》于康死后二十六年被发表，而相关的文献由此也可以一一解读。

尽管京师大学堂最初的办学思想，是一个极为重要的命题；但由此进行深入的讨论，我却又发现，难以进展而得出稳妥的结论：自戊戌政变后，京师大学堂有一大的曲折，主持者已不能按其本心；就实际层面而言，无论是康有为的办学思想，还是孙家鼐的办学思想，都没有得以实行。若要再从此中评判出个是非得失，似无此必要与可能。

但若要对京师大学堂初建期康有为派与孙家鼐派之争作一概括，大约可以得出以下几点：一、双方斗争之核心，并不在于西学，而在于中学，在于经学，在于由经学引申出来的政治思想。二、康有为、梁启超虽没有明确表述其真实办学思想，但从万木草堂、时务学堂可知其大体思路。孙家鼐不同意康有为之激进改革，先以“中体西用”为宗旨，后随着形势之激荡，也主张大学堂效法日本。三、斗争的双方皆有意将其所宗的“经学”，凌驾于其他学科之上，这与近代大学的基本精神并不

---

〔1〕 参见本书第九章。

〔2〕 孙家鼐死后，梁启超作《孙文正公饰终之典》，评价甚平实：“常熟卒放归田里以至削职，而寿州亦以甘盘旧臣，常为忌者所不慊，遂乞骸骨。旋值六飞西狩，不忍君父之难，而自偷安，乃奔诣行在供职……”他没有提起大学堂之事。（《饮冰室合集》，第6册，专集之二，第111—112页）

吻合。四、从当时的政治环境来看，他们的斗争还是温和的，并不以消灭对手为目的，事后也没有互加诬词与罪名。五、京师大学堂是光绪帝所催生的产物，他有心仿效日本，但对大学堂的办学宗旨还没有明确想法。

然从京师大学堂一例，似又可以看出戊戌变法之基本相：在这场效法泰西、日本的改革中，主持的各方对于泰西、日本经验的本质，皆缺乏一般性的了解，相互间也没有太多的分歧；真正的分歧在于中学。以康有为为首的激进派，与张之洞、孙家鼐领军的温和派，都在其所宗的"中学"指导下，自行其改革事业，尽管从形式上已尽力模仿泰西、日本。

戊戌政变后，梁启超流亡日本长达十四年。1912 年 10 月 5 日，梁回到大沽，8 日到天津，20 日到北京。31 日上午，北京大学召开欢迎梁启超大会，代理校长马良（相伯）致欢迎词，称言："戊戌新政所留存于今日者，惟一大学校。先生实与此校有关系，今请赐训词。"梁启超随即发表演说：

> 鄙人今日承本国最高学府北京大学校之欢迎，无任荣幸。适马校长所言，鄙人与大学校关系一节，当年诚有其事。今请略述一二，以告诸君。时在乙未之岁，鄙人与诸先辈，感国事之危殆，非兴学不足以救亡，乃共谋设立学校，以输入欧美学术于国中。惟当时社会嫉新学如仇，一言办学，即视同叛逆，迫害无所不至。是以诸先辈不能公然设立正式之学校，而组织一强学会，备置图书仪器，邀人来观，冀输入世界之智识于我国民。且于讲学之外，谋政治之改革。盖强学会之性质，实兼学校与政党而一之焉……强学会之势力愈强，而政府嫉恶强学会之心亦愈甚。迄乙未之末，为步军统领所封禁……孙寿州先生本强学会会员，与同人谋，请之枢府，将所查抄强学会之书籍、仪器发出，改为官书局。嗣后此官书局，即改为大学校。故言及鄙人与大学校之关系，即以大学校之前身为官书局，官书局之前身为强学会，则鄙人固可为有关系之人。然大

学校之有今日，实诸先辈及历任校长与教师之力，谓鄙人为创设大学校之发动人，则不敢当。[1]

梁启超此处似有曲言。且不论其言当时“不能公然设立正式学校”，非为历史之真实，即从强学会来谈及他与北京大学的关系，也稍稍远了一层。他毕竟不是强学会中的有力人士。然而，梁启超是《大学堂章程》的起草人，更是光绪帝明发谕旨中任命的两位大学堂官员之一，梁请孙家鼐代呈光绪帝的呈文中自称“六品衔办理译书局事务举人梁启超”。此次回国二十六天后，即到北京大学来演说，梁难道真忘了此事，真忘了此职，还是有意避开不说？

〔1〕《莅北京大学校欢迎会演说辞》，《饮冰室合集》，第4册，文集之二十九，第38—39页。

# 第五章 救时的偏方

## ——戊戌变法期间司员士民上书中军事外交论

戊戌变法期间司员士民上书，是一次历史上少见的来自中下层的无指挥多声部政治大合唱。我对此已有专门的研究予以介绍。[1]由于前文篇幅已经太长，且写作时的关注点，在于我所感兴趣的政治、经济、思想、社会诸方面，对于外交与军事的内容，未曾涉及。本项研究专论司员士民上书中军事与外交的内容，也是前项研究的补篇。

戊戌变法的原动力在于外，即德占胶澳（青岛）、俄占旅大、英占威海卫、法占广州湾（湛江），列强瓜分中国的言论第一次大风行。在此期间发生的司员士民上书，其关注点也多在于此，由此产生的对策自然是相应的，即军事与外交：或用军事的手段来对抗，或用外交的手段来柔远。毫无疑问，这批上书的人，绝大多数不是军事方面或外交方面的专才，除个别人外，并没有军事或外交经验。也因为如此，他们的言论才更具有广泛性，代表着当时清朝的中下层人士对时局的看法及其相应的救时对策。

从事后的历史观察来看，光绪二十四年（1898）的边疆危机，似还属于历史的偶然。列强此时并无统一的计划，以先后对中国下手。此是德占胶澳引起了骨牌效应。列强虽有在华建立各自势力范围的意识，但尚在初步的阶段，还未到达实施的阶段。然在当时，由于青岛、旅大、威海、湛江等地的依次相让，处于悲痛中的中国人不知此情将伊于胡底，对局势的未来发展相当悲观。这种情绪致使清朝中下层官员提出的

---

〔1〕 参见拙文《戊戌变法期间司员士民上书研究》，《戊戌变法史事考》，第219—412页。

军事、外交诸策，不可避免地带有紧急应对的意味，缺乏从长计议的通盘考虑。这也是需要事先说明的大背景。

从数量上看，在现存的275件上书中，涉及军事与外交的数量甚多，但专论军事或外交的上书数量却有限，这说明了他们的兴趣之所在，也说明了他们的军事与外交的专门知识之有限。本章的重点，在于介绍，相当大的程度上也可以说是发表和介绍史料；这种介绍不侧重于他们的对策中今日光辉依稀的闪亮点，而是寻求他们最为一般最为普遍的关怀，由此观察在历史过程中的观念与思想，以能在更大的程度上迈过时空，切入于当时，至少接近于当时。

最后，还要说明的是，我的这种介绍，必有取舍，决不可能是全面的照搬。取舍必有个人主观的认知，由此，我的结论并不可能是客观无误的。我希望后来者对此问题的认识，也不以我为止步。对这批现存的司员士民上书的多人阅读并由此产生多种结论，是消除一己之见的唯一方法。

## 一　军事对抗的方案：民团

如果说戊戌变法的政治指导者大体是以西政、西法、西学为改革方向的话，那么，可以说，司员士民上书的关于军事改革内容则与之背道而驰，其主要的建策，是建设一支平时不离乡的准军事部队——民团。以下可以关注一下他们的提议。

湖南永州府新田县举人何镇圭在条陈中请将武科、团练合之为一。他认为，团练今多视为具文，而武试并不废，如果两者合而为一，即可由团董而武生而成一大系统，且武生由此可得激励，西式枪炮也无私藏之弊。他拟定章程十条：其一是以武生编团，大县五百、中县三百、小县二百，由此一省约得两万，全国可得兵四五十万；其二是各州县设一团防总局，公选董事，地方官为之监督；其三是宜在空旷之地设立营地，以便检阅及防堵；其四是选武童时仿西制，以身材及胸围作标准，并以九年为限，年满退为“藏兵”；其五是枪炮由团董购办，官给持有枪械的文凭；其六是教习由官派，多用武备学堂之人；其七是储饷多方筹划，除劝捐外，另将田房契税向有浮收充作团费，并从宰猪洋药等项抽税；其八是团练局正董每月银二十元、副董十四元、武童二元、什长四元；其九是武童每年训练七个月，正月至二月，八月至十二月；其十是武试归地方官，改试枪炮。[1]何镇圭的方法是参用西法，另建一常设的以武童生为主体的民团系统。若以已知的军事史作为参照系，可以得出结论，这种民团并无与列强武力相抗的能力，至多只能维持地方治安。且这一庞大的民团系统不是由官来把持，而是由绅（局董）来控制，对清朝而言，也有政治安全的问题。何镇圭的条陈上得较早，当日奉明发谕旨：“著兵部归入变通武科事宜内，一并妥议具奏。”该条陈并送慈禧太后。[2]

山东登州栖霞县优廪生于翰镇在条陈中称：清军“以之制敌则不足，以之扰民则有余。即生所居之地言之，大兵所过，民人皆携妻子老幼迁于山谷之间，以避其焰。逃兵一至，淫暴之惨，尤令人不忍卒叙”。他认为此为将帅之责，宜用激励之法。而他的一项重要建策是设立民团，寓兵于农：

> 人皆习战，年在三十里外者，均需人置火枪一杆，按时习放。村举一长，社举一正，乡举一帅。令武生武举素娴枪炮者，任其事，督催操演。冬令该县官分乡校阅，晓以各护桑梓，各保身家，决不征调，以安其心。

他认为，如此之后，一旦有警，鸣锣升炮，互相联结，“官兵在前破敌，民兵在后站队助战”。于翰镇的方法是将民团扩大到年三十岁左右的全

〔1〕何镇圭条陈见《军机处录副·光绪朝·内政类·戊戌变法项》，3/108/5616/19。原折无日期。又据军机处《随手档》、《上谕档》及都察院代奏原折，该条陈上于七月初四日。

〔2〕军机处《上谕档》，光绪二十四年七月初四日。

体男子，但对其训练与组织并无具体细致的建议。[1]从目的性来看，于翰镇此策所追求的，也不是制敌，而是护卫家乡与家人。

翰林院庶吉士周渤建议编练集中驻守的团练：大县抽练五百人、中县三百人、小县二百人，兵丁年龄为十六至三十岁，口粮为每月银三两。周渤的计划与何镇圭有相似之处，但他强调的是由地方官办理此事，知府为总统，知县为分统，另设一副分统，领兵作战。由于领兵作战的副分统需要另外支给费用，周渤建议将当时的各州县营汛员缺（即当时绿、练等营官缺）裁汰，"如才堪军旅、可与有为者，许由各州县禀留，改充副分统"。他声称："今外患方深，内忧潜起，湖广、贵州、四川、两广及沿江各省，率多伏莽，一旦乌合，则起事之处，州县立陷。"由此练乡兵，可以防之。[2]周渤的建议实质上是以团练的名义建立一支由州县政府控制的民团，其目的也不是针对"外患"，而是防范即将到来的"内忧"。

候选知州前内阁中书涂步衢共建策八条，其第一条即是"广召募以巩边防"，他认为东三省猎户"夙娴鸟枪，犷悍无匹"；沿海渔民疍户"素习风涛水性"，应多方收集，选精壮编入团，并用"久于水师、精于西法者"管带训练；否则将会为敌所用，如英人募潮勇为向导。其建策的第八条为"练工兵以卫城廓"，"宜择城内百工年二十以上四十以下精力强健者"，每月训练两次，每次给钱二百文。平时照常工作，一旦有警，集结以自卫兼卫城。[3]涂步衢的这两条建策显露出其并无实际事务的经验，仅是录下了当时的流行看法，并没有自己的新见解。

---

〔1〕 于翰镇条陈见《军机处录副・补遗・戊戌变法项》，3/168/9452/4。原折无日期。又据军机处《随手档》、《上谕档》及都察院代奏原折，该条陈上于七月二十四日，同月二十六日奉旨"存"，并送慈禧太后。

〔2〕 周渤条陈见《戊戌变法档案史料》，第359—362页。原折日期为七月二十七日。又据翰林院代奏原件、《上谕档》，该条陈于二十七日收翰林院代奏，三十日奉旨"存"，并进呈慈禧太后。

〔3〕 涂步衢条陈见《军机处录副・补遗・戊戌变法项》，3/168/9452/26，原折仅注为"七月"。据《随手登记档》、都察院代奏原折，该条陈于二十九日由都察院代奏。

户部学习笔帖式周祺的思考显然要深入得多，他在条陈中一下子提出了备敌策七项、练兵法八项、论敌我利弊三项。其备敌策为：（1）各要害地区急办民团，令各设小垒自守，若敌入境，使之不能长驱，其进退左右则遍地受阻，团勇遏其前，防兵随其后；（2）团为本地人，团长可与当地防营统领相交往，上亲而下睦，可成兵民一家，无兵凌害百姓之虞；（3）各小垒外多挖沟壕，多置地雷；（4）防军多用本地旗、绿两营练军，家属、坟墓而在于此，有保身家之心；（5）多发间谍，务得各国实情；（6）修垒扎营排队皆取小而散，以防敌开花大炮；（7）东三省及关津各北口宜急速办团。其练兵法为：（1）“挑兵取其平善调良，不取其凶猛强悍”，易于节制；（2）作战时队伍取其便而散，阵前用铁牌车，以防敌枪弹；（3）五百人为一营，下分十哨，每哨五棚，三人用铁牌，每牌后两人用毛瑟枪；（4）扎营按阵法，防守十哨为一小垒，分散以防敌炮；（5）战时以四成留守，六成出战，出战时按八卦方位以小长蛇而出；（6）抬枪队用后膛抬枪，置于铁牌车后，用罗丝阵、鸳鸯阵等；（7）刀矛队为我国所长，乡民中有好技者可以一当百；（8）马队不能用铁牌，可用铁片，革贯作坎肩，以防敌枪炮。我兵之利弊为：（1）新募勇营，有事招募，不数月即散，入伍者不在于立功而有心于抢劫，此等队伍万不可再用；（2）常设旗、绿营兵钱粮不足，遂自谋生理，务工务农，若于招勇之费添入，勤加训练，何忧以战不克；（3）清军平时若以营垒为居，按时操演学习，战时将与敌久争胜负。[1]周祺的建策相当完整，故多引之；而其设想是将全国变成一个大军营，各地遍设堡垒，团民与防兵相结合，以能克外来之敌。在他的条陈中，出现了十余种中国传统阵法，并强调了用铁牌来防敌枪炮。很显然，他没有相应的军事经验，所提之策大多在理念上可以推绎，而在实际中很难实行，

---

〔1〕 周祺条陈附片见《军机处录副·补遗·戊戌变法项》，3/168/9451/5，原折日期为七月二十八日。据《随手档》、《上谕档》及户部代奏原件，其条陈为七月二十九日由户部代奏，八月初四日军机处“签拟办法，恭呈慈览，俟发下后，再行处理”。并于该日送慈禧太后。

其中最为要害者为各地皆团皆垒，其费用何出，人民平时生活在战时状态，又何能安居乐业？

户部江西司学习主事杜德兴条陈请整顿民团。他认为，当今时局不重战而在守。为避免练勇时官绅按户勒索苛派，经手中饱，他提议实行兵民合一：每县每乡编户口为上中下三等，上等准购洋枪，中等准购鸟枪，下等习刀矛藤牌短刀，并专习纵跳之法，号曰飞军。每乡延一教头，每月一课；各县冬日集考一次，优者重赏。有事征调出战。经费由各县祠庙所收之款提用。各省设一军局，各县设一军长，各乡设一军正。练民团与编保甲同时进行。他声称，他的方法是“不在养兵而在于自养，不在聚操而在自操，不在招兵而在赏民，不在成军而在编甲”。[1]杜德兴的方案比周祺更为彻底，全民皆兵，人自为战。其弊也与周祺相同，即在实际操作中，似无可行性。

湖北试用知县卢绍植条陈中提出练兵事宜八项。（1）练正兵：京师八旗抽练万人，各省额兵抽练五千至万人。其方法是兵额裁减一半，以两兵之饷以供一人。（2）分县办理民兵：大县五百、中县三百、小县一百，分为三班，每班每年训练三个月。（3）当兵定年限：三年为备战兵，每年训练三个月，以后每三个月调操一次；再三年为次驻兵，每半年调操一次；又三年为后备兵，一年调操一次。九年除兵籍。（4）管带授其权：由本地公举能晓军务之绅士或军营立功回籍人员为总办，专司教练，凡营内赏罚责革等事听其自主。（5）地方官随时校阅。（6）军械火药设局制造。（7）民兵酌给工食银。（8）费用就地自筹。[2]卢绍植的设想虽是额设兵丁与民兵并举，然其核心还是建立民兵。他设想的民兵并不完全脱离生产，而是每年训练三个月。他的设想并不周全，建策中也有自相矛盾之处。候选直隶州州判广东拔贡詹大烈的意见与此大体相同，他认为，武备学堂非三年不能成才，今

〔1〕杜德兴条陈见《军机处录副·补遗·戊戌变法项》，3/168/9453/42。原折日期为八月初三日，据《随手档》、《上谕档》及户部代奏原件，该条陈于初四日由户部代奏。

〔2〕卢绍植条陈见《戊戌变法档案史料》，第368—371页，原折日期为八月初五日。据《随手档》、《上谕档》及都察院代奏原件，同日由都察院代奏。

日练兵必先自营伍，择东南西北之要冲为五大镇，派领兵大员。各县营兵各抽一半送大营操演，另一半在本营操演，三年一换；同时兼练民团，战时兵、团合作。[1]詹大烈的建策更注重于练正兵，对于如何建设民团，并没有多说。吏部候补主事韦锦恩意见不同，他主张将各省抚标、提标、镇标、协标武职各缺官员，“均即裁汰”，“将饷、械归并团防办理”。在省城设立团防总局，设副将为总办，参将为帮办，游击为统领，都司为分统。各城市乡村，每五百家设一守备，为管带；百家设把总，为哨长；十家设额外外委，为十长。“团防各民兵，请归督、抚、提、镇节制管辖。”[2]韦锦恩的主张，针对当时勇营、练军与额兵的多重积弊，绿营中的练军还可保留，其余武职改为团防长官。即用职业军官来统帅民团，以期解决团防官员的晋升及俸饷。这是一个很大的动作，且不论其最终效果如何，实施起来必将遭遇到种种障碍。记名道府翰林院编修叶大遒也请加意练团，但其动机不同。他认为“近者民生太蹙，民变堪虞”，“非练团练不足以保卫民之身家”。[3]应当说，他的这一思路基于当时的实际状况，乡间“匪患”不断，且愈演愈烈，但对策又回到先前的练团保民缉盗的思路上来了，完全脱离了此时正在进行的变法。

如此之多的司员士民将军事改革的目光放到了民团之上，自是他们的目力所限，民团是他们最熟悉的武装。他们虽经历了不久前的中日甲

---

〔1〕 詹大烈条陈见《军机处录副·补遗·戊戌变法项》，3/168/9452/14。原折仅注为“七月”。又据《随手档》、《上谕档》，该条陈于七月二十四日由都察院代奏。二十六日奉旨“存”，并送慈禧太后。

〔2〕 韦锦恩条陈见《戊戌变法档案史料》，第137—139页。原折日期为八月初四日。据《随手档》、吏部代奏原折，该条陈同日由吏部代奏。

〔3〕 叶大遒条陈见《军机处录副·补遗·戊戌变法项》，3/168/9457/18。原折日期为八月初十日。同日由翰林院代奏。叶大遒此条陈的目的是重申其七月二十四日条陈关于“练团”一节，并要求将之下发督抚。由于其七月二十四日之条陈未能从档案中检出，无从进行分析，但叶的要求得到了慈禧太后的同意，当日字寄各直省将军督抚，奉旨：“翰林院代奏编修叶大遒请加意练团，并速筹生计以固民心一折，著各直省将军督抚各按地方情形，将折内所陈各节悉心体察。如有可采之处，即行酌筹办理。”（见该日《随手档》、《上谕档》）

午战争，但受限于当时的通讯条件与传播媒介，并不知道战争的真实情况，也不清楚日本军事近代化的实际过程。另一方面，当时的重要官员如张荫桓等人也大力主张团练，并获光绪帝下发谕旨，这使得他们揣测朝廷的意图，附声和之。此外还不妨看一下他们的身份。湖南永州府新田县举人何镇圭、山东登州栖霞县优廪生于翰镇可以认为是下层的读书人，翰林院庶吉士周渤、记名道府翰林院编修叶大遒又可认为是上层的读书人；候选知州前内阁中书涂步衢、户部学习笔帖式周祺、户部江西司学习主事杜德兴、吏部候补主事韦锦恩当属京中的中下层官员，而湖北试用知县卢绍植、候选直隶州州判广东拔贡詹大烈，又很可能在各省当时种类繁多的“局”、“所”内当差，似可认为是地方的小官。他们的背景并不相同，但他们的建策又大同小异。尽管世界各国的近代战争史已经证明，落后的国家可以通过民兵等组织形式以对抗入侵者，并形成了相应的战略战术；但此时清朝司员士民关于民团的建策，显然与这些主张并无相通之处。

贵州平越州余庆县举人余坤培条陈称，训练团防，必有专责：筹经费，买军器，聘教习，设总局，择公正绅士等等。其策多为老生重谈，并不新鲜。但在条陈的最后，他提出“请得以三千人，限一年成军，遍放天下壮士，立为敢死军，日日操练，结以信义。若遇有事，愿以三千人横行天下，先行直当其锋”。[1]如此看来，余坤培上此条陈的目的，是为自己找一出路了。

## 二　师法于西方与西法之不可据

此时的清朝上层，也正在策划军事改革，荣禄、张之洞等人在上奏时也强调了西方的因素；而司员士民在上书中对此似乎有一些不同

〔1〕 余坤培条陈见《戊戌变法档案史料》，第139—141页。原折日期为八月初四日。据《随手档》，次日由都察院代奏。

的回响。

四品衔兵部郎中恩溥条陈中称：八旗挑选官员，以往以射箭为去取，今后应改用试后膛洋枪。[1]此议是将绿营正在推行之事扩展至八旗。花翎二品顶戴北洋委用道傅云龙在条陈中称：京师旗营选精锐改练西操，使用德国枪炮。请在京师设立武学堂，“选旗营识字通文者二百名为头班学生，入堂肄业，即调南、北洋武备学堂之学业有成者十人，以为教习，进退步武，一以德操为法”。[2]傅云龙曾于十多年前奉派至日本、美洲等处考察，对日本与西方的军事有着直观的认知，并有著述多种。但他并没有提出高明的建议，只是用南北洋武备学堂学生来训练京营，使京师旗营能达到当时练勇的水平。持相同意见的还有密云镶黄旗满洲军功协领衔佐领兼前锋章京常贵，他对军事学堂推广之后八旗兵的地位感到担心，希望在旗营中也建学堂，操利器。[3]兵部学习主事黄维翰在条陈中提出：请下旨命武臣于“水陆扼要之境，中外纪战之书，以及测绘制造，皆宜习练讲求”；并称兵部带领引见，武职骑射枪炮不能合式，不过为注明，不能举劾，此与西国兵部职能大不相同，兵部应有举劾军官之权；英、德、美、法、俄枪炮各不同，中国购自外洋，各式各样，请就中国局厂能造者选一精用之器，以能统一兵器。[4]黄维翰的条陈虽未刻意强调西方，但其思路还是西式的。兵部候补主事费德保

---

〔1〕恩溥条陈见《军机处录副·补遗·戊戌变法项》，3/168/9450/28。原折无日期。据《随手档》及兵部代奏原折，该条陈于七月二十七日由兵部代奏。该折上有军机章京签条：“所请八旗武试改用气枪，拟请并入谢祖沅条陈由总理衙门察议后再饬试行。更订崇文门税例，拟请饬下户部酌议。”

〔2〕傅云龙条陈分见于《军机处录副·补遗·戊戌变法项》，3/168/9454/14。原折日期皆为八月初四日。据总理衙门代奏原折，该条陈于次日由总理衙门代奏。

〔3〕常贵在条陈中称：现各地设学堂，数年之后，学堂所出之军皆胜于旗兵，将视旗兵为无用。请饬直隶总督在密云驻防设武备学堂一所，由北洋拨派教习。密云兵器皆旧制，应改用利器。（按：未称何利器）请饬各地驻防将军、都统在挑补兵员时，取其中箭及额者，再试以枪法，如能合式者，始准挑补。（见《军机处录副·补遗·戊戌变法项》，3/168/9455/1）原折日期为八月初五日。又据《随手档》及密云副都统信恪折，该条陈于次日由信恪代奏。

〔4〕黄维翰条陈见《戊戌变法档案史料》，第361—362页。原折日期为七月二十九日。据《随手档》及兵部代奏原折，该条陈于当日由兵部代奏。

在条陈中同样要求兵部有考察武官之权。[1]兵部候补主事杨芾的条陈，请各省统计兵勇，以实数上报兵部，要求各省将额兵列为一表，练军、防勇列为一表，按季分层，按营排列。[2]兵部此时并不掌握全国兵勇之实数及饷需，如此按西式的方法进行统计，对兵部及各省的改革必有相当大的影响。

候选主事举人孔昭莱看来是最关注于西方的，他的条陈介绍了德国、法国、俄国的军事制度，其中最推崇的是德国：

> 考德国军制，以医士巡察选精壮少年入营操练，三年有成，方许授室。除残疾老弱孤子外，举国之民，皆充兵籍。年二十四隶营伍，充战兵四年，充留守后兵五年，乃退入团练营，每岁两操，有事调遣。若年至四十以上者，仅守本国，不列战兵……
>
> 一军中，枪兵、炮兵、骑兵、步兵各有所司；复有司粮食者、司制造者、司修理器械建造炮台者、司造筑铁路桥梁者、司料理医药疗治疾病者。必熟悉枪法、阵法、口号而后可以当兵，必精于布阵、骑击、测量、绘画地理险要而后可作统帅。大小将帅皆由武备学堂挑选。

在其大力推重德、法、俄国军制后，对当时清军多有批评，提出了三策："所有将帅皆由学堂出身"；"器械既准民间制造"；各军"均定新额，其旧额尽数裁汰"以练新军。然而，从整个条陈来看，孔昭莱最重

---

〔1〕该条陈称：粤匪平定已三十余年，宿将凋零。各省将弁升迁仅是各省奏稿咨文，未得考验。请各省候补提、镇，实缺副、参以上进京陛见时，由兵部堂官见面，加以考查，看其与督抚评语是否符合，并加核察考语，交军机处存案，以备他日之选。他还称：兵部司员入署办公，只不过是按例办事，补一缺则按之例，行一文则考之例，但求无违于例，何能计及将才贤否、士气强弱，亦势使之也。请于正途司员择其资望较深、才具优长者，每省派二三员，发交督抚，令其随营历练，留心军事。（《军机处录副·补遗·戊戌变法项》，3/168/9455/14）原折日期为八月初五日。又据《随手档》，该条陈当日由兵部代奏。

〔2〕杨芾条陈之附片见《戊戌变法档案史料》，第371—372页。据《随手档》，其条陈于八月初五日由兵部代奏。

要的建策并不在此，而是在条陈中大谈“广设民团”：乡团、商团、渔团、山团。其中乡团为家出一人，十人设一什长，百人设一百长，五百人为一团，大乡数团，小乡一团，同以保甲辅之。并设团练乡局、县局、府局、省总局，经费由民间募集，官为资助。乡团隔日一小操，月一大操，县一年会操四次，省、府两次。商团是商人的武装组织，渔团是沿海渔民的武装组织，山团是湖广等地山民的武装组织。[1]孔昭莱条陈的主旨由此从西方转向民团。

兵部学习员外郎祁师曾同样对于西方极有兴趣，他认为德国军制精善，美国“民团”之法又为上。他建议：“于京师设一陆军大学堂，选一学识邃深、智气坚卓之文大臣统之”，“速谕出使德国大臣，详仿［访］德国陆军有名洋将，聘请来华，假以事权，责以功效，作京师陆军大学堂总教习，再设分教习数人，先令京师满汉各营习操”。“各省分建陆军中小学堂，由级而升，合武科为一事。”他请光绪帝“崇尚武功，自为兵学总统”；京师王公百官子弟，均入学堂，习练洋操，由此决定其出身与薪费，并将此推广至外省士民。他还提出，“今之言变法者，皆曰须变服色，以取耳目一新。臣愚以为，文职冠服，尽可从缓，请将武官服色，先行一律从速改仿西式戎服。”他提出请光绪帝“自服提督服，领以大武职，以开天下风气，以固天下民心”。除了以上建学堂、改服色两项外，祁师曾最主要的军事改革方案，还是仿照美国练民团，一年集训一次。他对于如何仿照美国的民兵制度并没有多言，但从其所说内容来看，不太像美国式的民兵，更像中国当时推广的民团。[2]

---

〔1〕孔昭莱条陈见《军机处录副·补遗·戊戌变法项》，3/168/9454/29。原折日期为八月初四日。据都察院代奏原折，该折次日由都察院代奏。

〔2〕祁师曾条陈见《军机处录副·补遗·戊戌变法项》，3/168/9456/8。原折日期为八月初六日。据《随手档》、兵部代奏原折，该条陈当日由兵部代奏。祁师曾是前工部尚书祁世长的孙子，八月初二日由阔普通武保荐，奉旨预备召见。（《军机处录副·光绪朝·内政类·职官项》，3/99/5364/11）他的此次上奏，很可能与保荐有关。后御史黄桂鋆弹劾称：“祁师曾乃寿阳祁氏之不肖子孙，沉溺声色，不务正业。不特不能承其家学，即其先世所藏图籍书画，亦且窃卖殆尽，以供冶游之资。”（《军机处录副·光绪朝·内政类·职官项》，3/99/5364/56）八月初九日，慈禧太后与光绪帝召见了祁师曾。

礼部额外主事史悠瑞在条陈中也称赞了泰西的海、陆军与军医院，但他的建策是：(1) 中国陆军“一营名为五百人，其实不过三百五十人之数，应给口粮，一半为不肖武员饱入私囊”，陆军应“实力操练，一洗从前积习”，使用洋枪洋炮与“中国之抬枪”。(2) 中国海军则应以小攻大，“宜多造小战船，即仿泰西水雷小轮船及蚊子船之式，则敌人之自高而下，其炮准不易全中；我军之自下而攻，其轮必致毁损”。海军同时与渔团联络，相辅相成。(3) 设立军医院，但对医学本身并没有具体的建议。[1]史悠瑞可能全无时政知识，他的条陈只是在西方名义下，重述了李鸿章等人在洋务事业中已经进行并已失败的事务，还自以为新计谋。兵部候补主事邬质义条陈中指出：“变武科，习洋操，设武备学堂，派出洋游历，储材亟矣，臣愚以为收效尚缓，非五六年后不为功”，不如认真考试武员，成效在即。“从前军营保举人数太多，二十名后，虽有出色之员，格于成例，不准拣补。即所拣者，又不认真考试。拔识将才，则虽劳绩班次资格较深，而立功在二三十年之前，得缺在二三十年之后。虽拣补得缺，其人亦渐衰老矣。”他请求今后武员补缺及防营差使，一律通过考试，先考马步骑射、枪炮打靶；如果合格后，再考行军布阵、筑垒绘图、山川险要、战守机宜等；水师将弁另考驾驶、测量、风涛、沙线、火炮、机器诸技。不同等级的官员，考试的重点也不一样，“千、把以下各弁，则考弓马技艺、智巧勇力为先，副、参、游、都、守各员则考胆识纪律、韬钤将略为要取”。他认为通过考试，“年老才庸者罢黜休致，年强技疏者勒限学习，留营再考，勒限三次，仍无进境者，立即革退。赏罚严明，千人共见。以考试之优劣定人材之高下”。[2]邬质义虽然承认了“变武科，习洋操，设武备学堂，派出洋游历”为正道，但他最基本的思路却是中国式的科举，其考试制度也只是临时性的

〔1〕史悠瑞条陈见《戊戌变法档案史料》，第363页。原折日期为八月初三日。据《随手档》、礼部代奏原折，该条陈次日由礼部代奏。

〔2〕邬质义条陈见《军机处录副·补遗·戊戌变法项》，3/168/9455/19。原折日期为八月初五日。据《随手档》，该条陈于当日由兵部代奏。兵部学习主事黄维翰也谈到了武官补缺一事，见《戊戌变法档案史料》，第361—362页。

补救。军事历史已经证明，军事人才很难用考试的方法来选拔，更何况他提出的考试内容也并非完全西方式的。

以上是司员士民上书中为数不多的“师法”西方的主张，建言者又以兵部司官为多。由此可见，此类出身文科举、职司武事的中层官员对西方军事学术的隔膜。在司员士民上书中，更多的言论是认为西方之法不可为据。

户部贵州司员外郎恩裕在条陈中请下旨，令领侍卫内大臣、銮仪卫大臣、八旗都统、前锋、护军、步军各统领及所属侍卫员弁，一体学习兵法，由此来推动满汉文武全体官员皆习兵法。这是一个由御前而御林、而京师、而全国的波圈放大式的学习运动。但其所称的兵法，仍是中国的古书：

> 至所学兵法，不必求多求奇。学其精微者，则孙武子十三篇足矣。学其平实者，则明戚继光《纪效新书》、《练兵实纪》二书足矣。按此二书，语意浅显，兵丁即可诵习，尤于武人相宜。皇上考试各官，亦请以孙、戚诸书为准，庶几简易可从，皆能学至。西洋各种兵书，行之中国者鲜有善本，此从前译书者之陋也。并请皇上特饬出使大臣，广购各国兵书善本，全为译出，不许摘要，致涉简略，亦可藉资考证。要当以中国之书为主，洋人之书为辅。盖洋人兵学，类皆粗迹，其于运用神奇之妙，不逮于我者甚大，未可以彼抑此也。我今所以不及洋人者，其病痛只在不学耳，如举我之满汉文武，一齐努力，以学习兵法为事，何难驾洋人而上之哉？[1]

恩裕凭借着当时已刊行的西方兵学汉译本，居然已经判别出西方的军事学术明显地低于中国；而且他还认为，此时对清朝最有用的中国军事学术著作，依旧是孙子、戚继光的旧作。

---

〔1〕 恩裕条陈见《戊戌变法档案史料》，第364—367、458—460页。原折日期为八月初五日。据《随手档》、户部代奏原折，该条陈于次日由户部代奏。

直隶丰润县增生赵桂森在条陈中要求将此时清军各营雇佣的洋教习尽撤。他声称：

> 洋教习者既于演放枪炮之法，统将弁而教以洋操。则变中国营制，害犹小，步外国后尘，害实大也。且闻洋教习俱不准统帅管辖，听其任意更张。设一旦有事，必至自去自来，刺探我军虚实机密，将如何防守、截剿、策应之计一一泄之于敌，而我转为敌所乘。纵使有事时先行撤退，而我之枪如何放，炮如何用，已俱在敌人心目中矣。非与无枪炮等乎？

当时清军陆师的洋教习，主要来自于德国。当德军占领胶澳并开始修建胶济路时，时人的担心也是很自然的。对此，赵桂森的办法是，让清军将弁将《皇朝经世文续编》中所录何邦彦《兵计三十二条》，“熟看细思”，并对照今日时势，考求古代兵法，“互相对例”。他认为，作战在于设伏、用间、疑兵、援兵，“至两军对垒，不过空放枪炮而已”。他还认为，“光武中兴，滹沱冰合，永乐靖难，北风骤来，则天意也，不可以常情律之。”[1]赵桂森的条陈很长，牵涉到军事、政治、社会诸多方面，撤洋教习只是其中的一策而已。从条陈上看，他还不是无知识、不了解实情之辈。但他在条陈中称言“两军对垒，不过空放枪炮”，即可知他将当时清军的怯战之举，当作西式的作战原则了。他据此而做出判断：洋教习实际上无用。

户部候补主事陶福履条陈检讨了中法战争、中日甲午战争之败，认为是未用忠勇人才所致。他称言，马江之战时，法国军舰九艘，清朝军舰亦九艘，其败在于当年法国雇员日意格造船时包藏祸心，将火药舱全建在头桅之后，法国知之甚详而专攻此火药舱；张佩纶命九舰环绕，并

---

〔1〕 赵桂森条陈见《戊戌变法档案史料》，第54—60页。原折日期为七月二十四日。据《随手档》、《上谕档》，该条陈当日由都察院代奏，二十六日奉旨“存”，并送慈禧太后。

不准起锚，致使错失战机，而刘姓留美学生还击两炮，“遂击杀孤拔”；平壤、大东沟诸战失败，在于弹药，“西人早改栗药，德人满都贿串局员，仍买用黄药，开一炮后，十四分钟浓烟不散”；主持旅顺防务之龚照玙先遁，“日本细作三人，潜行入口，至大炮台上竖一日旗，各营相率哗溃”；威海之败在于英人“海军副提督琅威理被谮去职”，德人“汉纳根乃陆军将领”，“马格禄怡和洋行南浔船主，失事被逐者也。驾驶商船，尚至失事，并非武员，何知水战”？他得出的结论是“深鉴前事，妙选贤能。凡用兵理财之事，必任以忠勇廉干之臣”。[1]陶福履指出的事例，大多不确，而用忠勇之臣又是千古不易之理，天下又何能以懦贪之辈领兵掌符而获胜仗？但是，他的结论也消解了军事改革之必要，统治者此时所应为者，不过是慎选统兵之员而已。山西沁水县丁酉科拔贡延嵩寿的结论与陶福履异曲同工，他认为中国师旅不振在于未行重赏重罚，“务使行一赏而天下之兵知劝，行一罚而天下之兵知惧”。[2]由此即无须任何军事改革，赏罚严明即可克敌。

国子监候补学正学录黄赞枢在条陈中称：“外人亦何足畏哉？足拙不灵屈伸不便，力不敌人而专恃枪炮以取胜，及至短兵相接，惟有引领受死”；“西人之性可与习劳，而难于持久，虽在临敌，前者放枪，后者犹饮酒食肉，若或败北，一蹶难振”；铁甲舰“炮位甚高，不能击水面之小船”，清军中“善泅水、能腾跃、娴短刀”者，“制极小之皮舟，舟乘三人，二十舟为一队，以一队围敌船一只，彼之炮不能击我，我军自能一跃而登，歼其众而夺其船”；“西人虽有马兵，而放枪贯子必须下马”，清军正可以步兵为正，马兵为奇击之。黄赞枢建议募御侮军四万人，湖南、广东各半，集中于京师，训练以短刀、藤牌、开山炮、八尺

---

〔1〕 陶福履条陈见《军机处录副·补遗·戊戌变法项》，3/168/9449/39。原折日期为七月二十日。据《随手档》、《上谕档》及户部代奏原折，二十二日由户部代奏，第二天奉旨“存”，并送慈禧太后。

〔2〕 延嵩寿条陈见《军机处录副·补遗·戊戌变法项》，3/168/9452/12。原折仅注为“七月”。据《随手档》、《上谕档》，该条陈于七月二十四日由都察院代奏，二十六日奉旨“存”，并送慈禧太后。

抬枪，以己之长攻敌之短；并密令冯子材、董福祥、魏光焘、聂士成来京，“各抒所见，各举所知”。黄赞枢的这种言论，在鸦片战争前后相当盛行，致使清军一败再败。此时他能再谈此论，可见清朝对以往的战败并没有进行认真的检讨，以为一旦将士用命即可克敌。黄赞枢自称其“出自田间，不忘武备”，并自信地宣称自己“得三千人可以克敌，得一万人可以无敌”。他要求“致身以报国”，以谋取出路。[1]黄赞枢的条陈，反映出其谋差求职的用心，而若真用此人领军，清军军事素质将回到鸦片战争时颜伯焘、裕谦的时代！

拔贡刘子丹在条陈中建议：“练军宜精学技击。”他认为清朝练军的训练多演枪炮，临战不敢打交手仗，其原因在于不会技击。明代王阳明即广聘拳棒教师，以治服北军。“今南海诸岛国，有马加撒者，号称芜吉，技击最精，一人持短刀可敌数十人。泰西人东来吞并诸岛国，而特不能吞马加撒，乃反敬重诸芜吉，结为兄弟，请给以厚赀，护其商船，而不敢少加陵侮。”由此他提议“募招天下拳勇教师、技击剑客，优其廪饩，使之教练一军，以备先登陷阵之用”。他认为此是“以中国之长入西人之短，蔑不胜矣”？[2]

## 三　书生议兵与武将论兵

以上的条陈，大多为书生所作。他们并无军事的经验，从当时及后来的军事发展之基本路径来看，他们的建策也不具有太大的指导意义。而以下的一些条陈，更显书生本色，完全不考虑实现之可能性。

---

〔1〕黄赞枢条陈见《军机处录副·补遗·戊戌变法项》，3/168/9449/49。原折日期为七月二十二日。据《随手档》、《上谕档》及国子监代奏原折，该条陈当日由国子监代奏，次日奉旨“存”，并送慈禧太后。

〔2〕刘子丹条陈见《军机处录副·补遗·戊戌变法项》，3/168/9452/6。原折仅注“七月”。据《随手档》、《上谕档》，该条陈于七月二十六日由都察院代奏，三十日奉旨“存”，并送慈禧太后。

安徽试用直隶州州同郭申绶在条陈中大讲练兵之道，主张“集倾国之师”，以消除各省督抚“疆域攸分，皆有各私其兵与财之见”。他提出，“皇上今秋讲武，宜预征天下之兵会于天津”，除四川、新疆、云贵、广西由于离京较远，不通轮船，此次可免外，其他各省营伍一半留防，一半来京，合阵操演。他提出此举有三大好处：(1) 将领藉知地形；(2) 士卒藉服水土民习；(3) 光绪帝可由此知督抚平日治兵实绩。[1]郭申绶的建议并不是完全没有道理，但他并不知道当时各省清军总数超过六十万，如调二十万大军来天津合阵操演，需要多少车船，需要多长时间，需用多少军费，就是二十万大军驻扎天津一带，又需要多少帐篷，每日需要多少粮食！

户部候补主事闵荷生在条陈中提出了一个很奇特的建议：即在东三省铁路沿线种树。他认为，“东三省又京师之根本，俄人经营铁路，心不可问。”由此密令东三省诸大员，以“清界限保护铁路为名”，在沿线的官地上种植易于生长的树木，“一旦有事，可藉以为火攻”![2]刑部主事曾光岷在条陈中大谈武备的重要性，由此而做成了一篇长达万言的大文章，他提出了八条建策：(1) 练将。令天下士大夫，即日成立“讲武会”，“究古今胜败之由，筹当今战胜攻取之策”；京师建立“韬略院”、“储将馆”，聘海外名将为教官，京官、世职十五至五十岁者入而学习；各省建立“教将馆”，官绅入而讲习；全国书院诸生，偃文修武，购各国地图，翻译各国兵书，精筹本国战备。(2) 海军。下令沿海疆臣“速筹巨款，紧购钢甲，广制战舰。各海口多设炮台，分驻重兵，如临大敌。沿海一带，多设水师学堂”。(3) 选兵。下令各省“按户稽查”，

---

〔1〕 郭申绶条陈见《戊戌变法档案史料》，第357—358页。原折日期为七月二十六日。据《随手档》、《上谕档》，该条陈当日由都察院代奏，三十日奉旨“存”，并送慈禧太后。

〔2〕 闵荷生该呈见《戊戌变法档案史料》，第132—133页。原折日期为八月初二日。据《随手档》、《上谕档》、户部代奏原折，该条陈于次日由户部代奏，并于同日奉旨“存”，送慈禧太后。当然该条陈的重点是请命张之洞为首相，这也是该条陈送慈禧太后的主要理由。至于东三省铁路沿线，该条陈还主张屯田驻兵，并招徕东三省金匪、猎户、马贼。

年二十至四十岁者，“悉入兵籍”。其中识字者进武备学堂，不识字者入团随营训练。以后每年男丁满二十岁者，经身体检验后，按照德国兵制，“三年为战兵，三年为守兵，六年退为备调兵”。(4) 练兵。“以六队之兵，练六战之法”，其六队为炮队、枪队、马队、械队、工程队、辎重队；六战为坑战、烟战、墙战、林战、近战、散战。“上而策算、测绘、勾稽、台垒、铁路、地雷、电线之用，次而命中、致远、击刺、奔跑之举，以及行营战阵，或分或合，或奇或正，忽山忽水，忽朝忽暮，应调而发，无不得手应心”。(5) 团练。每县设一武备大学堂，四乡各设武备小学堂，各省水陆要口设兵工厂数处，年二十至四十岁者除入武备学堂，其余随团训练，每月一县团兵会操两次，每三月一府团兵会操一次。每县可得精壮团兵一万人，全国可得团兵一千余万。(6) 武备学堂。请将此时裁撤的内外各衙门及各省各类庙宇，改建为武备学堂，聘请英、德、俄、美精于武备者任教习。学业有成，给发文凭，令其游历各省各国，然后升入武备大学堂，再由武备大学堂升入韬略馆。(7) 制器。命各省广设兵工厂，精造枪炮军械，必预备千百万兵十年战守之器，储之武库。(8) 兵饷。全国兵饷四千万两，以一千五百万为三十万“精兵”的养兵费，以五百万为筹备军械及武官薪俸，以一千五百万为海军军费，以五百万补助团费。[1]这一位刑部主事的条陈写得洋洋洒洒，读的时候可以感受到他已经陷入自我编织的美梦之中。他完全没有从军的经历，也不打算从军，但他由道听途说及从各类时务书中得来的知识，已足以让其制定建立军事强国的空想计划。稍有军事经验的人不难看出，他的八条建策，无一可行，且自相矛盾。

山东截取补用同知黄笃瓒有着一些地方的经验，条陈也相对实际一些。在他的宏大改革方案中，有两项涉及军事改革。其一是废武科。此时正值武科改革，原来的举石射箭拟改为试洋枪洋炮，而如何控制民间的枪、炮又成了难题。黄笃瓒认为，清朝以武开国，本不靠武科为之鼓

〔1〕 曾光岷条陈见《戊戌变法档案史料》，第346—355页。原折日期为七月二十四日。据《随手档》、刑部代奏原折，该条陈于七月二十八日由刑部代奏。

励，泰西各国也无武科之名；由此请将武科即行停止。其二是兵勇合一。当时清朝的军队大体分为两种，一是原额的绿营额兵及各级军官，一是由湘、淮军演变而来的勇营。由此黄笃瓒提出兵勇合一，将额兵及官缺并入勇营，一体训练洋操。〔1〕应当说，这两项改革都具有实际意义，但在当时会引起很大的麻烦。黄笃瓒只看到了武科选取军官的功能，事实上清朝在武科始终未得大将；但他没有看到武科的政治结构与社会结构的功能，不然清朝不会长久地开设此一并无多大用处的科举。绿营及旗营至此已有三十多年未效力于战阵，无人不知其不可持，由此而不断裁汰。但在三十多年的不断裁汰下，至此还保留了相当大的数额，除了害怕会引起废兵闹事外，最主要的是当时清朝并无警察，地方治安相当大程度上也有赖于此。黄笃瓒是另一类的书生，尚不知政治操作之底蕴，如果他提出的两策能如此轻便可行的话，欲有作为且有权能的地方大吏如张之洞之辈，早就将此事给办成了。

司员士民的成分，绝大多数是儒生及儒生出身的中下级官员。他们成长的年代和环境不见重甚至不屑于武事，从而不懂西方的军事学术，甚至不了解当时清朝的军事实情，也是不奇怪的。他们的军事知识本来只是过去读过的几部古书，此时又添上了一些欠精欠准的时务书，由他们议兵，自然很难落于实际。然而，儒生以天下为己任，自认为知天下事，就他们本身来说，并不认为自己不知兵。

军官的情况又是怎么样呢?

上书的军官，数量非常之少，除前已提及的密云镶黄旗满洲军功协领衔佐领兼前锋章京常贵外，还有以下几位：

分发云南记名遇缺简放总兵讷钦巴鲁图张绍模在条陈中称：他“束民从军，久经战阵”，曾在越南与法国人相战，历“数十年亲身历练，非敢作纸上空谈”，由此而得出了八条经验：（1）操练壮丁。认真编练保甲，以十家抽一壮丁，共计全国约两千万家，可抽壮丁二百万。五百

〔1〕 黄笃瓒条陈见《戊戌变法档案史料》，第150—153页。据《随手档》，该条陈由山东巡抚张汝梅代奏，八月十八日收到。

人为一营，以地方官为正管，选绅士为副管，给予火绳枪、土炮，每年训练四个月，共计十五次操。平时可保家乡，战时可备征募。(2) 慎选将领。统将须“晓义理、识时务、明地利”，其义理产出其忠诚之心，时务能知强邻之利病虚实，地利更为兵家要诀，进而能知战、知守、知进、知止。(3) 募勇时须确查勇籍，以防其临阵逃跑。(4) “行兵要道宜识天文、舆图、测量”。知天文者可明南北极、赤道，由此知地球纵横各三百六十度，“可以定各国之天度及各国之方里”；攻城守城必测周围山川地形，“设能制我，勿论夜日雪雨，必速派兵坚扎”；用炮必学测量，方能施放有准。(5) 选用比利时步枪，并仿造24厘米口径后膛炮。(6) 作战时须注意“进止、起伏、包抄”。遇弱敌可进，遇强敌则正面用“散队”伏地藏身，左右各队“迅速摆开包抄”。(7) 进攻时须注意天时。由于“西国枪炮精利”，白天进攻时选“阴雾四塞之日”，夜间进攻时选“黑暗无月之夜”，“可以破快枪快炮”。(8) 筑垒需改变原有样式，墙壁高七尺，放枪处厚四尺，不放枪处厚两丈，墙身开满枪眼、炮眼，四角各建碉楼……[1]张绍模作为一个有实战经验的高级军官，建策八条，非常平淡，但其自称是“虽不能决胜于重洋，未始不可决胜于陆地”。对于许多军官来说，他的八条当属作战的常识，但却代表着当时清军高级军官的军事学术水准。根据他的建言，清军此时没有必要进行大的军事改革。张绍模本人因此一条陈而登进，该条陈上奏后的第五天，七月十六日（9月1日），他被光绪帝召见，二十八日（13日）又被命为贵州古州镇总兵，八月二十五日（10月10日）请训出京赴任。

密云正黄旗满洲军功五品顶戴骁骑校祥雯是一名下级军官，他在条陈中提出“任统帅以一事权”，即请光绪帝任命一人作为清军的统帅：

> 苟得一智仁信勇忠义兼备之大臣，亲之，信之，令其总统天下

---

〔1〕张绍模条陈见《军机处录副·光绪朝·内政类·戊戌变法项》，3/108/5616/13。原折日期为七月初八日。据《随手档》、《上谕档》、都察院代奏原折，该条陈于十二日由都察院代奏，并于当日送慈禧太后。

水陆全师，委以专征之任，远恢雄略，力杜危机，相机而动，先发制人。

他提出此策的理由是，自古战胜全靠统帅，“用廉颇而赵安，举赵括而赵殆”，“项羽不用范增覆没”，“汉王能用三杰定鼎”。从清朝当时的军事体制而言，也确实需要建立专门的统帅机构，以谋全面的军事改革，但祥雯的注重点不在于此，他从古代的军事经验出发，认为清军的“统将太多，事权不一，致心志不齐，互相解体”。[1]

前帮统新建陆军马队天津武备学堂教习花翎尽先都司巫炳修，自称“幼于德、奥两国专习武备、测绘、攻战，兼习旱雷、碰雷各事”，“自回华后，蒙北洋大臣派充教习天津武备学堂，并飞骑马队，矧二十余年”。他的条陈建议在南苑建立行军武备学堂：

于现有之各旗营挑选最聪青年之兵一千人，为一营，仿照德军之数。由千人内选出三百人于学堂习练测绘、攻战等事。再于八旗贫苦之幼丁年在十五岁上下者五百人于学，以其苦而易教。由臣在津训成之学生，调取二三十人来学，分为教习……皆仿照天津武备学堂章程，以南苑旷地设立学营，夜则讲求各法，昼则赴场演练。[2]

巫炳修是用天津武备学堂的旧方法来训练清朝现有军队，并无新的特点。然他的条陈由都察院代奏，又可见其此时并无官差。他在条陈中提出“伏乞皇太后、皇上圣鉴训示”，说明他是在知道政变的消息后才上的。从条陈内容来看，他的目的是谋取新建南苑行军武备学堂这一新的

〔1〕 祥雯条陈见《军机处录副·补遗·戊戌变法项》，3/168/9455/2。原折日期为八月初五日。据信恪代奏原折，该条陈于次日由密云副都统信恪代奏。祥雯的条陈包含面很广，共有五策，任命统帅只是其中一策，其余为：加土烟税、开淤荒地、添练海军、练旗丁。

〔2〕 巫炳修条陈见《军机处录副·补遗·戊戌变法项》，3/168/9457/87。原折日期仅写为“八月”。据都察院代奏原折，该条陈于八月十一日由都察院代奏。

差使。

前江西吉安营参将金凤岐，在条陈中声明其“年四十四岁，江苏山阳县人，庚辰科武进士”。他在条陈中称精兵必用利器、裕财请先开矿、各省积弊太深、水源亟宜疏通。从内容来看，实属抄录当时的流行词句，且前言不搭后语，多有荒谬，如：“各海口炮台朝海面均用铁墙，水战均用铁甲钢船，枪炮著令本统领购买，不可假手于人。”其中最强调的是自我的战功与文略：

> 参将率兵六十四名，曾于光绪二十年正月间永宁县会匪围攻县城，前往堵剿，打进九龙山，遣散匪徒，搜拿匪首，并获票布筹饷、安民告示、封官凭据，均存江西宪［善?］后局在案，以六十四名之兵剿数万人之敌，苟非兵将一心焉能御之？又吉安、太和、万安等县滋闹教堂，参将与法国顾教士和衷调处，不伤邦交之义，不辱本国之民。两江总督、江西巡抚、总理衙门均有电报在案。强将之道，出于忠勇。[1]

由此可见其目的是来京活动，以能混上一官半职。该条陈注日期为“七月”，但他找不到愿意为其具结的同乡官。直至八月初七日即政变之后的第二天，都察院才为其代奏，并说明了情况：

> 今已革江西吉安营参将金凤岐呈递条陈，并未取具同乡京官印结，恳请代奏前来。查该参将前在江西吉安营任内，经巡抚德寿查明，该员纵容伊戚，带兵索诈吉安各店铺，得赃属实。并包庇私宰耕牛，暨流娼收受规礼，抢取铺户笼鸟，又将追夺之人殴伤，屡次游街跑马，撞损沿街物件，均属实有其事。并因奉旨裁减制兵，有纵兵滋闹情弊。专折奏参于光绪二十二年八月，钦奉谕旨：革职勒

〔1〕 金凤岐条陈见《军机处录副·补遗·戊戌变法项》，3/168/9452/31。原折日期仅注为“七月”。

令回籍，交地方官严加管束之员。今复行潜行来京，除将所递条陈一并呈进外，应否将该革员仍递回原籍，交地方官严加管束之处，恭候圣裁。[1]

该折上后，当日奉明发上谕："都察院奏代递已革参将金凤岐条陈一折。金凤岐前任江西吉安营参将，所犯各案情罪重大，经德寿查明奏参，奉旨革职勒令回籍交地方官严加管束之人。兹复潜逃来京，实属瞻玩。著即递回原籍，交该地方官严加管束，不准在京逗留。该衙门知道。"[2]

增贡生不论双单月选用府经历李杜堂是一个业余军事家。他在条陈中称：

尝见古今来战无不胜攻无不取者，不外乎大易、八卦、出入进退吉门之法。杜堂学浅才疏，惟于大易错综互变，并八卦、八门、九宫、图破、军法、河洛、理数、阴阳、卜筮各书，其中行军、布阵、安营、决胜千里之义，均识其大概。现各处营务，皆以洋法操练，固属至善至美，若再以大易八卦为筮，出兵以吉门，布阵以吉地，不战则已，战则必克。

李杜堂认为他的才学足可以报效国家，要求给予安排官职："杜堂常怀报国之心，奈限于资格，未能上闻"，"谨挟微才，聊达愚忱，幸蒙采纳，奉侍左右，或注名军籍与农务局，以司其事，得效犬马之劳也"。[3]该条陈于七月二十四日由都察院代奏，二十六日奉旨"存"，并送慈禧太后。[4]

[1] 《军机处录副·补遗·戊戌变法项》，3/168/9457/3。

[2] 《上谕档》，光绪二十四年八月初七日。

[3] 李杜堂条陈见《军机处录副·补遗·戊戌变法项》，3/168/9452/17。原折日期仅注为"七月"。

[4] 《随手档》、《上谕档》，光绪二十四年七月二十四、二十六日。

## 四　因应的外交策略

由于德、俄、法、英四国纷纷强租海口各地，清朝已陷于外交的困境，司员士民上书中对于外交策略也多有建言，其中最为突出的因应策略是“联日”。

最先提出“联日”的是工部主事康有为。他于二月二十七日（3月19日）交总理衙门的条陈中称“胁割旅大，覆亡在即，请密联英、日”。其理由是，“俄人取东三省于日本怀中，日人恨之久矣”，“英人与俄不两立”，如果拒绝俄国的要求，日本与英国必然会倾力帮助清朝。[1]康有为的这一建策，完全出自其个人的想象。自《中俄密约》后，日本对清外交的主要目标是拆散针对日本的“俄清同盟”，为此派人到中国进行了一系列的努力。但对于俄国占领旅大的行为，日本与英国并没有对俄开战之意。就在康有为递条陈的同日，日本外相西德二郎向俄国驻日公使罗森（R. R. Rosen）提出了“满韩交换”的建议，此后两国签订了《西—罗森议定书》。

另一位赞成“联日”的人士是刑部主事洪汝冲。他于七月二十四日（9月9日）由刑部代奏的条陈，提出了与日本“联邦”：

> 为日本者，所亲宜无过于中国，以我幅员之广，人民之众，物产之饶，诚得与之联合。借彼新法，资我贤才，交换知识，互相援系，不难约束俄人，俾如君士但丁故事，则东西太平之局，可以长保，祖宗缔造之业，亦巩如磐石矣。此事若在欧西，即为合为一国，亦不为怪，挪威以合于瑞典而得自存，匈牙利以合于奥地利而以不灭。他如意、德以众国合成而称帝制，既无碍自主之权利，而

〔1〕康有为条陈见《救亡图存的蓝图》，第46—49页。该条陈于三月初三日由总理衙门代奏。

> 有关两国之存亡，故坦然行之，并无猜忌。

他认为“中国之自强，惟在日本之相助，英人保泰持盈”。洪汝冲提出的“联邦”，究竟是指外交上的“同盟”还是建立“联邦”（或邦联）制的国家，我看了几遍都未能识其本意，很可能他本人对此中的差别也不太清楚。在这一条陈中，洪汝冲还建议留用即将访华的日本前首相伊藤博文，“皇上如能縻以好爵，使近在耳目，博访周咨，则新政立行，而中日之邦交益固”。[1]该条陈当日奉旨“留中”，并送慈禧太后。洪汝冲与日本“联邦”的主张，与当时康有为的想法完全一致，这一条陈很可能是康有为代拟的。而康有为、洪汝冲的这一想法，又很可能受到日人樽井藤吉的著作《大东合邦论》之影响，该书作于光绪十九年(1893)，提出日本与韩国合并，然后与清朝“合纵”。[2]该书后由上海大同书局翻刻出版，多有改删，更名为《大东合邦新义》，梁启超为之序。[3]

由于伊藤博文此时的来访，一些人在上书中提出了借重日本经验或留伊藤博文为顾问的建议。京察一等道府用工部营缮司郎中福润在条陈中赞扬了伊藤博文对明治维新的巨大作用，称言：

> 现闻伊藤博文游历已至天津，如到京时，可否饬下总理各国事务衙门大臣、大学堂管学大臣、农工商总局总办前往面询明治维新

---

〔1〕洪汝冲条陈见《丛刊·戊戌变法》，第2册，第362—366页。据《随手档》，该条陈于七月二十四日由刑部代奏。

〔2〕关于该书的内容可参见石井明《亚洲主义的“地域合作论”：以樽井藤吉的著作为线索》，张启雄主编：《二十世纪的中国与世界》上册，台北：中研院近代史研究所，2001年。

〔3〕蔡元培戊戌日记中对此有记载：七月二十三日，“阅日本森本丹芳（藤吉）《大东合邦论》十四篇”。蔡元培当日并写《阅后》一文，以大同书局本与原本对照阅读，指责改窜之误。他对《大东合邦论》颇有赞言：“引绳切事，倾液群言，真杰作也。”又，蔡日记七月十日记：“同许中书访日本人杉见仙（几太郎），假得《亚东新报》第二册，中有《连盟论》，甚佳。”（中国蔡元培研究会：《蔡元培全集》，浙江教育出版社，1998年，第1册，第226—227页；第15册，第182—183页）

一切学堂、矿务、农工商局创办规模，即将接谈得失各情，详晰缮单，恭呈御览，以备采择。[1]

三品衔道员用新任江苏松江知府濮子潼，原为军机章京，此时尚未赴任，他在条陈中赞颂了日本明治维新的成功经验，称言："闻伊藤博文，现因游历来都，拟请皇上优以礼貌，饬总理王、大臣密问彼国维新诸政，次第如何而分？款项从何而集？条举件系，朗若列眉。"他还称：

说者谓日人我之仇雠，不当使之借箸。不知日人与我唇齿相依，我制于西，则彼亦不能自保。故甲午一役，闻彼实有悔心，彼将联我以抗西国，我即效彼图自强，不妨消释前嫌，共保同种。[2]

濮子潼没有直言"联日"，但这番言论委婉地表达了他的观点。该条陈于八月初三日递上后，当日奉旨"存"，并送慈禧太后。[3]前驻秘鲁参赞直隶候补知县谢希傅，此时供职于总理衙门。他在条陈中谈到了俄国的威胁，随即笔锋一转称言：

亚洲立国称为唇齿之邦者，惟我国与日本耳。夫齿而需唇，以其能护齿也，否则唇与齿不相谋，齿亦奚用唇为。日本与我无以异此。同治初，该国为英、美所创，幡然思变，始臻今日之治。其时辅佐之功，论者推伊藤博文为首。今者乾纲独断，新政灿然，与明治中情事相类。而伊藤由朝鲜来华，殆与寻常游历不同。仰惟皇上圣明渊衷似海，倘密令一二忠贤能识大计勤国是者，诚心咨访，谋所以自处因应之方，与夫同洲相辅之义。时会之

[1] 福润条陈见《军机处录副·补遗·戊戌变法项》，3/168/9453/54，原折日期皆为八月初三日。又据《随手档》，该条陈于次日由工部代奏。

[2] 濮子潼条陈见《戊戌变法档案史料》，第12—13、168页。原折日期为八月初三日。

[3] 《随手档》、《上谕档》，光绪二十四年八月初三日。此人原为军机章京，故在《随手档》中看不出代奏机构，很可能是其本人或托旧友上呈军机大臣的。

值，殆无有过于此者。[1]

谢希傅也将中日两国比作唇齿相依的关系，而他在具体的描述中，日本成为护卫中国之“齿”的“唇”。候选郎中陈时政奏请重用伊藤博文，又一次提到了唇齿相依：

> 日本伊藤罢相来游中土，已至京师，将蒙召见。虽以辽东之役与我为难，然近年来，彼国君臣亦深悔当时启衅之非，失唇齿之相依，动亚东之全局，亟思联络维持。伊藤此来必非无意。查伊藤既为日本维新之臣，必能识新政之纲领，知变法之本原，朝廷用人如不及，莫若于召对时，体察其情，如才堪任使，即可留之京师，著其参预新政，自于时局更多裨益也。[2]

陈时政是洪汝冲之后再次提出留用伊藤博文者。刑部主事冯镜濂也主张延聘日本人才，他上书中称：“西人之学有师承，不足以备顾问。而日本同洲之国，楚材晋用，揆之天时人事，尤得相需相遇之宜。”他还称：

> 若能修明政教，广开利源，英与日本知我国之振兴，势将竭力扶持，必不使俄人得志。[3]

在他的眼中，英、日能否扶持中国，关键在于中国的政教能否修明。兵部学习员外郎祁师曾主张联日联美，其基本方法是聘请日、美高官：

> 日本畏俄眈视，极愿联中国为唇齿之依。美另处一洲，无贪得

〔1〕谢希傅条陈见《军机处录副·补遗·戊戌变法项》，3/168/9457/90，原折日期仅写为“八月”。又据《随手档》、总理衙门代奏原折，该条陈于八月初三日由总理衙门代奏。

〔2〕陈时政条陈见《戊戌变法档案史料》，第196—197页，原折日期为八月初四日。又据都察院代奏原折，该条陈于次日由都察院代奏。

〔3〕冯镜濂条陈见《军机处录副·补遗·戊戌变法项》，3/168/9456/21。原折日期为八月初六日。据《随手档》、刑部代奏原折，该条陈于当日由刑部代奏。

土地之意。用其人，即可联其国，藉全力以制俄、法、德诸强邻。英在可联可拒之间，审时度势，不能定也。

他建议“博采慎选”日本、美国素有名望之大臣，“隆礼高爵”延用一二人，或专门成立议事处，或令在总理衙门，遇有中外交涉大事，按照公法与各国辩论，主持清议。然而，在聘用人员方面，祁师曾直接提出了伊藤博文为人选：

> 日本退位大臣侯爵伊藤博文此次来华游历，我皇上宜亲考，其联日美阻俄法之道，交谊隐于无形。原伊藤博文来华之意，实欲联我，不如先为言之，即用其策。今天下大势，古者纵横之世也。俄、德、法诸国横也，美、日、奥诸国纵也。合纵而不连横，互有牵制，使不敢轻举妄动，然后坚忍力图自强。臣意伊藤必能说合而隐联之也。刻下日本已隐合美、奥。即与之约，用日本所以待诸国、诸国所以待日本之例，必可免巧取窥伺之谲计也。

祁师曾对国际局势的分析，并不能成立。此时日本、美国、奥地利并没有结盟的意图，俄、德、法之间也是各行其是。用伊藤即可“说合而隐联”，完全是毫无根据的想象。用日本对待各国、各国对待日本之例，以免除各国的要挟，只是一厢情愿的设计。祁师曾提议光绪帝召见伊藤数次，观察其可用与否，“立予清职”，“使有议事之权，无行政之权”。特别有意思的是，祁师曾对伊藤博文个人抱负的评价：

> 其人素怀义勇，志气沉毅，每以日本三岛地小，不足回旋，恒思效力中国大邦，发其所学。若中国礼数优渥，亦必竭诚以报安措而得其效。[1]

---

〔1〕 祁师曾条陈见《军机处录副·补遗·戊戌变法项》，3/168/9456/8。原折日期为八月初六日。又据《随手档》、兵部代奏原折，该条陈当日由兵部代奏。又，祁师曾在该上书中提议仿照德国、美国进行军事改革，见本章第三节。

真不知道他在什么地方用何种方式得知伊藤博文此一内心世界。

福润、濮子潼、谢希傅、陈时政、冯镜濂、祁师曾，短短几天内连续上书，调子也越来越高。此时离甲午战争结束仅三年，巨额赔款刚付清，由此欠下了英、德、俄、法等国一大笔债，台湾的局势也未完全平静，然昔日的敌人已成了他们心目中的盟友。他们几乎用同样的名词来描绘中日两国关系——“唇齿相依”。值得注意的是，尽管他们都没有去过日本，多数也无外交的经验，但却都认定日本有“联华”之意，一些人还认定日本对甲午战争有“悔过”之意。这只是一种偏听。当时的日本确实有这些说法，但只是少数政治家的观点，并没有形成为日本政府的基本国策。

翰林院编修、记名御史黄曾源反对聘用伊藤博文。他认为，英国联合日本，是为了拒俄；而英国、日本向中国表示和好，是为了离间中俄关系。

> 无如中国与游者，非英国教士，则日之谗人，于是建议之臣，言联英、日以拒俄者，十之八九，而言和俄以疑英、日者，盖百而不得一焉。议论繁兴，报章胪列，臣已窃然危之。今又借用伊藤，是授日人以簧鼓之端，而迫俄人以不得不疑之势。是伊藤之益于新政者，不可知；而其为害于邦交者，已有不可胜言者矣。

他的结论是“借才非现在所宜”。黄曾源的上书还有两附片，其一是“伊藤不宜优礼”，其二是“请和俄以疑英日”。前者在档案中尚未发现，后者则称：“俄强英狡，两无足恃”，“此际联英则俄怒，联俄则英怒”，“为今之计，莫若就此和俄，以疑英、日之局而修补之。强则和，则兵可缓，狡者疑，则谋亦可缓”。[1]黄曾源很有点独立见解，与康有

〔1〕 黄曾源“借才非现在所宜”条陈见《戊戌变法档案史料》，第168—169页，原折日期为八月初四日。“请和俄以疑英日片”见《军机处录副·补遗·戊戌变法项》，3/168/9456/22，无署名无日期，是我根据笔迹及内容判断其为黄曾源的附片。

为一派在政治上对立，然其外交策略听起来如同春秋时的谋士，与近代的外交样式并不吻合。该条陈及附片于八月初四日（9月19日）由翰林院代奏，当日奉旨“存”，并送慈禧太后。[1]

四品衔户部学习主事，前出使英、法、义、比国随员陈星庚主张联英，称言：“变法何难，人才为难。今之谈洋务者，仅得之传闻，非得之阅历，得之半途，非得之平素。以视西人之专精干练者，诚不可以道里计。”他声称，由于前随驻英公使薛福成久住伦敦，深知英国的政治家，并非是只能一门的专门之才，“必按切本国时势，洞达列国情形，宏才胆智，议论发越者，始举为议员及地方官”。于是，他提议：

> 中国欲得此政治家全材，似非旦夕培养所能遽得。即如在华西人，为领事者，专长商务；司海关者，专长税务。其于政治皆为无本之学。与之咨商要件，贻误必多，以非专门名家也。自昔多事需才之秋，往往借才异国……臣前在伦敦晤英国首相沙力思伯，及其外部尚书劳思伯、外部侍郎散特生等，皆极望中国强盛，得与英合力制俄。顷者威海船埠之租、汇丰洋款之借，虽为自保商利起见，然已足以阻俄人而慑德、法。我若动之以至诚，与之联络，商请英国政治家数人，聘订来华。以备咨诹而资辅理。吾以诚孚，彼必以诚应，必再有戈登、华尔其人助我，周旋患难，出力以相助。[2]

陈星庚强调的是聘请英国政治家，而其目的，虽有变法之需，同时又是“与英合力制俄”。他以为只要“以诚孚”，必获“以诚应”。他虽提到了英国首相、外相等人，但他心中的榜样只是戈登、华尔之辈，看来所聘者还不算是顶级的英国政治家。

前出使各国参将兼头等翻译官花翎总兵衔副将陈季同，自称“曾随

---

〔1〕《随手档》、《上谕档》，光绪二十四年八月初四日。

〔2〕陈星庚条陈见《军机处录副·补遗·戊戌变法项》，3/168/9453/53。原折日期为八月初三日。据户部代奏原折，该条陈于次日由户部代奏。

使法、德、和（荷）、奥、义、比诸国，垂十有八年”，此时任职于总理衙门，他在条陈中提出了召开国际会议共同保护中国的方案：

窃维亚洲治乱，为欧洲大局所关，各国欲保太平，不能不保全中国。自中日构衅以来，英、法、俄、德以中国之积弱也，遂狡然思启，先后盘踞我口岸，争筑我铁路，开采我矿产，防不胜防……伏查此时各国貌尚与我亲睦，口称为我防守，我若趁此请其会议，公保和局，毋相侵犯，彼必乐从……

聚集公会，须有人提倡。奴才环顾各国，惟比利时国主为宜。比君宽和公溥，学术富而齿德尊，为各国所敬服。幼曾歷历中国，近因比国借款，又以刚果修约，最仰慕我皇仁，倘经参访，必愿为我国宣力矣。如蒙俞允，应请饬下总理各国事务衙门修书而简使臣熟悉洋情、通晓语言、善于词令者，授以全权，往为说客。

陈季同提出由比利时出面召开国际会议共同保护中国的方案颇有新意，但值得注意的有两点：其一，陈的真实目的，在于由其本人作为全权使节前往比利时。他称：“如一时未得其人，奴才愿效驰驱”，对此，他提出了本人的优势，曾任比利时代办，“极承比君优待”，与比利时驻华公使“素识”。其二，该条陈透露出他所提议的“公保”，是以第十次俄土战争失败的土耳其为样板，是需付出代价的：

土耳其败于俄，各国集公会于柏灵（柏林）都城，代筹善后事宜，凡理财、练兵、开矿、造路皆借用各国人员分任之，归土君管辖。土国不失为自主之邦，土君不失为自主之君……

公会合约，尽可订明何国之人代办何事，筹款若干，询谋佥同，立定章程，分别办理，不相侵越。事事仍请皇上圣裁。约以若干年为期，期满人、财两还，葛藤永断。

在这些描述中，可以看出，“公保”之后，清朝的许多政务将交给各国办理，只不过是各国办事人士须对光绪帝负责，并定有一定的年限。[1]该条陈于七月二十八日（9月13日）由总理衙门代奏，八月初二日（9月19日），光绪帝发下交片谕旨：交总理衙门，“副将陈季同奏请联络各国公保以纾时局，并自称愿效驰驱等语，著总理各国事务衙门察看筹议具奏”。八月初三日，该条陈又送慈禧太后。[2]

北洋差委候选道严复曾留学英国，对世界局势有着较多的了解。他分析了欧洲及东方大局，指出：“约而言之，大抵英、俄两大权之所举措而已。英最孤立，俄则有法、德之连。”“英、日两岛国，右挈左提，必有以阻俄人之东略。”然而，他并不主张联日、联英或和俄，而是另辟新途，让光绪帝亲往西方各国访问：

> 设今者陛下奋宸断，降德音，令计臣筹数千万之款，备战舰十余艘为卫，上请皇太后暂为监国，从数百亲贤贵近之臣，航海以游西国。历聘诸有约者，与分庭为抗礼，为言中国天子有意为治，今之来者，愿有以联各主之欢，以维持东方太平之局，怀保中外之民人。

严复认为，在此次交往中，如对双方有利者，如通商、如公法，光绪帝当皆许之而无所惜。同时，光绪帝在西方各国宣布：中国将“变法进治”，希望得到各国的帮助，使中西永远和平。如有“阴谋无义”之国，欲侵占中国利益，清朝将与“有义之国”联合以抵御之。严复还认为，此事“在西国则为数见不鲜，在中国则为旷古而非常也”，光绪帝此次出访，亦可知中西政俗之异同，“其为益甚众”。[3]严复的建策，是让光

〔1〕陈季同条陈见《军机处录副·补遗·戊戌变法项》，3/168/9459/11，原折无日期。有关陈季同的个人经历，可参见桑兵：《陈季同述论》，《近代史研究》1999年第4期；李华川：《晚清一个外交官的文化经历》，北京大学出版社，2004年。

〔2〕《随手档》，光绪二十四年七月二十八日；《上谕档》，光绪二十四年八月初二日、初三日。

〔3〕严复条陈见《丛刊·戊戌变法》，第2册，第311—329页。

绪帝出访欧美日各国，以行“亲善外交”，其效果尚不可知，但欲行必有大阻力。他的上书，原本没有打算进呈，而是发表在《国闻报》上，当他于七月二十九日召见时，光绪帝问及此事，严复才将已发表近八个月的旧作抄录交给总理衙门。八月初六日，总理衙门代奏此条陈。[1]也就在这一天，政变发生了，严复的条陈也就悄然无声地淹没在每日大量的上书中，至今也未能从档案中寻出。

## 五　师法日本而修律改约

在司员士民上书中，能够使我眼睛发亮之处，是关于师法日本修改法律的建策。这样的言论并不多，叙说中也多有不确之处，但毕竟是注意到了当时日本“条约改正”成功之道，也有效法之意。

户部候补主事陶福履在条陈中称，中允黄思永请自开通商口岸，以防各国强占强租，“此诚老于医者以通为塞之妙术也”，然而内地口岸西方各国是否设领事及领事的权利如何，需预先筹计。他称言：“查西例，全国通商，虽内地亦准各国人往来居住，惟悉听本国管辖。”这里的“西例”，当指“国际法”，这里的“本国”，当指所在国。按照这一“西例”，即要废除领事裁判权。陶由此指出：“日本现与西人立约，即用此例。”为了能够达到新开口岸各国领事只有“护商之权、不能管理民事”之目的，陶福履提议：

> 窃计西人必藉口中西刑律、礼节不同，不肯遵照。然则欲开通

[1] 据光绪二十四年八月初四日《国闻报》称，严复在七月二十九日召见时，光绪帝曾问其是否上有条陈，并命其抄录一份进呈。严复答称有一份上书在《国闻报》上分六七日登完。又称严复回寓后，将其在《国闻报》上之作抄录进呈，“想日内已经御览矣”（《丛刊·戊戌变法》，第3册，第408页）。又，总理衙门代奏原折称“北洋差委候选道严复录呈旧作一册”，光绪二十四年八月初六日，《军机处录副·补遗·戊戌变法项》，3/168/9456/4。

国，必先改刑律、礼节，参用西律、西礼，使中西可以通行。若不能改，则西人必将遍设领事，是与之分国而治矣？乌乎！可，虽然刑礼，政教之小者也；改其小者，以存其大者，不亦可乎？[1]

陶福履的建策，相当大程度上是仿效日本经验。他虽然只是考虑新开口岸，也没有明确提出废除领事裁判权，但其方法是修改“刑礼”这一“小者”，以存不与领事“分国而治”之“大者”。

浙江绍兴府山阴县举人何寿章阅读《万国公法便览》时，发现异邦人入某国，必遵守其法律，而东方诸国却有“辖外之权”（治外法权），“其时日本东京之约，亦同于我”。他由此发现：“坐是华洋交涉，一切词讼，同罪异科”，“大都彼轻我重，以是动相龃龉”。黄遵宪在《日本国志》中对于领事裁判权的评论，使之认清了其中的利弊。于是，何寿章也提出建议：

查日本自改律法，已更旧约。今既奉旨删改六部则例，拟请旨饬下出使大臣，译采各国通行之律，咨送总理衙门，酌中拟议，奏定后咨会各国公使，颁发通商口岸，专办交涉案件，则各国辖外之权不革自革，他日换约，再援各国互市之例，以正地方管辖之权，自当易易也。[2]

何寿章的条陈也谈到了日本经验，同时比陶福履更进了一步，提出废除领事裁判权，但他的解决方案却非常奇特。他不是要求修改法律，而是由总理衙门根据各国法律，“酌中拟议”出一部“专办交涉事件”的专

---

〔1〕 陶福履该附片见《戊戌变法档案史料》，第 38—42 页。原折日期为七月二十日。据《随手档》、《上谕档》及户部代奏原折，该附片于二十二日由户部代奏，二十三日奉旨“存”，并送慈禧太后。值得注意的是，此处的陶福履，即是前面提到的强调用“忠勇之臣”者，他的观念是多重而复杂的。

〔2〕 何寿章条陈见《戊戌变法档案史料》，第 81—85 页。原折日期为七月二十六日。又据《随手档》、《上谕档》，该条陈于次日由都察院代奏，八月初五日由军机处“签拟办法，恭呈慈览。俟发下后，再行办理”。该日送慈禧太后。

用法律，也就是说，清朝将由此产生两个法律体系。至于他认为该专用法律由总理衙门咨会各国公使，领事裁判权即可“不革自革”，也多少有点一厢情愿。从日本的“条约改正”的经验来看，此事不会如此简单。

候选知州前内阁中书涂步衢在条陈中称：

> 商民任居何地，即受治于本地之有司，此地球各国通行之公法。因中西律法轻重迥殊，遂议华、洋各以其法治其民。而洋员多方袒护，轻法亦不曾施，华人不平，由此多事。案烟台条款有照会各国议定审案章程之约，赫德亦谓华、洋讼件，宜定一通行之讯法、通行之罪名。闻美与日立约，许复其内治之权，外人皆归地方官管辖。今日商务既盛，教民又夥，似宜商诸各国定一通行之讯法、罪名，平华人，即所以保洋人也。[1]

涂步衢是根据当时流行的“公法书”来看待领事裁判权的，由此对领事裁判权在中国的产生方式，有所偏误。其中提到的《烟台条约》的规定，是该约第二端第二款：“兹议由总理衙门照会各国驻京大臣，应将通商口岸应如何会同总署议定承审章程妥为商办，以昭公允。”[2]其意是进一步落实领事裁判权体系下司法审判程序，涂步衢对此理解有误。“讯法”当属审判法，“罪名”即该项罪行的名目，赫德之意即为中外会审制定统一的审判法及罪行名目，似与修改法律并不沾边。涂步衢却误将“商诸各国定一通行之讯法、罪名”当作修改法律了，尽管他也提到了日本的经验，“外人归地方官管辖”。

刑部学习主事张宝琛在条陈中建议将中外交涉事件编定则例，以便能“援案办理”。该条陈称：“考日本初与泰西通商，凡有词讼，由

[1] 涂步衢条陈见《军机处录副·补遗·戊戌变法项》，3/168/9452/26。原折仅注为“七月”。又据《随手档》、都察院代奏原折，该条陈于七月二十九日由都察院代奏。

[2] 王铁崖编：《中外旧约章汇编》，第1册，生活·读书·新知三联书店1957年版，第348页。

驻日西官审断；近年日人仿改用西律，遂改归日官审断，可见参考西律实为办理交涉案件之要义。”根据这一经验，张宝琛指出：中西刑法轻重不同，“若欲以华法治西人，则西人不服，或欲以西法治华民，则中国向无此律例”。他提议：

> 请谕令法司，会同编考西国律例及条约公法等书，比校中国律例，定为中外交涉则例简明表，遇有交涉案件，华人西人办从一律。每届年终，将交涉各案勒成一书，分送各国领事及各国外部，兼发各省理刑衙门，著为成案，如此办理，庶各得其平矣。[1]

张宝琛看来缺乏西方的法律知识，对各国的条约内情也不清楚。他企图将西方各国的法律、国际法、条约，再比照中国律例，将此四者编成一简明表，那是绝不可能成功的。且不论此时西方各国的法律体系已很庞大，也无从“删繁就简”，即是各国法律之间的矛盾，由于法理思路相异，也是无法调和，更何况还需再比照中国律例。退一步说，如果“法司”真将四者糅合成“中外交涉则例简明表”，遇到审判时“华人西人办从一律”，这本身就违反了条约，必将引起新的事端。至于将每年的案例编成一册，倒是很有意思的想法，然“判例”能否作为“成案”，各国也有各国的标准，是很难统一起来的。

在如此之多的上书中，比较清晰地提出效法日本、修改法律、谋求废除领事裁判权者，只有以上四件；虽还有一些上书涉及于此，但语辞多为含糊。在此四件上书中，除了张宝琛条陈是专论此事外，另三件只不过是在条陈中附及，不作为该条陈的重点。就条陈本身来看，言及于此的四人，均属于思维与文字能力欠佳者，当时的智者哲

---

〔1〕 张宝琛条陈见《军机处录副·补遗·戊戌变法项》，3/168/9456/17、3/168/9456/18。原折日期皆为八月初六日。又据《随手档》、刑部代奏原折，该条陈于当日由刑部代奏。

人并没有于此中大做文章。前已言及，联日与聘用伊藤已是当时热门话题，而很少有人对真正的日本成功经验感兴趣，这又成了一个可令人琢磨的新问题。

## 六　消除教案诸策

自德国借口曹州教案占领胶澳后，接连不断的教案一直是清朝心中的大患。民、教之间的对立，使清朝上下感到了真正的为难：若站在民一边，唯恐引起各国的武装干涉，再次被迫租地赔款；若站在教一边，不仅与他们的思想观念相抵触，而且会引发越来越多的民变。由于各国的干涉，在民、教冲突中，教的一方已经占有了优势，这又表现为清朝下层政治权力的削弱。

因此，司员士民上书中对于如何消除教案，也有一些很有意思的建策。

拔贡刘子丹在条陈中主张对教民"宜严为戢敛"。他称，乡井无赖投入洋教，寻仇抵隙，乞神甫一寸纸条，投之衙署，县官不敢不奔走，仰其鼻息。由此良民破产，绅士为之短气，县官亦窃叹相视，无可奈何。此种情况的发展，只会引发更大的民教冲突。刘子丹对此提出的办法，是与之讲理：

> 今请以后与洋人立约，先以此条为急务。第准其传教，不准其侵中国自主之权，教民本系中国人，其为害乡间，自当以中国之法治之。官场自治其民，不干彼教事，教士何得干预中国官事？以此情理之正，力与洋人争，洋人未必不服。[1]

---

〔1〕 刘子丹条陈见《军机处录副·补遗·戊戌变法项》，3/168/9452/6。原折仅注"七月"。又据《随手档》、《上谕档》，该条陈于七月二十六日由都察院代奏，三十日奉旨存，并送慈禧太后。

刘子丹的办法虽有“情理之正”，总理衙门若以此交涉时，各国也会承认这些原则；但一到具体事件，总理衙门无法也不敢一一细辩力争。至于首当其冲的县官，以息事为保官诀窍，又何敢对教民“严为戢敛”？

安徽太平县优贡教职陈继良在条陈中指出：“为今日计，欲图自强在靖外侮，欲靖外侮在防教案，欲防教案在缉游民，欲缉游民在筹生计。”他认为，教案之发，多起于无赖之游民，“无艺业可执，故轻于生事，无衣食可恋，故敢于为非”。他提出的办法是安置游民，具体做法上又参考了“泰西”：（1）集捐。“泰西各国收恤贫民，其达官富绅常一人捐赀数十万之多”，中国官、绅也应效法。请下旨在各省设立“公济官捐”、“公济绅捐”，分途筹款，官捐责成司道，绅捐责成州县，其款由藩司发典生息。州县随时编查游民数量，造册申报，藩司核计后，每名月给钱文若干。各省寺观凡不载祀典者，已奉旨改为学堂，可将其中六成改为学堂，四成改为贫民院，以收留游民。（2）教化。“泰西各院皆设有教习，敏者教以制造、绘画等事，愚者教以种植、修筑等事，盖皆俾得一技之长，以为自食其力之地。”中国由于筹款维艰，不可能广延教习，而且制造、绘画又需大量资本，“惟有俟各府州县推广农务学堂，使之随工垦种，以为沿边开荒设屯之用”；各营改练洋操后，“使之随营演习，以备编入团练、民兵之用”。[1]陈继良用救济游民的方法来预防教案，是一新思路；然而，即使没有教案，社会救济也是政府的重要职责之一；更何况当时的游民数量甚多，各种摊派与捐输早已使官绅不堪承受。他的这一计划似不可行。

山西沁水县丁酉科拔贡延嵩寿提出两项方法：（1）请总理衙门将各国历年所订条约，编为成书，刊行天下，并在各处教堂门首，用汉字大书某国教堂，使民周知，不至于怒甲迁乙，酿成巨案。“编书”是为了让普通百姓了解条约的规定；书明“某国教堂”，是防止百姓“与日失和，衅及德人，与德失和，衅及法人”。（2）变通总理衙门制度。由皇

---

〔1〕 陈继良条陈见《军机处录副·补遗·戊戌变法项》，3/168/9453/14。原折日期为八月初二日。又据《随手档》、都察院代奏原折，该条陈于次日由都察院代奏。

帝选用京官中有胆识者，大省十二人，中省九人，小省六人，为议政员，以助总署之势。如某省有教案，先交某省之员，秉公会议，下情得以上达，各国也不能格外要求。[1]延嵩寿出自底层，其方法很具有直接性，尤其是第二项，让京官出任办理与各国交涉教案的专员，似也可减少总理衙门的事务。然而，让非外交官来办理如此棘手的外交，其效果还不能预测，也与当时的各国外交程式不合。

直隶顺天府大兴县生员杨赞清上书中称：阅览各国史书，追溯其设教由来，发现其中具有深意。“欧洲地处乾方，于行为金，其人民性情沉鸷强悍”，“设教以为收摄人心之计，又推广敬天、爱人、忠君、保国、赏善、罚恶诸教规，以涵濡熏陶于其民”。他认为，西教可与佛、老一视同仁。中华官绅商民胸怀畛域成见，对此猜嫌疑忌，视教堂为陷阱。民、教冲突是百姓不明其教义而起，负责审理的官员或因循，或存偏见，处置失当。由此，杨赞清提出：（1）凡各地方有教会教堂者，须派熟悉公法、练达时务的官员去治理。（2）官员应将西教之原委、朝廷慎重邦交之意，“明白刊示，使所属绅商士民共晓”。他还推荐了三篇文献，张之洞《劝学篇》第十五章、保定知府陈保泰所写告示、《皇朝经世文续编》第一卷李元度《答友人论异教书》，称：“皆能晓畅通达，抑扬得宜。”[2]杨赞清对基督教起源的解释，颇具东方色彩，其所认定的中华民众对基督教的误解，也属事实，但他生活在天子脚下的大兴，并不了解四川、山东等处民、教冲突的实情与特点。

以上的几位，都是拔贡、优贡、生员，他们虽不了解教案的总体情况，但由于身处下层，而更了解地方的实情。他们的见解可以说是一隅之见。翰林院庶吉士傅增湘，身在上层，看到了教案交涉的最后结果，称言：

---

〔1〕 延嵩寿条陈见《军机处录副·补遗·戊戌变法项》，3/168/9452/12。原折日期仅注为“七月”。又据《随手档》、《上谕档》，该条陈于七月二十四日由都察院代奏，二十六日奉旨“存”，并送慈禧太后。

〔2〕 杨赞清条陈见《军机处录副·补遗·戊戌变法项》，3/168/9453/45。原折日期为八月初三日。据都察院代奏原折，该条陈于初五日由都察院代奏。

教案之起，近年日甚，小者毁教堂，大者杀教士。交涉因之日棘，赔衅不足，继以抵偿，抵偿不足，予以权利。至是而索地索矿之事，乃纷纷矣。大抵每闹教案一次，中国伤损元气一分，西人多得利益一分。在朝廷以为隐忧，在百姓方以为忠愤。

傅增湘称近年因教案而生的“屡次赔衅之巨款、抵偿之人命以及所失通商之利、险要之地、富厚之矿”，百姓并不知情，甚至官吏也不明其事；为此，他请光绪帝下令总理衙门将“历年办理教案档册纂辑一编，并将议结以后所赔之款，所抵之犯及格外所失通商权利、口岸、矿产、铁路诸事一一详列；其历次所奉谕旨、所订传教条约冠之首卷”，下发到各地，令地方官详览，使百姓周知。[1]傅增湘研修于翰林院，其手中的材料当然多于前面几位“乡野学者”；他的办法是将交涉的事实明白告诉官员和百姓，千万不要再闹教了，越闹越吃亏！

翰林院编修宗室宝熙地位要更高一些。他在条陈中称：“窃观近来肇衅之故，乃不在传教之西士，而多在入教之莠民。”教民恃教堂为护符，以势凌人，作恶甚多，而官吏怵于教案，变而怵于教民，隐忍相安，致使教民之焰日炽。而宝熙的方案是：

伏查同治九年，总署与各国使臣商办传教章程八条，第六条所载，各国须饬各教士将中国习教之人，一一胪列姓名、籍贯、年貌、三代、生业，随时造送各领事，就近转送各州县，以备无事时案考，有事时保护一节，实为当务之急。惜前届换约时，未闻附载。宜即以此专条商之。

宝熙的办法是将教民专门编籍。案同治九年即1870年，由于天津教案，

[1] 傅增湘条陈见《军机处录副·补遗·戊戌变法项》，3/168/9455/25。原折日期为八月初五日。据翰林院代奏原折，该条陈当日由翰林院代奏。

总理衙门可能有与各国使节商议之事，现今我还未找到相应的档案，不知宝熙所据为何？将教民专门编籍，须由各教堂进行，总理衙门也须为此与各国交涉。宝熙称此策为“阳托保护之名，阴收稽核之实”；并称其看到沪报称，江西教士将不法教民革除，并请地方官出示，严禁无赖莠民冒充教民。[1]然而，宝熙并不知道，按照教义，教民的身份是不确定的，所去的教堂也不固定，编籍本身是一件很困难之事，更何况各国政府也无法代为本国的教士来答应此事。退一步说，即便是编籍成功，也只能防止莠民冒充教民，对于缺乏相应法律知识的地方官来说，正式编籍的教民很可能成为他们不敢碰不敢管的“化外之民”。

刑部学习主事张宝琛也主张编教籍。他的看法与宝熙相同，认为今日教案多由中国莠民倚教为护符，作奸犯科而起，欲保全中外之和局而保护教士，必须弭民、教互斗之衅。他的方法比宝熙更进一步：

> 请谕令总理各国事务衙门，咨行各国领事，自后华民入教，开列姓名籍贯，报明地方官，查无过犯、更名者，方准注册。其先已入教者，亦一律查明注册。编为教籍，另编门牌，书“教民”二字，冠服亦稍为区别。即令依彼教中原有之例，不得应试，不得捐纳，不得充兵。更令毋得与平民交易田宅户婚等事，以省狱讼。遇有词讼之事，与领事会审，仍依华例惩办，与民一律，毋庸擅用西礼，毋许教士说情偏护。[2]

张宝琛的办法确实是真将教民看作“化外之民”。且不论门牌、服饰此类“特殊”规定，也不论“毋得与平民交易田宅户婚”的“分离”措施，即以教民的审判而言，本是中国内部之事，又何可让外国领事会审？

---

〔1〕 宝熙条陈见《戊戌变法档案史料》，第125—129页。原折日期为八月初一日。又据《随手档》、翰林院代奏原折，该条陈于次日由翰林院代奏。

〔2〕 张宝琛条陈见于《军机处录副·补遗·戊戌变法项》，3/168/9456/18。原折日期为八月初六日。据《随手档》、刑部代奏原折，该条陈同日由刑部代奏。

刑部主事区震也是编教籍的赞成者，他与宝熙、张宝琛一样，认为不肖匪徒身犯重案后，或冒充教民，或窜入教内，地方官恐酿教案，不敢深究。他的方法比较简便，不必经过总理衙门与各国使节：

> 应由各教堂神甫、牧师，将教民姓名、籍贯、住址、子女，编为一册，照会该处州县。如有续行入教者，均随时照会。州县官即给教民一小木牌，悬之门首，以示区别。庶奸徒不得冒名影射。

除此之外，区震还提出了三条建策：(1)“知照该教国公使，嗣后凡有教民犯案者，均归地方官秉公审办。毋得袒庇代保。”(2)教堂的器物应报官查核，以便教案发生后赔偿有据。(3)“请妥商各国驻使，转达教皇，遣使驻京，专办教务，中国按照接待各国驻使之礼，一律接待。嗣后凡有教案，各国驻使不必兼摄。”[1]从条陈本身来看，区震是一个相当温和的人，力图息事宁人。他只认定了“不肖匪徒”，同时也大体认可教士、公使、教皇都会在教案上秉公办事。但他并不知道，德国占领胶澳，其真实原因并非为曹州教案，至于胶济铁路，更是与教案全无关联。

兵部学习主事唐樾森提出“设专官以保护教堂”。他在条陈中称：教堂多不在城市中心，以使焚毁教堂之案层见叠出。

> 应令凡有教堂地方，州设州判，县设县丞，令其专司保护教堂，兼管民、教词讼及地方捕盗等事。该署即设教堂左右，以便随时稽查。倘有匪徒蠢动，立即带役往拿，一面飞告本城文武协缉，庶免启衅赔款。

唐樾森的办法是，每一座教堂旁边设一名清朝官员，专司保护！唐也

---

〔1〕 区震防止教案条陈见《军机处录副·补遗·戊戌变法项》，3/168/9456/25。原折日期为八月初六日。据《随手档》、刑部代奏原折，该条陈同日由刑部代奏。

知道，如此将会需要许多专职官员，于是他的方案是，布政使、按察使司之照磨，府同知、通判之知事，道、府、州之库大使、仓大使，州县之主簿、巡检、驿丞等下级官员，“尽数改授此缺。不必拘品，原缺裁汰”〔1〕。

在消除教案的诸策中，最能体现改革之时尚，且手法最为西化的方案，是胡元泰等人提出的——买保险。

内阁候补中书胡元泰自称其“世居岭峤，少历南洋，交涉事宜粗知大略”，他在条陈中称：

> 尝考保险是外洋生财一大端，陆则铺户，水则轮船，以及火烛货物、人命，皆有保险。香港、上海通商各口岸，保险公司林立，外洋之重保险已可概见。查保险章程不过百分抽一，抽之无多，故购者愈众。闻伦顿（伦敦）保险公司一年所入三千万员［元］有奇，英国商务甲于地球，未始非保险之力。

由此胡元泰提议：“应请旨饬下总理衙门王、大臣，会同各国全权大臣和衷商酌，令各国教堂俱在中国买保险，以彼之财，护彼之地。”对此，他还估计入息之开销，认为尚有盈余。〔2〕户部学习主事耿道冲也在条陈中大谈保险公司的好处，他作为一名户部官员，自然对生财之道，多了一分敏感与敏捷。他谈到了一个细节：“年来库款支绌，计臣拟令各直省州县普收房捐，虑民之不便而止。若以保险之法行之，则人人欲保”，“是国家无居捐输之名，而隐收公利之益。”对于历年教案的赔款，他十分痛心，称之“已几几恒河沙数”。他的方法是：

> 设令各省会仿立保险公司，凡有教堂，一律令其出赀归公司保

〔1〕唐樾森条陈见《军机处录副·补遗·戊戌变法项》，3/168/9456/23。原折日期为八月初六日。据《随手档》、兵部代奏原折，该条陈当日由兵部代奏。

〔2〕胡元泰条陈见《军机处录副·补遗·戊戌变法项》，3/168/9457/4。原折无日期。据《随手档》、都察院代奏原折，该条陈于七月二十七日由都察院代奏。

护，一遇不测，估度在先，偿赔易宜，非特可免无数葛藤，而于应付交涉之道，不无裨益。[1]

胡元泰、耿道冲的条陈虽不是同一天上的，但处理条陈的新任军机四章京发现了共同的特色。八月初三日（9 月 18 日）是慈禧太后接管条陈处理的第一天，新任军机章京将此两项条陈，“签拟办法，恭呈慈览，俟发下后，再行办理”，即呈送慈禧太后批审。一直过了四天，八月初七日，即戊戌政变的第二天，这两件条陈由慈禧太后发下。看来她对这一方案发生了兴趣，发下交片谕旨给总理衙门：“内阁等衙门奏代递中书胡元泰、主事耿道冲各折，呈请仿设保险公司，并令各国教堂在中国保险各等语。是否可行，著总理各国事务衙门妥议具奏。”[2]

就在新任军机章京将胡、耿两条陈签拟办法送慈禧太后的第二天，八月初四日，刑部主事杨承恩也提议各地教堂购买保险，以免赔累。他的方法更为优惠：

(保险) 是以西例行之西人，即非乐从，亦常不可以理服之。否则，与西国商之，两国拿出成本，合办此事。西人视利甚重，得利均分，或无不允。再不然，仿照西人以保险为生意，听中西商人合出资本，设立保险公司。[3]

杨承恩的办法是，若各国政府不同意此事，清朝可与各国政府合办保险公司，“得利均分”，如再不行，即由中西商人合资开设保险公司。他相信如此巨大的利润，可以引诱“视利甚重”的西人入伙，但他并没有想到，如果各国教堂真到了要去购买保险的境地，上海、香港、伦敦的保

---

〔1〕耿道冲条陈见《军机处录副·补遗·戊戌变法项》，3/168/9453/18。原折日期为八月初二日。又据《随手档》、户部代奏原折，该条陈于次日由户部代奏。

〔2〕《上谕档》，光绪二十四年八月初三日、初七日。

〔3〕杨承恩条陈见《军机处录副·补遗·戊戌变法项》，3/168/9454/50。原折日期为八月初四日。又据《随手档》、刑部代奏原折，该条陈当日由刑部代奏。

险公司比比皆是，清政府还有能力硬性指定其到自己的保险公司来吗？

## 七　简短的结语

需要说明的是，戊戌变法期间司员士民的上书，很大程度上是命题作文，上书者需在“维新”范围内做文章。现存的275篇上书，绝大多数也是支持和拥护改革的，而本章提到的上书者，除了翰林院编修黄曾源与康有为有隙外，都在用尽心思来做好军事改革、外交改革的大文章。

如果以世界各国已有的军事改革、外交改革的成功经验为标准，如果用以后一百多年来中国在军事和外交上所走的曲折道路相对照，不难看出，司员士民在军事、外交上的诸策，与历史发展的方向并不吻合，有些地方甚至背道而驰。他们为救时而提出的建策，在我看来，大多为救时的偏方。虽说是偏方治大病，但只能是应急。国家的军事改革与外交改革须得上轨道。

还需要说明的是，当前的历史研究多注重于精英与上层，相比之下，本章中所关注的司员士民，似属下层；但从整个中国社会来看，这些司员士民还处于中层甚至上层。他们大多有功名，有官位，个别人还处于文化的顶层（翰林院）、政治的中枢（总理衙门、军机处）。他们是改革的支持者，也应当是变法之中坚力量。从他们的议论中，可以感受到变法所处的困境：当时正在进行的军事改革与外交改革，从宽大的背景来看，正是由这样的人员、在这样的知识基础上进行的。在阅读司员士民上书的过程中，我经常感受不到改革的方向，也不知道这些改革者究竟能行多远。

# 第六章 记忆与记录

## ——光绪帝召见张元济

光绪二十四年四月二十五日（1898年6月13日），即“明定国是”诏下达两天后，翰林院侍读学士徐致靖上奏“国是大定密保人才折”，保举康有为、黄遵宪、谭嗣同、张元济、梁启超五人。其中关于张元济，称言：

> 刑部主事张元济，现充总理衙门章京，熟于治法，留心学校，办事切实，劳苦不辞。在京师创设通艺学堂，集京官大员子弟讲求实学，日见精详。若使之肩任艰大，筹画新政，必能胜任愉快，有所裨益。

“肩任艰大，筹画新政”一语，按照康有为当时的政治策略，是进入“制度局”之类的政治决策机构。该折还强调在变法时期须“破格用人”，“盖行非常之政，必待非常之才”，又称言：“查康有为、张元济现供职京曹，梁启超会试留京，可否特旨宣召奏对，若能称旨，然后不次擢用……”[1]徐致靖的保折，引出了重大政治后果。当日光绪帝明发谕旨：“翰林院侍读学士徐致靖奏保举通达时务人材一折。工部主事康有为、刑部主事张元济，均著于本月二十八日预备召见。”[2]这是前所未

〔1〕《救亡图存的蓝图》，第99—101页；原折见《军机处录副·补遗·戊戌变法项》，3/168/9446/37。徐致靖保折很可能是康有为起草的，相关的背景可参见本书第三章第三节。

〔2〕军机处《上谕档》，光绪二十四年四月二十五日。该谕旨与徐折当日呈慈禧太后。

有的特例。

张元济（1867—1959），字筱斋，号菊生，浙江海盐人。光绪十八年中进士，入翰林院，散馆后授刑部候补主事。光绪二十二年为总理衙门章京。他是当时京城中较为激进的改革派人士，自办通艺学堂，又因帮助办理《时务报》在京的发行等因，与梁启超、康有为相接近。

四月二十六日，光绪帝按照其原计划由宫中前往颐和园，而召见康有为、张元济之事，只能在颐和园仁寿殿进行。〔1〕查四月二十八日（6月16日）军机处《早事》：

> 内务府、国子监、厢红旗值日。翁中堂开缺回籍谢恩。荣中堂谢署直隶总督恩。山西知府崇祥谢恩。康有为、张元济预备召见。召见崇祥、康有为、张元济、荣中堂、军机。〔2〕

由此可见当日光绪帝召见的人员名单及其原委。召见在早朝后进行，张元济排在崇祥、康有为之后，是第三位被召见的。

此次召见后，张元济颇受当道之器重。铁路矿务总局成立，总理衙门大臣王文韶、张荫桓调其为该局兼行章京。京师大学堂成立，管理大学堂事务大臣孙家鼐又奏调其为大学堂总办，张元济后辞此差。〔3〕

## 一　张元济的回忆

对于光绪帝召见的情况，人们所熟悉的史料主要是张元济于五十一

---

〔1〕按照预定计划，光绪帝于下旨之次日（14日）赴颐和园，16日返回。召见康、张时，他仍在颐和园，可直接得到慈禧太后的指示。选择这一时间召见，可能是有意义的。

〔2〕军机处《早事》、《军机处汉文档册》，208/3-51/2169（4）。《光绪二十四年京官召见单》记该日被召见的京官为："康有为，工部主事；张元济，刑部主事。"《光绪二十四年外官召见单》记该日被召见的外官为："荣禄，署直隶总督；崇祥，山西遗缺知府。"

〔3〕参见本书第四章第五节。

年后发表的回忆录，即1949年10月6日，他在《新建设》发表的《戊戌政变的回忆》，称言：

二十八日天还没有亮，我们就到西苑，坐在朝房里等候。当日在朝房的有五人：荣禄，二位放在外省去做知府的，康有为和我。荣禄架子十足，摆出很尊严的样子。康有为在朝房里和他大谈变法，历时甚久，荣禄只是唯唯诺诺，不置可否。召见时，二位新知府先依次进去，出来后，太监传唤康有为进去，大约一刻钟光景，康先生出来，我第四个进去，在勤政殿旁边一个小屋子里召见。(这个殿现在已经完全改变样子，看不出了。)光绪坐在上面，前面放扎着黄桌帏的一张书桌，光绪也穿着衣冠。我进去后，跪在桌子旁边，当时屋子里没有第三个人，只有一君一臣相对，太监留在门外，不能进内。

当时滇越边境发生划界的争执，光绪对我说："我们如果派人到云南去，要二个月才会走到，但外国人只要十天、八天就会到达。我们中国道路不通，一切落后，什么事都赶不上外国，怎么好和人家办交涉呢?"我说："皇上现在励精图治，力求改革，总希望国家能够一天比一天进步。"他听了之后，叹口气说："可是他们都不能赞成呀!"我当时听他说这句话，心里觉得这位皇帝也够可怜了，也不便再说什么。光绪就把话头转到我们所办的通艺学堂上去。

……光绪对外边的事很熟悉，知道我们在办学堂。那天他就问到学堂的情形，我就把学生人数及所学科目告诉他，他勉励我几句，说："要学生好好的学，将来可以替国家做点事。"他还问我一些关于总理衙门的事，问些什么事，我已经忘记了。光绪就叫我你下去罢。问话语气极为温和，看他面貌，殊欠刚健，我退出时碰见荣禄进去。[1]

---

〔1〕张元济口述，汝成等笔记：《戊戌政变的回忆》，《新建设》第1卷第3期；转引自《丛刊·戊戌变法》，第4册，第324—325页。

张元济的回忆有着明显的差误，其中最为重大者，是将觐见的地点弄错了，张称在西苑勤政殿东暖阁，即今中南海瀛台以北。我个人以为，张元济回忆错误的原因，很可能是“勤政殿”之名称。光绪帝四月二十八日在颐和园仁寿殿召见康有为、张元济、荣禄等人，该殿当时也称为“勤政殿”。张可能对“勤政殿”一名记忆深刻，将颐和园的“勤政殿”误为西苑的“勤政殿”，以至于称“这个殿现在已经完全改变样子，看不出了”。当日被召见的知府也只有一位，并不是两位。然而，一个年已八十二周岁的老人，回忆半个多世纪前的往事，发生一些错误也是再正常不过的事。关于召见的内容，张主要谈了两点，一是西南的铁路交通，二是北京的通艺学堂；对于当时的政情，仅说一句话：“可是他们都不能赞成呀!”张还提到康有为的召见仅“一刻钟”。

读了张元济此期日记，才了解到他此次作回忆录的背景。1949年9月，北京召开新政治协商会议，张元济被邀参加。他的《赴会日记》记录了此中的详情，摘录于下：

> (9月14日) 余初次到勤政殿，讨论《共同纲领》。午后一时三刻乘车赴中南海，到勤政殿第一会议室。(并非戊戌年德宗召见之处) 英儿偕往，留坐外室。响导人引至一殿签名……代表陆续至，见陈鹤琴、何燮侯、张志让、王芸生……
>
> (18日) 叔通送来张志让信，申言乞余追述戊戌政变时事作有统系的□□，先定讲述之轮廓、计划，按次讲求，登达于《新建设》杂志，并欲在开会期前进行。
>
> (19日) 与毛泽东游天坛……二时半陈毅来，述毛泽东君意邀余至天坛一游……陈言毛主席在天坛相候，至则毛候于祈年门外，相与握手，寒暄数语……毛与余与谈戊戌政变情节，又询余德宗召见仪式，又问余昔年在官情况，又问在官受禄几何……
>
> (23日) 晨九时赴勤政殿开会……张志让乞余追述戊戌政变事，拟登入《新建设》杂志，偕北大学生三人：窓汝成（浙江宁波）、陈昌杭（四川成都）、吴家麟（福建福州）来为余记录，并

代借到梁卓如所著《戊戌政变记》三册，送来备考。又携示《新建设》所载吴泽《记戊戌政变》一文，畀余阅看。（所记颇多错误）余就记忆所及，为三君讲述。殊觉凌乱。至三时而毕。辞去。余告知如有须与我讨论者，请再来。

(26日）吴家麟来，持所记追忆戊戌政变问答稿交余复阅。嘱其明日来取。渠在午后七时。

(27日）七时，吴家麟来，以修正戊戌政变的回忆稿交付，并还与《戊戌政变记》三册。吴君交来胡思壮（敬）所撰《戊戌履霜录》二册，留阅。

(10月2日）吴家麟暨其同学宓、陈二君来，续关涉戊戌政变绪余。未写讫，适沈衡山偕汝兼来，吴君三人遂辞去。

(3日）又与宓、陈、吴三君信，言戊戌政变所可追忆者大约已尽于前文，此外无甚可述。昨日所谈尤为琐碎，不足录，不如中止，乞转达张志让先生。[1]

1949年中华人民共和国成立时，张元济已成了硕果仅存的戊戌老人了，由他出面写回忆文章，当然有着政治上的意义。此事由张志让写信托张元济的朋友陈敬第（叔通）来请求。[2]然从毛泽东次日约张元济同游天坛，即与张元济谈戊戌政变，特别是光绪帝召见一事来看，此中又似

〔1〕张人凤整理：《张元济日记》，河北教育出版社，2001年，下册，第1222、1229—1231、1234—1235、1238—1239、1242—1243页。又，该日记还记：（1949年10月）8日，“晨郭沫若偕其夫人来，称见余《新建设》《戊戌政变的追忆》一文中有于晦若名，为其夫人兼祧祖父，故偕来，并以手册嘱题数字……昨日《新建设》社以万四千元来，云系赠《戊戌政变的追忆》稿费。及问，则来人已去。因作书托伊见思派人送还。”12日，“昨郑振铎介绍俄前代办齐赫文，因读余《戊戌政变追忆》特来访，谈康有为事。订于九时半来，久候不至……以梁任公信札一卷还江翊云，约至上海再题。”（同上书，第1249、1255页）

〔2〕张志让（1893—1978），早年参加南社，入哥伦比亚大学，习法律，为民国时期的大律师，后任中华人民共和国最高人民法院副院长。陈敬第（1876—1966），字叔通，浙江杭州人。光绪二十九年（1903）中进士，入翰林院，次年赴日本学习法律。后任商务印书馆董事、浙江兴业银行董事。1949年之后，出任全国政协副主席、中央人民政府委员、全国人大副委员长等职。

有毛的身影。张元济当时的参考材料为梁启超《戊戌政变记》与胡思敬《戊戌履霜录》，与张元济相比，两书作者离政治中心更远。该文最初的形式，是由北大学生宓汝成等人做记录的“问答稿”，后由张改为“回忆稿”。张也自称“殊觉凌乱”。

三年后，1952 年冬至节，张元济又作《追述戊戌政变杂咏》。他在序言中说明原委，称言：“余羁栖沪渎，卧病有年，友朋眷念，存问不绝，谈次每以戊戌政变时事相询。睽隔多年，太半遗忘，病榻无聊，偶忆及当时闻见，或身亲历者，随得随记，成杂咏若干，不能依次叙述，敢云诗史，聊答客问而已。”而当时翦伯赞正在编纂大型史料集《中国近代史资料丛刊·戊戌变法》，也是促其完成的一个原因。[1]其中的一首，关于光绪帝召见事：“微官幸得觐天颜，祖训常怀入告编，温语虚怀前席意，愧无良药进忠言。”张又作注，称言：

> 余与长素同膺徐学士致靖之荐，四月二十八日预备召见。是日黎明至西苑门外朝房预候，长素已先在，未几荣禄亦至。膳牌下，长素先入，约历一小时出，余继入，至勤政殿东偏室，内侍搴帘引入，余进至军机大臣垫前跪。德宗问，汝在总理衙门供职？又云：闻汝设一通艺学堂，有学生若干人？作何功课？余答：现习英语及算学，均是初步。德宗云：外交事关紧要，翻译必须讲求。又问有无铁路课程？余答：未有，将来大学堂开办，必须设立。德宗云：闻印度铁路已开至我国西藏边界，现在云南交涉事繁，由京至滇，路程须两三月，相形之下，外交焉得不受亏。余答：要开铁路，必须赶紧预备人材，洋工程师，断不可靠，不但铁路，即矿山、河

〔1〕 张元济于1952 年12 月15 日复翦伯赞函称：“当时弟被黜革，谣诼纷纭，先母在堂，深恐老人受惊，亟于检点行装，奉母南返。经过情形，无暇记录，匆匆已五十余年。近人时有以旧事相询者，弟病榻无聊，撰成《追述戊戌政变杂咏》七绝若干，首首皆有注。现在尚未写成。或可稍供甄择。不久当可写完，容即寄呈。其中或有与《新建设》所载者复出。该件弟处并无存稿，可否请向《新建设》代索一分，即日惠寄上海敝寓，俾得删去繁复之处，以归简净。”（《张元济书札》增订本，下册，第1283 页）

渠、船厂、机器厂，在在均关紧要，应责成大学堂认真造就各项人材，皇上注重翻译，尤为扼要之图，如公使、领事均能得人，外交必能逐渐起色。臣在总署，觉得使、领人才，殊为缺乏，亦须早为储备，现仅有同文馆及外省之广方言馆，断不敷用。德宗语音颇低，然辞气和蔼，屡谕畅所欲言，不必有所戒惧。余见御座后窗外似有人影，亦不敢多言。未几，谕令退出，约时不过三刻。[1]

张元济这一段回忆，增加了一些奏对内容，主要是人才培养和大学堂之事。而康有为的觐见时间从一刻钟变成了一小时，并称自己的觐见时间为三刻钟。此次回忆，离其召见已有五十四年。

然此时正在编辑《中国近代史资料丛刊·戊戌变法》的翦伯赞，对光绪帝召见的地点也有怀疑，特为此事写信询问。张元济于1953年6月12日复函中称：

先生垂询戊戌四月廿八日弟与长素同被德宗召见，是否在颐和园，抑在中南海？就弟记忆系在西苑，并非颐和园。西苑距西华门极近，颐和园则在郊外，相距有十余里之遥，殿名似非“仁寿”，

---

〔1〕《丛刊·戊戌变法》，第4册，第350—352页。又，该书的《书目解题》称：“《追述戊戌政变杂咏》十八首并序，张元济撰，原稿本。”（同上书，第632页）张元济于1953年5月11日致翦伯赞函称：“去年底寄呈拙作《戊戌政变杂咏》十六首，计荷垂督。报载贵会编纂近世史料《戊戌变法》，六月可以出版，甚以先睹为快也。”6月12日致翦伯赞函称：“再，拙作《戊戌政变杂咏》第十二首‘围宫何事能轻举’一绝，注文措词过于迂曲，易令读者怀疑，现拟修订数言。前见报端广告，大著须下月出版，此时当尚未印，弟拟将此诗注文改正之字如下：‘观此日记’四字改为‘果如所言’，如蒙许可，乞就大稿中予以改正，再行发印。”10月22日致翦伯赞函称：“本月七日肃上寸函，敬谢《戊戌变法》全部四钜册之赐，计荷督入。”（《张元济书札》增订本，下册，第1283—1285页）可见该稿由翦伯赞征集而得。“十六首”为“十八首”之误，“果如所言”四字亦改。又，1953年5月18日张元济致李廷燮函称：“弟病榻无聊，去冬有《追述戊戌政变杂咏》之作，顷印成清稿。谨呈上一册。”5月21日致陈垣函亦称：“弟病魔久扰，岑寂无聊，去冬有《追述戊戌政变杂咏》之作。静思陈迹，聊写悲怀。顷已印成清稿，谨呈一册。”（同上书，中册，第516—517、741页）看来其稿当年另印就“清稿”，分送好友。

而为“勤政”，德宗召见臣子则在殿之东偏一间，其规制亦不宏敞也。殿之扁额，弟未亲见，亦仅闻诸人言。当时内监至朝房导引入殿，却未见有今之所谓中南海者，或别有门径欤。[1]

翦伯赞对此发生怀疑，很可能是对照了康有为回忆，即该书中收录的《康南海自编年谱》；而张元济仍坚持他在西苑勤政殿觐见。

张元济这两次时隔甚远的回忆录，由于刊于1953年由神州国光社出版的《中国近代史资料丛刊·戊戌变法》上，有着很大的流传，后来的研究者也多有引用，以说明当时的史实。

然而，若更加细致地寻找，还不止这些，1941年，即张元济召见后的第四十三年，作《清宣统三年排印本康有为〈戊戌奏稿〉跋》，也谈到了当时的觐见，称言：

光绪二十四年戊戌四月，余以徐子静学士之荐，与长素先生奉旨同于二十八日预备召见。是日晨，余至颐和园朝房谨候，长素已先在。未几，荣禄踵至，盖亦奉召入觐也。长素与荣谈，备言变法之要。荣意殊落寞，余已窥其志不在是矣。有顷，命下，荣与长素先后入。既出，余入见。一室之内，独君臣二人相对。德宗首问余所主办之通艺学堂之情状，次言学堂培养人才之宜广设，次言中国贫弱由于交通之不利，痛言边远省分须数月方达，言下不胜愤慨。余一一奏对。约一刻许，命退下。旋闻翁常熟师罢斥之命……

这一篇跋文，注明为“八月十二日”，此时张元济正在太平洋战争前夕的“孤岛”上海，蛰居于霞飞路（淮海中路）的上方花园。他作此跋文的背景，我还不很清楚，但在跋文中明显表示对康有为激进改革的不满，以至于感叹道：

---

〔1〕《张元济书札》增订本，下册，第1284页。

> 有君如此，上下一心，何至酿成庚子之拳乱。即辛亥之革命，亦何尝不可避免。和平改革，勿伤元气，虽不能骤跻强盛，要决不至有今日分崩之祸……〔1〕

在此篇回忆中，他虽说明了召见的地点在颐和园，但将召见先后的顺序弄错了，并称召见的时间仅“约一刻许”。这毕竟是四十三年之后的回忆了。

## 二　张元济当时书信中的记录

然而，张元济在召见后未久写给其朋友的两封信中，对此次光绪帝召见有着非常翔实可靠的记录，极具重要的史料价值。其一是光绪二十四年六月初九日（1898 年 7 月 27 日），即召见后的第四十一天，他写信给汪康年，称言：

> 弟四月廿八日召见，约半钟之久。今上有心变法，但力似未足。询词约数十语，旧党之阻挠，八股试帖之无用，部议之因循扞格，大臣之不明新学（讲求西学人太少，言之三次），上皆言之。可见其胸有成竹矣。不过近来举动，毫无步骤，绝非善象。弟恐回力终不久，但不知大小若何耳。〔2〕

汪康年（1860—1911），浙江钱塘人，光绪十八年（1892）中贡士。他曾任教张之洞家塾，并在两湖书院、自强学堂任教，又因与梁启超办《时务报》而名声大振。他是张元济的同乡兼同年，两人有着较为密切

---

〔1〕 张人凤编：《张元济古籍书目序跋汇编》，商务印书馆，2003 年，下册，第 1103—1104 页。

〔2〕《张元济书札》增订本，中册，第 652 页。又，该信最初发表于《汪康年师友书札》，第 2 册，第 1737 页。

的交往。此次张元济给他去信，是因为六月初八日（7 月 26 日）光绪帝下旨将《时务报》改为官报，并派康有为接办，张表示安慰。两人毕竟是熟友，故信中对召见内容有着较多的透露。从中可以看出，张元济虽是初次召见，但光绪帝对他似为很信任，有“旧党之阻挠，八股试帖之无用，部议之因循扞格，大臣之不明新学”言论，严厉批评了当时的政治高层。可见这位青年皇帝的企图心与无奈状。

又过了九天，六月十八日（8 月 5 日），即召见后的第五十天，张元济致信沈曾植，对此次召见的情况，有着更为详细的叙述，称言：

> 济前者入觐，约两刻许。玉音垂问，仅三十余言。大旨谓外患凭陵，宜筹保御，廷臣唯喏，不达时务（讲求西学人太少，言之者三）。旧党阻挠，部议拘执，帖括无用，铁路当兴。一一皆亲切言之。济随事敷陈，首请坚定立志，勿淆异说；次则延见群臣，以宣抑滞；再次则设馆储才，以备咨询，而归重于学校、科举两端（外间传言非无因也）。天颜甚霁，不自觉言之冗长。当时默窥圣意，似蒙听纳，然见诸施行，乃仅空还题面，无人乎缪公之侧，岂得谓我皇之不圣明哉。[1]

沈曾植（1850—1922），浙江嘉兴人。光绪六年中进士，任刑部主事、员外郎，总理衙门章京。他与张元济是同乡兼同事，往来极为密切。此时沈曾植丁母忧，正在湖北武昌张之洞等处游历。张元济不仅披露了光绪帝对政治高层的不满，并增加了光绪帝有“铁路当兴”之面旨的内容。张元济也提出了自己的三项建议：一、坚定意志，不为反对意见所困顿；二、召见群臣，以宣达自己旨意，不被军机大臣等“抑滞”；三、兴学校，改科举。其中“改科举”一项，很快便化作“废八股改策

---

〔1〕《张元济书札》增订本，中册，第 675 页。标点有所变动。“无人乎缪公之侧”，典出于《孟子·公孙丑》，原文为：“昔者鲁缪公无人乎子思之侧，则不能安子思；泄柳、申详无人乎缪公之侧，则不能安其身。”此处之意为，张以光绪帝之侧无贤大臣而担心。

论”的正式举措。也就在这封信中，作为总理衙门章京的张元济，还谈到了光绪帝力图革新的很多事情：

> 四月廿三日明定国是之谕，乃两宫同见枢臣，当面指示者。自常熟去国后，举行新政，明诏迭颁，毫无阻滞。其融泄之情必更有进于畴昔者矣。更可喜者，长素呈进《泰西新史》、《列国岁计》后，即时有索书之诏。近且阅《时务报》（诏总署按期呈进）、《官书局报》（朱批曰“平淡无奇”）、同文馆所译《新报》（嫌太少，令多译）矣。又令总署呈进电报、问答（逐日呈递）暨全球地图、各国条约矣。果于此因势利导，所造岂有限量？乃在廷诸臣不惟不喜，而且忧之。
>
> 建设学堂，上意欲访［仿］照日本。已屡令裕使绘图进呈。日使来署，请阅学堂章程，不过应酬之言。上见问答，又令章京往询，请其指导一切。上以是施，下不以是应，可为痛哭也。
>
> 嘉定则甚劳，缘署中诸事，上常切实考问。每日总办进内，必为备抄夹带也。[1]

这是我所看到的对戊戌变法期间光绪帝政治态度最翔实、最可靠的记录。从这些记录中，今人可以清楚地看出光绪帝的改革意旨和整个政治高层的因循拖沓乃至暗中对抗。而那个时期的种种说法，皆可从此信中得以证实。

---

〔1〕《张元济书札》增订本，中册，第675—677页。“常熟”，翁同龢；“长素”，康有为；“裕使”，驻日本公使裕庚；“嘉定”，军机大臣兼总理衙门大臣廖寿恒。《泰西新史》，即李提摩太译马恳西之《泰西新史揽要》；《列国岁计》，为林乐知译麦丁富得力辑《列国岁计政要》。官书局报事，见光绪二十四年五月初一日给管理官书局大臣孙家鼐的交片谕旨：“所有官书局译印各报，著自五月初一日起，每五日汇订一册，即按逢五逢十日期，封送军机处呈递。钦此。”（见该日军机处《上谕档》、《随手档》）“学堂”，指正在兴办的京师大学堂；“问答”，即当时总理衙门与外国使节的谈话记录，即今称“备忘录”；“署中”，指总理各国事务衙门；“总办”，总理衙门总办章京。

由此可以认定，关于张元济召见的实情，似以其光绪二十四年的两信为准，而其后来所作的回忆，似可不再当作史料之用。

顺便说明的是，据张荫桓的日记，召见的前一天，张元济与康有为、李鸿章还在颐和园附近张荫桓的临时寓所共进晚餐：

……傅相（李鸿章）有明日诣谢太后之事，冒雨回园，索留行厨。余（以下张墨笔抹去数字）遂留待一宿。傅相、长素、菊生共晚饭毕（以下张又墨笔抹去数字），劝以早睡。即返卧房草奏昨日促仲山面交抄片，奉旨交议者也。〔1〕

而这一天晚上，康有为、张荫桓、李鸿章与张元济又有何言谈，不见记载。还可顺便说明的是，1953 年 6 月，叶恭绰发现徐致靖保荐康有为、张元济等人“亲书荐牍”，张元济为此于 6 月 17 日致叶恭绰函称：

徐学士荐举长素，兼及下走，前此从未识面。被荐之后，未敢私谒。其荐牍从未获睹。不意尚有存稿，甚愿一观。

由此可见，张元济与徐致靖之间当时并无交往，徐荐张，亦当缘于张元济当时的办学等名声。然徐致靖荐折的亲笔抄件，被张误放而一时未能寻得。是年 10 月 23 日，张元济寻得原件后，再致信叶恭绰：

前承寄示徐子靖（静）学士亲书荐牍，托人录副，录成交还，而原稿竟被弟失去，仅以副本寄呈，至今耿耿。每一念及，寝馈为之不宁。昨在室内举行大收，忽于故纸堆中检获原物，为之狂喜。〔2〕

---

〔1〕《张荫桓戊戌日记手稿》，第 166 — 167 页。又，四月二十五日张荫桓日记称：“……随至总署，知有旨康有为、张元济廿八日预备召见（以下张用墨笔抹去两行）。”（同上书，第 164 页）

〔2〕《张元济书札》增订本，上册，第 284 页。

# 第七章　巴西招募华工与康有为移民巴西计划

## 一　康有为的说法

光绪二十三年（1897）秋，康有为来到北京。对于其此行的目的，康有为在《我史》（即《康南海自编年谱》）光绪二十三年中，有着两段记录：

> 中国人满久矣，美及澳洲皆禁吾民往，又乱离迫至，遍考大地可以殖吾民者，惟巴西，经纬度与吾近，地域数千里，亚马孙河贯之，肥饶衍沃，人民仅八百万，若吾迁民往，可以为新中国。当乙未，吾欲办此未成。与次亮别曰："君维持旧国，吾开辟新国。"时经割台后，一切不变，压制更甚，心虑必亡，故欲开巴西以存吾种。乙未之归，遇葡人及曾游巴西者，知巴西曾来约通商招工。其使来至香港而东事起，巴使在香港候吾事定。至数月，东事益剧，知不谐，乃归。吾港澳商咸乐任此，何君穗田擘画甚详，任雇船招工之事。于是拟入京举此。
>
> 与李合肥言巴西事，许办之，惟巴西使来求乃可行。

除此之外，康有为在《我史》光绪十五年（1889）中，又称：

……既审中国之亡，救之不得，坐视不忍，大发浮海居夷之叹，欲行教于美，又欲经营殖民地于巴西，以为新中国，既皆限于力，又有老母未能远游，遂还粤，将教授著书以终焉。[1]

这些记载说明了康有为曾有经营巴西殖民地的思想，并为此入京办理此事。然至光绪二十三年，康有为仅是工部的候补主事，并未到任；他本人在广州主持万木草堂，并讲学于广西桂林；他虽"筑室花埭"，纳妾梁氏，但还看不出又有多大的财力；更为关键的是，他当时仅去过北京、上海、香港、澳门等地，未曾去过南洋、东洋与西洋，更没有去过巴西，他为何能够提出如此大胆的计划？

当时的中国人口严重过剩，美国于光绪八年（1882）起开始排华，加拿大、澳大利亚等地亦陆续排华；若能推动较好的移民计划，对于缓解过于稠密的两广、福建的人口压力，也甚为有利。为何该计划不能实行？其原因又是如何？清朝政府在此中所起的作用为何？

我为康有为《我史》作注，对于康有为移民巴西的计划，自当特别关注。虽用了较长时间来搜集其计划的直接史料，但至今所获无多；而关于巴西招募华工的背景史料却是越搜越多。从这一背景中，康有为移民巴西计划的轮廓渐渐地清晰起来。由此，本章主要从清朝政府档案着手，试图首先考察巴西招募华工的背景，然后由此背景再考察康有为的计划。虽说本章对巴西招募华工一事有了大体完备的描述，可补先前尚无研究之不足；但对康有为移民巴西计划还不能得出直接且可靠的结论，所能得到的，只不过是一种推论。但愿该推论能对此问题的真解决，做一初步的铺垫工作。[2]

---

〔1〕《丛刊·戊戌变法》，第 4 册，第 137、123 页。后一段文字误作光绪十四年，相关的考证见本书第九章。

〔2〕需要特别说明的是，本章的研究在关键材料上得到了澳门大学汤开建教授、北京大学巴西留学生伊利克（Eric Vanden Bussche）的帮助，在此表示感谢。

## 二　巴西输入华工的设想与清朝的对策

巴西招募华工之事，由来已久，此与各种植园缺乏劳动力、奴隶解放运动有关。当时的巴西也有一些实际行动，以吸纳中国劳工。但是，这类劳工的前景看起来并不妙，与先前中国前往古巴、秘鲁“苦力”的命运大体相同。罗伯特·康奈德（Robert Conrad）于1975年曾有论文叙述此事，可知当时巴西种植园主及政府的态度。[1]该文称：

> 在殖民时代，至少有些亚洲人已经抵达了巴西，并且一些人看上去像是奴隶。但是在19世纪以前，将华工作为解决劳力问题途径的真正兴趣似乎并没有什么发展。1807年，巴意阿州（Bahia）一位经济学家曾建议输入中国和东印度的劳工，不久之后，随着世界奴隶贸易已经受到英国政策的威胁，葡萄牙驻里约热内卢的外交公使曾考虑过输入两百万华工，但最后实际上只有四五百人真正抵达了巴西。非洲的奴隶贸易当然填补了直到1850年的巴西劳力需求，但是随着这条交通线受到抑制，新的对华工的兴趣开始形成。[2]实际上在那个时候，本土的巴西人已经将亚洲视为可以提供未来奴隶工人的明显资源。那时见多识广的人都知道，在古巴，中国契约劳工正在和奴隶一起工作，以减轻那里的劳力短缺问题；在秘鲁，中国移民正在蔗糖种

---

〔1〕《种植园主阶层和华人输入巴西之争（1850—1893）》，见《国际移民评论》（The Planter Class and the Debate over Chinese Immigration to Brazil 1850-1893, *International Migration Review*, Vol. 9, No. 1, Spring, 1975, pp. 41-55）作者罗伯特·康奈德博士时任伊利诺斯大学 Chicago Circle 分校的副教授。该论文由伊利克提供，由王元崇译为中文。本段引文的注释，其为史料出处者被我省略，只保留了两条有实际内容者，以为省文。

〔2〕1843年，希望终止以巴西为目的地的奴隶贸易的英国政府，曾经建议输入六万名中国劳工到巴西，但是这个建议没有被巴西国民议会所采纳。参见1879年10月5日的《里约新闻》（*The Rio News*）。

植园里做事，或者在忙于收集鱼肥料；英国虽然干涉巴西贸易，试图终止非洲奴隶交通线，却正在其热带殖民地使用东印度和中国工人。实际上，亚洲已被视为是拥有能够最好地代替黑人奴隶的合适民族的大陆：只要不是欧洲人，一旦抵达巴西就很难指望获得本国政府的保护，一个苦干的、穷困的、政治上不成熟的奴隶民族，他们已经适应了社会底层，而且更为重要的是他们乐于为最微薄的薪水而卖命。

输入中国劳工的主意在1854年的巴西国民大会的两院进行了讨论，随后在这一年的晚些时候，巴西驻伦敦的公使被命令安排输入6000名华工到巴西去。1856年之前，360名中国人实际上已经随同一艘美国船抵达了里约热内卢，但是美国政府代表宣布禁止此后将美国船只用于此项用途，随后输入中国劳工的问题就因此而搁浅了。然而，对华工的兴趣却依然存在，在1859和1866年从新加坡抵达巴西的华工总数目已经到了612名。

在反奴隶制度运动开始走向史无前例的炽热的19世纪60年代后期，一种真正对于中国劳工的兴趣开始发展，与此相关的小册子和书也开始出现。为了配合这种呼声，1870年7月，帝国政府谕令成立Sociedade Importadora de Trabalhadores Asiaticos，专门负责雇佣中国工人以长期合同的形式在巴西的种植园工作。

然而，时代却非为可将所谓的苦力贸易扩展到新世界的吉利之时。因为运输途中的巨大生命损失，国际苦力贸易已经变得声名狼藉，而且英国和中国政府看来都决心要终止它。[1]巴西的公司曾希

---

〔1〕华工贸易也许比非洲奴隶贸易所遭受的人力损失更为惨重。Herbert S. Klein曾经估计，在1795年到1811年被从非洲运送到里约热内卢的十七万奴隶中，死亡率是95‰。参见《从非洲到里约热内卢的奴隶贸易（1795—1811）：对死亡率和航运方式的估计》（The Trade in African Slaves to Rio de Janeiro，1795－1811：Estimates of Mortality and Patterns of Voyages），《非洲历史杂志》（*Journal of African History*），第十卷，1969年第4期，第533—549页。相比之下，Watt Stewart曾经估计，1860—1863年间从中国运到秘鲁的苦力贸易死亡率是30.44%。1856年一份禁止苦力贸易的秘鲁法令声称，至少有三分之一的华工因为过度拥挤和食品缺乏而死去了。参见《秘鲁的中国奴仆》（*Chinese Bondage in Peru*，Durham，North Carolina，1951），第21—22、62页。

望在香港、澳门和广州沿海招收中国工人，就像那些自1840年以来就在做的其他热带国家的供应商一样，但是1873年，正在这项工作付诸实施的时候，英国禁止从香港移民（除了它自己的殖民地之外），并且在次年说服了葡萄牙禁止从澳门移民。同时，中国自身已意识到其国民在古巴和秘鲁所遭受的苛刻对待，开始禁止一切移民，只有志愿移民除外，而这种移民也只对同中国有双边商业条约的国家生效。尽管存在这些措施，巴西公司依然设法于1874年向巴西运送了1000名中国人，大部分是为了培植茶叶。大约在1875年，巴西又试图从广州甚至加利福尼亚招募华工，但是再次被中国所打断。毫无希望之下，1877年，巴西公司正式恳请巴西政府同中国谈判，签订一个商业条约，以允许其直接将中国工人运到巴西去。

光绪五年（1879），巴西总理派使喀拉多（Eduardo Callado）来华，其目的在于招募华工。清朝驻英（兼驻法）公使曾纪泽，将此消息通报给总理衙门与北洋大臣李鸿章。总理衙门和李鸿章此时已经签订《续订招工章程》、《古巴华工条款》、《中秘通商条约》及《会议专条》、《会订古巴华工条款》，对华工问题有了初步的了解。[1]他们对此十分警惕，与曾纪泽商定了与巴西谈判的原则，即拒绝巴西招募华工。[2]光绪六年六月初一日（1880年7月7日），喀拉多到达天津，与李鸿章进行会谈，会谈的内容涉及华工，而双方于八月二十九日（10月3日）签订《和

[1] 《续订招工章程》，总理衙门大臣恭亲王奕䜣与英、法公使于同治五年（1866）在北京签订，详细规定的招工细节，该约英法两国未能批准；《古巴华工条款》，总理衙门与西班牙公使于同治十二年（1873）所订，中国可以派员前往古巴调查华工情况，并请英、美、法、俄、德五国公使“公平定断”；《中秘通商条约》及《会议专条》，北洋大臣李鸿章与秘鲁使节于同治十三年（1874）在天津所订，规定了华人在秘的最惠国待遇并禁止诱骗华工、保证华工回国；《会订古巴华工条款》，总理衙门与西班牙公使于光绪三年（1877）在北京所订，允清朝派出领事至古巴保护华工等项。（详见《中外旧约章汇编》，第1册，第242—246、337、338—342、353—357页）

[2] 李鸿章：“复曾颉刚星使”，光绪五年九月初五日，《李鸿章全集》安徽教育版，第32册，第488页；曾纪泽：“巴黎致总署总办论事三条”，喻岳衡点校：《曾纪泽遗集》，岳麓书社，1983年，第168页。

好通商条约》却未涉及招募华工。[1]光绪七年（1881）喀拉多奉本国指示，要求删改条约，最后达成新条款，也未涉及招募华工。[2]由于巴西无招工之权，此后并未派出常驻公使前来北京[3]，仅于光绪八年（1882），派其驻巴拉圭总领事马尔丹（Joao Antonio Rodrigues Martins）前往上海，任驻华总领事。马尔丹于光绪九年十二月二十五日（1884年1月22日）到达上海。[4]到了光绪十二年（1886），该总领事馆被撤销。[5]

光绪九年（1883），轮船招商局总办唐廷枢为开拓海外轮船航线，

---

〔1〕李鸿章："巴西遣使议约折"光绪六年六月初六日，"巴西议约竣事折"光绪六年八月初一日，"述巴西使臣抵京"光绪六年六月初三日，"呈巴西喀使晤谈节略"光绪六年六月初六日，"致总署论巴西定约"光绪六年七月二十七日，"致总署述巴约删节数语"光绪六年八月初一日。李鸿章在与喀拉多会谈时提到了华工问题，"问曾闻贵国虐待华人，视同奴仆，有乎。答云没有。华人先后到巴约二千人，皆是出于自愿者，本国亦待之甚好，且贵国人有在本国成亲者。此次本大臣来华，兵船上亦有华人三名，皆愿回本国。盖本国待华人与待英、法人无别。"李鸿章给总理衙门的呈文中称："招工一节自应坚拒。将来若果提及，必为设法杜绝。"（《李鸿章全集》安徽教育版，第9册，第111—113、144—146页；第32册，第558—560、587—588、591页）《中巴和好通商条约》，见《中外旧约章汇编》，第1册，第394—397页。

〔2〕李鸿章："巴西增删条约折"光绪七年闰七月初八日，"致总署论巴西改约"光绪七年闰七月初三日，见《李鸿章全集》，第9册，第439—444页；第33册，第62—63页。

〔3〕游历使、兵部候补郎中傅云龙于光绪十五年在巴西见到喀拉多，"畅所欲言，知其光绪七年之使，名沿互市，实主招工，招工之议未定，是以通商之使未来。"（陈翰笙主编：《华工出国史料汇编》，中华书局，1985年，第1辑，第3册，第1202页）此处所称的"通商之使"，为"常驻公使"之意。

〔4〕"总理衙门致南洋大臣左宗棠文"光绪十年二月二十八日，该文称："光绪十年二月初三日接准咨称，巴西国总领事马尔丹奉本国简放中国总领事官，并随员副领事彭德思，于光绪九年十二月二十三日到沪，将正副领事文凭咨送办理示复……"（《总理衙门清档·巴西领事（一）》，01-15/47-1，台北中研院近代史研究所档案馆藏）

〔5〕"总理衙门收总税务司赫德函"光绪十二年六月十二日，该函称："兹据信局递到致贵衙门之巴西总领事官洋官（信）一件，专此送呈查收。""总理衙门收巴西总领事照会"光绪十二年六月十二日，该照会称："本总领事官现奉本国上谕，简调大意总领事之职，彭副领事亦征回国，不日启行。所有与贵国通商事务暂为停办，俟将来有商务来华及一切公务，再行设署办理。"（《总理衙门清档·巴西领事（二）》，01-15/47-2，台北中研院近代史研究所档案馆藏）该照会日期是收到日期。马尔丹改调驻意大利总领事，副领事彭德思回国。又，据伊利克提供《巴西外交关系》，巴西于1885年便撤销总领事，可能是该总领事收到命令时间为1886年。

前往欧洲与美洲。他来到了巴西，并商谈用招商局船运送华工问题：

> 溯查巴西一国，自从前与中国订立通商和约以来，因贾公使屡请本局放船到彼国通商，希冀鼓舞华工，前往彼国，自愿津贴巨款。廷枢因念南洋生意，历年未能得手，极欲将“致远”、“图南”、“美富”等船，改走西洋。故定出洋游历之行，特践贾公使之约。于九年三月间亲诣该国，面谈商务，连住两月，明查暗访，知彼国黑奴之例未删，疑待华人，不甚周妥，不敢承揽。[1]

唐廷枢未能达成协议，很可能与巴西政府拒绝每年十万美元补助金有关。[2]

---

〔1〕《光绪十年轮船招商局第十一年办理情形节略》，《沪报》1885 年 12 月 1 日，转引自汪敬虞：《唐廷枢研究》，中国社会科学出版社，1983 年，第 197 页。“贾公使”可能是指前来谈判条约的巴西使节喀拉多，他曾多次去上海。

〔2〕罗伯特·康奈德的论文有详细叙述，称言：“1883 年 2 月里约热内卢华人移民商业公司（Companhia de Comercio e Imigracao Chinesa in Rio de Janeiro）开业，以便和一家中国公司协商三年内运送 21000 名华工来巴西。从报纸报道来看，这项运送亚洲人的大行动，却定以一种难以置信的价格，即每名华工 35 个米尔里亚斯（不足 20 美元）。有同情心的观察者认为，这一价格远不能维系华工的健康和舒适。然而，这家新公司在 1883 年 7 月之前已与中国轮船招商局总办唐景星签订了合同，且同年 10 月，随着这位中国总办抵达巴西，输入华工的前景似乎变得更为乐观了。唐景星参观了咖啡产区省份，同当地种植园主建立了友好关系，表示他将签订一个长达五年的运送华工来巴西的合同。但在正式协议达成前，这位总办突然神秘地离开巴西，去了伦敦。很难说到底是什么原因导致了唐景星的倏然离开。当时的国际形势，即英国的不悦以及巴西媒体和公众的敌视，更重要的一点可能是巴西政府突然决定拒绝中国公司所提出的每年十万美元补助金，这些因素加到一起使得唐景星离开了巴西。尽管一些私人的巴西组织保证筹措到这笔补助金，但唐景星抵达伦敦之后明确地宣布他将坚决拒绝向巴西运送强迫性中国劳工，甚至拒绝让他麾下招商局的船只前往巴西港口。因此，1883 年 11 月，这家移民公司就解散了。”（The Planter Class and the Debate over Chinese Immigration to Brazil 1850－1893，*International Migration Review*，Vol. 9，No. 1，pp. 46－47）“景星”为唐廷枢的字。而曾任驻美公使的郑藻如对此称道：“昔年唐道廷枢，闻其国每年拟助招商局船费十万元，运载华人前往。唐道曾亲至其国察看情形，嗣因水道纡折，须由香港西北行，越苏尔士河，复南经大西洋，而到巴西水马头，计程约四万里。每华工一名，至少水脚之费一百元，而其国又绝无回头之货，实不合算。唐道旋因上海倒帐赶回，事竟中止。”（《郑玉轩条陈巴西招工节略》，《华工出国史料汇编》，第 1 辑，第 3 册，第 1203—1204 页）

光绪十三年（1887），兵部候补郎中傅云龙被清朝派为游历使，前往日本与美洲。在游历了日本、美国、古巴、秘鲁后，傅云龙于光绪十五年二月初六日至三月初六日（1889年3月7日至4月5日）在巴西考察一个月，著述甚丰。[1]他在巴西时致函总理衙门报告称：

> 巴西矿与土多未开辟，是以招工意切。据华人言，其待华工尚宽，非古巴、秘鲁比。其茶种与制皆藉华人力居多，初有千余，余不及三之一，然闻近日又于香港、新嘉坡潜招三船矣。[2]

由此可见，傅云龙的看法与清朝先前的态度，已经有了不小的变化，原因在于他的实地考察。

然而到了光绪十八年（1892），情况发生了根本性的变化。由于美国通过排华法案，其他各国纷纷效仿，中国海外移民境遇日艰，而广东等地过剩人口将造成社会危机。光绪十八年八月二十日（1892年10月10日），前驻美公使郑藻如向北洋大臣李鸿章递交条陈，要求清朝主动派出使节前往巴西，谈判招工办法，以使广东每年能向巴西移民数万人。郑藻如，广东香山人，曾为李鸿章的幕僚，任天津海关道。光绪七年至十一年（1881—1885）为清朝驻美公使，后以病免回籍。此时他在乡而上书前上司李鸿章，是亲身感受到了人口危机，“中国人满为患，粤东更甚，现今劫案频闻，乱阶隐兆”。在该条陈中，郑藻如还附呈《查订巴西工商各务事宜》二十条，详细开明了移民中须注意的事项。[3]

---

〔1〕傅云龙著有《游历巴西图经》（十卷）、《游历巴西图经余记》（一卷），前一种北京大学图书馆有收藏，后一种收录于傅训成编：《傅云龙日记》，浙江古籍出版社，2005年，第208—224页。他是当时中国最了解巴西情况的人。关于游历使的研究，可参见王晓秋、杨纪国：《晚清中国人走向世界的一次盛举：1887年海外游历使研究》，辽宁师范大学出版社，2004年。

〔2〕傅云龙：“致译署”光绪十五年二月十六日，《傅云龙日记》，第382—383页。

〔3〕《郑玉轩条陈巴西招工节略》，《华工出国史料汇编》，第1辑，第3册，第1203—1208页。

李鸿章接到上书后，即与已升任北洋机器局总办、候补道傅云龙商议。傅云龙恐口说有所忽略，事后又于九月十一日（10月31日）上书李鸿章，称“许招工之议难可暂缓”，“数十万之衣食系于一时转移者”，赞成与巴西谈判招工事。于是，李鸿章于九月十八日(11月7日)将郑藻如条陈、傅云龙条陈抄送总理衙门，并称：

> 自美国禁止华工，中国沿海穷民，少一出洋之路，生计日蹙。前出使美国郑大臣，关心时局，曾以巴西安置粤人，详议节略章程见示。兹据该道（傅云龙）禀，前曾游历巴西审察情形，应乘西工未得专利之时，与议招工约条，将来不致为彼排挤。并称该国现已在新加坡暗为招致华人，自须预为筹及，免致华工到彼，无官保护，受其凌辱，又蹈秘鲁、古巴覆辙，所论甚为有见……相应将抄本清折，咨送贵衙门，请烦查照，核酌办理施行。[1]

由此可见，李鸿章、郑藻如、傅云龙的意见是一致的，即同意巴西在商定条件后招募华工。总理衙门后来未将郑藻如的提议，即主动派使去巴西，付诸行动。

值得注意的是，光绪十四年（1888），巴西帝国废除奴隶制。次年，帝国政府被推翻。光绪十七年（1891），巴西国会通过宪法，成立巴西合众国。此时的巴西经济以种植园为主，其咖啡产量超过了世界总额的一半以上，急切需要劳动力。而直至此时，到达巴西的华工人数是不多的。[2]也正是在此背景下，巴西政府决定派使驻华，谈判招募华工事宜。

---

〔1〕“北洋大臣李鸿章函送总署郑藻如、傅云龙调查巴西情形条陈”光绪十八年九月十八日，《华工出国史料汇编》，第1辑，第3册，第1201—1203页。“上合肥中堂议巴西招工书”光绪十八年九月十一日，见《傅云龙日记》，第387—388页。

〔2〕1810年约500名，1856年360名，1859年和1866年共1000名，1874年1000名。(The Planter Class and the Debate over Chinese Immigration to Brazil 1850-1893, *International Migration Review*, Vol. 9, No. 1, p. 42)

## 三　光绪十九年巴西再派使节来华

光绪十八年九月初五日（1892 年 10 月 25 日），巴西驻法国公使毕萨（Gabriel de Toledo Piza e Almeida）照会清朝兼任驻法国公使薛福成，称奉到本国外交部电，巴西总统“深愿在京设馆，遣使驻扎，以表悃忱而敦睦谊”。[1]清朝当时的外交体制是由驻英公使兼任驻法国、意大利、比利时公使，公使薛福成常驻英国伦敦，命庆常为参赞，常驻法国巴黎，以“代理”身份管理馆务。薛福成为此两电李鸿章，并转总理衙门，请示办法，李鸿章却由此看出其来华招工之目的。[2]他与总理衙门商议后，于九月二十三日（11 月 12 日）复电薛福成：

> 总署电，巴西既遣专使，奉有国书，应照中国现行礼节一例接待。该使是否奉有该国准商招工之事？究何时能来？请将衔名查示云。尊处应将准遣使驻京一节答复，并询其来意，招工切勿先提。[3]

根据总理衙门与李鸿章的指示，薛福成照会巴西驻法公使毕萨：“贵国既愿照约遣使，自应按照中国现行礼节，与友邦使臣一例接待，以敦睦

---

〔1〕“巴西驻法公使毕萨照会清兼任驻法公使薛福成”，《总理衙门清档·巴西国派使驻京》上，01-15/47-6，台北中研院近代史研究所档案馆藏。

〔2〕李鸿章致总理衙门电（光绪十八年九月十六日）：“薛星使咸电，巴西驻法使照会，欲照津约遣使驻京，如何答复，请商总署电示云。津约系鸿与订，原准遣使驻京，现在咨商巴西招工，彼有使来，藉可面议，祈核发复。”李鸿章致薛福成电（九月十八日）：“总署电复，巴西遣使为久为暂，为专为兼？国书用何项文字？巴西改民主后，友国如何接待？巴西乱定，政教如何？均请明白查示，始能核复。”李鸿章致总理衙门（九月二十日）：“薛使复电，巴西改民主后各国待以友邦，大势已定。遣使系久驻专任，国书似用法文云。鸿查原约，系以法文为正。”（顾廷龙、叶亚廉主编：《李鸿章全集》电稿二，上海人民出版社，1986 年，第 501 页）

〔3〕《李鸿章全集》电稿二，第 502 页。

谊。贵国派使何时能到中国，如将所派衔名开示，即可转达总理衙门奏明大皇帝允准照办。”[1]

光绪十八年九月二十九日（1892 年 11 月 18 日），清朝驻巴黎参赞庆常与巴西驻法公使毕萨进行了会谈。庆常将清朝的决定通报给毕萨，毕萨表示了感谢。双方的言论即刻转入招募华工事项：

> 庆常云：中国与巴西商务极少，交涉无多，贵国遣使驻京，亦无甚公事。毕云：本国遣使之意，首在通好，次招工，次贸易。此事本国尚无明文，不过所见如此。缘自改立民主以来，励精图治，百废俱兴，尤以兴地利、重商务为要义。巴国幅员之广，亚于美国，土腴物阜，人烟稀少。每岁西洋迁徙者二三十万人，义国居十之六，他国有差。然仍患人少，欲广招徕，若华民能往，彼此有益。庆常云：通工易事，原期两益。但从前华工屡受凌虐，恐难轻意允许。此事成否，不敢妄赞一词。第以私见而论，中国保民若赤，有鉴前车，若无实在可靠之办法，不致流弊，恐难允从。毕云：我所言招工之事，系就议院所论而言，本国并无明文，应详询情形，再为细谈。[2]

根据庆常与毕萨会谈记录，薛福成于十二月初九日（1893 年 1 月 26 日）向总理衙门提出外交谈判程序上的建议，对于巴西的招工要求，先以各国虐待为由拒绝，等其再三吁求，再与之商定“专章”，以能保护华工，“彼此获益”。他称：“自美国驱逐华工以后，中国贫民生计日绌，巴西地旷人稀，时和土沃，不过稍亚于美国，倘能就此为吾民辟一利源，所

---

[1] “清兼任驻法公使照会巴西驻法公使毕萨”光绪十八年九月二十五日，《总理衙门清档·巴西国派使驻京》上，01-15/47-6，台北中研院近代史研究所档案馆藏。

[2] “照录巴西国驻法公使问答节略”，《总理衙门清档·巴西国派使驻京》上，01-15/47-6，台北中研院近代史研究所档案馆藏。毕萨与庆常还谈到了两国通商事务，毕萨称巴西可出口咖啡、糖到中国，庆常对贸易前景表示了怀疑。

谓失之东隅，收之桑榆，未必无裨于大局也。”[1]薛福成的这一想法，与李鸿章、郑藻如、傅云龙等人是一致的。光绪十九年正月初六日(1893年2月22日)，薛福成再次向总理衙门提出建议，在订立相关条约、明确领事保护权后，允许华工前往巴西。[2]

光绪十八年十二月二十一日（1893年2月7日），巴西驻法公使毕萨照会薛福成，称其接到外交部电报，巴西总统委派现任驻奥地利公使华兰德（Jose Gurgel do Amaral Valente）、“水师提督”辣达略(Jose da Costa Azevedo，即 Barao de Ladario）两人为“全权大臣”，“俟朝觐等事完毕，辣公使达略启行回国，华公使兰德常驻京师”。由此可见，华兰德是常驻清朝的公使，辣达略为谈判条约的专使。该照会正式提出了招募华工一事：

> 又因本国财用尽在农田，愿请中朝允准华民前来巴西务农力田，以开利源，应听华官稽查照料，以归委协。并请酌定办法优待保护，使其得获一切权利。[3]

与此同时，毕萨与庆常于十二月二十日（1893年2月6日）在巴黎就巴

[1] “出使大臣薛福成夹单”光绪十八年十二月初九日，《总理衙门清档·巴西国派使驻京》上，01-15/47-6，台北中研院近代史研究所档案馆藏。

[2] “使英薛福成为巴西招工事致总署文”光绪十九年正月初六日，该文称：“巴西遣使驻京一事，前函已陈梗概，顷复加探访，知该国政府用意，实系专驻招工。窃查从前美洲各国在华招工之弊，如古巴、秘鲁等处，皆有洋人集资，在中国招雇华工，与立合同，给发船费，运送该处，转鬻于种植田园实需雇工之人，视为奇货。迨合同期满，又被一再转鬻，终身沦于异域，役使无异牛马……惟赴美国之华工，人人有自主之权，获利较丰，称为乐土。迩来该国又有驱逐之政，而华民之生计稍绌。今欲为吾民广浚利源，莫如准赴异域佣工，而保其自主之权，杜其驱逐之渐，则必待彼再三吁恳，与之议立专章，添设领事，方可操纵由我……窃谓此事枢纽，在许华工自往，而不宜允其来招。”（《华工出国史料汇编》，第1辑，第3册，第1208页）

[3] “巴西驻法公使照会清兼任驻法公使薛福成”，《总理衙门清档·巴西国派使驻京》下，01-15/47-7，台北中研院近代史研究所档案馆藏。该照会称，华兰德“曾经出使美、波等国”；辣达略“曾任海部大臣”。伊利克告诉我，辣达略是圣保罗的商人，有咖啡种植园，也有外交官的头衔。

西派使一事进行了会谈，其中又谈到了招募华工之事。[1]薛福成为此向总理衙门报告，再次强调其保护华工的意见。[2]

光绪十九年四月初二日（1893年5月17日），总理衙门收到薛福成电报："巴西派使来，华兰德、辣达略日内由巴黎启行，非旧使喀拉多也。"[3]五月十八日（7月1日），总理衙门又得到薛福成报来的消息，华兰德病故，而辣达略刚刚到达巴黎。[4]然而在此之前，清朝驻法国参赞庆常与巴西专使辣达略已于五月十三、十四日(6月27、28日）在巴黎进行了两次会谈，主题围绕招募华工问题。庆常强调了招工一事须由华官主持，须先派人去当地查看情况，清朝在巴西设立领事馆，到达巴西的华工应享有国民待遇或最优惠国民之待遇。辣达略表示愿意就招工一事进行谈判，华工可享有最优惠国民之待遇，同意清朝在巴西设立领事馆，并主张今后招工由巴西在华领事会同中国地方官办理。辣达略称言：

---

〔1〕 毕萨称："至招工一事，贵代理有何意见？庆常云：此事未奉薛大臣谕条，不敢妄对，且总署权衡，自在外间尤难臆度。惟就私见而论，华工在外往往受人凌虐，前车有鉴，视为畏途，恐未必遽能允许。若事事由总署主裁，妥定办法，毫无流弊，或者允许酌核。若不由中国自主，不听中国自便，则必无成功。毕云：现在美国禁绝华工，英国各属部亦相率效尤，实于华民生计有碍。如中国允许华民赴巴西力田，是别开生面，大有益处。想总署当已鉴及。"（《巴西国驻法公使毕萨与驻法参赞庆常问答节略》，《总理衙门清档·巴西国派使驻京》下，01-15/47-7，台北中研院近代史研究所档案馆藏）

〔2〕 薛福成称："查各国遣使通款，向派公使一员，此次巴西国拟遣二员，自系商议招工起见"；"巴西地阔人稀，不能不以招工力田为急务，然准与不准操纵由我。似应与之议明，预防流弊，并设立领事，酌定章程，妥为保护。"（"出使大臣薛福成致总理衙门"光绪十九年二月十六日收到，《总理衙门清档·巴西国派使驻京》下，01-15/47-7，台北中研院近代史研究所档案馆藏）此时薛福成也将此电告北洋大臣李鸿章。李鸿章致总理衙门（光绪十八年十二月二十六日）："薛使有电，巴西使来文，该国派使二员，曰华兰德久驻，曰辣达略暂驻，言明议招工事，候电允行接待启行，请转署。"李鸿章致薛福成（十二月二十八日）："总署电复，巴西使来华，如奉有国书，应照中国现行礼节接待，已于九月漾电达知尊处矣。"（《李鸿章全集》电稿二，第526—527页）

〔3〕 《总理衙门清档·收发电》，01-38/6-2，光绪十九年四月初二日，台北中研院近代史研究所档案馆藏。

〔4〕 总理衙门收到北洋大臣李鸿章电，光绪十九年五月十八日："薛使宥电，请转署，巴西使辣达略甫到巴黎，据称华兰德在奥国病故，已电本国，俟补派人来，然后同行云。"（《总理衙门清档·收发电》，01-38/6-3，台北中研院近代史研究所档案馆藏；又见《李鸿章全集》电稿二，第587页）

按巴西疆域，倍于美国，土产之富，亦倍于美国。现在户口才一千四百万，不敌美国八分之一，已开之地，不及十分之二。必须生聚四五百年，始抵美国现在民数，而土地尚余一倍之多，永无人满之患，如华民肯来，多多益善。

本国迷邦斯省、里约热内卢省、胜宝卢省、巴美亚省，均极富厚，水土和平，于华民最为相宜。大抵招用华工为耕种起见，开矿次之，杂役又次之。如有携眷者尤妙。

本国有官工、民工之分，凡官工处招用之人，一切川资工食，由官供给。其富户业主招工之人，皆为民工，由该富户业主发给川资工食。惟民工所立合同，仍须报官注册，由官稽查。

（招华工）大致办法与招用西国之人无异，拟请在华设立领事，并创设公司轮船载客运货，凡华民愿来巴西者，准赴领事官署报明，如查其人实系良民，方给执照，由公司船行垫给安家治装银两，其川资饮食，亦由公司垫办。俟到巴西，暂住招工公所，视其所操之业，何者为宜，立定合同，或充官工，或作民工，听其自便。如充官工，则公司所垫之安家川资诸费，由官给还。如作民工，即由业主给还。招工办法，大致如此。

由此可见，巴西需要的是大量的种植园劳动力。为表示其与先前臭名昭著的古巴、秘鲁“苦力”贩运有所差别，辣达略在会谈中还保证在航运中给予华工以人道的待遇。[1]庆常与辣达略的谈判，使薛福成感到满意，在其给总理衙门的报告称：“大端已具，不难议商。”[2]六月十七日(7月29日)，辣达略奉本国之命，径由大西洋前往中国，而不再等待巴

〔1〕“驻法参赞庆常与巴西国使臣辣达略问答节略”，《华工出国史料汇编》，第1辑，第3册，第1209—1216页。有关航运条件，辣达略称：“我国定法甚严，凡公司船载运工人，须有领事执照，本人当面画押，情愿来巴，方准入船。又定船舱格式，舱位额数，不许多载，并设医官药房，以防疾病。凡每年运送工人满万，照料周到，无苛待情事者，由官赏银十万佛郎。”

〔2〕“使英薛福成咨呈总署驻法参赞庆常与巴西公使为招工等事问答节略”，《华工出国史料汇编》，第1辑，第3册，第1209页。

西派出的新任驻华公使。辣达略临行前给庆常两道“会谈节略”（即“备忘录”），其中提到：

> 贵代理曾言巴西招工一事，必须本大臣到华与中国商议妥协，定有章程，方可作为允许之据。
>
> 贵代理曾言巴西招工一事，将来必须先行派员查看情形，果于华民无妨，始可商办等语，本国深愿中国特派大员，前往查看。
>
> 贵代理曾言招工之事，应由中国官主持稽查，及在中国写立合同，并巴西设中国领事等事。本大臣均已为然。[1]

由此可见，双方已达成了谈判的基础。七月初七日（8 月 18 日），巴西驻法公使毕萨照会清兼任驻法公使薛福成：“现在本国伯理玺天德拟派曾经出使阿让丁国（阿根廷）之大臣阿喜巴吉（Joaquim Francisco de Assis Brazil）为驻京公使，随同议约大臣辣达略进京，一俟条约定妥，即留阿公使常驻，以重邦交。”[2]对此，薛福成一面报告总理衙门，一面照复毕萨，“即当报明本国，俾与贵国议约之大臣辣达略一体接待，必蒙国家俞允。”[3]可以说，到了此时，清朝已经做好了一切准备，与巴西新使辣达略、阿喜巴吉谈判华工之事。李鸿章亦将相关文件交傅云

---

〔1〕“照译巴西驻京公使辣达略节略”，《华工出国史料汇编》，第 1 辑，第 3 册，第 1217—1219 页。该“节略”还称：“上年本国国会集议，因华民、倭民勤朴耐劳，拟表国家设法招徕，是此举上下一心，舆论佥同，亦可概见。将来开办以后，华民随时往来，借可推广商务，同获利益。并抑创设公司轮船，按期来往，不经欧罗巴商人之手，则中国与巴西更可独擅其利矣。”由此可见，招募华工是经过巴西国会同意的，在招募华工的同时，巴西还有意于招募日本农工。

〔2〕“巴西驻法公使照会清兼任驻法公使薛福成”，《总理衙门清档·巴西国派使驻京》下，01-15/47-7，台北中研院近代史研究所档案馆藏。

〔3〕“清兼任驻法公使薛福成照会巴西驻法公使毕萨”光绪十九年七月十二日，“出使大臣薛福成致总理衙门呈”光绪十九年八月二十八日收到，《总理衙门清档·巴西国派使驻京》下，01-15/47-7，台北中研院近代史研究所档案馆藏。薛福成致总理衙门电：“巴西驻法公使照会称，前派使臣华兰德病故，今本国拟派阿喜巴吉为驻京公使，随同议约使臣辣达略进京，请为转报。”光绪十九年七月二十八日收到。（《总理衙门清档·收发电》，01-38/6-4，台北中研院近代史研究所档案馆藏）

龙，让其有所条陈，有所准备。[1]

总理衙门为接待巴西新使，咨会南洋大臣刘坤一、北洋大臣李鸿章，通报了辣达略、阿喜巴吉即将到达的消息，“希贵大臣于该公使等进口时一体接待，并先期饬行上海、津海关道知照，仍将该公使入境日期咨报本衙门。”江海关道聂缉椝于九月二十八日（11月6日）奉到两江总督的札谕，即派人在上海调查，为此报告：

> 辣大臣带有眷属及随员三人于九月二十四日（11月2日）抵申，现寓上海礼查洋行，候旨再行北上。

李鸿章随即将此消息报告总理衙门。[2]不久后，清朝上海租界会审委员蔡汇沧禀报：

> 辣大臣及随员等抵沪后，因上海天寒，兼患喉症者多，是以于十月十八日（11月25日）乘法公司船喀勒同尼亚轮船，前赴香港，候该国政府示谕。

李鸿章随即再向总理衙门报告，而总理衙门得知此消息时，已是十一月初七日（12月14日）。[3]总理衙门之所以急切想知道辣达略的行踪，

---

〔1〕傅云龙致李鸿章等三篇，“李鸿章为巴西招工事给傅云龙的札文和所附有关文件”，见《傅云龙日记》，第388—393页。

〔2〕“北洋大臣李鸿章致总理衙门咨文”光绪十九年十月十六日收到，《总理衙门清档·巴西国派使驻京》下，01－15/47－7，台北中研院近代史研究所档案馆藏。然江海关道将阿喜巴吉的身份弄错，称言：“兹据洋务翻译委员徐丞黼升禀称，探得巴西所派驻京公使阿喜巴吉已于西历六月底在奥京唯衣哪都城病逝，现由辣大臣禀报政府，另派大员来华。”病故者当为华兰德。看来辣达略此时还不知巴西新派阿喜巴吉为驻华公使的消息。

〔3〕“北洋大臣李鸿章致总理衙门咨文”光绪十九年十一月初七日收到，《总理衙门清档·巴西国派使驻京》下，01－15/47－7，台北中研院近代史研究所档案馆藏。又，两广总督十月二十一日的咨文称：“闻该钦使华历八月初旬已至日本，九月初旬已至上海，行将前赴北京会议详订。”（“粤督为巴西私在澳门招工情形事致总署咨文”，《华工出国史料汇编》，第1辑，第3册，第1221页）

是由于当时澳门发生了私运华工去巴西的事件。

而辣达略、阿喜巴吉后来的行踪，我放在本章第五节中叙述。

## 四　光绪十九年澳门非法招募华工去巴西

光绪十九年（1893）六月，澳门街头张贴“街招”，宣称已与清朝达成协议，允许巴西招募华工：

> 大巴西国总统特谕大巴西国大议院知悉。照得本国属在南花旗之中，泉甘土沃，最宜耕种，惟查万国民人，惟华人最为勤力耐劳，安分守己，可以有为。况大清国与本国于光绪六年八月中，业已立有通商和约，此时可将该条约，次第举行，妥当立章程，请华人到来耕种，并派大臣前去大清国京都驻扎，办理一切事宜，并请大清国大皇帝委派领事等官到来本国，保护华人，俾得均沾利益。钦此。可也。
>
> 兹七月初五日，香港华字日报云：现葡京接有巴西国京都电报，道及中国已于西七月七号，批准允肯巴西国请华人前往该国耕种操工。此次请人，情真理确，非别处招摇者可比也。
>
> 大巴西国京都大公司，特凑实本银八百万磅（镑），又买得膏腴之地二万余顷，特派卑拿威地士前来澳门请人，议定每人每月工银花旗金钱银十元，一号至三号出粮，伙食每人每日米二磅，或猪肉、或牛肉、或鲜鱼一磅。咖啡、茶叶、糖、住居房屋，一概公司供足。每日工人准期做十点钟工夫为额。每年每人公司均派衫裤四件，帽仔一顶，鞋一对。又先一个月粮银火钱，开身前一日出银五元，俾得应买什物……若公司水脚，去者公司每月扣回银二元，于五年为限。
>
> 本公司所买之地，水土最好，俱照和约相待，并无苛刻等事。凡勤力之人，做满五年合同，便能回唐……若欲往者，自十八岁至

四十岁强壮勤俭者，祈早日到澳门代理人处落名，然后即搭地打杜士轮船前往可也。

光绪十九年六月吉日，大巴西国京都公司代理人谨具。[1]

根据李鸿章后来的电报，“大巴西国京都公司”，为Companhia Metropolitana do Rio de Janeiro，经手人“卑拿威地士”，为Julio Benevides，雇佣的德国轮船“地打杜士”，为Tetartos。[2]从“街招”开出的条件来看，十分优厚，但并不可信，与先前骗招秘鲁、古巴华工广告开出的条件是大体相同的。

驻在香山县前山的海防同知魏恒、前山营都司黎中配，闻讯即派人去澳门，抄录“街招”，并发现在澳门最为僻静之水手街，开设了两间工所，名为“华利栈”、“万生栈”，已招四百余名，多为“新安县属客民”(新安后改名宝安，今深圳)。准备载运华工的“地打杜士”号正往泰国运米，回澳门后“将招聚之人装运出洋”。该海防同知、都司感到情况严重，于八月二十一日（9月30日）向两广总督李瀚章报告：

其“街招”所叙合同工银、服食及做工相待各款，与历来诱骗办法，大略相同。但七月至今，未及两月，被招之人，因受刻薄，闹事多次，现被监禁多人，并有数十名乘间逃逸，而该公司控于洋官，诬累无辜之人。尚未出境，业已如此，将来到彼，以后之害，不问可知。[3]

---

〔1〕“照录洋人招贴”，《华工出国史料汇编》，第1辑，第3册，第1225—1226页。

〔2〕“李鸿章致薛福成电”，光绪十九年十一月初八日，该电称：“译署电：巴西招工公司姓名洋文系Compania Metropolitana of Ric Faneiro，其经手人姓洋名系Tuliv Benavides，雇佣德国船洋文名Tetartos，于九月初八由澳出洋，绕阿非利加好望角驶往巴西，未知何处登岸。希转薛云。”（《李鸿章全集》电稿二，第629页）伊利克告诉我，李鸿章电文中原文拼写有误，公司名应为Companhia Metropolitana do Rio de Janeiro，经手人名为Julio Benevides。

〔3〕“照录前山同知、前山营都司会禀”，《华工出国史料汇编》，第1辑，第3册，第1224—1225页。

两广总督李瀚章随后于九月初一日（10 月 10 日），照会澳门辅政司、护理总督罗（Alfredo Lello），称“岂可私自招集华人，类于贩卖猪仔，不特与条约不符，并为万国公法所禁”；要求“查明严禁”，“如该猪仔头等，仍复阳奉阴违，定饬税务司俟船开时扣留查办。”[1]

然而，李瀚章要求拱北税务司贺璧理（Alfred Edward Hippisley）扣留“地打杜士”号的札谕，未能执行。贺璧理称：“本关向无稽征洋轮之责，亦无查验洋轮之权，况该轮泊处，距关厂较远，一切情形，尤难查悉。”

由于李瀚章的照会，澳门非法招募华工的行动加快了速度。前山海防同知、前山营都司再次报告称：

> 嗣于本月初七八等日（10 月 16、17 日），葡人将被诱华人，先后押令落船。该承招头人，不按合同，种种刻扣，不堪其苦，以致众怒，群殴该承招头人钟鉴池、邓阿二及未悉姓名数人，受伤甚重。澳门葡官据报，派兵轮一只，前往弹压。该船原订合同，约定装五百二十名，时未满数，各承招头人迫于时日，分派党伙之素熟此事者，四路招诱，无暇顾忌。澳门葡官既恐该船人众滋事，遂限该船于二十四打钟内，开行出洋等情。该船即于初八日（10 月 17 日）午后五打钟开行出口。[2]

等到“地打杜士”号开行之后，澳门护理总督罗于九月十一日（10 月 20 日）复照，对李瀚章指责完全否认，至于李瀚章声称将命税务司扣船一事，复照执强硬态度：

> 至来文所言定饬税务司俟船开时扣留查办之语，本护理部堂心甚不悦，追后细思贵部堂高明练达，谅必办理妥善，必不致失礼于

[1] “照录照会驻澳西洋罗大臣稿”，《华工出国史料汇编》，第 1 辑，第 3 册，第 1227 页。

[2] “粤督为巴西私在澳门招工查禁情形事致总署咨文”，《华工出国史料汇编》，第 1 辑，第 3 册，第 1220—1221 页。

本国，及该船之旗帜也。[1]

“地打杜士”开行后，李瀚章闻讯一个月后澳门将另有船运送华工去巴西，根据税务司贺璧理的提议，札行各地方官严禁；并再次照会澳门护理总督罗，“禁止巴西商人在澳招工”。

李瀚章为此咨文总理衙门，报告了事情的经过，并提出了建议：一、“巴西国闻将特派使臣来华，会订招工条约，应请贵衙门俟该使到京议约时，与之严订招工章程，其未订章程以前，不准招雇华人前往该国承工”；二、“可否商会商葡国驻澳大臣，嗣后无论何国在澳门招工”，“均须中外各官会同监理”；三、“请照会德国公使，严禁德船嗣后不得与巴西国装载前项华工”。该咨文于十月十九日（11 月 28 日）到达总理衙门。[2]

光绪十九年十月初四日（1893 年 11 月 11 日），即当李瀚章的咨文尚在路途时，总税务司赫德（Robert Hart）致函总理衙门，声称澳门有船载运华工四百余前往巴西，拱北税务司只能管理来往华船，对于洋船载运“向无奉行之章”。

为此赫德提议：一、“适值巴西变乱，中国并无使臣在彼驻扎，莫若由中国自订暂时不准华人于通商口岸出口，前往巴西为是”；二、“向香港、澳门官宪，述明所订办法，请其自行按照中国定章，禁止华工出洋”；三、“准税司会同该处洋员，查询华工是否情愿前往，抑系出于迫胁等情，分别处理”；四、今后若有邻近香港、澳门之中国应管海面私运华工，“应请由贵衙门先行酌定，或准由税务司将该船拿获，听候核

〔1〕“照录驻澳西洋罗大臣来文”光绪十九年九月十二日到，《华工出国史料汇编》，第 1 辑，第 3 册，第 1227—1228 页。该照会称：澳门并无招工的“街招”；华人聚集出洋处所，“该屋果属宽敞，又当通衢之处，至其人等，亦任意出入，毫无拦阻，固无碍于律例”；“查德国地打杜士之轮船，装搭客出洋，其华人均须赴本澳政务厅，逐一询问，及临下船时，又再行细诘。其言甘心愿去者，方准其前往，其不愿者，必不准其出洋，悉照章程而行，毫无或违。”又，葡萄牙当时又称“大西洋国”。

〔2〕“粤督为巴西私在澳门招工查禁情形事致总署咨文”，《华工出国史料汇编》，第 1 辑，第 3 册，第 1220—1224 页，又该件上注明“光绪十九年十月二十一日”当为收到日期。

办，或另拟办法，以卫商民”。[1]赫德关注此事，很可能是听到贺璧理的报告。总理衙门得此函件后，于十月初七日发电两广总督李瀚章，要求查明此事，并告赫德提出的方法，命之“希照所拟各节妥筹酌办，如须税司相助，可就近告之”。[2]十月初八日李瀚章复电，称“先已咨呈钧署”，在简要报告了情况及已经采取的措施后，请求总理衙门“告各国公使，禁止各国轮船不准代澳官及巴西招工载人”。[3]

总理衙门的对策为四项：其一同意赫德提出的建议，“予税务司以办理此事之权，凡船在中国海面非通商口岸之处，亦非香、澳管辖之处外，遇有私行载运华工者，即准查拿。”[4]其二是通过兼任驻法公使薛福成，与巴西驻法国公使交涉，要求巴西禁止此事。巴西驻法公使否认政府与此次私招华工案有关系。[5]其三是与德国驻京公使交涉，要求德

---

〔1〕“总税务司赫德以巴国不靖宜由中国定章不准华人前往致总署函”，《华工出国史料汇编》，第1辑，第3册，第1219页。

〔2〕“总理衙门致两广总督电”光绪十九年十月初七日，《总理衙门清档·收发电》，01-38/28-1，台北中研院近代史研究所档案馆藏。

〔3〕“总理衙门收粤督电”光绪十九年十月初八日，《总理衙门清档·收发电》，01-38/6-5，台北中研院近代史研究所档案馆藏。

〔4〕“赫德以查禁巴西私运华工须予税司以职权致总署函”光绪十九年十月二十一日，“总署为所拟查禁华工办法已电粤督听候知照遵办事致赫德函”光绪十九年十月二十五日，“粤督李瀚章许各口税司查拿赴巴西华工致总署函”光绪二十年正月初五日，《华工出国史料汇编》，第1辑，第3册，第1229—1230、1234页。

〔5〕一、光绪十九年十月二十八日（1893年12月5日），总理衙门通过北洋大臣李鸿章发电驻英公使薛福成：“巴西使未到，招工约未议，该国辄赴澳私招数百人，迹近拐贩。请电薛使，迅告驻法巴使，电致本国查禁云。”二、十月三十日，李鸿章致电总理衙门：“薛使电复：巴西内乱，该使无权，又恐奸商影射，请电海口暨日本驻使，严查截禁。新嘉坡电已去。巴使计到，可责之支。鸿查，与日本无涉，自不必电。”三、十一月初三日，李鸿章电总理衙门：“薛大臣江电：巴使称，招工事必有假冒，请示船名，何日开行，往巴何口，报本国速查云。”四、十一月初八日，李鸿章电薛福成：“译署电：巴西招工公司姓名洋文系 Compania Metropolitana of Ric Faneiro，其经手人姓洋名系 Tuliv Benavides，雇佣德国船洋文名 Tetartos，于九月初八由澳出洋，绕阿非利加好望角驶往巴西，未知何处登岸。希转薛云。”（《李鸿章全集》电稿二，第627—629页；《总理衙门清档·收发电》，01-38/6-5；第一电、第三电总理衙门原电又见《总理衙门清档·收发电》，01-38/28-1，台北中研院近代史研究所档案馆藏）又，伊利克提供的《巴西外交关系》1893年中有着这样的记载：“Companhia Metropolitana 雇了475名华工，这些华工乘着德国蒸汽船 Tetartos 从澳门到巴西。北京政府通过其在巴黎的使团，对该次航行提出抱怨，要求不允许移民下船，但若已下船，则要将移民遣送回国。我们驻巴黎的公使已经向中国公使声明巴西政府并不知道 Tetartos 航行一事，并表示航行不是地下活动。”

国船只不再为巴西运送华工。德国公使推卸此中的相关责任，但同意不再运送。[1]其四，下令两广总督李瀚章悬赏捉拿参与非法招工的钟鉴池、邓阿二。李瀚章表示，该两犯藏匿港、澳两地，难以缉捕。[2]

光绪十九年十二月初九日（1894 年 1 月 15 日），总税务司赫德致函总理衙门："现闻有一二船欲于澳门载运华工出洋"，"巴西现值叛乱不靖，实非华工应去之处"。[3]而在前一天，总理衙门得知辣达略已到达香港，为此于初十日发电两广总督李瀚章，要求查明辣达略是否参与此事：

> 总税务司函：澳门现有两三船欲装华人赴巴西，请准供（拱）北税司查拿等语。南洋文称：辣达略现寓香港。此时巴西内乱，岂能允其招工，前次澳门装去一船，尚未查明下落。若如总税务司所云，更应切实查禁；并希密查辣达略有无潜预私招之事。[4]

---

〔1〕一、总理衙门于光绪十九年十一月初一日（1893 年 12 月 8 日）照会德国驻华公使："……贵国地打杜士轮船为巴西公司装运华工出洋，该船主恐未深知底细，现经本衙门电告巴西查禁，以后遇有巴西在中国各海口招工事，本衙门未经议准以前，贵国船只勿再承运，庶符约章。"该照会还要求查明运送华工人数、航路、目的地、雇船公司、水脚等项。二、德国公使十一月初六日（12 月 13 日）复照称："已经通饬各口德国领事，中国地方官不愿华工前往巴西，不准德国船只装运。"又称，据英国公使消息："招华工巴西公司姓名，系根巴尼阿梅投捋坡里他那得里约热内卢。其经手人姓，系北那韦得司，托香港华商在澳门一带张贴街招……该公司允香港华商，每工人给洋银二十一元……"三、总理衙门于光绪二十年三月二十一日（1894 年 4 月 26 日）照会德国公使："……上海日报内载，德国火轮船名地打杜士者，于去冬由澳门载中国人五百名，前往巴西国。兹接巴西来信，悉此船于十月二十八日，行抵巴西京城，所载之人，内有四百七十五名，经巴西国家雇往麦加希省燕卑泰巴埠，充当工作云。"要求查明德船从何处所雇。四、德国公使于四月十二日（5 月 16 日）复照，再次说明德船在澳门受雇。（《华工出国史料汇编》，第 1 辑，第 3 册，第 1230—1231、1234—1236 页）

〔2〕"粤督李瀚章咨报查缉拐匪情形目下并无续来招工之事致总署函"光绪二十年正月初五日，《华工出国史料汇编》，第 1 辑，第 3 册，第 1233—1234 页。

〔3〕"赫德为现闻有船欲在澳门载运华工出洋请仍予税务司查禁之权致总署函"光绪十九年十二月初九日，《华工出国史料汇编》，第 1 辑，第 3 册，第 1232 页。

〔4〕"总理衙门发粤督电"光绪十九年十二月初十日，《总理衙门清档 · 收发电》，01-38/28-1，台北中研院近代史研究所档案馆藏。

李瀚章随即于18日回电："密查巴使有无潜预私招之事，香港英界向不准招工，该使寓港似难私招。"[1]李瀚章根据港英当局以往的政策回复，并未见到辣达略。由此，总理衙门快速做出决定，于十二月十五日（1894年1月21日）咨会南洋大臣、北洋大臣、闽浙总督和两广总督：

> 前准两广总督咨称，澳门地方不准各国招工，久有明禁。本年八月内澳门有人张贴街招，称巴西国招人承工，由德国地打杜士轮船装运出口，请饬查禁等语。本衙门查巴西招工章程，本衙门未与开议，该国不应遽往澳门私招华工，即各国轮船亦未便遽行装运华工前往巴西，本衙门当即电告巴西查禁，并照会德国绅公使请饬各口领事查禁在案。兹又准总税务司函称，现闻有一二船欲往澳门载运华工出洋等语。除由本衙门知照各国驻京大臣转饬各口领事查禁外，相应咨行贵大臣即希转饬各关道查照可也。

同日，总理衙门又以相同的内容，分别照会法、美、日斯巴尼亚（西班牙）、日本、比利时、义（意大利）、俄、丹、和（荷兰）、奥、大西洋（葡萄牙）公使。[2]

应该说，到了此时，巴西非法招募华工的路，已经全部挡死了。

---

[1] "总理衙门收两广总督电"光绪十九年十月十二日，《总理衙门清档·收发电》，01-38/6-5，台北中研院近代史研究所档案馆藏。

[2] "总署为禁澳门外轮载运华工出洋致粤督李瀚章咨文"光绪十九年十二月十五日，"总署为外轮欲在澳载华工去巴西已知照各使查禁请转饬关道晓谕事致北洋大臣李鸿章咨文"光绪十九年十二月十五日，《华工出国史料汇编》，第1辑，第3册，第1232页。值得注意的是，总理衙门并未照会英国公使，而当时大西洋国（葡萄牙）公使尚未驻北京，仍是由澳门总督兼任。又，《万国公报》第63号（光绪二十年三月）刊出"总署为禁澳门外轮载运华工出洋致南洋大臣咨文"（华文书局影印本，1968年，第22册，第14349页），康有为此时似有读《万国公报》之习惯，不知他是否见过此一则消息。

# 五　康有为移民巴西计划的释读、相关史料与考证

从巴西招募华工的角度，来观察康有为移民巴西计划，路虽然走得很弯曲，但却可填补被康省略的大背景。由此，康有为的计划似乎有了线索可寻。以下将《我史》光绪二十三年中相关的内容，分为三段而释读之，并附以相关史料。

康有为《我史》相关记载的第一段称：

> 乙未之归，遇葡人及曾游巴西者，知巴西曾来约通商招工。其使来至香港而东事起，巴使在香港候吾事定。至数月，东事益剧，知不谐，乃归。

乙未，即光绪二十一年（1895），康有为在上海因《强学报》使用孔子纪年等事为张之洞所禁，并为母亲祝寿，回到广东，时约为冬季。康称于此时听说了巴西派使招募华工一事，而《我史》光绪二十一年中对此未有记录。[1]康所说的“巴使”，当为辣达略。

这里有必要说明一下巴西使节的情况。谈判专使辣达略于光绪十九年（1893）年底从上海赴香港后，一直在等待新任驻华公使阿喜巴吉。然阿喜巴吉到达欧洲后，听说上海发生了流行病，便留在欧洲等待。随后得到的消息是他当选了参议员，于是选择了参议员职位，而放弃了公使一职，从欧洲直接返回巴西。阿喜巴吉没有来香港。也就在此时，中

---

[1] 康有为对巴西的认识，最初的记载见于其光绪二十一年四月撰“联省公车上书”（《上清帝第二书》）与五月所撰“为安危大计请及时变法呈”（《上清帝第三书》），其中称言：“一曰移民垦荒……移有三：曰罪遣，今俄国徙希利尼党于西伯利部，而西伯利部已开；曰认耕，英之喀拿大、新疆般岛各岛，美之密士失必河东南各省，巴西全国是也；曰贸迁，荷兰南洋诸岛，皆商留者也。”（汤志钧：《康有为政论集》，上册，第129页；《光绪朝朱批奏折》，第32辑，第536页）从此简短的议论来看，光绪二十一年康有为对巴西的情况还是不太熟悉的。

日甲午战争爆发了，辣达略对输入华工的兴趣下降，更有兴趣输入日本劳工。辣达略由此而赴日本，在日本做了一番考察后，直接回到巴西。辣达略后来没有去北京进行招募华工的谈判。光绪二十一年九月十九日（1895 年 11 月 5 日），巴西驻法国公使毕萨与日本驻法国公使曾祢荒助在巴黎签订了《修好通商航海条约》，其中内容涉及日本向巴西移民，十一月初一日（12 月 16 日）巴西政府批准了这一条约。[1]

也就是说，当康有为光绪二十一年冬天回到广东时，辣达略早已离开香港，离开日本，也离开了东亚；更重要的是，辣达略已改变了主意，主动放弃了与清朝谈判招募华工的使命，巴西后来也未再派使节来华。由此可见，康有为所听到的辣达略来港招募华工的消息，在细节上不很准确。

至于其称“巴使在香港候吾事定”中之“吾”字，对照上下文，尤其是“乙未之归……”一语，似应理解为“中国”，即“巴西使节在香港等待中国战事结束”；而不能理解为“康本人”，即“巴西使节在香港等待康有为商议决定”。此中差别的意义，我在后面还会提到。

康有为《我史》相关记载的第二段称：

> 吾港澳商咸乐任此，何君穗田擘画甚详，任雇船招工之事。于是拟入京举此。

招工有着相当大的利润，咸丰、同治至光绪初年的大量秘鲁、古巴华工，使得当时的澳门成了贩运“苦力”的中心。[2]澳门与香港许多商

〔1〕此处的事略，据伊利克为我提供的《巴西外交关系》之摘要，部分内容是他口头告诉我的。

〔2〕值得注意的是，澳门于 19 世纪五六十年代是“苦力”贸易的中心，大约有二十万人从此处被贩运到南美、东南亚等地。1873 年（同治十二年）是澳门贩运“苦力”的高峰期，有葡萄牙、秘鲁、西班牙人“所开的招工局，计有三百余所”，“靠招工吃饭的三四万人”。（《驻澳门美国人致住香港美国人信》，《华工出国史料汇编》，第 1 辑，第 1 册，第 251—252 页）1874 年，根据葡萄牙国王的命令，澳门停止“苦力”贩运。

人从中大发利市。从辣达略与庆常在巴黎会谈的内容来看，此时的巴西招工与当年的秘鲁、古巴贩运“苦力”，似有区别。辣达略在香港期间，也曾与“港澳商”有着广泛的接触，宣扬巴西的政策和他个人的主张。“吾港澳商咸乐任此”一语，似也不能认为“港澳商”有意再次进行“猪仔贸易”，而是对招募、运送华工的生意很有兴趣。光绪二十一年澳门非法运送 475 名华工去巴西，澳门方面的经营者是谁，获利究竟多少？我还无法查清楚。但可以肯定的是，澳门经营者从中获得了相当的利润。德国驻华公使的照会中称，招募华工的公司“允香港华商，每工人给洋银二十一元”，若是如此，匆忙结束的仅招收华工 475 名的非法交易，其毛收入总额高达银 9975 元，已是一笔不小的生意。[1]

康有为此处提到的“何君穗田”，看来是关键人物。[2]

何穗田，名连旺，隶葡萄牙籍名廷光，澳门著名华商，捐纳广西补用道员。[3]澳门《镜海丛报》曾记：

> 何连旺，广州顺德人。其隶西洋籍之名曰廷光，赏有宝星，赐有荣衔，西洋人多以亚旺呼之。应于广众，情态甚谨。其捐选道员之名曰仲殷，字穗田。父曰老桂，咸丰初元，来从海上，因得起家。其后承充“闱姓”、“番摊”各饷，积财产至百万。次子

---

〔1〕德国公使于十一月初六日（12 月 13 日）复照称：他据英国公使处得到的消息，“招华工巴西公司姓名，系根巴尼阿梅投捋坡里他那得里约热内卢。其经手人姓，系北那韦得司，托香港华商在澳门一带张贴街招……该公司允香港华商，每工人给洋银二十一元……”（《华工出国史料汇编》，第 1 辑，第 3 册，第 1231 页）

〔2〕本章关于何连旺及其家世的材料，主要依据汤开建：《晚清澳门华人巨商何连旺家族事迹考述》（未刊稿）、《从〈澳门宪报〉看澳门近代华商》（未刊稿）；赵利峰：《闱姓传入澳门及其初期的发展》，《澳门研究》第 17 辑，澳门大学澳门研究所中心编，澳门基金会出版，2003 年 6 月。

〔3〕1913 年康广仁移葬时，何连旺送挽联，署衔为“前清广西补用道”。（蒋贵麟编：《康南海先生遗著汇刊》，宏业书局〔台北〕，1987 年，第 17 册，《哀烈录》，第 71 页）

即连旺。[1]

何连旺的父亲为何桂，又称何老桂，曾当过苦力头，在码头承包过装卸生意，后又承包澳门填海工程，由此发迹。他是澳门第一代的“闱姓”（一种赌博）承办商人，并兼理盐业、鸦片业、“白鸽票”和“番摊”（皆为赌博）。[2]何桂于光绪十二年（1888）去世，其长子何连胜接手，然何连胜不久后便去了香港，主要原因是“其二弟何连旺的势力过于张大”。何连旺于其父在世时，即已崭露头角，其父去世后，又接手家族中最重要的产业“集成堂”，除赌博业外，从事的行业还有卖盐（专营

[1] 《镜海丛报》第二年第十号（1894年9月26日）《声告》，汤开建等主编：《鸦片战争后澳门社会生活纪实：近代报刊澳门资料选粹》，花城出版社，2001年，第401页。该《声告》亦称：“旺犹交通官府，营求请托，晨夕弗遑，惟颇畏清议。光绪二十年七月，因以匿书吓禁日报，为所控，八月十四日讯定拘禁监牢，以西洋厘士二十万暂保听辨。”该报此号对何连旺此次威吓“施离华报”被控案，有较多的记载，其中一篇为《来稿照登》：“燕地便颠地报主并西文主笔大人钧鉴：来字求赐方寸，登此十分要紧之新闻，我想用唐字印出此新闻，使我等华人大众皆知。见得今日之事，我等众人心中莫当作著名阔佬何连旺系大体面、大威势、大对象。澳内华人可知其事，澳外各省各埠华人亦知其事。知得已定何连旺有罪，系因日前满街白帖，叫人放火，移害‘施离华’状师及法人主教并澳中丛报印务局之事。因此已定实为有罪，发差拿入监牢，具限以现银作保，暂释在外，静候定案拘解。系华历八月十四日十分。多谢贵报刊登。签名人系华商某。此段‘施离华报’已用汉文刊就，一方附于楮尾，遍派华人矣。”（同上书，第400—405页）该报第二年第四十六号（1895年6月12日）以《狂人可怜》为题刊文：“十五晚，有西洋黑人某满身沾血，直登宜安公司楼上，指寻何连旺、卢九两人，声称被其两人用财买凶拦路殴击，以至于此……次日西民政厅左庚韶传讯，询以何凭疑其买殴，某竟茫然，弗能置答……”（同上书，第511页）

[2] 详见汤开建：《晚清澳门华人巨商何连旺家族事迹考述》（未刊稿）。“闱姓”是广东的一种赌博，其在广东被禁后，光绪初年转入澳门。该论文对此考析甚详，称副将彭玉与澳商陈六、何桂为其中最关键的人物。澳门政府以陈六、何桂对澳门博彩业的贡献而特颁勋章：“1881年6月2日，大西洋君主赏给陈六御赐耶稣降生宝星（Cavalheiros da ordem militar de Nosso Senhor Jesus Christo）。陈六系澳门居住商人，大清国民人，因大君主查知陈六事迹，且大君主厚惠博施，故特赏赐；同日，所赐澳门居住商人何桂，照上一体赏赐。”（汤开建等主编：《澳门宪报中文资料辑录1850—1911》，澳门基金会，2002年，第50页）据1880年《澳门宪报》澳门公钞会成员七人，六人为葡人，另一人为何桂。（同上书，第33页。又，“公钞”为一税种。）

权）、缫丝、炮竹、茶叶加工等工商业。[1]随着经营规模的扩大，何连旺的政治地位也不断上升。据光绪十年（1884）《澳门政府宪报》：

> 大西洋国吏部大臣于西历本年六月十九日奉上谕：据大西洋国管理水师事务兼外洋属地部大臣保举，在澳居住入西洋籍华人何连旺，着赏基利斯督宝星（Cavalleiro da ordem militar de Nosso Senhor Jesus Christo）。[2]

光绪十五年（1889）中国北方遇灾，澳门总督任何连旺为澳门赈灾会襄理；光绪十七年（1891）俄国皇太子来访，任庆礼委员会副主席；光绪二十年（1894）澳门发生瘟疫，任华人洁净委员会会长，同时他还是澳门理商局三位华人成员之一。[3]除了商业活动、社会公务外，何连旺对于政治事务也有兴趣。光绪十八年（1892），何连旺等人邀请孙中山来澳门行医。[4]

何连旺与康有为的交往，似始于光绪二十二年（1896）十月。何连旺邀请康有为、梁启超去澳门。康有为在《我史》中称：

> （光绪二十二年）八月，游香港。十月，至澳门，与何君穗田创办《知新报》。将游南洋，不果。穗田慷慨好义，力任报事。

这是《我史》中第一次出现何穗田的名字。与康有为同行的梁启超，在写给《时务报》总理汪康年的信中，透露出更多的情节。光绪二十二年

---

〔1〕 详见汤开建：《晚清澳门华人巨商何连旺家族事迹考述》（未刊稿）。

〔2〕 《澳门宪报中文资料辑录1850—1911》，第119页。

〔3〕 同上书，第172、188、233、236页。

〔4〕 孙逸仙博士医学院筹备委员会编：《总理开始学医与革命运动五十周年纪念史略》（1935年岭南大学刊印）称：“当先生在香港学医时，偶一返乡，道经澳门，澳绅曹子基、何穗田家人，久病不愈，延之诊治，一药便瘳，惊为神奇，乃先生毕业，曹、何与港绅陈庚虞资助先生们澳门组织中西医局，挂牌行医。”（转引自汤开建：《晚清澳门华人巨商何连旺家族事迹考述》未刊稿）“曹子基”，曹有，详见下注。

十月十三日（1896 年 11 月 17 日）梁在信中称：

> 澳门顷新开一报馆，集款万金，亦欲仿《时务报》之例，十日一出，其处人必欲得弟兼为主笔。弟告以到沪后，看事忙否再定。而澳人必欲弟到澳一行，拟日内出城到澳，亦数日即返。

此即称何连旺邀请其去澳门商谈办报。十月二十一日（11 月 25 日），梁在信中又称：

> 已定廿四日由龙门火船返沪，顷偷闲到澳门数日。澳报已成，集股万元，而股商必欲得弟为之主笔。弟言到沪后常寄文来，而诸商欲弟到澳一行，是以来此。此间人皆欲依俯《时务报》以自立，顷为取名曰《广时务报》……多载京师各省近事，为《时务报》所不敢言者……至其股东，则皆葡之世爵，澳之议员，拥数十万者也。（有一曹姓者，伯爵也，一何姓者，子爵也，皆华人而兼西籍者。）此事欲以全力助成之，令彼知我实能办事，则它日用之之处尚多也。

梁提到的“曹姓”，似为“曹有”。[1]而“何姓”，即何连旺。此中“伯爵”、“子爵”皆为“赏有宝星，赐有荣衔”而来。然梁启超为了“全力助成”，并没有及时回上海。十月三十日（12 月 4 日），梁在信中又称：

> 前在澳门上一书，想达。顷以澳报事，尚须逗留十余日……

---

[1] 曹有，澳门著名华商。1880 年《澳门政府宪报》有其消息：“六月十七日，经大西洋大君主赏给曹有御赐圣母金星。曹有，澳门居住商人，原系中国人，今入大西洋籍，兹经管理水师并外洋属地事务部保举。以曹有自购水车一架，并所有水车应用什物，具备送出澳门、地扪大宪等情，且大西洋大君主厚惠博施，故特赏赐。”（《澳门宪报中文资料辑录 1850—1911》，第 36 页）

十一月初四日（12月8日），梁在信中又称：

> ……久不归者，澳人苦留，澳报助我张目，弟速行则事虑不成，故也。久无书者，日日欲待报中文字撰成乃寄，而日日无暇晷，日日没字碑……〔1〕

此中可见康有为、梁启超于十月至十一月初旬在澳门与何连旺商谈办报一事，“日日无暇晷”。康、梁此次与何连旺的合作是成功的。《广时务报》后改名为《知新报》，于光绪二十三年正月二十一日（1897年2月22日）出刊，由何连旺、康广仁为总理。〔2〕该报后来成为南方重要的维新报刊，一直由康有为一派主持。〔3〕而康有为的堂兄康有仪于光绪三十年（1904）致信梁鼎芬，称言：

---

〔1〕《汪康年师友书札》，第2册，第1845—1848页。又，康广仁于是年十月二十六日致函汪康年称：“比在澳门成一报馆（拟粤则五日一次，外省两次一寄），卓如在此稍有勾留，部署略定，便即放行。”邹代钧于是年十二月二十五日致函汪康年称：“卓如在澳门大有阴谋。何穗田，虬髯之流亚也，可佩可佩。澳门一隅，不特为秦人之桃源、管宁之辽东，并可为海外之扶余，不可失也。君等如有意于澳门，幸为我留一席，愿策杖从游也……公所思得之法都难行，不过作此想耳，若能联络何穗田，或可行。”（同上书，第2册，1669—1670页；第3册，第2703页）

〔2〕从《知新报》最初的经历来看，似不很顺利，资金并不足。梁启超回到上海后，致函康广仁、徐勤称：“昨得书，言股不足，欲由上海拨款云云，闻之大惊，岂潘、黄皆不愿附耶。（旁注：世叔不欲收潘股，超谓收之便）惟超在港，不闻潘有它言。黄与超言，固云月杪交一半，来信时不过十八日，消息亦似未定，或君勉过虑耳。上海顷拟自造房屋，置机器，存款数实不足挹注，穰卿亦不愿。顷在此拟一招股章程，试往招之，冀有应者，今录呈上。澳报久开，而不闻有集股章程，又无股份簿，此太无条理，宜速为之。即以股份簿十本寄我，望或有成也……穗田书已买一二，俟买齐寄上。”（《丛刊·戊戌变法》，第2册，第545—546页）“世叔”，指康广仁。

〔3〕《知新报》第一册刊出人员名单为：“总理：顺德何廷光穗田，南海康广仁幼博；撰述：三水何树龄易一，番愚韩文举树园，新会梁启超卓如，三水徐勤君勉，顺德吴恒炜介石，顺德刘桢龄考实，番愚王觉任镜如，南海陈继俨仪侃；翻译：英文，周灵生，葡文，宋次生，德文，沙士，法文，罗渣，英文，甘若云，日文，唐振超。”此中人士多为康门弟子。

（康有为）乃返粤后，日事罗掘，以为入都行其故志地步。无如既经各报毁骂，城市不齿，旋之港澳，遍拜各商，欲求介绍之书，以往南洋，而售其骗术。适赌商何连旺（此人汉口有案，别字穗田，前为《知新报》主人，今为伪保皇会管数要员，兼逆党公益商局要员，曾托名开广西全省之矿务，由会内花三十余万以蓄土匪、游勇，此数或其浮开，然曾见其数。汉事败后，旋改用廷光之名，以捐道衔，一以示与康逆反对，一为保皇之商局地步，掩人耳目……），偶尔欢迎，遂视为知己。盖何氏旧有富名也，乃借彼赌款。〔1〕

康有仪是出卖堂弟，言辞不可全信，但言及康、何关系之因缘，亦可关注。到了戊戌政变后，康有为在英人的保护下从上海到香港，何连旺则协助其家人出逃，并予以经济支持。

需要特别注意的是，何桂、何连旺家族曾与贩卖华工的生意有牵连。汤开建称：

据金丰居士的掌故史料，何老桂还利用承充开赌“闱姓”的机会，在澳门和粤中、粤西开设了数十猪仔公司，开始大规模地贩卖苦力出洋做劳工，大赚其“猪仔钱”。

何连旺之家族早年亦是从事“卖猪仔”出洋的重要商家，何连旺本人还是西班牙人开设的“知咕洋行”的华人买办，而“知咕洋行”主要贸易业务是输出契约华工往南美洲各西班牙殖民地，也是当时澳门最大的“猪仔馆”。〔2〕

〔1〕“致节公先生函”光绪三十年九月二十九日，转引自孔祥吉：《晚清史探微》，第220—221页。信中“汉口有案”、“汉事败后”，指唐才常自立军起事。

〔2〕汤开建：《晚清澳门华人巨商何连旺家族事迹考述》（未刊稿）。汤开建所据的史料为：金英杰《暗围，何老贵闱姓赌大本营》，《新报》2009年5月21日；《旧金碧娱乐场所在地——知咕洋行卖军火开赌》，《新报》2006年3月30日。

康有为称“何君穗田擘画甚详，任雇船招工之事”，也恰恰说明何连旺早已熟悉此道。

何连旺是澳门的商人，康有为则称“港澳商”，香港的商人又是谁？

查康有为此期交往的香港商人中，最为密切者为何东。与康有为甚有私交的梁鼎芬，于戊戌政变后作《康有为事实》，称言：

> 康有为好接交商人，意在得钱。其论广东人才在香港则曰某某，在澳门则曰某某，其人皆是赌匪，曾送康有为数千金者。[1]

澳门的某某指何连旺，香港的某某指何东。何东（1862—1956），原名启东，字晓生。生于香港，曾在香港中央学校学习。长期担任怡行洋行买办，并在东南亚经营糖业、在香港经营房地产，后成香港巨富。他是买办而不是赌商，梁鼎芬的说法有误。戊戌政变后，康有为在英国的保护下从上海前往香港，何东是他在香港最主要的资助人与保护人。[2]对于何连旺、何东的帮助，康有为在《我史》光绪二十四年中称：“二何君今之侠士，义高海内，何可复得哉！”当然说明了康有为与何东的密切关系，并不能证明何东与巴西招募华工一事有关，我在此处只是提示此中的线索。

辣达略在香港期间是否到过澳门，是否与何连旺有交往？后文所引蒋贵麟一文对此有肯定的答复，但我限于其他史料不足，无法予以完全的证明。何连旺作为澳门的著名商人，社会地位很高，已入葡萄牙籍，

---

〔1〕《清国戊戌政变与亡命政客渡来之件》，《日本外交文书》，第31卷，第1册，东京：日本国际连合协会，1954年，第731页。

〔2〕康有为在《我史》光绪二十四年称：“十四夕，到香港，何晓生即同英港督所派之辅政司波君、总巡捕梅君来迎，盖璧领事先有电告之也。”即康有为从上海到达香港时，何东前往迎接。康最初住在香港中环警署内。又称：“吾二十一日移居何晓生家。港澳赁屋、薪水，皆何穗田供给，周入隐微。何晓生复赠金数千，以安羁旅，藉以济宗族及供游赀焉。”即康在香港中环警署住了七天后，移居何东家。由此至九月五日离开香港前往日本，在何东家住了十三天。就在康移住何东家的当日，接待了香港《德臣报》记者，发表了长篇言论，何东是他的翻译。

会葡萄牙语。巴西原属葡萄牙，亦使用葡萄牙语，他们两人在语言上是可以交流的。辣达略会英语，他在巴黎与庆常会谈时，双方使用的语言为英语。辣达略与何东在语言上也是可以交流的。

由此再读康有为“于是拟入京举此”一语，关键词为“入京”；而入京的目的，即“举此”，似为撤销总理衙门于光绪十九年十二月十五日(1894年1月21日）下达给两广总督，闽浙总督，南、北洋大臣禁止运送华工去巴西的命令。由此给我的感觉是，“港澳商”请康有为北上，为此与总理衙门疏通关系。由此查康、梁的行踪：康有为于光绪二十三年(1897)八月杪由广州前往上海，曾往杭州一游，大约于十月十五日离开上海北上。在此之前，梁启超在与何连旺谈妥《知新报》一事后，于光绪二十二年底到达上海，光绪二十三年十月，即康有为北上之前，梁启超由上海前往湖南，主持时务学堂。

也就在这一时期，康有为、梁启超也将移民巴西的计划对外宣传过。谭嗣同为悼念吴樵（字铁樵）而作《吴铁樵传》，其中称言：

> ……铁樵乃复大言农学。洞庭之南，有新洲焉，铁樵谋悉垦而辟之，以栖吾属同志之士。梁启超曰：巴西亦美洲大国也，土满而不治，召我中国之农农焉。苟群而往，将以中国之农塞其国……〔1〕

梁启超言及于此，约在光绪二十三年的春天。

总理衙门章京、刑部候补主事张元济很可能是康有为等人的主要活动对象。张在致汪康年的信中，对于移民巴西有着许多记录，由此可见当时的内情。光绪二十三年六月十三日（1897年7月22日），张元济在给汪康年的信中称：

> 巴西招工，自是美事，前秘鲁领事许九香为弟言：巴西招工意甚迫，若不允，仍私自招去。所以不允者，恐其虐待也，私招而虐

〔1〕《谭嗣同全集》增订本，第258页。

待，反无道以保护之矣。则何如辟此途径乎？此言甚确。惟译署办事总以清静寂灭为主，其奈之何哉。[1]

张元济与汪康年为会试同年（光绪十八年），更兼同乡，颇有交谊。许九香（1857—1915），名鼎霖，字九香，江苏赣榆县人，光绪八年（1882）中举，光绪十六年充内阁中书，光绪十九年至二十二年（1893—1896）任清朝驻秘鲁领事。他对南美华工有着直接的接触。后任安徽庐州知府等职。

张元济在信中还称："善、戴二公交来两次手书暨外信十一件，书两包"；由此作复，当是对汪康年"两次手书"的回答，可见是汪康年主动向张元济询问巴西招工事。汪康年的消息来源为何？很可能是梁启超。张元济的态度是赞同此事，然其称"惟译署办事总以清静寂灭为主，其奈之何哉"，似为汪康年有所托付，而张元济表示无力为之。此中的种种细节，因无法读到汪康年原信，而无法予以证实。[2]是年八月十七日（9月13日），张元济信中又称："前云巴西招工事，现在情形若何？乞示。"看来汪康年一直未对巴西招工一事作复，张元济主动问询此事。是年十月二十一日（11月15日），张元济信中又称："招工事俟晤西平再议，并拟先与子培一商。"[3]此信是对汪康年九月二十六日来信的回复，而此时康有为、梁启超皆在上海。"西平"，叶尔璟。[4]叶尔璟于九月二十六日携汪康年信北上赴北京，十月初二日到达，他给汪

---

〔1〕《汪康年师友书札》，第2册，第1699页。

〔2〕时在湖南的邹代钧，于光绪二十三年七月初九日致汪康年信中称："考功伟略在巴西事及女学堂耳。巴西事果能成，鄙人必为迁居之计，公幸为留意。""考功"，指吏部考功司，此处似指陈三立。邹代钧又前于二十二年十二月二十五日致汪康年信中称："卓如在澳门大有阴谋。何穗田，虬髯之流亚也，可佩可佩。澳门一隅，不特为秦人之桃源、管宁之辽东，并可为海外之扶余，不可失也……"（《汪康年师友书札》，第3册，第2737、2703页）由此可见，梁启超、汪康年曾将其计划多处宣传。

〔3〕《汪康年师友书札》，第2册，第1709、1715页。

〔4〕叶尔璟，字西平，浙江仁和人，监生。他是叶尔恺的堂弟。叶尔恺，字悌臣，光绪十五年进士，入翰林院，散馆为编修。光绪二十三年授陕西学政，与汪康年关系甚深。

康年信中称：“巴西招工事，已转告菊生。”[1]“子培”，即沈曾植，时任总理衙门章京，因丁忧而刚出值，尚在北京。他与康有为等人多有交往。看来汪信中亦有相应的计划，张元济先与沈曾植相商，然后与叶尔璟见面再商议。是年十一月十二日（12 月 5 日），张元济在信中称：“招工事总为相机。”[2]张此信是对汪康年十一月初六日信的回复，其“相机”的处理方法，即不先着急而待时机而动，很可能是与沈曾植等人商定的对策。从光绪二十三年六月至十一月，张元济有四信言及于此，可见汪康年、梁启超等人都在操心操劳办理此事；张元济也没有提到“殖民”，其使用的词汇相当明确，即“招工”。

康有为《我史》相关记载的第三段称：

> 与李合肥言巴西事，许办之，惟须巴西使来求乃可行。

“李合肥”指李鸿章，时任文华殿大学士、总理衙门大臣。“许办之”，即李鸿章对此表示同意；“惟须巴西使来求乃可行”一语，对照先前所述李鸿章的对策，似应解释为“此事须得与巴西使节进行谈判、签订条约后方可进行招募华工之事”。然而，康有为怎样见到李鸿章，又怎样与李鸿章商谈，其中的种种细节，康没有说明。

康有为晚年门人蒋贵麟于 1984 年发表《康南海先生轶事》一文，其中第一节即为《欲移民于巴西建立新中国》，言称：

> ……康氏门人有新会谭姓者，曾游巴西，谒其国王，国王大喜，告以其国幅员广大，人民太寡，利用吾国民力，为之垦植辟道，拓展利源，愿中国人移往营生，并许谭某以地四百里，沃壤惟听选择。光绪二十一年，巴西国土（王）曾派四使来请通商，四使臣到达香港后，适中日战事起，时康氏在京师，四使留香港，待与

[1] 《汪康年师友书札》，第 3 册，第 2516 页。“菊生”，张元济。

[2] 《汪康年师友书札》，第 2 册，第 1717 页。

康氏面议，居数月，康氏未至，而东事益烈，知一时不谐，即行回归。广西候补道何穗田为澳门之巨商，其于葡萄牙为男爵，熟于葡语，与四使极为熟稔，相与讲求通商之法。何穗田得知康氏早留意于巴西国情，即请筹谋策划，拟结百万殖民公司，先租船四艘，往巴西，每艘运二千人，三月一期，每期可八千人，岁运三万二千人入巴西，种植甘蔗、咖啡、可可、烟草等物，若得利则岁增其船。巴西四使且许我之取地，以优厚特权。其时港澳商人咸乐往，已得数十万矣。何穗田为通商计，欲请准于外部，而苦于无识外部者。时李相鸿章主外部事，康氏乃赴京都，得礼部侍郎于式枚之介，请于李相鸿章，李相对巴西通商事，深表赞同，惟须俟巴西使臣来求乃可。〔1〕

蒋贵麟是康有为晚年所办“天游学院”的学生，在台湾编成《康南海先生遗著汇刊》（22册，宏业书局）、《万木草堂遗稿》（1册，成文出版社）、《万木草堂遗稿外编》（2册，成文出版社），劳绩皆伟。他对康有为著述十分熟悉，上引这一番言论，其主要依据是康有为《我史》。文中也有一些史实有误：巴西于此时已改合众国，并无国王；“四使”当指辣达略和他的三位助理，但非为光绪二十一年（1895）来香港；“待与康氏面议”，即我先前提到的康氏“候吾事定”一语之误读；“外部”指“外务部”，清朝设于光绪二十七年，而此时仍为总理各国事务衙门。将蒋贵麟此文与康有为《我史》互读，有了四点新内容：其一提到了康氏门人新会谭姓；其二称何连旺（穗田）与巴西“四使极为熟稔，相与讲求通商之法”，即有密切的交往；其三称何因“苦于无识”总理衙门官员，而请康进京疏通；其四称康能结交李鸿章，其中介是于式枚。

于式枚（1853—1916），字晦若，广西贺县人，光绪六年进士，入翰林院。散馆后以兵部主事用。李鸿章调其至北洋，为其文案。他是李鸿章的主要幕僚之一，随李十余年，奏稿多出其手，曾随李鸿章参加马关谈判和

〔1〕 蒋贵麟：《康南海先生轶事》，香港《大成》杂志，第133期（1984年12月），转引自：《追忆康有为》，第196页。

出使欧美等国。光绪二十二年授礼部主事，此时任礼部员外郎[1]，未久迁御史。于式枚后任邮传部、礼部、吏部、学部侍郎，修订法律大臣等职。其任礼部侍郎为光绪三十四年（1908）二月至五月。蒋贵麟此中稍有误。

通过于式枚而结交李鸿章，是一条捷径。康有为在《明夷阁诗集》中，有《戊戌元旦朝贺，是日日食，上避正殿。散朝遇于晦若礼部，同游诸殿，口占》一首，诗云："记得曾携于晦若，中和殿上望西山。"由此可见此期他与于式枚的交往。[2]

仔细地阅读蒋贵麟之文，虽然强调了康有为的主导作用，但也使人感到何连旺以其雄厚财力而在此事中扮演主角；而且这一计划不像"移民计划"，而更像是"运民计划"，其对巴西当地的土地权、移民最初的生活，没有进行实地考察与预先安排，却设计了每船两千人（以当时的船只，条件将会非常恶劣），每年三万两千人；最为重要的是，当时的巴西政府已不可能提供大批免费的土地，去巴西的华人将进入各种植园充当劳工，这与殖民地、"新中国"的计划似不相干。

## 六　推导出的结论

经过本章曲折且繁琐的考证，似可推导出这样的结论：

一、巴西种植园因黑奴解放而缺乏劳动力，有意招募华工填充之。清朝的政策先后有所变化，至光绪十八年后，准备与巴西商定条约后再允其招工。

二、康有为、梁启超于光绪二十二年（1896）年底在澳门与何连旺

---

〔1〕军机处《上谕档》光绪二十四年三月初四日记："会试同考官单内告假人员名单：内阁中书雷在夏，礼部员外郎于式枚。"

〔2〕《康有为遗稿·万木草堂诗集》，第89页。又，康有为《我史》光绪二十四年中称："时八股士骤失业，恨我甚，直隶士人至欲行刺。于晦若至，属吾养壮士，住深室，简出游以避之。吾笑而不避也。"（《丛刊·戊戌变法》，第4册，第148页）此说虽难证实，但似可证康、于之交往。

商办《知新报》时，可能从何连旺处得知了巴西派使来华招募华工之事；在此之前，康、梁也有可能听闻此事。

三、何连旺等港澳商人对此表示了极大的兴趣，但因光绪十九年（1893）巴西非法招募华工而引出的总理衙门禁令，又苦于无识相关的官员，便请康有为北上疏通。

四、康有为可能通过于式枚之介，而得以与李鸿章商谈，李鸿章表示由巴西派使谈判后方可允之。

五、在此期间，康有为及其党人也进行了相关的活动，汪康年与张元济之间联络可能是其中的一环。

毫无疑问，以上的推论，第二至第五点并没有能够坐实，还不能算是最后的确论。这需要进一步地补充相关的史料，尤其是何连旺本人的材料，尽管目前看来仍有困难。

然而，从以上的叙述中又可以看出，巴西是招募华工，并非是帮助殖民；参与巴西招募华工计划，与康有为所称的“开辟新国”，有着极大的差距。其中的关键在于，康有为并无相应的财力，以能在巴西购买或租用土地，并自雇轮船，实行其“移民”计划，即“欲开巴西以存吾种”；康也未亲往或派人至巴西进行实地考察，以能事先做出种种安排。由此而仓猝进行大规模的“移民”，不管康本人持有多么美好的愿望，而在实际操作过程中，只能沦为巴西种植园主的工具。[1]至于康所称

---

〔1〕《论语·公冶长》记：“子曰：‘道不行，乘桴浮于海。’”《论语·子罕》记：“子欲居九夷。或曰：‘陋，如之何？’子曰：‘君子居之，何陋之有？’”而康有为在《我史》中称：“既审中国之亡，救之不得，大发浮海居夷之叹。”即用典于此。然而，康有为究竟是移民巴西，还是运民巴西，其真实内心今已很难猜测。若从行动而言，结果必不妙。伊利克告诉我：“日本在签订条约后，于1908年才有第一批日本移民来到巴西，至20世纪二三十年代其移民数量达于高潮。日本移民的特点是全家一起移民，日本公司（其中一部分有日本政府背景）先行购买土地，租给移民家庭。移民几年后用其所获来购买所租土地。这些公司对于移民也有生产与生活上的指导。在条件较差的亚马孙地区，当地政府为吸纳日本移民，也将土地有条件地转让给日本公司先行使用，几年后根据合同再支付相关的费用。而中国移民多为单身男性，也无公司支持，往往是单独进入各大种植园、矿山等处，生活上难免处于较差的境遇。”由此可见，康有为的做法很难达到其宣称的目的。

“吾港澳商咸乐任此，何君穗田擘画甚详，任雇船招工之事”，更使人感到此中存在着商业操作与巨大利润。

历史由此而发生了一大变局。光绪二十三年（1897）十月康有为北上入京，虽未能就巴西招工一事取得任何进展，但却唱出了他人生的最高音，开辟了中国历史的新篇章。时局的变动与康有为的鼓动交互作用，最后形成了戊戌变法的大波。

# 第八章 康有为及其党人所拟戊戌奏折之补篇

## 一 假奏稿与真奏章

我一直很坚定地认为，在孔祥吉的所有研究中，对学术界贡献最大者为对康有为变法奏折的寻找。这首先表现在他于上世纪80年代发表的杰出论文：《乙未丁酉间康有为变法条陈考略》、《康有为戊戌年变法奏议考订》、《〈上清帝第三书〉进呈本的发现及意义》[1]；后又表现在他于90年代出版的重大成果：《救亡图存的蓝图：康有为变法奏议辑证》。[2]

自黄彰健上世纪60年代从北京出版的《戊戌变法档案史料》所录总理衙门、军机处议复奏折的引文及阔普通武的奏折中，发现了康有为《戊戌奏稿》之作伪，康有为的"真奏议"，成了值得学者们认真下死工夫彻底追查的文献。[3]黄先生70年代也编了一部《康有为戊戌真奏议》，共收录其认定的"真奏议"35件（内有张元济条陈1件），其中"请开制度局折"、"冗官既裁请酌置散卿以广登进折"是从议复的奏折

---

〔1〕 该三篇论文收入孔祥吉：《戊戌维新运动新探》，湖南人民出版社，1988年。

〔2〕《救亡图存的蓝图：康有为变法奏议辑证》，（台北）联合报系文化基金会丛书，1998年。

〔3〕 参见黄彰健：《戊戌变法史研究》，（台北）中研院历史语言研究所专刊之五十四，1970年。

中摘录出来的。[1]以当时的政治状况，黄先生不可能来北京查阅档案。他的资料来源，仅仅是《戊戌变法档案史料》、《中国近代史资料丛刊·戊戌变法》、《南海先生七上书记》、《知新报》、《国闻报》、《戊戌六君子遗集》、《觉迷要录》等书刊和中研院近代史研究所档案馆所藏《总理衙门清档》。无论从数量还是从内容来看，黄先生所编的《真奏议》都有着不小的缺陷，然其意义在于提出了假设，提示了方向。陈凤鸣于1981年北京故宫博物院图书馆中发现光绪二十四年（1898）内府抄本《杰士上书汇录》，几乎为黄先生提供了完美的证明：该抄本共三册，共录康有为条陈、折、片共计18件。[2]而这18件“真奏议”竟与《戊戌奏稿》全不相同！由此可以认定，康有为的《戊戌奏稿》非为当时的“真奏议”，而是其后来所写的另作。孔祥吉从80年代开始的工作及其成就，由此而显得格外引人注目。

由于当时的政治原因，黄彰健的著作在大陆流传不广，以致后来许多人依旧在引用康有为作伪的《戊戌奏稿》。而孔祥吉在台湾出版的《救亡图存的蓝图》，也有相类似的流传问题。书价稍昂，仅是其一方面，更重要的是，该书在大陆地区无销售之处。我因2000年去台湾而获得一部，成为我常用之书；而许多人却未能得之运用，甚至未得此信息。[3]2007年，黄彰健的《戊戌变法史研究》及另外四篇论文合编，由上海书店出版社出一新版，使大陆读者可以很方便地利用其研究成果。因此，我也想对孔先生建议，将《救亡图存的蓝图》一书，出一大陆新版，以能方便大陆的使用者。然我尚未对其言，却闻其新书已出。

---

〔1〕 黄彰健：《康有为戊戌真奏议》，（台北）中研院历史语言研究所史料丛书，1974年。

〔2〕 陈凤鸣：《康有为戊戌条陈汇录：故宫藏清光绪二十四年内府抄本〈杰士上书汇录〉简介》，《故宫博物院院刊》1981年第1期。其抄本三册，第1册题名《总理衙门代奏工部主事康有为条陈五件》，第2册题名《工部主事康有为条陈》，第3册未题名，可见抄录时间不一。

〔3〕 让人感到最为可惜的是，姜义华、张荣华所编最新版的《康有为全集》，未能对该项成果充分重视，加以运用。见姜义华、张荣华编：《康有为全集》，中国人民大学出版社，2007年；并参阅孔祥吉：《一部展现清末改革家风采的重要文献：读〈康有为全集〉感言》，《博览群书》2008年第2期。

孔祥吉最新出版的《康有为变法奏章辑考》，是其先前台湾版《救亡图存的蓝图》的增订本，增加了两个部分：一、光绪十四年(1888)至二十三年（1897）康有为上书及代拟奏折；二、康广仁致梁鼎芬函及考订。该书收录“戊子丁酉年间奏章”12件（其中2件存目）；“戊戌年奏章”74件（其中8件存目）；“进呈编书序”6篇；并附录文悌、洪汝冲、张元济奏折、条陈3件。[1]孔先生在该书中的学术贡献彰明较著：一、除了《南海先生四上书记》、《南海先生五上书记》、《杰士上书汇录》所录康有为23件条陈、折片外，另有康有为代他人拟稿的大量奏章，其中最重要的有王鹏运、陈其璋、杨深秀、宋伯鲁、徐致靖、文悌、阔普通武等人；二、对于康有为代他人拟稿的奏章，孔先生皆附有其考证；三、以上所录的折片，大部分录自档案原件；四、康有为进呈图书的序言，也大多查到了进呈本的原文。与先前黄彰健等人取得的成果来比，孔先生于此迈出了结实可靠的一大步。

这真是史学研究中的一个经典个案。黄彰健提出的康有为“真奏议”，经孔祥吉的工作，至此有了一个可靠的读本。然从这一可靠的读本中可以发现，以往戊戌变法及康有为个人历史的研究，很多部分因材料不可靠，而需要改写或重写。在历史学的研究中，史料的突破是决定性的、根本性的甚至是颠覆性的。孔先生的这一成果，正是在史料上取得了极大的突破。

近些年来，我也在关注康有为的“真奏议”，有了一些小的发现。谨将我个人的些小碎片罗陈于此，或可以为孔先生之鸿制稍补边白。

## 二　王鹏运、宋伯鲁的四件折片

在《康有为变法奏章辑考》中，孔祥吉对康有为与王鹏运之间的关系，做了细密的分析，指出王鹏运的一些奏折由康有为代拟，对此我是

---

〔1〕 孔祥吉编著：《康有为变法奏章辑考》，北京图书馆出版社，2008年。

同意的。然而关于王鹏运“疆臣笃老昏瞀措置乖方请饬查办以安海疆折”（光绪二十一年十二月初三日，1896 年 1 月 17 日），即王鹏运弹劾谭钟麟折，孔先生称：

陈礼吉之局事失败，对康有为刺激至深，时耿耿于怀，反复言之。谓“自癸巳（光绪十九年）十一月，攻张事起，谤言腾沸……自礼吉之死，吾恨之深。乙未草折令御史王佑遐劾之，有其通贼书为据，卒贿谭钟麟洗涤。”是康有为为王鹏运草折事已明言矣，惟《康年谱》记述此事有未清晰处。即弹劾对象是张蒿芬，还是谭钟麟？由清档观之，王鹏运弹劾张蒿芬的折片迄未获见，而张氏按《康年谱》记载，既已获遣还乡，似无须再行纠弹……似可断定，康氏所代拟者，即此请查办谭钟麟折。〔1〕

以上孔先生所言，我以为，似为有误。查王鹏运确实另有弹劾张乔芬之片，即由康有为起草的“广东盗风猖獗请饬严缉片”，王鹏运于光绪二十一年九月十二日（1895 年 10 月 29 日）上奏。该片称：

再，臣风闻广东近年盗风猖獗，日甚一日，实骇听闻。南海县设有报案局，自光绪十四年起，至十八年止，共报盗案一千三百余起。一县如此，阖省可知，三年前如此，近日更可知。省城西关为绅富聚处之区，日晡后即比户严扃，守望盈路，行人稍有携持，不敢出于其途。而府前街、藩司前，皆人烟稠密处所，白日行劫，亦不能免。其村镇墟落，百十成群，连日连劫之事，尤所时有闻。群盗出没，皆兵械精良，俨然行阵。尤骇闻听者，群盗皆以劣绅为窝

〔1〕《康有为变法奏章辑考》，第 102 页。张蒿芬之“蒿”字，是孔先生笔误。查康有为《我史》手稿本，作“张乔芬”，又查《丛刊·戊戌变法》第 4 册所录《康南海自编年谱》，误作“张嵩芬”。（见该书第 126 页）又查该书各抄本、刊本，皆误作“张嵩芬”，知罗普的抄本已误，以繁体字“喬”与“嵩”相近而未辨识之故。孔先生之“蒿”字，似为“嵩”字所误。

主，劣绅又恃奸捕为耳目，消息灵通，极难破获。据臣所闻，如南海县之张乔芬、番禺县之韩昌晋，皆劣迹昭著，路人皆知。张乔芬有致友弥缝窝贼手书，为人所得，石印传观，其胆大如此。地方官以案关重大，惮于发端，遂各隐忍坐视，以致案愈酿而愈多，人日积而日众。设一旦不可收拾，如昔年金田之祸，驯至匪难。刚毅在粤有年，此等情形，当所洞悉。如果皇上召问，该大臣想亦不能讳饰也。往年于荫霖官广东臬司，果于杀戮，盗风顿衰。近年捕务废弛，因而日肆。若非大加惩创，万不能止。相应请旨饬下该督抚臣设法严拿，重搆眼线，务获渠魁。如张乔芬、韩昌晋等传闻果实，亦即从严惩治，以清盗源。臣非敢望人为郅都，鹰特除暴，正以安良。杀数十百群不逞之徒，而善良以安，隐患亦息，亦何惮而不为也。谨附片具陈，伏祈圣鉴。谨奏。[1]

王鹏运是广西人，对广东的情况应不熟悉。然该片言及南海县以至张乔芬，细节至微，定为当地人所拟。兼及康之坦言，可以认定该片由康所拟。我以为，此片可列入孔编大著之中。还须说明的是，该片上奏后，也起到很大的杀伤效果，当日奉光绪帝的严旨：

军机大臣字寄两广总督兼署广东巡抚谭，奉上谕：有人奏广东近年盗风猖獗……如南海县之张乔芬、番禺县韩昌晋皆劣迹彰著。张乔芬有弥缝窝贼手书，石印传观，地方官隐忍坐视，以致盗案愈酿愈多……著谭钟麟督饬该地方官设法严拿，务获渠魁。张乔芬等如果有窝盗情事，即著从严惩治，以清盗源。[2]

---

〔1〕 李学通整理，王鹏运：《〈半塘言事〉选录》，《近代史资料》，总65期，中国社会科学出版社，1987年，第63—64页。原片又见《军机处录副·光绪朝·法律类》，3/149/7366/25，引文据原文校对；该原片是张海荣找到的。

〔2〕 军机处《随手档》、《上谕档》，光绪二十一年九月十二日。王鹏运该片及上谕当日呈慈禧太后。

然两广总督谭钟麟对此案的查办，居然用了一年九个月的时间，直至光绪二十三年六月十七日（1897 年 7 月 16 日）才上奏“遵旨查复张乔芬、韩晋昌弹案折”，称言：

> ……张乔芬，系南海县大涡乡人，由进士、部员指分浙江知府，回籍有年，因本乡多盗贼，迁居省城。韩昌晋，系番禺县古坝乡人，由贡生捐纳主事，签分刑部，请假回籍。前南海县知县李徽庸、番禺县知县惠登甲查覆该二员均无窝盗情事。张乔芬被人石印手书内多残缺无字，其可辨识处，谓“族匪各有实迹，安能掩饰”等语。亦略见其心无包庇。
>
> 正在核办间，据举人陈大照等禀控张乔芬窝匪，经匪犯劳津、张生等供指有案，并控张乔芬伪称道员。臣复饬据署南海县知县黄恩覆称，检查前获正法之劳津等生供，并无乡绅为其窝主，原控出自怀疑。张乔芬缴到光绪四年在浙江省晋豫赈捐由知府加捐道员执照一张。咨准户部，答无报捐案据，令将执照送部再查询。据张乔芬声称，当时系浙江知府邹仁溥经手代捐。又咨准浙江抚臣，以现署杭嘉湖道邹仁溥覆称，前江苏臬司应宝时，奉直隶晋豫赈捐局函嘱劝募，经张乔芬托捐道员，系归何处报部，伊未知悉等语。查应宝时久已身故，此起捐案曾否咨部，外省无从彻究，惟张乔芬是否假冒道员，当以执照之真伪为断，执照业经咨送，应候户部查核办理……

由此可见，王鹏运原参罪名皆被否定，但张乔芬却因陈大照的禀控，而被查出是个假道员。对于此案的拖延，谭的解释是：“此案由部、由浙往返详查，以致覆奏稽迟。”光绪帝对此朱批：“知道了。韩昌晋著即行革职。张乔芬捐案，户部查系假照，已奏交该督查讯办理。”[1]由此又可知，康言“贿谭钟麟洗涤”一句，并无弹劾谭钟麟的意思。

---

〔1〕《宫中档朱批奏折》，04/01/01/1023/18；该原折是张海荣找到的。

康有为于光绪二十一年八月二十九日（1895年10月17日）离开北京，王鹏运“广东盗风猖獗请饬严缉片”于九月十二日上奏，时间上还是对得上的。而王鹏运的“疆臣笃老昏瞀措置乖方请饬查办以安海疆折”，上于光绪二十一年十二月初三日，此时康有为正为上海《强学报》一事，与张之洞决裂，将离开上海回广东，时间相差太久。该折是否由康有为代拟，我难以判断。孔先生如此立论，将该折收录。〔1〕我个人以为，对此似还需补充相关材料方可完全证明。

孔祥吉称，王鹏运于光绪二十三年十二月十九日（1898年1月11日）所上“胶州不可借德宜密结英日以图抵制折”、“结倭联英并缓偿倭款片”，是由康有为代拟的。其主要根据是康有为《我史》中记录及军机处《随手档》中的拟题。然王鹏运该折、片，孔先生皆未从档案中检出，由此，孔先生在《康有为变法奏章辑考》中说明了其考证过程，并标明“原折暂阙”。〔2〕

由于中国第一历史档案馆的查阅制度，许多档案并不开放，使用者对此只能是束手无策。然这部分档案对使用者不开放，并不意味着对馆内工作人员进行相关工作时也不开放。上世纪80年代青岛市博物馆、中国第一历史档案馆、青岛市社会科学研究所共编《德国侵占胶州湾史料选编1897—1898》，发表了该馆所藏的大量档案。孔先生上面提到的王鹏运折、片，皆收入。王鹏运的正折是“胶州不可借德宜密结英日以图抵制折”，称言：

> ……况一国开端，各国必持利益均沾之说，争相效尤。德可借胶，英难保不借吴淞、借定海，法难保不借琼州、借南宁。而俄踞旅顺，倭占威海，皆为已成之局。是我一举而与外人以瓜分之柄也……至于联英一事，臣早夙夜图维，近复风闻日本陆军大佐宇都宫往汉口见张之洞，自言奉彼国密旨，为我联英拒德，确有把握，或助

〔1〕《康有为变法奏章辑考》，第99—105页。
〔2〕同上书，第128—129页。

战，或排解。英亦无多甚奢望，不过购船雇将、借伊股债等事，即可力助。日本亦并不索谢，且言中国朝覆，日本夕亡，非但为中，亦且自为。现在鄂守候，急欲我派员托为游历，到彼政府商议等语。此事想张之洞必已电陈。臣愚以为事至今日，即无出而为将伯之助者，亦应独立峻拒，况有此机，尤不可失……且今日即不联英，将来德事议定，英亦必有所要索，与其与于事定之后，于我无益而有损，何如与于临事之际，于我尚得失惟均。可否一面饬下翁同龢、张荫桓此时暂与德使故为往复，藉延时日；一面饬下张之洞速拣干员密往东洋与彼商定，但使英人慨许相助……我虽密结英盟，仍一面坚求俄助，如彼能许我，则英制其南，俄制其北，事固甚佳，否则彼亦何颜责我。波兰素倚俄国为政，卒为俄人所灭。土耳其介居英、俄之中，有英法之援，俄人至今不能吞并。此虽引喻失伦，亦近事之昭然者。此时拒德，诚不能无事，然战而不捷，有英日之援，尚可复支。胶州一借，山东铁路一修，则大局内溃，沿海尽失……〔1〕

王鹏运的附片为“结倭联英并缓偿倭款片”，称言：

此时结倭联英，止可由外派员潜往，或借采办洋铜为名，前赴东洋，事成固善，不成亦不致声张，致涉痕迹。日本来使指言欲派人游历，往伊政府定议，即此意也。又明年三月即届归还偿款之期，可否并与婉商，中日既经联盟拒德，必将速修战备，将偿款一万万两缓期再还。彼既欲我合力捍御外侮，当可通融。总之借胶一事，无论允否，英断不可不联，日断不可深拒，与其待英人责问而后应付，何如先与联络之为愈也……〔2〕

该折片中提到了联英、日策，提到了波兰与土耳其的事例，提到了缓偿日

〔1〕《德国侵占胶州湾史料选编 1897—1898》，山东人民出版社，1987 年，第 315—316 页。

〔2〕同上书，第 317 页。

本赔款，皆是康当时的主张；其一厢情愿的外交方式，也与当时康的思想逻辑相接近。孔先生称王鹏运该折、片是由康有为起草的，由此似可得到完整的证明。而以上王鹏运之折、片，我以为，当可列入孔编大著之中。

《康有为变法奏章辑考》收录宋伯鲁“请设议政处疏”一折，是一重要的文献。孔祥吉先生对此说明：

> 此折系康有为代山东道监察御史宋伯鲁草拟，原折在档案中阙如，吾于《续修醴泉县志稿》卷十二《艺文志》发现此折，惟县志所辑宋氏此折，未署呈递日期，今据中国第一历史档案馆所藏《早事档》与《随手登记档》补之。[1]

然查宋伯鲁之该原折，仍存于中国第一历史档案馆。[2]我将原折与《续修醴泉县志稿》本相较，发现并无主旨之别，只有个别文字的差异：一、原折前有奏事原由语：“奏为事变日棘急宜博咨群策以挽艰危恭折仰祈圣鉴事”。二、原折“国初有议政之设”，《续修醴泉县志稿》本作“国初有议政处之设”。三、原折“盖合众通才而议一事，自然良法长策出乎其间”，《续修醴泉县志稿》本作“盖合众通才而议一事，可决其算无遗策矣”。四、另有若干并不影响文意的字词差异。[3]需要说明的

---

〔1〕《康有为变法奏章辑考》，第156页。

〔2〕其档案编目为《军机处录副·光绪朝·内政类·戊戌变法项》，3/108/5615/10。

〔3〕原折“泰西上、下议院，深得此意，此其所以强耳”中后一个“此”字，孔祥吉所据的《续修醴泉县志稿》本漏；“搜岩采干”，《续修醴泉县志稿》本作“采干搜岩”；“非能救眉睫之危也”之“救”字，《续修醴泉县志稿》本作“解”字；“以济目前之急哉”之“济”字，《续修醴泉县志稿》本作“疗”字；“实系博古通今、洞悉时务”之“悉”字，《续修醴泉县志稿》本作“晓”字；“令京官一品以上者”之“者”字，《续修醴泉县志稿》本漏；“引见后使即充当议政员”之“使”字，《续修醴泉县志稿》本漏；“乃上之皇上亲裁断而施行焉”，《续修醴泉县志稿》本作“乃上之皇上，而裁断施行焉”；“外省不及资送”之“资”字，《续修醴泉县志稿》本作“咨”字；“若经济特科得人”之“若”字，《续修醴泉县志稿》本作“将来”；“此诚目前转祸为福、化危为安之第一关键枢纽也”中“之”字，《续修醴泉县志稿》本漏；“臣为救补时艰起见”之“艰”字，《续修醴泉县志稿》本作“局”字。

是，奏稿在另行发表时不录奏事原由已是通例，稍有修改也属正常，而传抄刻印中的错讹更是难免。由此，我以为，孔编大著似可改换该折的版本。还需注意的是，宋伯鲁后来又刊行其著作《焚余草》，收录其当年上奏的各折片，其中亦有此折，另有康有为、梁启超代拟的其他奏折，我将放在本章第四、五两节中再介绍。

## 三　文悌、张仲炘、杨深秀、李盛铎的五件奏折

在康有为代拟奏折中，有一种现象很值得注意，即康代拟之奏稿，上奏人后又有很大的修改，甚至主旨都发生了根本性的变化。此中的情况，以文悌“请捐躯拒俄联英折”最为突出，康有为在《我史》中对此有着明确的说明。孔先生也关注到这一点，在《康有为变法奏章辑考》一书特设“附录一”，收入了文悌、洪汝冲、张元济的奏折、条陈共三件，其第一件即文悌的“请捐躯拒俄联英折”。

然而，我以为，文悌于光绪二十四年三月初一日（1898 年 3 月 22 日）所上“敬陈管见折”，很可能就是由康有为起草的。该折是文悌到台后的第一折，长达七千余言，共有四项建言：“愿我皇上法祖”、“愿我皇上尊师”、“愿我皇上纳言”、“愿我皇上勤政”。此四项皆是旧题目，然其中的许多言辞，很明显系康所拟。先看第一项“法祖”，该折称：

> （太祖高皇帝）至于当时圣治行事，必求天鉴，立政务，通下情，君臣上下等威不甚悬绝。举用贤才，量能授职，不论家世，不拘门第。以诸贝勒治兵，以五大臣议政，以十大臣理事，五日一朝，事无巨细，悉得上闻……
>
> （太宗文皇帝）天聪四年，上召降将孟乔芳等，酌以金卮，谕以朕不似尔明朝之君，凡我臣僚皆令侍坐，各吐衷曲，饮食同之。孟乔芳等奏言，臣等在明不但不能进见朝廷，即亲近之人亦难得见……
>
> （世祖章皇帝）纳谏亲贤，数幸内院，与诸臣讨论古今，建直

庐于景运门，令翰林官分番入直，以备顾问……

（圣祖仁皇帝）西洋人入京，亦多召见顾问，以故（故以）圣学广博，凡天文、地舆、算数、乐律、各国语言文字、艺术，莫不洞明原本……奴才尝见日本人所著《万国史记》，其于我圣祖朝，亦极口赞颂，称为康熙之治……

（世宗宪皇帝）明办事程限，以综核名实；令中外臣工皆得密封言事，以祛除壅蔽，手批谕旨，日千万言……

以先祖之名义，而言“上下不隔”、“侍坐讨论”、“召见外人”、“上书言事”，皆是康当时之主张。此数项虽于史有征，但努尔哈赤、皇太极、顺治帝、康熙帝、雍正帝之成功秘诀并非由此，将之集中言之，却是新主张之宣示。文悌于此未必果有真知，似被康所用，且“日本人所著《万国史记》”一句，直是露出马脚。然文悌并没有按照康的思路走下去，而是称：“今天下争言变法，奴才亦不敢谓变法全非，惟法有可变，有必不可变”；“与其效法外人，何如复我祖制为得也”；“使中外上下一心，力返满洲纯朴质实之旧风，以为万事根本，然后再议变法可也，则终不变法亦可也”。再看第二项“尊师”，该折称：

奴才亦尝纵观西书，世皆谓洋人用铁轨、轮船、机器、制造等事，以富强其国，而不知此皆其国之末务。洋人立国之善，则在一面讲求富强之术，一面设教，训迪国人，以要结其心，乃其本也。我中国有教之名，无教之实，而洋人来华日久，增益闻见，欲夺我民而彼教之……奴才拟请皇上于艺术开科之前，择期先行举行经筵，令儒臣进讲四书五经，并临雍释奠于先师孔子。视学讲书，以动海内瞻听。仍请旨饬下礼部核议，行令各省将军、督、抚、府尹、学政诸臣，迅速筹办，一体督饬地方府、县及各学教官，整顿修理文庙，各在该学明伦堂上，聚集生童，定期宣讲四书五经。所有京外官学及各省各项书院，亦令该管地方官会同教习、山长，在学舍设立讲堂，聚集学者，讲习孔子之道；其各省船政、公司、学堂、机局，但系华人聚集、归华官经理者，亦应一律设堂，宣讲四书五经……奴才此议，只欲我中国人民日闻孔子之名，聆孔子之言，服孔子之教……

康有为本有立孔教的想法，戊戌期间的奏议中有着明显的流露；“设堂宣讲”，也是其在广西的做法。此中的文字，虽经文悌之修改，但仍可清晰看出康的思想。再看第三项“纳言”，该折称：

……奴才更有请者，翰苑卿僚如有嘉谋嘉猷，自应随时入告……至京外臣工，如于所司职任中，灼见有利弊可以兴革，均令照例呈明该管上司代奏，勿得阻抑。如此则言路发舒，圣聪明辟……

康有为本有允人人上书言事之思想，其在《上清帝第六书》中也谈及“待诏所”。文悌于此项中的言论，虽有与康说不合之处，但上引词句很可能由康所拟。最后看第四项“勤政”，该折称：

奴才拟请皇上择期举行御门典礼，尽将在京王公大臣、六部、九卿、科道、各部院掌印官员宣至御前，皇上面加训诫，谕令群臣：自此大破从前积习，嗣后大小臣工皆当还皇上以核实认真四字，皇上即以信赏必罚随之。例行之事，力求简实，兴举之事，必责成效。即请面饬军机大臣会同内阁、部院、八旗都统各衙门，迅速集议，妥定办理公事简实成效之法；然后行文各省，亦令其大破成格，一体各议简实成效办事之法，奏复请行。并请我皇上可否效法顺治、康熙年间成案，召见大小臣工，随时讨论实政，或在南书房、懋勤殿立一召对处，选儒臣备顾问，其群臣如蒙召见，亦均于此赐对。倘更能仿照国初时坐朝旧制，君臣上下，从容坐论政治，尤为详实切要。然应听特旨办理，非臣下所敢妄言。〔1〕

---

〔1〕 文悌：“敬陈管见折”，光绪二十四年三月初一日，《军机处录副·光绪朝·内政类·戊戌变法项》，3/108/5615/15。

在这一段话中，文悌提到了三层意思：其一是御门训诫，与康所倡“御门誓众”相近；其二是“议简实成效办事之法”，与康所倡“破胥吏把持之法”相近；其三是设“召对处”，与康所倡“制度局”相近；而特别值得注意的是，此为“懋勤殿”一词的首次出现。康有为在《我史》中称“彼（文悌）折皆倩吾作”，此折是文悌最为重要一折，自称深思熟虑达两个多月。我以为，文悌很可能曾请康为其代拟奏折，康代拟后，文悌并不满意，自己作了较大的修改，以至其主旨已变。

事实上，康有为代文悌拟此折一事，孔先生也早已有相当的认识。他在《康有为戊戌年变法奏议考订》一文称：

> 例如《敬谢天恩勉修臣职敬陈管见折》，光绪二十四年三月初一日递上。此折系文悌被引见授御史职后所上的谢恩折。其中尊师、纳言、法祖等皆系文悌自己的政治主张。惟谓“方今事迫时危，环海各国，纷然窥伺……拟请皇上择期举行御门典礼，尽将在京王公大臣、六部、九卿、科道、各部院掌印官员，宣至御前，皇上面加训诫，谕令群臣大破从前积习，嗣后大小臣工，皆当遵皇上核实认真四字，皇上即以信赏必罚随之”。文悌建议光绪举行御门典礼，这和康有为代杨深秀草拟的请御门誓众与申谕诸臣、力除积习等折，颇有相似之处。据《康年谱》纪述，文悌在戊戌春季即与康有为等人往来，故文悌此主张，与康不无关系。[1]

孔先生认为，文悌此折仅是“御门典礼”的内容与康的思想有关，显得比我更为谨慎；很可能因此而未将该折列入孔编大著中的“附录一”之中，这是可以理解的。但我以为，从文悌本折及“严劾康有为折”中体现出来的学术与政治思想来看，以上我所引出的部分，似为未被文悌修改（或未完全修改）的康拟之稿，似亦可加以注解说明后，列入孔编大

---

〔1〕《戊戌维新运动新探》，第174—175页。其中引文有个别误字。又，该折非为“谢恩折”，文悌于光绪二十三年十二月改任御史，至此已两个多月。

著之“附录一”。

相同的情况还有张仲炘。

孔祥吉在《康有为戊戌年变法奏议考订》一文中考证了张仲炘与康有为之关系后，指出张仲炘于光绪二十四年二月初七日（1898年2月27日）所上“众敌环伺祸机迫切敬陈管见以保危局折”，“可能与康有为有关”，并称其理由为：

> 一、张折认为，俄为中国大患，“外貌亲昵而阴已扼制”，“不但图占东三省，并欲全吞大河以北”，“为今之计，惟有速与英、美、日联盟”，始能保危局。这与康有为当时的外交主张全然相合。
>
> 二、张折称：“拟请明降谕旨，宣言中国土地断不与人，一切政权统归自主，自开口通商……一律开埠设关。”遍开口岸通商，以牵制俄人，此乃康氏当时的外交策略。康氏口授麦孟华之折，即云：“诸国涎我商务，日求口岸，诚布告各国，许其遍地通商，订立约章，合众公保”庶几“助我以制俄”。此与张折主张大致相同。
>
> 三、张折主张，铁路矿务，由中国自设公司。资金来源，主张“向英、德、美等国商家订借巨款数万万两”。并称“西国借债，从无与国担保之例，应径与银行商定，至抵押一层，关税业已无多，此外惟厘金为大宗，近来弊窦丛生，中饱过半……似可酌定数省厘金，暂作抵押”。张仲炘这一主张，与康有为代陈其璋、宋伯鲁等所草《请再借美国洋款折》及《请统筹全局派员往美集大公司折》，几乎毫无二致，故张折拟（似）应为康草。[1]

以上孔先生所称的三点理由，我以为是大体能够成立的，张仲炘此折似由康有为起草，张上奏时又有所改动。然孔先生于此又一次表现出谨慎态度，张仲炘之该折，未被其列入孔编大著之“附录一”。

孔先生之所以表现出如此谨慎的态度，我以为，很可能与康有为本

〔1〕《戊戌维新运动新探》，第179—180页。其中引文有个别误字。

人从未提及为张仲炘草折有关。

我在这里为孔先生提供一条证据。据康有为《我史》手稿本，其“御史杨漪川深秀博学高节，来谈，欲相奏荐，草稿有‘大才槃槃，孤忠耿耿’之语，力辞之”一段，全为添加，补在页眉上；而在“力辞之”之后，又删去原添加页眉上的“为草请联英日折。又为御史陈其璋上请联英日折。又为张仲炘草请战折。又上书常熟请联英拒德，略言矣”一段。值得注意的是，被删去的一段中，关于杨深秀、陈其璋、翁同龢的内容，后皆详细述之；仅仅是“又为张仲炘草请战折”一句，相关的内容以后再也没有出现过。此句透露出康有为与张仲炘之间的关系，也说明康确实曾为张草折。康删去此句的原因，很可能与张后来请诛杀康广仁等五人及坐拿康、梁家人并查抄家产的奏折有关。[1]

由此查军机处《随手档》，光绪二十四年正月二十五日（1898 年 2 月 15 日），张仲炘上奏“请将海疆要地遍开商埠以保全局折”，该折称言：

> ……臣惟今日之事变，一中俄密约启之耳！俄人鹰瞵虎视，久有囊括之心，因欧人抵之于西，于是有西伯利亚铁路之筑，求逞于东。适值还辽，遂缔深交于我。俄固自以为中国于彼最睦，凡东边辽海一带皆在其掌握中矣。夫权重于亚，则势雄于欧，理有固然，各国岂甘束手？……如俄之坚持旅大，英之图据长江，法之欲占南宁，倭之久屯威海，兼各欲扩充其铁路矿务，以握利源，此皆出于事之无可如何。断不中止，若待其要挟之既至，而徐与商辩，终必如愿以偿，何若明示以大公，而概与羁縻，使其无可希冀之为得也。现在德约尚未定准，臣之愚见，拟请乘未定之时，将胶州澳、大连湾、南宁、琼州、福宁、定海、三沙尾等处，照会各国，一律

〔1〕 戊戌政变后，八月十一日，张仲炘与高燮曾等人联名上奏，请杀张荫桓、徐致靖、康广仁、谭嗣同、林旭等人，以防外人干涉。八月十六日，张仲炘单衔上奏，请缘坐康、梁家属并销毁其著作。（见《戊戌变法档案史料》，第 466、470 页；《军机处录副 · 补遗 · 戊戌变法项》，3/168/9457/260）

开埠设关，使凡有约者群沾利益，明立码头以广各国之商务，实暗借商务以保中国之版图。俄、德固不能用其垄断之谋，他国亦无庸施其抵御之术，互相牵制，俾其索无可索，分无可分，转危为安，策无有便于此者。如或胶已许德，万难翻悔，仍可于所许百里之外，别开商埠以分其权。而且山海关铁路渐通，并可于东三省酌量设立陆路码头，以防俄人之蚕食。一面与各大国均联络订盟，要其相助，务使交相畏忌。一面并力开筑矿务铁路，精练水陆两军，以图富强，即富强未可骤期，已可数十年安枕。〔1〕

张仲炘该折的主旨是将德、俄、英等国已索将索之地，全部开辟为通商口岸，让各国互相牵制。这一思想与康是一致的。但该折是否真由康所起草，我还不能确定。〔2〕若仅从内容来看，我以为，很可能由康起草，由张改定。由此，我还以为，该折似可列入孔编大著的“附录一”。

由此再查军机处《随手档》，光绪二十四年二月初七日（1898 年 2 月 27 日），张仲炘上奏“众敌环伺敬陈管见折”、“德使要挟不宜曲从折”两折。前折即孔先生所题名为“众敌环伺祸机迫切敬陈管见以保危局折”，该折称德、英、法、俄四国环伺，局势甚危，由此提出三策：

一、拟请明降谕旨，宣言中国土地断不与人，一切政权统归自主。自开口通商，各国久沾利益，待人可谓至厚，现商务渐旺，更当推广利源。所有未开口岸，应请指添数处，如臣前折所陈者，一律开埠设关。至应办之铁路、矿务，由中国自设公司，准各国附搭股分，各派董事，通力合作，匀分其利；惟不得各自分指地段，以杜暗割之渐，则权自我操矣。

〔1〕《德国侵占胶州湾史料选编 1897—1898》，第 327—329 页。

〔2〕至戊戌政变后，张仲炘于光绪二十四年九月十四日上奏“敌谋叵测外患宜除折”，专言英、德、日三国可能因东三省而与俄国对立，要求与英、德、日三国订立密约，对付俄国。（《德国侵占胶州湾史料选编 1897—1898》，第 353—356 页）由此可见，张仲炘之外交思想有其连贯性，且主要是针对俄国的。

一、借款为西人保国之一法。中国兴办各务，用项浩繁，允宜宽为筹备。除俄、法业经借用外，拟请分向英、德、美等国商家订借巨款数万万两，以示均平而敦睦谊。查西国借债从无与国担保之例，应径与银行商订。至抵押一层，关税业已无多，此外惟厘金为大宗，近来弊窦丛生，中饱过半，虽叠饬整顿，积习终难革除。似可酌定数省厘金，暂作抵押，于商民不致浮收，而国家可杜中饱，并言明矿务开办以后，仍即易回，似属有利无弊。

一、中俄联盟两年以来，西报纷纷议论，惶急殊常。既怨我用情之不均，尤恐俄患波及于欧境，各国之与我为难，皆由于此。现在俄兵至吉林者，已两万有余，兵船守泊旅顺不去，西人谓其不但图占东三省，并欲全吞大河以北。又闻俄阴约法人，将先发难于滇、桂、粤三境，因之，德欲进占齐、豫等省，英欲通滇蜀铁路以达长江，暗成分割之象。为今之计，惟有速与英、美、日联盟，并与德、意、奥联盟，相待从同，各国之心自平，互相牵制，转为我用，而俄谋亦戢矣。[1]

康有为此时有遍开通商口岸的思想，有向美国借巨款的思想，亦有与英、日联盟的思想，正如孔先生所言，“张折拟（似）应为康草”。然若细细核之，康的思想与张仲炘此折中所言，似仍有所差别，或由康起草后，张在上奏前有所更改。由此，我以为，该折似亦可列入孔编大著的“附录一”。至于同日张仲炘“德使要挟不宜曲从折”，该折称言，华商修建津镇铁路，德使海靖胁迫用德国工料，请总理衙门不要曲从。[2]此折从内容上看不出与康有关。

以上张仲炘三折，皆无战意，与康称“又为张仲炘草请战折”并不吻合。我个人以为，康此时条陈及代拟奏折，对俄、德皆有“拒”心而

---

[1] 该折原件见《军机处录副》，03-5615-009，缩微号：423-1738，是李文杰提供的；其抄件见台北中研院近代史研究所编：《胶澳专档》，1991 年，第 253—255 页。

[2] 《德国侵占胶州湾史料选编 1897—1898》，第 333—334 页。

无“战”意，若康有为真草有“请战折”，此中的“战”字，似应作备“战”或联英、日一同作“战”来理解；而张仲炘可能在修改时将此义项删之。

除了以上所言文悌、张仲炘的三件奏折外，我以为，相同的情况很可能还有山东道御史杨深秀的“时势艰危亟图要举谨贡刍议折”，该折于光绪二十三年十二月初八日（1897年12月31日）上奏，提出了三策：

> 一曰下责躬之诏，激厉散漫之人心也……然而转移之机无他，正在皇上一颁纶音耳。昔唐德宗初年，民困暴政，久忘爱戴之情，一旦下贬损自责之诏，虽骄将悍卒闻之痛哭，向之疾首蹙额者，顿变而成敌忾之忱……皇上勤政爱民，赈蠲屡下，如果引过归己，开诚谕人，较彼唐代其深感尤当万万，必能使强梁革面，僻野倾心，众志成城，苞桑巩固，此所以定不拔之本也。
>
> 二曰简理剧之臣，经营深固之行在也。夫燕京定鼎，肇自辽金，至元明而始称大统一之都，计已近千年矣。士气雄，漕运利，练兵措饷，昔最实宜。一自地球变为海战之局，而近海非甚宜矣……夫据天下上游而远海氛之震荡者，首推秦之长安，次数晋之太原。太原险塞胜于秦，长安闳畅过于晋。窃维宜于两处择一，特遣大臣经略之，扫除行宫，平治辇路，核实仓储……
>
> 三曰遣重望之使，布告各国以明曲直也。近来地球各国皆以文明自命，无故而发大难之端，人即以野蛮待之。臣闻日本邮报有云：各国同处太平之时，乃有忽遣兵舰霸占友邦土地者，殊非有教化之国所应出此，德国此番举动，我等正毋须畏怯也等语。又闻英国邮报有云：中国官场每不愿亲近西人，朝廷多听信其言，故只知疏远而不知敦睦等语。可见各国初不以德人为然，特我不向明告，遂无代持公论者耳。夫吕相绝秦，兼述楚人之怨，汉高责项，明正义帝之仇。义声充沛，勇气倍增。皇上诚发一介之使，内识时务、外具办才者，剖是非以修辞令，不数日而遍达泰西，俾皆晓然于我

> 之秉义，彼之寻衅，将必有发不平之鸣、责无礼之尤者，我即借兵借馕，皆可必应，此所以扬敌人之恶也。[1]

下诏罪己、择建行都、派使游历各国，杨深秀该折中的内容与康有为当时的思想很相近。尤其是第三项派使往各国，相较于高燮曾“弭兵会”、“游历使”之荐，更当特别注意。康有为《我史》中称“御史杨漪川深秀博学高节，来谈，欲相奏荐，草稿有‘大才槃槃，孤忠耿耿’之语，力辞之”一段，有可能即是指杨深秀此折。我虽然还不能肯定该折是由康代拟，但感到很可能是康代拟后，杨有所修改。由此，我以为，该折似可列入孔编大著的“附录一”。

至于《康有为变法奏章辑考》所录李盛铎“时务需才请开馆译书折”（光绪二十四年四月十八日，1898 年6 月6 日）一折，我个人以为，很可能是由康有为起草，李盛铎上奏前又做了较大的修改。[2]李盛铎该折中最为关键之语为：“如蒙俞允，所有译书局事务，应否特派大臣管理，抑或由管理官书局大臣兼办之处，出自圣裁，非臣下所敢擅拟。”即李盛铎该折的本意，是由管理官书局大臣孙家鼐来兼管这一新建的“译书馆”，如果联系到李盛铎关于京师大学堂章程的奏折，可以看出其抵制康、梁之用意。然李盛铎该折中从日本书翻译西书的思想，实为康有为的主张。[3]我以为，该折似可改列入孔编大著的“附录一”。

## 四 宋伯鲁和他的《焚余草》

2009 年，王夏刚出版了《戊戌军机四章京合谱》一书。他在书中

---

〔1〕《德国侵占胶州湾史料选编 1897—1898》，第 304—306 页。

〔2〕《康有为变法奏章辑考》，第 224—226 页。又，孔祥吉称：“此折系康有为代御史李盛铎草拟，原件藏中国第一历史档案馆录副奏折档，光绪二十四年文教类”，有误；李盛铎原折藏于《军机处录副·光绪朝·内政类·戊戌变法项》，3/108/5616/44。

〔3〕参见本书第四章第三节。

提到了宋伯鲁的《焚余草》，并指认“请选通才以资顾问疏”是康有为所作。[1]根据王先生书中的提示，我也阅读了宋伯鲁的《焚余草》及其他著述，除了王先生已指认的一篇外，另发现了四件以往尚未注意的康有为及其党人在戊戌变法期间代拟的奏折。

宋伯鲁（1853—1932），字芝栋、芝田，陕西醴泉（今礼泉）人。光绪十一年（1885）进士，入翰林院，散馆后授编修。光绪二十二年（1896）四月授山东道监察御史，后为掌山东道监察御史。[2]戊戌变法期间，他与康有为、梁启超走得很近，为康党代奏了大量奏折。

张之洞之子张权在光绪二十四年六月十二日（1898 年 7 月 30 日）给其父的密信中写道：

> 昨传言，宋伯鲁又有奏劾孙，系为康而发。问李玉坡，尚未之知，恐系谣传耳。杨深秀、宋伯鲁与康最密。闻人言，杨有悔心，宋则五体投地到底，心悦诚服。宋对人言，自觉与之当学生，尚属不配，惟有叩头而已。[3]

“孙”，指孙家鼐，时任协办大学士、吏部尚书，并管理大学堂事务。张之洞派在北京的“坐京”杨锐，此期给张之洞的密报中亦称：“此时台谏中，惟杨深秀、宋伯鲁，最为康用。”[4]而御史文悌更是在上奏中攻

〔1〕参见王夏刚：《戊戌军机四章京合谱》，中国社会科学出版社，2009 年，第 209—210 页。

〔2〕参见宋伯鲁引见单，《清代官员履历档案汇编》，第 5 册，第 370 页；第 6 册，第 368—369 页。

〔3〕《张文襄公家藏手札·家属类》，中国社会科学院近代史研究所图书馆藏，档号：甲 182-264。张权的情报极准。查军机处《随手档》光绪二十四年六月十一日记：“御史宋伯鲁折：……片一、大学堂派办各员请开去别项差使片。”该片的主要内容是孙家鼐所奏派的大学堂各员须开去别项差使，以专职专任；其中一些议论是针对孙家鼐的。宋伯鲁此片确由康有为起草。（参见《康有为变法奏章辑考》，第 309—311 页；档案影印件可见《京师大学堂档案选编》，第 49—50 页）“李玉坡”，军机处汉二班领班章京李荫銮；其称“尚未之知”，很可能李恰未当值，或未去检看该片。

〔4〕转见于孔祥吉：《戊戌维新运动新探》，第 80 页。

击康有为结交台谏，指名宋伯鲁代康上奏改科举、派容闳赴美等折。[1]由此可见，宋伯鲁与康的交往及代奏康所拟的奏折，当时人是知情的。光绪二十四年八月初六日，即戊戌政变的当日，宋伯鲁代奏康所拟的一折一片，引起慈禧太后大怒，当日下达谕旨："御史宋伯鲁滥保匪人，平素声名恶劣，著即行革职，永不叙用。"这是戊戌政变后第一个处理的官员。也正是因为处理最早，他没有落到御史杨深秀等"六君子"被杀的境地。

戊戌政变后，宋伯鲁于光绪二十四年（1898）九月到上海，闲居数年。从其诗作《海棠仙馆诗集》来看，他于光绪二十七年（1901）春离开上海，回家乡。光绪二十八年（1902）七月，由陕西巡抚升允奏准，他被"永远监禁"。[2]光绪三十年（1904）五月，因慈禧太后七十大寿而下旨宽大戊戌牵涉各员，升允奉旨奏准"开释"。[3]光绪三十二年（1906）三月，他应伊犁将军长庚之聘，去了新疆，入其幕，领新疆通志馆，后又返回家乡。民国期间，他居住于北京、陕西等地，曾任北洋

---

〔1〕《翼教丛编》，第28—35页。

〔2〕光绪二十八年六月十八日，清廷发电陕西巡抚升允："奉旨：政务处代递升允奏，宋伯鲁现经拿获，应否解京及如何处理等语。宋伯鲁著交地方官严加管束。钦此。巧。"（《谕旨类·电寄谕旨档》，光绪二十八年，1-01-12-028-0055）六月二十二日，升允上奏"康党回籍就获请从重监禁折"，称言："查已革御史宋伯鲁于本年六月初一日携眷回陕，在省城逗留二日，旋回醴泉原籍。奴才因其系逃犯，俨然仕宦还乡，太形胆妄，当饬臬司转饬醴泉县传解来看，发西安府看管，于十六日电奏请旨，奉电谕'宋伯鲁著交地方官严加管束'。……查曩年奉旨缉拿康、梁诸逆时，宋伯鲁以被革在先，闻风早遁，避居日本，旋匿申江，倚报馆为护符，附康、梁而横切议……惟该革员素不安分，惯事招摇，以未蒙明赦之人，掉臂还乡，尤敢招引门徒，迎于百里之外；及被看管，又饬首县具车拜客。其余狂谬之语，得诸传说，未敢遂以为据……若纵回醴泉，决非一县令所能钳制，倘必待其滋事再行奏参，不若此时防范加严，转属保全之道。相应请旨将宋伯鲁永远监禁，仍当随事察看，如其真能悔过，再行吁请恩施。"光绪帝七月初四日朱批："著照所请。"（《军机处录副·补遗·戊戌变法项》，3/168/9459/25）又，宋伯鲁被捕后，曾致信李提摩太求救。（见《汪康年师友书札》，第1册，第541—542页）

〔3〕陕西巡抚升允于光绪三十年六月初五日奏称："……查戊戌案内陕省监禁已革御史宋伯鲁一员……蒙覃敷庆典，法外施恩，该革员在一体开释之例，相应奏明，请旨开释……"六月十九日奉朱批："著照所请，该部知道。"（《军机处档》，161463，台北故宫博物院文献馆藏）

政府参议院议员，亦曾任职于陕西通志馆。1932 年去世。[1]

宋伯鲁著述较多，主要有《己亥谈时》2 卷（初刻本名为《时务目论》）、《蕤红词》1 册、《还读斋杂述》16 卷、《知唐桑艾》4 卷、《海棠仙馆诗集》23 卷、《海棠仙馆诗余》1 卷、《焚余草》2 卷、《新疆建置志》3 卷、《新疆山脉志》4 卷、《西辕琐记》2 卷、《伊江行纪》1 卷；此外另主持编写《续修陕西通志稿》、《重修泾阳县志》等。其中《时务目论》、《新疆山脉志》、《伊江行纪》，我尚未过目。[2] 又据罗宏才所述，尚有《海棠仙馆文集》，但未刊行。[3] 在我过目的著述中，《蕤红词》、《海棠仙馆诗集》、《海棠仙馆诗余》录其诗词；《新疆建置志》是其在新疆时仿《汉书 · 地理志》等书而作；《知唐桑艾》是其在新疆时记录其所见的名人字画；《己亥谈时》是其光绪二十五年（己亥，1899）在上海时所写的时论（就其内容而言，有些篇章可能还晚于此年）；《西辕琐记》记其从家乡到新疆迪化（今乌鲁木齐）的经历；《还读斋杂述》是其返回家乡陕西后所做的笔记。而我最关心且与本章内容有直接关系者，是他的《焚余草》。

宋伯鲁的《焚余草》2 卷，共收录其当御史时的折、片共计 35 件。他在该书《自叙》中称：

> 余滥竽谏垣不盈三载，其间条奏弹劾折片或施行，或留中，多至六十余通。戊岁出都，稿本散佚，今春家居无事，因搜取箧中所剩，求之故纸，得若干件，命及门钞录成帙……光绪乙巳三月宋伯鲁识于还读斋。

---

〔1〕对于宋伯鲁的身世，有张应超、罗宏才、曹伯庸、钟明善、王长启、宋曾诒、宋增谋的多篇文章，可参见礼泉县政协文史资料委员会编：《礼泉文史资料》，第 7 辑，《宋伯鲁专辑》，1996 年。该书的复印件是陈谦平提供的。

〔2〕可参见曹伯庸：《宋伯鲁著作述略》，《礼泉文史资料》，第 7 辑，第 97—108 页。该文称“（新疆）《山脉志》未见梓行”。

〔3〕罗宏才：《宋伯鲁先生诸事钩沉》，见《礼泉文史资料》，第 7 辑，第 43 页。

光绪乙巳年为光绪三十一年（1905），此时他已获释，正在陕西家乡闲居，开始搜求昔日的奏稿；而该书与《海棠仙馆诗集》、《海棠仙馆诗余》，同刻于“甲子（1924）三月”。[1]看了这段《自叙》，我很是犯嘀咕：时间过了六年多，从北京到上海到陕西，又是进言获罪，一度坐监，会否保存旧稿？更何况刻印的时间已是26年之后。我的这番思绪，完全是受到康有为《戊戌奏稿》作伪之累，害怕宋伯鲁也会有相同的再造。然而，验证其真伪的最佳方法，乃是直接与档案原件核对，为此查北京中国第一历史档案馆、台北故宫博物院图书文献处之所藏：由军机处《随手档》可知，宋伯鲁在御史任上共计上奏22次，共有折片57件；又从第一历史档案馆检出宋伯鲁折片38件，从台北故宫博物院检出10件，共计48件；将之与《焚余草》所载的35件逐一核对，其结果如下：

**卷上：**

第1件“整顿长江水师积弊疏”（第1—2页），据军机处《随手档》，光绪二十二年六月十五日上奏，原折见中国第一历史档案馆《军机处录副》（以下简称“一史馆”），编号为03-6190-036。两相核对，仅为文字修正。

第2件“条陈永定河江办法疏”另附片二（第3—6页），据《随手登记档》，光绪二十二年十月十六日上奏，原折见一史馆03-9639-57；附片一见一史馆03-9614-20；附片二见一史馆03-9614-21。两相核对，仅为文字修正。

第3件“劾太监寻衅疏”（第7页），据《随手登记档》，未见上奏记录。从内容来看，当作于光绪二十二年。[2]

第4件“请酌增各省减平以裕利源疏”（第8—9页），据《随手

[1] 《焚余草》与《海棠仙馆诗集》、《海棠仙馆诗余》同时开雕，共计10册，一些图书馆仅题名《海棠仙馆诗集》，未列出《焚余草》之名，似可注意。曹伯庸《宋伯鲁著作述略》称该书刊于光绪三十一年（1905），似为误。

[2] 张应超：《宋伯鲁严劾李莲英》（鱼闻诗主编：《风雨长安》，中华书局，2005年），《宋伯鲁先生简传》（《礼泉文史资料》，第7辑），皆称宋伯鲁上有此折，不知其另有何证据。

档》，光绪二十三年三月十二日上奏，原折见台北故宫博物院文献档案处《军机处档》（以下简称“台北故宫”），编号为137985。两相核对，仅为文字修正。

第5件“劾北城捕务废弛疏”（第10—11页），据《随手档》，未见上奏记录。从内容来看，似作于光绪二十三年二月以后。

第6件“请变通科举以育人材而强国势疏”（第12—14页），据《随手档》，未见上奏记录。从内容来看，似作于光绪二十四年，且似由康有为及其党人起草。

第7件“请造天津通扬子江铁路藉运南米以除漕弊疏”（第15—16页），据《随手档》，未见上奏记录。从内容来看，似作于光绪二十三年。

第8件“劾陕西镇安各处匿灾不报片”（第17—18页），据《随手档》，光绪二十二年十二月十六日附奏，原片见一史馆03-9369-15。两相核对，仅为文字修正。

第9件“请殿廷考试不得专重楷法片”（第19页），据《随手档》，未见上奏记录。从内容来看，似作于光绪二十四年，且似由康有为及其党人起草。

第10件“请翰林院一律讲求时务片”（第20页），据《随手档》，光绪二十四年二月初八日附奏，原片见一史馆03-5617-049，孔祥吉《康有为变法奏章辑考》（以下简称“《孔书》”）已收录。康有为起草。两相核对，仅为文字修正。

第11件“请疏通官学教习疏”（第21—22页），据《随手档》，光绪二十三年七月十六日上奏，原折见台北故宫140613。两相核对，仅为文字修正。

第12件“请改总署为外部疏”（第23—24页），据《随手档》，光绪二十二年十一月二十日上奏，原折见一史馆03-9444-014。两相核对，仅为文字修正。

第13件“请传补军机、译署章京不准兼本署差使片”，此为上折（第12件）所附之片，原片见一史馆03-9444-015。两相核对，仅为文字修正。

第14件“风闻嘉鱼县港口因筑堤酿成大狱片”（第26—27页），据《随手档》，光绪二十三年五月十九日附奏，原片见台北故宫139475。两相核对，仅为文字修正。

第15件“凡遇应办大工从实勘估以杜流弊片”（第28页），据《随手档》，光绪二十三年三月十二日附奏，原片见台北故宫138000。两相核对，仅为文字修正。

**卷下：**

第1件“奏保董福祥防御甘回疏”（附片一）（第1—3页），据《随手档》，光绪二十二年九月十六日上奏，原折、片未从档案中检出，时间从军机处拟题来判断。

第2件“请革除恶俗片”（第4页），据《随手档》，光绪二十二年十二月十六日附奏，原片见一史馆03-7369-064。两相核对，仅为文字修正。

第3件“劾五城旗汛司坊练勇巡缉不力片”（第5—6页），据《随手档》，光绪二十二年七月二十九日附奏，原片见台北故宫137999。两相核对，仅为文字修正。

第4件“请设立议政处疏”（第7—8页），据《随手档》，光绪二十四年二月初八日上奏，原折见一史馆03-5615-010，《孔书》据《续修醴泉县志稿》收录。康有为起草。与档案原件核对，仅为文字修正。

第5件“条陈迁徙河回疏”（第9—10页），据《随手档》，光绪二十三年二月二十一日上奏，原折见台北故宫137482。两相核对，仅为文字修正。

第6件“劾部臣遇交议事件设难驳斥片”（第11—12页），此为上折（第5件）的附片，原片见台北故宫137483。两相核对，仅为文字修正。

第7件“请仿照西法先修九城干路片”（第13—14页），据《随手档》，光绪二十四年七月二十八日附奏，原片见一史馆03-7170-007，《孔书》已收录。康有为起草。两相核对，仅为文字修正。

第8件“变通乡会试片”（第15—16页），据《随手档》，光绪二十二年十一月二十日附奏，原片尚未从档案中检出，似由康党人士所拟。

第9件“奏请选通达中外政治之才每省一人任新政疏”（第17—18

页），据《随手档》，未见上奏记录。从内容来看，似作于光绪二十四年，似由康有为所拟。

第10件“风闻四川土司过境任意骚扰片”（第19页），据《随手档》，光绪二十三年七月十六日附奏，原片见台北故宫140614。两相核对，仅为文字修正。

第11件“请选通才以资顾问疏”（第20—21页），据《随手档》，光绪二十四年七月二十八日上奏，原折未从档案中检出，似由康有为所拟。

第12件“请严饬永定河在工各员克期蒇事疏”（第22—23页），据《随手档》，光绪二十二年八月二十六日上奏，原折见一史馆03-9613-062。两相核对，仅为文字修正。

第13件“稽查刑部片”（第24页），此为上折（第12件）的附片，原片见一史馆03-7265-44。两相核对，仅为文字修正。

第14件“请派容闳赴美集款责令报效七事疏”（第25—27页），据《随手档》，光绪二十四年二月十七日上奏，原折见一史馆03-9446-013，《孔书》已收录。康有为起草。两相核对，仅为文字修正。

第15件“整顿五城捕务片”（第28页），据《随手档》，光绪二十二年七月十一日附奏，原片见一史馆03-7417-23。两相核对，仅为文字修正。

第16件“条陈治河疏”（第29—31页），据《随手档》，光绪二十二年七月十一日上奏，原折见一史馆03-9368-003。两相核对，仅为文字修正。

第17件“请拨运京漕白等粮抚恤灾黎片”（第32页），此为上折（第16件）的附片，原片见一史馆03-7106-026。两相核对，仅为文字修正。

通过以上逐件的核对，可以得出以下的结论：一、《焚余草》总计共35件，其中有25件相应的折、片原件已从档案中检出，两者相较，内容基本相同，各篇文字的改易虽有多有少，但仍属刊刻前的润色，并无实质性的修改。二、《焚余草》所录折、片中，在《随手档》有上奏记录而档案中未找到者为4件，2件关于西北军务，其余2件为康有为及其党人所拟，后将详述。三、《焚余草》所录折、片中，《随手档》未有上奏记录者为6件，其中“劾太监寻衅疏”为弹劾李连英，或因刑部尚书薛允升已按律处置太监李苌材、张受山等人而未上奏，或因畏李连英而最终未上；“劾北城捕务废弛疏”为弹劾京师北城的司坊、甲捕等人，未上奏原因不详，很可能恐因此得罪人；“请造天津通扬子江铁路藉运南米以除漕弊疏”为提议建造津浦铁路，未上奏原因不详，很可能因与张之洞、盛宣怀、王文韶主张先建芦汉铁路的意见不同而不便出奏；其余的3件为康有为及其党人所拟，后将详述。由此可以判断，《焚余草》是一部相当可靠的文献，决非是宋伯鲁后来的另作。[1]

---

[1] 除了《焚余草》所录25件折片外，据军机处《随手登记档》及一史馆和台北故宫所藏，宋伯鲁其余折片的上奏时间与馆藏为：光绪二十二年七月十一日，“片、五城咨送窃案赃证不符毋庸传司坊官面质由”，原片见一史馆03-7417-23。七月二十九日，“仓匪会匪结伙行动请饬捕治由”（未检出），“片、美国教士李佳白设立学堂并在督办处呈递条陈请饬查核由”（未检出）。八月二十六日，“片、陕西宿平令傅汝梅劣迹请查办由”，原片见一史馆03-5350-060。九月十六日，“片、道员祝淮城办理汉回未能持平由”（未检出）。十一月二十日，“片、各省铁路勿归盛宣怀独办由”，原片见一史馆03-5350-014。十二月十六日，“改捐（折）南漕宜防流弊由”，原折见一史馆03-6265-065，“片、工部选缺过多请酌量改题由”，原片见一史馆03-5350-62。光绪二十三年五月十九日，“请厘定袭职章程由”，原折见台北故宫139474。七月十六日，“片、中城商人王远来等被毒身死案张仲炘草率勒结请查办由”，原片见台北故宫140615。光绪二十四年四月二十六日，“请明定赏罚以推新政由”，“片、经济科请分别办理由”，原片见一史馆03-9446-44，“片、陕西昭信股票请宽减由”，原片见一史馆03-5615-011。四月二十九日，“变法先后有序由”，原折见一史馆03-9446-41，“请将八股改为策论由”，原折见一史馆03-9446-42，“片、请将铁路官本岁息缴充学堂经费由”，原片见一史馆03-9446-43。五月初二日，“礼臣阻挠新政请予罢斥由”（与杨深秀联衔），原折见一史馆03-9447-004。五月十二日，“请将经济岁举归并正科改试策论由”，原折见一史馆03-9447-17，“片、请旨申禁复用八股试士由”，原片见一史馆03-9447-018。五月二十九日，“请将时务报改为官报由”，原折见一史馆03-9447-56，“片、八旗学堂请归大学堂统理由”，原片见一史馆03-9447-57。六月十一日，“各省兴办铁路官不必问由”，“片、主事席庆云承办西山煤矿请饬查验由”，原片见一史馆03-7124-048，“片、大学堂派办各员请开去别项差使片”，原片见一史馆03-5617-048。七月二十八日，“参谭钟麟由”，原折见一史馆03-5363-122，“片、参魁元等由”，原片见一史馆03-5370-012，“片、定银元价值由”，原片见一史馆03-9534-67。八月初六日，“请急联与国并保康有为由”，原折见一史馆03-9456-005，“片、保道员马建忠由”，原片见一史馆03-9456-006。我在查找宋伯鲁在中国第一历史档案馆和台北故宫博物院文献馆所藏奏折时，李文杰和冯明珠提供了帮助。

从宋伯鲁现存的奏折来看，他本人所拟的折片与康有为及其党人代拟的折片，从思想到文字，有着比较明显的差别，可以区分开来。此处可举光绪二十二年十一月二十日（1896 年 12 月 24 日）上奏“请改总署为外部疏”为例。宋伯鲁在该折中提议总理衙门设立专职官员，并提议设立主事满汉各四缺，郎中、员外郎满汉各两缺(共计 16 缺)，郎中以下升迁仿照六部，郎中期满后升任使馆参赞，“参赞年满无过，可充小国正使。小国正使年满无过，充大国正使。大国正使数年之后，本署尚书、侍郎出缺，即可以之补授，无庸由别署升调矣。”宋伯鲁改造总理衙门的设计，是有见识的，但他的立意之一在于，将总署章京改为专任，即可不占六部、内阁等衙门之额缺，这又是康有为、梁启超等人不会考虑到的。如果再看其文字，没有康的气势，没有梁的色彩，比较合乎官员平日奏章之平铺直叙。[1]

需要说明的是，在我所见的宋伯鲁诸多著述中，从未正面提及他与康、梁的交往，更未言及他代奏康、梁所拟奏折之情事。对于他在戊戌政变时被革，仅是淡淡地自称“以言获咎”、“言事获遣”。从他的思想来看，其居上海时所作《己亥谈时》（《时务目论》）共计 50 篇，仍可看到其继续沿袭戊戌时改革政治的思想；但已有所变化，其中一篇题为《论变法不可太骤》，更是大谈欲速则不达，称言：

> 今中国积弊已深，上下交困，内忧外患，相寻不已。当此之时，有识无识皆知其宜舍敝筍施新纶，不可一朝缓也。然而言之而不能行，行之而不能久。基础甫设，祸不旋踵……今中国之民四万万，抱孱守弊，蹈常习故，狃目前，昧远大，非一日矣。使骤而语之曰：“尔之田庐身家将为他人有，凡我所以来，恳恳言变易者，为存尔也。”则必目之为妖妄矣。讲之者愈繁，拒之者愈众……夫以子孔、子产治一小国，改革仅一二事，犹如此之难，几于不免，况以中国之大，而不见不解者之万亿于我，乃欲一朝而空数千年之

〔1〕《焚余草》，卷上，第 22—23 页。

积弊，虽圣人，吾知其不能矣。[1]

此处虽仅谈变法的民间阻力，而未谈政治阻力，但似也总结了戊戌变法的教训。宋此后的著述，旨趣大变。其所著《还读斋杂述》16 卷，“癸亥(1923)三月开雕”，属笔记小说体，说古论今，多谈新疆诸事，唯不谈戊戌之变革，不言康、梁之事迹。其卷 12 中，有一则竟称：

> 余光绪戊戌以掌山东道御史，言事获谴罢去，而杨漪村深秀竟以山东道御史谏孝钦被戮。始以为事出偶然，昨读山阳阮吾三《茶余客话》，有云：辛未冬，山东道御史出，时贵阳王编修世仕以记名第一，当引见。一夕梦其祖若父曰：汝得御史矣，明年祸甚烈，身首不保，奈何？世仕梦中请曰：愿不得此官。父曰：名籍已定，无能改。然有一线可冀，姑为尔谋之。惊寤，见案上灯若有“山东道察院”五字，大恶之。三日后，忽被命副福建典试。及吏部以御史请，王以试差不与，遂补蔡时田。次年四月，王旋京，大考，改鹿邑令，意甚怏怏。及秋，蔡以科场监试，伏法都市，而王得无恙。此则山东道一缺，例不吉矣。然王又何幸也。[2]

他为王世仕未得山东道御史而感到庆幸，也为自己和杨深秀出任山东道御史而感到不幸。《海棠仙馆诗集》23 卷，录其平生所作，几乎无事不诗，然涉及康、梁者，仅有一首，作于 1918 年，题为《康南海先生戊戌遗笔》，诗曰：

> 不忍重回首，当年万事哀，凄凉遗墨在，慷慨寸心灰。浪迹随烟水，孤忠付酒杯。独怜毕逋尾，犹绕旧宫槐。[3]

---

〔1〕 宋伯鲁：《己亥谈时》，1913 年刊本，卷上，第 9—10 页。

〔2〕 宋伯鲁：《还读斋杂述》，1923 年刊本，卷 12，第 11 页。

〔3〕 宋伯鲁：《海棠仙馆诗集》，1924 年刊本，卷 22，第 12 页。又，宋伯鲁另有一诗提及“经济特科”，但仅是宣称某人可中而已。

从诗面可见，他“不忍”“回首”“当年”，也未交代他当年与康、梁的密切交往。以我所过目的著述来看，宋伯鲁自戊戌之后，仅于1923年在西安与康有为见过一面，且主要为讨回被康拿取的西安卧龙寺宋版经卷。[1]宋晚年最为重视、交往亦多者，仍是其翰林院中的旧友。

## 五 《焚余草》所录康有为、梁启超代拟的五件折片

前节已述，《焚余草》中所录由康有为及其党人代拟的折片共计9件，其中4件已由孔祥吉收录于《康有为变法奏章辑考》[2]；剩下的5件，对照军机处《随手档》、《早事档》，其中两件已由宋伯鲁上奏，3件尚未上奏。已上奏者，可发明当时的史实，未上奏者，亦可据此阐发康有为、梁启超当时的政治思想，由此感到皆有价值。由于《焚余草》一书现存不多，很不好找，特将此5件全文刊布如下，并附上我的考证。

**“变通乡会试片”（光绪二十二年十一月二十日上奏）**

《焚余草》卷下第八件，为“变通乡会试片”（第15—16页）。其文为：

再，今日之弊，在于士大夫但知泥古，而不知通今。公法、时务等书平日未尝寓目。谈经术词章则有余，论艰难宏济则不足。朝廷知其然也。于是，凡关系洋务者，不得不暂寄之浅学龌龊之辈，而

---

〔1〕 罗宏才《宋伯鲁先生诸事钩沉》（《礼泉文史资料》，第7辑）一文对此有详细介绍。该文称：1923年11月26日，康有为曾在西安设宴招待宋伯鲁，以庆宋的生日，并引用未刊行的《海棠仙馆文集》中宋于次日给康有为一信：“……吾兄此次来秦，莫不叹仰，以为千载一时，若因此小节使秦人得议其后，不特于风德有亏，且使兼座又何以为情耶？拟请刻即发还，以息浮言……”“兼座”，指刘镇华，其兼任陕西督军、省长两职。我不知尚未刊印的《海棠仙馆文集》中是否还有其他可说明宋与康交往的文字。

〔2〕 见《康有为变法奏章辑考》，第155—159、164—167、384—385页，并参见本章第二节。

操利权者多中饱，怀诈谖者必叵测，搢绅耻与为伍，朝廷无从推求，此终年谈洋务而时局日棘也。欲挽此弊，必先储材。储才之原，在于变通乡会试。夫国家设科，原为求贤，今日之事，孰有急于交涉、大于富强者乎？而乡、会抡才，三年一举，费百余万之帑金，所得仍非所用，及至入官，乃始尽弃其所学而学焉。前此之光阴虚掷，后日之精力渐衰，况不能专心致志，此通才所以难也。计维变通科场旧制，俾士子交相鼓励，庶风气由此渐开。夫四书五经之文有关世道人心，虽千万世不变可也，至于第三场之策问，不过推敲经籍字句，子史异同，即询及时事，亦不过略举数端。且自石印书出，怀挟益精，字字钞胥，人人马郑，尤为今日场中大弊。拟请饬下礼部，酌量变通，凡乡、会第三场，并各项考试策题，专取时务为问，上自天算、地舆、筹边、防海、铁路、轮船、矿务、邮政、农商、公法、出使、互市、和约、富国之大，下至格致、测量、光电、汽化、种植、火炮、工艺、制造之细，一一详细考问，并破除一切忌讳，准其各抒己见，以觇平日所学。至于录取，尤宜以第三场为断，不得偏重首场，其西国图书，应令总理衙门择其有裨实用者，颁发各省书院刊布，以资平日讲习。其未经译出之书，并令各国出使大臣博采精择，陆续译印，以广见闻。庶迂疏之士，皆化为有用之才，而爪牙干城之选，在在皆是矣。是否有当，谨附片具陈。伏乞圣鉴。谨奏。[1]

查军机处《随手档》光绪二十二年十一月二十日（1896年12月24日）记："御史宋伯鲁折：请设总署额缺由，片、军机、总署章京宜开本衙门差使由，片、各省铁路勿归盛宣怀独办由，片、乡会试策题宜专问时务由。"[2]由此可知该片上奏日期。又查军机处《上谕档》该日记："御史宋伯鲁奏乡、会试第三场并各项考试策论宜专问时务等语，著礼部议奏。"

---

〔1〕 该件又在《礼泉文史资料》第7辑中刊出，当录自于《焚余草》。

〔2〕 宋伯鲁该日其他三件折片，分见于《焚余草》卷上第12、13件，及中国第一历史档案馆《军机处录副》03-5350-014。

我以为，宋伯鲁此片很可能是梁启超等人所作。最重要的证据是梁启超此期的两封信。光绪二十二年十月之后，时在上海的梁启超写信给在澳门办《知新报》的康广仁、徐勤，称言：

> ……今日在此做得一大快事，说人捐金三千，买都老爷，上折子，专言科举，今将小引呈上，现已集有千余矣，想两日内可成也。请公等亦拟数篇，各出其议论，不然超独作十篇，恐才尽也。此事俟明春次亮入京办之，次亮此次乃请假，非改官也。〔1〕

梁启超在同时期另有一信：

> ……近日推广学校之议渐昌焉，虽然科举不变，朝廷所重不在于是，故奇才异能鲜有应者。殚心竭力，求在京师、上海设一学堂，尚经年不能定，即使有成，而一院百人，所获有几？惟科举一变，则海内洗心，三年之内，人才不教而自成，此实维新之第一义也。唯天听隔绝，廷臣守旧，难望丕变。若得言官十余人，共昌斯义，连牍入陈，雷厉风行，或见采纳。昔胡文忠以四万金賄肃顺，求赏左文襄四品卿督师，于是中兴之基定焉。豪杰举事，但求有济。伊尹之志，子舆所取。今拟联合同志，共集义款，以百金为一分，总集三千金，分馈台官，乞为入告。其封事则请同志中文笔优长者拟定，或主详尽，或主简明，各明一义，各举一法，其宗旨不离科举一事，务使一月之内，十折上闻，天高听卑，必蒙垂鉴，则人才蔚兴，庶政可举，数百年之国脉、数百兆之生灵将有赖焉。〔2〕

以上是按照《觉迷要录》的编排顺序。若从内容来看，后一信称“今拟联合同志，共集义款，以百金为一分，总集三千金”，又称“其封事则

〔1〕 叶德辉：《觉迷要录》，光绪三十二年刊本，录四，第21页。
〔2〕《觉迷要录》，录四，第21—22页。

请同志中文笔优长者拟定”，表示设想；前一信称“今日在此做得一大快事，说人捐金三千”，又称“请公等亦拟数篇，各出其议论”，表示结果。似为后一信写作时间在前，且从文气来看，该信受者很可能是康有为。梁启超此时决心改科举，并制定具体方案，由他及同党拟奏折，买京中言官出奏。他本人已有“千余”字的“小引”，且“两日内可成”。

由此再来看宋伯鲁此片：“今日之弊，在于士大夫但知泥古，而不知通今。公法、时务等书平日未尝寓目”；“欲挽此弊，必先储材。储才之原，在于变通乡会试”；“前此之光阴虚掷，后日之精力渐衰，况不能专心致志，此通才所以难也”；所言皆是康、梁此期之论。而乡、会试共三场，首场为四书文三篇，五言八韵诗一首；次场为经文五篇；三场为策问五道。历来考试专重首场，首场中又专重四书文(八股)。宋伯鲁该片要求改革，“以第三场为断”，所试“专取时务为问，上自天算、地舆、筹边、防海、铁路、轮船、矿务、邮政、农商、公法、出使、互市、和约、富国之大，下至格致、测量、光电、汽化、种植、火炮、工艺、制造之细，一一详细考问，并破除一切忌讳，准其各抒己见”。这些正是梁启超此期在《时务报》大力倡导者。至于宋伯鲁该片中所提出的“西国图书，应令总理衙门择其有裨实用者，颁发各省书院刊布”，“未经译出之书，并令各国出使大臣博采精择，陆续译印”两条，康有为等人于光绪二十四年为陈其璋、宋伯鲁、杨深秀、李盛铎等人所拟折片再次提出，并更加具体化了。[1]

需要说明的是，按照前引梁启超给康广仁、徐勤信中的说法，拟于光绪二十三年春天发动废除八股的奏折攻势，具体执行人是军机章京陈炽（字炽亮）；然为何于光绪二十二年十一月即由宋伯鲁上奏此片？我个人以为，很可能与乡、会试的时间有关。此时康门弟子中，仅梁启超、麦孟华、梁朝杰、卢子浚为举人，其余多为生员(或捐监生)，然光绪二十三年是乡试之年，二十四年为会试之年。若放到光绪二十三年春才上奏，此年八月进行的乡试，将会来不及改制。梁启超很可能考虑到这一点（或接纳其同党之提议)，便提前发动了。

---

〔1〕 参见《康有为变法奏章辑考》，第151、158—159、213—214、224—225页。

还需说明的是，宋伯鲁此片交礼部议奏后，礼部未久即上奏予以驳斥。[1]宋于光绪二十三年二月二十一日（1897年3月23日）再上“奉旨交议事件各部院毋得轻心驳斥片”，称言：

> 近日部臣遇奉旨交议事件，设难驳斥，十居其九，若谓其必无私心，臣不敢信也；……应请饬下各部院，凡遇交议事件，务须揆时准理，斟酌利弊，两弊所在则从其轻，毋有心驳斥，毋强词诘难，以期上副圣人侧席求言之至意，则国家之福也。[2]

这一番话很可能就是由此而发的。到了戊戌变法期间，光绪二十四年四月二十九日（1898年6月17日），宋伯鲁所上由康有为代拟的“改八股为策论折”，强调光绪帝“立予乾断”，不再交礼部议复，而是仅让礼部“妥议”“详细章程”。（后将详述）

**“请选通才以资顾问疏”（光绪二十四年七月二十八日上奏）**

《焚余草》卷下第十一篇，为“请选通才以资顾问疏”（第20—21页）。其文为：

> 自顷屡下明诏，力图维新，信赏必罚，勃海耸动，莫不颂皇上之圣明，冀中国之自强矣。然而施政有本末，立法有条理，必平日研求有素，始能措置裕如。夫军机大臣有办事之责，无论思之任；书房翰林沿文学之旧，鲜绝特之才；至经筵讲劄，更属有名无实。当此变法伊始，莫不有先后缓急之序，条理节目之繁，非得通达中外、熟谙古今之学者数人，置诸左右，皇上从容前席，与共商榷，何者宜行，何者宜革，何者宜缓，何者宜先。同一事也，其措置之曲折何如？同一

〔1〕《清实录》光绪二十二年十一月二十日记：“又谕：御史宋伯鲁奏乡、会试第三场并各项考试策题宜专问时务，著礼部议奏。寻议驳。《早事》。”（《清实录》，中华书局影印，1987年，第57册，第194页）可见该折在早朝时由光绪帝批准交议，礼部不久后上奏驳斥。

〔2〕《焚余草》，卷下，第11—12页。

法也，其更改之道理何如？非日侍左右，密勿考求，恐未易敷政优优而位置妥贴也。故疆臣任大责重，亦皆辟置幕僚，朝夕谋议。泰西国主每日召见办事诸臣外，皆定有时刻，别召通才，咨访中外之故。我圣祖仁皇帝特开南书房，妙简文学，以备咨访，乃至用意大利人南怀仁、汤若望充其间。此真大圣人威斥八极之良规也。文宗显皇帝特开懋勤殿，以员外郎何秋涛著有《朔方备乘》，熟知边事，特令行走。当康熙、咸丰时，中外人安，洋务尚简，故偏重文章之士，而参用瑰奇之人。方今台、胶既割，国步艰危，万国情形，兆民疾苦，在在皆须讲求。皇上聪明天亶，而九重深远，未易周知。虽每日召见臣工，而皇上退朝之暇，披览图书，勤求政术，有所疑难，考究无人，有所咨询，应奉无人。计皇上必有郁然于圣心者。伏乞皇上仰绳祖武，俯念时艰，特开便殿，妙选通才，僎直左右，即仿泰西之例，每日定一准时，轮流召见，以广顾问之资，而收启沃之效。其于讲求变法，必非小补。臣愚昧之见，是否有当，伏乞皇上圣鉴。谨奏。

据军机处《随手档》，光绪二十四年七月二十八日（1898年9月13日），“御史宋伯鲁折：一、参谭钟麟由。片一、参魁元等由。（次日递上，发下归箍）一、选通才以备顾问由。片一、仿西法修道由。片一、定银元价值由。（廿八随事递上，初二日发下，分别抄交归箍）”该日宋伯鲁共上了两折三片，其余折片皆存于档案之中，其中一折两片也由孔祥吉收录于《康有为变法奏章辑考》，唯独此折尚未从档案中检出。[1]

自光绪二十四年二月十九日（1898年3月11日）总理衙门代奏康有为《上清帝第六书》后，康一直企图在清朝现有的政治体制之外，建立由其控制的议政机构“制度局”，由此进入政治的核心。这是康此期最主要的政治目标。此后康不断变换方法，先后由宋伯鲁、李端棻、阔

[1] 《康有为变法奏章辑考》，第367—385页，收入“参谭钟麟折”、“参魁元等片”、“仿西法修道片”。未收入的“定银元价值片”，见中国第一历史档案馆《军机处录副》03-9534-67。

普通武、徐致靖以及张元济出面上奏，要求设立“议政处”、“立法院”、“懋勤殿”、“议院”、“散卿”、“议政局”。这些机构名目虽有不同，权力也有大小之分，但性质皆有相似之处，即让康能经常见到光绪帝并出谋划策。军机处及庆亲王奕劻和大学士孙家鼐对此进行了全力的阻击。由此至光绪二十四年七月底，光绪帝已有心要安置康有为、梁启超；康有为一派也发动攻势。对此，康有为回忆称：

> 于时复生、暾谷又欲开议院，吾以旧党盈塞力止之。而四卿亟亟欲举新政，吾以制度局不开，琐碎拾补，终无当也。故议请开懋勤殿以议制度，草折令宋芝栋上之，举黄公度、卓如二人。王小航又上之，举幼博及孺博、二徐并宋芝栋；徐学士亦请开懋勤殿，又竟荐我。复生、芝栋召对，亦面奏请开懋勤殿。上久与常熟议定开制度局，至是得诸臣疏，决意开之，乃令复生拟旨，并云康熙、乾隆、咸丰三朝有故事，饬内监捧三朝《圣训》出，令复生检查，盖上欲有所据以请于西后也。先是语复生以上无权，荣禄不臣，复生不信，至是乃悟。是日拟旨，枢垣传出，京师咸知开懋勤殿矣。是日七月二十八日也。[1]

康有为的这一说法，细部多有错误。其中“乃令复生拟旨”一段，梁启超也有同样的说法。[2]康、梁的说法，令人怀疑，因为光绪帝除七月二

[1] 《康南海自编年谱》，《丛刊·戊戌变法》，第4册，第159页。文字据原稿本有所调整。

[2] 梁启超在《戊戌政变记》卷六《谭嗣同传》中说：“七月二十七日，皇上欲开懋勤殿，设顾问官，命君拟旨，先遣内侍持历朝圣训授君，传上言，谓康熙、乾隆、咸丰三朝有开懋勤殿故事，令查出引入上谕中。盖将以二十八日亲往颐和园请命西后云。君退朝乃告同人曰，今知皇上之真无权矣。至廿八日，京朝人人咸知懋勤殿之事，以为今日谕旨将下，而卒不下，于是益知西后与帝之不相容矣。”梁又在《戊戌政变记》卷三《政变之分原因》又称：“上既广采群议，图治之心益切。至七月廿八日，决意欲开懋勤殿，选集通国英才数十人，并延聘东西各国政治专家，共议制度，将一切应兴应革之事全盘筹算，定一详细规则，然后施行。犹恐西后不允兹议，乃命谭嗣同查考雍正、乾隆、嘉庆三朝开懋勤殿故事，拟一上谕，将持至颐和园，御命西后，即见施行。乃越日，而变局已显，衣带密诏旋下矣。”两者之相比，一是时间有差异，二是参引文献的年代有差异，可见梁启超写作时的随意性。（《戊戌政变记》，《续修四库全书》，第446册，第262、238页）

十日（9月5日）召见谭嗣同后，并未再召见谭。康有为所称“故议请开懋勤殿以议制度，草折令宋芝栋上之，举黄公度、卓如二人”一事，正是指宋伯鲁此折。该日军机处《上谕档》，当日军机处给慈禧太后的奏片称，宋伯鲁“选通才以备顾问折”，光绪帝命“暂存”，同日送慈禧太后。而该日军机处《随手档》该条下，另有小字“廿八随事递上，初二日发下，另抄，归簿”。其意是：二十八日军机处将宋伯鲁的“选通才以备顾问折”、“仿西法修道片”、“定银元价值片”和其他的折片随同“朱批折片事由单”、“早事传旨事由单”等呈送慈禧太后，慈禧太后于初二日发下军机处，分别抄交各处并归簿。[1]其中最重要的是，宋伯鲁该折，慈禧太后当日收到，八月初二日才发下。康有为又称“王小航又上之，举幼博及孺博、二徐并宋芝栋；徐学士亦请开懋勤殿，又竟荐我”，查军机处《随手档》七月二十九日（9月14日）记：“署礼部侍郎徐致靖折：一、遵保康有为等由。候补京堂王照折：一、遵保康广仁等由。”[2]由此可知，康有为一派在二十八、二十九两日由宋伯鲁、徐致靖、王照连续上三折，要求设立“议政”机构，并推荐了康有为等人。这是“百日维新”后期康党的最重一击，也是后来慈禧太后发动政变的主要原因之一。[3]

由此可见，王夏刚在《焚余草》中最先发现宋伯鲁此折，意义甚大。至于康回忆称“开懋勤殿以议制度”，宋伯鲁折称“特开便殿”，“以广顾问之资”，性质上虽稍有异，但在光绪帝身边出主意的本质是相同的。至于该折没有康回忆称“举黄公度、卓如二人”，即并没有直接保举黄遵宪、梁启超两人，不外乎有三种情况：其一是康有为所言或记

〔1〕该日军机处《随手档》中另一行小字：“次日递上，发下归簿”，其意是第二天将宋伯鲁的“参谭钟麟折”、“参魁元等片”递给慈禧太后，慈禧太后当日发下归簿。

〔2〕《随手档》中“候补京堂王照折：一、遵保康广仁由”之“广仁”二字，由“有为”改。《随手档》在该项等下另有小字：“随事递上，八月初三日发下，分别抄交，归簿。”即徐致靖、王照等人的折片随同军机处奏片送慈禧太后，八月初三日由慈禧太后发下，军机章京分别抄交相关衙门，并归簿。又查该日军机处《上谕档》所录军机处奏片，徐致靖、王照两折，光绪帝皆命“存记”，同日送慈禧太后。

〔3〕参见本书第三章第六节。

忆有误；其二是宋伯鲁上奏时删去两人之名；其三是宋伯鲁在《焚余草》中发表时删去了两人之名。从《焚余草》中二十五件折片与档案原件大体相同来看，从宋伯鲁戊戌后的著述绝少提戊戌及康、梁之事来看，第一种或第三种情况都是可能存在的。

**“奏请选通达中外政治之才每省一人任新政疏”（未上奏）**

《焚余草》卷下第九篇，为“奏请选通达中外政治之才每省一人任新政疏”（第17—18页）。其全文为：

> 自顷诏书屡下，举行新政，凡学校、矿务、兵、农、工、商诸大政，皆强国之本务，维新之要图也。然屡经严旨催促，各督抚或置若罔闻，或奉行不力者。何哉？推原其故，非必弁髦皇言也；实以各督抚皆咸、同老辈，耳目所须，心志所及，皆与新政相反。年已晚耄，事烦精惫，愿学不能，欲罢不可，胸无成竹，处处隔膜，勉强奉行，举措颠倒，徒糜帑项，无补时艰，甚无谓也。各督抚皆耆旧大臣，宣力有年，皇上优待老臣，未尝以小故加谴逐。去之则遗故旧，不去则误国家。权于二者，得当为难。
>
> 臣昧昧为我皇上思之。昔汉有刺史监郡，以颁六条。明有御史巡按，以达民隐。唐、宋观察、提刑、漕运、制置、安抚、宣慰等官，皆因事置使，以七八品以上京官为之。汉刺史秩只六百石。本朝康、雍年间，各省有巡按，秩仅七品。又雍正时，世宗宪皇帝选涂逢震为观风整俗使。此皆前世之良规，而国家之令典也。
>
> 顷当推行新政，督抚既不可兼任，似宜复举旧制，用观风整俗使或巡按御史之例，选通达中外政治之才，每省一人，专任新政。凡学校、农、工、商、矿、道路、巡捕、山林、市井一切新政，皆归督办。皇上召见大小臣工，遇有通才，特加简擢，不拘资格，令充使任，准其开府专奏，并照出使大臣例，听其自辟参赞、随员。责以三月以内，奏报开办规模，一年之内，责其新政条绪。官不必备，惟其人。皇上圣学精深，知人明察，先擢一人简放要区，以后次第委任，不必同时升放，恐有滥厕非才。此为创办新政要枢，应

请断自宸衷，似毋庸交之部议。似此专任责成，新政乃可举行，自强乃可收效。臣愚一得之见，是否有当，伏乞圣鉴。谨奏。[1]

查军机处《随手登记档》，未见该折的上奏记录。我以为，此折是康有为及其党人为宋伯鲁起草的，宋虽未上，然留于“箧中”，事后抄出刊行。

我之所以认为此折由康或其党人起草，是依据康此期有改革地方政治之思想，对此可举出以下三项证据。其一是，光绪二十四年二月十九日（1898年3月11日）总理衙门代奏康有为《上清帝第六书》中称：

其直省藩臬道府，皆为冗员，州县守令，选举既轻，习气极坏，仅收税、断狱，与民无关，故上有恩意而不宣，民有疾苦而莫告。千里之地，仅督抚一人能达于上，而层级十重隔于下，且督抚官尊，久累资格，故多衰耗，畏闻兴作……今莫若变官为差，直省道员凡六七十，每道设一新政局督办，照主考、学政及洋差体例，不拘官阶，随带京衔，准其专折奏事，听其辟举参赞、随员，授以权任。凡学校、农工、商业、山林、渔产、道路、巡捕、卫生、济贫、崇教、正俗之政，皆督焉。每县设一民政局，由督办派员会同地方绅士公议新政，以厘金与之，其有道府缺出，皆令管理。三月而责其规模，一年而责其治效。学校几所、修路几里、制造几厂，皆有计表上达制度局、十二局、军机处。其治效著者，加秩进禄。[2]

康此处所叙的理由与方法，与宋伯鲁此折大体相同，所不同者，宋提议一省派一新政督办，而康主张每道设一新政局督办，每县设一民政局。其二是，光绪二十四年六月初六日（1898年7月24日），仓场侍郎李端

---

〔1〕 该件又在《礼泉文史资料》（第7辑）中刊出，当录自于《焚余草》。

〔2〕《康有为变法奏章辑考》，第140页。

棻上奏由梁启超所拟的“敬陈管见折”，提出了四项建策；光绪帝当日发下交片谕旨：“李端棻奏变法维新条陈当务之急一折，著奕劻、孙家鼐会同军机大臣切实核议具奏。”[1]李端棻的原折虽未见，但从奕劻、孙家鼐议复的“说片”中可知其内容，其第三项建策，奕劻“议复李端棻所奏说片”称：

> 第三条，特派绅士督办各省学堂。奴才以为，宜令各省督抚选择明敏端正在籍绅士，奏派督办，必能整顿学堂，而培植人才。

孙家鼐“议复李端棻所奏说片”称：

> 第三条，请京官绅士在本籍办理学堂。臣以为，当由各省督抚访求品学兼优、能符众望者为之自可，收培养人才之效。权归督抚，绅权不可太重，庶无喧宾夺主之虞。

李端棻提出派京官绅士回籍开办学堂，此条若获旨准，返乡办学的“京官绅士”也有了“钦差”的意味，除了办学之外，也会有其他政治权力。这与宋伯鲁奏折、康有为《上清帝第六书》中提出派员去地方主办新政事务的大方向是一致的。奕劻、孙家鼐对此提出反建议，由地方官选择本地绅士开办学堂，即将办学纳入地方官员的管理范围之内。[2]其三是，康有为于光绪二十四年七月十三日（1898 年 8 月 29 日）上有“厘定官制请分别官差以行新政折”，称言：

---

〔1〕 军机处《随手档》、《上谕档》，光绪二十四年六月初六日。《随手档》该条下还有一行小字：“折次日随事递上。另抄送庆邸。”即李端棻奏折太长，须抄多份，当日未能抄完，次日递送慈禧太后。

〔2〕 “庆亲王奕劻说片”，六月初十日递，“孙家鼐说片”，六月初十日递，《军机处录副·补遗·戊戌变法项》，3/168/9447/74、75。军机处《随手档》，光绪二十四年六月初十日记：“递庆亲王、孙家鼐说帖各一件。”其下另有小字：“见面带上、带下。随事递上。另抄封存。”

> 我朝差使之名出之于宋，而官差不别，品秩太峻。品秩峻则非积资累格，不足以致大位，至是则年已老矣。官差不别，则若尚书、侍郎，既领枢垣、总署之差，即不当复任本部，任事即不当充各要差。盖以一人之身，才力有限，精神无多，且皆垂老之年。而令官差杂沓，并归一人，势必一切具文不办而后止。外省督抚亦以秩尊年老积资选用，故亦一事不办。顷皇上欲行新政，屡下诏书，而无一能奉宣圣意，少有举行者，皆由官爵合一，不用古者分途并用之法，以高爵待耆旧，以差使任才能。故官至大僚皆年老精衰，畏闻事任也……今欲自强，非讲兵不可，讲兵非理财不可，理财非兴学校、开民智不可。兵、财、学校皆非改官制、别官差无由整顿也……今法弊至此，欲行新政，臣以为采用三代官爵分途之制，宋及日本专用差使之法，汉宋优待功臣之义，伏祈皇上推行新政，先注意差使，令各政皆别设局差，如军机、译署之列，选通才行走，如宋及日本法。自朝官以上，不拘资格任之，去卿贰大臣，方任专差之例。若以积习相沿，骤难变易。则凡此专差人员，皆赏给京卿、御史职衔，准其专折奏事，自辟僚佐。其每直省亦派通才一人办理新政，体制亦同。若不设新局，则每衙门皆派人行走，其带本衙门之官，照各部实缺郎中、员外例，其无掌印、主稿之差者，不到署办事者听。〔1〕

其折内的许多意思与宋伯鲁该折是相同的，特别是“每直省亦派通才一人办理新政”一句。综上所述，我以为，宋伯鲁“奏请选通达中外政治之才每省一人任新政疏”，从主旨、内容到文笔皆与康有为相同，是康有为或其党人起草的。

然而，宋伯鲁该折为什么没有进呈呢？我以为，很可能有三个原因：其一，六月十五日（8月2日）军机处、总理衙门联合议复康有为《上清帝第六书》对地方政治改革一事，进行了曲折的驳回；六月初十

〔1〕《杰士上书汇录》卷三，《康有为变法奏章辑考》，第357—360页。

日（7 月 28 日）奕劻、孙家鼐递呈“说片”，对李端棻奏折的第三条，直接予以驳回；康有为七月十三日“厘定官制请分别官差以行新政折”，也没有得到回应。康有为、宋伯鲁应该知道，每省派一权力极大的新政督办，将大大削减督抚之权，将激起更大的反对，光绪帝即便想“断自宸衷，毋交部议”，似无力推行。其二，在“制度局”之类的议政机构未建立之前，派往各省的“新政督办”很难有所施展。其三，虽说宋伯鲁奏折中称“先擢一人简放要区，以后次第委任”，但要真正委派各省的新政督办，康有为夹袋中似无如此之多有分量的人物。当然，以上也只是推论。

**“请变通科举以育人材而强国势疏”（未上奏）**

《焚余草》卷上第六篇，为“请变通科举以育人材而强国势疏”（第 12—14 页），其全文为：

> 窃闻立政之要，首在于得人，得人之方，莫善于选举。古者乡举里选、论秀书升，其立法为最公，其得人亦为至盛。后世古义不行，改试词章诗赋，既不可得才矣。宋、明以来，改用经义，固将使天下人士诵习圣经，发明圣道，其制未为失也。积久弊生，流风颓靡，渐而揣摩语气，渐而敷衍词章，渐而创为破承开讲八股之体，渐而发以截搭枯困割裂之题，甚且严定连上犯下之例。又以代圣立言，忌用子史后世之书，拘缚体格，沿袭墨调。能者为孝廉，为进士，不能者或潦倒以终身。天下学人但知读书为弋取功名之具，奚暇讲求义理、研说经济哉？至于殿廷考试，本无重试帖楷法之明文，而日久弊生，遂成风气，展转相师，牢不可破。若或不工，虽曾史之学行，管葛之才具，亦将沉郁幽滞，无由陟清要而歇台阁。于是，天下人士，穷老尽气，敝精殚神，不读子史后世之书，不讲经济时务之学，专力无用之途，以侥幸于科第。夫天下之大，四万万人之众，岂无豪杰之士知其所学之非哉？然舍此则无以自见，遂不得不抑志俯首，以从事于无用之途耳。夫尽四万万人而出于无用，此士气所以屈抑，人才所以凋敝，中国所以削弱，而国

家所以莫与任事者也。然一统之世，承平无事，以之驯扰士气，歌舞太平，犹或不至大害也。若夫万国并立，才智相角，竞新政以强国，竞新学以智民，稍一不逮，弱亡立见，而我国人士犹令其锢聪明于八股楷法。以之任内政、办外交，是犹缚手足而与蒙获角力，蔽耳目而与娄旷斗巧也，虽不欲弱，乌可得哉？西人讲求新学，振兴工艺，既以之强国而智民矣。中土人士英秀聪慧，岂不能求学习艺，以争胜于西人哉？但窘于八股楷法之途，绝无暇日余力以及他学，乃至蔽聪塞明。下无以振开风气，上无以毗佐国家，御侮无人，乃见凌弱。皇上亦何忍自窘其英秀聪慧之民，而甘受西人之凌弱哉？

故今日欲拒外侮，宜求人才；欲求人才，宜变科举。请酌时观变，变通乡会试之制。头场以论说三篇：论古今政治得失，及天下郡国利病；次论外国形势，与其政治得失、兴败强弱之故；三论中外交涉之宜。二场试以四书五经题文，使之讲明义理，阐发圣道，不用八股体格，不拘篇幅长短。三场试以策问，考以古今中外之掌故，列邦政法之异同，与夫一切时务之急要。必能博综中外，通达时务，乃能中式。如此则既求实学，必得异才。若难骤于改革，则仍以今日三场之旧，而厘定四书文之体，务令阐发大道，纬以子史精义，证以中外掌故，不入语气，不拘篇幅，不得仍用破题开讲八股之体，不得为连上犯下之禁。违者以违式论。二场详考以经义。三场专策以时务。至于生童岁、科试，则以经古为正场，试以经济六科之一，务使通达内外，乃可入学，然后试以四书文，仍以发明义理为主，不得用八股体格。若夫朝考、殿试、临轩重典，尤当博稽中外，援据古今，切实对扬，条陈得失，除去忌禁，使得纵论事宜。改用誊录，使勿敷涂楷法。

旧习既去，新学自兴，中国之大，何患无才哉？然皇上去岁亦诏令策问时务矣，而有司奉行不力，故人士观望，丕变不神。请特下明诏，布告天下，改变科举，厘正文体，使天下学子士人咸晓然于皇上变法之意。利禄之路，万众争趋。数年之间，必有通达政治，总贯中外，能发新学，能知新艺，以备皇上缓急之用者。人才成败，国势强弱，即在此转移之间耳。论者谓数百年成法，何可轻变？试思总署之设，铁路、电线、邮政、银行、矿务、银元、机器诸局诸学堂之设，何一非变法乎？且武科弓矢已变而为枪炮矣，况文科关系尤钜耶？伏读康熙二年圣祖仁皇帝诏曰：八股文章，实于政事无涉，自今以后，将浮饰之八股文章永行停止，惟于为国为民之策论中出题考试。钦此。仰见圣训煌煌，超越今古，惜廷臣狃于故习，未能实力遵行。丁未会试后，仍蹈故辙，以至今日。然在当日国势犹之可也，今非其时矣。伏愿皇上仍以圣祖之心为心，毅然独奋乾断，饬部议行。倘有意存阻挠，力主废格者，立予惩处。其于育人才而强国势，必非小补。臣愚昧之见，是否有当，伏乞皇上圣鉴，训示施行。谨奏。[1]

查军机处《随手登记档》，未见该折的上奏记录。我个人以为，这篇奏折是由康有为、梁启超起草的。从思想来看，属康有为，相关的论点与论据，康此期文字中极为多见；而从文字文风来看，似为梁启超的手笔，大气而流畅，且说理清晰。从该折中“皇上去岁亦诏令策问时务”、“武科弓矢已变而为枪炮”来看，此折起草于光绪二十四年。

宋伯鲁此折虽未上，然于光绪二十四年四月二十九日（1898年6月17日）却上奏由康有为代拟的“请改八股为策论折”，两者的关系为何？康有为回忆称，当他于四月二十八日（6月16日）由光绪帝召见后，“于是发书告宋芝栋，令其即上废八股之折，盖已早为草定者”。[2]梁启超五月十七日（7月5日）致夏曾佑函称：“南海、菊生召见，力言科举事，既退出，即飞告仆，令作请废八股折，宋侍御言之。”[3]与康有为同日召见的张元济，于六月初九日（7月27日）致信汪康年称：

〔1〕 该件又在《礼泉文史资料》（第7辑）中刊出，当录自于《焚余草》。

〔2〕《康南海自编年谱》，《丛刊·戊戌变法》，第4册，第147页。

〔3〕《梁启超年谱长编》，第122页。

第四月廿八日召见，约半钟之久。今上有心变法，但力似未足。询词约数十语，旧党之阻挠，八股试帖之无用，部议之因循扞格，大臣之不明新学（讲求西学人太少，言之三次），上皆言之。可见其胸有成竹矣。〔1〕

由此可见，四月二十八日光绪帝召见康有为、张元济时都提到了八股之无用，显示了废八股的决心。到了此时，宋伯鲁“请变通科举以育人材而强国势疏”中提到的“头场以论说三篇”、“二场试以四书五经题文”、“三场试以策问”的第一方案，“仍以今日三场之旧，而厘定四书文之体”、“二场详考以经义。三场专策以时务”的第二方案，都有啰嗦而不能作斩钉截铁之断。康、梁或于此时，或在此之前，即将宋伯鲁的“请变通科举以育人材而强国势疏”搁置，另作“请改八股为策论折”让宋伯鲁上奏。

宋伯鲁上奏的“请改八股为策论折”，与未上奏的“请变通科举以育人材而强国势疏”在许多词句上仍有相同之处，如“伏读康熙二年圣祖仁皇帝诏曰：八股文章，实于政事无涉，自今以后，将浮饰之八股文章永行停止，惟于为国为民之策论中出题考试”；又如“夫武科已改试枪炮矣，况文科关系尤钜乎”？还有一些地方，词句虽有不同但意思相同，此处不再列举。该折对于改科举的方案，不再那么复杂，而是直截了当地提出：

伏冀皇上上法圣祖，特下明诏，永远停止八股，悉如圣祖仁皇帝故事，自乡、会试以及生童科、岁一切考试，均改试策论，除去一切禁忌，义理以觇其本源，时务以观其经济，其详细章程，应请饬部妥议，自庚子科为始，一律更改……伏愿立予乾断，饬部议行，天下万世幸甚。〔2〕

---

〔1〕《张元济书札》增订本，中册，第652页。
〔2〕《康有为变法奏章辑考》，第246—247页。

宋伯鲁的这一奏折，对光绪帝五月初五日（6 月 23 日）下旨废八股改策论起到了决定性的作用，光绪帝的谕旨也确如其议，只命罢八股改策论，详细章程由礼部议复。

至于宋伯鲁为何在《焚余草》中未录已上奏的“请改八股为策论折”，而录未上奏的“请变通科举以育人材而强国势疏”？我以为，前折由于是紧急上奏而未留底稿，后疏因未上而留于“箧中”，且两折皆非宋伯鲁起草，时过境迁，宋本人也渐渐淡忘，不明其事，不辨其真。宋伯鲁戊戌之后的著述，皆未谈其在废八股改策论决策中的贡献，晚年所作《还读斋杂述》，中有一则，称言：

> 乙巳八月二十三日同州府金塔寺罗汉殿灾，二十九日关帝殿灾，自是以后，会馆及后街之关帝殿、城隍殿无不火者。九月三日西城外三官殿灾。文庙大成殿封闭极严，亦于二十八日烧为灰烬。是日停科举科岁考之命适至，亦奇矣哉！[1]

由此又可见宋伯鲁的情趣之所在。

**“请殿廷考试不得专重楷法片”（未上奏）**

《焚余草》卷上第九篇，为“请殿廷考试不得专重楷法片”（第 19 页），其全文为：

> 伏查殿廷考试及各项考试，本无专重楷法明文，近来师友相传，牢不可破，实开关节之门，有乖求才之旨。夫能作工楷，不过一誊录之才耳，以三年大比之盛典，天子临轩，百官陪位，而乃求一誊录之才，赐以及第，号为得人，名实之乖，莫此为甚。相传西人初入中国，有持以殿试卷以归者，谓中土取才莫重于此卷，堂堂大邦，必有取义，求其故而不得；乃取其卷化分之，以格致之法测

〔1〕《还读斋杂述》卷 3，第 7—8 页。“乙巳”，光绪三十一年（1905）。“同州府”，府治今陕西省大荔县。

验之，终不知其用意所在。存而不论。近则深知其弊，肆口笑谩矣。此虽传闻之辞，然楷法取士，实为积习之弊，取笑外人，所关殆非细故。且关节之弊，由此而生，相习成风，不以为怪。既非所以励实学，亦复不能得真才。臣以为八股之弊既除，则楷法尤不当沿用。伏乞再降谕旨，凡此后所有殿廷考试，皆依乡会试之例，一律糊名易书。其于奖实学而杜作弊，实非小补。臣愚一得之见，谨片渎陈，伏乞圣鉴。谨奏。

查军机处《随手登记档》，未见该折的上奏记录。前段所述“请变通科举以育人材而强国势疏”内有殿试楷法的内容，称言：

> 至于殿廷考试，本无重试帖楷法之明文，而日久弊生，遂成风气，展转相师，牢不可破。若或不工，虽曾史之学行，管葛之才具，亦将沉郁幽滞，无由陟清要而勷台阁……若夫朝考、殿试、临轩重典……改用誊录，使勿敷涂楷法。

然该疏最终未上，宋伯鲁另上“请改八股为策论折”，其中已无殿试楷法的内容。康、梁似由此考虑另撰一片，可能是此片的由来。又据该片中“臣以为八股之弊既除，则楷法尤不当沿用”一句，该片的写作时间有两种可能性：一是作为四月二十九日（6 月 17 日）“请改八股为策论折”的附片，准备随之同上；另一是写于五月初五日（6 月 23 日）光绪帝废八股旨令之后。后一种可能性更大些。宋伯鲁该片未上的原因，我以为很可能是：此时戊戌科的殿试时间已过（四月二十一日，6 月 9 日，新贡士殿试；四月二十八日，6 月 16 日，新进士朝考），下次殿试须得三年之后。

还须说明的是，宋伯鲁晚年所作《还读斋杂述》，对于殿试与楷法有着两则记录，意向与此片截然不同，称言：

> 我朝殿廷考试，专重楷法。同光以来，讲求益精。于是研墨变

而为盒，墨以蚕绵入盒，浸以墨汁，久而不燥。壬辰以后，始有专制墨汁者，分松烟、油烟两种，专取旧藏块墨，加药品细碾成汁，调绵入盒者，价可八九金。有曰“云头艳”者，清不透纸，浓不滞毫，最为上品。殿廷之上，楷法相埒而墨彩过之，则往往获上选。近年罢帖括，廷试不复尚楷法以，而售者亦稀矣。

国朝殿廷考试，最重楷法，而紫毫笔尚焉。同光以来，最著名者为李玉田、李鼎和、毛春塘、贺莲青、程五峰、贝松泉诸家。光绪之初，尤推李玉田为首选，殿试笔一管有直数金者。其析毫也精，其选锋也锐，刚健婀娜，能如人意所欲出。闻其笔业最盛时，淬毫出颖，剖析微芒，全恃其少女，能察秋毫之末。后女于归，其业渐衰。近惟李鼎和可称后劲，余每用之。同年杨雨生天霖在馆阁日，独喜用小羊毫。然终不若紫颖之圆劲。[1]

由此可知此片绝非宋伯鲁所作。他毕竟是两榜进士、翰林出身，对于殿试的亲历、楷法的讲究，仍有着依依难舍的情愫，而对该片的内容似乎忘得差不多了。

以上宋伯鲁的5件折片，我以为，似皆可收录于孔先生所编大著之中。

---

〔1〕《还读斋杂述》卷6，第10、13页。

# 第九章 “康有为自写年谱手稿本”阅读报告

我真是非常幸运，在我潜心研究康有为《我史》（即《康南海自编年谱》）近四年之后，竟然看到了康有为的手稿。2006 年 10 月我在中国国家博物馆即将装修的库房中，度过了感受充足的四天。[1]我也知道，同行中的有心人不幸与此件藏品擦肩而过。

“康有为自写年谱手稿本”现藏于中国国家博物馆，原属中国革命博物馆，为馆藏一级品。[2]它的第一张照片，题名“康有为自写年谱手稿”，见于 1981 年上海教育出版社出版、中国历史博物馆编《中国近代史参考图录》中册第 259 页，说明了康有为《我史》的手稿本还存世。[3] 2003 年由文物出版社出版的《中国革命博物馆藏品选》，再一次发表了照片，这实际上也公布了该手稿本的收藏之处，然未能引起关注。[4]因

---

〔1〕“康有为自写年谱手稿本”之阅读，我得益于北京大学历史学系教授朱凤瀚、中国国家博物馆保管二部副主任安莉；保管二部的工作人员在准备搬家的繁忙过程中，也陪同我度过了难忘的四天。在此志谢。

〔2〕以下称该手稿为“康有为自写年谱手稿本”，这是博物馆的原拟题，详细理由见本章第三节与第四节。

〔3〕该书的说明文字写于 1979 年 6 月，并称：“1957 年 12 月，北京历史博物馆编辑了《中国近代史参考图片集》上、中、下三册，由上海教育出版社出版。为了适应当前的需要，中国历史博物馆近代史组在原图书集的基础上，进行了修订，名称为《中国近代史参考图录》。”该书的编者为杜永镇、齐钟久、马景祥、张沄、李雪梅、刘如仲。又，1957 年上海教育出版社出版的《中国近代史参考图片集》中没有这一张照片。

〔4〕见该书第 39 页。该书的责任人为编辑委员会主任夏燕月，执行主编季如迅，执行副主编朱珠、安莉。该书将题名改为“康有为自撰年谱手稿”。又，该书蒙执行副主编安莉惠赠。

此，对于这一件藏品，还不能说是“发现”，我也谨将四天的阅读工作，报告于下。

## 一　手稿本的基本情况

“康有为自写年谱手稿本”现藏一盒中，内有一张卡片记录其基本情况：

康有为自写年谱手稿
1898 年（光绪 24 年）
1 件
24.9 ×17 厘米
纸质、毛笔写
现状　第 21 页后半页眉缺
文化部文物局拨
罗静宜、罗晓虹赠
1961 年 4 月入馆〔1〕

由此可以得知捐者的名字和入馆的时间。而 1961 年 4 月之前，该手稿本是如何归于文化部文物局，罗静宜、罗晓虹又是何时向何处捐献，可能要查相关的档案才能得知。

“康有为自写年谱手稿本”写在十行朱栏对折毛边纸（其中有字的共 75 张）和十一行朱栏对折毛边纸（共 13 张）之上，有字的共计 88 张。后附有跋记共十一篇，由康门弟子及再传弟子叶觉迈、伍庄、刘翰棻、孔昭焱、钟宝华、吴恒炜、郑雪庵、鲍文、张达瑓、叶衍华、孔昭

〔1〕 该卡片背面还注明了 1987 年、1998 年两次借出的情况。盒中另有 20 世纪 60 年代的笔记本纸两页，用铅笔记下了“简朝亮”等许多人名，似当时有人拟进行研究。

鑫所写。前十人是用一式的白纸，最后一篇孔昭鑫所写用白宣纸，似后来添入。以上共同用白宣纸修整装订为一册。[1]

“康有为自写年谱手稿本”的88页中，有78页是康有为的笔迹，另10页是由康有为的门人韩文举根据康的口授而录文。在录文最后一页的页末，有跋记：

> 戊戌政变，先师出亡日本，先后奔随者不乏其人，文举亦与焉。某日某夜，先师口授政变情事，命笔述之。是时夜深矣。感怀旧事，迄今已三十余载矣。孝高适自上海来，携此册，促予书后。年已七十矣。计当时笔述凡十页
>
> 癸酉十月望后二日　韩文举记于香港

韩文举（1864—1944），字树园，号孔庵，广东番禺人，监生。光绪十六年（1891）入万木草堂，号称长兴里十大弟子之一。[2]他的这一段跋语，说明其流亡在日本时，有一个晚上康有为命之作笔录。其笔录的内容，从《我史》光绪二十四年（1898）“时上频命枢臣催所著各国变政考”为始，终于“礼部主事王照一折，条陈请皇上东游日本，痛抑守旧一折”，共计三千六百余字。[3]该10页上有韩文举的修改笔迹，也有康有为的修改笔迹。一晚上录三千六百余字，可见当时康的精神状态十分

---

〔1〕我以为罗普有一白纸的册子，请康门弟子各自书写跋记，然查各人跋记的时间先后不一，不是顺着时间写下去的（后将详述），也有可能是将原册拆开，以康门之地位为序，重新编排装订。

〔2〕韩文举在万木草堂中“助编”《新学伪经考》、《孔子改制考》，曾任万木草堂“学长”。后任湖南长沙时务学堂教习，澳门《知新报》撰述。流亡日本后，协助梁启超办《清议报》、《新民丛报》和横滨大同学校。民国初年在广州办南强公学、觉是草堂，后留寓香港，有《树园先生遗集》。冯自由在《康门十三太保与革命党》中称，康有为离日后，梁启超等留日弟子与孙中山越走越近，有合并之意。梁启超等十三人写信给康有为，表示其意。此十三人被称为“十三太保”，其中有梁启超、韩文举、区榘甲、罗普、罗伯雅五位大弟子。冯还称韩文举“在民国后，隐居乡井，以教读自给，闻今尚生存，年已七十余矣”。（冯自由：《革命逸史》，台湾商务印书馆，1953年，第2集，第31—35页）

〔3〕其文见《丛刊·戊戌变法》，第4册，第150页第2行至第156页第4行。

兴奋，也可见韩熟悉此道而能胜任。癸酉，即1933年，望日为十五，“望后二日”即十七日，韩写此跋记时为1933年12月4日。

韩文举的跋记，证实了手稿在“孝高”之手中。孝高，即罗普(1876—1949)，原名文梯，字熙明，号孝高，又号披发生，麦孟华之妹婿。早年师从康有为，光绪二十三年（1897）入东京专门学校(即早稻田大学的前身)。〔1〕而该手稿后附的十一篇跋记，更为详细地说明“康有为自写年谱手稿本”的由来。叶觉迈称：

> 余年六十三得读先师手写年谱，如升其堂，如闻其语，悲喜交集……回忆从先师游自光绪十九年始，平日追随先师最亲切而领益多者两次。一、《新学伪经考》被劾后，游罗浮山半月，遣余随行……一、戊戌政变蒙难由香港东渡，同舟十日。弟子随行者，惟予一人，饮食起居，论学不辍，心境泰然。到日后，先师颜所居曰“明夷阁”。此谱写定，予闻而未之见也。及游历欧美，不复能追随矣。最后一见，壬戌由京过沪，诣游存庐，凤雪满园，呵冻执笔，为我题谭复生、唐黻丞两同学遗墨，并挥一楹见赐，文曰：“虚白道所集，静专神自归。”别后四年不复得见……癸酉冬，孝高学长出示此谱，嘱志简末。自愧不文，联写数行，以永矢不忘云尔。

叶觉迈，名湘南，字觉迈，号仲远，广东东莞人，举人，万木草堂学生。光绪二十三年曾随梁启超至湖南，为时务学堂分教习。〔2〕当康有为从香港流亡日本时，兵库县知事大森致电日本首相兼外相大隈重信：“康有为一行共七名中国人、两名日本人安全地从河内丸上陆，乘方才

---

〔1〕戊戌政变后，罗普离开早稻田，随梁启超等编《清议报》、《新民丛报》，并作《日本维新三十年史》等，也是“十三太保”之一。后参加创办《时报》、《舆论日报》，并应江宁提学使之聘，任图书科长等职。民国建立后，历任多职，其中有广东实业厅长、京师图书馆主任，并任职于河北省政府、平汉路、平绥路等。

〔2〕叶湘南颇为康有为所信任，梁启超等留日弟子与革命党人接近，主张孙、康合作，徐勤等人告之康，康即命叶携款赴日本，命梁赴檀香山办保皇会。

六时的火车前往东京。(上述七名支那人是：康有为、梁铁君、康同照、何易一、桑湖南、李唐、梁炜。以上是根据西山警视总监的报告)”其中的桑湖南，即为叶湘南之误。[1]叶湘南称其时间是“癸酉冬”，与前引韩文举跋文时间是相同的。然而，叶称其对康有为著此书“予闻而未之见”，又与康有为在《我史》中的结语，有着很大差别，我将在第三节中详述。伍庄称：

> 丁卯秋为筹刊先师遗著事，与雪广兄入都。孝高出示先师自写年谱一策，起戊午，迄戊戌，凡四十一年。是政变后出亡日本时所写定，中有十篇则先师口授，树园兄手写。先师游欧美，留此策授孝高保存，至今又三十年。今编先师年谱，此为至可宝贵之资料，珍逾拱璧矣。谨注数语，还孝高永珍藏之。八月十七日[2]

伍庄（1881—1959），字宪子，广东顺德人，万木草堂学生。[3]丁卯，为1927年，康有为于1927年3月31日（丁卯二月二十八日）去世。是年秋，伍庄就看到了手稿本，并宣称康有为于1899年春离开日本时将手稿交给了罗普。[4]然此中之情节，我以为，伍庄似由罗普处得知而非他处。刘翰棻称：

> ……今孝高学长携师手写年谱南还，拜获一读，见其书如见其

[1] 大森致大限重信电，1898年10月25日10时15分发，10时57分收到，《日本外交文书》，第31卷，第1分册，东京：日本国际协会，1954年，第693页。繁写体“葉”与“桑”有相似之处。

[2] 伍庄的跋文未注年。“拱璧”，大璧之谓。

[3] 伍庄曾任《香港商报》、新加坡《南洋总汇报》主笔。辛亥革命后，曾任广东省内务司长、北京政府财政部顾问，后主持民宪党海外党务，办《世界日报》。1948年，民宪党与国社党合并为中国民主社会党，张君劢任主席，其任副主席。1956年任香港联合书院中文系教授，1959年在港去世。(陈汉才：《康门弟子述略》，广东高等教育出版社，1991年，第54—59页)

[4] 伍庄称：“丁卯秋为筹刊先师遗著事，与雪广兄入都”，此处的“雪广”，似为康有为大弟子徐勤。徐勤号“雪庵”，当时“庵”亦简笔为“广”字。

人，犹恍怫追随左右时也……

刘翰棻，广东东莞人，万木草堂学生。戊戌政变后，仍回草堂照常读书。该跋注时间为“为师诀别后七年”，七年当为1934年，然按当时人计年的方法，也有可能是1933年。孔昭焱称：

> 昔先师在日，余闻孝高学长藏有先师自订及手写年谱一册，起一岁以讫戊戌四十一岁。盖是年之秋，先师出亡日本时所作，孝高即以彼此从亡，而得之者也。今夏同客海上，出以相示，伏诵乙遍，为之肃然……

孔昭焱（1883—1943），字希白，广东南海人，万木草堂学生，后入日本法政大学速成科。[1]他记时间为“共和二十有二年癸酉夏”，“海上”，上海之谓，即1933年夏在上海时看到了此手稿本。钟宝华称见该手稿本为“癸酉冬月”。[2]吴恒炜称“时夏历长至节后十日”。[3]郑雪菴称“癸酉菊月下浣”。[4]鲍文称是“癸酉夏六月十一日”。[5]张达璪称

---

〔1〕孔昭焱归国后入两广总督张鸣岐幕。辛亥革命后，他曾任总统秘书、京兆财政厅长、司法部次长、广西财政厅长、广东海关监督等职。1943年死于香港。在该跋记中称“小子十有七岁从先师游，维时及门最少，颇蒙先师盼睐。越二（翌）年丁酉（丙申），命随君勉、任公、儒博、树园诸君，分任澳门《知新报》笔政……”，其中括号内为其补写，看来他已记不清时间了。君勉，徐勤；任公，梁启超；儒博，麦孟华，皆康门大弟子。然《知新报》第一期刊出的编译人员中并没有孔昭焱。

〔2〕钟宝华，名玉文，字宝华，广东东莞人。光绪十八年即入万木草堂。

〔3〕吴恒炜跋文称：“兹学长孝高携先生自编年谱返五羊，嘱余题目，殷为检阅笔迹，宛见生平也。”吴恒炜，字介石，广东顺德人，万木草堂学生。“长至节”，即冬至日。1933年冬至为公历12月22日。

〔4〕郑雪菴跋文称：“南海先生手书年谱，谨题四绝聊志景仰之忱”，以此跋文所录之诗来看，他似非为康的门生。“菊月”指阴历九月。

〔5〕鲍文处称提“再传弟子”，跋文中尊称“康太师南海先生”，并谓：“今独幸有先生自写之年谱在，其原稿由孝高先辈亲受之于先生，而竭诚护持之，历百劫弗敢失。文以癸酉夏客游上海，幸借而读之……恭读百回，将复归之主人，爰缀数语以志服膺。”

"癸酉年冬十月十二日"。[1]叶衍华称"癸酉冬十月"。[2]孔昭鑫称"癸酉年长至节前一日"，其跋文称：

> 今夏旅沪，家兄希白道及孝高先生藏有先太师手自订写四十一岁以前年谱一卷……乃亟往假，讵适为人借去，卒未得读。迨冬十月，孝高先生南归，郑重相示，并谓：此乃先师遭戊戌之变出亡日本时所作。其时彼邦士夫夙仰先师，咸来请谒，且欲知其为学施政之详。先师乃手草此册相授，以应来者。盖先太师出亡时，孝高先生实侍从左右也。先太师少负绝世之资，于书无所不读，于当世之故尤所留心。自甲申而后，愤外族之凭陵，痛内政之败坏，深知非变法不足以图强，乃酌取乎古今，参验于中外，思欲以自见。虽终厄于权奸国蠹，未得行其志，然其悲天悯人之旨，胥于此册见之，不独为将来修编清史之助已也……孝高先生自承先太师以此册相授，迄今已三十余年。其间出入国门，往来南北，均未尝不赍随珍护。其尊师重道，实足以风薄俗而励伦纪，真吾辈之楷模也。[3]

由此可见，跋中的内容都是罗普告诉他的。其中关于康有为写作的动机，即应对慕名而来的日本士夫，与康有为的说法有别，第三节将述之。

从这些跋语的时间可以看出，除伍庄外，1933 年夏天，罗普在上海展示该手稿本，由孔昭焱、鲍文等人阅读；是年冬带到广东，再度展示，康门弟子及再传弟子纷纷作跋。当然，其中最重要的是韩文举的跋文。

---

〔1〕张达琛，名砚瑜，张伯荫之兄，广东开平人，万木草堂学生，后毕业于北京大学，先后任交通大学、北京孔教大学、岭南大学教授。(《康门弟子述略》，第154—155页）张达琛仅写一句话，"癸酉冬十月十二日弟子张达琛恭读"，不另纸，写在鲍文跋之后。

〔2〕叶衍华，字柳宅，广东东莞人，万木草堂学生。(《康门弟子述略》，第 157—158页）该跋文记："……顾毁者固没其实，誉者亦失其真，传先生者不一家，虽门弟子或搔不着痒焉，他更无论矣。以之信今而传后，不其惑乎？今睹孝高所藏先生手订年谱，不惟墨迹宝贵，并可释千百世之疑。"并称其"识于广州市北之沃若堂"。

〔3〕孔昭鑫即孔昭焱之弟，自称"再传弟子"。

以上跋文的内容，证明了该手稿本原为罗普所有，捐赠者“罗静宜、罗晓虹”，似为罗普的后人。[1]

毫无疑问，罗普并不是仅在1933年才将其藏手稿本展示于他人，在此之前，也有人读过，并流传着抄本（详见第二节）。只是在1933年，罗普有意让各位康门弟子作跋文，在此之后为何没有跋文，不得而知。

“康有为自写年谱手稿本”上有贴条，共八条：

一、第3页下，记：“从简先生学时之下，加‘学易、礼’三字。”[2]

二、第4页上，记：“次观《大清会典》下，加‘《东华录》’三字。”[3]

三、第5页上，记：“霸视之气下，加‘明史之外’四字。”[4]

四、第5页下，记：“古松二字，改‘古桧七株，俗名水松’。非女兄不欢下，加‘生平无失言失色，可谓至德也’。”[5]

五、第6页上，记：“先祖前乃字之下，改‘出君子有九思，至忿思难’。”[6]

六、第65页上，记：“第六行‘废力’之废字似改作费。”[7]

七、第85页下，记：“十行陈右箴三字当为陈宝箴或陈右铭之误，似可改之。”[8]

---

〔1〕冯自由《康门十三太保与革命党》中称：罗普“其女公子某自欧洲毕业归国，以共产党嫌疑被拘入狱，经多方营救始免，洵足继承乃父昔年表彰苏菲亚之素志矣。”（《革命逸史》，第2集，第33页）不知与罗静宜、罗晓虹有无关系。

〔2〕相关的文字见《丛刊·戊戌变法》，第4册，第109页，第13行，加括号。

〔3〕相关的文字见《丛刊·戊戌变法》，第4册，第110页，第3行。

〔4〕相关的文字见《丛刊·戊戌变法》，第4册，第110页，第13行。

〔5〕相关的文字见《丛刊·戊戌变法》，第4册，第111页，第3、6行。其中第3行“俗名水松”四字加括号，第6行注明“以下系南海增补”。

〔6〕相关的文字见《丛刊·戊戌变法》，第4册，第111页，第13行，并注“此题系南海增补”。

〔7〕相关的文字见《丛刊·戊戌变法》，第4册，第150页，第13行。

〔8〕该纸条有“上海朵云轩制笺”字样。相关的文字见《丛刊·戊戌变法》，第4册，第168页，第11行。

八、在书末，记："第十五页一行提及菊翁请其撰学堂章程。第十九页二面提及菊翁请废翰林院、都察院。倒数第二页提及菊翁被革。罗孝高普具。"〔1〕

前五条为康有为本人所写，这是他后来看到了此手稿本并有意于修改之明证，我将在第三、四、五节中予以讨论。第六、七条，字体一致，且与后面孔昭焱跋文的字体相似，也有可能为孔昭焱所写。写第八条者，似只关心与"菊翁"相关的记载。"菊翁"即张元济，字菊生。该纸为信纸的右半，印"……馆信稿纸"，张元济长期主持商务印书馆，很可能是商务印书馆信稿纸。而"第十五页"、"第十九页"两语，也使我核对了一下页数，他只看到了光绪二十四年的部分。尊称"菊翁"，似属后辈，写者很可能是张元济的下属。

以上贴条皆贴在整修装订用的白宣纸页眉上，又可说明：一、其装订的时间为捐献之前，因为捐献后，博物馆整修装订似不会将附条贴上，而只会夹在原处；二、第八贴条的写者，仅看到"光绪二十四年"一部分，说明是时尚未装订，或后来重新装订。当然该手稿本的最后装订，也必定在1933年各跋文之后，至于具体的时间，不得而知。

## 二　抄本的流传及刊行

康有为《我史》最初刊行于1953年。中国史学会主编、翦伯赞等人编辑《中国近代史资料丛刊·戊戌变法》在上海出版，以《康南海自编年谱》为题，第一次发表了《我史》。(以下简称《丛刊·戊戌变法》本）在该书的《书目解题》中称：

《康有为自编年谱》，一册，康有为撰，钞本，赵丰田藏。

〔1〕 最后一字不认识，可能是"之"，似未写完。

又在该年谱前加编者按：

> 此年谱系根据赵丰田所藏钞本录下，后经与康同璧所藏抄本对校。原文至光绪二十四年为止。[1]

也就是说，《康南海自编年谱》是根据两个抄本校对发表的，其一是赵丰田所藏抄本，其二是康同璧所藏抄本。

20 世纪 40 年代，芮玛丽（Mary Wright）曾在康同璧家，将其所藏康有为资料拍成四个胶卷。[2]台北中研院近代史研究所郭廷以图书馆、香港中文大学图书馆皆藏有这四个胶卷。[3]在其胶卷二、胶卷四中，有“康南海自编年谱”，这两个胶卷完全相同；封面上注明“民国二十年六月付钞　颉刚记”。此处的“颉刚”，即顾颉刚。该本是顾颉刚抄本。[4]顾颉刚抄本非常完美，其最佳之处，就是将原注、眉批、眉

---

〔1〕《丛刊·戊戌变法》，第 4 册，第 616、107 页。

〔2〕萧公权称：“当我完成《中国乡村》一书，另找研究题目时，担任华盛顿大学远东与俄国学院的助理主任梅谷（Franz Michael）交给我一批康有为著作的微卷胶片，那是已故的赖特女士在 40 年代末，得自康同璧（康有为之女）的家藏。”（汪荣祖译，萧公权：《近代中国与新世界：康有为变法与大同思想研究》，江苏人民出版社，1997 年，第 1 页）

〔3〕我最初看到的是台北近代史研究所所藏胶片，但没有详细的目录。香港中文大学图书馆也藏有这四个胶卷，其英文目录称：“康有为手稿由其女儿罗康同璧保存，1947 年 2 月在北京由 Arthur F. Wright 拍摄，胡佛研究所复制，共计 82 个文件。目录见‘康有为遗稿’，在已印的胡佛战争与和平研究所图书馆目录之中国部分第 7 卷第 653—654 页。史坦福大学胡佛研究所，1969 年。”可知该胶片的原本尚在史坦福大学。目录称之为手稿（Manuscripts）为误，胶片所拍全是抄件，并无康有为之手稿。

〔4〕“康南海自编年谱”七字，与“民国二十年六月付钞　颉刚记”十二字，字体相同，属顾题名。该胶卷中还有大量关于“礼”的钞录，即“礼类编”，另有一纸：“此钞录战国秦汉书籍中所载礼事，每纸一条，以备类著者。按《万木草堂丛书目录》有《礼类》一名，此稿与之相似，当即其书。惜无凡例目录，无从知其著述之法。颉刚记。”此纸字体与“民国二十年六月付钞　颉刚记”十二字相同。为此请教王汎森，其一眼即认出是顾的亲笔。顾颉刚抄本共计 119 页，抄在“东明号”的格稿纸上，每页上下两面，每面八行，每行二十字。标点注于字旁。顾请了两位书手，一位抄了前 92 页，另一位抄了后 27 页。书手的姓名不详。

注，都照其格式，原模原样地搬了过来。在该抄本的最后，还抄有一段注语：

> 此南海之自编年谱也。中缺丙申一年。乙未以前稿，据南海自跋，系抄没流落人间，为罗孝高所得。丁酉以后，乃戊戌岁暮在日本所作，亦归孝高。徐君善伯抄得副本。十八年，为任公作年谱，向之借录。此册中颇有误字，暇当借孝高原本为之一校也。
>
> 十八，五，十四，丁文江〔1〕

据此可见，顾颉刚抄本录自丁文江抄本，丁文江抄本录自徐善伯抄本，徐善伯抄本录自罗普。罗普处系原本。徐善伯，名良，康有为的大弟子徐勤（君勉）之子。〔2〕

丁文江（1887—1936），字在君，江苏泰兴人。中国现代地质学的创始人之一，先后留学日本与英国。1917 年与梁启超同赴欧洲，出席巴黎和会，私交甚善。梁去世后，为其编年谱。丁文江于 1929 年派人抄录《我史》，正是"为任公作年谱"作资料准备用，而丁的主要助手正是赵丰田。〔3〕由此而论，赵丰田所藏抄本就是丁文江抄本。1936 年燕京大学《史学年报》第 2 卷第 1 期发表了赵丰田先生《康长素先生年谱稿》，在引用及参考书目中称：

> 《康南海自编年谱》，丁文江氏副钞本。（原钞本在罗孝高君手

---

〔1〕 乙未、丙申、丁酉、戊戌，分指光绪二十一、二、三、四年（1895—1898）。"十八年"系民国十八年（1929）。

〔2〕 徐良早年留学日本、美国。康有为七十岁寿辰时，他奉前清皇帝溥仪所赠匾额、玉如意到上海。溥仪在《我的前半生》中记有徐良事。徐良后任天津中原银行经理、汪伪外交次长、驻日本大使等，1943 年辞职。

〔3〕 赵丰田 1931 年由燕京大学历史系毕业，毕业论文题目为由顾颉刚指导的《康长素先生年谱稿》。陆志韦、顾颉刚因此将赵介绍给丁文江。丁去世后，赵在翁文灏的指导下，完成了《梁谱》的初稿。

> 中）是谱起生年，止四十一岁（光绪廿四年）。乙未以前系旧作，丁、戊二年系戊戌十二月在日本补作，中缺丙申一年。[1]

这正说明了赵所使用的为丁文江抄本，而且还提出罗普处另有“原钞本”。

顾颉刚（1893—1980），江苏吴县人，杰出的历史学家，北京大学毕业，多有建树。1929年任燕京大学历史系教授，决计清理旧古史，学术思想上也与康有为相近。[2]顾颉刚抄本为何会在康同璧的文件中尚不得知，然顾颉刚抄本既在康同璧所藏文件中发现，那么，康同璧所藏抄本当为顾颉刚抄本。

香港中文大学图书馆特藏室藏有20世纪50年代的油印本，题名为“南海康先生自编年谱”。这一个版本很可能就是康同璧1958年或1959

---

〔1〕 赵丰田：《康长素先生年谱稿》，燕京大学《史学年报》第2卷（1936）第1期，香港崇文书局《中国近三百年学术史参考资料》第六编，1975年影印本，第67页。然而，赵丰田自相矛盾的是，其编年谱仍然有“丙申”一年，其文曰：“讲学于广府学宫万木草堂，以徐勤、王镜如为学长。续成《孔子改制考》、《春秋董氏学》、《春秋学》。七月与有溥游罗浮，八月游香港，十月至澳门，与何穗田创办《知新报》。穗田慷慨好义，力任报事。先生将赴南洋，未果。复还粤。”并注明其出处为《自编年谱》。赵丰田的这一段文字，与《我史》光绪二十二年基本相同，他可能已用了其师顾颉刚的抄本。又，在该文的弁言，赵丰田先生称：“此为丰田民国二十年所作毕业论文，当时时间仓促，材料缺乏，体例亦未允洽。其后尝多方搜罗，近复辑梁任公先生年谱，所得资料，较前文多一倍有奇……民国二十三年八月十六日书于北平图书馆。”由此似可推知，其参考书目《康南海自编年谱》一条，很可能是先前写的，后来没有修改。

〔2〕 顾潮编《顾颉刚年谱》记：1929年6月16日，“与丁文江去康同薇家。欲作康有为年谱并编康氏遗集，故经丁文江介绍，识康之女儿，与彼商此事。”11月19日，“与冼玉清同到康同璧家，并见康同薇，取康有为稿两包归。”1930年，“是年续理康有为遗稿，点《新学伪经考》。以其遗稿但多政治性文件，非学术文字，十一月交赵丰田整理。彼后以半年之力，成《康长素先生年谱稿》，为其毕业论文。”1931年6月，“审查赵丰田所作《康长素先生年谱稿》毕。”（顾潮编：《顾颉刚年谱》，中国社会科学出版社，1993年，第174—175、177、190、194页）赵丰田在《康长素先生年谱稿》的引用及参考书目中称：“《康南海遗稿》，皆原写稿本而未经整理者。以奉顾先生命为排比年月次第备出版，得见之。”（香港崇文书局影印本，第67页）由此可见顾于此多有介入。然顾与赵的关系，很可能是从赵处借得丁文江抄本再抄的。

年在北京自费油印的版本。[1]我将之与顾颉刚抄本一一相校，两个版本

〔1〕 该油印本的书题为毛笔手写，并署“惠仁谨署”。封面的背后用毛笔字书：“康同薇敬赠”，另有香港大学的藏书票：“华萱庐堂赠送香港中文大学图书馆系统”（除“华萱庐堂”四字外，皆为英文，系香港中文大学图书馆自印格式藏书票）。尽管香港中文大学图书馆所藏油印本并无任何关于出版的记录，但也有一些痕迹：一、其在编目中，一方面注明出版者为：“香港，出版者不详，195—。”表明是1950年代出版的；注释为：“书名据封面，康同薇油印本。”另一方面在其他作者档（other author）注：“Kang Tongbi，1880—。”此外该油印本的图书编号为“DS764. 23. K3A3 1959”，最后的1959为出版时间。由于该书原藏于香港中文大学联合书院图书馆，由该馆转入大学图书馆，当初编目的意图已很难查清楚。为此，该图书馆特藏组主任林进光为我专门寻找线索，但没有结果。二、该油印本印在较为粗糙的纸上，为过去的蜡纸钢板网刷，刻手的书法相当好。若是康同薇，此时在海外，完全可以在香港用道林纸铅印。三、该油印本删去了原稿中出售全国矿权及与俄国、美国、英国有关的部分，共计六条。其一为，康有为列举历史上英国之作为，油印本删去“故英真救人之国也”八字。其二为，康主张大借外债，油印本删去“以全国矿作抵，英、美必乐任之。其有不能，则鬻边外无用之地”共22字。其三为，康主张迁都，认为北京在军事上处于劣势，油印本删去“俄人屯重兵于旅顺，扼吾之吭，无可守矣”共16字。其四为，康称容闳欲求美国援助，油印本删去“容纯甫欲请美钦使，然以其无兵，无济于事，却之”共19字。其五为，康到了上海为英人所救，油印本删去“且向知汝之联英恶俄”共9字。其六为，康有为在香港向英国求救，油印本删“英人前海军卿柏丽辉亦适到，约见，慷慨许救我皇上。我告俄人屯兵旅顺者二万，贵国未易轻举也。柏海部卿指头誓死以救我皇上，盖雄才热血，不可多得之人也”一段，共64字。第二处删节，当属为尊者讳；第一、三、四、五、六处删节，则是当时北京的政治忌讳。康同薇在海外，无须为之，康同璧在北京却不得不考虑之。又，油印本“李联英”皆作“李莲英”，这也是大陆后来常用的写法。四、也是最重要的，康同璧在任启圣的帮助下，于1958年完成了《康南海先生年谱续编》，与此同时再油印其所藏《南海康先生自订年谱》，香港中文大学图书馆亦藏《南海康先生年谱续编》之油印本，也是由“惠仁谨署”，也是“康同薇敬赠”，也有“华萱庐堂”赠的藏书票，版式与纸张一致，只是刻手的字要差了许多。由此可见，两个油印本是康同璧同时印。综上所述，我以为，此油印本为康同璧在北京油印，其中一部分送康同薇，而康同薇赠予“华萱庐堂”，由“华萱庐堂”赠予香港中文大学。此外，还有一个有趣的现象，《我史》光绪四年记：“是冬十二月二十一日长女同薇生”，诸本皆同，油印本却将“一”用铅笔改为“五”，即二十五日生，这一改动很可能是康同薇自改。汤志钧来信告诉我，称：“康同璧之子罗荣邦（原美国戴维斯加州大学教授）撰有《南海康有为先生著述总目》，由我交请《中华文史论丛》，于1983年第2期发表，我写有跋语。罗氏在《著作总目》中有《我史》，录如下：《我史》即《自编年谱》，刊载于26（似指民国26年），另有油印本，1958年刊行。英文译本见Jung-Pang罗荣邦编K'ang yu wei 1858－1927，His Autobiography，Its Seqenel，and a Symposium. 光绪二十五年（1899年）。”（似为*K'ang-Yu-Wei*：*A Biography and a Symposium*）此处称“刊载于26（似指民国26年）”之刊本，我尚未见；而“另有油印本，1958年刊行”，即可为前之证。

在文字上是基本相同的。此又可为一证。

丁文江在其抄本之末的注文中，提出了“中缺丙申一年”，“此册颇有误字”两条，皆是徐善伯抄本之缺陷。丁氏还提出“暇当借孝高原本为之一校”，是否又做到了呢？从顾颉刚抄本来看，顾氏是做到了。丙申年即光绪二十二年（1896）的内容，约二百余字，顾抄本是补抄在页眉上的。〔1〕至于丁氏所提到的“误字”，顾颉刚抄本共有眉注17条：

一、同治六年（1867），“……还乡，复从简先生学，时（学易礼）诵经将毕……”括号文字上有眉注：“据罗本改，但原文似系先生自改者。徐善伯。”

二、同治七年（1868），“……始览《纲鉴》而知古今，次观《大清会典》、《东华录》而知掌故……”上有眉注：“《东华录》三字罗本无之。”

三、同治十年（1871），“……有古桧七株，俗名水松……”上有眉注：“罗本有‘古松七株’，无‘俗名水松’四字。”

四、同年，又，“……女兄甚才，守节事母，母非女儿不欢也。（生平无失言失色，可谓至德矣）”上有眉注：“（……）罗本缺此。”〔2〕

五、同治十二年（1873），“……诸父极责，大诘之先祖前，乃出‘君子有九思’至‘忿思难’一题，援笔为十六小讲……”上有眉注：“罗本仅云：‘先祖前，乃即一题，援笔为十六小讲。’”

六、光绪元年（1875），“……从吕拔湖先生学文……”上有眉注：“吕拔湖亦任公师也。”

七、光绪二年（1876），“……余俗有入室戏新妇者，余守礼拒之，颇失诸亲友欢……”上有眉注：“罗本无‘友’字。”

---

〔1〕然究竟是丁文江派人所补还是顾颉刚派人所补，仅看抄本，还得不出结论来，但据常理来判断，很可能是顾颉刚所补。因为若由丁文江派人所补，顾抄本应抄在正文，而不是抄在页眉了。这里还不能完全回避一种可能，即顾抄本是完全按照丁抄本的，因丁抄本在页眉而故意抄在页眉。以下提到的十七条眉注，其中就有丁文江的注，似可为一证；而前引赵丰田在《康长素先生年谱稿》的注，又可作为反证，即丁文江当时未补。

〔2〕（……），即（“生平无失色……”）之意。

八、光绪四年（1878），“……以至宋明国朝文章大家钜名，採其实际皆空疏无有……”其“採”字上画一问号，眉上注：“按?”

九、光绪十五年（1889），“九月”，其眉上加了“光绪十五年，己丑，三十二岁”。

十、光绪二十年（1894），上有眉注“卷二”。

十一、光绪二十年，“……十月，曹箸伟卒……率同门吊其家，痛哉!”上有眉注“十月，任公出京。丁文江”。

十二、光绪二十一年（1895），陈礼吉“为大道完成负荷第一人，竟夭，年仅二十六，痛哉”！上有眉注：“陈盖长任公三岁。”

十三、同年，又，“……沈子培、陈次亮皆来告，促即行；而留卓如办事……”上有眉注：“乙未冬，代李苾园草折，请开大学堂。”

十四、同年，在末尾有眉注：“此谱为光绪二十一年乙未前作，故叙事止于是岁。门人罗孝高不知从何得之，盖戊戌抄没，落于人间，而孝高得之也。更甡年七十记。”

十五、光绪二十四年（1898），“……而谕旨声明孙家鼐面奏，盖专为避嫌之计也……”上有眉注：“罗本作‘谕旨声明廖面奏此事’。”

十六、同年，又，“……御史杨漪川、宋芝栋、李木斋、王鹏运，学士徐子静，皆以制度局为然。我为之各草一折，于五月时分日而上(皆制度局之意也)。”上有眉注“罗本涂去”，意即涂去括号之内七字。

十七、同年，又，“吾舅道为奸宄所胁，索千金而后得还。”其“道”字上画一问号，眉上注“遂”。

以上第一条明确为徐善伯所注，而第一至第五条，与本章第一节所述“康有为自写年谱手稿本”上的贴条恰好相对应。徐善伯之眉注也证明了手稿本上的前五条贴条，皆康有为作。第十一条明确为丁文江；而第六条、第十二条、第十三条，皆与梁启超的生平有关，很可能是丁文江的眉批。而第九条“光绪十五年，己丑，三十二岁”，牵涉较大，我将在第五节予以论证。第十条关于“卷二”的字样，第十四条康有为自注，皆为非常重要，我将在第三节中展开，专门叙述。第七条称罗本无“友”字，与手稿本校，确无“友”字。第八条疑“採”字为“按”之误，查原稿本即为“採”字。第十五条“罗本作‘谕旨声明廖面奏此事’”，与手稿本相对，系相同，并无“孙家鼐”三字。第十六条“皆制度局之意也”上有眉注“罗本涂去”，与手稿本相对，是不明显的删去“制度局之意也”，但未删“皆”字。第十七条，手稿本即为“道”字。而从这些眉注中可以看出，顾颉刚所看到的罗本，不是“康有为自写年谱手稿本”，而是赵丰田前面提到的罗普的“原钞本”。

中国人民大学图书馆藏有另一抄本，其封面从右向左竖题“戊寅年四月初八日/康南海自编年谱/何凤儒题”。[1]从文字校对来看，他很有可能是抄自顾颉刚抄本。[2]

1966年，台北的文海出版社编《中国近代史资料丛刊》，第11卷辑入张伯桢《南海康先生传》、《康南海自订年谱》（内文仍用《康南海自编年谱》为题），据校对，其文字系录于《丛刊·戊戌变法》本。[3]1972年，文海出版社出《康南海自订年谱·康南海先生年谱续编》合订本一册，次年重印。其中《康南海自编年谱》似为1966年版之纸型重印。1976年，蒋贵麟主编《康南海先生遗著汇刊》（台北：宏业书局），其第22册中收录《康南海自编年谱》，系影印1966年文海版的。1992年楼宇烈编《康南海先生年谱（外二种）》（中华书局），

---

〔1〕“戊寅年”为1938年（民国二十七年），“四月初八日”为阳历5月7日。该本抄在春成纸店的稿纸上，《续修四库全书》将之影印出版。（《康南海自编年谱》，《续修四库全书·史部传纪类》，上海古籍出版社，1995年，第558册）又该抄本上有两方印章，马忠文告诉我，其一是“互乡居”，其二是“无米方知吾道尊”，由赵宏考订出。再又，谢巍编撰《中国历代人物年谱考录》（北京：中华书局，1992年）第615页，“《康南海自编年谱》（我史）”条下称言，年谱原稿藏于中国人民大学图书馆，似即指此抄本，当为有误。

〔2〕主要的证据有两点：一、顾颉刚抄本上的眉抄字样，何凤儒抄本大多保留。前录第八条即“採”上眉注“按”字，无；第九条“光绪十五年，己丑，三十二岁”，已抄录在正文；第十条，“卷二”字样，无；第十七条，“吾舅道为……”，改为“吾舅遂为……”。其第九条、第十七条的变化，似可作为何凤儒本抄自顾颉刚本的明显证据。二、顾颉刚抄本作为眉抄的光绪二十二年一节，何凤儒抄本则已抄在正文中了。此外，何凤儒抄本不再保留丁文江的最后一段跋记。我也曾将具体文字与《丛刊·戊戌变法》本一一对校，发现顾抄本、油印本、何抄本是一致的。

〔3〕该本封面书名与内文有误，很可能是校对不精而引起的。1973年，该书重印，题仍未改。

1996 年朱维铮编《中国现代学术经典·康有为卷》（河北教育出版社），1999 年罗岗等编《我史》（江苏人民出版社），皆用《丛刊·戊戌变法》本。[1]

由此可以得出结论，现在刊行的各种版本，皆出自 1953 年神州国光社的《丛刊·戊戌变法》本，而《丛刊·戊戌变法》本录自丁文江抄本和顾颉刚抄本。丁文江抄本又录自徐善伯抄本，顾颉刚抄本录自丁文江抄本，并与罗普的抄本相校。丁、顾都没有看到康有为的手稿本，由此而产生了《我史》现刊本中的许多问题，不然的话，以丁、顾之才华，必定会予以解释。

特别需要说明的是，罗孝高、徐善伯的抄本，忠实地抄录了"康有为自写年谱手稿本"；由徐善伯抄本产生的丁抄本，由丁抄本与罗抄本产生的顾抄本，也是精准的。我的手中虽没有罗抄本、徐抄本、丁抄本，但我用顾抄本、何抄本及各刊本，与"康有为自写年谱手稿本"进行了校对，发现除极个别处有误漏外，顾抄本、何抄本及各刊本与手稿本在文字上是一致的。而这些极个别的误漏，也只是书手们的疏忽，非有意为之，且也不影响康有为之原意。我也正是通过这些精美准确的抄本，才能认出手稿本中一些极难辨识的字和一些交错复杂的修改。

## 三　书名、卷数与写作时间

至少在 1929 年丁文江抄本时，书名已用"康南海自编年谱"。[2]顾颉刚抄本、何凤儒抄本皆用此名。1953 年神州国光社刊行时，以《康南海自编年谱》为书名，也是很自然的。但是，明眼人一看就知道，这个书名是由后人名之而非康有为本人，康不可能自称为"康南海"。

---

〔1〕也因为如此，本书在参照对比时，皆引《丛刊·戊戌变法》本，一为读者查找之便，二为各刊本皆以其为母本。

〔2〕赵丰田《康长素先生年谱稿》，在引用及参考书目中称："《康南海自编年谱》，丁文江氏副钞本。"（香港崇文书局影印本，1975 年，第 67 页）

"康有为自写年谱手稿本"，回答了这个问题，该手稿上并无题名。由于用的是年谱体，又是其亲写，博物馆将这件藏品命名为"康有为自写年谱手稿"，是相当合适的。本项研究也沿用此名；后加一"本"字，以说明该手稿已装订。由此又可以解释，丁文江抄本为何以此名之。

1958年，康有为的女儿康同璧（文珮）在任启圣的帮助下完成《南海康先生年谱续编》，其《序》起首便称：

> 先君《自编年谱》，原名《我史》，止于戊戌，凡四十一年，后为续作。

此语中道出，该书康有为最初命名为《我史》。[1]而更早提到该书书名的，是康有为的大弟子张伯桢。1932年，他刻其著《南海康先生传》，称言：民国初年，康有为住在上海，"时伯桢拟刻丛书，先生知之，将平生诸稿编定见授"，其中便提到："《我史》，即年谱。"[2]张的这一说法，称该书有两个书名，而后一个书名是通行的。张本人看过《我史》，其所写《南海康先生传》也基本上依据《我史》。

本章第二节所引顾颉刚抄本第十四条眉注称："此谱为光绪二十一年乙未前作，故叙事止于是岁。门人罗孝高不知从何得之……更甡年七十记。"此为康有为自注，其中的"谱"字，当作为"年谱"解。康以"此谱"说明此书，有可能亦将书名称为《自编年谱》。[3]

1996年，朱维铮编《中国现代学术经典·康有为卷》，将《康南海自编年谱》复名为《我史》，称言：

---

〔1〕康文珮编：《康南海先生年谱续编》，文海出版社（台北），1972年，第1页。

〔2〕张伯桢：《南海康先生传》，北平琉璃厂文楷斋刻印（香港中文大学联合书院图书馆藏本上盖有朱印"民国二十一年旧历四月八日初版，民国二十一年旧历五月五日再版"，及张伯桢的印章），第57页下、68页上。

〔3〕《丛刊·戊戌变法》本这段批语中的"此谱"，作"此书"。此中所用的"书"字，并不涉及书名。（见《丛刊·戊戌变法》，第4册，第110页，第13行）

> 《我史》在成稿后半个世纪才刊布，书题被刊布时编者改为《康南海自编年谱》，自有某种不得已的考虑，但也大失原著的论旨，由原著的结语可明。因此我将他作为康有为以“我”为核心的思想政见的自我总结收录本卷，并依据康同璧的佐证，恢复其原名。

又称言：

> 《我史》，今刊本题作《康南海自编年谱》。但康同璧《南海康先生年谱续编》序称《我史》乃康有为所题原名，今据正，并保留传世刊本的名称，作为副题。[1]

朱维铮于《康南海自编年谱》名称之由来，稍有小误，但其中强调的主旨，我是很赞成的。《我史》这一名称是康有为的原意，也特别符合光绪二十四年岁暮康写作时的心情。康虽然没有直接将《我史》写在手稿本上，但康同璧、张伯桢必然听见康本人说过。

“康有为自写年谱手稿本”，有卷数的注记。在其首页，题“卷一”，用整页纸。在其第 34 页眉左方，题“卷二”，即以“光绪二十年”为始。[2]在其第 49 页眉左角，题“卷三”，即以“光绪二十四年”为始。在其第 64 页眉左角，题“可照抄，卷四”，此处即是本章第一节所言韩文举录文的起首处，“时上频命枢臣催所著各国变政书……”，以此为始。[3]在其第 74 页眉左角，题“卷五”，此为韩文举录文结束后康有为自写本的起首，“尚书许应骙、怀塔布掷还，不肯代递……”，以此

〔1〕 朱维铮编：《中国现代学术经典·康有为卷》，河北教育出版社，1996 年，第 15、812 页。此后罗岗等 1999 年再编《我史》，也以康同璧语为据。

〔2〕 顾颉刚抄本亦有此眉注，但仅有此“卷二”的眉注。

〔3〕 其文见《丛刊·戊戌变法》，第 4 册，第 150 页，第 2 行。

为始。[1]即以其家世、出生至光绪十九年为一卷，光绪二十年至二十三年为一卷，光绪二十四年字数最多，分为三卷，又以韩文举所录十页单为一卷。此五处题记皆为康有为的自题，且为后来所题，因为第四卷、第五卷的起首，须作文字的调整，不然的话，叙事及文句皆会不顺畅。然而，康又是在什么时间作此分卷题注的，不得而知。

值得注意的是，卷四的题注有“可照抄”三字，康有为的这一指示是下达给谁的？罗普？徐善伯？或其他人？不得而知。“可照抄”的指令，是下达给抄者的，然抄者的任务似不仅仅是抄韩文举所录十页，而是要抄录手稿本全文。本章第一节所记手稿本康的五处贴条，更证明了这一点。那么，康抄录手稿本的目的是什么？题注卷数的目的是什么？我个人初步的猜测，是为了刊刻。

康有为《我史》的写作时间，本来是清楚的。在该书末，康有为谓：

> 诸子欲闻吾行事，请吾书此。此四十年乎，当地球文明之运，中外相通之时，诸教并出，新理大发之日，吾以一身备中原师友之传，当中国政变之事，为四千年未有之会；而穷理创义，立事变法，吾皆遭逢其会而自为之。学道救人，足为一世；生本无涯，道终未济。今已死耶，则吾阅遍人天，亦自无碍，即作如是观也。后此玩心神明，更驰新义，即作断想，又为一生观也。九月十二日至日本，居东京已三月，岁暮书于牛込区早稻田四十二番之明夷阁。

光绪二十四年九月十二日为1898年10月26日，居东京已三月，即十二月十二日（1899年1月25日），该年的除夕为1899年2月9日。康有为明确说明，该书完成的时间是光绪二十四年的“岁暮”；地点是东京的

---

〔1〕 其文见《丛刊·戊戌变法》，第4册，第156页，第4行。

"早稻田"[1]；而写作此书的动机是"诸子欲闻吾行事，请吾书此"。此时，清政府对日本施加了很大的压力，日本政府亦请康有为离开日本，前往美国。康对此只能表示同意。[2]在即将离日之际，康的门徒们要求留下他个人的记录，于是，康便写下了这本书。本章第一节所引叶湘南的跋文，与此有别，他作为随行弟子，却"予闻而未之见"，与康的说法不同。本章第一节所引孔昭鑫的跋文中，罗普称，"其时彼邦士夫夙仰先师，咸来请谒，且欲知其为学施政之详。先师乃手草此册相授，以应来者。"其写作机动又与康说不同。由此而论，康有为当时写作的动机，很可能是向诸弟子作一交代，事后态度又发生了变化，而是要留下一部自我宣传的底本。[3]梁启超后来作《南海康先生传》，部分内容依据此手稿本。康有为在日本的写作时间共用了多少天，没有说明。但《我史》约三万八千字[4]，本章第一节介绍韩文举为康作笔录，一夜草十页，约三千六百字，以此推算，康可能用了十天左右的时间。[5]

---

〔1〕"牛込区早稻田四十二番"，即为东京牛込区早稻田南町四十二番地，是康有为到日本后在东京的第三个住所。东京警视总监大浦兼武于1899年1月7日致日本外相青木周藏函称："康有为、梁启超一行移至牛込区早稻田南町四十二番地，合并了住所。"（转引自石云艳：《梁启超与日本》，天津人民出版社，2005年，第460页）"明夷阁"为康有为自命其住所。叶湘南在"手稿本"跋记中称："到日后，先师颜所居曰'明夷阁'。"康有为编有《明夷阁诗集》，其自注云："自政变出奔，日本元老大隈伯为适馆授餐。名所馆曰'明夷阁'。"（《康有为遗集·万木草堂诗集》，第89页）"明夷"，为《易经》的第三十六卦。其经文曰："下离上坤，明夷：利艰贞。《彖》曰：明入地中，'明夷'，内文明而外柔顺，以蒙大难，文王以之。'利艰贞'，晦其明也；内难而能正其志，箕子以之。《象》曰：明入地中，'明夷'，君子以莅众，用晦而明。"其卦象为日入地中，光明殒伤。康有为用意为，虽落其难而坚守其贞。东京"牛込区"于战后并入新宿区，"早稻田南町"今尚存，然康有为当年住址，我已不能指认。

〔2〕参见茅海建、郑匡民：《日本政府对于戊戌变法的观察与反应》，《历史研究》2004年第3期。

〔3〕康有为此处所称"诸子欲闻吾行事"的"诸子"，从字面上说，当有两个解释：其一是日本的名士与政治家，但从目前所见的材料中看不到有哪些日本名士与政治家请其写自传，也未见罗普将该自传送给哪位日本名士与政治家；其二是追随他的门徒。我在这里将"诸子"作为其弟子解。

〔4〕若不含后来所加的标点符号，此为《我史》的实际字数。

〔5〕梁启超为快手，其作《康有为传》两万余字，自称"凡起草，四十八点钟，传成"。（《丛刊·戊戌变法》，第4册，第37页）此亦可推测当时人的写作速度。

然而，本章第二节所录顾颉刚抄本第十四条眉注，即在光绪二十一年（1895）结尾处康有为的眉批，称言：

> 此谱为光绪二十一年乙未前作，故叙事止于是岁。门人罗孝高不知从何得之，盖戊戌抄没，落于人间，而孝高得之也。更甡七十记。[1]

这一下子出现了光绪二十一年写作的说法。“更甡”是康有为晚年之号，“七十”当为虚岁七十，时为1927年（民国十六年）。这一段眉批，康又写于何时？马忠文对此称言：

> 是年3月8日（二月初五）康有为在上海度过七十岁生日，数日后遂离沪去青岛，3月31日（二月二十八日）在青岛寓所病逝。据其门人麦仲华回忆，康氏七十寿诞后，即在上海“亲自检理其平生最爱之书籍，及自著稿件等，彻三昼夜不稍息”。[2]康同璧也回忆说：“先君去沪时，亲自检点遗稿，并将礼服携带。临行，巡视园中殆遍，且云：我与上海缘尽矣！以其像片分赠工友，以作纪念，若预知永别者焉。”[3]康氏离沪前曾检点遗稿，据此似可判言，这条注语应是康逝世前不久添加的。[4]

对于马忠文的判断，我是同意的。根据康有为这一段眉批的直解，似乎康有为在光绪二十一年（乙未，1895）已作“此谱”，而在日本又续写了光绪二十二年（丙申，1896）至二十四年（戊戌，

---

〔1〕《丛刊·戊戌变法》本以小字刊出，见《丛刊·戊戌变法》，第4册，第136页。

〔2〕据麦仲华函，时间不详，转引自夏晓虹：《圣人心迹》，《读书》1996年第8期，第119页。

〔3〕《康南海先生年谱续编》，第181页。

〔4〕马忠文：《康有为自编年谱的成书时间及相关问题》，《近代史研究》2005年第4期。该文在康有为《我史》的版本及收藏方面介绍，于我有助益。

1898）的部分。丁文江就相信了这一说法，本章每二节所引丁文江抄本之书末注，称言“乙未以前稿，据南海自跋，系抄没流落人间，为罗孝高所得。丁酉以后，乃戊戌岁暮在日本所作，亦归孝高。中缺丙申一年。”[1]

康有为的这一段眉批，与其书尾的自述是相矛盾的。细观《我史》的内容，在光绪二十一年之前，即有许多发生在此之后之事。[2]马忠文对此又言：

---

〔1〕 赵丰田也相信了这一说法，前引其论文的注释称：“乙未以前系旧作，丁、戊二年系戊戌十二月在日本补作，中缺丙申一年。”（香港崇文书局影印本，第67页）

〔2〕 马忠文2005年论文对此提出了五条证据，由于这些证据与本章的论点相关，故引于下：“一、年谱‘光绪九年癸未’记是年在南海创不缠足会情形后，康又言：‘至乙未年与广仁弟创办粤中不缠足会，实用此例及序文。……戊戌七月，吾并奏请禁缠足矣。以知天下事无难易，专问立志如何，昔之极难者，后或可竟行焉。吾立禁缠足之愿，与废八股之愿，二十年皆不敢必其行者，而今竟行之。’这里插入的却是戊戌年的事。二、‘光绪十四年戊子’记代屠仁守草折建议修筑清江浦铁路事，称‘去年容闳乃请筑津镇铁路，吾实助之，奉旨见行。既而政变，撤容闳差，今命胡燏棻、张翼督办，盖十一年矣。’丁酉年（1897年）才发生的容闳请筑津镇铁路事，怎会是乙未年所记？三、‘光绪十九年癸巳’记述南海县‘同人团练局之举’时，将之比于戊戌年八月之政变：‘自癸巳十一月攻张事起，谤言沸腾，吾几死于是，而礼吉实殉难，与为中国变法，吾与卓如几死于是，而幼博、谭复生、杨漪川、林敦谷实殉难焉。……与八月国变未有少异也。’这些内容只能写于戊戌政变后。四、‘光绪二十一年乙未’记翁同龢事迹甚详。据年谱，是年闰五月初九日翁、康二人首次面晤，翁对康言：‘与君虽新见，然相知十年，实如故人。姑为子言，宜密之。上实无权，太后极猜忌。上有点心赏近支王公大臣，太后亦剖看，视有密诏否？自经文芸阁召见后，即不许上见小臣。’当时翁视康为‘策士’，对其变法主张自然有所询问，似在情理之中。但诸如‘上实无权，太后极猜忌，上有点心赏近支王公大臣，太后亦剖看，视有密诏否’之类牵涉宫闱秘辛的事情，焉能与一位素无渊源的‘狂生’初次见面时就一吐为快？这岂是以理学修身，具有浓厚忠君观念，秉性谨慎持重的翁同龢所为？这段谈话提到的‘密诏’问题，似写于政变之后，因为只有政变之后‘密诏’才成为康氏政治话语中一个核心词语。五、是年又记：‘……常熟令陈次亮来谢其意，然苟不能为张柬之之事，新政必无从办矣。’‘张柬之之事’当指拥立武则天之子复位恢复李唐社稷之故事，这里是指拥护光绪复辟之意，应是政变前后康的主张，似不会出现在乙未年。‘光绪二十一年乙未’又记：‘先是翁常熟在毓庆宫独对……及六月派总理衙门行走……吾累书劝其力辞总署之差，常熟不能从，后以割胶事为罪谤所归，荣禄嗾其私人劾之，常熟卒以是逐。常熟去官后云，悔不听我言也。’割租胶州湾事发生在丁酉年，翁去官在戊戌年，这里再次掺入后来发生之事。”

> 康有为逝世前为何在基本定稿的《我史》中，写下这段注语，具体缘由今人已很难知晓。不过，他在70年时自称在乙未年便撰写了年谱前半部，可谓疑窦丛生。

又称言：

> 康自言年谱在政变发生时被抄没，后又碰巧被其门人罗孝高所得，并完璧奉还，这种说法不免过于离奇。现在看到的年谱，内容多讽旧党者，且指名道姓，攻击慈禧、荣禄等当政者，倘若抄没，又岂有流落民间的可能性？况且又能恰巧被其门徒所得？

“康有为自写年谱手稿本”，支持马忠文的判断。首先，手稿本并没有康有为的这一段眉批。其次，光绪二十一年以前的内容，手稿本与各抄本及各刊本相同。又其次，光绪二十二年的内容也不缺。这就是说，康有为在日本期间，完整写下了从出生到戊戌的个人历史。实际上，稍稍想一下就能明白，若只是写了光绪二十三、二十四年两年的经历，又怎么能称之为《我史》？

若康有为真有这一眉批，那么，除了这一手稿本外，罗普必然另有康有为光绪二十一年的手稿本，眉批似应在该本上。而这一手稿本现又存于何处？由于光绪二十一年以前内容不多，该手稿本为何未能与现存的光绪二十四年手稿本合订一册？

由此推想开去，疑团是越来越多。

康有为的这一段眉批，丁文江抄自徐善伯抄本，且无光绪二十二年的内容。而顾颉刚在与罗本校时，并没有发现其中的差异，可见顾看到的是罗抄本，而非为手稿本。那么，从本章第二节所引顾颉刚抄本第一条眉注来看，徐善伯是看到手稿本的。现手稿本上没有康有为的这一眉批，徐为何会抄出这一段眉批？为何还少抄光绪二十二年？

康有为的大弟子张伯桢最早宣布“年谱”的书名是《我史》，也最早利用《我史》而作《南海康先生传》，两者几乎文词一致，但为什么张伯桢的《南海康先生传》也恰好缺少光绪二十二年？张又是看到了哪一个版本？

罗抄本依据的是光绪二十四年手稿本，若康有为真有此一眉批，当在光绪二十一年手稿本上，罗为何又移至于此？

罗普若有康有为光绪二十一年的手稿本，也必然会珍藏之，那么，他在1933年在上海、广东将手稿本展示时，也应该同时展示其珍藏的光绪二十一年手稿本，为何所附十一篇跋文（其中包括叶湘南、伍庄等大弟子）以及韩文举的自跋均未提及于此？孔昭鑫的跋文，内容多为罗普告之，为何罗未告其另有光绪二十一年的手稿？为何孔昭鑫对此并无一言？

罗普喜欢开玩笑，在日本时曾用"羽衣女士"的笔名发表《东欧女豪杰》等小说，亦曾仿女子笔迹，诡称其国内表妹，作弄马君武。但罗普又何敢开自己先师的玩笑？若康有为并无其眉批，罗普自造之，这玩笑也开得太大了。

"康有为自写年谱手稿本"中的前五个贴条，似乎能给人以思路。从前五个贴条的内容来看，康有为打算进行修改，但贴条仅到第6页，内容仅到同治十二年（1873），便中止了，原因很可能恰是他去世了。"康有为自写年谱手稿本"已分卷，我也以此推测康可能打算刊刻。由此再推之，康有为生前没有完成《我史》的修改，罗普生前也未拿出来刊行，这是否又是康的交代呢？从康门弟子的情况来看，刊刻《我史》的经费根本不成问题。

那么，是否可以设想，康有为的这一段眉批，意味着其打算做一番诸如《戊戌奏稿》之类的再造？

可真是不敢再往下想了。

## 四　手稿本的修改与增添

任何一个作者，写作时都会有修改，但当时的修改与后来的修改，性质有着很大的不同。前者主要是修改文句，后者主要是修正思想。而所有的修改，都是内心的展示。“康有为自写年谱手稿本”中有着大量的修改，由此正可以进入康的内心世界。

最能恰当地反映康有为内心世界的修改，似为光绪四年（1878）一段。现刊本为：

> ……然同学渐骇其不逊。至秋冬时，四库要书大义，略知其概，以日埋故纸堆中，汩其灵明，渐厌之。日有新思，思考据家著书满家，如戴东原，究复何用？因弃之而私心好求安心立命之所。忽绝学捐书，闭户谢友朋，静坐养心，同学大怪之。以先生尚躬行，恶惮学，无有为之者。静坐时忽见天地万物皆我一体，大放光明，自以为圣人则欣喜而笑，忽思苍生困苦则闷然而哭，忽思有亲不事，何学为，则即束装归庐先墓上。同门见歌哭无常，以为狂而有心疾矣。至冬辞九江先生，决归静坐焉。此楞严所谓飞魔入心，求道迫切，未有归依之时，多如此。[1]

这是康有为人生经历中的特殊时期。然查手稿本，此处有多处多次修改，其最初的文字已无法完全复原，我推测此段最早之文字为：

> ……然自是也，日有新思，咸同门（感）骇其不逊，时日有新思，忽思孔子则自以为孔子焉，忽思考据学感（无用）何用，因弃之。（先生尚躬行、恶惮学）而私心好阳明。忽绝学捐书，闭户（静坐养心），谢弃友朋，静坐养心，同学大怪之。以先生尚躬行，恶惮学，无有为之者。（忽思祖父则拟）忽自以为孔子则（笑）欣（笑自）喜而笑，忽思苍生困苦则闷然而哭，忽思有亲不事，何学为，则即束装归庐墓上，同门皆以为狂而有心疾矣。至冬，决归静坐焉。

括号内为康有为原删文字，从笔锋、墨迹来看，此为写作时的随时修

---

〔1〕 相关的文字见《丛刊·戊戌变法》，第4册，第114页。

改。黑体是我所标，以引注目。康的修改，抹去了他心中的大秘密，即他自以为“孔子”再世。康有为，人称“南海圣人”，其号“长素”，乃是其真自以为“长于素王”。光绪二十年七月初四日（1894 年 8 月 4 日），吏科掌印给事中余联沅弹劾康有为：

> 查有广东南海县举人康祖诒，以诡辨之才，肆狂瞽之谈，以六经皆新莽时刘歆所伪撰，著有《新学伪经考》一书……康祖诒自号长素，以为长于素王，而其徒亦遂各以超回、轶赐为号。

光绪帝下旨命两广总督李瀚章查办。此是康有为的第一次政治危机。[1]由于梁启超等人的活动，康躲过了此劫。李瀚章于九月二十一日（10 月 19 日）出奏：

> 伏查举人康祖诒，溺苦于学，读书颇多。应举而得科名，舌耕以资朝夕，并非聚徒讲学，互相标榜。其以长素自号，盖取颜延年文，弱不好弄，长实素心之意，非谓长于素王。其徒亦无超回、轶赐等号……既被参奏，奉旨饬查，自未便听其留存。臣已札行地方官，谕令自行销毁，以免物议。至该举人意在尊崇孔子，不能责以非圣无法，拟请毋庸置议。

李瀚章的奏折，一一否认了余联沅提出的指责。该折于十一月二十一日（12 月 17 日）到京，此时已至甲午战争的紧张阶段，光绪帝对此仅朱批：“知道了。”[2]很显然，李瀚章未能查清事实之真相。

---

〔1〕余联沅上奏时间见军机处《随手档》，光绪二十年七月初四日。原片见《军机处档》，133658，台北故宫博物院文献馆藏。光绪帝的处置见军机处《上谕档》，光绪二十年七月初四日。又，该片在《翼教丛编》中误为安维峻所上，与原档相对照，文字完全一样。（《翼教丛编》，第 25—26 页）孔祥吉曾对此作考证，见《安维峻弹劾〈新学伪经考〉辨误》（该文收入其论文集《戊戌维新运动新探》，第 310—314 页）。

〔2〕《光绪朝朱批奏折》，第 32 辑，第 525—526 页。军机处《随手档》，光绪二十年十一月二十一日。

最能反映康有为修改风格的，似为关于京师大学堂一段。由于该文字是由韩文举所录，康有为改动字迹很明显。然康是一个文字上的高手，改动的字并不多而所起作用大。韩文举原文为：

> ……时派大学士孙家鼐管学，孙家鼐素知吾，来面请吾为总教习，并请次亮为总办，（又来拜吾，陈次亮）又劝驾。时大学堂肄业由部曹、翰林、道府州县等官□，习气甚深，（恐又）自度才德年老，恐不足以率之。度教无成，徒增谤议，面辞孙中堂。时李合肥、枢臣廖仲山、陈次亮皆劝孙中堂请吾为总教习，孙疑我欲为之而请托之也。时承保国会之余，宣□毛公之后（到尚亲讯，于是）有大攻，摇于孙前者。参保国会之潘庆澜皆孙之亲戚也，孙于是大有惑志。始孙颇言变法，与编修蒯光典言曰：今朝士忠肝热胆而心通时务，为康某人，若皇上责我变法，而我则举康某人，我则安能？其私心若此。谓孔子素王改考，自为教王、民主，于是廿九日上折，劾孔子改制考，并谓康某才气可用，而老其才折其气，而后复用之，如汉文之待贾生……[1]

这一段话，有着多处多次修改，其中修改的字体有韩文举的，也有康有为的。再录于下，其中康有为修改的字，用黑体标明：

> ……时派大学士孙家鼐管学，孙家鼐素知吾，来面请吾为总教习，并请次亮为总办，又来劝驾。时大学堂肄业有部曹、翰林、道府州县等官，习气甚深，自度才德年位，恐不足以率之。度教无成，徒增谤议，故面辞之。时孙尚未睹卓如章程也。时李合肥、枢臣廖仲山、陈次亮皆劝孙中堂请吾为总教习，及见章程大怒，以教

〔1〕 括号内为韩文举随写随改之文字。其中“□”，为涂抹后而无法识别之字。又，“宣□毛公”后由康亲笔改为“孙灏诬攻”，是粤语同音，而韩文举不知其典故而误。“到尚亲讯”，其“亲讯”二字与粤语“亲戚”相近，“到尚”二字不明其意。由此可知，当时康有为以粤语进行口授。

权皆属总教习而管学大臣无权，又见李合肥、廖仲山、陈次亮皆推毂，遂疑我为请托，欲为总教习专权。又欲专选书之权以行孔子改制之学也。于是大怒而相攻。我遂与卓如告孙，誓不占大学堂一差，以白其志。时承保国会之余，孙灏诬攻之后，有大攻。参保国会之潘庆澜又孙之亲戚也，又有谣诼于孙之前者，孙于是大有惑志。始孙颇言变法，与编修蒯光典言曰：今朝士忠肝热胆而心通时务者，惟康某一人耳，若皇上责我变法，我则惟举康某人，我则安能？其相待若此。至是相攻，谓吾孔子素王改考，乃自为教王、民主，于廿九日上折，劾孔子改制考，并谓康某才气可用，以为宜如汉文之待贾生，老其才折其气，而后大用之……〔1〕

以上韩文举字体的改动，是增加了孙家鼐不知梁启超所拟章程的内容（这与历史事实并不相符），而康有为字体的改动，则大大加重了语气。从手稿本的许多改动来看，康有为更愿作惊人之语。

相同类型的修改，再举出一例。同治七年（1868）的一段，康有为最初的文字为：

……六月，为□文成篇，于时神锋开豁，好学不倦，每日昃室暗，挟卷倚檐柱，就光而读，夜或至申旦，先祖闻其未寝乎，戒令寝，犹篝灯如豆于帐中，隐而读书焉。然知县公既逝，老母寡居，与诸姊妹治（家）井灶之事……

经过润色后，语出惊人：

……六月，为诗文皆成篇，于时神锋开豁，好学敏锐。日昃室暗，挟卷倚檐柱，就光而读，夜或申旦，务尽卷帙，先祖闻之，戒令

〔1〕 此一段文字，见《丛刊·戊戌变法》，第4册，第150—151页。现刊本与此手稿本稍有文字差异。

就寝，犹篝灯如豆于帐中，隐而读书焉。频阅邸报，览知朝事，知曾文正、骆文忠、左文襄之业，而慷慨有远志矣。知县公既逝，家计遂绌，仅用一婢，老母寡居，手挽幼弟，与诸姊妹治（家）井灶之事……〔1〕

不仅是语气加重了，而且增加了“慷慨远志”一段。即使在增加一段中，又再增了“邸”字，突出为“邸报”，再增了“骆文忠”三字。无怪乎朱维铮读之，直觉即为不信。〔2〕

“康有为自写年谱手稿本”中还删去了一些文字，其中可以明显看出其用意者，有五条：

一、同治十二年（1873），删“将应乡试，以病不克”。〔3〕

二、同治十三年，“……从从叔竹孙先生学文，于时文、学字稍成，好为纵横之文”，经删六字后，为“……从从叔竹孙先生学，于时好为纵横之文”。〔4〕

三、光绪十三年（1887），在“十一月游七星岩”后，删去“与梁星海刻石题名焉”一语。〔5〕

四、光绪十八年（1892），在“……《孔子改制考》体裁博大，选同学高才助编纂焉”后，删“□□春秋原文考”一语。〔6〕

---

〔1〕 相关的文字见《丛刊·戊戌变法》，第4册，第110页，第3—7行。

〔2〕 朱维铮虽非以新史料的发现者而著称，然解读史料的能力强，许多旧史料能在他的眼中识出差异与新意来。其作《康有为在十九世纪》，对康的生平多有考订，也发现康在《我史》中多处作伪。关于这一段，朱以脚注作如下评论：清代邸报例记上谕、奏章、官员任命事项，非时政不收。同治六年骆秉章病故，曾国藩军权交卸后，声望下降，左宗棠督办陕西军务，尚在途中，此时走红的是李鸿章。“倘说康有为少年时曾崇拜曾、骆、左，也是可能的，但只可能得自家族内从军得官的长辈的口说，不可能来自‘频阅邸报’。”（朱维铮：《求索真文明：晚清学术史论》，上海古籍出版社，1996年，第201—202页）

〔3〕 前后的文字见《丛刊·戊戌变法》，第4册，第111页，第10行，在“从杨先生学为文”之后。

〔4〕 前后的文字见《丛刊·戊戌变法》，第4册，第111页，第16行。

〔5〕 前后的文字见《丛刊·戊戌变法》，第4册，第119页，第14行。

〔6〕 前后的文字见《丛刊·戊戌变法》，第4册，第125页，第2行。其中“□”，为涂抹而无法识别之字。

五、光绪二十四年（1898），在“……故写书已忧，不进。至初八日进呈”后，删“俄彼得变政记”一语。[1]

其余的删节虽然很多，但似属于文字及语气的调整，没有涉及实际内容。

第一、二处删节，属其讳言科考事。康有为称其于同治十一年“再试童子试，不售”，于是在第二年便另谋出路了。此次应试的资格，很可能是捐监。[2]第三处删节，属其与梁星海之间的个人恩怨。梁星海，名鼎芬（1859—1919），字星海，号节庵，广东番禺人。光绪六年进士，入翰林院，散馆后授编修。十一年，因弹劾李鸿章降五级调用。后入张之洞幕，为其主要幕僚之一。康、梁系同乡，两人的交往，很可能始于光绪八年康第一次入京之时。十一年梁免官回乡，两人又有交往。[3]光绪二十一年康有为去南京见张之洞，梁鼎芬从中作介。[4]然因康有为的学说及《强学报》事件，康、梁渐相对立。戊戌政变后，梁更作《康有为事实》，以指责康。第四处删节，原因不详，今不见《春秋原文考》之著录。第五处删节，是其有误，《俄彼得变政记》先于《日本变政考》进呈，两书非为同时进呈。

然而，不像今天之电脑写作，作者的每一次修改，技术之高手都可以逐一查出其修改的具体时间。康有为虽在手稿本上作了大量的修改，

---

〔1〕 前后的文字见《丛刊·戊戌变法》，第4册，第142页，第2行。

〔2〕 朱维铮于此考证甚详，见《康有为在十九世纪》，《求索真文明》，第170、202页。又，翁同龢光绪十四年《杂记册》中记：“南海布衣康祖诒，拟上封事……其人初称布衣，继称荫监，乃康国器之侄孙也。”（转引自孔祥吉：《翁同龢与康有为上清帝第一书》，《晚清佚闻丛考：以戊戌变法为中心》，成都：巴蜀书社，1998年，第145页）康原似为捐监生，后因其祖父死于任上，而获荫监。然以布衣上书，当由都察院代递，以监生上书可通过国子监。

〔3〕 康有为在《延香老屋诗集》中有《梁星海编修免官寄赠》、《寄梁大编修》、《星海自京还，话京华旧游，而崔夔典编修沦谢矣。夔典闻吾将复入京，扫室以待，追念厚意，伤旧感怀》，其第三首称：“一别三年京国秋，冬残相见慰离忧。”（《康有为遗稿·万木草堂诗集》，第19—20页）康有为《我史》光绪八年称：“时崔夔典编修甚敬余，将扫室馆我。”

〔4〕 梁鼎芬于光绪二十二年致汪康年一信称：“仆前救康长素，今救简竹居……”（《汪康年师友书札》，第2册，第460页）说明了当时他与康有为的关系。

但并没有注明其修改的时间。而最重要的是，康有没有作事后的添加修改，特别是在他海外回国之后？

我不是书法家，也未对康有为不同时期的书法进行过研究。因此，我只能根据笔锋、墨迹的不同，作出一些推断。以下的十一条，我虽可以感觉出是康在不同时间的添加修改，但无法认定他改于何时。

一、光绪五年（1889），“习五胜道，见身外有我，又令我入身中，视身如骸，视人如豕。既而以事出城，遂断此学。（复以民生多艰，天□我才聪明当往拯之。）在西樵山时，尝注老子，后大恶，弃去。”〔1〕这一段添加补在页眉上，字体稍有不同。

二、光绪九年（1883），“中国裹足之风千年矣”，直至“吾立禁足之愿，兴废八股之愿，二十年皆不敢必其行者，而今竟行之。故学者必在发大愿，既坚既诚，久之必有如其愿者。”〔2〕这一大段长达四百字，内容为不缠足。从笔锋与字体来看，与前文有着较大的差别。然其文中有“二十年皆不敢必其行者”一语，又有“戊戌七月，吾并奏请”一语，若康于光绪二十四年岁暮作此文，文气当为不同，皆可作康后来添加之内证。但补上的文字是手稿本第 14 页后半页之后，另续一纸，且又纸张相同。若称康后来之添加，又如何能用相同之纸张？若称康随时而改，为何字体差异颇大且作如此之语？我百思而不得其解。（关于用纸的困惑详见本章第五节）

三、光绪十年（1884），“因显微镜之万数千倍者，视虱如轮，见蚁如象，而悟大小齐同之理。因电机光线一秒数十万里，而悟久速齐同之理。知至大之外，尚有大者，至小之内，尚包小者。剖一而无尽，吹万而不同。根元气之混仑，推太平之世宙。既知无来去，则专以现在为总持。既知无无，则专以生有为存存。既知气精神无生死，则专以示现为解脱。既知无精粗，无净秽，则专以悟觉为受用。既以畔援歆羡皆尽绝，则

〔1〕相关的文字见《丛刊·戊戌变法》，第 4 册，第 114 页，第 9—10 行。括号内的文字是康添加后又删去的，相同的文句后又出现。其中“□”，为涂抹而无法识别之字。

〔2〕相关的文字见《丛刊·戊戌变法》，第 4 册，第 116 页第 10 行至第 117 页第 3 行。

专以仁慈为施用。其道以元为体，以阴阳为用。理皆有阴阳，则气之有冷热，力之有拒吸，质之有凝流，形之有方圆，光之有白黑，声之有清浊，体之有雌雄，神之有魂魄，以此八统物理焉。诸天界、诸星界、地界、身界、魂界、血轮界，统世界焉。以勇、礼、义、智、仁五运论世宙，以三统论诸圣，以三世推将来，而务以仁为主，故奉天合地，以合国合种合教一统地球。又推一统之后，人类语言、文字、饮食、衣服、宫室之变制，男女平等之法，人民通同公之法，务致诸生于极乐世界。及五百年后如何，千年后世界如何，人魂人体迁变如何，月与诸星交通如何，诸星、诸天、气质、物类、人民、政教、礼乐、文章、宫室、饮食如何，诸天顺轨变度，出入生死如何，奥远窅冥，不可思议，想入非无，不得而穷也。”该段长文增补在该页页上之眉至页下之眉再至页下之边，笔锋字体皆稍有不同。另，“又以万百亿千世，生死示现，来去无数，富贵贫贱，安乐患难，帝王将相、乞丐饿莩，牛马鸡豕，皆所已作，故无所希望，无所逃避。其来现也，专为救众生而已。故不居天堂而故入地狱，不投净土而故来浊世，不为帝王而故为士人，不肯自洁，不肯独乐，不愿自尊，而以与众生亲，为易于援救，故日日以救世为心，刻刻以救世为事，舍身命而为之。以诸天不能尽也，无小无大，就其所生之地，所遇之人，所亲之众，而悲哀振救之。日号于众，望众从之，以是为道术，以是为行已。”该段文字笔锋、字体与前不同，与上引补入之文同，补在页后。而中间一段原来的文字中，“合诸天之界，众星之世”的“天”字，是由两个字改写的，而原先的两字已无法辨认。[1]

四、光绪十一年（1885），“以几何理著人类公理”一语是后来添在页边上的。原文为：“（二月，将诣）从事算学，既而将出游京师。”第一次修改后，为：“从事算学，张延秋（先生）招游京师。”第二次修改后，为：“从事算学，将以几何理著□人类公理，既而张延秋招游京师。”最后又删“将”字和“人类公理”前一无法辨认的字。与现刊本

〔1〕 相关的文字见《丛刊·戊戌变法》，第4册，第117页，第6—16行；第118页，第3—7行。与刊本相校，个别文字有误。

校，仍多一“几何理”的“理”字。[1]

五、光绪十一年，“乃手定大同之制，名曰人类公理。以为吾既闻道，既定大同，可以死矣”。这一段文字的字体不同，补在页眉上。[2]

六、光绪十二年（1886），“作康子内外篇。内篇言天地人物之理，外篇言政教艺乐之事。又作公理书，依几何为之者”。这一段文字的字体，与第五条相同，似为两条同时添加，补在页眉上。[3]

七、光绪十二年，“夜为天象学，乃重定天然历法”为始，至“月亦并用，不至如回教阳历阴历之兼用矣”。此一段多达近四百字，可以看出字体之不同，补在页后及页眉处。[4]

八、光绪十三年（1887），此一年的文字改动让我很费琢磨。其原文可以看清楚的是：“春居花埭伍氏花园。（既而）三月还，居乡之澹如楼。十月游七星岩，与梁星海刻石题岩焉。是岁草《民功篇》。”其余的文字字体皆与前不同。若其余皆为后来所改，那么，这一年很短，没有什么记事。若非所改，则字体不同又不能解释。我可以明确的是，增加了“八、九月游香港”，删去了“《民功篇》”而改“编人类”，至于“公理□□游思诸天界”到“其日所覃思，率类是，不可胜数也”，近二百字，虽字体不同，而我仍不敢肯定为后来所增补。[5]

九、光绪十八年（1892），“用孔子生二千四百四十三纪年，作大成礼”为始，至“因推再守二千余年，今笛亦不合后人之用，后万年人小及多”。这一段文字近二百字，字体不同，添在页眉上。[6]

十、光绪十八年，另一处亦有疑问。从“以证伪左传乃刘歆采国语而成”为始，至“薇又以二十四史编各国风俗制度考，以验人群进

---

〔1〕括号内的文字为康随写随删，其中“□”，为涂抹而无法识别之字。相关的文字见《丛刊·戊戌变法》，第4册，第118页，第8行。

〔2〕前后文见《丛刊·戊戌变法》，第4册，第118页，第10行。

〔3〕原添加为“作内篇外篇……”后加“□□□康子”，并删一“篇”字。其前后文字见《丛刊·戊戌变法》，第4册，第118页，第16行。

〔4〕相关的文字见《丛刊·戊戌变法》，第4册，第119页，第4—12行。

〔5〕相关的文字见《丛刊·戊戌变法》，第4册，第119页第14行至第120页第2行。

〔6〕相关的文字见《丛刊·戊戌变法》，第4册，第124页，第11—16行。

化之理焉”为终，另为一页，即第29页，此页似为添加，尽管在字体上还看不出太大的差别来。在此之前的“……又撰孟子大义考，墨子经上注”，仅写到第28页上的第7行，其第8行至第10行及其页下之10行全为空白，若系原来之文字，本当续写，又为何另纸添加？若称后来之添加，又如同前述第二条，何来同样之纸？（亦详见本章第五节）〔1〕

十一、光绪二十三年（1897），“八月，筑室花埭，将终隐焉，乃室成而未归，已被抄没。人生原兼逆旅，我身非我有，而何一室哉。吾一生不用营谋，稍营谋辄败，益更信天命也。”此一段添在页眉上，字体上只有着很小的差别，但文体与语气明显连不上。〔2〕

此外还有十几处添加，但字体、笔锋看不出太明显的区别，很可能是康写作时随时增加，其中或许还会有一些后来的添加修改。

我对以上的添加修改内容的考察，已经有了一些先入为主的观念，汤志钧、朱维铮等人著作，我先前大多读过，他们因未见到手稿本而对《我史》穷皓考辨，思索万千。但我相信，我指出的以上添加修改，非敢以观念而强史册，其在手稿本上是可以辨认的。〔3〕对于这

---

〔1〕 相关的文字见《丛刊·戊戌变法》，第4册，第125页第15行至第126页第4行。

〔2〕 前后的文字见《丛刊·戊戌变法》，第4册，第137页，第4—5行。

〔3〕 朱维铮《康有为在十九世纪》一注脚称：“《康南海自编年谱》，谱前‘曾祖健昌，又名式鹏，号云衢’，下注‘诰封资政大夫，福建按察使’，据我看即非《我史》原文。所谓‘诰封’，自属朝廷追赠。但清制，追赠先人官爵，需本人官至一品，方能及于曾祖。康有为之父仅为候补知县，祖父仅官至州学训导，均在七品以下……康有为中进士后仅授工部主事……因此只能有一种可能性，即‘丁巳复辟’时康有为被授‘头品顶戴’，方能依亡清例‘诰封’其曾祖。因知此注必为后来添注。”（《求索真文明》，第200页）此说可能有误，康有为若于此时由前清小朝廷封赠，似不仅为其曾祖，会涉及祖父、父亲。康国器带出康家兄弟甚多，亦可能因其祖父一辈或其他支脉诰封。资政大夫虽是正二品的诰封，但当时军功加级甚多，诰封时可抵用。从手稿本上我还看不出属后来的添加。但是，朱维铮这一思路有着广泛的延伸性，我正随着他的这一思路，发现手稿本上的高祖妣、曾祖妣、祖母、母氏的姓氏、诰封，全是添加的。更吃惊的是，手稿本中的“祖母陈，诰封太恭人”，其“恭”字是由“宜”字改的；“母氏劳，诰封宜人”，在“宜”字前，删去了“太恭”二字。康为何会将祖母及母亲的封诰弄混，是否仅是笔误，不得而知。康有为作《先妣劳太夫人行状》，称：“吾母在有清诰封宜人，以为覃恩晋封太恭人。”（转下页）

种没有十分把握的证明，我只敢做减法而不敢做加法。短短四天的工作时间，也使我无法逐字逐字地一一辨认。我相信，若有更多的学者加入于此，尤其是我所尊重的各位研究先进，一定会看出更多的康有为添加内容而识出其修改目的来。也因为如此，我将该件称之“康有为自写年谱手稿本”，除了我在本章第三节所述理由外，更重要的是，这是“手稿”本而不是“原稿”本，经过了康有为事后的改动。

我想，朱维铮、汤志钧等人看到了这些内容，自然会心而悦，他们当年睿智的校读、考证与猜测，得到了充分的证明。〔1〕

然而为什么此类修改仅至光绪十八年（1892），光绪二十三年（1897）中只能看出一条来，其最重要的光绪二十四年却看不出太多修改痕迹？根据前引康有为“更甡七十记”之据，我对此的推论是，康有为晚年打算系统地修改《我史》，但相关的工作仅做到光绪十八年，光绪十八年之后的部分，很可能是他看到后随时所加所改，未能全部完成，便去世了。我虽然不知道，康有为前后共有过几次修改，又于何时何地进行，然隐约体会到的是，可能不止一次，而且也可能不全是在晚年。但是，《我史》光绪二十年以后的部分，基本上是光绪二十四年冬在日本所写，没有太大的改动。我的这种推论与体会，是我在博物馆库房工作时感受到的，尽管没有证据可予以证明。

---

（接上页）（《康南海先生遗著汇刊》，第17册，《哀烈录》，第6页）依据清诰封制度，“正从三品，祖母、母、妻，各封赠淑人。正从四品，母、妻，各封赠恭人。正从五品，母、妻，各封赠宜人。正从六品，母、妻，封赠安人。”（《大清会典事例·吏部·封赠》〔光绪二十五年〕，中华书局影印，1991年，第2册，第831页）光绪二十一年时，康有为以主事发工部学习，未就任便南下了。由此推之，康母获封赠，似在光绪二十四年，此时康有为的官职为工部候补主事、总理衙门章京。主事虽为正六品，但可用加级或加捐的方式，获得五品封赠。但是，康有为祖母“太恭人”的封赠又得自于何人？若光绪二十四年获封赠宜人，其出亡之后，又何时国家大典“覃恩晋封太恭人”？而1913年康有为葬母时，称“太夫人”，此为二品的诰封，康有为又以何而用之？对于这些问题，我还不能回答。

〔1〕详见朱维铮：《从〈实法公理全书〉到〈大同书〉》，《求索真文明》，第231—258页；汤志钧：《论〈大同书〉的成书年代》，《康有为与戊戌变法》，中华书局，1984年，第108—124页。

# 五　光绪十五年之误记

我最初接触到《我史》时，就有着很大的疑惑，其中关于光绪十四年（1888）所记，有三处不可解。其一是，康已写到了年底："十二月十五日太和门灾，屠侍御亲救火，甫退未还宅，即先来属草折……"为何笔锋再转，又回过头去，"四月三妹卒……"？康于光绪十四年五月决定进京参加顺天府乡试，若是四月三妹之事，应该记在之前。如此倒着记事，觉得有点奇怪。其二是，康称其：

> 顺天试已列第三名，以吾经瑰伟，场中多能识之，侍郎孙诒经曰："此卷当是康某。"大学士徐桐衔吾前书，乃谓："如此狂生，不可中。"抑置副榜，房官王学士锡蕃争之，徐更怒，抑置誊录第一。

查，光绪十四年顺天府乡试正考官为福锟，副考官为翁同龢、许庚身、薛允升；光绪十五年顺天府乡试正考官为徐桐，副考官为嵩申、许应骙、孙诒经。如按现行的排列，康有为参加的光绪十四年顺天府乡试，为何将考官姓名弄错？在此人生的重要时刻，康的记忆是不会错的。再说，顺天府乡试的日期是固定的，即乡试年的八月初六日。为何记事在时间顺序上如此倒置，即已写到年底之后再写八月之乡试？其三是，光绪十五年一开头即写"九月出京"，为何九月之前的事件未有任何记录？

我后来看到朱维铮的论文，他对此也有相同的感受。〔1〕张勇的论文，更是于此有颇多的论证。〔2〕

---

〔1〕《康有为在十九世纪》，《求索真文明》，第188—190页。

〔2〕张勇：《康有为的"作伪"及其限度：以康氏戊子乡试自述为例》，《历史研究》2005年第6期。此文因我疏漏而未及，后友人告之，方才拜读。

当我看到顾颉刚抄本时，立即明白了此中的差误，该抄本“光绪十五年，己丑，三十二岁”是抄在页眉之上的，很可能抄者有误，或原本未记抄者自行判断而加上去的。当我再看到“康有为自写年谱手稿本”的时候，终于明白了，原来根本就没有光绪十五年之标注，即从光绪十四年一直写到光绪十六年。因此可得出结论，《我史》光绪十五年当起于“四月三妹卒”。如此才符合光绪十五年其三妹去世，并康参加光绪十五年顺天府乡试的事实。

问题的要害还在于，以年谱为体例的写作，康有为怎么会忘记了“光绪十五年，己丑，三十二岁”的格式？

由此，我仔细观察包含两年内容的“光绪十四年”，共计六页。

其第一页前半页以“光绪十四年”起首，至“以书陈大计”终；该页后半页，以“许李交攻，故翁不敢上”终。〔1〕

其第二页前半页以“屠御史遣人来告云”终；该页后半页的页眉已损，但可以明显看出原先有改写的痕迹，而“合之急就章，辑周汉文字，记以还苍颉篇之旧焉”的终了文字，是补写在页边上的。〔2〕

其第三页前半页以“屠梅君侍御仁守笃守朱学”为始，写五行后，忽转至该页前半页的页眉，续写“□□先筑清江浦铁路，即以折漕为之……”一直写到该页后半页的页眉，到“而政变后撤容闳差，今命”，以下连“胡燏棻、张翼督办”，再写入该页下的朱栏内，以“四五千金实”为终。（即第三页前半页第六行至第十行为空白）特别值得注意的是，第三页后半页的页眉上“去年容闳乃请筑津镇铁路”的“去年”两字，是改写的，我识别了很长时间，原来的两字，很可能是“忽年”。〔3〕

其第四页前半页以“缺知府，七八千金得实缺道”为始，以“未还宅，即来属草”终，其中“中国新政名实相反”至“据其名观之，

〔1〕 相关的文字见《丛刊·戊戌变法》，第4册，第120页，第3—13行。

〔2〕 相关的文字见《丛刊·戊戌变法》，第4册，第120页第13行至第121页第9行。

〔3〕 相关的文字见《丛刊·戊戌变法》，第4册，第121页第9行至第122页第4行。

宜其相刺谬也”一段，字稍小，页眉注“用夹注”；该页后半页第五行写至“为屠君争，洪不敢也”，第六行另起首写“四月三妹卒”，以“以贫而死，吾远游”终。[1]

其第五页前半页以“无成，竟不能救之”为始，第四行以“顺天府试已列第三”另起首，第八行以“于时上兴土木”另起首，以“孙毓汶”终；该页后半页以“左江右湖”终。[2]

其第六页前半页以“乐无有，入九江”起首，以“陈和泽尚童子，遂能有志，先来省予”终，仅三行。[3]后皆空出。

“光绪十六年”则另纸首写。

这六页纸花费了我很长的时间，也看不出字体和墨迹上有大的区别。由此而突然想到，很可能从第三页开始，是康有为重写的。重写时忘记了体例，故没有标出“光绪十五年，己丑，三十二岁”的格式。而重写的时间是否在光绪二十四年冬？我也不能认定，因为第三页后半页之页眉上的“去年”两字，是涂改后添上去的。而另一条证据是，康有为称：

> 四月，三妹卒。先是妹婿游湘琴以去年六月殁，以商务之亏，负债甚多，皆于吾妹手任之，有甥三人。呱呱在抱，忧劳既甚。竟以殒亡……诸甥虽为吾抚，其长者已有归矣，而其幼者今岁殇矣……[4]

三妹，康琼琚，咸丰十年（1860）生，光绪三年（1877）四月嫁西城冈乡游湘琴（志桐）。其死时留下子女三人。而康有为1913年底作《先妣劳太夫人行状》，称言：

---

〔1〕相关的文字见《丛刊·戊戌变法》，第4册，第122页，第4—14行。

〔2〕相关的文字见《丛刊·戊戌变法》，第4册，第122页第14行至第123页第8行。

〔3〕相关的文字见《丛刊·戊戌变法》，第4册，第123页，第8—9行。

〔4〕“长者已有归”，诸抄本、刊本皆误作“长者已有妇”，据手稿本改。繁体字“帰”与“婦”字体相似。

> 叔妹琼琚柔嘉婉嫕，慧而好学，适游湘琴，二十八岁而寡，遗二女蕴、凤，遗腹子一师尹，皆吾母抚之，今师尹学于美国，才志成矣。[1]

由此而推“其长者已有归，而其幼者今岁殇矣”一句，还真不知道康又于何时重写。

毫无疑问，以上所述只能是我的一种推论。[2]

我的这一番思考之所以花了许多时间，最重要的反证是用纸，我在第四节康有为添加修改的第二条、第十条的叙说中，都说明了我对用纸的困惑。光绪二十四年冬康在日本写作时的纸，虽没有标记，但仅两种，其中竖十一行对折朱栏纸 13 张是用在后面的，前面所用的竖十行朱栏对折毛边纸，包括韩文举的录文 10 张，共 75 张，是一致的。如系康有为后来重写，又何来同样的纸呢？也就是说，这种推论的前提是，康有为若后来重写，须有同样的纸，这在当时有可能办到吗？如有可能，康又会这么用心计吗？

如果这种后来重写的推论可以成立的话，那么，我还可以进一步地怀疑，光绪十九年（1893）也有可能是康有为重写的。

## 六　初步的结论与愿望

当我结束了四天的阅读工作时，也得出了初步的结论：

---

〔1〕《康南海先生遗著汇刊》，第 17 册，《哀烈录》，第 6 页。又，《康烈士广仁传》称：“……次姊家一切倚赖其理，抚甥蕴、凤、尹，如其子女。教尹尤严，以致成立，今游于美，成才矣。”《仲姊罗宜人墓志》称：“叔妹丧后，与吾抚其二女蕴、凤如女，营蕴嫁事。”（同上书，第 15、20 页）

〔2〕马忠文 2005 年论文，以康有为在张荫桓《甲午日记》上的亲笔手迹为证，说明康有为晚年已读过 1925 年出版的《翁文恭公日记》；《我史》中关于光绪十四年《上清帝第一书》记录，与翁的日记相暗合，很可能是后来的改动。他还认为，《我史》经过康有为的多次改窜。汤志钧撰有《〈康有为上清帝第一书〉新探》（《学术月刊》2000 年第 7 期），也谈到《翁同龢日记》。

一、“康有为自写年谱手稿本”，是康有为于光绪二十四年冬在日本所写，以后有着多次修改。至于现抄本、刊本上光绪二十一年尾的康有为自注，似不宜信之。此属对先前研究的回应。

二、康有为可能多次修改《我史》，晚年曾打算系统修改之，并刊刻出版，但没有完成，便去世了。其中修改较多的是光绪十九年之前的内容，光绪二十年以后的内容，基本上没有大改，仍保持光绪二十四年冬在日本初写时的状态。

三、从康有为添加修改的内容来看，其一似无“人类公理”、“公理书”之作，知道了《民功篇》起草时间为光绪十三年（1887）；其二是大同思想似属后来之添加，特别是关于“诸天”的论述；其三是光绪九年(1883)发起“不缠足会”的时间可能不准确。前两点属对先前研究的回应。

然而，对于这种初步结论是否正确，以及“手稿本”中是否藏有我尚未识出的大秘密，我自己也感到信心不足。

我在四天的阅读过程中，随文而多有随感。朱维铮、马忠文等人敢于作大胆怀疑，其研究结论似可在手稿本中得到相当大的支持，而当时他们的手中并没有确切可靠的证据。这里又牵涉到应如何理解康有为的基本思路。康是一个非常之人，进入他的内心，须得行非常之道，对于康说似应不能不信，不可全信，曲曲弯弯，长久读其文，长久思其意，方有可能识别康说而得心解。当然，所有的心解都不会是历史研究的最后结论，最终还需要进行证明。

我由此而产生的愿望是，能将“康有为自写年谱手稿本”彩色精印出版，以能让各路史林高手皆可加入其中，索隐探掩，切磋磨砺，眼手心法，各展绝功，渐进式地进入至层叠历史的底层，还原出历史的本来。

# 征引文献

（未征引的参考文献不列入）

军机处《随手档》，光绪二十一年至二十四年

军机处《上谕档》，光绪二十年至二十七年

军机处《早事档》，光绪二十一年至二十四年

军机处《早事》，光绪二十四年

军机处《洋务档》，光绪二十一年至二十四年

军机处《电报档》，光绪二十一年至二十四年

军机处《电寄档》，光绪二十四年

军机处《发电档》，光绪二十四年

军机处《交发档》，光绪二十一年，《军机处汉文档册》，第 424 盒

军机处《收电》，光绪二十一年，《军机处汉文档册》，第 2043 盒

军机处《交片》，光绪二十一年正月立，《军机处汉文档册》，第 2304 盒

《宫中电报电旨》，光绪二十一年至二十四年

《光绪二十四年京官召见单》、《光绪二十四年外官召见单》，《宫中杂件》（旧整），第 915 包

《各项保举文职人员档》，光绪二十二年至二十六年，《军机处簿册》第 58 号

《内外臣工保举五品以下人员名单》，同治元年至光绪二十五年，《军机处簿册》第 58 号

《各项保举武职人员档》，光绪元年至二十五年，《军机处簿册》第 58 号

《军机处录副·帝国主义侵略类·中日战争项》

《军机处录副·光绪朝·内政类·人事项》

《军机处录副·光绪朝·内政类·职官项》

《军机处录副·光绪朝·内政类·其他项》

《军机处录副·光绪朝·内政类·戊戌变法项》
《军机处录副·补遗·戊戌变法项》
《军机处录副·光绪朝·法律类》
《军机处录副·光绪朝·军务类·人事项》
《军机处录副·光绪朝·文教类·学校项》
以上中国第一历史档案馆藏

《总理衙门清档·收发电》
《总理衙门清档·请奖南洋办理洋务各员》
《总理衙门清档·日使商论大学堂事宜》
《总理衙门清档·京师大学堂派员赴日考察》
《总理衙门清档·日使函送〈教育法规类钞〉》
《总理衙门清档·巴西领事》
《总理衙门清档·巴西国派使驻京》
以上台北中研院近代史研究所档案馆藏

《军机处档》
《引见档》
《月折档》
《光绪朝筹办夷务始末记》
以上台北故宫博物院文献馆藏

《张之洞档案》
中国社会科学院近代史研究所图书馆藏

《直报》，天津博物馆影印
《知新报》，上海社会科学院出版社影印，1996 年
《国闻报》，北京图书馆胶片
《万国公报》，华文书局（台北）影印，1968 年
《谕折汇存》，文海出版社（台北）影印，1967 年

上海文物保管委员会文献研究部：《康有为遗稿·万木草堂诗集》，上海人民出版社，1996 年
汤志钧编：《康有为政论集》，中华书局，1981 年
姜义华等编：《康有为全集》，上海古籍出版社，第 2 卷，1990 年
姜义华、张荣华编：《康有为全集》，中国人民大学出版社，2007 年
蒋贵麟编：《康南海先生遗著汇刊》，宏业书局（台北），1987 年
梁启超：《饮冰室合集》，中华书局，1989 年
夏晓虹辑：《饮冰室合集集外文》，北京大学出版社，2005 年
梁启超：《戊戌政变记》（九卷本），清末铅印本，复旦大学图书馆藏，《续修四库全书》，上海古籍出版社，2005 年，第 446 册
苑书义等主编：《张之洞全集》，河北人民出版社，1998 年
东方晓白：《张之洞（湖广总督府）往来电稿》，《近代史资料》，总 109 期，中国社会科学出版社，2004 年
中国科学院历史研究第三所：《刘坤一遗集》，中华书局，1959 年
顾廷龙、叶亚廉主编：《李鸿章全集》，上海人民出版社，电稿二，1986 年；电稿三，1987 年
顾廷龙、戴逸主编：《李鸿章全集》，安徽教育出版社，2008 年，简称“《李鸿章全集》安徽教育版”
汪叔子编：《文廷式集》，中华书局，1993 年
蔡尚思、方行编：《谭嗣同集》（增订本），中华书局，1998 年
张元济编：《戊戌六君子遗集》，商务印务馆，1937 年
张謇研究中心、南通市图书馆编：《张謇全集》，江苏古籍出版社，1994 年
中国蔡元培研究会：《蔡元培全集》，浙江教育出版社，1998 年
施培毅、徐寿凯校点：《吴汝纶全集》，黄山书社，2002 年
丁贤俊等编：《伍廷芳集》，中华书局，1993 年
宋伯鲁：《焚余草》，1924 年刊本
宋伯鲁：《己亥谈时》，1913 年刊本
宋伯鲁：《还读斋杂述》，1923 年刊本
宋伯鲁：《海棠仙馆诗集》，1924 年刊本
喻岳衡点校：《曾纪泽遗集》，岳麓书社，1983 年

黄南津等点校:《赵柏岩集》，广西人民出版社，2001 年
杨静安辑:《节庵先生遗稿》，1962 年香港自印本
李鼎文校点:《李于锴先生遗稿辑存》，兰州大学出版社，1989 年
李学通整理，王鹏运:《〈半塘言事〉选录》，《近代史资料》，总65 期，中国社会科学出版社，1987 年
《康南海自编年谱》(何凤儒抄本)，《续修四库全书》，上海古籍出版社，1995 年，第 558 册
楼宇烈编:《康南海先生年谱（外二种)》，中华书局，1992 年
朱维铮编:《中国现代学术经典·康有为卷》，河北教育出版社，1996 年
罗岗等编:《我史》，江苏人民出版社，1999 年
康文珮编:《康南海先生年谱续编》，文海出版社（台北)，1972 年
陈义杰整理:《翁同龢日记》，中华书局，第 5 册，1997 年；第 6 册，1998 年
劳祖德整理:《郑孝胥日记》，中华书局，1993 年
王贵忱整理:《张荫桓戊戌日记手稿》，尚志书社（澳门)，1999 年
孙宝暄:《忘山庐日记》，上海古籍出版社，1983 年
乔志强标注，刘大鹏:《退想斋日记》，山西人民出版社，1990 年
叶昌炽:《缘督庐日记》，江苏古籍出版社，2002 年
张人凤整理:《张元济日记》，河北教育出版社，2001 年
皮锡瑞:《师伏堂未刊日记》，《湖南历史资料》1958 年第 4 期、1959 年第 2 期，湖南人民出版社
明光整理，陈庆年:《戊戌己亥见闻录》，《近代史资料》，总 81 期，中国社会科学出版社，1992 年
傅训成编:《傅云龙日记》，浙江古籍出版社，2005 年
上海图书馆编:《汪康年师友书札》，上海古籍出版社，第 1、2 册，1986 年；第 3 册，1987 年
张树年、张人凤编:《张元济书札》增订本，商务印书馆，1997 年
张人凤编:《张元济古籍书目序跋汇编》，商务印书馆，2003 年

中国第一历史档案馆编:《光绪朝朱批奏折》，中华书局，1996 年
台北故宫博物院印行:《宫中档光绪朝奏折》，1974 年

秦国经主编：《清代官员履历档案全编》，华东师范大学出版社，1997 年
国家档案局明清档案馆编：《戊戌变法档案史料》，中华书局，1958 年
台北故宫博物院藏，《清代起居注册》光绪朝，联合报文化基金会国学文献馆（台北），1987 年
北京大学、中国第一历史档案馆编：《京师大学堂档案选编》，北京大学出版社，2001 年
北京大学校史研究室编：《北京大学史料》，北京大学出版社，1993 年
翦伯赞等编：《中国近代史资料丛刊·戊戌变法》（简称“《丛刊·戊戌变法》”），神州国光社，1953 年
邵循正等编：《中国近代史资料丛刊·中日战争》（简称“《丛刊·中日战争》”），新知识出版社，1956 年
故宫博物院编：《清光绪朝中日交涉史料》，1932 年
戚其章主编：《中国近代史资料丛刊续编·中日战争》（简称“《续编·中日战争》”），中华书局，第 3 册，1991 年
陈旭麓等主编：《盛宣怀档案资料选辑之三·甲午中日战争》（简称“《盛档·甲午中日战争》”），上海人民出版社，1982 年
上海图书馆编：《上海图书馆藏盛宣怀档案萃编》，上海古籍出版社，2008 年
孙瑞芹译：《德国外交文件有关中国交涉史料选译》，商务印书馆，1960 年
青岛市博物馆、中国第一历史档案馆、青岛市社会科学研究所：《德国侵占胶州湾史料选编 1897—1898》，山东人民出版社，1987 年
台北中研院近代史研究所编：《胶澳专档》，1991 年
《大清会典事例》（光绪二十五年），中华书局影印，1991 年
《清实录》，中华书局影印，1987 年
汤开建等主编：《鸦片战争后澳门社会生活记实：近代报刊澳门资料选粹》，花城出版社，2001 年
汤开建等主编：《澳门宪报中文资料辑录 1850—1911》，澳门基金会，2002 年
陈翰笙主编：《华工出国史料汇编》，中华书局，1985 年
《清国戊戌政变与亡命政客渡来之件》，《日本外交文书》，第 31 卷，第 1 册，日本国际连合协会（东京），1954 年
王铁崖编：《中外旧约章汇编》，第 1 册，生活·读书·新知三联书店，1957 年

《清代碑传全集》，上海古籍出版社，1987 年
叶德辉：《觉迷要录》，光绪三十二年刊本
苏舆辑：《翼教丛编》，上海书店出版社，2002 年
冯自由：《革命逸史》，台湾商务印书馆，1953 年
邓珂点校，邓之诚：《骨董琐记全编》，北京出版社，1996 年
刘体智：《异辞录》，中华书局，1988 年
徐一士：《一士类稿・一士谈荟》，书目文献出版社，1983 年
黄彰健：《康有为戊戌真奏议》，中研院历史语言研究所史料丛书（台北），1974 年
孔祥吉：《救亡图存的蓝图：康有为变法奏议辑证》（简称"《救亡图存的蓝图》"），台北联合报系文化基金会，1998 年
孔祥吉：《康有为变法奏章辑考》，北京图书馆出版社，2008 年
丁文江、赵丰田编：《梁启超年谱长编》，上海人民出版社，1983 年
黄明同、吴熙钊主编：《康有为早期遗稿述评》，中山大学出版社，1988 年
夏晓虹编：《追忆康有为》，中国广播出版社，1997 年
礼泉县政协文史资料委员会编：《礼泉文史资料》，第 7 辑，《宋伯鲁专辑》，1996 年
李宪堂、侯林莉译，李提摩太：《亲历晚清四十五年：李提摩太在华回忆录》，天津人民出版社，2005 年
周传儒：《戊戌政变轶闻》，《辽宁大学学报》1980 年第 4 期
章伯锋等主编：《近代稗海》第 13 册，四川人民出版社，1988 年
中国历史博物馆编：《中国近代史参考图录》，上海教育出版社，1981 年
夏燕月等编：《中国革命博物馆藏品选》，文物出版社，2003 年

张伯桢：《南海康先生传》，北平琉璃厂文楷斋刻印，1932 年
黄彰健：《戊戌变法史研究》，台北中研院历史语言研究所专刊之五十四，1970 年
汤志钧：《戊戌变法史》（修订本），上海社会科学院出版社，2003 年
汤志钧：《戊戌时期的学会和报刊》，台湾商务印书馆，1993 年
汤志钧：《康有为与戊戌变法》，中华书局，1984 年

汤志钧：《乘桴新获——从戊戌到辛亥》，江苏古籍出版社，1990 年
孔祥吉：《康有为变法奏议研究》，辽宁教育出版社，1988 年
孔祥吉：《戊戌维新运动新探》，湖南人民出版社，1988 年
孔祥吉：《晚清史探微》，巴蜀书社，2001 年
姜鸣：《被调整的目光》，上海人民出版社，1996 年
姜鸣：《天公不语对枯棋》，生活·读书·新知三联书店，2006 年
李宗侗、刘凤瀚：《李鸿藻先生年谱》，台北：中国学术著作奖助委员会，1969 年
汪荣祖译，萧公权：《近代中国与新世界：康有为变法与大同思想研究》，江苏人民出版社，1997 年
蔡乐苏、张勇、王宪明：《戊戌变法史述论稿》，清华大学出版社，2001 年
王夏刚：《戊戌军机四章京合谱》，中国社会科学出版社，2009 年
林克光：《革新派巨人康有为》，中国人民大学出版社，1990 年
刘高：《北京地区戊戌变法史》，北京燕山出版社，2001 年
张启雄主编：《二十世纪的中国与世界》，中研院近代史研究所（台北），2001 年
汪敬虞：《唐廷枢研究》，中国社会科学出版社，1983 年
朱维铮：《求索真文明：晚清学术史论》，上海古籍出版社，1996 年
顾潮编：《顾颉刚年谱》，中国社会科学出版社，1993 年
陈汉才：《康门弟子述略》，广东高等教育出版社，1991 年
谢巍编撰：《中国历代人物年谱考录》，中华书局，1992 年
石云艳：《梁启超与日本》，天津人民出版社，2005 年
王晓秋：《近代中国与世界：互动与比较》，紫禁城出版社，2003 年
王晓秋、杨纪国：《晚清中国人走向世界的一次盛举：1887 年海外游历使研究》，辽宁师范大学出版社，2004 年
李华川：《晚清一个外交官的文化经历》，北京大学出版社，2004 年
鱼闻诗主编：《风雨长安》，中华书局，2005 年
茅海建：《戊戌变法史事考》，生活·读书·新知三联书店，2005 年
茅海建：《从甲午到戊戌：康有为〈我史〉鉴注》，生活·读书·新知三联书店，2009 年

赵丰田:《康长素先生年谱稿》，燕京大学《史学年报》第2卷（1936）第1期
李宗侗:《杨叔峤光绪戊戌年致张文襄函跋》，《大陆杂志》（台北）第19卷第5期（1959年9月15日出版）
李宗侗:《杨锐致张文襄密函跋——高阳李氏所藏文献跋之一》，《大陆杂志》（台北）第22卷第4期（1961年2月28日出版）
陈凤鸣:《康有为戊戌条陈汇录：故宫藏清光绪二十四年内府抄本〈杰士上书汇录〉简介》，《故宫博物院院刊》1981年第1期
孔祥吉、村田雄二郎:《〈翁文恭公日记〉稿本与刊本之比较：兼论翁同龢对日记的删改》，《历史研究》2004年第3期
孔祥吉:《一部展现清末改革家风采的重要文献：读〈康有为全集〉感言》，《博览群书》2008年第2期
汤志钧:《梁启超论〈孟子〉》，《史林》2007年第3期
汤志钧:《"公车上书"答客问》，《光明日报·书评周刊》，1999年12月17日
汤志钧:《〈康有为上清帝第一书〉新探》，《学术月刊》2000年第7期
房德邻:《康有为与公车上书——读〈"公车上书"考证补〉献疑》，《近代史研究》2007年第1、2期
汪叔子、王凡:《戊戌变法史考论之一：康有为领导"公车上书"说辨伪》，《安徽史学》1987年第3期
汪叔子、王凡:《戊戌变法史考论之一：〈公车上书记〉刊销真相》，《江西社会科学》1990年第4期
欧阳跃峰:《"公车上书"：康、梁编造的历史神话》，《历史教学》2002年第10期
贾小叶:《也谈刘坤一、王文韶的两件电奏》，《近代史研究》2007年第3期
张海荣:《〈公车上书记〉作者"沪上哀时老人未还氏"究竟是谁?》，《清史研究》2011年第2期
李鼎文:《评介甘肃举人〈请废马关条约呈文〉及其他》，《甘肃师大学报》1963年第1期
李侃、龚书铎:《戊戌变法时期对〈校邠庐抗议〉的一次评论》，《文物》1978年第7期
巴斯蒂:《京师大学堂的科学教育》，《历史研究》1998年第5期

王晓秋：《戊戌维新与京师大学堂》，《北京大学学报》（哲社版）1998 年第 2 期

郭卫东：《西方传教士与京师大学堂的人事纠葛》，《社会科学研究》2009 年第 1 期

桑兵：《陈季同述论》，《近代史研究》1999 年第 4 期

钱耕森：《孙家鼐与京师大学堂》，《安徽大学学报》（哲社版）1999 年第 1 期

汤学奇、李霞：《论戊戌维新时期的孙家鼐》，《淮北煤炭师范学院学报》（哲社版）1999 年第 2 期

闾小波：《强学会与强学书局考辨：兼议北京大学的源头》，《北京社会科学》1999 年第 1 期

郑宁：《张元济为何不就京师大学堂总办》，《读书》1999 年第 7 期

夏晓虹：《圣人心迹》，《读书》1996 年第 8 期

汤开建：《晚清澳门华人巨商何连旺家族事迹考述》（未刊稿）

汤开建：《从〈澳门宪报〉看澳门近代华商》（未刊稿）

赵利峰：《闱姓传入澳门及其初期的发展》，《澳门研究》第 17 辑，澳门大学澳门研究所中心编，澳门基金会出版，2003 年 6 月

唐启华：《清末民初中国对“海牙保和会”之参与 1899—1917》，《政治大学历史学报》（台北）第 23 期，2005 年 5 月

冯明珠：《故宫博物院所藏〈光绪朝筹办夷务始末记〉述介》，《故宫学术季刊》（台北）第 5 卷第 2 期

冯明珠：《再论〈清季外交史料〉原纂者：兼介台北故宫所藏〈光绪朝筹办夷务始末记〉》（油印本），2005 年 9 月

马忠文：《高燮曾疏荐康有为原因探析：兼论戊戌维新前后康、梁政治贿赂策略与活动》，《学术交流》（哈尔滨）1998 年第 1 期

马忠文：《康有为自编年谱的成书时间及相关问题》，《近代史研究》2005 年第 4 期

马忠文：《戊戌时期李盛铎与康、梁关系补正：梁启超未刊书札释读》，《江汉论坛》2009 年第 10 期

张勇：《康有为的“作伪”及其限度：以康氏戊子乡试自述为例》，《历史研究》2005 年第 6 期

茅海建、郑匡民：《日本政府对戊戌变法的观察与反应》，《历史研究》2004 年第 3 期

茅海建：《“张之洞档案”阅读笔记之一：戊戌变法期间张之洞之子张权，之侄张检、张彬的京中密信》，《中华文史论丛》2010 年第 3 期

茅海建：《“张之洞档案”阅读笔记之二：张之洞与杨锐的关系》，《中华文史论丛》2010 年第 4 期

Conrad, Robert. The Planter Class and the Debate over Chinese Immigration to Brazil 1850–1893, *International Migration Review*, Vol. 9, No. 1, Spring, 1975

# “茅海建戊戌变法研究”
# 书 目

大量档案材料的披露
重大史实的精心考证与重要场景的细密描述

**戊戌变法史事考初集**

对近代史上的重大政治改革戊戌变法的相关史实一一厘定，集中在政变的时间、过程、原委，中下级官吏的上书以及日本政府对政变的观察与反应等重大环节上。

**戊戌变法史事考二集**

继续关注戊戌变法中的种种关键环节：“公车上书”的背后推手，戊戌前后的“保举”及光绪帝的态度，康有为与孙家鼐的学术与政治之争，下层官员及士绅在戊戌期间的军事与外交对策，张元济的记忆与记录，康有为移民巴西的计划及其戊戌前入京原因……

**从甲午到戊戌：康有为《我史》鉴注**

对康有为《我史》中最重要的部分——光绪二十年（甲午，1894）至光绪二十四年（戊戌，1898）——进行注解。引用大量史料，对康有为的说法鉴别真伪，以期真切地看清这一重要历史阶段中的一幕幕重要场景。

**戊戌变法的另面：“张之洞档案”阅读笔记**

通过对“张之洞档案”的系统阅读，试图揭示传统戊戌变法研究较少触及的面相，以清政府内部最大的政治派系之一，主张革新的张之洞、陈宝箴集团为中心，为最终构建完整的戊戌变法影像，迈出具有贡献性的关键一步。